季愚文库

朱威烈译文集
（史地卷）
阿拉伯马格里布史

〔埃及〕萨阿德·扎格卢勒等 著

朱威烈 译

2019年·北京

朱威烈

1941年生,浙江嘉善人,上海外国语大学教授、博士生导师。现任中阿改革发展研究中心专家委员会主任,《阿拉伯世界研究》主编,教育部社会科学委员会综合研究学部委员。主要从事阿拉伯语言文化、中东问题的教学与研究,承担并完成多项省部级重大项目研究。曾获上海市优秀教育工作者(1987)、上海市劳模(1997)等荣誉,享受国务院政府特殊津贴(1991)。1994年起任约旦皇家伊斯兰思想研究院通讯院士,2002年起任埃及开罗阿拉伯语科学院通讯院士。2005年获埃及高教部表彰奖,2006年获埃及文化部、文化最高理事会表彰奖,2008年获阿拉伯海湾国家驻华大使委员会颁发的"海合会奖"。2010年获中国翻译家协会颁发的"资深翻译家"荣誉,2014年获沙特阿卜杜拉国王世界翻译奖。著有《国际文化战略研究》《人类早期文明的"木乃伊"——古埃及文化求实》等,译有《初恋岁月》《回来吧,我的心》《中东艺术史》等。

总　序

　　七十年在历史长河中只是短暂一瞬,但这却是上外学人扎根中国大地、凝心聚力、不断续写新时代中国外语教育新篇章的七十年。七秩沧桑,砥砺文脉,书香翰墨,时代风华。为庆祝上外七十华诞,上外携手商务印书馆合力打造"季愚文库",讲述上外故事,守望上外文脉。"季愚文库"系统整理上外老一辈学人的优秀学术成果,系统回顾上外历史文脉,有力传承上外文化经典,科学引领上外未来发展,必将成为上外的宝贵财富,也将是上外的"最好纪念"。

　　孔子曰:"居之无倦,行之以忠。"人民教育家王季愚先生于1964年出任上海外国语学院院长,以坚定的共产主义信仰和对人民教育事业的忠诚之心,以坚苦卓绝、攻坚克难的精神和毅力,为新中国外语教育事业做出了卓越贡献。她在《外国语》杂志1981年第5期上发表的《回顾与展望》一文被称为新时期外语教育的"出师表",对上外未来发展仍具指导意义。王季愚先生一生勤勤恳恳,廉洁奉公,为人民服务,她的高尚情操始终指引着上外人不断思索:"我们从哪里来？我们在哪里？我们向哪里去？我们应该做什么？"

　　七十载筚路蓝缕,矢志创新。上外创建于1949年12月,是中华人民共和国成立后由国家创办的第一所高等外语学府,是教育部直属并与上海市共建、进入国家"211工程"和"双一流"建设的全国重点大学。从建校初期单一语种的华东人民革命大学附设上海俄文学校,到20世纪50年代中期迅速发展为多语种的上海外国语学院;从外语单科性的上海外国语学院,到改革开放后率先建设以外国语言文学学科引领,文、教、经、管、法等学科协调发展的多科性上海外国语大学;从建设"高水平国际化多科性外国语大学",到建设"国别区域全球知识领域特色鲜明的世界一流外国语大学",上外的每一次转型都体现着上外人自我革新、勇于探索的孜孜追求。

"立时代之潮头,通古今之变化,发思想之先声。"习近平总书记在哲学社会科学工作座谈会上强调,要着力构建中国特色哲学社会科学,在指导思想、学科体系、话语体系等方面充分体现中国特色、中国风格、中国气派。在中国立场、中国智慧、中国价值的理念、主张、方案为人类文明不断做出更大贡献的新时代,外语院校应"何去何从"?秉承上外"格高志远、学贯中外"的红色基因,今日上外对此做出了有力回答,诚如校党委书记姜锋同志所言:"要有一种能用明天的答案来回应今天问题的前瞻、勇气、担当和本能。"因此,上外确立了"国别区域全球知识领域特色鲜明的世界一流外国语大学"的办学愿景,致力于培养"会语言、通国家、精领域"的"多语种+"国际化卓越人才,这与王季愚先生"外语院校应建设成多语种、多学科、多专业的大学"的高瞻远瞩可谓一脉相承。

历沧桑七十载,期继往而开来。"季愚文库"是对上外学人的肯定,更是上外文脉在外语界、学术界、文化界的全新名片,为上外的学术道统建设、"双一流"建设提供了全新思路,也为上外统一思想、凝心聚力注入了强大动力。上外人将继续跟随先师前辈,不忘初心,砥砺前行,助力中国学术出版的集群化、品牌化和现代化,为构建有中国特色、中国风格、中国气派的哲学社会科学体系贡献更大的智慧与力量!

上海外国语大学
2019年10月

编辑说明

1. 本文库所收著作和译作横跨七十载,其语言习惯有较明显的时代印痕,且著译者自有其文字风格,故不按现行用法、写法及表现手法改动原文。文库所收译作涉及的外文文献底本亦多有散佚,据译作初版本着力修订。

2. 原书专名(人名、地名、术语等)及译名与今不统一者,亦不作改动;若同一专名在同书、同文内译法不一,则加以统一。如确系笔误、排印舛误、外文拼写错误等,则予径改。

3. 数字、标点符号的用法,在不损害原义的情况下,从现行规范校订。

4. 原书因年代久远而字迹模糊或残缺者,据所缺字数以"□"表示。

目　录

自　序　我与译事 / 1

阿拉伯马格里布史

序 / 27

前　言　本书的宗旨和资料出处 / 30

第一章　地区和居民 / 59
第一节　地区 / 59
第二节　居民 / 75

第二章　阿拉伯人对马格里布的征服 / 122
第一节　征服和探索期间 / 123
第二节　稳定和持久的征服 / 169

第三章　倭马亚王朝的行政　它的错误和在马格里布人中的反响 / 250
第一节　改革的尝试 / 250
第二节　奥马尔·本·阿卜德·阿齐兹殁后马格里布的动荡 / 258

第三节　对马格里布人的专制和残酷剥削　/ 270

第四节　东马格里布的哈瓦利吉派　/ 287

第四章　在独立和归属哈里发国家期间　倭马亚王朝末和阿拔斯王朝建立时期的马格里布概况　/ 296

第一节　奥克巴·本·纳菲厄在阿非利加的后裔——菲赫尔族人　/ 296

第二节　哈瓦利吉派的黄金时代　/ 321

第三节　阿非利加的穆哈拉卜族人　/ 332

第五章　独立时代的开始　/ 368

第一节　阿格拉布王朝在凯鲁万的建立　/ 369

第二节　罗斯图姆王朝在提阿雷特的建立　/ 379

第三节　伊德里斯王朝在西马格里布的建立和非斯城的兴建　/ 408

参考文献　/ 445

后　记　/ 456

苏丹地区自然地理

第一节　国界　/ 463

第二节　地质结构　/ 470

第三节　地形和水系　/ 480

第四节　尼罗河　/ 491

第五节　埃及与苏丹之间的尼罗河水　/ 515

第六节 气候 / 531
第七节 苏丹的地表结构和土壤 / 544
第八节 自然植被 / 558

埃及西奈的土地和居民

第一节 土地 / 573
第二节 居民 / 595

自　序　我与译事

年届七旬,一面得继续前行,一面想梳理一下自己的教师生涯。特别是进入 69 岁以后,先是罹疾开刀救治,后又遇家慈仙逝,身心俱遭重创。两次住院和在家休养期间,历历往事时时萦绕脑海。个人经历主要是工作,大致包括教学、科研、编辑和翻译等几个方面,治丝而棼,必须先理出个头绪来。许多事单靠印象只怕会流于空泛,须凭物证方显真实。寻思再三,感到拙译虽然零散,但都还在手边,较易先作归纳,由此萌发了编选这套译作集的初衷。

2011 年 1 月中旬,上海翻译家协会举行会议,为我和几位学人颁发中国翻译协会 2010 年 11 月的证书。我的一份上面的文字是"朱威烈同志长期从事翻译工作,成绩卓著,特授予资深翻译家荣誉称号"。我随即发表感言,一是向推荐方、评委会表示由衷感谢,二是殷殷期盼上海和全国的翻译学术机构,继续为更多的优秀中青年翻译工作者脱颖而出,进一步发挥学术平台的作用。

说我"长期从事翻译工作",是事实,因为近半个世纪来,工作中始终包括翻译,不是自己译,就是组织支持同行、学生翻译,从不懈怠,迄今依然;"成绩卓著"是一种嘉许,但也是相对而言,若要与自己师长和国内大家比,论学术功底、业绩,毕竟还不可同日而语！只是这句话让我感慨系之,一方面是勾起了我对"译事艰难"的感喟,这种艰难不是当下翻译学界对理论、方法、能力培养等内涵问题的讨论,而是我个人对改革开放前翻译环境的苦涩回忆;另一方面,又让我深感庆幸,遇上了改革开放这40多年的和平发展岁月,得以孜孜于专业工作而不受无端指责,不遭无妄之灾,这才多少积累起了一些成果,而今竟有幸受到中国译协的表彰。

时光似水,岁月留痕。编这套译文集对我,自不无敝帚自珍之嫌,但也确是想立一存照,留个纪念,或作一镜鉴,以期把今后的翻译组织、出版工作做得更合理有序,更符合时代发展的需要;对读者,则盼有一点参考作用,多少了解一些我这一代翻译工作者的曲折坎坷和甘苦,增进一些对阿拉伯国家史地、文学、艺术、社科等方面的局部知识。若是,则于愿已足。

翻译需要实践

凡外语工作者怕都很少会不关注翻译。我在北大东语系阿拉伯语专业学习5年(1960~1965),全班30名学生,其中2名朝鲜留学生,13名中央单位委托培养生,15名本科生。那时国家正大力开展亚非拉外交,同学们都知道学习阿语是因为国家需要翻译人才。我是本科生之一,前程未定,不免常会念及将来工作。从东语系历届毕业生就业情况看,多数是到国家部委担任外交外事翻译,少数从事教学、科研或文字翻译工作。同学们当然都向往到外交第一线工作,但这首先取决于个人的政治条件:家庭出身,社会关系,是否党团员、干部等等。我的同学大多在这方面具有优势,而且当时业务考核较严,学习跟不上的本科生就留级、换专业或转系,委培生则退回原单位,毕业时全班仅剩18人(2名出国留学),凡能坚持下来的同学成绩多半很好。我自忖比较现实的前景,是分配去大学或外文出版社那样的教学或文化单位工作,科研单位不太可能,因为班里已有5名同学是中科院哲学社会科学部(今中国社科院)委培生。这样看来,笔译将必不可免。倘若当教师,北大东语、西语、俄语三系的教授就是榜样,他们几乎都是教学、翻译并举,都有自己的译作。那时,阿语教研室主任马坚教授正在译《阿拉伯通史》;副主任邬裕池老师在《世界文学》期刊上发表了埃及迈哈穆德·台木尔的短篇小说《成功》;刚从埃及留学归国的李振中老师给我们上阿拉伯近现代文学史课,用的讲义就是他在译的邵武基·戴伊夫的《阿拉伯埃及近代文学史》。从我上述考虑可以看出,不论是到外事部门还是从事教学研究工作,内容都离不开翻译。在高校任教,就更不可避免地会受到前辈外语教授们的传统影响,自觉不自觉地走上一条从翻译起步并始终关注翻译的治学道路。

学习专业外语,对外语基本功亦即听说读写译的要求很高,其中的"译"包括口译和笔译,更是听说读写四会能力的综合体现。要想不断有所提高,必须通过实践锻炼,逐步得到社会认可。然而,20世纪60年代,担任口译要看机会,笔译就更难,社会环境十分严酷,不是上级交付的任务,个人想翻译一点什么,自己去投稿,那就是资产阶级名利思想。我因为在学期间译过一本书,受到过批判,不但没有能加入共青团,而且毕业后到上外任教,还被北大来沪串连的红卫兵指责为"资产阶级反动权威"马坚先生的接班人,白专典型。我因此没有也不可能参加任何造反派组织。操场上高音喇叭叫"革命群众开会了",没有人来通知,我决不会擅自去参加,因为是否够"革命群众"资格,不是可由我决定的。那时,教研室承担有援外任务,我也从不作非分之想。但算还有"一技之长",常会被派去接待各种访沪的阿拉伯代表团当翻译。其中,贸易团居多,也有议会团、工会团、巴勒斯坦党派团等。1969年起,为对外宣传毛泽东思想,我被选派到上海电影译制厂去为《南京长江大桥》《熊猫》《白毛女》等影片翻译和配音。1975年第二次下安徽凤阳五七干校,去外语培训班教阿语三年级时,带领学生翻译了一本外文出版社委托的连环画《江防图》。1976年4月,系里第一次派人去广交会当翻译,让我"开头炮",接触到了科威特、巴林、利比亚、叙利亚、伊拉克等许多国家的客商。

这些翻译实践活动,次数较多,涉及面广,使我在令人窒息的高压政治氛围中得以稍喘,继续接触业务,而且对于扩大自己的视野,锻炼提高口笔译能力,都颇有裨益。80年代上半期,我还担任过阿拉伯国家部长、议长、总统、国王等高级代表团访沪活动的主译,在应对忙碌紧张的主宾交流沟通过程中,依靠的仍是当年当"小翻译"时练就的强记、复述等能力。

学术翻译始于史地著作

我真正较规范的译事,始于20世纪70年代初——中央下达了翻译各国历史、地理的任务,上海承担的是翻译非洲区域国别史。其中北非阿拉伯国家部分大多为英法文专著,只有一本阿拉伯文著作《阿拉伯马格里布史》,通过学校教革组(教务处)分配给了我。为什么挑中我,当时我想不外乎两种可能:一是北大参与其事的老师推荐了我;二是上外日阿语系革委会认为我不适合"抓革命",但可以"促生产",比如上课、当代表团翻译、为电影配音等,译书当然也可以。我拿到书后连夜翻阅,发现不要说译,就是要读懂也非易事。那是一本考证类史学专著,通篇引经据典,旁征博引,里面涉及的人物、事件、史地和社会宗教等专有名词,都很陌生,书后列出的参考书目,我也从不曾在上外资料室、北大东语系资料室或其他图书馆里见过。这并不奇怪,因为国内那少得可怜的中西交通史史料,内容均译自英法德俄等文本,即便是涉及阿拉伯、北非的零星记述,其出处也不包括阿拉伯文典籍。因此,我只能反反复复研读,到处查询,尽量找到一些线索资料,作为依据。阿文参考书目中难译书名,自己译出后总感到不太放心,便写信向北大刘麟瑞教授请教。上海市非洲史翻译组负责人鉴于各种文本中都遇到了阿拉伯、伊斯兰的人名、地名等专名的译法问题,为求统一,要我给承担非洲史翻译的人员——其中大多是著名翻译家——做一个有关阿拉伯人名、地名译法的讲座。这就迫使我去查《辞海》《世界知识年鉴》等工具书及已出版中文世界史等图书中的线索,尽可能根据新华社译名表、世界与国别地图册和约定俗成等原则,确定一些相对合理的规范。我写出初稿后,仍怕有不虞之患,又通过正式渠道由北大李振中老师转给马坚教授,他用红笔做了修改并提了一些看法,再由上海市转给我。这是我初出茅庐第一次学习写学术文章,做学术报告。

我的译书工作,前后花了一年多时间。起初主要靠晚上,因为系里政治学习、下乡下厂又多,根本无法集中精力。过了一段时间学校终于让我转到《法汉词典》编写组去上班,这样白天也可以专心翻译。其间,为赶进度,系里曾加派过一位教师来协助我,时间不长他便因故退出,我将他的译稿全部奉还,坚持一人译到底。

那段时间,是我第一次从事学术著作翻译工作。《阿拉伯马格里布史》是根据1965年埃及开罗知识书局出版的阿拉伯文版本译出的。书中的"马格里布"一词,是指北非的摩洛哥、阿尔及利亚、突尼斯、利比亚和毛里塔尼亚等国。作者萨阿德·扎格卢勒系埃及人,发表本书时是埃及亚历山大大学历史系副教授。该书概括地介绍了这一地区的地理、民族、语言、宗教信仰等情况,阐述了公元七世纪以来阿拉伯人进入马格里布地区和伊斯兰教传入该地区的经过。最后一章"独立时代的开始",扼要地叙述了在阿拉伯化和伊斯兰化的基础上,马格里布地区出现三个摆脱哈里发政权控制的独立王朝:中马格里布的罗斯图姆王朝,西马格里布的伊德里斯王朝和东马格里布的阿格拉布王朝的情况。该书写到公元九世纪为止。

原著虽算不上经典著作,但它涉及的内容却大多引自最负盛名的阿拉伯鸿篇巨制。按我的中阿文功底和知识积累,要达到当时上级规定的"准确、通顺、易懂"翻译标准,不啻是啃一块硬骨头,着实要花大力气,下苦功夫。原著中没有生动的故事、有趣的情节,从头到尾都是资料梳理、考证推论,让我从中领略到这位师从法国东方学家的埃及年轻学者做学问的方式,窥探到一些阅读理解阿拉伯经典著作的门径。这对我以后鼓励葛铁鹰老师在《阿拉伯世界》(现名《阿拉伯世界研究》)期刊上开设"天方书话"专栏,发表阿拉伯经典著作中有关"中国"的论述,组织国内教授翻译《悬诗》《历史绪论》等阿拉伯经典著作,可以说有着直接的因果关系。现下重读自己当年的译文,直译、硬译痕迹明显,文字也不无稚嫩、生涩之处,这恐怕是努力追求"准确"的结果。不过,就我今天的认识而言,翻译国外作品特别是学术性著作,还是应尽可能保持原汁原味,切莫随意添枝加叶,造成本来面貌的扭曲。

翻译这本历史著作,寂寞而且艰辛,所幸小环境还不错。《法汉词典》编写组的领导金丹同志,是位经受过"文革"初期残酷迫害后复出的老革命,待人接物既有水平和气度,又充满体贴,善解人意。我到外地去探望妻子,按规定是 12 天,他会额外多批准几天,令我终生难忘。同在编写组翻译法文版《摩洛哥史》的张裕禾老师,是北大校友,西语系 1960 年毕业生，生性耿直，也善于思考，很有主见，还爱好音乐。他因为1963年翻译了一本德彪西的音乐评论集《克罗士先生——一个反对"音乐行家"的人》，受到姚文元的批判，"文革"一开始就"靠边站"。他有阿拉伯、伊斯兰的问题就问我，我也常麻烦他从法语《拉罗斯大词典》里查有关专有名词的释义，平时闲谈，共同语言很多。翻译后期，市里非洲史翻译组指定大名鼎鼎的别林斯基、车尔尼雪夫斯基和杜勃罗留波夫著作翻译专家包文棣同志来做我这本译作的责编。他为人谦和，极有涵养和责任心，曾要我帮他安排听一些阿语课，以了解一下阿语的表述风格和特点。领导、同事、责编都相处愉快，成了我在那阴郁沉闷年月里一段弥足珍贵的时光。《阿拉伯马格里布史》中译本1975年9月由上海人民出版社出版前，怎么署名是由系领导决定的，为了避免突出个人，用的是翻译组名字。这是特定历史条件下的做法。后收入宁夏出版社版译作选重印，算是还原事实，同时对原译中的个别译名、文字作了调整和修改。

我翻译地理专著，是缘于在西北大学伊斯兰教研究所工作的老同学黄运发的抬爱。我在"文革"期间，诚惶诚恐，唯求自保，很少主动与外界联系。在北京的同学也是班长的符福渊曾一度转至南京解放军外语学院（现国防科技大学国际关系学院）工作。我去南京探望岳父母，有机会碰面时，从他那里获悉一些他赴陕西探亲路过西安时了解到的黄运发近况。运发是我们班里为人正直、勤奋好学的同学之一。他在西北大学工作，图书资料少，用阿语的实践机会也不多，但硬是凭着他个人的刻苦钻研，业务成绩和水平都令我们感到钦佩。正是由于福渊的牵线搭桥，我与运发有了通信联系。他接受的是翻译苏丹、埃及两国的地理专著任务。苏丹地理有原著，埃及的专著则要求译者提供。运发好意，把苏丹地理著作的第一章自然地理分给我译，他自己译人口地理和经济状况两章，并负责索引、参考书目以及全书统稿。为统一全书的地名，运发还特地寄来了一张苏丹原版地图的大蓝印图，对我帮助很大。《苏丹》一书于1978年12月由陕西人民出版社出版，署名仍用"西北大学伊斯兰教研究所翻译组"，反映了当时的社会风气还不允许个人署名。

该书的原译名为《苏丹：自然状况、人口结构和经济建设的研究》（作者是埃及人穆罕默德·马哈茂德·西亚德和穆罕默德·阿卜德·基纳·苏奥迪，两位都是博士，1965年出书时，前者是埃及艾因沙姆斯大学地理学教授，女子学院副院长；后者为埃及开罗大学非洲研究所地理学讲师。）现收入译文集的是自然地理部分。这里需要说明两点。一是原书中的阿拉伯联合共和国（简称"阿联"），是指1958年2月埃及与叙利亚合并成立的两国联合政体。1961年9月叙利亚退出阿联，1971年9月1日阿联改名为阿拉伯埃及共和国。本书的编写时间，是在叙利亚退出之后、埃及改名之前，书中提到的"阿联"实际上均不包括叙利亚。因此，趁这次重印将译文中的阿联改成为埃及。二是特别应指出的是，2011年7月9日南苏丹已独立建国，原苏丹分成苏丹共和国和南苏丹共和国两国。现将标题改为"苏丹地区自然地理"，其中的国界、地图、相关的国际和地区协议等，反映的都是原苏丹共和国的情况，地质结构、地形、水系、气候、地表结构、土壤和植被等内容，也都涵盖了今天北南苏丹两国在内。敬请读者在阅读、取材时能予以关注、鉴别。

我1978年出国去埃及前，运发托我物色一本埃及地理专著。我在开罗大学进修，课余跑得最勤的就是书店，可就是找不到一本中规中矩的埃及地理专著。最后买到一本《埃及的现状和发展》，作者是一位埃及工程师，书的内容是描述到2000年埃及应有怎样行政区划、人口布局、城乡发展、文化教育和旅游发展，发表后受到萨达特政府的重视和肯定，其中的现状资料有翻译价值。另外一本是《埃及的西奈史》，里面的"土地"和"居民"两章，属地理范畴，也符合要求。我回国后将书交给运发，请他统筹。他最后决定由他以译编方式处理埃及的现状和发展部分，另再加入反映自然风光、城乡建设、名胜古迹、旅游胜地和工农业发展情况的图表，西奈部分则让我翻译，全书由他统稿编辑。此书于1983年4月由陕西人民出版社出版，署名为黄运发、朱威烈，可见风气已开，不必事事均冠以集体之名了。现收入我译作选的"西奈的土地和居民"一章，内容至今似仍有相对稳定性，但愿能对读者有一些参考作用。

我翻译史地著作，一是当时国家封闭已久，确实需要了解国外情况，组织专业人员翻译不具有明显意识形态倾向的史地著作，看重的是它们的资料作用；二是北大的老师、同学和校友都还记得我，而且时时处处提携我、帮助我。"文革"期间我落寞失意，处在人生低谷时是这样，在改革开放40多年里，我在评职称、申报课题、博士点，推进学科建设的过程中，更是得到他们的真诚关照和鼎力支持。这是我一生不敢稍忘的师门恩情！

文学译作数量居多

翻译史地著作，我虽有兴趣，但毕竟所在学科名称叫阿拉伯语言文学，翻译文学著作才是题中应有之义。因此，我的译作中文学译作就相对较多。不过，体裁主要是小说，其中长篇只有2部。现在入选的2卷，便各以一部"担纲"，另有纪伯伦的文学随笔、埃及纳吉布·马哈福兹的一个中篇、黎巴嫩努埃曼的短篇小说等另作一卷。以下按时序对文学译事的背景和经过作一追溯。

我大学毕业时就想从事阿拉伯文学教学和翻译，译小说是旨趣所在。记得1965年秋，我刚到上外任教，曾译过一个短篇《英国人的枪》，寄给《世界文学》。第二年3月接到编辑部的用稿通知，不料一到夏天"文革"狂飙骤起，天下大乱，从此便无下文，我也不敢再贸然问津文学翻译。

从"文革"结束到国家正式提出拨乱反正，经历了一段过渡期。1976年随着"四人帮"倒台，出国标准已出现松动。在也门技校任教的北大老师多次向国家教委反映，点名要我去工作。1978年，系领导要我赴也工作。我呢，也想解决长达10多年的夫妻分居问题，用"援外人员"名义，将妻子调入上海。不久，国家教委又下达了遴选出国进修教师的任务，办法是全国统考，三取一。系里遂改变决定，要我参加考试，另派他人赴也任教。我在考取并知道将赴埃及开罗大学进修后，即去拜访已任上海译文出版社社长的包文棣同志，申报了一个翻译选题，即曾任埃及文化部长的优素福·西巴伊的小说《回来吧，我的心》。此书原是北大高我一班的谢贻明回沪省亲时借我读过，他在国际广播电台工作，每每会有新书可阅。这本书分上下册，我两个晚上一气读完，印象深刻，以时代大变迁（纳赛尔革命）为背景的小说，我一向比较喜欢，当时就想译。"文革"结束后即同包文棣商量过，他建议我：译国外作品要等作家盖棺定论后才行，不然出书后万一他有什么反华反共反社会主义言论就很麻烦。1978年《参考消息》刊出了西巴伊在塞浦路斯遇刺身亡的消息，我这才下决心写选题申请。记得出国的箱子里放了几百张500字的稿纸，占了很大一块空间。阿文版书到开罗就买到了。2年不到的时间，除了听课，与教授、作家谈话和使馆人员的接触交流，大部分节假日和余暇，不是读书读报，写点小文章，就是译这本书。

《回来吧，我的心》是我独自翻译的第一部长篇小说，我为整理再版自己的译作选,对旧译都作了检视。《回来吧,我的心》出版30年后,我第一次阅读译文,当时便感到意外,因为它完全不像出自我的笔触,许多对原文的理解和译法也大不同于我的所知所学。用"百感交集"来形容我的心情,并不为过。为对作品作家、对我自己和同行后人负责,我首先应该声明:"1983年版的《回来吧,我的心》不能算作是我的译作。"其次,是决定重新修改订正一遍。那时中国驻沙特使馆在推荐我申报"沙特阿卜杜拉国王世界翻译奖",我也只交呈了3册,没有把《回来吧,我的心》列入。我后来获悉,沙特方面评审甚严,请了国内外的专家对照中阿文核对检查、打分、写评语。不交《回来吧,我的心》译作显然是谨慎、正确之举,因为如果是我当评委,也不会认可这样的译文。

然而,最应当问责的还是我自己。我近两年一面逐词逐句、逐段逐页地修改、校正、重译、补译,一面常常扪心自问:为什么当时竟没有索看一遍校样?刘开古、周顺贤等老师编写翻译教程时,都曾征询我同意让他们引用此书的译例,结果在他们的教材里都没有反映。我觉察到了,为什么没问他们其中的原因?译作封面图案是一对穿西装、连衣裙的男女青年,我一见便觉不快,因为完全不符合阿拉伯国家风情,但为什么没有抽时间去翻检一下译文?

总之,责任在我,我既发现了,自当改正。翻译工作具有学术性,有理论讲方法,是外国语言文学学科的重要技能和专业内容之一。我从事翻译工作几十年,直到今天仍不时会有参与。作为一名教师,我想最重要的使命应是以学生为念,讲课、辅导、写作、翻译、研究等等,都得讲正道,求正确,树正气,决不可误人子弟。翻译工作也是一样。一篇译文、一部译作,保不定学生什么时候就会对照原文,模仿学习。1983年郭黎老师译了纪伯伦的《折断的翅膀》,要我校对。我当时花了不少时间修改、润色,尽可能努力反映"纪伯伦风格"。叶水林同志时任外交部亚非司高级翻译,在《译林》杂志上读到译文后,即拿到翻译室逐词逐句核对原文,后向我转达了他们的好评。其实,是郭黎老师对原文的理解没有差错。基础扎实是首要条件。

而今,我对《回来吧,我的心》从头到尾都做了大幅度的修改、重译和补译,出发点仍是想坚持忠实于原文这条基本原则。修改稿会保留下来,一是需要时备查,二是为了纪念这两年的新痕。

这次出国前,在中国社科院外文所工作的同学郅溥浩让我译4篇黎巴嫩努埃曼的短篇小说:《不育者》《杜鹃钟》《又一年》和《贝克阁下》。黎巴嫩大作家米哈依尔·努埃曼,也是诗人、剧作家、文学批评家,在阿拉伯文坛上堪与纪伯伦比肩。我的同学郅溥浩是国内最早组织翻译努埃曼作品的学者,他从1970年黎巴嫩贝鲁特出版的努埃曼全集第二册中选取了20个短篇,分别由他、仲跻昆老师和我翻译。我到开罗大学之初的一个阶段,住在大学城宿舍,邻室都是年轻大学生,年龄差距大,也就无甚谈兴,很快就抽空将稿子译出,托回国的人捎回。由溥浩编选、组织翻译的《努埃曼短篇小说选》于1981年由外国文学出版社出版。我译的最少,4篇中有2篇溥浩自己也译了,署了两个人的名字。这是我第一次正式发表文学译作。《回来吧,我的心》是1980年回国后交稿的,上海译文社积压的名家名著译作多,任务繁忙,编辑时间也较长,译稿付梓成书已是1983年了。那时已经实行稿费制。到译文社去领稿费,包文棣社长告诉我,7元一千字,巴金的译作,也是这个标准。我自然很高兴,相比自己每月的工资,这可是很大一笔钱!

20世纪80年代是外国文学翻译空前繁荣时期。长时间的文化封锁禁锢,读者对文学文化的需求已似饥如渴,对国外作品尤其好奇,各类作品都很畅销。其间,我印象最深的是南京《译林》期刊,它在传统的外国文学作品发表和出版中心北京、上海之外异军突起,并迅速崭露头角。主编李景端同志视野开阔,很有前瞻性、开拓性。他不受西方经典名著翻译的局限,而是着眼于现当代,多区域、多国别文化,是否为所在国有影响的畅销书等要素,把时代性、文学价值和市场反映等结合起来考虑,确定选题。我回国后不久即被他列入中青年译者队伍,邀请去扬州参加研讨会。1981年初他专程来校,当着校领导的面,要我主编一本《阿拉伯文学专辑》。我当时担任阿拉伯语言文化研究室主任,第一次可以出面组织京沪的同行同事参加译事了。这本专辑以郭黎老师译的一个中篇小说《走向深渊》为书名。那是我在开罗时向使馆文化处写报告推荐的一部埃及影片的原著,因为受到姚广大使的重视,作了批示,不但借来影片在使馆放映,而且迅即向国内建议让中国电影进出口公司派团赴埃考察。其结果是中方进口了3部影片:《走向深渊》《咖啡馆》和《征服黑暗的人》。埃及影片从20世纪50年代起,就给中国观众留有深刻印象,口碑甚好。像法婷·哈玛姆女演员主演的《我们美好的日子》《忠诚》等,几乎家喻户晓。我回国后发现《走向深渊》等影片也已经为人们所熟知。在这本文学专辑里,我撰写了《漫话埃及现代小说》一文代替前言,同时收入了我早已译就的《卡尔纳克咖啡馆》,亦即影片《咖啡馆》的原著。

这部中篇小说译自埃及印书社1974年的第一版。阿文原版是我教的工农兵学员第一届学生张道文赴伊拉克留学1975年回国后送给我的。在此之前,作者纳吉布·马哈福兹已有约30部中长篇小说和短篇故事集问世,只是那时国内很少进口外国图书,我们自然看不到这位享名埃及和阿拉伯文坛大作家的作品。带着新鲜感和兴奋劲,我很快读完了这部仅一百零几页的小说。1976年,我到湖南岳阳云溪去探亲,妻子白天到工厂上班,我就坐在宿舍门口的小方凳上译完了埃及大作家纳吉布·马哈福兹这本 1974 年的新作。我当时并无发表的奢望,译稿就一直放在箱子里,也不想示人,因为那会被视作另类思想表现,遭致物议。直到李景端委托我主持编一本《走向深渊——阿拉伯文学专辑》时,我才将译文收入,用笔名元鼎发表。这倒不是我有意利用主事者身份之便,而是那时埃及的三部影片《走向深渊》《咖啡馆》和《征服黑暗的人》已经家喻户晓,译林出版社方面坚持要收入这部《咖啡馆》的原著译文以广招徕。此书 1981 年 10 月出版时的印数达 6.6 万册之多,足证译林的市场判断符合社会需求。从中国翻译史看,在国内介绍的诺贝尔文学奖得主纳吉布·马哈福兹的译作中,《卡尔纳克咖啡馆》大概可以列入最早的几种之一。译林编辑部的效率极高,1981 年初组稿,同年 10 月《走向深渊——阿拉伯文学专辑》就出版了。1988 年纳吉布·马哈福兹荣获诺贝尔文学奖。翌年 5 月,我到埃及亚历山大大学访问,在文学院作演讲,当地记者要走了讲稿在报上发表,用的题目是:《朱威烈教授说:我们了解纳吉布的价值,早在他获诺奖之前》。这件事至今还有影响,2016 年 3 月埃及驻华使馆文化处向每一位翻译研究过纳吉布·马哈福兹作品的中国学人颁奖,我也忝列其中。

在这部小说译文经过修订有幸再版时,谨想提出两点供读者研究。一是小说反映的是 1967 年第三次中东战争后的埃及社会,特别是埃及青年一代的思想变化。从政治思潮的发展轨迹上看,埃及正从纳赛尔倡导的阿拉伯民族主义或阿拉伯社会主义转向伊斯兰复兴主义,即试图通过回归或振兴伊斯兰的文化遗产或原旨教义来解决内外矛盾,摆脱困境。第三次中东战争实际上是现代埃及和阿拉伯世界社会主要思潮变化的一个重要转折点,也是中东当前伊斯兰主义思潮的发轫期。

二是从纳吉布·马哈福兹的创作看,他的不少作品都以开罗市民阶层特别是侯赛尼亚区的中下层民众为对象,而他选择的空间场景往往都是咖啡馆。他生前不敢说每天但至少是经常会去咖啡馆休憩盘桓,这是他和埃及等阿拉伯国家普通市民的一种生活方式。咖啡馆成为阿拉伯文学作品中的一件重要道具,也是折射阿拉伯社会生活的一面镜子。就此而言,似乎与中国老舍的《茶馆》有异曲同工之处。

自此,李景端同志与我们的联系渐趋密切。1982年我应约翻译了埃及优素福·乔海尔的《鸦片》,发表在当年《译林》第2期上。接着,郭黎翻译了黎巴嫩大作家纪伯伦的《折断的翅膀》寄给《译林》。责编汪永标同志亲自来沪要我校对润色,郭黎也希望我能帮助修改。这项校改工作,重点不在判断理解的对错,而是要尽量体现出堪称阿拉伯文坛一绝的优美的纪伯伦风格。1983年正值纪伯伦诞辰百年纪念,此文在《译林》第2期上作为首篇刊出。之前景端主编急电嘱我赶写一篇评述《经伯伦和他的〈折断的翅膀〉》同期发表。景端同志后据社会反响热烈,又要我组织选编一本《折断的翅膀——纪伯伦作品选》,由江苏人民出版社1984年7月出版。其中的《奇谈录》一译《珍趣篇》,是纪伯伦1923年汇编出版的文集,包括散文诗、文学评论和韵诗36篇,是反映纪伯伦人生感悟的文学随笔,既有诗意又寓哲理,由我与王伟翻译。这里选编的8篇是《外壳和菁华》《我的心结满累累硕果》《海滩上的一捧沙》《雾中的船》《七个阶段》《内心的告诫》《你们有你们的黎巴嫩,我有我的黎巴嫩》和《独立与毡帽》。

我是很喜欢也十分欣赏纪伯伦作品的。从文学价值和社会影响看,纪伯伦的作品一直备受阿拉伯文坛和世界文学界推崇,丝毫不逊于纳吉布·马哈福兹。翻译20世纪阿拉伯文学,埃及作品自然是重点,但若少了黎巴嫩纪伯伦的著作,也会缺失平衡,令人感到遗憾。

1984年湖南人民出版社出版了我与吴茴萱合译的一个长篇:埃及穆

斯塔法·阿明的《初恋岁月》。起因是我从埃及回国后，在国际广播电台工作的吴茴萱正要赴埃常驻，想在工作之余译一本书，要求我推荐一本合适的著作。茴萱是我到上外任教最先接手上课的二年级3班学生，到京工作后跟我的老校友谢贻明等关系不错，我理应帮忙。我告诉他，我在开罗留学生俱乐部看过一部《初恋岁月》影片，是反映二十世纪三四十年代埃及社会大动荡的爱情故事，作者是埃及大报《今日消息报》前主编，在当地新闻界享有盛名。但我临回国前，身上已无钱买书，建议他到埃后可买来一读。这个选题后被湖南人民出版社的康曼敏女士知道，立即列入了出书计划。康曼敏是我北大东语系的小师妹，她大一我大五，"文革"结束后曾到上外来进修。她是位事业心很强的责编，北京、上海来回跑，广泛组稿，出版了许多阿拉伯文学名著译本。吴茴萱的译稿寄到她处后，她曾转给我阅。1983年起我花了好几个月时间重译了一稿，于1984年12月出版发行。由于康曼敏的努力推动，湖南人民出版社名声鹊起，成为继江苏译林之后又一个出版阿拉伯文学译作的重镇。

这次重印前，我又通读了一遍，发现编辑很尊重译者，没有擅作主张篡改原译之处，因此仅稍作了一点文字修饰，主要是删去一些"的了吗呢"，以求尽可能地避免累赘。虽然与责编康曼敏女士暌违多年，也许她已赋闲颐养，但对她当年组稿、编稿的热情和敬业，我仍记忆犹新，至今心存感佩。

湖北的长江文艺出版社1984年遂也来向我组稿，要求编一本阿拉伯小说选。这一年日阿系分开独立建系，我开始担任阿语系行政工作。为加强系里教师的翻译实践，我尽量组织本系老师参加，北京方面用了仲跻昆老师的一篇译稿，是黎巴嫩努埃曼的《两个造反者》。选集中，蔡伟良老师翻译的《旧伤的隐痛》系沙特赛义德·阿卜杜·拉乌夫的短篇，应可视为最早介绍给中国读者的沙特现当代文学作品之一。当时来组稿的长江文艺社负责同志非常强调作品要惊险、好看,能吸引读者,我只得选了一篇侦探小说《蒙面人》。作者哈桑·拉夏德是一位以擅长创作侦破、反间谍小说著称的埃及作家。近些年来,他不断有作品问世,如《女逃犯的秘密》《失踪者的归来》《暴君之死》等十余部,为埃及文坛所瞩目。他的作品颇有特色,内容大多是揭露埃及黑社会的活动,反映正义战胜邪恶的必然趋势。

《蒙面人》是哈桑·拉夏德1978年出版的作品,它通过一家标新立异的"孤独旅馆"里发生的事件,围绕着两位姑娘的爱情,描写了埃及情报、治安当局反以色列间谍和走私贩毒罪犯的紧张斗争。小说中人物不多,但情节跌宕起伏,丝丝入扣。此外,作者又很重视对人物性格和心理活动的刻画,几乎为敌所乘的阴暗的嫉妒心理,令人心折的爱国热情,当代埃及人对善与恶、美与丑、欢乐与痛苦的观念,都做了清晰的描绘和反映。

该作品由我与徐凡席合译,与其他7篇小说,加上我写的前言,约33万字,书名叫《蒙面人——阿拉伯小说选》,于1985年交长江文艺出版社。但整整拖了3年,译者们拿到样书已是1988年7月了。那时,外国文学译作品种和数量已经很多,读者的新鲜感已过,书市对阿拉伯文学的需求也趋下降,这本小说选的印数为11000册,与此前动辄四五万册的盛况比,相差很远,出版社能否保本,我就不得而知了。

艺术社科翻译尚需努力

1980年代,阿拉伯文学翻译书籍数量急增,许多出版社均不设专职阿语翻译,译者怎么写,就怎么出,不设核对原文程序,质量全凭译者的水平和责任心。我有一次到北大去见刘麟瑞先生。他拿出一个译本及原著，指着里面的相关页给我看说："阿文这么长一整段，译文只有'光阴似箭，日月如梭'8个字就对付过去了？"我听了也很感叹。那时的翻译风气已显浮躁，听说有的译者自夸一年能译一百万字，质量如何，真的只有天知道；有的文学期刊上刊登了我已发表的短篇小说，标题与译文一字不改，署名却换了他人。刘先生的话更增强了我淡出文学翻译，转向其他领域的想法。

记得在学期间，曾帮马坚先生整理、誊写过几章《阿拉伯通史》译稿。马先生有一次说，《阿拉伯通史》的作者菲利普·希提还有一部《叙利亚史》也值得翻译，问我今后打算译什么。我当时是北大合唱队指挥，马坚老师他们都知道，就回答说，《阿拉伯通史》像本百科全书，《叙利亚史》也不会好译，如能译一点阿拉伯音乐史、艺术史，就很不错了。埃及进修期间，没见到书店里有音乐史的书，但买到了两册《中东艺术史》。

也是机缘凑巧，回国后不久便认识了上海人民美术出版社的叶文西先生。他是位画家，正在负责外国艺术史、美术史等专著的组稿工作。他的妻子王义琏老师在上外俄语系工作。夫妻俩均较我年长，为人敦厚爽朗。一次见面时，听说我有翻译《中东艺术史》的打算，立即热情地要我报选题，着手翻译。这本书的翻译难点，一是要查核历史、艺术的专有名词，中文已有多种译法的，得选用相对合理的译名；二是翻拍插图工作由译者负责，遇到不清晰的，得从其他艺术类的中外文图书中去查找同一作品，予以调换，真是既费力也费时。幸运的是，此书的责编刘明毅先生，不但文字功底深厚，而且乐于助人，他经常主动从人美社馆藏的其他版本里查找图片，花了不少功夫。郭黎对艺术也有兴趣，我就与他合译了《中东艺术史·古代》，于1985年出版。

原著者尼阿玛特·伊斯梅尔·阿拉姆博士教授是埃及著名的艺术史专家。她的《中东艺术史》，我见到的共有三本，译就了两本，即《中东艺术史·古代》和《中东艺术史·希腊入侵至伊斯兰征服》，均由埃及开罗知识书局出版。现在收入译文集中的《中东艺术史·希腊入侵至伊斯兰征服》，原著是1989年我去埃及亚历山大大学作校际交流时，中国驻亚历山大市总领事吴德成同志送我的。吴德成（后任中国驻苏丹大使），也是校友，与前文所述的谢贻明同班，素有书卷气。我1980年起担任《阿拉伯世界》（现改名为《阿拉伯世界研究》）期刊主编，就承蒙他多次从国外赐稿。他在埃工作期间，还编著出版了2本书。他送我的这一本其实是作者尼阿玛特·阿拉姆所著《中东艺术史》的第二册，我以前不曾买到，而且也不知道。那时我工作已经十分忙碌，但见书的篇幅不大，还是挤出时间译就，于1992年出版。至于第三册《中东艺术史·伊斯兰时代》，断断续续大约已译了10多万字，几近一半，其间还收到作者同意转让中文版版权的函，但终因无暇静下心来，花整段时间译完。至今，每打开书橱看到那一整叠译稿，总是深感汗颜。

郭黎老师阿语功底扎实，文化知识面宽泛，在校读书和毕业后留校工作期间，就备受师生好评。只是由于上外阿语专业博士点建立较迟，他向我（时任阿语系主任）提出要求出国攻读博士学位。我虽然深感惋惜，但也只能而且必须尊重他的选择。他于1989年赴美，在获得耶鲁大学博士学位后，一直在美国高校任教。当时跟我一起致力于阿语专业学科建设的青年教师，除郭黎外，还有好几位优秀人才也都在20世纪90年代先后出国。回想起来，真可谓是感触良多。

中国于20世纪90年代正式加入国际版权组织。从此，但凡要译现当代作品，必须持有作者或出版部门的版权转让证明。阿拉伯文学翻译的热潮随之趋冷。我个人则从1990年海湾危机爆发起,把关注重点逐渐延伸到了中东问题研究和国际关系方向。就翻译工作而言,总想推介一些阿拉伯国家有代表性的学术著作;亨廷顿的"文明冲突论"出现后,伊斯兰文明成为国际关系学界关注的一个重要行为体,我也希望组织全国的阿语力量,翻译出版一些阿拉伯经典著作,让国内学界和读者能直接了解博大精深的伊斯兰文明和文化。

2000年5月,埃及驻华大使努曼·贾拉勒博士邀请我赴京,会见埃及教育部长侯赛因·卡米勒·巴哈丁博士,并当面接受委托翻译他的专著《无身份世界中的爱国主义——全球化的挑战》。巴哈丁博士风度翩翩,谈吐文雅,任职教育部长一职10多年,是一位资深高级官员,也是名副其实的学者。他在书中主要讲述埃及应如何应对21世纪全球化的挑战,埃及和阿拉伯国家在世界科技革命中怎样维护自己的国家身份和民族属性,怎样以教育为本推动现代化发展等,观点鲜明,分析也很深入,是一本很有代表性的阿拉伯学术著作。这本书的翻译,得到了教育部国际合作与交流司的批准和资助。我让我的第一位博士生王有勇参与了翻译。他当时正值在职攻读阿拉伯语专业博士学位,尽管很忙,但很认真努力地对待每一个知识难点或语言难点,因为他与我有一个共识,翻译实践是提升驾驭语言能力的重要途径,是颇具实效的学术训练。我们紧赶慢赶,本书总算在贾拉勒大使2001年9月离任前,由上海外语教育出版社出版。

这本书的翻译与出版,自始至终都受到中埃双方的重视,是中埃教育交流的一项成果。2002年秋,中国教育部长陈至立访埃,将中译本作为礼品面赠作者,受到了他的好评和感谢。对我个人的启迪是:由阿方遴选、推荐著作,提供版权等方便,经中方审读、组织力量翻译出版,比中方人员自行在阿拉伯书市里寻找、物色,再联系作者或出版社商谈版权转让等,显然更符合双方的需要,也更便捷和见效。这在当前和未来加强中阿文化学术交流过程中,是个可供参考的案例。

《十字路口》也是巴哈丁部长的著作,也是通过埃及驻华大使、驻沪总领事转来样书和转让版权函件。我也再次请示教育部国际司获准,让我的另一位在读博士生丁俊参与翻译。此书的写作时间是在"911事件"发生之后,作者已经深深感受到阿拉伯世界和伊斯兰世界与发达国家、新兴经济体之间正面临着一道"文明和科学的鸿沟",察觉到国际上的霸权主义和强权政治乃是滋生极端主义和恐怖主义的根源之一。他为处在十字路口的阿拉伯民族指明的出路是"改革",理由是"改革作为在这个急剧变化的世界里,适应时代变化和新型国际关系的一种必需,它不仅是我们应该接受的现实,而且应当成为我们处理当前和未来各种问题的纲领"。结合2010年冬肇始于突尼斯,继而席卷几乎整个阿拉伯世界的动荡剧变,我们都不得不佩服多年之前巴哈丁博士已经作出的充满前瞻性的理性思维和判断。

该书阿文版由埃及知识书局2003年出版,中译本由我与丁俊老师合作完成,于2005年4月由上海外语教育出版社出版。丁俊老师是第一位跟我攻读阿语专业博士学位的回族学者,他的专长在伊斯兰文化领域,为翻译《十字路口》这样内容涉及较多学科门类的学术著作,花费了不少时间和精力。他与王有勇老师,毕业后不多年都已晋升为教授,而且均列入了教育部新世纪人才支持计划,令我深感欣慰。我谨希望他们今后能继续重视阿拉伯学术著作的翻译工作,不断增进与阿拉伯国家的文化交流与合作,为建设中国特色的阿拉伯学作出贡献。

2005年5月我出访叙利亚、黎巴嫩、约旦、埃及和沙特5国。前3国是作为中阿友协代表团负责人去进行学术交流;去埃及,是与仲跻昆、国少华、杨言洪和葛铁鹰4位教授一起接受埃及高教部长阿慕尔·伊扎特·萨拉马博士教授颁发的表彰奖；去沙特则是应国王伊斯兰研究中心之邀做个演讲。我在埃及的活动，均由埃及前驻上海总领事阿卜杜勒·法塔赫·安泽鼎联系安排。他当时任埃及外交部人事司司长。颁奖仪式之外，他还让我会见了即将赴华任职的新大使和新总领事。更令我难忘的是，他把已经退休的巴哈丁博士请到外交部与我会面，使我有机会当面送上《十字路口》中译本。巴哈丁依然精神矍铄，彬彬有礼。他一面在中译本扉页上题词回赠，一面告诉我，他还想写一本新书，待出版后再找我帮忙。2006年春，我又去出席埃及文化最高理事会为世界10位学者举行的颁奖表彰会，再次与已准备出使古巴的安泽鼎大使见面。他带来了巴哈丁博士的问候，还说："部长阁下想见你。"但直到安泽鼎大使送我上飞机，再没谈起会面之事，可能是巴哈丁的新书还未写好，也可能是有其他不便之处。我没有问。

　　本次译文集五卷本推出，我其实只是想表示我曾涉及过这些领域的专著翻译，尽管既不广也不深，略窥门径而已，但今后还想继续做些努力；同时也希望国内阿语同行特别是中青年学者能重视翻译阿拉伯人文科学和社会科学的专著。我的老师们当年已经从单纯翻译研究宗教典籍走向了历史、文学、游记等书籍的翻译，我们这一代和更年轻的阿语工作者们理应继承传统，以更广阔的视野、更广泛的涉猎，把阿拉伯语的经典名著，现当代政治、经济、社会、文化等领域的精品力作翻译过来，介绍给中国的学界和读者。这项工作，已经直接关系我国国际问题研究和区域国别研究的水平，因为，把研究的视角与资料仅限于中国和西方大国，缺少了对象国的视角与资料，往往很难做到准确、客观和全面。

　　当前，随着文化建设工作受到国家前所未有的重视，中国哲学社会科学"走出去"计划正在全面推进,翻译工作又将迎来一个繁荣发展的新时期。我在有幸躬逢其盛的今天,回顾、审视自己译事,既有欣慰,也不无缺憾。欣慰的是这部译文集中的合作者,除黄运发、郅溥浩是我的同窗好友,其他几位如吴茴萱、郭黎、王伟、王有勇、丁俊等都是我的学生,而今他们都事业有成,有的移居国外,更多的在国内奋斗,早已有了自己的译作、专著,成为教授级专业人员,教育部优秀中青年人才。他们对当年师生合译的培养方式均持积极评价。遗憾的是,因受精力所限,自己的或组织同行开展的阿拉伯经典著作翻译和现当代的人文社科作品翻译,进展不快,跟不上形势发展,还不能在中阿文化交流过程中充分展示。

迟暮之年,虽无伏枥之志,但也不想抱残守缺聊自喜,只要可能,总还望为继续推进阿拉伯著作翻译摇旗呐喊,再尽绵薄。

朱威烈

2019 年 10 月

阿拉伯马格里布史

〔埃及〕萨阿德·扎格卢勒

序

艾哈迈德·菲克里　博士　教授

在大学教授的生活中,甚至在其一生中,没有比从事研究和著书立说的成果更为美好、更有裨益的了,也没有比让这种成果永葆青春更加辉煌的了。

师生之间持久的特点,就在于这样的一种关系:它把教授及其学生连接起来,当这些学生成为教授的同事时,它把他们和教授联系在一起,以后,又把这些同事和新生一代的学生联系在一起。

二十年前,当萨阿德·扎格卢勒博士还在准备优秀文学士学位,并且在1945年6月以优等成绩荣获学位的时候,我就觉察到他醉心于研究,向往着著书立说。从那时以来,萨阿德·扎格卢勒就倾向于专门研究伊斯兰教的历史和文明。当他被派送去巴黎大学,奉大阿拉伯通,马格里布和安达卢西亚现代史学家中的权威,已故的莱维·普罗旺萨耳教授为师的时候,他选择了阿拉伯马格里布作为学习和研究的领域,努力使自己严密掌握阿拉伯世界中这个地区历史上的文明的各个方面。他还在巴黎大学的艺术和考古学院听取已故的伊利·朗贝尔教授讲述关于马格里布和安达卢西亚艺术的课程。1947年,他获得该院中世纪艺术史的毕业文凭。

萨阿德·扎格卢勒为了准备两篇法国文学的博士论文,花了六年时间。1951年6月,他以甲等荣誉获得巴黎大学的博士学位。他的论文主要内容是"伊历580～595年（公元1184～1199年）穆瓦希德王朝的阿布·优素福·雅各布·曼苏尔"，包括这位哈里发时代的政治、文明和艺术的历史。曼苏尔在位期间，是建立在西马格里布和安达卢西亚地区的穆瓦希德王朝的伊斯兰文明黄金时代。在塞维利亚、马拉喀什和拉巴特同时修建闻名考古界的三座宣礼塔，至今依然屹立，这些宣礼塔是那个时代繁荣昌盛的巍然不朽的标志。

萨阿德博士还考证了《地方奇闻考证书》（该书对伊历6世纪[公元12世纪]的麦加、麦地那、埃及、马格里布与苏丹地区做了描述），做了评注。他博士学位的补充论文——《国家》也就是对这本书的评注。

萨阿德·扎格卢勒博士于1951年9月任亚历山大大学文学院讲师，1958年升为副教授。此后，他一直从事历史研究工作。1956～1959年，他被利比亚大学借聘，有机会潜心钻研阿拉伯马格里布史。他在论文中，发表了他所进行研究的一些成果。读者可以在本书后面的《参考文献》里，看到他的论文一览表。

萨阿德·扎格卢勒博士不仅关心马格里布地区的历史，而且对亚历山大城极为重视。在《自远古以来的亚历山大城历史》一书中，他撰写的"亚历山大城历史，从阿拉伯征服到法蒂玛王朝建立"一节，于1963年发表，是这种重视所产生的一个丰硕成果，其中史实丰富，识见广博。

萨阿德·扎格卢勒博士现在所发表的这本书，是他关于阿拉伯马格里布史的同类书中的第一卷，包括整个马格里布最初两个世纪的历史，即阿拉伯征服、伊斯兰稳定、马格里布特点形成和开始在马格里布形成若干统一范围的时期。

萨阿德博士的这本书广泛汇集了马格里布史的资料，包括这方面的印本和抄本，从本书中对这些丰富史料进行细致分析的、内容充实的前言来看，这是很清楚的。作者在这方面所做出的巨大努力，证明他经年累月苦心诣地从事研究,证明他没有急于搜集资料予以发表,而是深入研究,详尽探讨,从古代史学家的传述中调查实况,从他们记载的神话里去伪存真。他在所有这些工作中都遵循了历史科学的方法。

作者不仅阐述上述两个世纪的政治史,包括征服、战争、斗争、统治者的更迭以及王国和王朝的建立,而且竭力剖析伊斯兰教进行征服以前的马格里布地区的概况、社会制度和民间风俗习尚,说明凡此种种对征服的时而顺利、时而竭蹶所具有的影响。作者还对当地被征服以后的文化、道德和宗教生活的现象以及思想的演变,做了解释,并且说明它们对政治倾向的影响,这些倾向导致了马格里布地区三个主要王朝的建立和后来这个地区的历史发展。

萨阿德·扎格卢勒博士成功地解释了之所以造成阿拉伯马格里布地区与阿拉伯马什里克地区在历史倾向方面不尽相同的原因,他顺利地确定了孕育出应该称之为马格里布团结的种子。这种团结是建立在民族和社会基础之上的,它抵制了政治上的分歧,虽然其中贯串着斗争,但是并没有像阿拉伯马什里克的斗争那样激烈,也没有能够动摇阿拉伯马格里布各国人民之间的社会联系。

萨阿德·扎格卢勒博士竭力阐明的是,尽管在阿拉伯马格里布的民族中这些国家的人民互不相同,但他们毫不勉强地结合在一起,他们过去和现在都一直引此为荣。

在萨阿德·扎格卢勒博士的这本书中,阿拉伯马格里布史初期的史料,包括那时代的历史事件、传述和城乡人民的情况是很丰富的。为了让读者自己来辨认、鉴赏本书并估价它的意义,我不打算对它进行详尽的解释。研究细致、科学方法严谨、语言简洁和风格洗练,本书都兼而有之。

我相信本书在史学界将受到应有的欢迎和赞赏。谨祝萨阿德·扎格卢勒博士在发表他的第二卷时,同他提供这第一卷一样一帆风顺。

前　言　本书的宗旨和资料出处

宗旨：

　　我们在本书所做的研究,涉及阿拉伯马格里布——利比亚、突尼斯、阿尔及利亚和摩洛哥——最初两个世纪的历史。

　　阿拉伯马格里布史,因其固有的特点和深刻的意义,确实是一种新颖的题材。然而,这并不意味着它是一门独立的历史,因为,只有在总的伊斯兰历史范围内,才能正确地理解它。它的第一个特点,在于最初阿拉伯人进行征服的艰难。尽管如此,同其他地区相比,阿拉伯人在马格里布还是做出了体现根本变化的出色贡献。在伊拉克、叙利亚和埃及仍有一些当地居民信奉基督教的零星地区,而马格里布却是完全伊斯兰化了。

　　当伊朗的马什里克回复到原来的民族主义并信奉什叶派的时候,马格里布还保留有一些(通用柏柏尔语的)柏柏尔人零星地区,而当什叶派的分支伊斯梅利亚教派的法蒂玛王朝建立的时候,马格里布曾遭到强烈的教派变迁,尽管如此,它却始终属于阿拉伯逊尼派。

　　这里不妨指出,促成马格里布的阿拉伯化和使它皈依逊尼派的条件之一,是它处于这样的地理位置:西北面是阿拉伯逊尼派的安达卢西亚,东面则是阿拉伯逊尼派国家的中心——埃及、叙利亚和阿拉伯半岛。

当波斯人和后来的土耳其人征服了伊斯兰马什里克的时候,阿拉伯人便从伊拉克、叙利亚、阿拉伯半岛和埃及向马格里布迁徙。其中最著名和最重要的是伊历①五世纪(公元十一世纪)阿拉伯人中的希拉勒族从上埃及向马格里布的迁徙。

另一方面,特别是从伊历七世纪(公元十三世纪)起,西班牙人压制安达卢西亚的阿拉伯人,造成阿拉伯人成群结队地向马格里布转移,一反原来从马格里布向安达卢西亚的迁移方向,就像是一股向马格里布地区输送阿拉伯新鲜血液的潮流。

由于什叶派的法蒂玛王朝在马格里布建立,造成了阿拉伯马什里克和马格里布的疏远时期。在此以后,马格里布的阿拉伯化便最终确定了下来。

在非常的国际条件下,当阿拉伯主义和伊斯兰教在马格里布和马什里克同十字军的欧洲(西班牙的基督教国家,西西里岛和阿非利加②的诺曼底王朝)相对峙的时候,建立在语言、血统、文化和同一命运纽带之上的马格里布诸国和马什里克诸国之间的关系一直是巩固的。而当阿拉伯马什里克陷于土耳其奥斯曼政权统治之下的时候,除摩洛哥外,马格里布也随着屈服于君士坦丁堡的素丹。

接着,当欧洲的大国瓜分阿拉伯的马什里克和马格里布,还竭力使它们彼此孤立的时候,它们又遭遇到同样的命运。最近,当代的阿拉伯人开始觉醒,阿拉伯马什里克争取独立的斗争获得成功,这就在马格里布产生了必然的反响:整个马格里布都得到了解放。

血统和同一命运是一千多年来历史进程的惊人产物。这个独特的过

---

① 原译"回历",现统一改为"伊斯兰教历",简称"伊历"。——译者
② 即今突尼斯加上的黎波里和君士坦丁地区。——译者

程,把阿拉伯的马什里克和马格里布史无前例地联结在一起。如果有过这样的时期,它们彼此曾稍有疏远,那么,这是由于异乎寻常的条件,而这种条件不久就会消失,使阿拉伯世界的这两个部分又重新恢复和睦。

我们的这篇研究,目的是在我们所涉及的时期里,说明强盛的因素和衰弱的原因,是为了了解老问题的原因,了解在决定这个地区命运的时候,这些原因所产生的深刻影响,而在那以后的时代里或许直到我们今天采用的决定命运的方式,仍与这种影响有关。这方面,除了经验和教训,还要了解现代问题的许多原因。正如谚语所说,"原因清,怪象明","对症才能下药",这就是学习历史的最大目的:目前的事件与过去的事件紧密相连;不了解我们过去的情况,就不会懂得我们今天的处境。我们的今天,就像是新的一环,我们把它放进一串长长的链条中去,这一串长链,将把我们引向遥远的过去,引向我们真实的渊源。

本书除前言和后记外,共有五章:

一、阿拉伯人征服之前的(马格里布)地区、居民和社会状况的介绍。

二、阿拉伯人对马格里布地区的征服,从探索到立足下来。

三、倭马亚王朝的行政:它的错误和在哈瓦利吉派运动中的反响。

四、倭马亚王朝末期和阿拔斯王朝初期本地区的概况;在归属哈里发国家和争取独立期间的马格里布。

五、独立时代的初期:阿格拉布王朝在突尼斯和的黎波里的建立;罗斯图姆王朝在阿尔及利亚和内富萨山的建立;伊德里斯王朝在摩洛哥和特累姆森的建立。

资料出处:

由于研究的方式方法问题,要完成这样的计划,不是一件易事,因为,马格里布史的初期还需要进一步学习和深究,更确切地说,还需要有更多的新资料。称为档案(或者文件)的政府公文或者雕刻、货币、古迹和其他的原始资料寥寥无几,近乎空白。因此,我们在研究中,就像研究伊斯兰教通史一样,只能依靠历史文学,依靠早期的和晚期的史学家和非史学家的传述。

早期的作家采用了古代编年史家的传述。起先,他们引证从目击者或传述家和说书人处听来的口头传闻。不过口头传述常常会变化和发展,因为它难以把握,又受到陈旧的宗派主义或部落主义倾向的影响,受到政治条件、教派偏见乃至个性和心理诸因素的影响。口头传述的演变还往往达到使史实变为神话,或者使神话变成史实的地步。正是由于这个原因,在伊斯兰教产生初期的许多传闻中,神话占了上风,对同一事件会有种种不同的说法,从而使现代史学家的任务变得十分艰巨。这种困难一般明显地表现在编写早期伊斯兰教的征服史中,而在编写马格里布和安达卢西亚的征服史过程中,这种困难就更为突出。对待互不相同的历史传述,史学家要去伪存真,就不能踟蹰彷徨,而必须对那些具有神话色彩的传述进行分析,倘若它还有根据,就得还它历史的本来面目。

我们面前有三个困难:首先,是资料的匮乏;其次,是资料的混乱,或者说混乱到了难以整理的程度;第三,在许多资料中神话占了上风。[1]

马格里布史早期的最重要资料是关于入侵或者征服的一批书籍。军事文学是最早的一种历史文学,因为它的出现是与伊斯兰教的出现以及先知时代紧密相连的。第一次是使者(穆罕默德)的远征。传记作家重视这次远征,也重视被征服国家的穆斯林们后来进行的远征。后者乃是前者的补充。这种关于远征的书籍分为两类:一类是关于总的阿拉伯征服;

---

[1] 参见萨阿德·扎格卢勒:《阿拉伯人征服马格里布的史实和传说》,公元1963年亚历山大大学文学院学报,第1~5页。

另一类是专门关于征服马格里布的。当然，这后一类更重要些。这种分类法在很大程度上是徒具形式的，因为这两类书有一个共同特点，那就是它们都来源于马什里克。① 我们想以这最近的见解来答复这样一些人，他们把关于征服马格里布的传述分为两类：一类来自马什里克，另一类则来自马格里布当地。他们把后者说得比前者更有根据，也更加详细。但是这种看法仅仅适合于以后的时代：那时，在马格里布和安达卢西亚，阿拉伯文明的中心已经建立，马什里克的大学者和历史学权威移居到了马格里布，或者马格里布人在马什里克已经掌握了科学的初步基础。

伊本·伊斯哈克②（卒于伊历 151 年［公元 768 年］）是第一位写远征

---

① 这里，我们仅提出安达卢西亚最早的史学家阿卜德·马利克·本·哈比卜（伊历 179～238［公元 796～853 年］）。他曾到过马什里克，学习马立克派的教律学，拥有"安达卢西亚学者"之称。他编著了《历史》一书，此书涉及安达卢西亚诸埃米尔的历史，一直写到伊历 274 年（公元 887 年）。* 但是，此书虽然出现很早，却充满了神话和迷信（参见安赫尔·冈萨雷斯·帕伦西亚：《安达卢西亚思想史》，侯赛因·莫尼斯译本，1955 年版，第 194 页）。
　　* 此书可能系其学生伊本·阿比·里卡阿所著。——译者
　　* 阿拉伯语中，"本""伊本"都是儿子的意思，本书为统一起见，凡在名字之首译为"伊本"，名字之中则译为"本"。——译者
② 关于伊本·伊斯哈克，参见伊本·纳迪姆：《百科辞书》，商业书店版，第 142 页；布罗克尔曼：《增补》I，第 205 页。这里不妨指出一些伊本·希沙姆的同代人，他们在那么早的时期就留心历史记载，重视征伐，被称为传述家（即轶事讲述家或史学家的先驱），如阿兹德族人阿布·马赫纳夫·鲁特·本·叶海亚·本·马赫纳夫·本·萨利姆（卒于伊历 157 年［公元 773 年］），他著有《叙利亚的征服》和《伊拉克的征服》（伊本·纳迪姆：《百科辞书》，商业书店版，第 143 页）。塔米姆族人塞夫·本·奥马尔·阿萨迪（卒于伊历 170 年［公元 786 年］），著有《伟大的征服》（《百科辞书》，第 143 页）。继他俩之后，有卡勒卜族人希沙姆·本·穆罕默德·本·萨伊卜（卒于伊历 206 年［公元 821 年］），著有《大地志》和《小地志》（《百科辞书》，第 146～149 页）；有马达伊尼，他的全名是阿里·哈桑·阿里·本·穆罕默德·本·阿卜杜拉·本·阿比·塞夫·马达伊尼，他是沙姆斯·本·阿卜德·马纳夫（卒于伊历 225 年［公元 839 年］）的幕僚，著有关于征服叙利亚、伊拉克、波斯、霍腊散、埃及和巴尔卡等地的许多著作（《百科辞书》，第 153 页，并参见布罗克尔曼：《增补》I，第 214 页）；还有祖贝尔族人穆斯阿卜·本·阿卜杜拉（《索引》，第 166 页）和祖贝尔·本·巴卡尔·本·阿卜杜拉·本·穆斯阿卜·本·祖贝尔（卒于伊历 256 年［公元 870 年］）（参见《百科辞书》，第 166、167 页；布罗克耳曼：《增补》I，第 141 页）。

的作家。他除了《穆罕默德传》外,还著有不少有关远征的书。我们已经获得了他采用故事体裁写成的《埃及和亚历山大的征服》一书①。瓦基迪被认为是这类历史文学最早的代表,"他熟知远征、传记和征服"②,许多关于征服和远征的书据说都是他的著作,其中如《叙利亚的征服》一书,我们已经得到,但究竟是否是他所著,尚有疑问;征服埃及是征服叙利亚的一部分,瓦基迪这方面的著作,我们见到了他独立成篇的《埃及和亚历山大城的征服》一书③,此书与伊本·伊斯哈克的书同名;《埃及的巴汉萨和法尤姆的征服》④也是瓦基迪的著作,此外,他的《阿非利加的征服》一书,也更为我们所重视。

尽管在世界的各个图书馆里,有不少《阿非利加的征服》的手稿⑤,也尽管这本书大约在七十年前就已经出版⑥,然而,在阿拉伯马格里布史工作者的参考书目中,我们却没有发现曾提到它。这种忽视显然有两个原因:第一,这本书像瓦基迪的大部分著作一样,已经亡佚散失,我们所获得的,只是他以后的作家转述;第二,它的神话和故事色彩超过了它的历史性,因而很难加以利用。⑦古代作家怀疑伊本·伊斯哈克和引证他的瓦基

---

① 欧洲版本。
② 伊本·纳迪姆:《百科辞书》,第150页。
③ 公元1825年莱顿版本。
④ 伊历1278年和1280年开罗版(《巴汉萨的故事和它的奇迹》……)。伦敦的东方和非洲研究所抄本,第6386号(参见萨阿德·扎格卢勒:《阿拉伯人征服马格里布的史实和传说》,公元1963年亚历山大大学文学院学报,第7页)。
⑤ 参见布罗克耳曼:《阿拉伯文学史》增补 I,第208页。
⑥ 伊历1315年,(阿卜德·拉赫曼·萨纳迪利的)突尼斯版。
⑦ 参见萨阿德·扎格卢勒:《阿拉伯人征服马格里布的史实和传说》,第6页(作者指出,莫尼斯在他的一些注释中,已经提到这一点,阿卜德·穆纳伊姆·马吉德在《阿拉伯国家的伊斯兰史》的参考书目中,对此也已予指明)。

迪传述的确凿性①,并且怀疑我们见到的他俩的书是否确实是他们所著。我们认为,瓦基迪的《阿非利加的征服》的原始著作是随着时间的推移而发展的,直到形成现在我们所见到的这种神话形式。这是因为囿于历史条件。我们在对此书的一篇题为《阿拉伯人征服马格里布的史实和传说》的论文中,曾试图解释这些历史条件,并对英国博物馆所收藏的瓦基迪的手抄本之一《一个阿非利加城市的征服》进行研究和评论②,对此,我们将在一些地方予以指明。

我们所见到的最早、最详细的关于马格里布的征服的完整传述,是阿卜德·拉赫曼·本·阿卜德·哈克姆(伊历257年[公元871年]卒于福斯塔特)的《埃及、马格里布和安达卢西亚的征服》一书③。这本书的意义,在于伊本·阿卜德·哈克姆是埃及人,埃及是早期征服马格里布的基地。而且,作者出身于学识渊博的书香门第,他的家庭深陷政事,因此在伊历237年(公元851~852年)遭到巨大的不幸。④ 这就是说,伊本·阿卜德·哈克姆的社会地位使他能够研究福斯塔特的地方志,这本地方志中,

---

① 关于对伊本·伊斯哈克编年史的怀疑,参见伊本·纳迪姆:《百科辞书》,第142页;关于对瓦基迪著作的怀疑,我们看到,塔伯里在谈到早期的征服和对罗马的战争时,常常在引用瓦基迪的传述前面加上"瓦基迪声称"(参见《伊历62年和54年纪事》)或"在瓦基迪的话里"(参见《伊历58年和60年纪事》)等字眼;并见萨哈维:《对诋毁历史者的申斥公告》,伊历1349年版,第117页。萨哈维指出:《各阶层人物传记》一书的作者伊本·萨阿德是权威,而"他的先生瓦基迪却才疏学浅"。这里,我们要指出阿卜德·阿齐兹·杜齐是持相反意见的(参见《阿拉伯人的历史学》,公元1960年贝鲁特版,第30~31页)。
② 公元1963年亚历山大大学文学院学报,1963年第10期。
③ 参见公元1920年(托里[Torrey]的)莱顿版。亨利·马赛(Massé)于公元1914年出版了这本书中有关埃及的部分。后来,阿卜德·穆纳伊姆·阿密尔主持出版了该书的历史部分。这个版本广征博引,其中有关于文本的考证,也有关于旁注确凿性的研究。这里,我们指出一下侯赛因·纳赛尔博士对这版本的评论,见《文库》杂志第7年度,公元1963年8月,第80期,第98~102页。
④ 参见铿迪:《总督和法官》,第119~200页,第452页;托里的(英文)序言,第1~2页;公元1948年阿尔及尔出版的法文节译本中加多(Gateau)的序,第12~13页;公元1963年开罗出版的易卜拉欣·阿达维所著的《阿拉伯史学家的先驱伊本·阿卜德·哈克姆》,第31~35页。

关于埃及和马格里布的征服的书信和记录下来的正式文件十分丰富；或者说，他的社会地位也使他能够向那些曾看见过或誊抄过这些记录的长老求教。伊本·阿卜德·哈克姆引证的主要作家有：伊本·拉希阿（卒于伊历174年［公元790年］）；埃及的伊斯兰教律学家和传述家来斯·本·萨阿德（卒于伊历175年［公元791年］）①；道地的努比亚人亚齐德·本·阿比·哈比卜（卒于伊历128年［公元746年］），他是叙述埃及和马格里布的征服的权威传述家之一，也是伊本·拉希阿和来斯·本·萨阿德的老师；叶海亚·本·阿卜杜拉·本·布克尔（卒于伊历231年［公元845年］），在他赠给伊本·阿卜德·哈克姆的书中，汇集有大量的记录和文件②；奥斯曼·本·萨利赫（卒于伊历219年［公元834～835年］），他是伊本·阿卜德·哈克姆关于马格里布史部分最重要的参考著作者之一，他以温雅诚实著称，从不欺世盗名③；还有叶海亚·本·阿尤布（卒于伊历163年［公元779～780年］），哈立德·本·哈米德（卒于伊历169年［公元785～786年］）和阿卜德·马利克·本·马斯拉马。

此外，伊本·阿卜德·哈克姆还引证了许多在埃及脍炙人口的民间故事和传说，有的关于埃及和马格里布的征服，有的关于行政组织和国家体制，这就增加了伊本·阿卜德·哈克姆著作的意义——特别是其中有关埃及的部分。他不仅注意政治史，而且也重视文明、制度和措施。因此，他是这类注意社会和国家体制的历史文学的先驱。以后，精通历史文学的马克里齐，以他的《回忆手迹和古迹的殷鉴和教训》一书提供了最重要的典范，成为这类文学的代表人物。

---

① 关于来斯·本·萨阿德的学问，沙菲伊曾说："来斯·本·萨阿德比马立克更精通教律，可是他的弟子没有继承下来。"（伊本·希利甘的著作第3卷，毛希丁版，第280页）
② 参见托里的序，第3、6页；加多的序第18页。
③ 参见加多的序，第21页（他引证了《扎哈比的秤盘》一书）。

伊本·阿卜德·哈克姆在他的著作中的形象,与其说像一位史学家,还不如说是一位讲述者。他经常注意引证不同的传说,同时留心记下历史线索。这种特点表现在他著作的最后一节之中,他谈到了进入埃及和马格里布的穆门子弟,以引述传说中有关先知的故事。按照讲述者的办法,他把一些传述提前或挪后,对一些历史事件甚至一些重大的事件,也这样提前或挪后,因此要按时间顺序来排列它们,就很困难。这一点,我们将在一些地方加以指出。①

继瓦基迪和伊本·阿卜德·哈克姆之后,有白拉祖里(阿布·贾法尔·艾哈迈德·本·叶海亚·本·贾比尔,卒于伊历279年[公元892年])的著作《各地的征服》。这本书一气呵成,涉及所有的征服,特别是关于马什里克的征服。我们猜测此书的全名是《小地志》,不过内容简扼。白拉祖里曾打算扩大其篇幅,取名为《大地志》。然而,正如伊本·纳迪姆所说,白拉祖里没有能够完成这项工作。② 白拉祖里的方法与瓦基迪和伊本·阿卜德·哈克姆一样,也注意历史线索,在这方面,他是又一位讲述者式的史学家。特别是,他依据了阿卜杜拉·本·萨利赫、来斯·本·萨阿德、纳菲厄·毛拉·阿勒·祖贝尔、伊本·卡勒比和瓦基迪的传述,有时也引证瓦基迪的书记伊本·萨阿德的著作。必须指出的是,他摘自瓦基迪著作中有关征服马格里布的传述,与我们一开始就指出的属于瓦基迪的《阿非利加的征服》中的那种纯粹神话色彩的传述之间,并无关系。

除上所述,我们还要指出现存于征服安达卢西亚典籍中的有关征服马格里布资料的重要性,尤其是伊历四世纪(公元十世纪)无名氏作家的

---

① 参见萨阿德·扎格卢勒:《阿拉伯人征服马格里布的史实和传说》,公元1963年亚历山大大学文学院学报,第5页。
② 参见伊本·纳迪姆:《百科辞书》,第170页。

《史话集》①和伊本·库提亚(穆罕默德·本·奥马尔·本·阿卜德·阿齐兹,卒于伊历 367 年[公元 977 年])的《安达卢西亚征服史》两书。同时,还有铿迪(卒于伊历 350 年[公元 961 年])的《埃及的总督和法官》,此书对于研究伊历一世纪到四世纪期间的埃及和马格里布的关系,有特殊的意义。在这本书里,有关于古代埃及的总督们所进行最初征服的有价值的片断。这些总督把马格里布作为一个行省,纳入他们的管辖之下。铿迪的许多资料来自早期的讲述家,其中主要有:赛义德·本·奥费尔、伊本·拉希阿、叶海亚·本·阿卜杜拉·本·布克尔、亚齐德·本·阿比·哈比卜、阿卜德·拉赫曼·本·阿卜杜拉·本·阿卜德·哈克姆等人,他们有时提出一系列的佐证,一直追溯到最初的见证人,如阿卜杜拉·本·阿慕尔和阿慕尔·本·阿斯。②

关于埃及和马格里布的关系,不妨提一下伊本·阿卜德·哈克姆和铿迪的继承者,如马克里齐,他著有《回忆手迹和古迹的殷鉴和教训》,后又写了关于马格里布法蒂玛王朝初期的著作,题为《教长们的传述——正统派的训诫》(伊历 1367 年[公元 1948 年]舍亚勒发表),此书对后代很重要;又如伊本·塔格里·比尔迪,著有《灿烂的群星》;再如苏尤提,写了《演讲的精妙》。

这是关于征服马格里布的最早、最详细和最有根据的传述,被称为是马什里克的传述。遗憾的是,可以与这些东方传述相提并论的马格里布

---

① 关于对这本书的评论,雷皮拉认为,它的作者不止一人,其中的第 1 卷是一位政界人士呈禀希沙姆·本·阿卜德·拉赫曼·达希勒的奏折,第 2 卷系一个教律学家所著。雷皮拉还认为这本书是在伊历四世纪(公元十世纪)编著完成的。而杜齐则认为这本书的编成时期是伊历五世纪(公元十一世纪)。参见安赫尔·冈萨雷斯·帕伦西亚:《安达卢西亚思想史》(侯赛因·莫尼斯译本,公元 1955 年,第 198 页)。
② 参见铿迪的著作,第 32~33 页。

的古老传述,我们一点没有得到。① 这就是说,那时期第二类的参考资料,散见在通史之中,这类资料又包括两个部分:一部分在马格里布史中;另一部分在专门的马什里克史中。

我们得到的最早的第一部分著作,是马拉喀什人伊本·伊扎里的《马格里布史中的奇闻》一书,它约在伊历712年(公元1312年)写成。伊本·伊扎里所完成的马什里克部分,名为《马什里克史中的明证》,我们没有得到。《奇闻》的第1卷涉及马格里布史,它从阿拉伯征服开始,一直写到伊历五世纪中期(公元十一世纪)希拉勒族人向马格里布的迁徙,并包括后来的历史事件。这本书虽然一方面很扼要,另一方面对我们所研究的时期来说,又偏后了些,可是,它却包括了我们没有获得的马格里布和安达卢西亚古代史学家的许多传述,并竭力在每一个场合提及其中的人物,从而增加了它本身的价值。东方学学者荷兰人杜齐懂得《奇闻》的价值。早在一百多年前,他就发表了其中关于马格里布的第1卷和关于安达卢西亚的第2卷(公元1851年莱顿版)。然而,第1卷的前面缺少奥克巴·本·纳菲厄远征西马格里布的大段事迹。普罗旺萨耳和库朗(Colin)找到了《奇闻》的另一份抄本②,在他俩最近出版的第1卷里,这个缺陷已

---

① 伊历二世纪末叶(公元八世纪)在凯鲁万流传的有关这时期的最早的马格里布传述,要追溯到伊斯梅尔·本·阿比·穆哈吉尔。贝克里曾引证过他的一些传述。参见《伊本·阿卜德·哈克姆传记》中加多的序,第26页。不妨说《史话集》中的安达卢西亚征服史里所涉及的关于征服马格里布的传述,是这种来自马格里布的典型传述。

② 不妨指出,这个抄本载有详述穆瓦希德王朝史的第三部分。普罗旺萨耳发表了《奇闻》一书中穆拉比特王朝时代的安达卢西亚部分,使它和杜齐的两卷相衔接,成为第3卷(公元1930年巴黎版)。至于穆瓦希德王朝的部分,则有无名氏所著而由维西(Huici)发表的涉及穆瓦希德王朝历史的著作,西班牙文的题为 Anonimo de Madrid y Copenhague (《马德里和哥本哈根的无名氏》),阿拉伯文书名是《伊本·巴萨姆史记》(公元1917年马德里-巴伦西亚版)。它只是这一部分的节本。因此,这是伊本·伊扎里《奇闻》一书的第4卷,也是最后一卷(参见最近法文版《奇闻》第1卷中普罗旺萨耳的序言,第7页)。事实上,拿维西发表的无名氏著作的一些内容,与伊本·哈柡卜在他的《格拉纳达王朝史》中所摘引的语录相比较,就可以知道这本书是伊本·伊扎里所写。

得到弥补。

伊本·伊扎里求教的马格里布编年史作家,我们没有得到他们的著作。这些人中有易卜拉欣·拉基克,他大约在伊历377年(公元987年)写了《阿非利加史》;有伊本·沙拉夫(卒于伊历460年[公元1088年])、伊本·拉希克(卒于伊历504年[公元1110年]);有称为瓦拉克的作家优素福(他的儿子叫穆罕默德·本·优素福·瓦拉克),生于凯鲁万,卒于科尔多瓦(伊历363年[公元973年]),他为倭马亚王朝的哈卡姆·穆斯坦西尔编写了到他那时为止的《阿非利加史》①;还有伊本·卡坦(卒于伊历628年[公元1230年]),他是《时闻串珠记》的作者,普罗旺萨耳曾找到这本书中有关穆拉比特王朝末期和穆瓦希德王朝初期的一部分。②

伊本·伊扎里的参考资料,有安达卢西亚人伊本·费亚德(卒于伊历459年[公元1066年])关于马格里布史的著作《警戒集》③;有优素福·本·阿卜德·巴尔·尼姆里的《圣门弟子列传》,作者生于科尔多瓦,卒于耶斯特(伊历368~463年[公元978~1070年])。④ 其中,还有历史教律学家阿布·阿里·萨利赫·本·谢赫·阿比·萨利赫·阿卜德·哈利姆的著作《贵宾》。这里,我们要指出的是,这位史学家的儿子叫奥贝德拉·

---

① 参见《关于阿拉伯人征服马格里布的新文本》中的"文本的研究"一节,第198页。对照公元1911年版的贝克里的著作中德·斯朗(De Slanel)的序文,第16页(德·斯朗说,他从贝克里处了解到穆罕默德·本·优素福是道地的凯鲁万人,而伊本·哈兹姆却断定他纯粹是瓜达拉哈拉地区的安达卢西亚人)。
② 蓬斯·博伊盖斯(Pons Boigues)的著作第279页。阿卜德·萨拉姆·本·骚达:《西马格里布史学家的向导》,公元1950年得土安版,第184页。参看法文《马赫迪伊本·图马尔特的历史和穆瓦希德王朝的开始》一书的序[选自《贝达克回忆录》即《未发表的文件》(Documents Inédits)],第5页,注释1;《新文本》里"文本的研究"一节,第200页,注释2。
③ 参见《新文本》,第200页,注释1。该处指出需查阅蓬斯·博伊盖斯的《阿拉伯-西班牙史地学家》,第138页,公元1898年马德里版。
④ 《新文本》,第200页,注释2。普罗旺萨耳指出,这一点见诸伊本·哈贾尔的《甄别》一书的注释,伊历1323~1327年开罗版,第3卷,第108~109页。

本·萨利赫·本·阿卜德·哈利姆,著有《柏柏尔人传述集》一书。公元1954年,普罗旺萨耳教授在马德里埃及研究所的《伊斯兰教研究》学报上发表了这本书中的一小段,题名为《关于阿拉伯人征服马格里布的新文本》。在对这一小段材料进行研究和分析以后,普罗旺萨耳又在《阿拉比卡》(Arabica)杂志第1期上,全文发表此书。①

伊本·伊扎里从这些迄今无处查寻的书中,为我们保存了这些片断,从而对伊斯兰马格里布史做出了重大的贡献。正如普罗旺萨耳所说,它包括"各种不可估价的文本珍品"②。

伊本·伊扎里引证的主要作家之一,是阿布·奥贝德·贝克里(卒于伊历487年[公元1094年])。他是《列国志》一书的作者。幸运的是,我们已得到了这本书中关于马格里布特点的部分《阿非利加和马格里布史中的奇闻》,德·斯朗于公元1911年在阿尔及尔发表。贝克里著作虽然属于阿拉伯的地理丛书,但由于它拥有重要的史料,已成为贝克里以后所有古代和近代史学家的参考书,所以,我们把它作为历史书提出来。贝克里这本著作的意义,在于为我们保留了从原始资料中转摘下来的史料,而这些原始资料我们却没有得到。其中最重要的是称为历史人物的穆罕默德·本·优素福·瓦拉克(伊历292～364年[公元904～974年])的著作。他曾应科尔多瓦哈里发哈卡姆·穆斯坦西尔之请,编著了许多关于阿非利加的历史书和地理书。在我们不曾获得的这些书中,有许多马格里布的城市史,如《突尼斯史》、《提阿雷特史》、《瓦赫兰史》、《休达史》、《纳库尔史》、《巴士拉史》(西马格里布的巴士拉)和《萨杰拉马萨史》。③ 从这些详细的资料特别是其中的统计里,可以知道,这是贝克里从保存在科尔

---

① 参见《新文本》,马德里埃及研究所学报,第202页。
② 《新文本》,第196页。
③ 参见贝克里的著作中德·斯朗的序,第16页。

多瓦地方志中的官方文件和卷宗里转摘过来的。①

最近,我们注意到贝克里不只是引用阿拉伯史学家的著作,而且也转摘欧洲作家关于阿拉伯征服以前马格里布史的一些著作,例如罗马和迦太基的战争以及马格里布的基督教等资料。我们认为他的许多关于马格里布的基督教资料,是从(比他写作时代更早的)古书典籍中引证过来。但是,他辑录下来的这些材料,却几乎使我们误以为这是他个人的资料。② 因此,有人解释说,贝克里独自掌握了直到伊历五世纪的基督教在马格里布复兴的资料,而对这些资料,其他人甚至早期的阿拉伯作家都没有提到过。梅斯欧迪过去也这样:他引用一些古代拉丁作家的著作,并把他所写作的年代(伊历332年[公元943~944年])接在这些作家的资料之后。③

伊本·赫勒敦除了《历史绪论》之外,他的《教训集》中有关柏柏尔史的一部分,乃是马格里布史的最重要资料之一。④ 尽管伊本·赫勒敦出世

---

① 参见贝克里的著作中德·斯朗的序,第13~14页。
② 这里不妨指出,大量引证贝克里著作的《考证书》作者,在谈到埃及时(第88页),他的做法与贝克里同出一辙。他记录了梅斯欧迪(写作年代在伊历332年[公元943~944年])关于塔尼斯和杜姆亚特两城的传述。这个传述说,基督教徒住在这两个城里,"感谢真主,他们现在处在保护之下",又说,"我们现在是在伊历586年(公元1190年)"。
③ 参看梅斯欧迪在谈到希腊列王史时引用的亚历山大大帝墓穴的资料(《黄金草原》,商业书店版,第1卷,第292页)。并见《自远古以来的亚历山大城历史》一书中萨阿德·扎格卢勒所写的《伊斯兰亚历山大城历史》,公元1963年亚历山大版,第239页。
④ 其实,伊本·赫勒敦在编写通史以前,一开始只打算写马格里布史。因为,他精通这个地区的情况,不像别人专靠引证,所以他的著作是原始的。《历史绪论》一书便是这样记录的:"我在本书中,阐述了我在这个马格里布地区里所知道的一切……我的目的是专门编写马格里布及其列代和各民族的情况,叙述马格里布的各个王国和历代王朝,而不是其他地区,因为对马什里克及其民族的情况,我一无所知。流行的传述满足不了我的要求。"(《历史绪论》,商业书店版,第33页)。欧洲人懂得《历史绪论》和其中有关马格里布史部分的重要性,他们在欧洲曾多次出版并将其翻译成多种文字。曾在阿尔及利亚担任法军官方译员的法国人巴隆·德·斯朗重视伊本·赫勒敦的历史,他将《历史绪论》译成法文,题名为 Les Prolégomènes,同时还翻译了其中有关马格里布史的部分,题名是《柏柏尔史》(Histoire des Berbères)。伊本·赫勒敦成为欧洲学者和研究人员注意的中心,以他为题的研究大大超过了对别的阿拉伯主义和伊斯兰教思想家领袖的研究。参看费舍尔的《伊本·赫勒敦和帖木儿》一书的序,公元1952年伯克利-洛杉矶版。

较晚(他卒于伊历808年[公元1406年]),然而,他的著作不仅对他所处的时期,而且对阿拉伯马格里布的远古时期来说,都是重要的。这是由于伊本·赫勒敦所独具的两个著名因素。首先是这位超凡出群史学家的才华[①],使他能够理解历史的全部真实涵义,即历史事件不仅仅是政治事件,而且是政治、地理、经济、社会和心理等各种因素相互作用的结果。这促使伊本·赫勒敦在他的《历史绪论》中,谈到了上述各个方面。他使历史的概念近似于文明的概念,也就是使它成为各民族和人民的历史,而不是国王、埃米尔或者名士阶层的传记。有人把这称为"历史哲学",事实上,这才是历史,历史也应该如此。

使马格里布史(或柏柏尔史)这一部分具有特殊意义的第二个原因,在于伊本·赫勒敦所提炼出来的大部分史学理论,是他对马格里布史研究的结果,也是他在工作和游历中的个人经验。他到埃及和叙利亚去之前,曾为突尼斯的哈夫斯王朝、特累姆森的阿卜德·瓦德王朝、非斯的马林王朝和格拉纳达的阿赫马尔·纳斯尔王朝效劳。他作为立国基础的氏族理论,源于马格里布的柏柏尔部族和阿拉伯部族的历史。这种理论在马格里布比在任何其他地区都更显重要。正是由于这个原因,我们发现他多次编写马格里布史,他先是把它作为各王朝的历史来写,然后,又分别考证各部族的传述,不止一次地重写。

此外,我们还得指出,伊本·赫勒敦——由于他的学识和社会身份——当时的地位允许他博览马格里布史的原始参考资料,而其中的绝大多数,我们都未能得到。他有时提到这些参考书,但更多时候,是忽略了未予指明。伊本·赫勒敦一视同仁地向我们介绍了阿拉伯人和当地居

[①] 这里不妨指出,哥提埃认为,在马格里布地区除像汉尼拔和圣徒奥古斯丁等少数人外,没有什么知名人物可以与伊本·赫勒敦相提并论(哥提埃:《北非往昔》,第80页)。

民的古代柏柏尔人谱系,转摘了贝克里的著作,而我们,则仅仅得到贝克里的百科全书中的一个片断,主要是马格里布的特点部分。伊本·赫勒敦还引证拉基克、伊本·拉希克和伊本·伊扎里等人的著作,尽管他不想麻烦自己,去一一指明伊本·伊扎里的著作。① 值得一提的是,伊本·赫勒敦在编写历史时,没有遵循他在《历史绪论》中的"历史学的作用、历史学派别的调查和揭露史学家的诡辩"一节里所坚持的评论原则。② 同时,他也从一些马什里克古代史学家如梅斯欧迪和塔伯里的著作中摘引资料。梅斯欧迪凭其《黄金草原》一书,被伊本·赫勒敦奉为史学家的楷模,因为,梅斯欧迪"在书里解释了民族和疆域的情况,提到了人们的信仰和风尚,描述了地区、山脉、海洋、王国和王朝,区分了阿拉伯和非阿拉伯的人民,他因而成为史学家的泰斗"③。目前,在我们所得到的这些史学家的、扼要或者概括的著作中,我们还没有见到这样清晰的材料。

这里,我们要提一下通史书,最著名的是塔伯里(卒于伊历310年[公元922年])的著作。塔伯里从许多早期的随军作家如瓦基迪和马达伊尼的著作中转引材料,而这些著作,我们都没有得到(诚然,如前所述,他几乎令人对瓦基迪的传述产生疑惑,他在援引瓦基迪的话前面经常用"瓦基迪声称"等字眼)。不过,塔伯里的缺点是他不很重视马格里布。他谈到安达卢西亚的征服时,引起了伊本·阿西尔的诡异。伊本·阿西尔在引用了他所记录下来的寥寥几行之后说,"这所有的一切,阿布·贾法尔在《安达卢西亚的征服》中都已经提到。诸如这样伟大的地区和显赫的征服,不会局

---

① 参见《新文本》,第195页。
② 参见《历史绪论》,商业书店版,第28页。
③ 伊本·赫勒敦认为,在方法上,梅斯欧迪是贝克里的老师(《历史绪论》,第32页),并认为就他的时代来说,他是梅斯欧迪的继承人——虽然梅斯欧迪未能掌握马格里布的情况——并认为他的《教训集》就像是《黄金草原》的"续集",同时也是他以后史学家(道地的)榜样(《历史绪论》,第33页)。

限在这个程度上。如果天从人愿的话,我将从居民的分类方面,更全面地来阐述马格里布的征服,因为,居民们最了解自己的地区……"①

伊本·阿西尔(卒于伊历 630 年[公元 1232 年])在概括塔伯里的著作时,弥补了上述缺陷,堵塞了它的漏洞。他参考了马格里布的权威人士的作品,虽然他由于疏忽没有提到参考书的出处。伊本·阿西尔的一些资料,可以通过比较来加以考证。这些参考资料主要是拉基克、穆罕默德·本·优素福、瓦拉克和贝克里等人的著作。同时在伊本·阿西尔的资料中,有些显然取自叙述伊斯兰教以前的马格里布史和安达卢西亚史的欧洲古代著作。② 对伊本·阿西尔来说,不引述他的前辈如梅斯欧迪和贝克里的著作,而参考欧洲人著作的译本,是不奇怪的。

事实上,伊本·阿西尔是一个天才的踏实的史学家。虽然他常常疏忽不提他的资料出处,但他重视材料的确凿性。在这个方面,以及在历史评论方面,他都比伊本·赫勒敦见长。他的《编年史全集》,不仅对后来的几个世纪,而且对最早的伊斯兰时代,不仅对马什里克——例如对塔伯里的著作——而且对马格里布和安达卢西亚地区来说,都是重要的。欧洲人注意到这一点。法尼昂(Fagnan)从《编年史全集》中收集有关马格里布和安达卢西亚的资料,译成法文,题为《马格里布和安达卢西亚年鉴》(*Annales du Maghreb et de l'Espagne*)。同时,最近发现的文史档案,也证实伊本·阿西尔关于伊历六世纪(公元十二世纪)西马格里布资料的正确性。③

---

① 伊本·阿西尔:《伊历 92 年纪事》。
② 参见伊本·阿西尔的《伊历 92 年纪事》中安达卢西亚的征服,那里有关于雷卡雷德(Recared)国王和规定天主教为国教的教会组织资料(对照普罗旺萨耳的《西班牙穆斯林历史》,法文本,第 5 页)。
③ 莱维·普罗旺萨耳:《穆瓦希德王朝公文集》,选自《外交研究》,公元 1944 年巴黎版,第 30、36、38、40 页。

许多后人转引了伊本·阿西尔的著述,如伊本·赫勒敦、努韦里(希哈卜丁·艾哈迈德·本·阿卜德·瓦哈比·本·穆罕默德·本·阿卜德·达伊姆,卒于伊历733年[公元1333年])。努韦里的《文艺菁华》一书中,有关马格里布和安达卢西亚历史的部分,具有特殊的重要性。这本书(除了前面的几卷已经发表外,大部分还是手稿)是一部包括文学、地理、历史和社会的大百科全书(类似卡勒卡仙迪的《创作启蒙》和奥马里的《列国志》)。其中的第22卷为努韦里所著,专述从阿拉伯的征服到他当时的马格里布和安达卢西亚的历史。① 尽管同我们所研究的时期相比,努韦里偏后了一些,也尽管他曾大量引证伊本·阿西尔的著述,但他却从我们没有得到的一些书中,尤其是马格里布人如拉基克的著作里,为我们保留了珍贵的片断。

努韦里的《马格里布史》像一本现代著作。它井然有序,有条不紊。作者并不注意大量引证传述家们的各种不同说法,而是采用他所认可的传述。假如他这种信手拈来、直截了当的办法可以看作是他的一种长处,假如拿他与别的作家相比较,他们留心记录传述家们对同一问题的分歧,或偏重于某一些传说,把事情留给研究者去评价,那么,努韦里的这种做法就降低了《马格里布史》作为原始资料的价值。

以上是有关我们所研究的时期的参考资料中最重要的历史书籍。意义次于它们的是地理书籍。地理书分为两类:一类是关于地名和经纬线

---

① 开罗图书馆手抄本,编号18668。我们研究了保存在亚历山大大学文学院图书馆里的影印手抄本M22号,将它与德·斯朗从中翻译并作为伊本·赫勒敦《历史绪论》的增补的一部分作了比较。公元1915~1916年,这一部分由加斯帕尔·雷米拉(Gaspar Remira)在格拉纳达翻译和发表,题为《格拉纳达王朝历史研究中心的刊物》(Revista del Centro de Estudios históricosde Granada y su reino)。这里不妨指出,在奥马里(卒于伊历847年[公元1348年])的百科全书《列国志》中,有一部分是关于马格里布的,戈德弗鲁瓦-德蒙比纳(Gaudefroy-Demombynes)把它译成了法文,并作了深刻的研究。不过,这一部分只涉及与这位史学家(奥马里)相近的一段时期。

辞典的学术类；另一类是关于地区和道路的描述类。我们特别重视后一类书。应当看到，阿拉伯的地理学同古人的地理学一样，是与历史学密切相连的。虽然地理有别于历史，但地理书籍除了拥有地理和文学等资料外，还一直包含着重要的史料。因此，我们看到有些作家把历史和地理编写在一起，如雅各比（卒于伊历 278 年[公元 199 年]①）、梅斯欧迪（卒于伊历 345 年[公元 956 年]）、比鲁尼（卒于伊历 448 年[公元 1048 年]）和阿布·菲达（卒于伊历 732 年[公元 1331 年]）等。

地理资料对于史学家来说，是重要的。历史是记录人们在一定时期、一定环境里经历的事件。伊本·赫勒敦有别于他的前辈，他在《历史绪论》中阐明，环境对人们的生活具有深刻的影响。地理书除了描写自然和环境的状况外，还为我们提供了经济、社会和有关各民族的风俗习尚等各种性质的资料，是对特别侧重政治事件的历史书的补充。这些资料和史料一样可以分为两大类：一类是引证的和连续的资料，其中，有的是原始资料，有的则是杜撰或者伪造的资料，因而，它们的价值也各不相同；另一类资料是个人经历或见闻的产物，它对所记录的时代，具有确切和细致的特点。

根据这种方法，地理书（和我们所提出的历史书一样）分为两部分。马什里克人的著作，占阿拉伯地理书库中的绝大多数。这类书对马格里布的态度，类似塔伯里的著作，大部分的注意力放在马什里克，而对马格里布的地理学来说，它们留下的几乎是一块空白，例如伊本·胡尔达扎巴、伊本·拉斯塔、伊本·法基、雅各比、伊斯塔赫里、梅斯欧迪、穆卡达西和阿布·菲达等人的著作都是如此。这并不妨碍在所有这些人的著作里也包含一些关于马格里布的有用段落。伊本·豪卡勒（卒于伊历 367 年

---

① 此处有错，应为公元 897 年。——译者

[公元 977 年])在他的《大地的形状》一书中,独具一格。这是由于他旅行了一次,游历了马格里布地区和安达卢西亚,对那里的情况做了身临其境的描绘,为我们提供了他那个时代有关这两个地区的珍贵资料。

此后,出现了马格里布人的地理学家,他们弥补了阿拉伯地理书库中的这个缺陷。他们关心自己的地区,专门为它编写长篇著作。最重要的马格里布地理学家是阿布·奥贝德·阿卜杜拉·贝克里(卒于伊历 487 年[公元 1094 年]),他著有一本全面的地理书《列国志》。很幸运,我们得到了其中关于马格里布的一卷,德·斯朗以《阿非利加和马格里布地区的奇谈》为题予以发表,并译成法文,题为《马格里布地区的特点》。这本书具有巨大的历史意义,因为它引证了一些有关马格里布历史的原始著作,这些著作涉及伊斯兰教最早的几百年里马格里布地区的历史。如前所述,我们还没有见到这些书,尤其是穆罕默德·本·优素福·瓦拉克和易卜拉欣·拉基克等人的著作。由于迄今还没有找到这些资料的原始出处,因此,这些资料仍然具有珍贵的价值。

关于地理类的资料,我们在贝克里的著作中,看到有关公路和道路的详细资料,它们不可能是亲眼目睹的产物,而很可能是从地方志中的官方文牍中转摘下来的。这就是说,贝克里所处的地位,允许他阅读科尔多瓦地方志中的文件和记录。① 此外,我们注意到贝克里还引证比阿拉伯时代更早的古代书籍,如伊斯兰教前的马格里布史、罗马和迦太基的战争以及关于基督教的资料。他与梅斯欧迪有时候的做法完全一样②,引证这些资料也仿佛是他亲眼目睹、亲身经历的产物。

---

① 参见德·斯朗为贝克里著作写的序,第 13～14 页。
② 参见梅斯欧迪的《黄金草原》中有关塔尼斯、杜姆亚特和亚历山大大帝墓穴的资料(商业书店版,第 1 卷,第 100、292 页,对照《考证书》,该书通过贝克里的著作,引证了一些资料,而《考证书》的作者为这些资料所确定的时期,亦即此书写成的时期(伊历 586 年)(《历史绪论》,第 7～8 页,第 88 页,注释 1)。

虽然在贝克里的资料中，细致的科学特点很为突出，但是我们发现他搜集了各种性质的资料，有些是次要的，如有关他那时代马格里布的政治状况的资料[①]；有的带有神话迷信色彩，如他谈到的绿洲和一些风俗习惯；此外，还有一些贝克里未加批判就引用的基本上是错误的史料，从而成为引证他著作的后人如伊本·赫勒敦、梯贾尼和阿卜达里的关注重点。不过，这些细枝末节无损于这本鸿篇巨制的价值，贝克里的著作后来成为许多后人（如伊本·伊扎里、伊本·赫勒敦、伊德里西、《考证书》的作者、伊本·阿西尔和梯贾尼等）加以引证的参考书。

继贝克里之后，有伊德里西（卒于伊历558年[公元1163年]）的著作，书名《思慕者的游览》，也叫做《罗歇本纪》。罗歇（或洛歇）是诺曼底人，西西里岛的统治者。幸运的是，我们已得到了其中由杜齐和德格日发表的关于马格里布的一卷，他们两人将它译成法文，题名为《马格里布、黑人地区、埃及和安达卢西亚的特点》（公元1864年莱顿版）。从有关最初几个世纪马格里布概况的资料看，这本书的水平不能与贝克里或伊本·豪卡勒著作相提并论，但是，它增添了以后一段时期（特别是伊历五、六两个世纪）有价值的资料。对《考证书》也可做同样评述。《考证书》（亚历山大大学文学院印刷出版）描写了麦加、麦地那、马格里布和黑人地区，大量引证贝克里和伊德里西的著作，但也增加了有关马格里布的珍贵资料（历史的、地理的和文化的），特别是当时（穆瓦希德时代——参看该书序）的资料。此外，我们还要提出伊本·赫勒敦的《历史绪论》中关于马格里布地理的内容，其中拥有的原始资料，是从我们没有获得的书籍中转引过来的，或者是建立在经历和观察基础之上的，并根据批判和检验的原则进行了分类，伊本·赫勒敦因此被称为马格里布的大史学家。

[①] 参见德·斯朗为贝克里的著作写的序，第14页。

地理书之外，还有游记类书籍。游记有选择地记录资料，是亲身经历、亲眼看见的产物。其中最著名的有阿卜达里（卒于伊历688年［公元1289年］）的《游记》（巴黎国立图书馆，阿拉伯文部，手抄本第2283号），以及伊历706～708年（公元1306～1308年）梯贾尼记叙游览突尼斯和的黎波里的《游记》（伊历1378年［公元1958年］突尼斯版）。梯贾尼除了他的见闻之外，还引证了贝克里、伊德里西、易卜拉欣·拉基克、伊本·拉希克（后者著有《凯鲁万诗人们的时代楷模》，见梯贾尼的《游记》，第33页，注释2）和伊本·沙拉夫（著有《史论》，他的另一本书被认为是拉基克《历史》的续篇）等人的著作。最后，还有阿夏希的《游记》。尽管他出世较晚（卒于伊历1090年［公元1679年］），但是，他极其重视地对从萨杰拉马萨到亚历山大城的沙漠道路做了细致描写，使他有别于他的前人。

我们在本书的第一节里，特别注意利用地理资料。至于其中包括的史料，虽然也有用，但从整体上说，毕竟只占第二位。

继地理书之后是各阶层人物传记的典籍。其中有一般的，如伊本·希利甘的《名流之死和时人轶事》；有（地区上是）总的和（地位上是）特殊的各阶层人物传记，如圣门弟子、文学家、医士和苏非派等阶层人物传记，这里面又有专门关于马格里布的书。我们比较重视后一类书。有关马格里布各个阶层的书籍，主要有三本，其内容是奴隶、隐士和有德行者的传记。第一本是阿布·阿拉伯·穆罕默德·本·艾哈迈德·本·塔米姆（卒于伊历333年［公元944～945年］）的著作，名为《阿非利加学者的阶层》，由穆罕默德·本·阿比·沙纳卜发表，并附有同一个阿布·阿拉伯所著的《突尼斯学者的阶层》和穆罕默德·本·哈里斯·本·腊希德·哈沙尼所著的《阿非利加学者阶层记》（伊历1332年［公元1914年］阿尔及尔版）；第二本是阿布·巴克尔·阿卜杜拉·本·阿比·阿卜杜拉·马利基①(约卒于伊历五世纪中叶[公元十一世纪])的著作,名为《心灵游苑——凯鲁万和阿非利加的学者、隐士、出家人和修士,他们的轶事、美德和性格》(以下简称《心灵游苑》),其中的第一卷已由侯赛因·莫尼斯博士发表(公元1951年开罗版);第三本是名叫达巴格的阿卜德·拉赫曼·本·穆罕默德·本·阿卜杜拉·安萨里的著作,由凯鲁万人阿布·卡西姆·本·伊萨·本·纳吉·塔努希(卒于伊历837年[公元1433～1434年])作了增补,并把增补与这本书附在一起,以致一部分人只知道此书为后者所著(伊历1320年突尼斯版)。以上三本书虽然都从各种人物的阶层开始阐述,但互有补充。

各阶层人士传记这类书被认为是另一类更重要的书籍即普通宗教历史书籍的一个分支。这些宗教书,有科尔多瓦人伊本·哈兹姆(卒于伊历456年[公元1064年])的《各宗教和各教派的区别》,西赫里斯坦尼(卒于伊历548年[公元1153年])的《教派和学派》;巴格达迪(卒于伊历429年[公元1037年])的《各教派的区别》。这些书专论马格里布地区伊斯兰教及其各教派、各学派的历史。虽然它们旨在为逊尼派的学者树碑立传,但也涉及马格里布历代的其他伊斯兰教派,如哈瓦利吉派、什叶派和别的支派。这类书与地理书汇合起来,使我们得以了解其他比较重要的学派和信仰,它们不同于逊尼派,却在许多方面获得了成功。

因此,这类书的特点,在于它们对社会和文明史的重视,更甚于对政治史的重视。这类书在为人物写传记的时候,不仅注意枯燥的学术性材料,而且注意研究它们为之立传的人物在市井街巷和寓所里的私人生活。这类书在这方面,拥有各种各样的资料,其中有的关于城市规划,有的关于市场组织和经济活动的情况,还有的关于当时盛行的风俗习惯。这些

---

① 本书《参考文献》中,马利基的全名中没有巴克尔。——译者

书除了它们的主旨内容外,也谈到逊尼派的学者和教律学家,谈到他们为在马格里布地区传播伊斯兰教进行的圣战,谈到他们对分裂分子的斗争,不论这些分裂分子是哈瓦利吉派还是什叶派,是老百姓抑或是特殊阶层,甚至是国王中的异端分子。

除学术性资料外,这类书也重视具有神话或迷信色彩的资料,因为这类资料关注那些立下丰功伟绩的出家人和有德之士的传略,特别是在马格里布的建城运动普及之后。

因此,这类书对本书所涉及的时期来说,意义虽然有限,但是,在以后的时代,特别是法蒂玛王朝在马格里布建立之后,它们的重要性就上升了。例外的是《心灵游苑》一书,作者在各种人物传记之前,写了一个阿拉伯人征服马格里布的历史绪论,包括性质和意义迥然不同的各种资料。其中,有原始性的,也有故事性的,混杂在一起,真伪难辨。达巴格在发表他的著作时,利用了这篇绪论,作了一些概括和补充。

除这三本书外,还有沙马希的著作,称为《列传》或《内富萨山学者和酋长传记》。这本书对阿拉伯马格里布史初期的王朝和逊尼派人的对立面,剖析甚详,涉及马格里布地区哈瓦利吉派首领中的政治家、学者、教律学家、隐士和其他人士的传记。沙马希的全名是阿布·阿巴斯·艾哈迈德·本·阿比·奥斯曼·赛义德·本·阿卜德·瓦希德·沙马希。按其宗谱来说,他是伊弗兰族人(伊弗兰族在内富萨山)。尽管他出世较晚(卒于伊历928年[公元1521~1522年]),但是,他的著作不仅对马格里布的哈瓦利吉-伊巴迪亚教派史后期,而且对早期即本书所涉及的时期,也具有特殊意义。遗憾的是,我们没有得到哈瓦利吉派人士的著作,这些著作对教派学者来说,一直难以寻找,无从稽考,就像什叶派的著作之对于近代。只有极少数例外,如阿布·扎克里亚的著作和伊本·苏格亚尔(伊历三世纪[公元九世纪])关于罗斯图姆王朝的著作,但即便是这些书,我们手头也没有掌握。

事实上,沙马希对阿布·扎克里亚和伊本·苏格亚尔的著作的摘录,帮助我们弥补了这个不足。他大量参考了他俩的著作,特别是关于提阿雷特罗斯图姆教长们的传述。沙马希的著作旨在剖析奥斯曼时代的内讧和哈瓦利吉-伊巴迪亚教派的出现,它在达到首要目的之前,阐述了伊斯兰教产生时的阿拉伯国家概况,谈到了这个教派中的马什里克各个阶层的库法人、巴士拉人和也门人。而它的首要目的,则是"介绍马格里布的酋长、教长和他们的丰功伟绩"。因此,它属于赞美教派首领,为他们歌功颂德的德行类书籍,从而也许降低了它的历史价值。尽管如此,它对于介绍伊巴迪亚教派的主张和哲学,介绍伊巴迪亚教派在马格里布开始出现,直到罗斯图姆王朝在提阿雷特建立,却是重要的。其中引用目击者的传述,是我们这篇研究十分重视的部分。

在伊巴迪派的教律学书籍中,我们要指出阿布·雅各布·优素福·本·易卜拉欣·瓦尔贾拉尼(伊历六世纪[公元十二世纪])的著作《智者的向导》(开罗石印版),它被伊巴迪亚派视为他们最重要的教派参考书之一。①

另外还有带有地方或地区色彩,或者为时较晚的历史书籍,如艾哈迈德·纳伊卜·安萨里的《甘泉——西的黎波里史》(伊历1317年开罗版)和伊本·加勒奔(的黎波里人阿布·阿卜杜拉·穆罕默德·本·哈利勒·本·加勒奔)的《关于的黎波里的君王和当地传述的回忆》(伊历1349年开罗版),后者是对的黎波里人谢赫·艾哈迈德·本·阿卜德·达伊姆·安萨里诗篇的解释;再如穆罕默德·本·奥斯曼·哈沙伊希(卒于伊

---

① 参见阿路什(I. S. Allouche)从这本书里译出的两节。一节是在《古兰经》的特点及其并非臆造的问题上,对阿什阿里亚派的意见的批判;另一节是论承诺和威胁,公元1936年埃斯贝里斯版,第22卷,第1分册。

历 1330 年[公元 1912 年])的著作《西的黎波里消忧去愁》或《的黎波里王国史中的麝香煦风》。

我们拥有的关于突尼斯地区的历史书,有伊本·阿比·迪纳尔(卒于伊历 1092 年[公元 1681 年])的著作《阿非利加和突尼斯史话中的趣闻》(伊历 1286 年突尼斯版,以下简称《趣闻》);有艾哈迈德·本·阿比·迪亚夫(卒于伊历 1291 年[公元 1874 年])的著作《突尼斯诸王和太平盛世的历史》(第一卷涉及伊斯兰教的征服、总督时代、阿格拉布王朝、奥贝德王朝、桑哈贾王朝和哈夫斯王朝,公元 1963 年突尼斯版)。

摩洛哥历史,有萨拉维(卒于伊历 1319 年[公元 1901 年])的《西马格里布史考证》一书。

这些书被认为是次要的,并非因为它们的地区性或出现较迟,或者书籍虽新,当时的人却没有恪守科学的方法,而是由于这些书对我们所涉及的时期,匆匆一掠而过,局限于从我们已有的书里,进行概括和引证,并且,也难得有单独成篇的特别资料。因此,除非有必要对一种文本的解释给予肯定,或证实一种见解,对这些书,我们就不一一在注释中列出了。

《文苑良友——马格里布诸王和非斯城史话》(以下简称《文苑良友》)是地区性书籍中的一个例外。阿布·阿巴斯·艾哈迈德·本·阿比·扎尔阿(约伊历 710～720 年[公元 1310～1320 年]卒于非斯)的这本书,虽然出现较晚,但它注重非斯城建立以来的历史,也注重伊德里斯王朝初期的史话。伊本·阿比·扎尔阿搜集了大量有关伊德里斯王朝的建立和非斯城兴建的资料,其中一部分参考资料,我们已经得到,另一部分却已佚失。在我们已有的书中,《文苑良友》提到了贝克里的著作和《考证书》两本书。奇怪的是,伊本·阿比·扎尔阿所引证的一些属于这两位作家的传述,在我们手头现有的这两本书中,却无记载,从而令人怀疑贝克里的著作和《考证书》，可能曾几经更易，以致我们见到的，已非本来面目了。①

在被伊本·阿比·扎尔阿引证而著作已亡佚的作家中，最著名的是阿卜德·马利克·本·穆罕默德·瓦拉克。他写作的年代，好像是在伊历六世纪的后五十年(公元十二世纪)。② 我们不应该把他和贝克里大量引证的《作品集》作者，科尔多瓦人穆罕默德·本·优素福·瓦拉克(卒于伊历363年[公元973年])混为一谈③。伊布·阿比·扎尔阿引证的第二位史学家是伊本·加利卜。我们只知道他编写过一本马格里布的历史书，阿卜德·马利克·瓦拉克在他的《札记》中，曾引用过这本书④。最后，《文苑良友》的作者还提到外号叫布尔努西的史学家穆罕默德·本·哈木图，他生活在伊历六世纪(公元十二世纪)前五十年，原是法官伊亚德·亚赫萨比(卒于伊历544年[公元1149～1150年])的门生，写了一本关于马格里布和安达卢西亚历史的著作，题名《火炬》。⑤

《文苑良友》一书虽然问世较晚，不讲究史学方法，或缺乏科学的批判精神⑥，但它内容丰富，独树一帜，是关于伊德里斯王朝的建立及其早期非

---

① 参见《考证书》的序，第2页。
② 参见普罗旺萨耳：《非斯城的兴建》，选自《伊斯兰的卫方》，公元1948年巴黎版，法文本，第21页、第38页注释38，阿拉伯文译本(埃及文化总局版)《马格里布和安达卢西亚的伊斯兰教》第31页及其注释。普罗旺萨耳确定阿卜德·马利克·瓦拉克的写作年代是根据他本人的传述。瓦拉克在这个传述中说，他在伊历555年(公元1160年)进入特累姆森清真寺，观瞻讲经坛上的雕刻。不过，在《文苑良友》中另有一种传述——我们已见到缮本——确定瓦拉克的写作年代是伊历255年，而不是伊历555年。
③ 同上。
④ 参见普罗旺萨耳：《非斯城的兴建》，法文本，第21页，阿拉伯文译本第31页(《札记》中的错误归咎伊本·加利卜)。这里，我们必须指出，不妨认为伊本·加利卜是伊历三世纪(公元九世纪)的人，因为关于瓦拉克看到特累姆森清真寺的讲经坛，存在着两个时期：伊历555年和伊历255年(见注释②)。这第二个时期，可能是在伊本·加利卜传述中的，后来变化了，因为瓦拉克在引证时，要使之与他所处的时代相适应。这种做法，在一些引证者中，是屡见不鲜的。
⑤ 参见普罗旺萨耳：《非斯城的兴建》，法文本，第21页及注释40，第38页，阿拉伯文译本，第32页。
⑥ 参见哥提埃的著作特别是第77页中对此书的评论。

斯城的兴建和规划方面最重要的资料。只有贝克里的著作才能与它媲美。引用《文苑良友》的后人，有《桃金娘花》的作者贾兹纳伊（伊历八世纪〔公元十四世纪〕）和《非斯城志》的作者伊本·卡迪（写作时代是伊历十世纪〔公元十六世纪〕末叶）。

至于有关马格里布史的现代学术著作，我们仅提出侯赛因·莫尼斯的《阿拉伯人对马格里布的征服》、乔治·马塞的《中世纪的马格里布及其与伊斯兰东方的关系》①、哥提埃的《北非往昔》②和朱利安的《北非史》。

在这个场合，我们铭记着亚历山大大学文学院的教授们给予我们的恩惠。我们向他们学习这些课程，也正是他们，使我们掌握了这些课程。阿卜德·哈米德·阿巴迪教授（安拉保佑他）是第一位给我们讲解马格里布和安达卢西亚史课程的先生；艾哈迈德·菲克里博士则是首先向我们介绍穆斯林们在马格里布的影响和业绩的人；我们受到穆罕默德·阿卜德·哈迪·夏伊拉博士有关马格里布论文的影响；贾马勒丁·舍亚勒博士对马格里布的法蒂玛王朝、亚历山大城及其同马格里布的关系的研究，使我们颇受教益。

我怀着敬意提到我的导师——已故的阿拉伯通莱维·普罗旺萨耳教授，是他，指导我专心于研究马格里布的历史和文明。

我们求教或受其论文影响的尊敬的教授和卓越的同事，为数众多，对于他们的恩惠，我们恕不一一致意。但我们必须感谢我的同事艾哈迈德·穆赫塔尔·阿巴迪博士，他慷慨地向我们提供了他私人藏书中的资料。最后，我还要感谢文学院的两位助教，穆罕默德·法里德先生和纳比莱·哈桑小姐在绘制地图和编纂索引方面的诚挚合作。

---

① 法文书名是《穆斯林的柏柏尔地区和中世纪的东方》，见本书《参考文献》。——译者
② 法文书名是《北非往昔——黑暗时代》，见本书《参考文献》。——译者

赞美始终归于安拉,我们仰仗他而一帆风顺,他是多好的主啊,他是多好的扶助者啊!

萨阿德·扎格卢勒

于亚历山大

伊历 1384 年 1 月 22 日(公元 1964 年 6 月 2 日)

第一章 地区和居民

第一节 地区

名称(马格里布)

马格里布地区是一个专有名词,阿拉伯作家用它来指称埃及以西的所有地域,包括北非,拥有现在利比亚的三个省(巴尔卡、的黎波里和费赞)、突尼斯、阿尔及利亚(它的撒哈拉大沙漠一直延伸到黑人地区边境)和马格里布(近代以它的南都命名,叫摩洛哥①),南与塞内加尔和尼日尔交界。

马格里布地区的名字,原意是指太阳西沉方向,也就是说,这是一个总的专有名词,指位于日落方向的地区。与它相对的,位于太阳东升方向的地区,便称为马什里克②。马什里克原来是指阿拉伯地区,及至倭马亚王朝的大征服时代,哈里发国家迁到大马士革后,它是指叙利亚。后来,在通晓记录和高度行政组织的阿拔斯王朝,马什里克则用来称呼伊拉克

---

① 这里的南都指马拉喀什城。在阿拉伯文里,摩洛哥和马拉喀什的拼法相同。——译者
② 参见伊本·赫勒敦:《教训集》第6卷,开罗版,第98页;德·斯朗译本第1卷,第186页。

地区和巴格达。底格里斯河成了东西方的分界线,对照现在的经线来说,在这个位置上的巴格达就是"格林威治"。伊历182年(公元798年),哈龙·拉希德①把他的国家从行政上划分给他的两个儿子阿明和马蒙,这便是伊斯兰国家在技术形式上分为马什里克和马格里布的总分界。大王储阿明拥有国家的西部,包括伊拉克、叙利亚,直到最西面;二王储马蒙分得东部,即霍腊散及其毗邻的东方数省。②

上述马格里布的概念是一般的、泛指的,也是指伊斯兰教国家的西半部。然而,在阿拉伯人进行早期征服的时候,马格里布一词却没有这样全面的含义。阿拉伯人替与阿拉伯半岛接界的东方、北方和西方都取了名字,如伊拉克、叙利亚和埃及。随军作家为各地写了专著。③ 这就使我们猜想,马什里克和马格里布两词的广泛使用,只是在阿拉伯人扩大了征服之后。当时,阿拉伯人开始源源不断涌入各个地区,这些地区的名字,对他们大部分人来说,通常是陌生的,这就需要使用一些简单易懂的专有名词,以便于人们的交流和总的了解各个地区的位置——这当然是在后来的国家所经历的严密组织的需要出现之前——于是,马格里布和马什里克两词便应运而生。这里,值得我们重视的是,当马什里克一词始

---

① 又译讨论·拉西德。——译者
② 事实上,国家划分为马什里克和马格里布早在马赫迪时代就已开始。当时的王储是哈迪。后来,拉希德在伊历163年统辖了"整个马格里布、阿塞拜疆和阿尔明尼亚"(伊本·阿西尔:《伊历163年纪事》第6卷,第25页)。关于哈龙·拉希德把国家分给阿明和马蒙一事,虽然我们没有发现记载马格里布和马什里克这两个专有名词的文本,但是,从划分的计划来看,底格里斯河显然是国家两个部分的分界线。阿明拥有叙利亚和伊拉克;马蒙拥有从哈马丹边界到最东头(塔伯里:《伊历186年纪事》),或者说,他拥有霍腊散及其相邻区域,一直到哈马丹(伊本·阿西尔:《伊历182年纪事》第6卷,第65页)。参见穆·阿·夏伊拉:《阿拔斯一世时代的区域划分》,公元1944年亚历山大大学文学院学报,第87页,该处表明,马格里布一词包括所有位于伊拉克首都以西的区域。
③ 参见瓦基迪和马达里尼的著作的书名,如《波斯的征服》、《叙利亚的征服》、《埃及和亚历山大城的征服》(伊本·纳迪姆:《百科辞书》,商业书店版,第150、154页;布罗克耳曼:《阿拉伯文学史》增补I,德文版,第208页)。

终没有超越它的语言概念时,马格里布这个词却具有一种政治地理的特殊概念。当时的条件,我们无法严格地加以确定,虽然,我们揣测,由于阿拉伯人同波斯的马什里克的联系要比他们同马格里布的联系更紧密些,所以他们也就比较确切地了解马什里克的各个区域。除此以外,我们还可以说,萨珊王朝的马什里克通晓行政制度和管理措施,而一直反对罗马政权的马格里布对此却茫然无知。① 也许,正是这些条件,有助于保留使用马格里布一词,用来指位于埃及以西的地区,而这样的概念无论如何总有些含糊不清。虽然,在阿拉伯人了解了这个地区的各个区域之后,这种含糊不清随着时间的推移而开始消除,但是,这个词的概念完全清楚,还是在地理学的发展和完善以后。马格里布一词始终意味着除了埃及和安达卢西亚以外的非洲北部所有区域。因此,我们发现一些早期的地理学家,如伊斯塔赫里,把马格里布分为两个部分:非洲马格里布,包括它所有的城市和区域,和安达卢西亚马格里布。② 这就是说,安达卢西亚已开始超出了规定的范围。显然,安达卢西亚脱离巴格达而独立以后,它的政治环境加深了这种分离。哈里发国家一直坚持它对马格里布统治的合法性,而安达卢西亚却没有成为马格里布的一部分。

安塔布利斯(巴尔卡)和费赞

在安达卢西亚进入阿拉伯马格里布的范围之前,征服还未开始,阿拉伯人沿用罗马组织中公认的政治和行政名字来称呼马格里布以东的部

---

① 关于在伊斯兰教出现以前阿拉伯人同波斯人的联系密切和他们熟悉波斯人情况的看法,在古代阿拉伯作家为我们留下来的历史文学和非历史文学中,是一清二楚的。这里,我们仅指出阿布·哈尼法·丁努里的《长篇传述》、塔伯里的《各民族和历代国王史》和梅斯欧迪的《黄金草原》。值得注意的是,在这些书里,关于马格里布的资料,同关于马什里克的资料相比,是微不足道的。例如,塔伯里为我们提供了马什里克及其各个区域的详细资料,而我们在他的著作里看到的马格里布资料却寥若晨星,几乎对它辽阔的区域一无所知。

② 参见伊斯塔赫里:《道路和王国》,公元1961年开罗版,第33页。

分。与埃及接壤的地区是安塔布利斯或者班塔布利斯(Pentapolis)，这一地名在腓尼基语中就是五个城市的意思。① 像今天的情况一样，安塔布利斯以它的都城，古老的巴尔卡城②著称。埃及和巴尔卡区域之间的边界划不清楚，这是很自然的，因为巴尔卡是埃及地域向西的自然延伸，并没有边界和自然的区分物。在沙漠中，只有一些小的关隘，主要的有海岸线上的两个关隘：一个在现在的马特鲁港，叫做小要塞；另一个在塞卢姆，叫做大要塞。③ 在南面，既无关隘，也无分隔物和边界，而是横亘着埃及沙漠和马格里布沙漠，在这些沙漠里分布着绿洲。埃及沙漠和马格里布大沙漠中的绿洲之间，也没有什么区别。现代地理学家就用利比亚沙漠的名字来统称埃及和利比亚的沙漠。因为事实上，画在地图上的分界线，在自然界是不存在的。巴尔卡的东部区域包括一个行政单位或者称为卢比亚和马拉基亚的一个省份。这个与亚历山大城紧密相连的省份，包括两个区域。东边的是卢比亚，它是该区域首府的名称，也是希腊作家用来称呼除埃及以外的北非的名字，作家们没有严格地确定卢比亚城的位置，而只是说，它位于亚历山大城和巴尔卡之间④；西边的是马拉基亚，这是罗马省份马尔马里卡(Marmarica)的阿拉伯文译名。⑤ 从马克里齐的一个文本中知

---

① 贝克里的著作，第4页。《考证书》，第143页。希腊人时代称巴尔卡区域为班塔布利斯，它的五个古城是：库里纳、苏萨、巴尔卡、图克腊和巴尔尼克。
② 巴尔卡的古名是Barki，它的位置在现在绿山区的马尔季城。诚然，这个地区近代在欧洲语言里以它的沿海城市库里纳Cyrène著称，就是库里尼亚地区或者昔兰尼加地区(Cyrenaique)。
③ 参见卡勒卡仙迪：《创作启蒙》第3卷，第395页。
④ 参见雅古特：《地名辞典》第7卷，开罗版第341页。
⑤ 马利基：《心灵游苑》，第29页，注释1。参见穆罕默德·阿卜德·哈迪·夏伊拉的文章，公元1958年班加西利比亚大学文学教育学院学报，第1卷，第13页，作者说："卢比亚介于现在的马特鲁港和塞卢姆之间。"第14页说："马拉基亚属于马尔马里克民族。"

道,马拉基亚的西部边界,就在巴尔卡城的本土。①

至于巴尔卡的西部边界,则也穿插到了的黎波里的地域,以致一些早期的作家把距的黎波里城东二百五十公里的哈散·本·努阿曼所建的群堡,划入现在的陶沃尔加地区之中,而陶沃尔加,则是"属于巴尔卡范围"②的富庶的的黎波里地区东部边界的端点。在后人的概念中,巴尔卡区最后成了铺展在的黎波里农业区和埃及界之间的沙漠地带。《游记》的作者阿夏希在离开(的黎波里省内的)米苏腊塔城前往马什里克时,说:"我们告别了最后一处人烟,进入了巴尔卡。"③这是在他到达哈散群堡之前。④ 因此,他是把他经过的锡尔特包括在巴尔卡的范围之内。⑤ 接着,阿夏希又说:"巴尔卡的地域,从亚历山大城到阿非利加长达两个月的路程。"⑥他把铺展在从米苏腊塔到亚历山大城的巴尔卡地域,分为五部分,它们的名称都以其自然地理为依据,即锡尔特(现在位于巴尔卡和突尼斯之间的大海湾起源于它)、红巴尔卡、绿山、巴特南和两个要塞之间的地区,最后,是从小要塞到亚历山大城之间的地区,即以小要塞相称。⑦ 的黎波里南面的区域,是费赞,有些作家把瓦丹区也加了进去。他们规定瓦丹是费赞的一个都会或城市,而费赞顺着黑人地区到祖伊拉

---

① 《回忆手迹和古迹的殷鉴和教训》,埃及版,第1卷,第16页。参见萨阿德·扎格卢勒:《利比亚对法蒂玛王朝的建立及其迁移到埃及的态度》,公元1958年利比亚大学文学教育学院学报,第227页。
② 伊本·阿卜德·哈克姆:《埃及和马格里布的征服》,欧洲版,第200页。白拉祖里的著作,欧洲版,第229页:"在巴尔卡的范围里"。
③ 阿夏希:《游记》,的黎波里手抄本第340号,第78页正面。
④ 同上书,第78页反面。
⑤ 同上书,第79页正面。
⑥ 同上书,第80页正面。
⑦ 同上书,第85页反面。阿夏希在这里指出,《游记》作者阿卜达里根据他那个时代的人们习惯,叙述了不同的划分。

的方向,伸展到沙漠的中心。① 虽然,从费赞到的黎波里,要比到其他区域更近些,但费赞却与东面的巴尔卡联系密切。阿拉伯人进入巴尔卡之后,他们的踪迹便南向费赞,直到祖伊拉和通向黑人地区的绿洲②,驼队商旅的道路轻而易举地把费赞的绿洲同突尼斯南部和阿尔及利亚的绿洲连接起来。③

艾的黎波里和内富萨山

艾的黎波里(的黎波里)的名字在希腊语里是的黎波里塔(Tripolitaine, Tripolis),意思是三个城市。④ 早期作家认为它像巴尔卡即安塔布利斯一样,是一个具有特殊性质的区域。的黎波里与内富萨山区域相连。阿拉伯地理学家把内富萨山看作是阿特拉斯山系的支脉或延伸。阿特拉斯山系以它在西马格里布境内的最高峰德兰山脉⑤闻名。内富萨山像一弯新月簇拥着的黎波里城的沿海地区,把沿海地区同费赞及其南部的沙漠隔断。因此的黎波里的沿海低洼地区称为圆阔地;内陆的高峻地区称为山峦和脊背。⑥ 这种地形的内富萨山,使费赞同巴尔卡,甚至可能同突尼斯和阿尔及利亚的联系,比它同附近的的黎波里的联系更为容易。这也是的黎波里区域(或称的黎波里范围)的边界所以狭窄的原

---

① 参见贝克里的著作,第10~11页;《考证书》,第146页,注释2。
② 参见本书第二章中关于征服巴尔卡一节。并见贝克里的著作,第158页(关于苏丹地区的门户奥德加斯特),作者说,那里的居民绝大多数是阿非利加人、柏尔法贾纳族、内富萨族、卢瓦塔族、扎纳塔族和尼弗扎瓦族……
③ 关于驼队的道路和距离,参见伊斯塔赫里的著作,第37页;贝克里的著作第11~12页。
④ 参见贝克里的著作,第7页,"因为'的黎'的意思是三个,'波里塔'即城市";《考证书》第110页。三个城市是乌耶(Oea)——位置在现在的的黎波里城,它东面的利达和西面的萨布勒或萨布勒特。
⑤ 关于德兰山与奥雷斯山和内富萨山的联结,参见贝克里的著作,第160页;《考证书》第163页。内富萨山最著名的村庄是沙鲁斯和贾杜。
⑥ 德普瓦:《内富萨山(的黎波里塔)》第1卷,公元1935年巴黎版,第10页。

因之一。在地理学家看来,的黎波里不再具有特殊的性质,他们把的黎波里当作阿非利加的第一城。①

阿非利加

阿非利加是真正的马格里布的第一个区域。这一点,可以从早期作家的传述中获悉。伊本·阿卜德·哈克姆在谈到阿慕尔·本·阿斯试图征服的黎波里以西地区的时候,说:"阿慕尔要向马格里布进发。"②同样,当他在一些地方提到伊历 27 年阿卜杜拉·本·萨阿德·本·阿比·萨尔赫和伊历 34 年穆阿维叶·本·胡德杰在阿非利加的两次征讨时,说:"他俩都向马格里布出发。"③现代学者对阿非利加一词是有争议的,对此词的根源众说纷纭。有的倾向于认为它原来是一个地名——就像它现在用来称呼我们的非洲一样;有的则坚持这个词原来是个人名或部落名,然后才成为地名——这种情况与把马格里布地区叫做柏柏尔地区相类似。④绝大部分的阿拉伯作家在划分民族时,习惯上根据他们的谱系学的原则。他们是主张后一种意见的,认为阿非利加一词源于当地的土著阿非利加人,或者源于古代统治这个地区的一个女王的名字,她名叫阿非利加或者阿比利加⑤。在一些波斯名字中,如伊斯法罕和伊斯巴罕,"f"或"b"可以通用。我们认为,正是那些阿拉伯作家们,左右了现代学者在这个问题上的研究方向,尽管在这个传述中,神话色彩极其明显。不论怎么说,我们

---

① 伊斯塔赫里的著作,第 33 页。《考证书》第 2 卷,第 110 页,注释 1。
② 《埃及和马格里布的征服》,第 172 页。
③ 同上书,第 192 页。
④ 参见侯赛因·莫尼斯:《阿拉伯人对马格里布的征服》,第 1 页及注释。他赞同阿非利加一词源出于腓尼基语中"阿非里"一词(当地人名,见哥埃的《北非往昔》,第 125 页),同时,他引证了这样的看法,即此词原为印度语中阿巴拉或伊比里卡一词。见穆罕默德·阿卜德·哈迪·夏伊拉的《关于罗马时代阿非利加一词的出现》,公元 1958 年班加西(利比亚大学)文学教育学院学报,第 8 页。
⑤ 参见《考证书》,第 111~112 页,注释 1。

所关心的事实是,阿拉伯人是从罗马人那里沿用了阿非利加的名字,就像他们曾经沿用班塔布利斯(或安塔布利斯)和艾的黎波里的名字一样。罗马人和希腊人把他们的北非领地叫做阿非利加(Africa),首府为迦太基城,阿非利加的阿拉伯文译名就是伊非里基亚[①]。虽然在这个行省内曾进行多次行政划分[②],但这个名字一直沿用到拜占庭时代。当阿拉伯人进入马格里布地区时,迦太基的长官是拜占庭人,也是阿非利加的总督,至少在理论上他的权力东起的黎波里边界,西到丹吉尔的边界。[③] 这便使阿非利加具有两种概念。一种是一般概念,几乎相当于马格里布的概念,因为有些作家说,阿非利加东起巴尔卡,西至丹吉尔[④];另一种是特定概念,仅指马格里布的东部,相当于原来罗马人的阿非利加行省,也即现在的突尼斯地区和的黎波里省的西部(包括的黎波里城),以及阿尔及利亚地区的东部边界,直到君士坦丁省的贝贾亚。[⑤] 也就是说,这些区域的现有边界仅是术语上的边界。从地理观点看,其中各个区域都是互相交叉的,这一点,我们稍后会指出。

两个马格里布——中马格里布和西马格里布

在以一般概念规定了马格里布东部区域的名称——从巴尔卡、的黎波里到阿非利加——以后,马格里布的(实际)边界,在早期作家看来,就

[①] 此系阿拉伯文音译。为求得与其他文本的一致,我们采用"阿非利加"的译名。——译者
[②] 关于罗马人和拜占庭人时代阿非利加省的划分,参见朱利安:《北非史》,第225页;侯赛因·莫尼斯:《阿拉伯人对马格里布的征服》,第2页。侯赛因·莫尼斯说,原来的阿非利加相当于迦太基区域。而设有领事的阿非利加,则包括原来的阿非利加和突尼斯的东部,称为祖吉塔尼亚,它的内陆区直到费赞,称为比扎西纳,相当于现在阿尔及利亚的地区,称为努米底亚,其西面是丹吉尔地区,称为摩尔塔尼亚。
[③] 白拉祖里的著作,第227页。伊本·阿卜德·哈克姆的著作,第183页。
[④] 《考证书》,第111、139页:"丹吉尔是阿非利加边界的尽头。"
[⑤] 阿布·菲达的著作,欧洲版,第122页(但阿布·菲达把马格里布的东部边界一直延伸到巴尔卡和埃及边界)。

成了自阿非利加往西,直到大西洋海岸。① 伊历五世纪(公元十一世纪)起,阿拉伯地理学家把马格里布的极西区域区分出来,称为"马格里布"②或"西马格里布"③。因此就有了两个马格里布:一个是马格里布或西马格里布,从那个世纪的中叶直到近代,都以它的政治首都马拉喀什④著称;另一个是中马格里布⑤,相当于现在的阿尔及利亚地区。(中、西)两个马格里布的北部分界线是木卢亚河,或者说是在(中马格里布的都城)特累姆森和(西马格里布的城市)塔扎之间。⑥ 在南面,则没有边沿或分界。于是,一般概念的马格里布分成了三个部分,其中两个部分保留着各具特色的马格里布的名字,这就是中马格里布和西马格里布。我们猜想,西马格里布的专门名词,要比中马格里布的学名出现得早,因为马格里布的东部,特别是阿非利加,作家们并没有称它为东马格里布,而是让它保留着原先的名字,或者有时称它为"凯鲁万地区"⑦,因为在奥克巴·本·纳菲厄所建的凯鲁万城被希拉勒族人毁坏之前,这个地区是从属于凯鲁万城的。这也就是说,中马格里布的专门名词仅仅是同西马格里布(遥远的或边缘的马格里布)相对而言的。阿尔及利亚地区对阿非利加来说,是马格里布,对西马格里布来说,它又是马什里克,而西马格里布就成了最适合

---

① 我们发现伊本·阿卜德·哈克姆没有把阿非利加和马格里布区分开来。他谈到最初的阿拉伯侵袭时,以同义使用这两个词。但是在他谈到穆萨·本·努塞尔的征服时,可以知道,他这里用的马格里布一词,是指一般概念的阿非利加以西到丹吉尔之间的地区(参见他的著作,第192、203、204页);对照白拉祖里的著作,他在谈到亚齐德·本·阿比·穆斯利姆时说,亚齐德是阿非利加和马格里布的总督(第231页)。
② 贝克里的著作,第76页。《考证书》,第179页。
③ 阿布·菲达的著作,第122页;伊本·赫勒敦的著作,第6卷,第98、99页。
④ 这里指的政治首都,是马拉喀什。在阿拉伯文中,马拉喀什和摩洛哥是同一个词。中译名摩洛哥是从欧洲文字音译的。——译者
⑤ 贝克里的著作,第76页。《考证书》,第176页。阿布·菲达的著作,第122页。
⑥ 贝克里的著作,第129页:"特累姆森是两个马格里布的分界线。"《考证书》,第176、186页。
⑦ 贝克里的著作,第47页。《考证书》,第154页。

叫做马格里布的区域,因为,它对所有别的区域来说,都是马格里布,而且不是任何一个区域的马什里克。这便是为什么摩洛哥地区,而不是其他的北非阿拉伯区域,有权现在采用"马格里布"这一名称。

西马格里布的特点

事实上,西马格里布有一种特殊的自然因素。它的北部,全都濒临着地中海,近代以里夫地区——阿拉伯作家称它为古马拉地区[1]——著名,西边濒临大西洋,德兰山脉(即今天的阿特拉斯山脉)横贯其中。绵亘的山岭形成了高原,里面包含高平原。这种濒海的环境使西马格里布有别于马格里布的其他地区,河流穿山越谷,逶迤流向大西洋。其中最主要的河流是塞布河,并以它的支流非斯河著称。塞布河流域构成这一地区北部的一块低地,阿拉伯作家称之为近苏斯[2],以与另一块低地相区别。在这个地区的西南部,苏斯河穿流而过(在阿加迪尔入海),因而称为苏斯或远苏斯。[3] 在塞布河和苏斯河之间,有许多河流,它们(自南向北)是:顿西弗特河[4],马拉喀什市即坐落在河边;乌姆雷卜亚河,发源于坦德腊区域的德兰山,在艾泽木尔附近入海[5];布拉杰拉杰河(阿布拉克拉克河)[6]在萨

---

[1] 关于古马拉山,参见贝克里的著作,第100～101页;《考证书》,第190页,注释3。

[2] 参见伊本·阿卜德·哈克姆的著作,第205页。从他的传述中,可以知道,近苏斯位于丹吉尔的以南地区,在穆萨·本·努塞尔时代,它是兵家必争之地。白拉祖里在谈到奥克巴·本·纳菲厄时说"他向丹吉尔以南的近苏斯进攻"(白拉祖里著作,第229页),从而对这一点做了明白的规定。《文苑良友》一书(第6页)介绍近苏斯的边界是从木卢亚河到乌姆雷卜亚河,并介绍说,近苏斯是马格里布最肥沃的地区。

[3] 伊本·阿卜德·哈克姆把这个地区仅称为苏斯,说它是奥克巴·本·纳菲厄到达的最远处(第198页),但他在谈到哈比卜·本·阿比·奥贝达进攻苏斯和黑人地界时(第217页),又确定苏斯位于最南部。白拉祖里断定从近苏斯到远苏斯的路程要走二十多天(第230页)。关于也被白拉祖里仅仅称作苏斯的远苏斯的特点,参见《考证书》,第211页,注释4。《文苑良友》一书确定,远苏斯是从德兰山到诺勒地区(第6页)。

[4] 《考证书》,第209页。

[5] 《考证书》,第185页。伊本·赫勒敦:《教训集》第6卷,第102页;德·斯朗译本第1卷,第195页。

[6] 参见《利桑丁·本·哈提卜在马格里布和安达卢西亚的见闻》,第105页,注释1。

累和拉巴特(胜利的拉巴特)入海。

　　这些贯穿在连绵不断的环海山峦中间的重要河流,使西马格里布有别于马格里布的其他区域。在中马格里布,只有一些不大重要的小河流。至于被作为西马格里布和中马格里布分界线的木卢亚河,则也是西马格里布的河流之一。因为它发源于塔扎南面的山脉,穿过梅克内斯地区,在贾拉瓦①附近流入罗马海。中马格里布最著名的河流是谢利夫河②,它的中游经过米利亚纳附近。至于贝克里、伊德里西和《考证书》的作者所提到的其他河流,则是一些干河,只是在冬季雨水充足时,才有水流。有一些是小河床,汇集溪井山泉之水而成。③ 阿非利加的重要的河流,只有巴杰尔达河(或称迈杰尔达河)④,在突尼斯市附近入海。此外,直到埃及边界,便再没有河流了。而作家们所提到的河流,不是些除冬季外没有流水的干河,便是些由溪井山泉汇成的渠道,特别是在绿洲。

自然单位

　　虽然我们提到了各种不同的名称和划分,但是从埃及边界到大西洋的这整个地区,首先叫做"马格里布地区"。这个总名称里面就包含着地区单位的意思。事实上,阿拉伯的作家们已经注意到,马格里布地区如果可以按我们所见到的那种形式,做竖的划分,成为几个古代的行政或政治部分,那么,它也可以全部做横的划分,分成三块相似的自然区域。第一,是沿着罗马海从亚历山大城到(直布罗陀海峡边上的)丹吉尔,再

---

① 《考证书》,第193页。伊本·赫勒敦:《教训集》第6卷,第102页;德·斯朗译本第1卷,第195页(据《教训集》载,木卢亚河在加萨萨附近入海,不过,德·斯朗倾向于认为,这是指贾拉瓦)。
② 《考证书》,第171页。
③ 参见《考证书》,第176~179页和注释。
④ 《考证书》,第121页。

从丹吉尔沿着大西洋到苏斯的诺勒的沿海区域。[①] 我们在这里注意到，许多阿拉伯的史地学家认为大西洋（大洋或利特蓝特或阿德朗特）[②]的海岸自东向西笔直延伸，同地中海海岸是互相平行的。因此，他们把西马格里布境内向南倾斜的德兰山脉（高阿特拉斯山脉）的起点，当作马格里布西部边界的开始。这也是伊本·赫勒敦的看法。[③] 在这个基础上，他们解释了阿拉伯的扩张为什么就到远苏斯地区为止，作家们认为远苏斯是马格里布地界的尽头（亦即北非的尽头）。[④] 第二，是铺展在从埃及以西到西马格里布南面的沙漠地区。这是南部边疆区域，在那里，沙漠的阿拉伯人把山脉叫做伊尔克（沙丘）[⑤]。在上述两个区域之间，连绵不断的山脉向着地中海和大西洋蜿蜒铺展，形成第三个自然区域（其中一部分称为丘陵）。这个区域有自己的特色。有时，这种特色介于沿海区和沙漠区的特色之间。[⑥]

海洋是连接海岸区的首要因素，它把滨海城市和港口互相沟通，使气候温和并送来湿润带雨的海风。总之，海洋赋予这个区域以统一的或相似的自然形状。除海洋外，从陆上连接各沿海地区的，还有一条从苏伊士地峡到塔扎和非斯的古驿道。这条驿道，从埃及到非斯共分一百四十六段，大的驿站有巴尔卡、的黎波里、凯鲁万、塞蒂夫、提阿雷特和

---

① 伊本·赫勒敦：《教训集》第 6 卷，"柏柏尔人居住地"一节，第 98 页；德·斯朗译本第 1 卷，第 188 页。
② 伊本·赫勒敦：《教训集》第 6 卷，第 98 页。这个阿拉伯文本把"利特蓝特"写成了"巴拉亚"。对照德·斯朗译本第 1 卷，第 187 页，注释 3。
③ 伊本·赫勒敦：《教训集》第 6 卷，第 100 页；德·斯朗译本第 1 卷，第 194 页，注释 1。
④ 参见本书后面奥克巴·本·纳菲厄对西马格里布的入侵，在到达沿着大西洋海岸线向西南倾斜的纳菲斯河时，他认为自己已到了西方最后一处有人烟的地方了。
⑤ 伊本·赫勒敦：《教训集》第 6 卷，第 100 页；德·斯朗译本第 1 卷，第 190 页。
⑥ 参见伊本·赫勒敦的著作第 6 卷，第 101 页；德·斯朗译本第 1 卷，第 193 页。在这三段分法的基础上，《考证书》的作者区分了马格里布各个区域，他为沿海地区专门写了几节（第 110 页），也为沙漠及其邻近地区专门写了几节（第 142 页）。

非斯。①

　　沙漠区域从埃及的绿洲、巴尔卡的绿洲、费赞、祖伊拉、瓦尔贾拉（在中马格里布南部）、萨杰拉马萨（它的整个地区称为塔菲拉勒）、德腊河（向西南面）、一直铺展到西面的大西洋边沿。② 这个地区虽然被描绘成荒无人烟的沙漠，但是事实并非如此。水源和绿洲遍布各处，驼队借此得以横穿全境，开出一条比北路近三分之一的捷径。凯鲁万到萨杰拉马萨的陆路共分八十段，而在古马拉地区，则有一百二十段。③ 阿夏希在他的《游记》（伊历十一世纪[公元十七世纪]）中，对他所经过的、从塔菲拉勒和萨杰拉马萨到尼弗扎瓦和的黎波里的沙漠之路，做了细致的描写。值得注意的是，这条道路虽然远离人烟，但沿途的许多地方，水源丰富。在萨杰拉马萨以东地区有掘沙而成的甜水潭。④ 除此之外，还有吉尔河流域，汇集了远处来的涓涓流水，形成许多牧场。⑤

　　既无沃土又无水源的不毛之地，是叫做哈马达的高原，也就是沙石遍布的荒野，或怪石嶙峋的高地。其中主要的有位于萨杰拉马萨和吉尔河之间的大哈马达，驼队通过，要带三天的贮水。⑥ 有把吉尔河和萨乌腊河分隔开来的哈马达，萨乌腊河两岸的村庄绵延到现在阿尔及利亚沙漠中

---

① 伊斯塔赫里的著作，第37页。
② 同上书，第33页。参见伊本·赫勒敦的著作第6卷，第100页；德·斯朗译本第1卷，第190～191页。
③ 伊斯塔赫里的著作，第37～38页。
④ 阿夏希：《游记》，的黎波里手抄本，第13页反面。
⑤ 同上。
⑥ 同上书，第13页反面，第14页正面。关于哈马达，参见伊本·赫勒敦著作，第6卷，第100页；德·斯朗译本第1卷，第191页；关于在塔曼提特和拉江（拉甘）流入沙漠的吉尔河，参见伊本·赫勒敦著作，第6卷，第102页；德·斯朗译本第1卷，第196页，注释1。德·斯朗提到，吉尔河始终保留它的古名 Ger。

心的图瓦特城附近,在撒哈拉沙漠的深处要走十天的路程①;有位于萨乌腊河和图瓦特城之间的哈马达②(它是从黑人地区来的驼队的集结地③);还有坐落在从伊贡河(伊琼河)到瓦尔卡拉(即在贝贾亚对面的扎卜地区南部的瓦尔贾拉)通道上的大哈马达,在这片杳无人烟的荒野,得走四天的路程④,这条道路从瓦尔贾拉到里格河⑤,再到索费京河⑥,一直连续不断。在到达突尼斯南部的尼弗扎瓦之前,还有萨卜哈(盐沼),这是一块龟裂的盐碱地,偏出路边左右,就会陷进去,只有一头跟着一头的骆驼在路上行走。⑦

尼弗扎瓦属于卡斯提利亚区域,因枣椰林立,以杰里德地区和椰枣地区著称。其城市有:内夫塔、托泽尔、加夫萨和比斯克腊。这个区域绵延在突尼斯南部及其相邻的的黎波里和阿尔及利亚的地界。⑧ 以观测深刻著称的伊本·赫勒敦阐明了这个自然区域的色彩,它从萨杰拉马萨和德腊河一直延伸到埃及的绿洲,处在围绕丘陵地带(北部富饶的高原)的群山南麓和从黑人地区方向包围马格里布的、称为"伊尔克"的南部沙漠的中间。因此,杰里德地区(亦即枣椰地区)并不像地理学家所说的只限于

---

① 阿夏希:《游记》,手抄本,第14页正面。对照伊本·赫勒敦著作第6卷,第103页,他称之为图瓦特群堡。
② 同上书,第15页正面。
③ 同上书,第16页正面。
④ 同上书,第35页反面~36页正面。瓦尔贾拉也写成瓦尔卡拉(参见《教训集》第6卷,第100页)
⑤ 同上书,第39页正面。
⑥ 同上书,第41页正面。
⑦ 阿夏希:《游记》,的黎波里手抄本,第42页正面。
⑧ 贝克里的著作,第47、48、49页。伊德里西的著作,第103、104、106页。《考证书》,第150、155、157页及注释。伊本·赫勒敦的著作,第6卷,第101页;德·斯朗译本第1卷,第192页。关于尼弗扎瓦,阿夏希说,那儿枣椰林立,它的村落就像埃及的里夫地区的村落,以至传说它的名字(伊斯兰教以前的通用名)原来(因其人烟稠密)叫艾利夫扎维亚(千家村),后来演变成尼弗扎瓦(手抄本,第42页正面)。

卡斯提利亚区域,它实际上包括(自西向东)一条展开在南部的大腹带,从远苏斯、塔鲁丹特,沿非斯大路到萨杰拉马萨,沿特累姆森大路到菲吉格,再经提阿雷特南面腊希德山山麓、贝贾亚对面的瓦尔贾拉及其附近的里格河、扎卜地区和比斯克腊城、(卡斯提利亚的)杰里德地区、尼弗扎瓦、费赞和瓦丹,最后到巴尔卡南面的绿洲。①

这就是说,沙漠和海洋一样,是马格里布各个区域之间交通和联系的道路,而不是想象中的分离和孤立的地区。山区的情况也是一样,由于它的山岭连绵,横贯全境,与海岸线互相平行,因而是另一个联系和统一的因素。山区像一副骨骼架子,把马格里布地区连结起来,加强了从大西洋到巴尔卡各地的联系。② 此外,山区还是一种由山脉构成的地形单位。由于与山脉平行的河谷纵横遍布,它们就把东方区域和西方区域连接起来,虽然,山脉使得沿海地区和内陆地区之间的交通比较困难。同时,它形成了许多孤立的地区,历代一直保持着分离的倾向,从而在一些时代里,政治上的统一就颇为困难。

哥提埃把政治上统一的困难,归咎于马格里布地区没有一个自然中心,可以把各个区域集合在它的周围。因为马格里布在地中海和大西洋的海岸线长达三千公里,而富庶的区域只有一百五十公里。③ 不过,河流大多从内陆高地流向海洋,减少了内陆和沿海之间的交通困难。把沙漠的各个中心和沿海城市连接起来的驼队的笔直道路,加强了肥沃区域和沙漠区域之间的统一和联系。因此,这些道路在马格里布地区构成了一片跟它的巨大长度相称的纵深地带,使沙漠成为马格里布不可分割的

---

① 伊本·赫勒敦的著作第6卷,第100~101页;德·斯朗译本第1卷,第192~193页。关于绿洲,参见贝克尔的著作,第14~15页;《考证书》,第147页,注释2,并见下页图一。
② 如前所述,作家们把的黎波里南面的内富萨山和巴尔卡山(绿山)看作是德兰山(阿特拉斯)往东部延伸的尽头。参见下页图一。
③ 哥提埃:《北非往昔》,第11页。

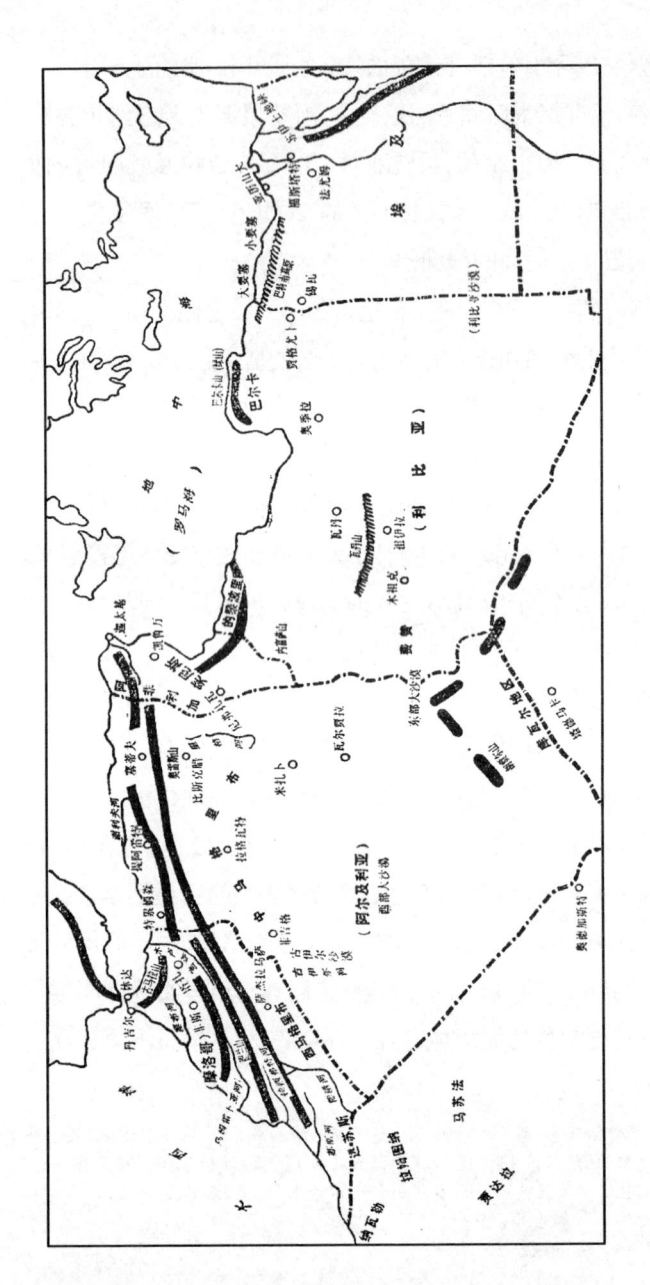

图一 马格里布（和埃及）地区——地形和各区域

（按原图译制）

一部分。目前，阿尔及利亚的解放革命懂得这一点，它在争取自决的谈判中，坚持拒绝放弃撒哈拉沙漠的原则。其实，马格里布地区的历史，就在于城居民和游牧民之间的关系的实质上。沙漠边缘，旷野深处，事实上也是爱国者在反抗侵略者和殖民主义者斗争中的最后藏身之地。

第二节 居民

名称（柏柏尔人）

这个我们试图阐明全貌的地理单位，理所当然地从远古以来就竭力要形成一个人文单位，或者从血统和宗谱方面，也从社会活动方面，在马格里布地区的居民中造成一支相近的亲族。阿拉伯人把马格里布的居民叫做"柏柏尔人"，但是，我们不认为在伊斯兰教出现以前的阿拉伯人就已用这个名字来称呼马格里布人民。因为，我们不知道这个名称在蒙昧时代阿拉伯人的肯定正确的传述之中，是否已经出现，况且阿拉伯半岛和北非之间的联系，原来并不多。据悉，那时阿拉伯人与埃及以西的地域没有直接的关系。至于也门的古代传说及其提到的希木叶尔诸王对中国和柏柏尔的征服，则仅仅是伊斯兰教编造出来的一些神话故事，只是为了颂扬盖哈坦族人的丰功伟绩。[①] 然而，由于阿拉伯人同罗马人和拜占庭人是有联系的，他们可能已经知道"柏拉柏拉"（Barbaroi）或"柏拉柏尔"（Barbari）或"柏柏尔"一词的全面含义，就像雅典（称之为 Barbaroi）或罗马（称之为 Barbari）所了解的含义一样，即是指蒙昧的或野蛮的或越出罗马文明范围的民族。

[①] 参见伊本·赫勒敦：《历史绪论》，商业书店版，"历史学的特点、各历史学派的调查和揭露史学家的诡辩"一节，第12页。

罗马人用这个名字来称呼所有在中世纪早期攻打他们帝国的日耳曼民族，马格里布的人民自然被列入这个名称的范畴。这有两个原因，第一，他们没有屈从于罗马人，不接受罗马的文明，而是反抗罗马的统治，给帝国造成许多麻烦①；第二，马格里布地区在公元五世纪遭到了日耳曼蛮族汪达尔人的入侵，汪达尔人把马格里布变成（欧洲意义中的）柏柏尔君主政体。一直到查士丁尼时代，汪达尔人才被君士坦丁堡打败。这里，我们可以探问，柏柏尔一词在那时是否有可能是指总的马格里布的居民，指汪达尔人，或他们留在马格里布的后裔和加入他们行列或受他们文明影响的当地人而言？阿拉伯人可能正是通过他们引用了这个名称——就像他们引用了各个区域名字一样——把马格里布人民称为柏柏尔人。然而，他们不是指这个词中（在现代欧洲语言中所包含的）讥刺意思，他们绝无此意，因为阿拉伯人对罗马和罗马文明所持的态度，与柏柏尔人并无二致。

　　阿拉伯作家们根据他们的理解，曾试图对这个名称进行解释。他们引证了许多看法。然而，值得注意的是，他们中间没有一个人考证出了柏柏尔一词的正确来源，即使那些曾正确地考证出许多古代名称的人（如"地区名称"一节所述）如贝克里、伊德里西甚至伊本·赫勒敦也没有考证出来。伊本·赫勒敦罗列了著名的谱系学家的种种不同意见，他考证了谱系学的著作，如伊本·卡勒比（第一个编纂谱系的作家，卒于伊历 204 年[公元 820 年]）、伊本·库特巴（卒于伊历 296 年[公元 907

---

① 参见哥提埃：《北非往昔》，第 125 页，他说，拉丁作家用阿非利（Afri）即阿非利加入来称呼服从迦太基政权的当地人。至于反对罗马帝国的当地人，则用他们的部落名字来称呼他们，如称他们为摩尔人（Mauri）和柏柏尔人（Barbari），而绝对不叫他们为阿非利加人。根据摩尔一词，从属罗马帝国的西马格里布区域就叫做摩尔塔尼亚（Mauritaine）。这个名字为阿拉伯地理学家所引用（贝克里的著作，第 21 页），并由此派生出欧洲的词汇，英文、法文和西班牙文分别是 Moors, Maures, Moros。

年])、塔伯里(卒于伊历 310 年[公元 922 年])、苏利(卒于伊历 335 年[公元 947 年])、梅斯欧迪(卒于伊历 345 年[公元 956 年])、阿里·本·阿卜德,阿齐兹·朱尔贾尼(著有一本《论宗谱》,伊历 366 年[公元 967 年]卒于内沙布尔)、科尔多瓦人伊本·哈兹姆(卒于伊历五世纪上半叶[公元十一世纪])、阿布·奥马尔·本·阿卜德·柏尔(生于科尔多瓦,里斯本的法官,卒于伊历 463 年[公元 1070 年])、贝克里(伊历 487 年[公元 1094 年]卒于阿尔梅里亚)、苏赫利(伊历 508 年[公元 1114 年]生于马拉加,伊历 581 年[公元 1185 年]卒于马拉喀什)和马立克·本·穆尔希勒(卒于伊历七世纪末叶[公元十三世纪])等。① 伊本·赫勒敦根据他在《历史绪论》一书中所规定的原则,对这些书做了评论,但他没有指出柏柏尔一词现存于罗马人和法兰克人的著作之中。

我们认为这些看法可分为两类:一类是从语言上来解释"柏柏尔"一词,因为这个民族的语言佶屈聱牙,音节含糊,难以辨认,曾传说"你们说话中的柏柏尔何其多!"又有一说,狮吼时,如声音暧昧,则称"狮子柏柏尔"②;另一类是按照阿拉伯人划分民族的习惯和他们在谱系学中所公认的原则来解释"柏柏尔"一词。据说马格里布的民族采用了他们一位远祖的名字,叫"柏尔"。这是伊本·哈兹姆从优素福·瓦拉克(穆罕默德·本·优素福·瓦拉克的父亲,也是贝克里主要参考的一位作家,卒于伊历 363 年[公元 973 年])处转引过来的见解,而优素福·瓦拉克又是从《希马

---

① 参见伊本·赫勒敦的著作第 6 卷,开罗版,第 89~97 页,"柏柏尔谱系"一节(第 94 页):伊本·卡勒比,第 93 页;伊本·库特巴,第 93、94 页;塔伯里,第 93、94 页;苏利,第 93、94 页;梅斯欧迪,第 93 页;朱尔贾尼,第 91 页;伊本·哈兹姆,第 93、96 页;伊本·阿卜德·柏尔,第 94、95 页;贝克里,第 94 页;苏赫利,第 93 页;马立克·本·穆尔希勒;德·斯朗译本第 1 卷,第 168~180 页。
② 伊本·赫勒敦:《教训集》第 6 卷,第 89 页;德·斯朗译本第 1 卷,第 168、176 页。另有一种看法说,阿拉伯人发现,柏柏尔人的语言中多用"B"和"R",于是说:"这柏柏尔(柏拉柏拉)是什么呀?"

尔》的作者阿尤布·本·阿比·亚齐德①那儿引证来的；又有人认为这个远祖名叫"柏柏尔",这是苏利的看法②(如"阿拉伯"一词源自"叶阿拉伯"一词)。马格里布的谱系学就这样固定下来了。随着时间的推移,当地人中出现了谱系学的专家。刚进入伊历四世纪,柏柏尔的谱系就用阿拉伯文记录了下来③,成为像阿拉伯人谱系那样的一门学科。伊本·赫勒敦提到的著名的谱系学家有：马特马塔族人萨比克·本·萨利姆、库米亚族人哈尼·本·马斯杜尔、卡赫蓝·本·阿比·卢瓦④、达里萨族人哈尼·本·布库尔和阿尤布·本·阿比·亚齐德⑤。

柏柏尔人溯源

显然,这些谱系学家曾以阿拉伯宗谱为主干,把阿拉伯人分为两大支,一支源于盖哈坦,另一支源于阿德南。谱系学家们对柏柏尔人如法炮制,也把他们分成两大部分,即巴拉尼斯人和布特尔人。他们说,第一部分是布尔努斯⑥的子孙,第二部分则是绰号叫阿卜塔尔⑦的马德基斯的后裔。为了使这种说法与认为柏柏尔人同出一源(如盖哈坦和阿德南都源自易卜拉欣)的传述互相吻合,便这样传说：布尔努斯和阿卜塔尔是全体柏柏尔人的祖先柏尔⑧的两个儿子。但是,有一些柏柏尔谱系学家不同意

---

① 伊本·赫勒敦：《教训集》第6卷,第89页；德·斯朗译本第1卷,第168～169页。《希马尔》的作者阿尤布是反对马格里布法蒂玛王朝的著名叛逆者,伊巴迪亚教派的信徒。他的儿子阿布·穆罕默德·阿尤布被他派往安达卢西亚,在科尔多瓦住了一段时期。参见德·斯朗译本,第28页,注释1。
② 伊本·赫勒敦：《教训集》第6卷,第94页；德·斯朗译本第1卷,第176页。
③ 参见德·斯朗译本第1卷,第168页,注释3。
④ 伊本·赫勒敦的著作第6卷,第89页；德·斯朗译本第1卷,第169～170页。我们注意到在阿拉伯文本中名字的不同写法,一次写成萨列姆·本·萨利姆,另一次写成萨比克·本·萨利姆,同时,我们还发现,哈尼·本·马斯杜尔写成了萨比·本·苏鲁尔。
⑤ 伊本·赫勒敦的著作第6卷,第94页；德·斯朗译本第1卷,第178页。
⑥ 布尔努斯是单数,巴拉尼斯是复数。——译者
⑦ 阿卜塔尔是单数,布特尔是复数。——译者
⑧ 伊本·赫勒敦：《教训集》第6卷,第89页；德·斯朗译本第1卷,第168页。

伊本·哈兹姆所主张的这种看法。这些人说,两大部分人,各有自己的祖先:巴拉尼斯人是柏尔·本·马齐格·迦南的子孙;布特尔人是柏尔·本·盖斯·本·埃蓝的后裔。①

这后一种说法,把柏柏尔人追溯到迦南人和盖斯人的谱系,也就是说,柏柏尔人原来是马什里克的部落,在特定的历史条件下迁移到了马格里布。这事实上是谱系学家们的主张。在这个问题上,伊本·赫勒敦评论了作家们的分歧之处,并罗列了他们的看法。早期的作家如伊本·卡勒比、伊本·库特巴、朱尔贾尼、塔伯里以及步他们后尘的梅斯欧迪、贝克里和伊本·阿西尔等说:"柏柏尔人来自叙利亚。在达乌德时代,他们的国王贾卢特被达乌德所杀,他们被赶出巴勒斯坦。"②有些人如苏利和阿布·奥马尔·本·阿卜德·柏尔则说:"柏柏尔人来自埃及,是米斯拉伊姆·本·哈姆或科普特·本·哈姆的后代。"③同时,还有一些传述提到,柏柏尔人均源于也门,他们是努阿曼·本·希木叶尔·本·萨卜的子孙。④ 还有的如马立克·本·穆尔希勒——他曾为马林王朝的素丹雅各布·本·阿卜德·哈克(卒于伊历七世纪末叶)效劳——主张调和这所有的传述,他说:"柏柏尔人有许多来源:希木叶尔族、穆达尔族、科普特族、阿马利克族、迦南族和古莱什族。这些部族在叙利亚汇集在一起。"⑤

伊本·赫勒敦驳斥了这些看法,反对认为柏柏尔人是易卜拉欣的后

---

① 伊本·赫勒敦:《教训集》第6卷,第89页;德·斯朗译本第1卷,第169页。参见本书图二。
② 伊本·赫勒敦:《教训集》第6卷,第93~96页;德·斯朗译本第1卷,第177、184、175、176、174、177页(依次序排列)。对照伊本·阿卜德·哈克姆的著作,第170页;梅斯欧迪的著作第1卷,第55页;伊本·阿西尔的著作(《伊历22年纪事》)第3卷,第13页;伊德里西的著作第57页。
③ 伊本·赫勒敦:《教训集》第6卷,第96页;德·斯朗译本第1卷,第176、181页。
④ 伊本·赫勒敦:《教训集》第6卷,第93页;德·斯朗译本第1卷,第174页。
⑤ 伊本·赫勒敦:《教训集》第6卷,第94页;德·斯朗译本第1卷,第176页。

裔的说法,批判了贾卢特的故事。他认为,说柏柏尔人在伊非里卡什的率领下,自叙利亚远道来到马格里布,乃是难以置信的神话,他也否认柏柏尔人是希木叶尔族人或者穆达尔族人。伊本·赫勒敦肯定了如下的看法,即根据他的民族分类法,柏柏尔人是迦南·本·哈姆·本·诺亚的后代,他们是巴勒斯坦人的亲戚,而不是巴勒斯坦人。① 虽然,他在起初谈到柏柏尔人时,说他们是从远古起就居住在马格里布的、亚当的一代子孙。②其实,认为柏柏尔人是从叙利亚迁徙来到北非的见解,倒可能有些道理,因为可以说,这种见解即是指腓尼基人的迁徙,他们迁到马格里布定居下来;而体现这种迁徙的迦太基始终是马格里布的首府,一直到阿拉伯人来到为止。这也就是说,阿拉伯作家们的传述尽管形式上具有神话色彩,但里面包含了一些历史事实。

哥提埃在他《北非往昔》中的一些章节里,曾试图对照一些拉丁和希腊的文本,来说明这些阿拉伯的传述。他成功地使人注意到许多聪明的见解,尽管对其中许多看法,阿拉伯化的人抱着一种冷淡或保留的态度。③这些见解中最重要的,是坚持认为迦太基在马格里布留下了深刻的影响④;真正的马格里布史是从布匿战争开始的。⑤ 波尼语在马格里布地区的影响,直到公元六世纪还依然存在。⑥ 在公元五世纪的圣徒奥古斯丁时代,波尼地区⑦的农民说他们是迦南族人。⑧ 这也是拜占庭史学家普洛可比(Procope)记述下来的看法。他说,当地人(摩尔塔尼亚人)是在以色列

---

① 伊本·赫勒敦:《教训集》第6卷,第97页;德·斯朗译本第1卷,第184页。
② 伊本·赫勒敦:《教训集》第6卷,第79页;德·斯朗译本第1卷,第167页。
③ 哥提埃:《北非往昔》,第130、145、200页。
④ 哥提埃:《北非往昔》,法文本,第二节,第43页。
⑤ 同上书,第59页。
⑥ 同上书,第130页。
⑦ 波尼地区即现在阿尔及利亚北部沿海的安纳巴地区。——译者
⑧ 哥提埃:《北非往昔》,第139页。

人入侵迦南地区时,从那儿来到阿非利加的。① 哥提埃注意到普洛可比引述的神话与伊本·赫勒敦的神话是雷同的,但是他否认伊本·赫勒敦会受这个拜占庭史学家的影响。

这里,我们发现,普洛可比和伊本·赫勒敦之间虽无关系,但这位马格里布史学家引证了古代马什里克史学家的著作。如前所述,主张柏柏尔人源自迦南族的最力者,是塔伯里。这就有两种可能:要么是早期的阿拉伯作家从像普洛可比这样的拜占庭作家处引证了一些有关马格里布及其民族的原始资料;要么是他们通过古代亲眼目睹者那里汲取了有关马格里布地区现实的资料。两者必居其一。也许,比较正确的是,他们从两个方面都搜集了资料。因为众所周知,阿拉伯史学家受到他们的前辈罗马和波斯史学家著作的影响,并在这些著作里加上了他们自己研究的成果和体会。

塔伯里(认为柏柏尔人来自迦南地区)的看法颇具影响,并且是为伊本·赫勒敦所偏重和唯一采纳的意见,前已述及,这种看法也反映了一些事实。尽管如此,其他的看法也有其道理。比较正确的,可能是把所有这些见解尽力调和一致,也就是伊本·穆尔希勒的看法。他认为柏柏尔人就是希木叶尔族人,穆达尔族人,科普特族人,阿马利克族人,迦南族人和古莱什族人,也就是说,柏柏尔人是(阿拉伯)半岛上各个阿拉伯人的部落同叙利亚、埃及的各个部落混合而成的。我们已经指出,柏柏尔人通过迦太基而同叙利亚保持着密切的联系。这种关系不言而喻,也就是指同阿拉伯人地区的关系而言。哥提埃曾试图解释柏柏尔人同希木叶尔族人之间的血缘关系,他和阿拉伯作家们一样,把这种血缘关系与柏柏尔人同迦太基人或者同波尼人之间的血缘关系等同起来。哥提埃说,事情被作家

---

① 哥提埃:《北非往昔》,第140~141页。

们搅混了。他引证说,在埃及的古迹中,希木叶尔人被称为波纳人或波尼人①,至于柏柏尔人和埃及人之间的血缘关系,则是由于地界毗连和同一的地理环境所造成的自然血缘关系。古代,干旱降临北非地区,许多当地人逃往尼罗河两岸。② 同时,语言学家们在古代埃及语、柏柏尔语和一些黑人的语言之间,也发现有一种血缘关系。③ 哥提埃在他的《北非往昔》一书中,有一节专门阐述埃及和马格里布之间的永恒关系,他最后说,根据沙漠中所遗存的古迹来了解,柏柏尔人源于埃及伊吉亚黑人的世系。④ 这与伊本·穆尔希勒的看法相近。

柏柏尔部族的划分

谱系学家们把马格里布的部族划分为如下两大部分柏柏尔人:

1. 巴拉尼斯人。⑤ 有十个著名的部族:阿兹达贾(瓦兹达贾)、马斯穆达、乌尔贝、阿吉萨、库塔马、桑哈贾和乌里格,根据一部分人的看法,还得加上卢姆塔族、哈斯库拉族和贾祖拉(卡祖拉)族。

这些大的主干分成若干小的分支:胡瓦拉族来自乌里格部族,梅利利亚族来自胡瓦拉部族,古马拉族来自马斯穆达部族(见图二)。

2. 布特尔人。⑥ 有四个著名的部族:阿达萨部族、内富萨部族、达里萨部族和大卢瓦部族。

---

① 哥提埃:《北非往昔》,法文本,第143页。
② 让·韦库泰:《古代埃及》,选自《我知道什么?》丛书,第27页。纳吉布·米哈伊勒:《埃及和古代近东》第1册,公元1963年埃及版,第6页。
③ 参见纳吉布·米哈伊勒:《埃及和古代近东》第1册,埃及版;让·韦库泰:《古代埃及》,选自《我知道什么?》丛书,第29页。
④ 哥提埃:《北非往昔》,法文本,第42页,并见第35页及其后面的有关埃及和马格里布的关系一节。
⑤ 伊本·赫勒敦:《教训集》第6卷,第89~90页;德·斯朗译本第1卷,第169~170页。
⑥ 伊本·赫勒敦:《教训集》第6卷,第90~91页;德·斯朗译本第1卷,第170~173页。

阿拉伯马格里布史

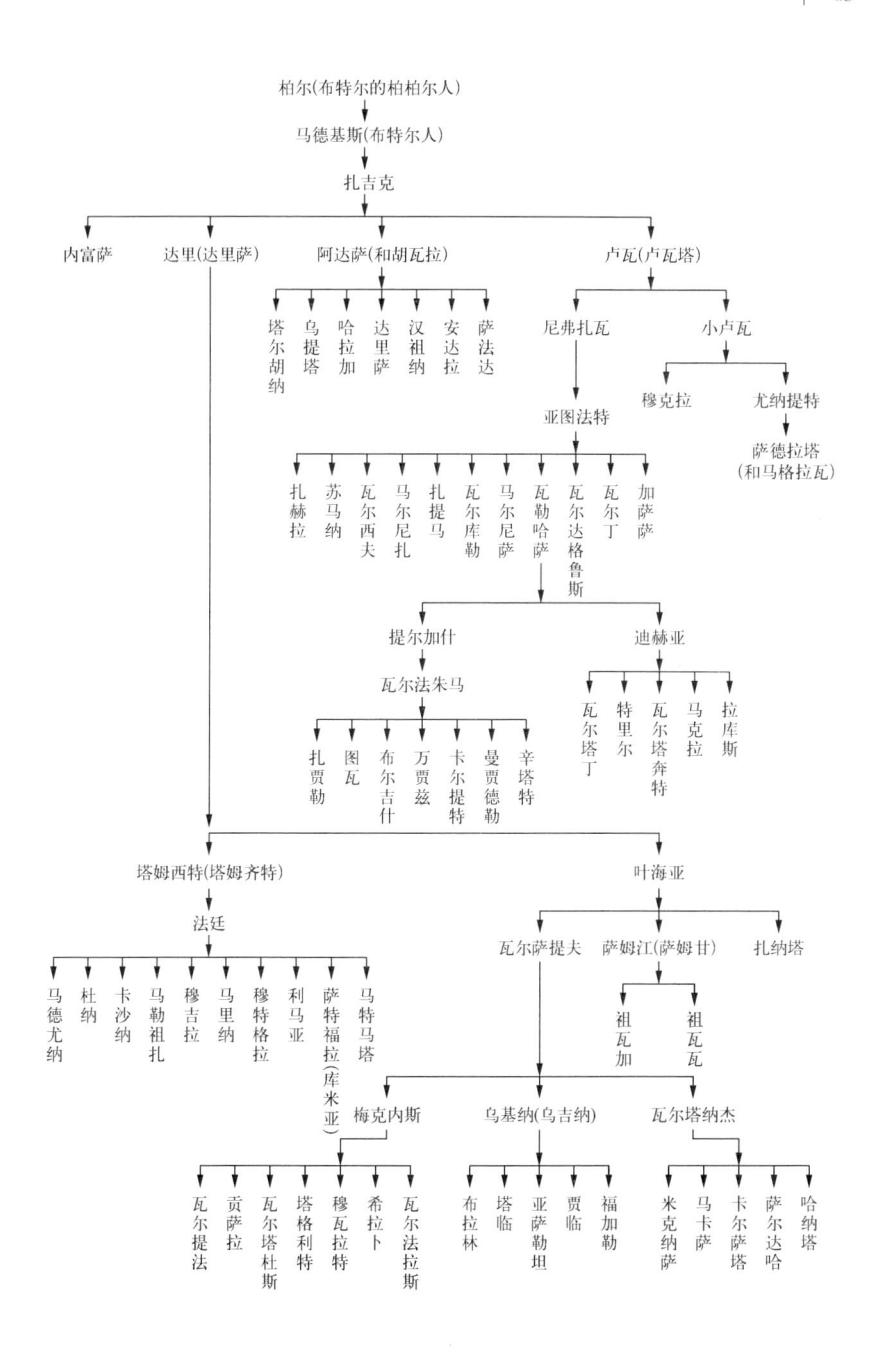

```
柏尔(布特尔的柏柏尔人)
    ↓
马德基斯(布特尔人)
    ↓
  扎吉克
    │
    ├──内富萨
    ├──达里(达里萨)
    ├──阿达萨(和胡瓦拉)
    │    ├──塔尔胡纳
    │    ├──乌提加
    │    ├──哈拉
    │    ├──达里萨
    │    ├──汉祖纳
    │    ├──安达拉
    │    └──萨法达
    └──卢瓦(卢瓦塔)
         ├──尼弗扎瓦
         │    └──亚图法特
         │         ├──扎赫拉
         │         ├──苏马纳
         │         ├──瓦尔西夫
         │         ├──马尔尼扎
         │         ├──扎提马
         │         ├──马尔库勒
         │         ├──瓦勒哈萨
         │         ├──瓦尔达格鲁斯
         │         │    ├──提尔加什
         │         │    │    └──瓦尔法朱马
         │         │    │         ├──扎贾勒
         │         │    │         ├──图瓦
         │         │    │         ├──布尔吉什
         │         │    │         ├──万贾兹
         │         │    │         ├──卡尔提特
         │         │    │         ├──曼德勒
         │         │    │         └──辛塔特
         │         │    └──迪赫亚
         │         │         ├──瓦尔塔丁
         │         │         ├──特里尔
         │         │         ├──瓦尔塔奔
         │         │         ├──马克特
         │         │         └──拉库斯
         │         ├──加尔丁
         │         └──加萨
         └──小卢瓦
              ├──穆克拉
              └──尤纳提特
                   └──萨德拉塔(和马格拉瓦)

塔姆西特(塔姆齐特)
    └──法廷
         ├──马德尤纳
         ├──杜纳
         ├──卡沙纳
         ├──马勒祖扎
         ├──穆吉拉
         ├──马里纳
         ├──穆特格拉
         ├──利马亚
         ├──萨特福拉(库米亚)
         └──马特马塔
              ├──梅克内斯
              │    ├──瓦尔提法
              │    ├──贡萨拉
              │    ├──瓦尔塔杜斯
              │    ├──塔格利特
              │    ├──穆瓦拉特
              │    ├──希拉卜
              │    └──瓦尔法拉斯
              ├──乌基纳(乌吉纳)
              │    ├──布拉林
              │    ├──塔萨勒坦
              │    ├──亚加勒
              │    ├──贾临
              │    └──福加勒
              └──瓦尔塔纳杰
                   ├──米克纳萨
                   ├──马尔萨
                   ├──卡尔萨塔
                   ├──萨尔达哈
                   └──哈纳塔

叶海亚
    ├──瓦尔萨提夫
    ├──萨姆江(萨姆甘)
    │    ├──祖瓦加
    │    └──祖瓦瓦
    └──扎纳塔
```

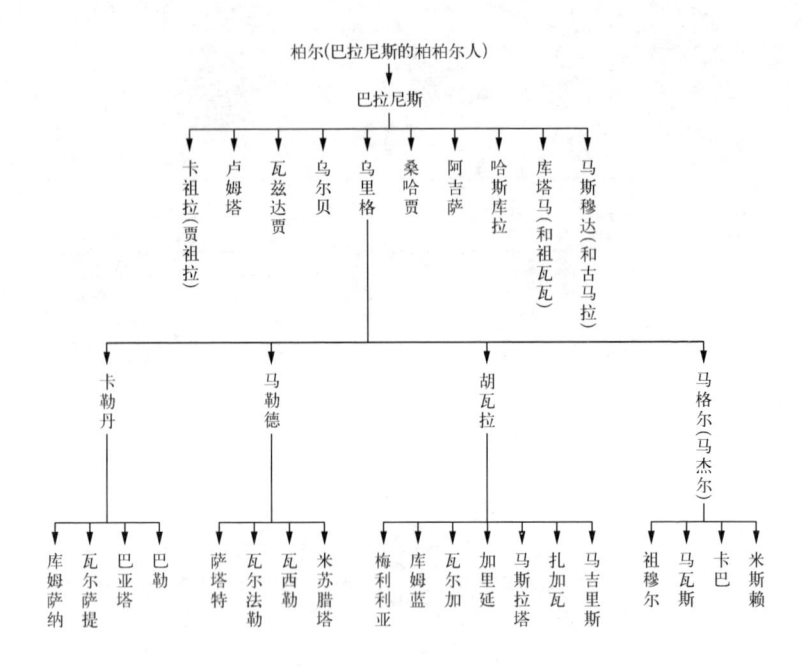

```
                    柏尔(巴拉尼斯的柏柏尔人)
                           │
                        巴拉尼斯
   ┌────┬────┬────┬────┬────┬────┬────┬────┬────┐
  卡祖拉 卢姆塔 瓦兹达贾 乌尔贝 乌里格 桑哈贾 阿吉萨 哈斯库拉 库塔马 马斯穆达
  (贾祖拉)                                    (和祖瓦) (和古马拉)
   ┌──────────┬──────────────┬──────────────┐
  卡勒丹        马勒德           胡瓦拉         马格尔
                                              (马杰尔)
 ┌──┬──┬──┐  ┌──┬──┬──┐  ┌──┬──┬──┬──┬──┐  ┌──┬──┬──┐
库  瓦  巴  巴  萨  瓦  米  梅  库  瓦  加  马  扎  马  祖  马  卡  米
姆  尔  亚  勒  塔  西  尔  利  姆  尔  里  斯  加  吉  穆  瓦  巴  斯
萨  萨  塔     特  勒  法  利  蓝  加  延  拉  瓦  里  尔  斯     赖
纳  提              腊  亚         勒     塔     斯
                    塔
```

图二　布特尔人和巴拉尼斯人的部族
参见伊本·赫勒敦的著作,第 2 卷,第 90、92 页。

这些大的主干分成若干小分支:尼弗扎瓦族和卢瓦塔族属于卢瓦部族,姆扎塔族和马加加族又来自卢瓦塔部族,其中的萨德拉塔族是马格拉瓦族(母系)的姊妹族。瓦勒哈萨族来自尼弗扎瓦族,提尔加什族由瓦勒哈萨族派生出来,而瓦尔法朱马族又源自提尔加什族。

塔姆齐特(塔姆西特)族和叶海亚族出自达里萨部族。而塔姆齐特(塔姆西特)族的分支又有马特马塔族、萨特福拉族(也称为库米亚族)、利马亚族、穆特格拉族、穆吉拉族、马勒祖扎族和马德尤纳族。叶海亚族的分支为所有的扎纳塔部落,另加上瓦尔萨提夫族和萨姆江(萨姆甘)族。梅克内斯族则源自瓦尔萨提夫族。

从萨姆江族派生出祖瓦加族和祖瓦瓦族(见图二)。

值得注意的是,柏柏尔人虽然分为巴拉尼斯人和布特尔人,他们又分成了各个不同的部族,但是,这两部分人之间的血统却是相近的,而且,他们各个分支之间的联系也很密切。谱系学家们混乱到了这种地步:先把胡瓦拉族列为巴拉尼斯人①,接着又把他们算作布特尔人,或者把他们当作布特尔人中阿达萨部族(母系)的姐妹族。② 同样,祖瓦瓦被看作是布特尔人,而伊本·哈兹姆则认为他们从属于巴拉尼斯人中库塔马族。③

伊本·赫勒敦效法那些否认柏柏尔人源于阿拉伯人的作家,如伊本·哈兹姆。④ 但是,他也差不多接受伊本·卡勒比的主张和谱系学家们几乎一致的看法,即认为桑哈贾族和库塔马族属于巴拉尼斯人,而不是柏柏尔人,他们原来是也门的两个部族。尽管他也说到"我认为他们是柏柏尔人的兄弟,安拉是全智的"⑤,坚持了自己的理论。

事实上,阿拉伯和柏柏尔的谱系学家们确有理由认为,柏柏尔人谱系的主干同阿拉伯人谱系的主干是互相类似的,而且追根溯源,柏柏尔人原有阿拉伯人的渊源。毫无疑问,阿拉伯人和柏柏尔人之间这种类似,乃是环境的产物。因为以沙漠性质为主的马格里布地区的自然环境,同阿拉伯地区很相像,从而产生了具有相似本质的社会和文明。⑥ 因此,我们且把阿拉伯人和柏柏尔人在血统和种族方面相近的血缘关系存而不论,免

---

① 伊本·赫勒敦:《教训集》第 6 卷,第 90 页;德·斯朗译本第 1 卷,第 169 页。
② 伊本·赫勒敦:《教训集》第 6 卷,第 90 页;德·斯朗译本第 1 卷,第 170 页。
③ 伊本·赫勒敦:《教训集》第 6 卷,第 91 页;德·斯朗译本第 1 卷,第 173 页。
④ 伊本·赫勒敦:《教训集》第 6 卷,第 93、96、97 页;德·斯朗译本第 1 卷,第 175、180 页。属于阿拉伯人的部族是:卢瓦塔族(希木叶尔族)、胡瓦拉族、乌里格族(金达族)、扎纳塔族(属于土伯尔人的后裔,即也门人)、古马拉族,祖瓦尔族和穆克拉塔族(希木叶尔人)。
⑤ 伊本·赫勒敦:《教训集》第 6 卷,第 97 页;德·斯朗译本第 1 卷,第 185 页。
⑥ 参见伊本·赫勒敦:《历史绪论》,"环境的影响"一节。

得在这方面对阿拉伯人和柏柏尔人纠缠不清。① 同时,对语言学家们所一致主张的柏柏尔语和闪族语,其中包括阿拉伯语(还有古埃及语),系同出一源——如前所述,这就加强了种族的血缘关系,对这一点,我们也不予理会。我们仅指出柏柏尔人从过去到现在所处的社会生活的本质和类型。柏柏尔人像阿拉伯人一样,了解部族组织,懂得文明和定居的生活,同时,他们也过着漂泊无着逐水草而居的生活。对此,伊本·赫勒敦说:"他们中的身强力壮者动身去寻找旅程附近的牧场……他们靠放牧牛羊为生,马匹往往用作乘骑。也许骆驼则被他们中间寻找牧场的人所占有。这方面,他们的情况和阿拉伯人相同。"② 社会性质上的这种相似,产生了同一类型的文明,培育了一致的传统习惯。总而言之,它产生了相似的天然条件,而一切有关阿拉伯人和柏柏尔人之间血缘关系的理论,都是建立在这个基础之上的。

区分布特尔人和巴拉尼斯人的根据

根据柏柏尔人分为"游牧民"(帐篷居民)和"城居民"(房屋居民),哥提埃试图对他们分成"布特尔人"和"巴拉尼斯人"两部分,进行解释。他说:"布特尔人是游牧民,巴拉尼斯人是城居民。"他把古代历史上的柏柏尔人分为努米底亚人(即阿尔及利亚人)和摩尔塔尼亚人(即马格里布人或摩洛哥人),同时把现代的马格里布人分为阿拉伯人和各个部族。③ 这种理论具有正确的根据。因为,绝大部分的巴拉尼斯部族生活安定,住在肥沃的平原和山区,从事农耕,而大多数的布特尔部族则过着流动的生活,在高原沙漠和半沙漠地区放牧牲畜。不过,应当注意,这种分法并不

---

① 参见朱利安:《北非史》,法文本,第46~52页,图34~38;并见文学和经济系教授们集体编著的《阿拉伯社会研究》,公元1961~1962年版,"阿尔及利亚的介绍"一节,第110页,该处柏柏尔人被称为古阿拉伯人。
② 伊本·赫勒敦:《教训集》第6卷,第89页;德·斯朗译本第1卷,第167页。
③ 参见哥提埃:《北非往昔》,第242页。

是绝对的。这两部分人中城居和游牧是相互交替的。有些巴拉尼斯部族在沙漠中心，过着最纯粹的游牧生活，如撒哈拉的桑哈贾族。其中有戴面罩的穆拉萨姆人中的拉姆图纳族和马苏法族，他们是马格里布南部沙漠里的牧驼者，欧洲作家称他们为大牧民（grands pasteurs）或大驼夫（grands nomadets chameliers）。①

大牧民不同于牧羊人，后者被称为小牧民（petits pasteurs）②，他们是入寇的骑士。由于他们天生善跑（欧洲作家称他们为单峰驼[dromadaires]），他们能够摧毁和建立国家。③ 穆拉萨姆人的部落（他们是现在图阿雷格人的祖先）一直在撒哈拉沙漠的中心过着原始的生活，直到伊历五世纪（公元十一世纪）。当阿拉伯人在马格里布和安达卢西亚的京城建立文明和开化的生活时，蒙面的穆拉萨姆人还不知道面粉和面包，他们的食物只是燥肉加椰枣，喝的是驼奶。④ 同样，在布特尔人中，也有定居和开化的部族，如库米亚族，他们在特累姆森的统治下过着文明进步的生活。⑤ 这就是穆瓦希德王朝的缔造者阿卜德·穆明·本·阿里的部族。

威廉·马塞曾考虑按照在马格里布盛行的服装种类，来解释巴拉尼斯和布特尔的名称。马格里布地区著名的民族服装，是带圆锥形风帽的

---

① 参见乔·马塞：《中世纪的马格里布及其与伊斯兰东方的关系》，第36页；哥提埃：《北非往昔》，第4章，第215、224页。
② 同上。
③ 这里要注意，伊本·赫勒敦（在《教训集》第6卷，第89页中）从社会地位上区分了柏柏尔人的部族，将其分成两部分：一部分人是"身强力壮者"或"强者"，他们寻找牧场，享受驼群的产品，手持枪矛，拦路剪径；另一部分人是"弱者"，他们的生活就是从事耕耘，驯养牲畜。伊本·赫勒敦这种分法，也用于阿拉伯部族，他把牧驼者说成比放牧牛羊人要强大得多（《历史绪论》中"游牧民的文明"一节）。
④ 参见贝克里的著作，第170页；《考证书》，第213页。
⑤ 关于库米亚族人崛起以前，他们在特累姆森地区的哈宁堡的居住情况，参见贝克里的著作，第80页。关于库米亚族在穆瓦希德王朝时代崛起之后的情况，参见伊本·赫勒敦：《教训集》第6卷，第126~128页；德·斯朗译本第1卷，第251页。

斗篷，迄今还在流行。① 他认为阿拉伯人已经注意到了柏柏尔各个部族早先服装上的不同：有些人穿长斗篷，或带有风帽的斗篷，这些人就叫做巴拉尼斯人（巴拉尼斯是斗篷"布尔努斯"一词的复数）；另一些人穿短的或没有风帽的披风，阿拉伯人称他们为布特尔人（布特尔是"阿卜特尔"一词的复数，意即不完整的，或被截断的）②，就像齐亚德·本·阿比希一篇著名的著作，便名为《不完整的演讲》③。然而，哥提埃很合理地发现，这种依据对语言的深刻理解而做出的聪明的假设，并不适用于所有的柏柏尔部族。因为，在撒哈拉的柏柏尔人中的穆拉萨姆族人就很难列入这两类之一。穆拉萨姆族人属于柏柏尔人中的巴拉尼斯人，但是他们绝对不穿斗篷，也不可能假设他们曾在某一个时代穿过斗篷。同时，巴拉尼斯人的风帽和撒哈拉居民的面罩之间也是风马牛不相及的。④ 最后，哥提埃还特别注意到，当前在马格里布穿戴斗篷的人乃是布特尔人的后裔，因为斗篷是骑士的服装。⑤ 这就是说，威廉·马塞的见解，纯粹是一种假设，缺乏有力的根据，虽然他根据对语言的深刻理解，做了天才的叙述。在阿拉伯人看来，把柏柏尔人的起源分成巴拉尼斯人和布特尔人，仍然是暧昧不清的。

我们认为哥提埃和威廉·马塞的理论，各执一端，两者是并行不悖、相互补充的。哥提埃归纳了伊本·赫勒敦把柏柏尔人分成城居民和游牧

---

① 不妨指出，哥提埃试图考证斗篷一词的来源。他说，斗篷很像是迦太基人穿着的东方服装，这种服装是由一件通常没有腰带的中长制服（tunique）和一顶制成头形（头颅形）的帽子构成。哥提埃注意到，这种制服曾在意大利流行，拉丁作家称之为巴伊诺拉（Paenula），他认为在意大利流行的拉丁的普伊尼库姆（Poemicum）和迦太基人的服装毫无关系，并认为巴伊诺拉一词是从巴伊纳（Paina）一词派生而来的，意即披风。参见哥提埃：《北非往昔》，第148页。
② 哥提埃：《北非往昔》，第241页。
③ 这是指演讲中没有说"赞颂全归真主"。——译者
④ 参见哥提埃：《北非往昔》，第241页。
⑤ 同上书，第242页。

民的理论,将其用于布特尔人和巴拉尼斯人;而威廉·马塞合理地解释了这两部分人的阿拉伯文名称。我们只能接受他的假设,肯定它的正确性,或指出它的不足之处。

柏柏尔部族在马格里布的分布

要绘制一张伊斯兰教早期马格里布地区柏柏尔部族分布的详图,无疑是颇为困难的。这是因为我们得到的最早历史传述,只到伊历三世纪(公元九世纪)为止。对马格里布地区的地理描述,情况也同样如此。其实,早期作家并未注意给我们留下有关部族及其住地分布的详细资料,而只是泛泛而谈,不能反映马格里布地区的真实面貌。后人搜集了这些资料,并加上他们自己的传述。他们也不重视按正确的时间顺序,对这些资料进行令人满意的提纲挈领的分类,甚至没有古今之分。功劳应归于伊本·赫勒敦,他注意分别地研究了各个部族的历史,从而为我们提供了柏柏尔部族在整个马格里布的分布全图,同时,他也说明了随着时间的推移,部族从一地到另一地的迁徙情况。尽管如此,值得注意的是,这种分布首先符合伊本·赫勒敦所处时代的情况,即伊历八世纪(公元十四世纪)。这也许是一件自然的事情,因为,他不可能像讲述他所经历和参与的当时的事件那样一清二楚地说明古代马格里布的面貌。伊本·赫勒敦在试图研究由于马格里布地区的政治、经济和社会变迁,部族从一个区域到另一个区域的迁徙方面,是有功的。因此,在柏柏尔史的参考书中,《教训集》一书始终享有首屈一指的地位。根据上述原因,最初的四个世纪,甚至直到希拉勒人迁徙时期(伊历五世纪[公元十一世纪]中期)的柏柏尔部族居住点,一般是可以确定下来的。也正是由于希拉勒人的迁徙,马格里布地区的部族分布,发生了根本的变化,成为现在这种局面。

东部的各个区域,特别是巴尔卡和埃及边界,是卢瓦塔部族的所在地①。伊本·赫勒敦认为,过去卢瓦塔族人曾拥有一些古城,如卢卜达、祖伊拉、巴尔卡和哈散群堡。② 也就是说,他们的地域从埃及边界,绵延到的黎波里。

有一些作家猜测,卢瓦或者卢瓦塔一词,是这个地区部族的古名,希腊人把这个名字转化成了卢比亚(或利比亚)。③ 尼弗扎瓦部族是从属于卢瓦塔族的。如前所述,突尼斯的南部区域及其东面相邻的的黎波里地区和西部交界的君士坦丁沙漠,即以尼弗扎瓦命名。在尼弗扎瓦族的分支中,有在伊历二世纪前半个世纪的事件中闻名阿非利加的瓦尔法朱马部族;有瓦尔贾拉南部萨德拉塔地区的萨德拉塔部族。④ 在的黎波里地区,内富萨部族的名字,用来称呼的黎波里南部的名山(内富萨山)。与内富萨部族相邻的是胡瓦拉部族。⑤ 由此向西,杰里德南部是马特马塔族人的所在地,那里的马特马塔山即以此得名⑥,而他们古代的居住地,则是在瓦赫兰和提阿雷特之间的另一个马特马塔山。⑦

在东奥雷斯山脉,有属于扎纳塔部族的贾拉瓦族。伊历一世纪末期,它曾使阿拉伯人感到烦恼。在伊本·赫勒敦的时代里,这些部族联盟都被认为是遍布在中马格里布的扎纳塔游牧部族的分支。在这以前,中马

---

① 参见伊本·阿卜德·哈克姆的著作,第170页;白拉祖里的著作第225页;贝克里的著作第5页;《考证书》第144页,注释1。根据东部区域存在着游牧的卢瓦塔部族,哥提埃认为,这个部族来自(从的黎波里来的)马什里克人(《北非往昔》,第234~235页)。他把它与大的游牧部落联盟如扎纳塔族区别开来,他称扎纳塔族人为土著的游牧民(autochtones)。
② 伊本·赫勒敦:《教训集》第6卷,第103页;德·斯朗译本第1卷,第197页。
③ 哥提埃:《北非往昔》,第239页。
④ 同上书,第230页。
⑤ 伊本·赫勒敦:《教训集》第6卷,第103页;德·斯朗译本第1卷,第197页。
⑥ 参见《考证书》,第150页,注释2;哥提埃:《北非往昔》,第220页。
⑦ 哥提埃:《北非往昔》,第232页。

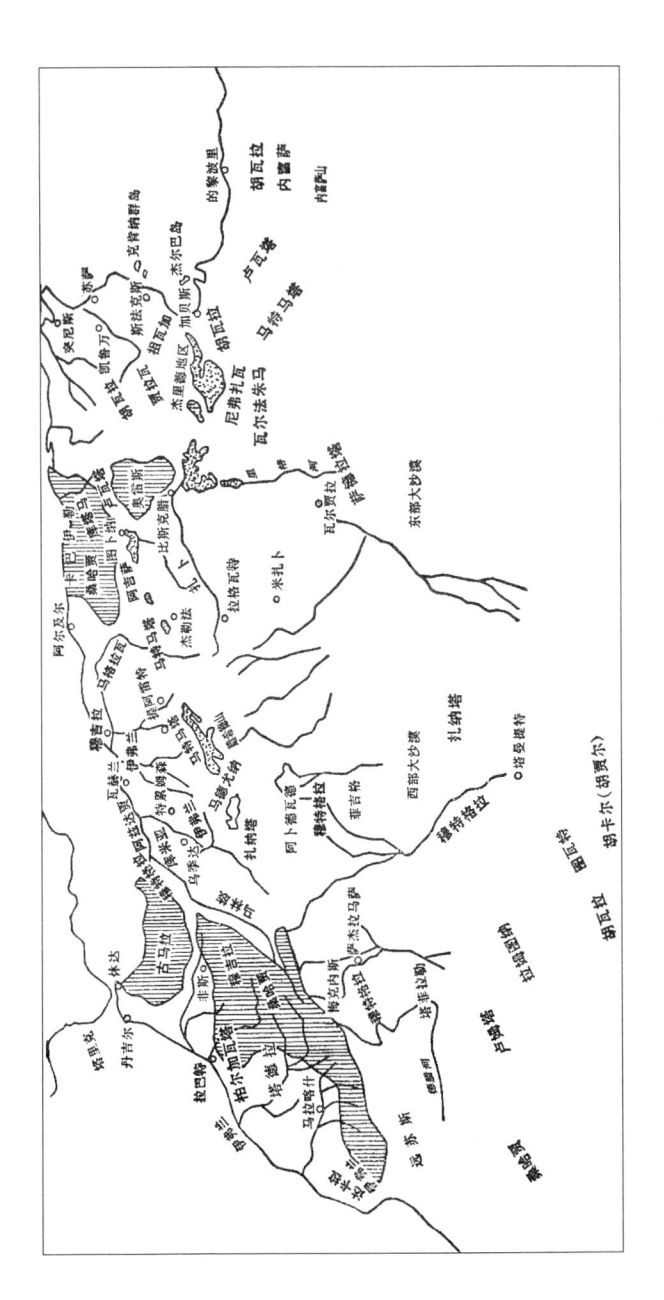

图三 柏柏尔部族在阿拉伯马格里布地区的分布图

参见伊本·赫勒敦:《教训集》,"回忆柏柏尔人在加非利加和马格里布的聚居地"。
(按原图译制)

格里布属于以下一些部族：居住在扎卜西部和奥雷斯山的乌尔贝族[1]，阿尔及尔西南部谢利夫河两岸的马格拉瓦族，马格拉瓦族以西、瓦赫兰和特累姆森南面的伊弗兰族(他们是布特尔人)[2]，谢利夫河口东面沿海区域的穆吉拉族[3]。西马格里布的非斯城以南也有穆吉拉族，那里还有一个城市，即以穆吉拉为名[4]。马德尤纳族在特累姆森南面的伊弗兰族以南(分布在从腊希德山到乌季达以南的以马德尤纳命名的山之间；在塔扎走廊，还有非斯城西北面的艾因马德尤纳山)[5]。库米亚族分布在沿着阿尔沙朱勒和特累姆森边界的瓦赫兰以西的沿海区域，那里的纳德鲁马城，是为了纪念库米亚族的一个分支而命名的[6]。库米亚族的住地往西，是穆特格拉(或穆德格拉)族的所在。[7] 在伊本·赫勒敦的时代，穆特格拉族的居住地，从萨杰拉马萨南面的塔曼提特和图瓦特，一直延伸到特累姆森。[8] 这些部族被认为是扎纳塔族的另外一些分支。扎纳塔族分布在西马格里布(沿着乌季达、非斯和塔扎走廊)，直到大西洋沿岸的平原。利马亚部族在阿尔及利亚的南部，处于撒哈拉沙漠的边缘。它是参与建立伊巴迪亚教派的提阿雷特埃米尔国的部族之一。后来，在提阿雷特失陷后，它又转到突尼斯南部去了。属于利马亚部族的有(伊巴迪亚教派的)杰尔巴族，加贝斯对面的岛便以此为名[9]。中马格里布和西马格里布交界的木卢亚河

---

[1] 参见伊本·赫勒敦：《教训集》第6卷，第107、109页；德·斯朗译本第1卷，第208、213、214页。
[2] 伊本·赫勒敦：《教训集》第6卷，第102页；德·斯朗译本第1卷，第196页。
[3] 同上。
[4] 参见《考证书》，第188页。
[5] 哥提埃：《北非往昔》，第232页。
[6] 同上书，第233页。
[7] 伊本·赫勒敦：《教训集》第6卷，第102页；德·斯朗译本第1卷，第196页。
[8] 伊本·赫勒敦：《教训集》第6卷，第120页；德·斯朗译本第1卷，第240页。哥提埃：《北非往昔》，第231页。
[9] 参见哥提埃：《北非往昔》，第231页。

流域,是梅克内斯族的住地(梅克内斯城就以此为名,作为纪念)。在伊本·赫勒敦时代,梅克内斯族在受到其他扎纳塔族分支的倾轧之前,它分布在从特累姆森附近的河口到萨杰拉马萨附近的水源之间。① 梅克内斯部族的分支,有贾尔西夫族和梅利利亚族,有两个城市即以此两族得名,同时,塔扎拉巴特也系梅克内斯部族所建。

至于巴拉尼斯人的部族,大的集团有库塔马族、桑哈贾族和马斯穆达族。库塔马族和桑哈贾族居住在中马格里布及其东部,即相当于现在阿尔及利亚地区东部的"卡巴伊勒"的地区。阿尔及利亚的"卡巴伊勒",法国人称之为"卡比勒"(Kabyles),我们猜想这是指库塔马族和桑哈贾族的后裔而言。库塔马族的住地,法国人叫做"小卡巴伊勒"(Petite Kabylie),位于贝贾亚和君士坦丁两城之间的山区。② 伊本·哈兹姆认为(算作布特尔人部族的)祖瓦瓦族是属于库塔马族的,因为古代祖瓦瓦族的住地,与库塔马族的住地接壤。③

桑哈贾族的住地在库塔马族以西从贝贾亚南面到阿尔及尔南面的山区。法国人称这地区为"大卡巴伊勒"(Grande Kabylie)④。靠近桑哈贾族,(巴拉尼斯人的)阿吉萨族居住在俯瞰着姆西拉城的山中,它的一些分支的住地是(贝贾亚南面的)贝尼哈马德堡山。奇怪的是,这个部族曾站在《希马尔》的作者阿布·亚齐德一边,反对它的亲族,法蒂玛王朝的追随者桑哈贾人,这是法蒂玛王朝灭亡的原因⑤。阿兹达贾族居住在瓦赫兰附

---

① 哥提埃:《北非往昔》,第233页。
② 乔·马塞:《中世纪的马格里布及其与伊斯兰东方的关系》,第133页。
③ 伊本·赫勒敦:《教训集》第6卷,第91页;德·斯朗译本第1卷,第173页。
④ 关于桑哈贾族,参见《考证书》,第128,136页,并见伊本·赫勒敦《教训集》第6卷,第152页。关于小卡巴伊勒和大卡巴伊勒,参见《法兰西联盟》丛书中 H. 拉尔诺德:《阿尔及利亚》,第74页。
⑤ 伊本·赫勒敦:《教训集》第6卷,第144~145页;德·斯朗译本第1卷,第285页。哥提埃:《北非往昔》,第238页。

近,他们也属于巴拉尼斯人。当他们与库塔马族人结盟反对倭马亚王朝的时候,由于他们的住地在倭马亚王朝的同盟者布特尔人中的扎纳塔族地区,因而导致了阿兹达贾族的灭亡。① 除了阿尔及利亚地区,有一大群桑哈贾人落户在东德兰山脉(中阿特拉斯山脉)横贯的西马格里布地区。伊本·赫勒敦称这群人为第三代桑哈贾人。它的名字读成扎纳贾。哥提埃认为,这些人的后裔就是现在马格里布叫做柏拉比尔人的集团,他们的住地在塔扎走廊和撒哈拉沙漠之间②。

马斯穆达部族居住在西马格里布南面(马拉喀什市以南)的德兰山脉(高阿特拉斯山)。穆瓦希德王朝(伊历六世纪中期[公元十二世纪])的缔造者马斯穆达部族包括许多族,其中著名的有哈拉加族、哈斯库拉族和琼福萨族等③。古马拉族被作为整个马斯穆达部落联盟中的一部分,它的住地在北临地中海叫做里夫山脉的山区。古马拉族在自称先知的哈米姆的领导下,参与了伊历三世纪的事件,阿拉伯作家所熟知的地区即以这一族命名,叫古马拉山区。④

里夫之南,在古代瓦来拉(Volubilis)城区域,即现在的非斯城区,居住着著名的乌尔贝族,它被列为巴拉尼斯人中的部族之一。(伊历二世纪末叶[公元八世纪])伊德里斯·本·阿卜杜拉·阿拉维来到乌尔贝族。他在乌尔贝族的帮助下,在马格里布建立了伊德里斯王朝。在这以前,乌尔贝族在早期的征服中,曾起了重要的作用。当时,阿拉伯人在特累姆森打败了乌尔贝族,它的头领库塞拉就和阿拉伯人结盟。库塞拉后来又与

---

① 伊本·赫勒敦:《教训集》第6卷,第144~145页;德·斯朗译本第1卷,第282页。参见哥提埃:《北非往昔》,第238~239页。
② 哥提埃:《北非往昔》,第237页。
③ 参见普罗旺萨耳发表和翻译的《贝达克回忆录》,阿拉伯文本第33~34页,法文译本第53~54页。
④ 关于哈米姆,参见贝克里的著作,第100页;《考证书》,第191~192页。

罗马人联合,在扎卜地区的比斯克腊附近,背叛了奥克巴·本·纳菲厄。①这件事使有的近代人以为乌尔贝族居住在奥雷斯山脉的西部地区,即同现在与阿卜迪河和阿拉伯河相连接的沙维亚地区。②

乌姆雷卜亚河以北濒临大西洋的地区,是柏尔加瓦塔部族的所在地。柏尔加瓦塔族从伊历二世纪起,在自称先知的萨利赫·本·塔里夫的领导下,参加了一直动荡到伊历六世纪(公元十二世纪)的事件。后来,穆瓦希德王朝为了征服它,兴建了胜利的拉巴特(今拉巴特市)。③至于坐落在马斯穆达山以西的介于顿西弗特河口和苏斯河口之间的沿海区域,则原先是杜卡拉部族后来又是贾达拉部族的住地。伊历五世纪(公元十一世纪),当撒哈拉沙漠的部族动荡不定和穆拉比特王朝建立的时候,贾达拉族也参与了政事。④在通往黑人地区(加纳和库克瓦)的南部沙漠里的最大部落集团,是穆拉萨姆人中的拉姆图纳族和马苏法族,属于放牧骆驼的桑哈贾人。⑤现在的图阿雷格人即是他们的后代。

社会结构和传统习惯

综上所述,我们清楚地看到,柏柏尔人像阿拉伯人一样,是懂得适应他们生活在其中的半沙漠环境的这种部族组织形式的。每一个部族,追溯它的远祖,都是同一个父亲,或同一个祖父。这也就是说,至少在理论上,部族成员之间,都有血统关系。部族的成员称为某人的"贝努",即为他的子女。阿拉伯语中的"贝努",柏柏尔语的同义词是"埃特"。有一些

---

① 参见伊本·伊扎里的著作,库朗版,第28~29页。
② 哥提埃(在《北非往昔》第238页中)把这个看法归结于马斯凯雷(Masqueray)。他认为马斯凯雷对这个地区居民的根源方面,有些夸大其词。
③ 《考证书》,第197页。
④ 《考证书》,第209页中写为"杜卡拉"族,214页写为"贾达拉"族。对照贝克里的著作,第164页。
⑤ 贝克里的著作,第163页。关于伊斯兰教的黑人地区,参见奥马里:《列国志》,戈德弗鲁瓦-德蒙比纳(Gaudefroy-Demombynes)译本,第43~44页。

部族始终沿用"埃特"一词,甚至那些归化阿拉伯人的部族,或已经成为阿拉伯人的部族,也是这样,如"埃特阿夏什"。著名的旅行家阿夏希就是这个部族的人。① 至于部族的头领或酋长,柏柏尔语则称之为"阿姆加尔"。诸如此类的词汇散见于马格里布的史籍之中,而且,在一些部族里,迄今仍在沿用。② 自然,部族通常不能维护词汇的纯洁性。我们所提到的部族名字,是指成员人数不等的集团,有些则超过了部族的形式,形成了民族或人民。扎纳塔或桑哈贾的名字,情况就是这样。因为这两者分别由许多部族组成,以至伊本·赫勒敦说,桑哈贾部族的人数,占柏柏尔民族的三分之一。③ 这就是说,部族的名字,通常是代表包括一个以上氏族或部落的政治联盟。其办法不是结盟,便是战胜。当然,占优势的部族或氏族,总是用它的名字,来称呼这种联盟。谱系学家们在确定某些部族分支时的众说纷纭,是部族混杂的证明,他们时而把这些部族分支归属为某个大集团,时而又将其列入别的集团。就拿对胡瓦拉部族或祖瓦瓦部族来说,谱系学家们时而把他们当作布特尔人,时而又将他们列为巴拉尼斯人。传说,萨德拉塔部族在母系方面是马格拉瓦部族的姊妹族,或说,库米亚正是萨特福拉部族的名字。这种情况,在阿拉伯部族中也屡见不鲜。谱系学家们有时把卡达阿族包括在也门的部族之中,有时又把它列入阿德南部族。④

这些部族的活动,由于环境而各不相同。定居民(伊本·赫勒敦称为

---

① 参见穆罕默德·卡迪里:《一、二世纪名人韵文传记》(米肖-贝莱尔译成法文,题名《摩洛哥档案》第24卷,公元1917年巴黎版)中的《阿卜杜拉·本·穆罕默德·阿夏希传略》,第142页。
② 普罗旺萨耳:《贝达克回忆录》,阿拉伯文本第116~119页,法文译本第190、191页,第195页注释1。关于现在沿用情况,参看塞莱里埃的《摩洛哥》,第105页。
③ 伊本·赫勒敦:《教训集》第6卷,第152页;德·斯朗译本第2卷,第4页。
④ 参见伊本·赫勒敦:《历史绪论》中"谱系的混乱和混乱的由来"一节。

城居民)从事农耕,游牧民则以放牧为生。其实,从工作性质来看,根据思想家从古以来对事物的划分法,这两部分人中的每一部分,又分为三类,即极端的、一般的和勉强够格的这样三类,这就是说,两部分人中的第三类人从其工作性质来看,半耕半牧,相差无几,他们组成了一个代表所有居民活动的共同阶层或一般阶层。一方面,绿洲的农民和专事植树的村民高过他们;另一方面,牧羊和放牧骆驼的游牧民又低于他们。①

膏腴的农业区,雨水丰富。沿海地区,特别是大西洋沿岸,雨水在高地区域更为充足。中马格里布的东部山脉中的君士坦丁地区(小卡巴伊勒)、阿尔及尔地区(大卡巴伊勒)以及西面的瓦赫兰区域,情况也同样如此。西马格里布沿海和德兰山脉(高阿特拉斯和中阿特拉斯山脉),水量丰富。因此,所有这些区域,其中从远苏斯(的塔鲁丹特和阿加迪尔)到塔扎和古马拉山(里夫地区)的平原,都宜于耕种。马格里布的东部区域,突尼斯地区西部和北部的高地,的黎波里以南的内富萨山,以及以绿山闻名的巴尔卡山,更是这样。

农民

植树的农民必须定居,因为树木需要终年照料,只有在可能长达数年的忍耐和等待时期之后,才会获得丰硕的果实。马格里布最主要的树木是榇榄②。在阿拉伯的征服时代以前,它一直是用现金买卖的作物。传说,阿卜杜拉·伊本·萨阿德·本·阿比·萨尔赫看到阿非利加金银极多,便问当地人:"你们从哪得来的?"其中有个人在地上东寻西找,捡来一颗榇榄核,告诉他说:"靠这个,我们获得了钱财,因为渔夫和岛民没有榇

---

① 对照塞莱里埃的《摩洛哥》,第84页。
② 榇榄,一种洋橄榄树。——译者

榄,他们从这里购买榇榄。"①除开绿洲,其中包括埃及的绿洲特别是锡瓦绿洲,在突尼斯地区和的黎波里,榇榄始终是一种经济作物;同时,榇榄又是摩洛哥和阿尔及利亚地区的主要作物之一。除了榇榄之外,还有果树,如无花果和葡萄。所有气候温和地区中的肥沃平原,土质黑红不一,普遍播种小麦和大麦等庄稼。由于地质原因,马格里布最西面的马拉喀什城和最东端的巴尔卡城,都被描绘成是红色的。② 当然,果农和种粮食的庄稼汉,是农民中的最高阶层。他们住在村庄里,专事这一行。

农民中的第二个阶层,是绿洲居民。绿洲绵延在马拉喀什以南,越过伊本·赫勒敦笼统命名的范围,到埃及和巴尔卡。不过,这个范围应该叫做枣椰区。正如阿夏希所描写的,枣椰树分布在西马格里布南部连成一片的绿洲之中,犹如链条一般;各段路程的沿途,枣椰树遍布河谷,长达数十里。而今,它成了撒哈拉沙漠中心名符其实的马路。③ 枣椰树的绿荫,减轻了沙漠气候的炎热。树荫之下,栽种着像葡萄、无花果和榇榄一类的果树。同时,在绿洲,也种小麦、大麦等作物。绿洲居民是定居民,住在与土地紧相连接的村庄里。

他们以灌溉和计算农时的专家著称。④ 然而,他们被列为农民的第二阶层,这是因为他们与游牧民的关系密切。绿洲居民的生活,很大程度上依靠沙漠的牧民,因为他们需要同牧民们作商品交换。游牧民来到绿洲,是为了汲水解渴。他们取得椰枣等干粮,或将椰枣运往消费区。据我们

---

① 伊本·伊扎里的著作第1卷,库朗版,第12页。对照伊本·阿卜德·哈克姆的著作,第185页。
② 关于巴尔卡,参见《考证书》,第143页,注释1。马拉喀什市(和格拉纳达城一样)迄今仍叫红城。
③ 参见塞莱里埃:《摩洛哥》,第86页。
④ 举例来说,作家们曾叙述了(杰里德地区最著名的绿洲)加夫萨人在水利工程方面的本领,他们为灌溉自己的乐园所进行的竞争,以及为此在熟悉时辰方面的经验(参见《考证书》,第152、153页)。

所知,椰枣是绿洲最主要的作物,一则是枣椰树多;二则是因为它的出产,在很大程度上是有保证的,一年中水量的多少,对它并无影响;再者,与果树和粮食作物的情况相同,枣椰也不需要花费大量精力去照料,或防止野兽和病害。绿洲居民常常不得不防御游牧民,以保护他们的庄稼。我们发现,他们居住在石头和砖块砌成的房子里,绿洲四周,筑起围墙,甚至采取寨子的形式——在过去和现在,它都叫做"堡"①。由于这种时战时和的关系,造成了绿洲居民和游牧民之间的某种结合,他们在许多风俗习惯上是一致的。传说,绿洲的居民也是在沙漠里周游的行商,就像沙漠居民做买卖时一样。

第三阶层的农民,既种庄稼,又放羊和饲养牲畜。他们住在利于农牧的区域,那里,河流有水,适宜耕作;高原山地,青草茂盛,可以放牧。这一阶层的农民,与第一阶层的牧民相类似。后者除了放牧,还兼营农业,他们在中马格里布中称为丘陵区的气候温和多雨的地区和干燥的沙漠区之间辗转往返。在东里夫地区,木卢亚河中游,西马格里布的乌姆雷卜亚河中游,突尼斯西部山脉的山麓,的黎波里和巴尔卡山这些区域,终年农事不断。那里耕地的增减,取决于水量的丰富程度。而牧草则不管雨水多少,都会生长。在这些区域,用土坯筑成的房屋家舍同帐篷相杂,反映出人们的生活是介于定居和漂泊之间的。如伊本·赫勒敦所说:"他们造房,取材于石块和泥巴,枣椰叶和树木,大麦秆和动物的绒毛。"②

牧民

(人们)往返的地区,是草地和牧场,现在叫莽原(steppes)。它虽是无

---

① 阿拉伯语中的"库苏尔",单数是"卡斯尔",意为"堡垒"。最早出现的是的黎波里的哈散群堡。关于类似也门城市的绿洲,参见塞莱里埃:《摩洛哥》,第86页,并见 E. 拉乌斯特:《摩洛哥中部游牧民的居住问题》第14卷,公元1932年埃斯贝里斯版。
② 伊本·赫勒敦:《教训集》第6卷,第89页。

可争辩的牧羊地,不过,那里草料丰富,也适宜小身躯的马(形状与阿拉伯马相近)和骆驼食用。牧羊人属牧民中的第二阶层或中间阶层。他们人数众多,分布在整个马格里布。在(覆盖着芦苇的)马拉喀什东部高原及其相邻的阿尔及利亚地区,牧民们迄今不知道两国间的政治边界。① 中马格里布是一个特殊的牧区。因此,伊本·赫勒敦解释至今还在用来称呼阿尔及利亚地区中的卡巴伊勒的"沙维亚"一词说,这是指牧羊人。② 巴尔卡也以它的牧场著称。那里,羊种纯良,并以肉味鲜美,脂膏肥腴闻名。③ 牧羊人通常带着羊群,辗转在山地和丘陵的高地牧场,往返于具备牲畜所必需的特别是用以繁殖的温暖的低地牧场。然而,在高地,冬天严寒料峭,青草生长缓慢。到了夏天,气候温和,青草茂盛,在这时候,(低地牧场的)草地却因酷热而很快枯竭。④ 由于平原和山地之间这种互补不足的特点,牧民们就在夏天背着帐篷迁到高原和山地,或带着羊群,在干燥的平原区,寻找水源。

　　游牧民中的第三阶层,是放牧骆驼人。他们住在沙漠边缘,那里水源稀少,但有各种不适合供其他小牲畜食用却适宜放牧骆驼的粗饲料。在西马格里布的南部沙漠、德腊河和萨杰拉马萨(塔菲拉勒),住着穆拉萨姆人。在阿尔及利亚沙漠中心,如胡贾尔区域,是古代穆拉萨姆人的后裔图阿雷格人的住地。放牧骆驼人依靠骆驼为生。他们喝驼奶,吃熏制的驼肉,同时也食用绿洲的椰枣,此外再无别的。他们甚至不知道什么是面包。⑤ 靠着骆驼,他们在沙漠里纵横漫游,到处奔走,把货物和文明,运进撒哈拉沙漠的中心和黑人地区,或者寻找远处的水源。我们迄今还可以

---

① 参见塞莱里埃:《摩洛哥》,第88页。
② 《历史绪论》中"游牧民的文化"一节,商业书店版,第121页。
③ 《考证书》,第143页,注释1。
④ 伊本·赫勒敦:《历史绪论》,"游牧民的文化"一节,商业书店版,第121页。
⑤ 贝克里的著作第170页。《考证书》,第213~214页。

看到,图阿雷格人领着骆驼群,从摩洛哥边界(的伊吉迪[Iguidi]和里奥德乌卢[Rio de Oro])出发,饮水尼日尔河。① 事实上,牧驼人就是游牧民,如伊本·赫勒敦所说,这方面他们是"最野蛮的人们"②。欧洲人称他们"大牧驼民"(Grands Pasteurs Chameliers)。③ 当然,那些农民阶层中从事放牧或饲养骆驼的人,或遍布于马拉喀什和巴尔卡之间的牧羊人和牧马人,是不包括在上述阶层之中的。

马格里布过去有没有骆驼,是学者们争论的一个题目。在阿尔及利亚沙漠中的岩石上已经发现古代雕刻。这些雕刻说明,在史前的某个时代,这个地区猛兽遍野,其中特别有象和长颈鹿。④ 同在古埃及的情况一样,这些动物里没有骆驼。⑤ 马格里布古代就有象,证明马格里布的撒哈拉沙漠,原来的气候与称为长草莽莽的"萨凡纳"(大草原)的气候相同。当这个区域向非洲中部打开的时候,象群随着撤走了。显然,首次提及马格里布的骆驼,是在基督教史的初期。正如在阿非利加行省记录军事行动的罗马作家所指出的,骆驼肯定来自马什里克,它的广泛使用,是从公元三世纪开始的。⑥ 有些阿拉伯马格里布史的大专家,如勒内·巴斯特(Rene Basset)就搞错了。他以为骆驼是和阿拉伯人一起来到马格里布的,他根据自己对语言的研究,并以此表明,柏柏尔语的所有方言中的骆驼名字,都是由阿拉伯语中的"骆驼"一词派生出来的。⑦

---

① 参见拉尔诺德:《阿尔及利亚》,第97页。
② 《历史绪论》中"游牧民的文化"一节,商业书店版,第121页。
③ 参见哥提埃:《北非往昔》,第188页。
④ 哥提埃:《北非往昔》,第39页,第40页前表5,并见第170页。哥提埃在谈到迦太基的象时说,它肯定是非洲种。
⑤ 众所周知,古埃及是没有骆驼的。骆驼首次进入埃及是伴随着亚述人的入侵,后又跟波斯人而来。参见哥提埃:《北非往昔》,第205页。
⑥ 格耳:《公元三世纪的的黎波里和撒哈拉》第145页。哥提埃:《北非往昔》,第103~104页。
⑦ 哥提埃:《北非往昔》,第200页。

非土著的少数民族
阿法里克人

当阿拉伯人到达马格里布时,他们发现一群群非土著的居民。其中第一个集团,就是他们所称的"阿法里克"人或"阿法里卡"人[1]。虽然这个名称来源于阿非利加地区[2],然而,据悉阿法里克人不同于柏柏尔人和罗马人,因此,阿法里克人可能是与罗马人混杂的当地人(成了混血儿)。他们为罗马人服务,接受罗马文明并信奉基督教。[3] 尽管有许多阿法里克人为保全他们的土地,皈依了伊斯兰教,但也有不少人仍旧使用他们自己的语言。这种语言可能是拉丁语和柏柏尔语的混合物,或者是一种方言。贝克里叙述说,锡尔特人讲话含糊,别人不懂。[4] 不过,阿法里克人虽然信奉了伊斯兰教,但显然仍保留着貌合神离的倾向,保留着他们自己的语言。他们中有的人,从伊历二世纪起,就参与了反对哈里发国家的运动。例如,阿法里克人阿卜德·艾阿拉·本·贾里杰,据说他具有罗马血统,是阿拉伯人的赞助者之一,"他持的是苏福里亚教派的观点,迈萨拉委任他为丹吉尔总督"[5]。

犹太人

阿拉伯人还发现了犹太人的团体,而犹太教究竟什么时候传入马格里布,却无从知道。有一些作家认为,犹太教的思想是通过腓尼基人开始

---

[1] 关于阿法里克人,参见伊本·阿卜德·哈克姆的著作,第185页;贝克里的著作,第5页(关于巴尔卡),第56页(关于凯鲁万沿海的木纳斯提尔);伊本·伊扎里的著作第1卷,第12页。
[2] 阿法里克人是阿非利加人的复数。——译者
[3] 乔治·马塞:《柏柏尔人》,第71页。
[4] 参见贝克里的著作,第6页,该处记载:"他们用以对话的语言,既非阿拉伯语,也非柏柏尔语,更非科普特语,别人都不懂。"并见《考证书》,第211页。
[5] 伊本·赫勒敦:《教训集》第6卷,第119页。

传入这个地区的，①在时间上，比罗马人时代成群结队的犹太人迁入马格里布要早。②显然，正是由于那次犹太人的迁徙，阿拉伯作家们认为，柏柏尔人源自巴勒斯坦。除这些移民外，犹太教可能在一个柏柏尔部族里早已传开。这方面的例证是，伊本·赫勒敦曾提到的奥雷斯部族的首领卡希娜就是犹太人。虽然，他对这件事也心存疑惑，因为早期的随军作家对此未予指明。③

根据伊本·赫勒敦自己也疑惑不定的传述，以及贝克里著作、《考证书》和《文苑良友》所述，在马格里布的一些区域，存在着犹太人集团，而且在巴尔卡和西马格里布的许多地方，都有犹太教的名字，有些人便大张其事地研究伊斯兰教以前犹太人在马格里布的影响；④还有些人猜测当地古犹太人的后代，就是今天在塞夫鲁、德卜杜和迪姆纳特的高阿特拉斯山脉的村落里务农的犹太人集群。⑤

虽然这些夸大其词的解释，有时尚能自圆其说，但是事实上，早期的作家们并没有给我们提供马格里布征服后有关那里的犹太人集团的资料。提到犹太人和阿拉伯人关系的最早文献，传说西马格里布的犹太人同西班牙的犹太人是有联系的，根据可能是基督教会于公元694年在托莱多开会，决定采取激烈措施来对付西班牙的犹太人，理由是他们同马格里布的犹太弟兄们联系，唆使阿拉伯人入侵安达卢西亚。⑥

---

① 纳霍姆·斯鲁希兹：《希伯来-腓尼基人和犹太-柏柏尔人》，选自《摩洛哥档案》第14卷，公元1908年巴黎版，第1~2页。
② 塞莱里埃：《摩洛哥》，第82页。
③ 伊本·赫勒敦的著作第6卷，第108页。并参见马塞：《中世纪的马格里布及其与伊斯兰东方的关系》，第34页，他对这个传述，也颇为怀疑。
④ 纳霍姆·斯鲁希兹：《希伯来-腓尼基人和犹太-柏柏尔人》，第274、282、285页。关于认为卡希娜膜拜偶像的另一种看法，参见马利基的著作，第35页。
⑤ 塞莱里埃：《摩洛哥》，第82页。
⑥ 莱维·普罗旺萨耳：《西班牙穆斯林历史》，第5页。

黑人

在地理上,就像埃及与东苏丹地区密切相连的情况一样,马格里布地区与西苏丹地区①相毗邻,因而自古以来血缘相近。

我们看到,古希腊作家称马格里布以南区域的当地人为阿比西尼亚人(埃塞俄比亚人)。② 现代有些人解释,埃塞俄比亚人意即为黑人。他们由此得出结论说,撒哈拉大沙漠及其绿洲,原来住有黑人群体,并确定,在罗马人时代土著的柏柏尔人的住地,也是在绿洲和撒哈拉沙漠之中。公元二世纪末叶起,罗马人占领了马格里布地区后,随着控制北部肥沃区域的罗马殖民主义的扩张,柏柏尔人不得不逃往撒哈拉沙漠南部的贫瘠区域。③ 我们在讲述这件事时,应当首先追溯纪元前南北区域居民之间的联系。

至于古代埃塞俄比亚人一词,希腊人可能确是用来指称当地人中的黑人或棕色人种的。这或许是当地人与黑人相杂的结果,或许是由环境的因素所造成。其实,撒哈拉沙漠的绿洲是连接马格里布和黑人地区的纽带,它自然而然地成为黑、白人种相杂的地区。这一点阿拉伯早期作家曾予指出。当时,他们描写了古达米斯、祖伊拉、奥季拉和萨杰拉马萨这样一些沙漠城市,称之为黑人地区的门户。④ 由于阿拉伯作家们没有指明,所以我们猜想在阿拉伯人进行征服期间,马格里布还没有自成一体的黑人集群。这也就是说,来自南部的黑人血统逐渐同当地人的血统融合

---

① 这里说的苏丹地区,是指撒哈拉沙漠以南、赤道以北的黑人地区。参见上海人民出版社版《十五到十九世纪的西苏丹》。——译者
② 希罗多德称利比亚(即指北非)南部区域的居民为阿比西尼亚人(埃塞俄比亚人),他揣测他们来自印度洋沿岸。参见希罗多德:《历史》第3卷,(摘自《企鹅丛书》)第181页,公元1955年版。格耳:《公元三世纪的的黎波里和撒哈拉》,第160~161页。
③ 拉尔诺德:《阿尔及利亚》,第66页。
④ 参见伊斯塔赫里的著作,第34、36页(关于祖伊拉和萨杰拉马萨);贝克里的著作,第181~182页(关于古达米斯)和第200页(关于萨杰拉马萨)。

一体,这与现在的情况相雷同。① 显然,哈瓦利吉派在马格里布的骚乱,使一些黑人有机会参加暴动。作家们确定,萨杰拉马萨的第一位伊马目伊萨·本·亚齐德,就是黑人。②

罗马人和法兰克人

马格里布地区自从迦太基被罗马击溃以来,先是屈服于希腊人,后又归属罗马人,历时很久。不过罗马人始终是一个不同于柏柏尔人的集群:事实上,这两部分人之间,也通婚相杂,就像阿拉伯作家们所述,女王卡希娜的一个儿子,便有罗马血统。但是,这种来往是有限的,并没有越出偶尔的结盟或军事庇护的范围。在罗马政权和拜占庭政权之间,马格里布地区曾处在日耳曼汪达尔人的统治之下。汪达尔人是公元五世纪经由西班牙侵入的。在汪达尔政权灭亡后,有些汪达尔人得以幸存,他们作为一些部族的盟友,或前去投靠,或纷纷逃往内陆腹地。这就自然地造成了他们同柏柏尔人的杂居混处。拿这种说法来解释一些柏柏尔集群中存在着混血人种是比较真实的,它取代了那种认为混血儿是典型的柏柏尔人的看法。③ 我们猜测,后一种看法是一种荒诞不经的尝试,目的在使马格里布人离开他们的马什里克的真实根源。在这方面,有些人夸夸其谈,甚至说,柏柏尔人由西方迁入非洲,来自那已遭湮没的位于大西洋(Atlantide)的神话洲。④

众所周知,罗马人虽被阿拉伯人逼迫而退到海上诸岛,但其中也有些集群避祸于内陆,为保全他们的财产而皈依了伊斯兰教,《考证书》作者甚

---

① 参见朱利安:《北非史》,第51页。他罗列了马格里布的人类学学者根据对头部的长、阔、脸、鼻等的关系研究所得出的结论,表明阿尔及利亚人可划分为四个集群,而具有黑人血统的,则不止一个集群。
② 参见伊本·伊扎里的著作第1卷,第156页。
③ 参见朱利安引证的人类学论文。朱利安:《北非史》,第51~52页。
④ 哥提埃:《北非往昔》,第41页。

至说,大部分的卡斯提利亚人和杰里德地区的居民,都是这些罗马人的残余。①

语言

柏柏尔语是各种方言的代名词。它可能与早先的阿拉伯各部族的方言相类似,那时,阿拉伯各部族尚未联合,统一的民族语言——《古兰经》语言也没有占据统治地位。柏柏尔语在古代是一种书写语。在撒哈拉沙漠里,已发现了一些文字雕刻,不过其符号的涵义艰涩难辨。② 有一种文字或柏柏尔雕刻,仍为撒哈拉的图阿雷格人所沿用。这种文字可能是从古代文字流传下来,称为提菲纳格(tifinagh)③,为妇女所专用,但十分难懂和混乱。④ 在马格里布阿拉伯化以后,柏柏尔语有时也用阿拉伯字母来拼写。这方面的例子,有作为信条和指南的穆罕默德·本·图马尔特(伊历六世纪[公元十二世纪]初期)的《作品集》。⑤

如前所述,有一些阿拉伯作家说,柏柏尔语中 b 和 r 比比皆是,他们试图用这一点来解释称呼当地人的"柏柏尔"一词。一些近代作家确定柏柏尔方言和科普特语一样,属于含族语系;⑥而另有些人则发现,在柏柏尔语、古埃及语以及某些黑人语言如苦希特语(Couchtitique)⑦之间,都有某种类似之处。这种类似,同闪族语系及其阿拉伯语的情况是相一致的。他们猜测,这种类似归根结底是政治因素造成的,体现在古代世界所经历的侵袭和征服之中,例如古埃及同亚洲、利比亚和黑人地区之间的相互征

---

① 《考证书》,第150页。
② 参见拉尔诺德:《阿尔及利亚》,选自《法兰西联盟》丛书,第65页。
③ 提菲纳格系利比亚的一种古文字。——译者
④ 拉尔诺德:《阿尔及利亚》,第67页。
⑤ 普罗旺萨耳:《贝达克回忆录》,阿拉伯文本,第40、67页。关于了解柏柏尔语中儿子一词,见马拉喀什人阿卜德·瓦希德的著作,第120页,伊历1324年版。
⑥ 哥提埃:《北非往昔》,第35页。
⑦ 苦希特语属闪-含语族含米特语支。——译者

服，又如腓尼基在地中海上的扩张。不过，有些语言学家的论文却断定，这种类似事实上是这些语言之间的一种血缘关系，也就是说，它们全都源于同一种古代语言。① 如果这种说法成立，那么，这种血缘关系就是有助于在马格里布传播阿拉伯语（像在埃及一样）的因素之一。诚然，也有些作家解释阿拉伯语之所以易于在马格里布传播，乃是由于早先波尼语（腓尼基语）的流行。这就像叙利亚的阿拉米亚语取代了腓尼基语一样，因为它属于闪族语系的一个分支。不过有些柏柏尔语专家，如威廉·马塞，却不认为阿拉伯语和波尼语之间有什么关系。②

其实，阿拉伯马格里布和阿拉伯马什里克古代语言中的这种类似，不论它是血统的产物，还是政治和文明接触的结果，在这里对我们都无关紧要。我们所注意的仅仅是，这种相似无论如何总是由自古以来所有当地居民之间所存在的某种融洽或血缘关系造成的。毫无疑问，这是阿拉伯语和阿拉伯的风尚习俗在马格里布得以迅速传播和稳定的原因之一。因而，人们生活在阿拉伯化的现实之中，他们除一鳞半爪的回忆，古代遗物已荡然无存。

的确，有一些柏柏尔语的方言在马格里布，特别是未经开发的山区和孤立的地区，仍在使用，但是，在这些地区使用柏柏尔方言的范围，限于家族、家庭里面尤其是妇女之间。在家庭和家族之外的公共场合，阿拉伯语乃是所有人的通用语言，例如在的黎波里区域的内富萨山、杰尔巴岛和突尼斯南部的一些绿洲之中，这种情况屡见不鲜。使用柏柏尔语的最大地区，是阿尔及利亚地区东部，那儿有两种柏柏尔方言：沙维亚语和卡巴伊勒语。③

---

① 韦库泰：《古埃及史》，第29页。
② 哥提埃：《北非往昔》，第130页，注释3。
③ 拉尔诺德：《阿尔及利亚》，第65页。

法国人竭力在卡巴伊勒区域复活柏柏尔语。他们这样做的目的,显然要把这个地区分成柏柏尔人地区和阿拉伯人地区两块地方,以实施罗马"分而治之"的老办法,使法语也能通过损害阿拉伯语、受到民族主义的偏袒而得以传播。人们既讲阿拉伯语又用柏柏尔语的地区,只有阿尔及尔以西的一些小岛,尤其是谢尔谢勒和特内斯这样一些沿海区,以及撒哈拉沙漠中的一些绿洲,如苏瓦拉、图瓦特、里格河的西南部、南姆扎卜(Mzab)地区的瓦尔贾拉,以及称为阿哈加尔的撒哈拉中部高原,即图阿雷格人的地区。①

一些柏柏尔方言仍在西马格里布使用,特别是高阿特拉斯山脉的西部(德兰山)和苏斯(远苏斯)河,现在那儿的居民被称为沙卢赫(Chleuh),他们的方言叫做塔沙勒赫特(Tachelhait)。有些人认为,沙卢赫是马斯穆达部族的柏柏尔人的后裔②;另一些人猜测,沙卢赫代表了各种成分的混合体,其中就有扎纳塔族,因为沙卢赫中有一个集群,现在还叫扎纳塔。③讲柏柏尔语的地方,还有撒哈拉沙漠边界的中阿特拉斯区域,那里有一个集群,现在叫柏拉比尔或者伊马齐尔亨(Imazirhen),他们的语言称为塔马齐尔希特(Tamazirhit),估计他们是属于桑哈贾族的。柏柏尔语在里夫地区的一些地方,也还在通用。④

从的黎波里到大西洋仍然保留和流行着柏柏尔方言,人们不应夸大这些区域的数目。这些区域不过是在人民的阿拉伯语海洋中的一些小岛

---

① 拉尔诺德:《阿尔及利亚》,第 66～67 页。
② 塞莱里埃:《摩洛哥》,第 80 页。
③ 同上书,第 81 页。
④ 塞莱里埃:《摩洛哥》,第 79～80 页:伊马齐尔亨一词,可能从伊马齐格——(伊本·赫勒敦认为他是柏柏尔人的祖先,见《教训集》第 6 卷,第 89 页)——派生出来,阴性是塔马齐加特,复数为伊马齐甘,用以称呼某些部族,意为自由人士。参见朱利安:《北非史》,第 2 页。

屿。我们认为,把柏柏尔语和阿拉伯语连结起来的悠久的血缘关系,乃是有助于柏柏尔语存在的原因之一。就像我们阿拉伯语的方言一样,许多柏柏尔词汇也是从阿拉伯语词根派生出来的。例如,勒内·巴斯特曾说过,骆驼随着阿拉伯人而进入马格里布。他的根据是,柏柏尔方言中骆驼一词系从阿拉伯语词根派生出来的。

宗教

关于阿拉伯进行征服以前的柏柏尔人的宗教信仰,我们没有充分的资料,不过从作家们在这方面所引证的东鳞西爪中了解到,绝大部分的柏柏尔人都是不信神者或是袄教僧。也就是说,他们对神或对人的命运,并无一定的信念。如果除掉其中的犹太教徒和基督教徒,那么,他们就谈不上有什么宗教信仰。这种信仰没有超出原始社会的朴素类型,概括起来,如伊本·赫勒敦所说,就是膜拜太阳、月亮和偶像,或者相信巫术和邪道。①

关于袄教,《文苑良友》的作者提到,在非斯地区的一些部族里,设有火房。②关于天启教,贝克里叙述说,在瓦丹的一些部族里,小山丘上竖着石头偶像,称为"卡尔扎",人们借此和睦亲族,禳灾祛病,为他们的财产祝福。③ 在阿格马特和苏斯之间的山里,有一个柏柏尔部族,崇拜羝羊,由于这个可耻的原因,其成员只能悄悄地溜入市场。④ 我们揣测,诸如此类的事情造成了有关先知的各种谈论。毫无疑问,这些谈论是不正确的。其中如在(阿特拉斯的)德兰山里,有一种传闻说:"马格里布有一座山,名叫德兰,到了世界的末日,那里的人将像新娘被送去夫家一样,被送入火

---

① 伊本·赫勒敦:《教训集》第6卷,第94页。
② 伊本·阿比·扎尔阿:《文苑良友》,第16页。
③ 贝克里的著作,第12页。
④ 同上书,第161页。

中。"①显然，正是这种谈论，产生了另外一些截然不同的说法。这些说法强调柏柏尔人信仰伊斯兰教的真实性，说"他们在先知时代便皈依了伊斯兰教。伊历纪元之前，拉杰拉贾族中曾有一伙人，前往麦加，去行朝觐礼，也就是说，他们信仰伊斯兰教，比一些圣门弟子还早"②。

这里不妨指出，作家们认为，德兰山自东向西延伸，包括奥雷斯山和哈瓦利吉-伊巴迪亚教派盛行的内富萨山，山区与外界隔绝，里面一些集群保留着某些古风旧俗，伊斯兰教无法予以彻底根除，这可能是不足为奇的。还有一些作家记录下来的确实离奇古怪的传述，是关于内富萨山哈瓦利吉教派权利的，如对所信奉教派的任意更改和在贞节和夫妻关系方面的宽容。③ 类似的，还有库塔马部族（住在阿尔及利亚地域的君士坦丁区）的传说，该族人为慷慨待客而献出自己的孩子。④ 里夫山区的古马拉部族，据传仍有"欺诈"的风尚：当地的青年们在丈夫到来之前，带走了新娘，他们先占有她一个时期，时间长短取决于她的姿色，然后，再将她还给新郎。⑤

我们不知道这些传说的可靠程度，这可能出自逊尼派人对哈瓦利吉教派的非难和嘲弄，也可能是由上述的旧风俗残余所造成。其实，我们对（哈瓦利吉派的）这些运动，不必过分重视，它充其量，也只是局部的、地方性的。它仅仅证明，伊斯兰教虽然势力强大，并竭力保持它的纯洁性，但是马格里布人中的某些孤立的集群不懂得伊斯兰教的真谛，或者说，他们

---

① 贝克里的著作，第160页。
② 参见米肖-贝莱尔：《土著事务局预备会议记录》，摘自《摩洛哥档案》第27卷，第16页。不妨指出，作者认为，这个传说的根据是，拉杰拉贾族的两位使者曾经访问过古马拉部族称为哈米姆的头人（参看《考证书》，第191页）。
③ 参见《考证书》，第145页。
④ 伊德里西的著作，第99页。
⑤ 《考证书》，第192页。

只是在陈陈相因的风俗习惯的框框中来理解伊斯兰教。

关于巫术邪道。例如作家所叙述的奥雷斯山女王卡希娜,善于占卜和预言。卡希娜的故事,亦真亦假,我们由此可知当时所熟悉的巫术手法以及用令人恐怖或怜悯的行动来影响人们的情况。当卡希娜有神附体,或在受天启示的时候,她披头散发,捶打胸脯,嘴里念念有词,说出对事件将来的预测。① 有的传说把她说成像我们今天的民间星相家一样,用石头问卜②,从而使我们猜想,这种传说出现较晚。卡希娜的故事为我们提供了一些当时的风俗习惯。这些习俗被柏柏尔人推崇备至,竟至成了宗教信仰。例如通过象征性的哺乳而结为兄弟的习惯:把面粉用油调和,涂在妇女的乳房上,汉子来和妇女的孩子们一起吃奶,于是,他就成了她的儿子,成了她孩子们的兄弟。③

这个事例说明,妇女在柏柏尔人的社会里,有着优越的地位。在这种情况下,允许她成为领袖,从而产生了氏族中的"母系"制(matriarcat)。它与"父系"制(patriarcat)相反,妇女是一族之长,这在社会中已习以为常。谱系学家据此对许多柏柏尔族进行考证,追溯到其远祖母的真真假假的名字。桑哈贾族和卢姆塔族在伊本·哈兹姆说来,都是一个名叫提兹姬的女人的子孙,而这两族人的远祖的名字,则已无从得知了。④ 我们发现,在阿拉伯马格里布史中,有些声名煊赫的氏族,便以它们的远祖母著名,马略卡岛的统治者、穆拉比特王朝的加尼亚族,即是一例。⑤ 在撒哈

---

① 伊本·伊扎里的著作库朗版,第 37 页。
② 《关于阿拉伯人征服马格里布的新文本》,第 222 页,普罗旺萨耳发表的研究,载公元 1954 年马德里埃及研究所学报。
③ 伊本·伊扎里的著作,第 37 页。
④ 伊本·赫勒敦:《教训集》第 6 卷,第 90 页;德·斯朗译本第 1 卷,第 69 页。在阿拉伯文本中,这个女人叫亚斯姬,不过,我们倾向于法译本的考证。
⑤ 关于马略卡岛的加尼亚人,参见马拉喀什人阿卜德·瓦希德的著作,第 197 页;贝尔的《穆拉比特王朝的最后代表——加尼亚族人,以及他们反对穆瓦希德王朝的斗争》一书。

拉沙漠的图阿雷格人的一些集群里,母系制度迄今仍很流行。① 妇女在柏柏尔人中的这种优越地位,使她们公开露脸,不戴面纱,而一些部族中的男人,倒要遮住口鼻。居住在沙漠里的桑哈贾族,同图阿雷格人的情况相类似,也戴着面纱。②

犹太教和基督教

除上述当地的幼稚信仰外,马格里布还有两种较伊斯兰教出现得早的天神教。犹太教的思想,先随腓尼基人,后来在罗马人压迫时期,又随迁徙的犹太人,很早就传入了马格里布。如前所述,在某些部族里,除当地的信仰外,犹太教也颇为流行。另一种流传很早的宗教,是基督教。它的传播是和马格里布的罗马政权密切相关的,因为,当基督教从叙利亚传出的时候,基督教(徒)的目的,在于侵袭和摧毁罗马帝国。③ 于是,斗争开始了。在罗马,经过圣战,付出牺牲后,基督教终于战胜了罗马帝国,彼得和保罗在那里被倒悬钉在十字架上。在埃及,有一个殉难者的村庄。马格里布情况也是如此。

非洲教会的组织和发展

基督教经由埃及,也可能通过罗马,传入了马格里布。三世纪中期,圣徒基普里安(St. Cyprien)着手组织非洲的教会。基督教由于宣扬博爱和平,因而在许许多多的当地人中风靡一时。这些人一直渴望实现他们所向往的公平和正义的原则。(罗马)帝国感觉到了威胁它的危险,采取了足以维护其政治统一的措施。特别到了达丘斯(Decius)大帝的时

---

① 拉尔诺德:《阿尔及利亚》,第 67 页。
② 贝克里的著作,第 170 页:"他们戴着面纱,除非揭开,人们分辨不出其中的头人和亲友。"《考证书》,第 223 页,此处说,和撒哈拉的柏柏尔人一样,塔德马卡人也是戴面纱的。并见哈桑·艾哈迈德·马哈茂德:《穆拉比特王朝的建立》,第 49~50 页。
③ 参见诺尔曼·潘兹:《拜占庭帝国》,莫尼斯和马哈茂德·优素福的阿拉伯文译本,第 97 页;里斯莱尔:《阿拉伯文明》,公元 1955 年巴黎版,第 23 页。

代,他于公元250年要求所有的臣民宣布信守国教,除罗马神外,还崇拜皇帝,并摒弃一切其他信仰,特别是基督教和马诺教,以表明他们的爱国心。许多基督教徒抛弃了他们的信仰,以致圣徒基普里安说了一句著名的话:"他们的人数超过了他们信念的力量。"① 帝国压迫基督教徒,捣毁教堂,没收财产,最后,事情以圣徒基普里安的牺牲而告终②。到了戴克里先时代,国家反对基督教徒更为剧烈,因为他们坚持信仰,举行模拟的文明反叛,而且拒绝军事服役。公元四世纪初叶,帝国和教会断绝关系,以致教会宣布无情地剥夺那些放下武器的人的教籍。③

多那图斯派的分裂

凭借联盟,教会成功地组织起来并建立了许多教堂。尽管如此,随着罗马人而来的基督教,仅在马格里布沿海一带流行,而没有深入到西马格里布的各土著部族中去④。此外,基督教中还有派别倾向,它们受到经过埃及传来的遥远的马什里克思想的影响,如神智派(theosophismc)和二元论的马诺派。⑤再说,马格里布的教会,还经历了一种特有的分裂,那便是多那图斯派的分裂。这一派以它的创始人伟大的多那图斯(Donat)而得名。他是当地人中的主教,不承认西西利安有权当选为迦太基主教⑥。在戴克里先的专制时代,多那图斯的立场和他这一派的出现,是对教会领袖屈从于帝国政权的一种反作用。因此,有

---

① 朱利安:《北非史》,第228页。
② 同上书,第231~232页。不妨指出,欧洲的教会重视圣徒们的尸骸或遗物(作家们称之为"奉遗骸、遗物若神明"[culte des reliques])。在阿格拉布王朝时代,查理大帝派出使节,前往非洲,寻找圣徒基普里安的遗骸。参见布罗克耳曼:《伊斯兰教民族和国家史》,法文本,第105页。
③ 朱利安:《北非史》,第235页。
④ 同上书,第236页。
⑤ 同上书,第241页。
⑥ 参见朱利安:《北非史》,第243页;哥提埃:《北非往昔》,第286页;侯赛因·莫尼斯:《阿拉伯人对马格里布的征服》,第29页。

些作家认为,多那图斯派是从教会中分裂出来的,他们并不是异教徒或不信神者,因为,多那图斯派的建立是由于个人间的冲突,而不是原则上有分歧。① 多那图斯提倡殉教。所有对国家不满的人,尤其是各劳动阶层,都表示响应。

君士坦丁执政时期,基督教成了国教。君士坦丁反对多那图斯派,认为它是非法的。由于政权和教会联合起来反对多那图斯派,多那图斯派便成了民间反抗的象征。由于当地的百姓日益穷困,每况愈下,他们反对殖民者和富翁,要求平等和解放奴隶,因此,多那图斯派的传播也更加广泛。② 国家企图通过统计穷人、赈济钱粮,利用金钱来铲除多那图斯派。由于这一措施没有奏效,它又决定诉诸暴力,并借助教会来消灭多那图斯派。结果却适得其反。劳动者、穷人们同多那图斯派结成了同盟。直到公元 355 年多那图斯去世时,斗争还在继续③。在的黎波里和阿尔及利亚地区(努米底亚[Numidie]),这种斗争采用了民族革命的形式,一直延续到公元 375 年④。

圣徒奥古斯丁和天主教的胜利

多那图斯派靠着皇帝朱里安(梅斯欧迪称他为"利勒扬斯")颁布的关于信仰自由的法令,经历了一个平静的时期。但是,在帝国分成东、西两部以后,阿非利加宣布与罗马脱离的时候,罗马得以镇压革命,竭力消灭多那图斯派,强迫这派的信徒们重新信奉天主教。⑤ 圣徒奥古斯丁是多那图斯派最凶狠的敌人,他毁坏它的名誉,攻击它的强硬手段。多那

---

① 哥提埃:《北非往昔》,第 286 页。
② 参见朱利安:《北非史》,第 246～247 页;哥提埃:《北非往昔》,第 286 页。
③ 朱利安:《北非史》,第 347 页。
④ 同上书,第 248 页。
⑤ 同上书,第 252 页。

图斯派的内情,也因他而被泄露出来。① 奥古斯丁制定了一套理论,允许当局利用威吓迫使反对教会的人回到天主教的栅栏中来,不许那些心灵脆弱的人越雷池一步。② 国家据此采用暴力和强制的手段来对付多那图斯派。奥古斯丁始终反对那些背叛教会的人和异教徒们,如佩拉吉斯(Pelagius)的追随者们,佩拉吉斯曾认为教会的赦免无效。③ 奥古斯丁后来在汪达尔人包围波纳城时毙命。④ 阿非利加的教会靠着奥古斯丁而克敌制胜。他成了教会中最享盛名的人。贝克里了解这一点。在谈到波纳城时,他说:"这是精通基督教的奥古斯丁城。"⑤ 天主教的胜利,并不意味着多那图斯派的彻底灭亡,它的一些集团一直维持到公元六世纪。同时,宗教危机还导致了修道院的建立,那些受不了剧烈动荡的人,便离开了社会。⑥

阿里乌教

野蛮的汪达尔部落在哥特人的压迫下,从西班牙来到马格里布地区,夺取了政权。公元435年,汪达尔人的国王该撒里克(Genseric)占领了阿非利加的首都迦太基。这是新的宗教斗争的开始。汪达尔人除了在马格里布地区进行破坏之外,还把他们的(主张基督具有人性的)阿里乌教强加给人们。他们迫害天主教徒,没收教会的土地和财产归阿里乌派教徒所有。⑦ 汪达尔人入侵的结果,使中马格里布的东(努米底亚)、西(摩尔塔

---

① 哥提埃:《北非往昔》,第260页。
② 朱利安:《北非史》,第256页。
③ 同上。
④ 哥提埃:《北非往昔》,第260页:"波纳古名希波纳(Hippone),今名安纳巴。"
⑤ 贝克里的著作,第54页。
⑥ 朱利安:《北非史》,第259页。
⑦ 同上书,第271页:阿里乌教由君士坦丁堡的主教阿里乌创立。公元325年,在尼西亚召开的第一次教会会议,对他进行审判。他被认为是不信神者或异教徒。参见梅斯欧迪的著作第1卷中"胜利的罗马诸王"一节,第318页。

尼亚)两地经济状况变化不定,政治局势动荡不安。在那里出现了独立的土著酋长国。而在的黎波里省,各部族在民族领袖贾包恩(Gabaon)的领导下,打败了汪达尔人。这次战斗,骆驼起了重要作用。① 在这些民族革命中,马格里布的汪达尔政权消失了,而罗马统治又卷土重来。这一次,它是通过君士坦丁堡(或如梅斯欧迪所称的布赞提亚)的统治而体现出来的。

罗马政权在马格里布的最后一百年

查士丁尼(梅斯欧迪称他尤斯坦亚斯)的统帅贝利萨留在公元533年进入迦太基,汪达尔人的末代国王盖利默尔(Gelimer)投降。在这以后,国家开始组织民事管理,裁决宗教的分歧,与此同时,国家还把马格里布地区从军事上分成四个平行的军区:的黎波里、突尼斯、阿尔及利亚和摩洛哥。② 查士丁尼重建了被汪达尔人——他们已沦为奴隶——所毁坏的工事,用堡垒和设防的城市组成了两道防线。残存的工事证明,第一道防线从(阿尔及利亚沿海的)贝贾亚开始,到(突尼斯南部的)加夫萨为止,经由塞蒂夫、塔卜纳,沿着塔马贾德绕过奥雷斯山,到特贝萨。在瓦赫兰地区,建筑了一连串的城堡,其中有谢尔谢勒(凯撒里亚[Caesarea])和特内斯。查士丁尼把休达城当作注意的重点。阿非利加的第二道防线,从迦太基开始,到君士坦丁为止。③ 其实,这些工事证明了罗马帝国疆界的收缩程度。这些工事留下了庞大的断墙残垣,它虽然显示了罗马人做事

---

① 朱利安:《北非史》,第286页:"在交战的时候,当地人把骆驼围成一个圆圈,里面安置妇女和财物。"
② 朱利安:《北非史》,第294~295页。
③ 朱利安:《北非史》,第296页。关于罗马时代这些工事延伸到的黎波里沙漠中心的情况,参见格耳:《公元三世纪的的黎波里和撒哈拉》,公元1926年巴黎版,第8~9页。并见本书图四。关于利比亚和突尼斯的工事,参见卡尼亚:《罗马时代的黎波里的军事边界》,公元1912年版,第8~9页。

图四 罗马和拜占庭的边界

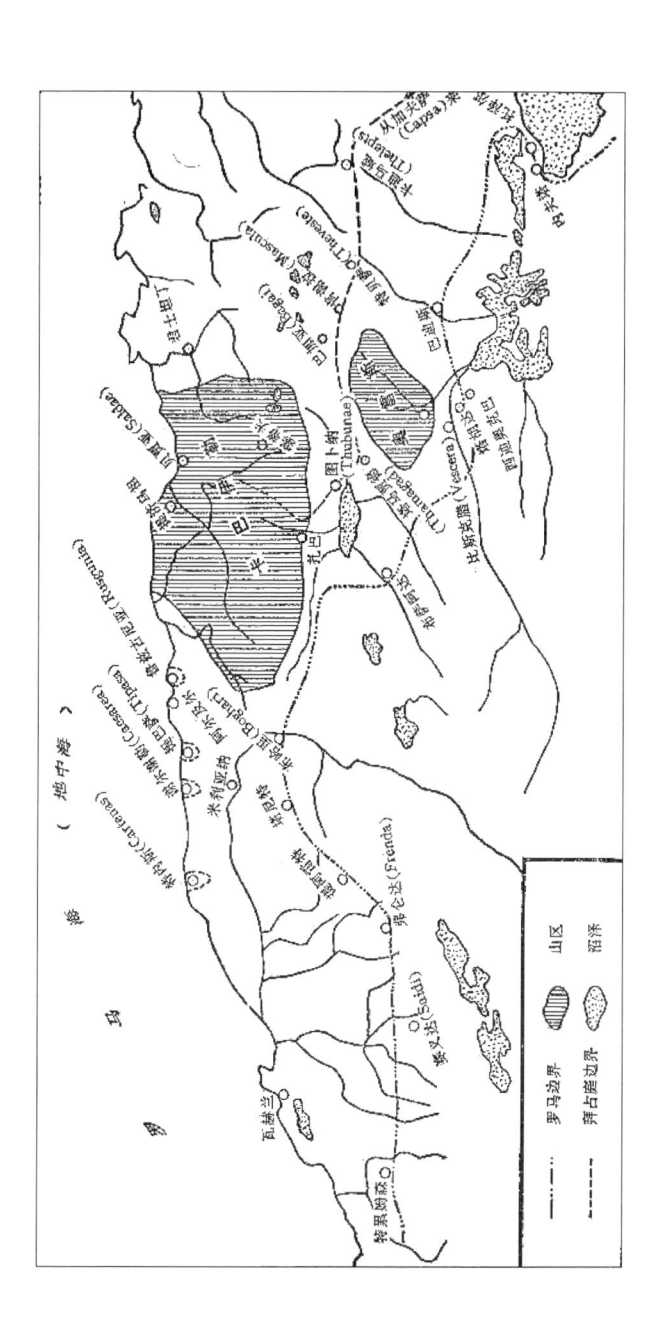

参见哥提埃:《北非往昔》,第211页;朱利安:《北非史》,附录;艾哈迈德·陶菲克·马达尼:《阿尔及利亚地区地图》,阿尔及尔卡尔布尼勒版。

的干练利落，但同时也表明了当地人给罗马人所造成的麻烦。当地人在贝利萨留离去以后，很快地起来在的黎波里和中马格里布抗击罗马人。在抵抗中，古老的奥雷斯山起了作用。要不是有些当地人被金钱所诱惑，拜占庭人几乎要被他们扔到海里去了。① 柏柏尔人的分裂，使得罗马军队能够在突尼斯南部击败他们，予以大批杀戮。尽管如此，柏柏尔人却没有气馁，情况迫使贝利萨留重来援救，但局势仍不稳定。的黎波里的卢瓦塔部族起来了，杀死了阿非利加的总督、贝利萨留的继承人所罗门。② 当查士丁尼去世的时候，马格里布地区的罗马政权已经岌岌可危。

在宗教政策方面，天主教徒修复了教堂，他们狠狠地报复了阿里乌教徒并压迫多那图斯派人和犹太人。③ 但这阻止不了新教派如内斯托尔派的产生。内斯托尔派主张基督有二重性：神性（古代的）和人性（现在的），还认为马利亚是人母，而非神母。④ 基督教的问题不仅如此而已，君士坦丁堡的正教——一性派（monophysites）内部又发生了分裂。⑤ 查士丁尼的妻子特尤图拉为了维护教会的统一，插手干涉，采取了一些措施。其结果是爆发了阿非利加人的革命，他们抗议（君士坦丁堡的）皇帝和（罗马的）教皇。查士丁尼使用暴力和恐怖手段来对付他们，从而加深了帝国和

---

① 朱利安：《北非史》，第299页。
② 同上书，第303页。哥提埃：《北非往昔》，第265页。
③ 诺尔曼·潘兹：《拜占庭帝国》，阿拉伯文译本，第107页。
④ 参见朱利安：《北非史》，第309页。内斯托尔派由君士坦丁堡的大主教内斯托尔创立。公元431年，阿法西斯城召开的第三届基督教会议，对他进行审判。亚历山大的主教对他发动猛烈的攻击。参见梅斯欧迪：《黄金草原》第1卷，第324页；诺尔曼·潘兹：《拜占庭帝国》，阿拉伯文译本，第101页。
⑤ 一性派创始人是安塔基亚人雅各布·巴拉齐伊，从事鞍匠工作，见梅斯欧迪：《黄金草原》第1卷，第325页。一性论的思想是在反对内斯托尔的阿法西斯教会会议上得到确认的。不过公元451年加尔赛图尼亚教会又为一性论确定了一种新形式，就是基督虽只有一个本质，却应分为神性和人性两方面。这种观点也为埃及教会所采纳，它克服了那种认为基督唯具神性的主张。雅各布·巴拉齐伊为这个教派的创始人，在查士丁尼时代，该派即以雅各布的名字著称。参见诺尔曼·潘兹：《拜占庭帝国》，阿拉伯文译本，第105页。

阿非利加之间的鸿沟。①

这样,阿非利加重返帝国的栅栏就不牢固。迅速建成的工事,需要有人坚定、热心地加以保卫。民政腐败、宗教压迫、经济剥削和军队混乱使局势越来越糟。与此同时,波斯人和匈奴、阿伐尔等蛮族也威胁着君士坦丁堡。② 查士丁尼的一些继承者试图进行改革,使马格里布恢复平静。如摩里士皇帝(梅斯欧迪称他为穆里基斯),他在位期间(582~602年),励精图治,把的黎波里并入埃及,缩小查士丁尼堡垒的防线,并使文官服从武将。但是,由于富人们为非作恶,行政人员违法乱纪,摩里士的努力终于付诸东流。③

教会在宗教政策上也不比帝国的运气更好些。由于贿赂(simonie)公行、缺乏制度和教会人士之间的相互嫉妒,致使腐败成风,这种宗教政策终于失败。这样纵容放任的结果,使多那图斯派重又兴盛起来,它引起了人们注意到拜占庭殖民主义的倒行逆施。④

公元七世纪初,阿非利加行省开始在帝国的政治上起重要作用。一场废黜福卡斯(梅斯欧迪称之为"福克斯")皇帝的阴谋,在迦太基策划就绪。这是因为阿非利加行省的总督希拉克略是被福卡斯所杀的摩里士皇帝的部将,他憎恨福卡斯,于是派自己的侄儿,贾里古尔乌斯的儿子尼基塔斯率军前往埃及,从马格里布出发,直指已敞开大门的亚历山大城。亚历山大城这样做,是为了激怒它在君士坦丁堡的教派敌手(公元608~609年)。同时,希拉克略还派遣他的儿子小希拉克略率领一支海军前往萨卢尼卡,伺机占领君士坦丁堡。公元610年,他的确达到目的,迦太基总督

---

① 朱利安:《北非史》,第306页。
② 诺尔曼·潘兹:《拜占庭帝国》,阿拉伯文译本,第51页。布勒伊埃:《拜占庭盛衰史》,第35~36页。
③ 朱利安:《北非史》,第309~310页。
④ 朱利安:《北非史》,第310页。

之子(小希拉克略)做了皇帝。① 罗马帝国灾难接踵而来。公元619年,波斯人侵占亚美尼亚并包围亚历山大城。小希拉克略只得依靠阿非利加行省来挽回局势,他任命堂弟尼基塔斯代表他到埃及执政。

就这样,拜占庭帝国好像在阿非利加站稳了脚跟。阿非利加在国家政治中举足轻重。这种政治上的稳定,导致了非洲教会的兴盛。教会加强了与罗马的关系,罗马也靠着教会人士的活动,竭力扩展它在这个地区的势力。拜占庭当局和非洲教会的协调一致,乃是为了各自的利益,虽然前者的势力来自君士坦丁堡,后者则把目光转向了罗马。危险就潜伏在这种矛盾里(体现在两大首都为统治基督世界而进行的争夺之中),非洲教会因而遭受了一次使它深受震动的危机。这时,出现了君士坦丁堡的主教西尔杰乌斯所创建的教派,主张神、人一性论。希拉克略为取得一性派的支持,站在这派一边。② 非洲教会反对这个教派,并向皇帝和教皇发出抗议。最后,迦太基的主教管区宣布皇帝无权。③ 阿拉伯人征服埃及的时候,成群结队的修士和修女逃出埃及,以躲避压迫,远离危险之地,他们来到了阿非利加,这使局势复杂起来。这些修士和修女在新皇帝君士坦丁三世的庇护下,自由自在地宣传一性论,从而引起了天主教徒的愤懑,使天主教徒们更加疏远皇帝。④ 公元645年,君士坦丁四世在君士坦丁堡登基,他也是神、人一性教派(即一神论[monotheisme]的追随者)。以修士马克西摩斯(Maximus)为首的反对派没有费多少力量就发动了叛乱,

---

① 贝特莱尔:《阿拉伯人对埃及的征服》,阿拉伯文译本,第32～33页。侯赛因·莫尼斯:《阿拉伯人对马格里布的征服》,第35页。
② 朱利安:《北非史》,第312页。
③ 同上。
④ 同上。

拥立非洲总督贾里古尔乌斯·本·尼基塔斯·本·贾里古尔乌斯为皇帝。① 这个贾里古尔乌斯为阿非利加的阿拉伯人所熟知,他们称他为贾尔吉尔(Grégoire)。

这是在伊斯兰教出现以前马格里布基督教的情况。对于具有罗马色彩的当地人来说,四分五裂的教派中,最主要的是不信神的多那图斯派,这个教派号召反对与国家沆瀣一气的正统教会,颠覆教会所支持的社会局面。我们在谈到马格里布的哈瓦利吉派运动时,将再次指出多那图斯派。不该忘记的是,虽然传说当阿拉伯人进入马格里布的时候,当地有两百多个主教管区②,但上述的一切都发生在帝国势力龟缩一团的沿海地区。于是,主张平等和社会主义原则的伊斯兰教就轻而易举地铲除了马格里布的基督教。当拜占庭人撤出他们侵占的沿海地区时,基督教也随之销声匿迹了。

---

① 参见侯赛因·莫尼斯:《阿拉伯人对马格里布的征服》,第46～47页。关于埃及的一神论,参见赛德·巴兹·阿里尼:《拜占庭的埃及》,第400页。
② 参见皮埃尔·德塞尼伐勒:《所谓哈马德族人的卡拉大教区》第15卷,第1分册,公元1932年埃斯贝里斯版,第1页。

第二章 阿拉伯人对马格里布的征服

（伊历 23～95 年［公元 644～713 年］）

征服的特点

征服马格里布，不像阿拉伯人所进行的其他征服，这种征服历尽艰难危险，遭到当地柏柏尔人的强烈抵抗，因为正如上面所说，马格里布人同阿拉伯人一样勇敢、坚强和不屈不挠。这是游牧民的性格，他们宁可迁居他处，也不向专制者屈服。旅行是他们生活的组成部分，迁徙是他们躲避时代灾祸的办法。阿拉伯半岛的中心不论过去还是现在都没有屈服于大国的专制，大国只能在其边缘落脚。马格里布地区的情况，同样如此。在波斯战争中，阿拉伯人只经过几次战役和两次决定性的胜利，在不到二十年的时间里，就使萨珊王朝完全屈服了；阿拉伯人征服叙利亚，只打了很少的几仗和两次决定性的战役；阿拉伯人征服埃及，可以说是不战而克，他们不过在荣门堡前稍事停留，在亚历山大城下，待了一年或不到一年的时间。而阿拉伯人征服马格里布，却进行了几十年的艰苦斗争。在此期间，他们尝到了胜利的甜，也体会到失败的苦，有时，完成征服仿佛是毫无指望了。伊本·赫勒敦引证《希马尔》作者阿尤布·本·阿比·亚齐德的话说，"柏柏尔人背弃伊斯兰教，达十二次之多，一直到穆萨·本·努塞尔或他后人的时代,伊斯兰教才稳定下来"①,亦即花了大约七十二年的时间。

征服的漫长和艰难,导致了可能是合乎逻辑的后果,这便是:根据确切的时间顺序,正确地编写这一时期的历史,使历史事件适得其所,是困难的。其实,史学家所遇到的困难,不在于这漫长的时期里事件众多,而在于我们手头这方面的资料寥寥无几,况且它们错综混乱,达到了颇难甄别的程度。此外,历史事实还和民间神话混杂在一起,要了解事实,往往难以如愿。

第一节 征服和探索期间
（伊历 22～50 年 [公元 643～670 年]）

一、征服利比亚（巴尔卡—费赞—的黎波里）

1.征服巴尔卡

如上所述,征服马格里布极为困难,而与此相反,我们发现,马格里布东部地区的征服,像埃及的征服一样,却是易如反掌。事实上,从摩里士皇帝进行改革以来,巴尔卡和的黎波里在行政上已从属埃及。②虽然阿拉伯文的各种文本没有说明埃及总督(穆考卡斯)是否在巴尔卡和的黎波里拥有实权,虽然拜占庭阿非利加史的专家们说,"迦太基的总督们在阿拉伯人进来以前,已经把他们的势力伸展到的黎波里和巴尔卡"③,但是,巴尔卡和的黎波里当时显然是同埃及和阿非利加相互隔绝的。后来的事件

---

① 伊本·赫勒敦:《教训集》第 6 卷,第 103 页;德·斯朗译本第 1 卷,第 198 页。
② 伊本·赫勒敦:《教训集》第 6 卷,第 103 页;德·斯朗译本第 1 卷,第 198 页。
③ 参见莫尼斯:《阿拉伯人对马格里布的征服》,第 50 页。

表明，埃及和阿非利加当时正忙于自己的内政。尽管如此，阿拉伯人却知道，巴尔卡——至少——是在埃及疆域之内的。埃及，自有这个名字以来，它的版图"北起阿里什，南至阿斯旺，西自巴尔卡东到埃拉特"[1]。我们认为，阿拉伯人早在伊历21年（公元641～642年）初克服亚历山大城，完成征服埃及之后，便已对巴尔卡和的黎波里虎视眈眈了，也就是说，为了保卫埃及的西部边界并抵御来自阿非利加罗马人的威胁，征服巴尔卡和的黎波里乃是军事（战略）上的需要。况且，这时还发生了反对福卡斯的暴乱，以及后来向波斯发起的进攻。

当阿拉伯人向巴尔卡进发的时候，他们不仅旨在征服繁荣的北方区域——那里有五个古城，称为安塔布利斯（班塔布利斯Pentapolis的讹音），而且，也要征服南部的沙漠区域。我们从各种文本中知道，阿拉伯人决定向西开拔的时候，按计划兵分两路，一路北指巴尔卡城，另一路南下费赞。根据白拉祖里所引证的大部分属于瓦基迪的传述[2]和伊本·阿卜德·哈克姆的传述[3]——其中多数引自伊本·拉希阿（卒于伊历174年[公元790年]）和来斯·本·萨阿德（卒于伊历175年[公元791年]）的著作，——阿慕尔·本·阿斯统率的北方远征军，比菲赫尔族人奥克巴·本·纳菲厄（阿慕尔的亲族）带领的南方远征军先出发。伊历21年（公元642年），在征服亚历山大城以后，阿慕尔立即率兵直奔马格里布。从伊本·阿卜德·哈克姆的传述知道，"阿慕尔的军队，是由骑兵组成的"[4]。虽然，各种文本没有表明阿慕尔所走的路线，但众所周知，他从亚历山大

---

[1] 参见伊本·阿卜德·哈克姆的著作，第9页；伊本·伊扎里的著作第1卷，第17页；他说："穆考卡斯是亚历山大和巴尔卡的执政官，他使的黎波里和萨布勒特成为一个行省，那儿设置的一个长官，应是君士坦丁堡君王的公仆。"
[2] 《各地的征服》，第224页。
[3] 《埃及和马格里布的征服》，第170页。
[4] 伊本·阿卜德·哈克姆的著作，第170页。白拉祖里的著作，第224页。

城到巴尔卡,是走的沿海古道(现在要经过马特鲁和赛卢姆)。阿慕尔一路无阻。各种文本对巴尔卡的沿海名城,如托卜鲁克、德尔纳、苏尔萨港和图勒梅塔,都没有提到。由此可知,这些城市在当时并不重要。阿慕尔抵达巴尔卡城时,便将它团团围住。①白拉祖里说:"阿慕尔为课人丁税而厮杀。"②他向巴尔卡人提出以前曾向穆考卡斯和埃及人提出过的三条:皈依伊斯兰教,或者缴纳人丁税,或者厮杀。

巴尔卡人属当地古老的卢瓦塔部族。他们在抵抗罗马人、汪达尔人和拜占庭人的斗争中,颇负声名,但是他们却没有给阿慕尔制造任何麻烦。毫无疑问,他们像埃及人一样,欢迎阿拉伯人的到来,他们乐意和解。双方一致确定,巴尔卡的卢瓦塔族人每年缴纳一万三千个第纳尔的人丁税。感谢伊本·伊扎里,他阐述了这个税额是如何规定的。他说"当地人同意纳税,每个成年人缴一个第纳尔"③,也就是说,卢瓦塔族中应缴第纳尔的成年人,总数是一万三千人。如果我们估计,这个数字与该城包括郊区的居民数的比例,约为一比四(根据习惯,妇女不算在内),那么,当地的卢瓦塔族人的总数,就在四万到五万之间。巴尔卡的人丁税,只有埃及人缴税总数的一半。这件事表明,阿拉伯人估计到巴尔卡经济薄弱,巴尔卡的资源也比尼罗河一带少,所以在这方面公正地对待了当地人。不过,和约却有一条奇怪的规定。据来斯·本·萨阿德说,"阿慕尔·本·阿斯在为柏柏尔的卢瓦塔族人所规定的条款中写下了:'你们应该卖儿鬻女来缴付人丁税。'"④这当然不能理解为卢瓦塔人必须卖儿鬻女来缴税,因为这是要出于自愿的。其他的传述解释说:"他们

---

① 白拉祖里的著作,第224页。
② 同上。
③ 伊本·伊扎里的著作,第8页,库朗和普罗旺萨耳版。
④ 伊本·阿卜德·哈克姆的著作,第170页。白拉祖里的著作,第225页。对照塔伯里的《伊历21年纪事》,阿拉伯宝藏书局版,第4卷,第144页。

应出卖所喜爱的子女来缴付人丁税。"①来斯文本的记载,说明有下列两种可能:一是阿慕尔知道卢瓦塔族人的贫穷,担心他们无力缴税,因而主张采用这种办法来加以解决;二是卢瓦塔族人自己这样建议,阿慕尔对此只得表示欢迎。

其实,卢瓦塔族人的幼儿幼女,在阿拉伯人的庇护下接受教育,达到了三个主要目的:首先是宗教方面的,他们从小便信仰伊斯兰教,而宣传宗教则是一种孝顺和敬主的行为;其次是社会方面的,他们通过学习阿拉伯语、接受阿拉伯的风俗习惯的熏陶以及和阿拉伯人通婚,逐步阿拉伯化,而宣传阿拉伯主义,乃是阿拉伯人的使命;最后是政治方面的,这是前两个方面的自然结果,阿拉伯人和柏柏尔人之间的关系更为密切,阿拉伯人的国家从而得到统一和加强。

不能认为,这里所说的子女是指某一种奴隶或仆役。② 古代传述家曾谈到这个问题。来斯·本·萨阿德说:"倘若他们是奴隶,这一切便不会发生。"③由此可知,认为卢瓦塔族人是奴隶的看法,正是来斯所反对的。前一种文本非常清楚地表明,"他们"指的是卢瓦塔族人的男孩和女孩,在我们看来,尤其是指女孩。后来,虔诚的哈里发奥马尔·本·阿卜德·阿齐兹的诏书,也证明了这一见解。他为此感到惊奇,遂下旨:"谁若占有卢瓦塔族之女,应向该女之父求婚,或将此女归还其亲人。"④这也就是说,卢瓦塔族人以女孩付人丁税,一直通用到伊历一世纪末叶。

---

① 伊本·阿卜德·哈克姆的著作,第170页。白拉祖里的著作,第224页,他说:"他们出卖最乐意卖掉的子女。"
② 夏伊拉博士教授倾向于采纳这种见解。他主持并参加编写的《利比亚史和伊斯兰世界》一书,把这种见解写了下来,公元1962年开罗版,第44页。夏伊拉这种看法的根据,显然是取自伊历40年以后各种文本的说明,这些文本记载:"赞赞人的人丁税,有一部分便是奴隶。"
③ 白拉祖里的著作,第225页。
④ 同上。

2.征服巴尔卡和费赞沙漠

继征服巴尔卡后,奥克巴·本·纳菲厄的远征军来到南部沙漠。伊本·阿卜德·哈克姆的传述记载:"阿慕尔派出奥克巴,直抵祖伊拉,巴尔卡与祖伊拉之间的地方,就归穆斯林所有。"①白拉祖里的传述则更进了一步:"奥克巴进行的这次征服,是在阿慕尔委任他统辖马格里布之后。"②我们不知道,这是否意味着,这些征服的完成是在(伊历22年)阿慕尔离开巴尔卡前往的黎波里之后,还是在伊历23年哈里发欧麦尔被害前不久,阿慕尔结束了这次入侵回到埃及之后。③ 在排列这些历史事件方面,伊本·阿卜德·哈克姆和白拉祖里是颇相一致的。虽然如此,我们却发现伊本·伊扎里的一个文本,其排列次序有所不同。

伊本·伊扎里把奥克巴征服南部沙漠,放在阿慕尔征服巴尔卡城之前。他说:"在欧麦尔·本·哈塔卜——愿安拉喜爱他——时代,第一个侵入阿非利加的,就是阿慕尔·本·阿斯。伊历20年,他征服了埃及,他由那儿派遣奥克巴·本·纳菲厄赴卢比亚和阿非利加。奥克巴一举成功,然后阿慕尔亲自前往巴尔卡……"④不应该因此理解为,奥克巴的远征军比阿慕尔的远征军先行,而应该认为奥克巴对马格里布的入侵,是从埃

---

① 伊本·阿卜德·哈克姆的著作,第171页,并参见本书图五。
② 白拉祖里的著作,第224页。
③ 莫尼斯(在《阿拉伯人对马格里布的征服》一书第58页中)认为,这个文本是专论在穆阿维叶时代奥克巴对阿非利加的统治的。这倒可能不无道理。例如亚历山大城的第一次征服就曾与伊历25年的第二次征服的纪事混淆不清(参见伊本·阿卜德·哈克姆的著作,第80、84页)。而莫尼斯根据他的推断,认为这个文本叙述了组织巴尔卡的税收,并认为,它还谈到了阿慕尔任命奥克巴统辖马格里布。大家知道,税收应该从一开始就已组织起来,而统辖马格里布,可能是指在马格里布驻军。
④ 伊本·伊扎里的著作,第8页。我们认为文本中"卢比亚和阿非利加"并不矛盾,否则,这两个词就得改成"卢比亚和马拉基亚"了。后面伊本·伊扎里将谈到阿非利加的征服,同所有的参考资料并无出入。杜齐发表的伊本·伊扎里文本以"祖伊拉和巴尔卡"取代,这无疑是比较正确的(参看莫尼斯的著作,第59页),并且同伊本·阿卜德·哈克姆(的著作,第17页)的传述以及白拉祖里(的著作,第224页)的传述,也是相一致的。

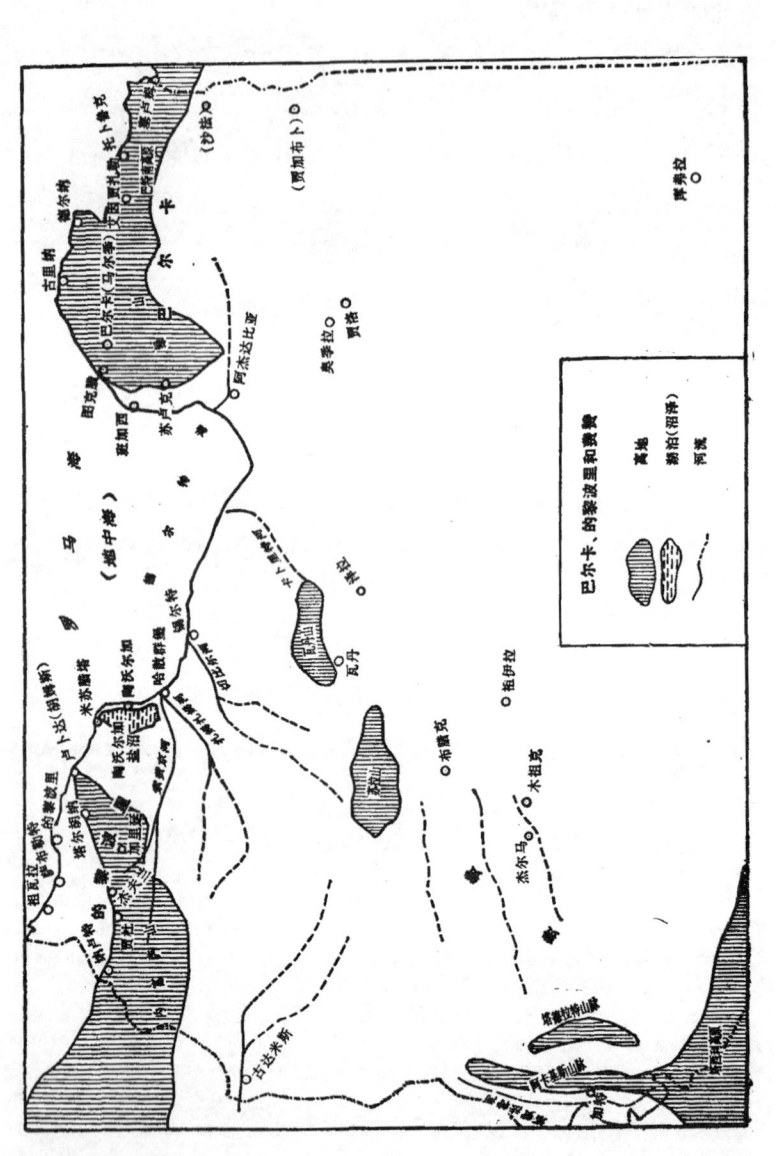

图五 利比亚地区的各个区域
（按原图译制）

及出发的。我们相信这样的意见是正确的,并认为奥克巴没有跟随阿慕尔去走沿海古道,而是取道法尤姆或者上埃及,即取道驼队商旅跋涉的绿洲之路。这条路,法蒂玛王朝的大军奔向埃及时,曾多次经过。这个事实,在瓦基迪的充满神话故事的《巴汉萨和法尤姆的征服》一书中,是一清二楚的。① 在判断这件事时,我们可以根据伊本·阿卜德·哈克姆对征服事件的排列次序。他在讲了法尤姆的征服后,直接谈到巴尔卡的征服。② 而且,当时奥克巴的父亲、菲赫尔族人纳菲厄·本·阿卜德·盖斯还在世,他统率阿拉伯骑兵队,前去努比亚边界驻防。③ 如前所述,奥克巴从法尤姆或上埃及进入巴尔卡沙漠,较为可能,因为奥克巴跟随他的父亲前往努比亚,是合情合理的。

事实上,当时的奥克巴·本·纳菲厄还是个翩翩少年。他的出生被确定在先知穆罕默德逝世的前一年。④ 换言之,他那时的年龄在十三四岁光景。如此年幼便能率领军队进行这样重大的征服,是大有疑问的。倘若确有其事,那么,说奥克巴的父亲纳菲厄·本·阿卜德·盖斯领导了这次征服,而青春年少的奥克巴则陪同前往,才是合乎情理的。我们将看到,奥克巴作为马格里布的征服者,他的鼎鼎大名已传遍四方,因而,这次征服列在他的名下,正如他后来几次征服的事件也混淆不清一样。事实上,在伊本·阿卜德·哈克姆的许多传述中,纳菲厄其人同他的儿子奥克巴已被混为一谈,而伊本·阿卜德·哈克姆也往往分辨不清。他谈到纳菲厄在福斯塔特修建的邸宅,在提到纳菲厄·本·阿卜德·盖斯的名字

---

① 关于埃及区域巴汉萨和法尤姆的征服,参见萨阿德·扎格卢勒·阿卜德·哈米德:《阿拉伯人征服马格里布的史实和传说》,公元 1963 年亚历山大大学文学院学报,第 17 页。
② 伊本·阿卜德·哈克姆的著作,第 170 页。
③ 伊本·阿卜德·哈克姆的著作,第 169~170 页。
④ 伊本·伊扎里的著作,第 19 页。

后，又接着说："这是传说，应该是奥克巴·本·纳菲厄。"①

从各种文本知道，征服巴尔卡的沙漠是轻而易举的，因为奥克巴到祖伊拉以前沿途所遇到的抵抗，不值一提。传述家们称赞这些区域的宁静。据说："在祖伊拉和巴尔卡之间，有一个穆斯林。他看到当地人全很恭顺驯良，便对他们进行施舍并与他们缔约，要他们缴纳人丁税……"②巴尔卡以驯顺著称，甚至不必派税官去收取，到时候，巴尔卡也会把税款送到埃及。③ 巴尔卡的平静和安宁达到了这样的程度，使阿卜杜拉·本·阿慕尔·本·阿斯不禁说："要不是我的财产在希贾兹，我一定住在巴尔卡。我不知道还有比它更和平、更僻静的住地。"④我们认为这段话是指内乱以后的时期，亦即在穆阿维叶时代阿慕尔回到埃及之后。

3.征服的黎波里（艾的黎波里）

在毫不费力地征服了巴尔卡及其沙漠之后，环境趋于安宁，阿慕尔·本·阿斯便得以继续西进，直奔的黎波里。各种文本对从巴尔卡到的黎波里沿途的滨海城市和近海城市，如阿杰达比亚、锡尔特和卢卜达，都只字未提。在当时，这些城市无疑是默默无闻的。阿拉伯人对它们没有觊觎的野心，也不担心它们的威胁。的黎波里三面有城墙，一面濒海。东、

---

① 伊本·阿卜德·哈克姆的著作，第93、99、111页。有些传说把马格里布的征服，归功于曾参加征服埃及的著名圣门弟子朱赫纳族的奥克巴·本·阿密尔（见伊本·阿卜德·哈克姆的著作，第94、100、178页），他在穆阿维叶时代（伊历44～47年）任埃及总督，后葬在埃及（伊本·阿卜德·哈克姆的著作，第253页）。我们不能接受这种看法，因为朱赫纳族的奥克巴没有经历对马格里布的征服。菲赫尔族的奥克巴和朱赫纳族的奥克巴之间的混淆，是因为前者的德行和宗教虔诚已退逝闻名。编写修士和有德行者生平的史学家想使他成为一个穆门弟子，或者是他们猜想他应当如此（参见阿布·阿拉伯：《阿非利加学者的阶层》，第9页，阿尔及尔版；萨阿德·扎格卢勒·阿卜德·哈米德：《阿拉伯人征服马格里布的史实和传说》，第20～21页，公元1963年亚历山大大学文学院学报）。
② 白拉祖里的著作，第224页。
③ 参见伊本·阿卜德·哈克姆的著作，第171页，他说："那时，税官没有进入巴尔卡。届时，他们（当地人）便将人丁税送出。"对照白拉祖里的著作，第224页。
④ 白拉祖里的著作，第224页。

西城墙伸入海中,靠海的一面,无遮无掩,乃是停泊船只的港口。阿慕尔率军攻打东城,驻扎在俯瞰全城的高地上。直到那时,阿拉伯人还没有攻坚战的经验,他们的做法同征服荣门堡和亚历山大城时的做法相同。他们徒劳无益地围城达一月之久。这方面我们主要的参考资料,是伊本·阿卜德·哈克姆记录的来斯·本·萨阿德和奥斯曼·本·萨利赫(卒于伊历219年[公元834年])的传述。后来的作家们对此逐字转抄,或略加注释。伊本·阿卜德·哈克姆说:"阿慕尔住在俯视城东的清真寺中。他围城一月,一无所得。"①至于其他的传述,内容是讲的黎波里纯属偶然陷落的故事,其主角是一个阿拉伯的马德拉杰族人,姓名已无从查考。从伊本·阿卜德·哈克姆的著作中,可以知道的是,阿拉伯人在城前逗留时间久了,便成群结队到处踏勘,寻找战利品,或四出探索,或狩猎、闲游。这个马德拉杰族人由六个同伴相随,离开城东的阿拉伯军营,外出打猎。他们取道城南,往西走去。归途中,大家热得发困,决定改走海路,使身心得到轻松。当接近的黎波里城墙西翼的时候,他们看到面朝港口的罗马人家门前,桤楠林立。马德拉杰人发现海水退去,露出城墙,显出一条可进城的道路。这一小伙人便由此前往城内教堂。他们在那里冲着罗马人大声喊叫。这一出其不意的行动吓得罗马人心惊胆战,他们丢下城市,逃向船只,阿慕尔迅速注意到弟兄们已在城里,立即率众进攻。乘船逃跑的罗

---

① 伊本·阿卜德·哈克姆的著作,第171页。我们不知道伊本·阿卜德·哈克姆这里说的清真寺是指什么。扎维(在《阿拉伯人征服利比亚的历史》第38页中)认为,伊本·阿卜德·哈克姆是指现在的阿卜杜拉·希阿卜教长清真寺。他试图证实这一点说,希阿卜卒于伊历243年,即比伊本·阿卜德·哈克姆约早十四年,因此是同时代人。假若我们能够证实希阿卜清真寺确在这位教长去世后落成,那么,这个结论可能是合理的,然而,我们对此却不清楚。关于希阿卜清真寺,参见贝克里的著作,第7页;穆罕默德·本·奥斯曼·哈沙伊希(突尼斯人,卒于伊历1340年);《西的黎波里消忧去愁》,哈桑·胡斯尼·阿卜德·瓦哈卜教授在突尼斯的图书馆的打字稿,编号B2591,第15~16页,作者说:"希阿卜建成了这座清真寺,并以自己的名字命名。"

马人,只带走少量细软。全城的一切,都为阿拉伯人所获。①

莫尼斯鉴于这种传说和祖贝尔·本·奥瓦姆征服荣门堡的故事很相似,便猜测说:"有些传述家把两次征服混为一谈,前后颠倒了?"②这种假设虽有可能,但我们发现,梯贾尼对伊本·阿卜德·哈克姆的传述所作的增补能够剖白原委。梯贾尼说:"马德拉杰族人及其同伴看到海水退去,城墙那儿露出一条路来,可以由此入城。于是他们派了一群人,打进城去。"③这就是说,这一小伙人同军队是有联系的,他们要求弟兄们支援,而没有单独闯进城去。

因而,也可做这样的解释:马德拉杰人及其伙伴乃是一支派出的先遣侦察队,他们不是去狩猎或闲逛的。一俟发现缺口,他们便报告了阿慕尔,然后阿慕尔出其不意地突袭了的黎波里。这个传说被写成了一个动人的惊险故事。我们猜想,这是由于马德拉杰族的人们把这次勇敢的行为,归功于他们中的一个人。这种情况和马兹哈杰族人的情况相类似。马兹哈杰族人颇有地位,也有一些关于他们随阿慕尔征服亚历山大城的故事。④亚历山大城本身,也有一段故事:伊历25年,亚历山大城爆发叛乱以后,被用武力占领。当时,阿拉伯人收买了一个城门卫兵,他在罗马人猝不及防的情况下,让阿拉伯人涌入城中。⑤ 当然,不能否认阿拉伯人由于那时缺乏攻坚战的经验,总是寻找捷径,去攻克坚固难摧的堡垒,避免遭受尸横遍野的重大损失。兵不厌诈,在驰马拼刺之前,常得设谋划策。

就这样,的黎波里被轻易地征服了。虽然有些文献说"当地人曾向的

---

① 伊本·阿卜德·哈克姆的著作,第171页。
② 莫尼斯的著作,第62页。
③ 梯贾尼的著作,第239页。
④ 伊本·阿卜德·哈克姆的著作,第175页。
⑤ 同上书,第80页。

黎波里南部内富萨山中的内富萨部族求援"①，或者如白拉祖里在他扼要的传说中所述："阿慕尔受到挑战，遂强力夺取此城。"②白拉祖里还详细叙述了阿慕尔的战利品："他从城里的商人处夺得许多'巴兹荣'驮子，卖得钱币，分赏给穆斯林们。"③不妨说，这里指的是榨橄驮子。而莫尼斯在谈到这一点时，没有指出文献中的驮子究竟是什么。④阿非利加和的黎波里自古至今都以盛产榨橄、油料驰名。如果情况属实，那也许这些驮子是在码头上原准备让罗马船只运走的，可船只却被迫一溜烟地逃跑了。榨橄是当地的经济作物。此外，梯贾尼还说，阿慕尔拆毁了城墙。这一点，古代作家未予指明。我们认为，梯贾尼或引证他作品的人之所以得出这个结论，是把伊历25年亚历山大城的某几处城墙遭到破坏而后倒坍，或者是把伊历79年（公元698年）哈散·本·努阿曼时代，迦太基工事损坏后又被拆毁，做了类比。这样的依次类推是不确切的，或者至少使人产生怀疑。⑤

4.征服萨布勒特

阿慕尔继占领的黎波里以后，又侵占了沿着突尼斯边界的最后一个沿海重镇——古城萨布勒特。古人对此城有三种拼法。⑥萨布勒特的征服经过，在部署和难易方面，与征服的黎波里不相上下。作家们把伊本·阿卜德·哈克姆的传述原封不动地流传下来，或做了一些只涉及笔法的更

---

① 伊本·伊扎里的著作，第8页。梯贾尼的著作，第239页。
② 白拉祖里的著作，第225页。他又转述了来斯·本·萨阿德的传述："的黎波里是在他那时代被征服的。"（参见白拉祖里的著作，第226页）。
③ 白拉祖里的著作，第225页。
④ 《阿拉伯人对马格里布的征服》，第61页。这里也可能是指来自毗邻的加贝斯的"布驮子"，那里以桑树和丝绸闻名，在阿非利加的城市中，它是独一无二的。参见《考证书》，第113页。
⑤ 参见梯贾尼的著作，第239页。扎维替梯贾尼的文章做了附录。扎维——没有提出自己的根据——说："阿慕尔把他在巴尔卡和的黎波里征服的所有城市的城墙都予以拆毁，以至这些城市的居民再不能凭城墙坚守了。"参见《阿拉伯人征服利比亚的历史》，第22、40页。
⑥ 伊本·阿卜德·哈克姆的著作，第172页，注释1。从此处的传述中知道，靠近这座古城，又建了一座新城纳巴拉。伊历131年，市场从萨布勒特迁到纳巴拉。

动。这个传述说,萨布勒特人听说阿慕尔到了的黎波里,攻不破城墙,只是把城围起来,便安之若素。由此可见,萨布勒特固若金汤,可能比的黎波里更为坚固,否则,居民们是不会高枕无忧的。传述说,阿慕尔一占领的黎波里,立即派出一支庞大的骑兵,命令他们迅速奔袭萨布勒特,出其不意,攻其无备。阿拉伯马队在凌晨成功地闯入城中。那时,当地人对自己的安全很放心,正在附近的牧场放牧牲口,他们打开了城门。这样,阿慕尔的军队就轻而易举地进入了萨布勒特,城内居民甚至一个都未及逃逸。① 这就是说,萨布勒特人原来认为,的黎波里的城墙既然挡住了阿慕尔,他就不会企图来入侵萨布勒特。同时也说明,阿慕尔知道萨布勒特居民对他麻痹大意,漫不经心,他们没有采取防备措施,来应付可能由他发起的任何进攻。在的黎波里陷落的消息传到萨布勒特人之前,他及时利用了他们的疏忽。这证实了萨布勒特是突然之间被征服的。传述说,阿拉伯人占领了萨布勒特的一切,然后回到阿慕尔那里,即回到的黎波里原处。

伊本·阿卜德·哈克姆在结束的黎波里和萨布勒特的征服故事时,引用了阿布·塔米姆·杰沙尼的传述,是关于斋月期间的封斋问题,究竟是一次过斋月,还是分散过。由此可知,这次入侵发生在伊历9月(斋月)。② 较有可能的是,根据伊本·阿卜德·哈克姆传述所起算的时间,这次入侵实际在伊历22年末结束。③

---

① 值得注意的是,梯贾尼(在他的著作,第212页中)对这个传述做了补充。他说,率领这支军队的是伊本·祖贝尔。众所周知,伊本·祖贝尔是在伊历27年才随伊本·阿比·萨尔赫进入阿非利加的。我们猜想是祖贝尔族人竭力美化他们的领袖,所以这么早便让他进入了马格里布(参见萨阿德·扎格卢勒:《阿拉伯人征服马格里布的史实和传说》,第29页,公元1963年文学院学报)。同时,梯贾尼还说:"少量的萨布勒特居民乘船逃往西西里岛。入侵者回来以后,阿慕尔命他们将城拆除、烧毁。"这一点,除他之外,没有一个人说到过,我们也不知道它的出处。
② 《埃及和马格里布的征服》,第172页。
③ 同上书,第171页。

5.完成对费赞沙漠区域的征服

由各次事件的进程和主要的资料知道,由于征服了的黎波里和萨布勒特两城,阿慕尔在的黎波里省的远征就结束了。不过,有一些关于接下来对马格里布进行征服的零星资料,令人猜想阿慕尔向的黎波里的南部沙漠,派遣了另一支远征军。伊本·阿卜德·哈克姆以上述形式谈完了的黎波里和萨布勒特的征服以后,又谈到阿非利加的征服。他说,阿慕尔在包围的黎波里的同时,派出了由布斯尔·本·阿比·阿尔塔统率的军队,前往瓦丹。布斯尔征服了瓦丹。① 瓦丹是费赞的一个城市,也是首府,位于锡尔特和内富萨山东端后面的的黎波里之南面。② 鉴于布斯尔·本·阿比·阿尔塔年岁尚小,他和奥克巴·本·纳菲厄一样,当时还是个青春少年,因此对布斯尔的远征,存有疑问。而莫尼斯则试图对此加以驳斥,就像他在谈到白拉祖里引述瓦基迪的著作时,对瓦基迪的传述也心怀疑惑一样。③ 很可能,白拉祖里是引证了另外一些把布斯尔·本·阿比·阿尔塔当作圣门弟子的传述。④ 这正如有些人把奥克巴·本·纳菲厄列为圣门弟子,而又张冠李戴,用奥克巴·本·阿密尔取而代之一样。其实,在进行征服的各个阶段中,费赞的事件互相混淆不清,倒是可以怀疑的。但这种怀疑却否认不了各种文献不谋而合的看法:费赞是在这时被征服的,接着巴尔卡和祖伊拉之间的地域也尽归穆斯林所有。扎维认为,经由的黎波里(城)征服了瓦丹,即意味着内富萨

---

① 伊本·阿卜德·哈克姆:《埃及和马格里布的征服》,第194页。参见贝克里的著作,第12页。贝克里把布斯尔的远征算在伊历23年。而莫尼斯在其著作65页注释1中的说法,则截然不同。与伊本·阿卜德·哈克姆一样,白拉祖里和伊本·阿西尔都没有提到说这次征服是发生在入侵的黎波里省期间。
② 关于瓦丹,参见伊本·豪卡勒的著作,第70页。关于从的黎波里到内富萨山、瓦丹和祖伊拉的道路,参见贝克里的著作,第9~11页,并见本书图五。
③ 《阿拉伯人对马格里布的征服》,第65~66页。
④ 参见白拉祖里的著作,第228页。

山的征服。① 各种文献中,只有伊本·伊扎里说,的黎波里人在被阿慕尔所围困时,向内富萨族人求援,除此而外,对扎维的观点,均无述及。

伊本·阿卜德·哈克姆记述,完成了的黎波里和费赞两个区域的征服以后,阿慕尔·本·阿斯开始派出纵队,进行袭击、搬运战利品。② 我们认为,这些远征是指完成对撒哈拉沙漠其余部族的征服并迫使他们皈依伊斯兰教或遵守诺言。这是因为阿慕尔开始考虑向真正的马格里布地区——阿非利加行省扩大征服。

二、征服阿非利加 (突尼斯地区)

1.欧麦尔时代对征服的考虑

阿慕尔·本·阿斯未遇重大阻碍便完成了对现在利比亚地区的征服,如果可以引用一句术语的话,这次远征就像是一次"军事游戏",因此,他在(伊历22~23年)这样早的时期就考虑征服阿非利加,是并不奇怪的。不过,他在行动之前,先奏请哈里发允准。然而,欧麦尔·本·哈塔卜对此却没有表示同意。伊本·阿卜德·哈克姆引用其线索并由白拉祖里加以概括的传述记载,阿慕尔上书欧麦尔·本·哈塔卜称:"安拉为臣等征服艾的黎波里,由此前往阿非利加,仅九日路程。若信士们的长官决心征服之,安拉祐助,事情必成。"欧麦尔诏谕:"此非阿非利加,而系蛮荒之地,背信弃义,易上当受骗。只要朕一息尚存,决不派人去征讨。"③

阿慕尔向哈里发上疏一节,意味着马格里布的征服是按事先部署好

---

① 《阿拉伯人征服利比亚的历史》,第43页。
② 《埃及和马格里布的征服》,第183页。
③ 《阿拉伯人对马格里布的征服》,第173页。其他的传述虽然在写法上略有出入,但意思相同。其中有的记载:"欧麦尔下旨:'阿非利加分裂,已达三次。朕明察秋毫,决不发出一兵一卒。'"并见白拉祖里的著作,第226页。

的计划进行的,虽然,它是历史事件发展的必然结果。至于欧麦尔的不以为然,则可以这样解释:阿拉伯国家的奠基人、进行军事扩张的主角和行政、政治组织的领袖担心阿拉伯大军鲁莽地进入路远迢迢的马格里布地区,或会让他鞭长莫及,特别是军队由阿慕尔这样一个雄心勃勃的统帅所率领。莫尼斯采用迪耳(Diehl)的说法,认为阿非利加的东线设防严密,即便在的黎波里省,也还有许多坚固的城堡阻碍着阿慕尔。① 他说:"要是阿慕尔进军顺利,他必定长驱直入,决计不会向欧麦尔上疏请准……"②伊本·伊扎里在为阿慕尔叙谱时所表达的见解,倒有可能是正确的:"他给欧麦尔的奏疏说,在他(阿慕尔)前面,只剩下了阿非利加地区,那里物产丰富,人口稠密,乘骑多为马匹。欧麦尔就命令他离开该地。"③从伊本·阿卜德·哈克姆为我们提供的一个传述知道,"埃及境内局势要求阿慕尔迅速返回"。奥斯曼·本·萨利赫的传述记载:"阿慕尔曾与穆考卡斯相约,对将发生的事态不加隐匿。穆考卡斯写了信来,提到罗马人欲冒不韪,破坏他们同阿慕尔之间原有的盟约,于是,阿慕尔急忙折回原处。"④诚然,从形式上看,这个传述颇可怀疑,因为"穆考卡斯在伊历21年(公元642年)业已去世"⑤,但是它在内容上,则无可挑剔。比起立足于假设的推论臆想来,它更为可靠。大约过了两年,亚历山大城发生暴动,罗马人背弃了阿拉伯人,肯定了这个传述的正确性。

因此,我们有理由说,埃及的局势迫使阿慕尔退出对阿非利加的入侵,马上回到福斯塔特。其实,对有关哈里发的传述的确凿性,我们倒很怀疑。哈里发说:"此非阿非利加,而系蛮荒之地,背信弃义……"还有一

---

① 莫尼斯:《阿拉伯人对马格里布的征服》,第66页,注释3.
② 同上书,第67页.
③ 《奇闻》第1卷,第8页.
④ 《埃及和马格里布的征服》,第173页.
⑤ 贝特拉尔:《阿拉伯人对埃及的征服》,阿布·胡台德的阿拉伯文译本,第313页.

些关于欧麦尔的传述,说:"欧麦尔下旨给阿慕尔·本·阿斯,在谈到阿非利加时,说'卿慎勿靠近,此乃地狱之门'。"①更有甚者,是对先知(穆罕默德)传说的夸大其词:"当圣门弟子回来,向先知诉说他们遭到的酷寒时,先知对派往阿非利加的一个纵队说:'阿非利加更为寒冷,报偿也更巨大。'"②毋庸置疑,这些传述是杜撰的,不过却表达了阿拉伯人对他们在马格里布的战事所抱的厌恶和反感,不论是在征服时期还是在此以后,一直都是如此。另外有些说法,反映了同柏柏尔人斗争的漫长和艰苦。其中有据说是朱赫纳族的奥克巴·本·阿密尔的谈话。他说:"邪道七十门,柏柏尔人占六十九,人、妖合占一门。"③另有一种说法:"各地圣战都已告终,唯剩阿非利加一地。"④不妨指出,对埃及说来,也曾出现这种情况,不过形式不同,因为埃及友好地接待了阿拉伯人,埃及人和他们联合反对罗马人。有一系列的言谈,赞扬了埃及的科普特人,称他们是绝对友好的非阿拉伯人,并且还注意到了他们与一般的阿拉伯人之间的血缘关系,特别是同古莱什族的特殊血缘关系⑤。

先知(穆罕默德)谈到的遥远侵伐,是在他去世后过了十年、十五年或更长时间才开始的,这当然是不合情理的。不过,圣门弟子伪托其词,以反映那段时间流行的某种观点。我们认为,在这些征服中所以提到先知

---

① 阿布·阿拉伯:《阿非利加学者的阶层》,第19页。
② 贝克里的著作,第21~22页。《考证书》,第112页。
③ 伊本·阿卜德·哈克姆的著作,第287页。
④ 贝克里的著作,第21页。《考证书》,第112页。对照阿布·阿拉伯的《阿非利加学者的阶层》第6页和《心灵游苑》第4页。
⑤ 伊本·阿卜德·哈克姆的著作,第2~3页。萨阿德·扎格卢勒:《自远古以来的亚历山大城历史》,第243页,公元1963年亚历山大版。此后自然也还出现了另外一些谈话(当然也是伪造的)。参见伊本·阿比·迪纳尔的《趣闻》,伊历1286年突尼斯版,第16页:"伊本·纳吉同意这些谈话是炮制出来的。"这些谈话赞扬了马格里布人,诸如,"他们甚至在末日降临的时候,仍坚持维护真理","我民族的一部分人在末日降临时,仍为真理而斗争……"参见《心灵游苑》第3~4页和阿布·阿拉伯的著作第1页。

的名字并把他同征服联系在一起,当可以解释为有许多圣门弟子及其子侄和再传弟子参加了征服。所以,伊本·阿卜德·哈克姆注意叙述了进入埃及和马格里布的圣门弟子。在他的著作中专门有几节对此做了详尽叙述。

由此可见,阿慕尔·本·阿斯未能进入马格里布的中心,因为在埃及的罗马人如同芒刺在背,他宁可折回征服马格里布的基地——福斯塔特,以稳定那里的政局。阿慕尔回来不久,伊历23年(公元643年)末,哈里发欧麦尔被害。阿慕尔在福斯塔特待了一段时间后,即去希贾兹,与新哈里发奥斯曼·本·阿凡谈判,要求废黜上埃及埃米尔国的阿卜杜拉·木·萨阿德·木·阿比·萨尔赫,使自己领有整个地区而无人与之逐鹿。[①] 谈判失败,最后阿慕尔反被罢免,伊本·阿比·萨尔赫巩固了对整个埃及省的统治。此时正遇伊历25年(公元645~646年)亚历山大城开始发生叛乱,为了进行镇压,阿慕尔又得以重返埃及。但一个月后他再次离去,因为他拒绝哈里发的建议,不愿和伊本·阿比·萨尔赫在埃及共掌大权。

2.奥斯曼时代征服突尼斯地区的开始

(1) 阿卜杜拉·本·萨阿德 同罗马人的第一次遭遇

作家们一致认为欧麦尔·本·哈塔卜是伊斯兰征服和扩张的主角,也就是说,他是阿拉伯国家的奠基人。相反,他们认为哈里发奥斯曼执政期间是内讧或内战的时代。因而也许可理解为第三任哈里发无功于新兴的国家。如果内战确是指奥斯曼哈里发政权的最后几年,那么,这是绝对不正确的。事实上,第三任哈里发的许多权益受到损害。奥斯曼时代乃是阿拉伯国家扩张的重要发展阶段,可以同欧麦尔的哈里发政权的开始

[①] 伊本·阿卜德·哈克姆的著作,第173页。

时期相提并论。我们并非想为"阿布·哈夫斯"（指奥斯曼——译者）鼓吹宣扬，而只是反对这众口一词的看法。我们认为，这个阶段可能还超过了欧麦尔的时期。正是奥斯曼准许穆阿维叶建立舰队，而欧麦尔却未曾批准。阿拉伯国家原来只拥有陆上武装，那时，则已成为一支海上力量，因此，开始在海上对阿尔瓦德、罗得和塞浦路斯诸岛进行征服。在伊历34年（公元654年）奥斯曼的晚年，阿拉伯人在齐萨瓦里摧毁了拜占庭的舰队；在奥斯曼时代，由于叶兹底格德三世在突厥斯坦边界被杀，伊历31年（公元651年）完成了对波斯的征服；也是在奥斯曼时代，开始在阿非利加对马格里布进行名符其实的征服，而对此，诚如作家们所说，是欧麦尔所反对的。事实上，在奥斯曼被害之后，哈里发国家内的危机接踵而至，这对征服出现中断影响很大。但在他的统治期间所完成的扩张，一方面是欧麦尔计划的继续，另一方面，又规划了一系列大规模的征服，而这些征服，特别是对马格里布地区的征服，则是后来由（他的近亲）倭马亚人以更充分的装备和更严密的组织加以完成的。

　　阿慕尔·本·阿斯拒绝和上埃及的总督阿卜杜拉·本·萨阿德·本·阿比·萨尔赫共辖埃及省，是因为伊本·萨阿德主管着地税。阿慕尔不愿自己"执牛双角，而让别人挤乳"[①]，因而奥斯曼罢黜了他，而委任伊本·萨阿德为埃米尔。作家们认为，奥斯曼把各地总督和军事领导之职托付给他的亲戚，是他的一种用人方法。那些人以前并不信奉伊斯兰教，在确信穆罕默德的宣教已经成功，为了追逐私利，他们才皈依了伊斯兰教。作家们把阿卜杜拉·本·萨阿德·本·阿比·萨尔赫列为那些被控为伊斯兰教感情薄弱的总督之一。[②]

----

① 伊本·阿卜德·哈克姆：《埃及和马格里布的征服》，第178页。
② 参见梅斯欧迪：《黄金草原》第2卷，第343页。伊本·阿西尔：《伊历31年纪事》第3卷，第57页。

其实,在先知(穆罕默德)时代,伊本·萨阿德对皈依伊斯兰教颇为迟疑不决。在先知的启示写出之后,他才回来,站在麦加人一边。当先知进入麦加,伊本·萨阿德求奥斯曼庇护,奥斯曼从先知处为他获得了安全的保障。① 奥斯曼这样做,是出于和伊本·萨阿德的关系和强烈感情。伊本·萨阿德的母亲是奥斯曼的乳母,换言之,他俩是同乳兄弟。其实,伊本·萨阿德的这种犹豫,并不应该一直受到谴责。犹豫是相信和肯定前的某种怀疑。许多穆斯林领袖和圣门弟子,为了了解事实,一生中都充满这类犹豫,事实一旦澄清,他们就成为坚信不疑的骨干。另外一个事实,是伊本·萨阿德有自己的长处和德行,欧麦尔对此了若指掌,因而委他同阿慕尔一起统治上埃及。当阿慕尔和奥斯曼商讨伊本·萨阿德的事情时,奥斯曼即以此答复。②

白拉祖里说:"奥斯曼委任伊本·萨阿德统辖埃及和马格里布。"③这表明在那早期以及后来,马格里布属埃及总督管辖,当时福斯塔特是马格里布军事活动的基地。伊本·萨阿德奉行的军事政策,同阿慕尔征服的黎波里后的政策是一致的,从伊本·阿西尔的传述中知道,他对此是身体力行的。④ 他派出大批骑兵,组成纵队,袭击阿非利加边界,携回战利品和掠夺物。⑤ 毫无疑问,这些袭击的目标不光是战利品和俘虏,而且也是为了踏勘,以侦察敌情、摸清敌方兵力及其武器装备,并根据侦察的结果,对阿拉伯人可能遇到的抵抗做出评估,然后在此基础上,制订出征方案。基

---

① 伊本·希沙姆:《先知传记》第 4 卷,第 51~52 页,1936 年版。伊本·伊扎里:《奇闻》第 1 卷,第 9 页。
② 伊本·阿卜德·哈克姆:《埃及和马格里布的征服》,第 173 页。
③ 《各地的征服》,第 226 页。
④ 伊本·阿西尔在《伊历 25 年纪事》(第 3 卷,第 42 页)中说:"阿慕尔·本·阿斯奉奥斯曼之命派阿卜杜拉·本·萨阿德出征阿非利加边界,当时阿卜杜拉在埃及部队之中。"
⑤ 参见伊本·阿卜德·哈克姆的著作,第 183 页;白拉祖里的著作,第 226 页;伊本·伊扎里的著作,第 9 页。

于这些袭击的成功,伊本·萨阿德考虑对阿非利加发起真正的远征。他像阿慕尔以前的做法一样,开始先与哈里发商议。详细地把靠近阿非利加罗马军队的阿拉伯人的战略位置禀报哈里发,要求准许进行远征。① 奥斯曼显然也担心阿拉伯人鲁莽地进入这远乡僻壤,白拉祖里说:"他(奥斯曼)拦阻出征阿非利加。"②在伊本·萨阿德远征阿非利加边界传来令人鼓舞的捷报之后,经过同圣门大弟子的商议,他才同意出征。③

哈里发的批准,意味着向伊本·萨阿德输送装备和军队。奥斯曼确实号召人们远征阿非利加。各个部族特别是麦地那附近的阿拉伯人大量集结起来。④ 奥斯曼当众演讲,鼓动人们投入圣战。他向大家分发武器,并提供一千峰骆驼,给弱者(即穷人)乘骑。⑤ 由麦地那开往埃及的路上,他任命亲戚马尔万的兄弟哈里斯·本·哈克姆为指挥。⑥

作家们为我们提供了相当详尽的细节,介绍这支由奥斯曼装备起来首次进入阿非利加的军队,以及其中大名鼎鼎的阿拉伯人。这些阿拉伯人大多属于第二阶层的圣门大弟子,值得一提的有:哈希姆族的穆阿巴德·本·阿巴斯·本·阿卜德·穆塔利卜,倭马亚族的马尔万·本·哈克姆·本·阿西和他的兄弟、被授权指挥麦地那军的哈里斯,扎赫拉族的穆骚瓦尔·本·穆哈拉马·本·瑙法勒,阿迪族的阿卜德·拉赫曼·本·泽德·本·哈塔卜、阿西姆·本·奥马尔和奥贝德拉·本·奥马尔,阿密尔族的布斯尔·本·阿比·阿尔塔,胡泽勒族的诗人阿布·祖埃卜·胡韦利德·本·哈立德以及萨赫姆族的穆塔利卜·本·萨伊卜。其

―――
① 参见伊本·阿卜德·哈克姆的著作,第183页。
② 参见《各地的征服》,第226页。
③ 伊本·阿卜德·哈克姆的著作,第183页。白拉祖里的著作,第226页。
④ 白拉祖里:《各地的征服》,第226页。
⑤ 伊本·伊扎里的著作第1卷,第9页。努韦里的著作手抄本,甲本,第63页。
⑥ 伊本·阿卜德·哈克姆的著作,第183页。

中最孚众望的有:阿卜德·拉赫曼·本·阿比·巴克尔、阿卜杜拉·本·奥马尔、阿卜杜拉·本·阿姆尔、阿卜杜拉·本·祖贝尔①和阿卜杜拉·本·阿巴斯。② 因此,有一些作家称这次征伐为"阿卜杜拉们的征伐"③。这并不是说,他们是在哈里斯·本·哈克姆率领之下一起出发的。我们在后面将会看到,他们中有的是作为援军派去的,例如最著名的阿卜杜拉·本·祖贝尔。哈里斯抵达福斯塔特时,便将军队交给阿卜杜拉·本·萨阿德,因为后者是埃及的总督和军队的统帅。由于这支援军,伊本·萨阿德军总数达到二万人。④ 作家们提到了军队的组成情况:马赫拉族六百人,甘斯族? 人,阿扎德族七百人,阿扎德族的后备军也是七百人,这两个七百人归沙里克·本·萨米分配;⑤阿斯拉姆族三百人,马齐纳族八百人,萨利姆族四百五十人⑥,朱赫纳族六百人,迪勒族和杜姆拉族共五百人,加塔凡族、阿什贾族和法扎拉族共七百人,卡阿卜·本·阿姆尔族

---

① 参见白拉祖里的著作,第 226 页;伊本·伊扎里的著作第 1 卷,第 9 页;阿布·阿拉伯:《阿非利加学者的阶层》,第 13~14 页;努韦里:《文艺菁华》,手抄本,第 22 册,甲本,第 62 页,乙本第 62 页(阿巴齐尔·加法里等作增补);马利基的著作第 1 卷,第 9~10 页。
② 伊本·阿西尔:《伊历 26 年纪事》第 3 卷,第 43 页。马利基的著作第 1 卷,第 13 页。努韦里的著作手抄本,甲本,第 62 页。
③ 马利基的著作第 1 卷,第 10 页。努韦里的著作手抄本,甲本,第 62 页。伊本·哈贾尔:《甄别》第 2 卷,"阿卜杜拉·本·祖贝尔传略",第 4682 号,第 309 页。参见莫尼斯的著作,第 81 页,注释 2。
④ 伊本·阿卜德·哈克姆的著作,第 184 页。伊本·伊扎里的著作第 1 卷,第 9 页。马利基的著作第 1 卷,第 10 页。阿布·阿拉伯的著作,第 14 页(他说:"从麦地那来的人数是二万人。")。
⑤ 伊本·阿卜德·哈克姆的著作,第 184 页。这里所说的"分配",是指主管战利品的分配,分发给军士。
⑥ 马利基:《心灵游苑》,第 10 页。莫尼斯的著作,第 81 页,注释 2,莫尼斯认为:"有些列入的名字,可能是马格里布史学家为了夸大阿非利加的重要性而臆造出来的。"这个看法虽然可取,但却出于马格里布人中的学者的臆造,可以佐证的是,对这种看法在他们的著作中没有详尽的答案,而只能回答说,这是一件理所当然的事情,因为,马格里布人比别人更重视他们地区的历史,而其他人对自己的祖国也是一样,正像谚语所说,"一家之主最明了家中的一切"。至于有关征服马格里布的马什里克早期著作,则我们大多没有得到。

四百人。后面这些人,是最后来向奥斯曼报到的,当时人们正在距麦地那城三里外的贾尔夫的地方举行婚礼。①

伊本·萨阿德率领这支大军从福斯塔特出发,可能任命了著名的圣门弟子朱赫纳族的奥克巴·本·阿密尔代理他的职务。② 这个奥克巴后来在穆阿维叶时代担任埃及总督之职。③ 根据我们所采纳并曾为伊本·阿卜德·哈克姆引证的来斯·本·萨阿德的传述,伊本·萨阿德出发的时间是伊历27年(公元647～648年)。④ 作家们没有说明西征的道路。很可能伊本·萨阿德取道通往巴尔卡的沿海古道,这是经由亚历山大城南到阿布西尔去的朝觐者的驼队道路。伊本·萨阿德到达巴尔卡,菲赫尔族的奥克巴·本·纳菲厄和他的伙伴参加进来。按伊本·阿西尔的传述,奥克巴他们原驻扎在此。⑤ 我们不清楚当时奥克巴的兄弟阿卜杜拉·本·纳菲厄·本·阿卜德·盖斯究竟是和他在一起,还是在阿卜杜拉·本·萨阿德军中。因为伊本·阿西尔叙述说:"阿卜杜拉·本·纳菲厄随伊本·萨阿德去远征阿非利加。"不过,这要比我们所说的远征早了一年。⑥ 我们猜测,如前所述,这是指阿慕尔派将领去阿非利加边界所进行

---

① 努韦里的著作乙本,第62页,甲本,第63页。
② 参见莫尼斯的著作,第82页。他在那里提到了铿迪的著作第13页,但是奥克巴的代理一事,乃是铿迪在叙述伊本·萨阿德遭人中伤前去晋见奥斯曼时提到的。
③ 铿迪:《总督和法官》,第36～37页,公元1908年贝鲁特版。
④ 《埃及和马格里布的征服》,第187页。这是伊本·伊扎里(在他的著作第1卷第8页中)所采用的传述。白拉祖里(在他的著作第226页中)除提到伊历27年外,还记录了伊历28年和29年。还有的传述说,是从伊历26年开始出征的。伊本·阿西尔(在《伊历25、26年纪事》第3卷第42、43页中)写有"伊历26年的伊本·萨阿德出征",还说:"伊本·萨阿德统率一万人的大军上一次出征阿非利加,是在伊历25年。"参见努韦里的著作,甲本,第63页。努韦里说:"伊历27年1月,人们在麦地那集结。"而伊本·赫勒敦(在《教训集》第6卷第107页中)把伊本·萨阿德的远征放在伊历29年,尽管他搞错了,说这次远征发生在欧麦尔时代。
⑤ 伊本·阿西尔:《伊历26年纪事》第3卷,第43页。参见萨拉维:《西马格里布历史考证》,达尔贝达版,第33页。
⑥ 同上。

的一次袭击。

伊本·萨阿德统率的大军从巴尔卡出发。这支军队中有阿卜杜拉·本·阿巴斯的麦地那军,穆阿维叶·本·胡德杰的埃及军和奥克巴·本·纳菲厄所在的巴尔卡驻军。从阿卜杜拉·本·祖贝尔的一份演讲对远征所作的描述中知道,伊本·萨阿德把全程分为几段,每段距离为两个驿站。行军在夜间进行,从而使阿拉伯人达到了两个目的:不让消息透露给敌人并避开白天的炎热和烈日的暴晒。理所当然的是,伊本·萨阿德在荒漠贫瘠的地区兼程而行,而在富饶的地区,则放慢速度,以让人们购粮并放牧马匹和驼群。① 先遣队走在头里,侦察地形,扫清道路,为大队人马准备粮草。② 据猜测,的黎波里城在被阿拉伯人首次征服以后,这时又反叛了,因为伊本·阿西尔说:"阿拉伯人掠夺了它。"③ 如瓦基迪的传述所载,阿拉伯人显然洗劫了该城一些边境地区;阿拉伯先遣队攻打的黎波里的一艘船,俘虏了船上的一百人,把他们背绑起来,伊本·萨阿德到后,便命将他们处死。的黎波里人凭恃城墙坚守不出,不和伊本·萨阿德对阵,而伊本·萨阿德也没有攻打他们。④

阿拉伯人,特别是具有阿非利加边境作战经验的人,毫无疑问是知道的黎波里人只要能安全生活,就会心满意足的。所以伊本·萨阿德认为不必消耗力量去重新征服的黎波里。于是他对此城弃之不顾,他后来对付加贝斯,也是如此。⑤ 他远离海岸,向真正的阿非利加地界进发,来到后来兴建凯鲁万城的所在地附近。这地区称为卡穆尼亚。⑥ 原来那里有个

---

① 马利基:《心灵游苑》第1卷,第16页。
② 同上书,第10页。
③ 伊本·阿西尔:《编年史全集——伊历26年纪事》第3卷,第43页。
④ 马利基的著作第1卷,第10页。对照努韦里的著作,手抄本,乙本,第63页。
⑤ 努韦里的著作手抄本,乙本,第63页。
⑥ 马利基的著作,第12页。

古城,叫斯贝特拉,它在当时具有特殊的重要性。拜占庭的罗马人为了防止他们设想中的当地柏柏尔人的进攻,保卫这个地区,建立了第二道防线,包括一系列城市,斯贝特拉是其中之一,因此具有军事意义。① 此外,斯贝特拉代替了迦太基,也是阿非利加的首府,这一点系由伊本·阿西尔所确定,他说:"这座城市(斯贝特拉)在当时是国王的所在地。"②

显而易见,阿拉伯人出于战略考虑,将的黎波里和阿非利加的沿海城堡,弃之一旁,而取道阿非利加总督控制的内陆道路。阿拉伯人称这个总督为贾尔吉尔,即贾里古尔乌斯,他建都在斯贝特拉。如前所述,贾尔吉尔在教会人士的帮助下,起来反叛皇帝后,已在马格里布宣布独立。这一点,阿拉伯的作家们已经了解,他们说"他废黜希拉克略,铸造金币,镌上自己的肖像"③,"他的王权从的黎波里一直到丹吉尔"④。在沿海重镇迦太基,他面临着直到那时一直控制着海洋的拜占庭舰队的威胁,因而宁愿安居内陆,选择坚固的斯贝特拉为立足之地。其实,有些早期作家对斯贝特拉一无所知。伊本·阿卜德·哈克姆虽然知道贾尔吉尔的独立,但却说:"那时阿非利加权力所在地,是在一个叫做迦太基的城市里,那里的国王,据说叫贾尔吉尔……"⑤

这里的迦太基一词,无疑像是印刷错误。我们猜想,这是誊抄者的错误。可资作证的是,这里把迦太基作为首府提出,作家们便应该说"伊

---

① 参见朱利安:《北非史》,第296、316页。
② 伊本·阿西尔:《伊历26年纪事》第3卷,第43页。这也是马利基(在他的著作第1卷第12页中)所持的看法,他摘自了"深通传记和阿非利加征伐"的人士的话。关于阿非利加的总督罗马人贾尔吉尔,他说:"他(贾尔吉尔)是斯贝特拉的君主。"
③ 参见本书第136~137页。
④ 伊本·阿卜德·哈克姆的著作,第183页,那里写道:"他铸造金币,镌上自己的肖像。"参见莫尼斯的著作,第84页,他说:"没有发现有刻着贾尔吉尔肖像的钱币。"
⑤ 伊本·阿卜德·哈克姆的著作,第183页。白拉祖里的著作,第226页。伊本·伊扎里的著作第1卷,第9页。

本·萨阿德在战后即包围了迦太基"①,而这就错了,正确的应是斯贝特拉。② 至于莫尼斯根据迪耳的某些主张所采取的看法,认为贾尔吉尔在阿拉伯人夺得的黎波里和萨布勒特后,感觉到他们的威胁,就将斯贝特拉作为他的一个基地。③ 这种看法虽有道理,但更为可能的却是:贾尔吉尔是在获悉伊本·萨阿德正朝他奔来时,或者是为了堵截向他的地盘挺进的阿拉伯军队的道路,才转往该地的。在这种情况下,诚如莫尼斯所说,贾尔吉尔应当留在加贝斯战略地区。④ 军事家们说这个地区犹如一个瓶颈。有些传述说,贾尔吉尔带着全家亲族、妻小和金银财宝,转移到斯贝特拉。而这样做在军事上却是一个不必要的措施。因此,比较正确的倒是,贾尔吉尔担心拜占庭舰队的攻击而迁都斯贝特拉,这与阿拉伯人由于对同样威胁的顾虑,将的黎波里和阿非利加的沿海城市弃之一旁的做法,完全相同。这一点,是迪耳的看法并由莫尼斯加以归纳⑤。

这样,伊本·萨阿德抵达离斯贝特拉不远的卡穆尼亚区停留扎营,让部队跋涉后得以休息,厉兵秣马,准备与罗马人交战。在此期间,他派出分队,侦察各处地形⑥、带回粮草⑦。在主力部队交战之前,双方进行了谈判。按照惯例,伊本·萨阿德的使者不断去见贾尔吉尔,向他提出:信奉伊斯兰教或者向阿拉伯人臣服并缴付人丁税。⑧ 贾尔吉尔拒绝接受阿拉伯人的条件,谈判失败。武力将决定谁胜谁负。

---

① 伊本·伊扎里的著作第1卷,第12页。马利基的著作第1卷,第13页。
② 对照伊本·赫勒敦的《教训集》第6卷,第107页,他说:"原来,(贾尔吉尔的)王宫是在斯贝特拉。"
③ 参见莫尼斯的著作,第75页。
④ 参见莫尼斯的著作,第85页。参见本书图六。
⑤ 参见莫尼斯的著作,第96页,注释2。
⑥ 伊本·阿西尔:《伊历26年纪事》第3卷,第43页。参见马利基的著作,第16页。
⑦ 伊本·阿西尔:《伊历26年纪事》第3卷,第43页。马利基的著作第1卷,第10~11页。努韦里的著作手抄本,乙本,第63页。
⑧ 伊本·阿西尔:《伊历26年纪事》第3卷,第43页。参见本书图六。

在斯贝特拉的胜利

在相距斯贝特拉城一天一夜路程①的阿库巴,阿拉伯军和罗马军迎面对阵。② 阿拉伯的作家们对贾尔吉尔及其军队做了精彩的描写,把他们喻为在卡迪西亚战役中的波斯统帅罗斯图姆及其雷霆万钧的部队。罗马军有十二万人。③"他们举着十字架,拿着天知道是什么的武器,他们的骑兵,不可胜数。"④这个数字无疑是夸大了。可信的是,这些传述的作家是想烘托阿拉伯人以简单的办法取得的巨大成绩。贾尔吉尔骑在灰色驮马上,在军后督阵,左右两个宫女用孔雀毛替他遮挡太阳的暴晒⑤,他的女儿从瞭望台顶上,俯瞰着战场。这个瞭望台是她父亲为在战斗中站在上面指挥兵士修建的。或如我们所认为的,她站在附近的堡垒顶上,四十个宫女穿着最华美的衣服,戴着最昂贵的首饰,簇拥着她。⑥ 如果这可能是想象在这些传述中起了重要的作用,而诸如在伊本·阿卜德·哈克姆的著作中,我们就没有发现有这些词藻华丽的细节,那么,这一切也未必都是虚构的。贾尔吉尔、打伞的宫女、他的女儿和簇拥着的宫女的故事,尚属可取,虽然,作家和传述家们的想象不受羁勒,发展成了远离史实的神话。例如瓦基迪的《阿非利加的征服》便是如此。⑦

---

① 白拉祖里的著作,第227页。努韦里的著作手抄本,甲本,第63页。
② 伊本·阿西尔:《伊历26年纪事》第3卷,第43页。参见本书图六。
③ 同上书,第43页。伊本·伊扎里的著作第1卷,第10页。伊本·赫勒敦:《教训集》,第6卷,第107页。马利基的著作第1卷,第14页。
④ 马利基的著作第1卷,第11页。
⑤ 伊本·伊扎里的著作第1卷,第11页。马利基的著作第1卷,第14页。对照努韦里的著作,手抄本,第14页,他说:"贾尔吉尔女儿的头上撑着一顶孔雀毛的伞。"
⑥ 伊本·伊扎里的著作第1卷,第10页。马利基的著作第1卷,第14页。
⑦ 我们发现,在瓦基迪的《阿非利加的征服》一书中,可同斯贝特拉战役相提并论的战斗,也有对罗马将领所作的神乎其神的精彩描述,说"他们穿戴金甲金盔,手持金盾,口袋里装满了金币……"等等。参见萨阿德·扎格卢勒:《阿拉伯人征服马格里布的史实和传说》,公元1963年亚历山大大学文学院学报,第26页。

至于伊本·萨阿德的军队,则是列成左、中、右三军①,严阵以待。骑兵们骑在精悍善跑又能吃苦耐劳的阿拉伯马上;步兵们服装简单,拿着轻便的武器。我们揣测,驼队在后面,载着笨重的辎重,由一些兵士看守。这支军队中,有许多圣门弟子以及他们的子侄。队伍中诵读《古兰经》的朗朗声响成一片。他们念着激励信士们②英勇战斗、为安拉献身的经文,讲述鼓舞圣战的圣训。我们认为,由此便产生了许多有关阿非利加征服的谈论。如前所述,(安拉的)使者(穆罕默德)的名字已和这次征服联结了起来。当然也还有诗人们,各种文献提到其中的胡泽勒族人阿布·祖埃卜·胡韦利德·本·哈立德,他们朗诵着激昂的诗歌,与此同时,伊本·萨阿德鼓舞着人们,向他们宣传舍生忘死、勇敢无畏的精神③。

厮杀开始。接着,战争继续在阿库巴徒然无益地进行,呈拉锯状④。由各种文献知道,双方都各怀畏惧:罗马人害怕阿拉伯人,唯恐败下阵来;⑤阿拉伯人担心罗马人多势众、装备精良。⑥ 传述还透露,他们白天厮杀,从清晨到晌礼,然后回营,直到次日才继续交锋。⑦ 由此可知,双方都但愿最终达成协议。最后还有一个传述说:"贾尔吉尔许诺,谁杀死阿卜杜拉·本·萨阿德,即招赘为婿;伊本·萨阿德对此的反应是向兵士们号召,杀死贾尔吉尔的穆斯林,将获得他的女儿和她的一切。"⑧

最后的胜利,归功于伊本·萨阿德作战方案的改变。他听取一个谋

---

① 马利基的著作第1卷,第11页。
② 指虔诚的穆斯林们。——译者
③ 参见马利基的著作,第16页。
④ 白拉祖里的著作,第227页。
⑤ 伊本·伊扎里的著作第1卷,第10页。马利基的著作第1卷,第11页。
⑥ 参见伊本·阿卜德·哈克姆的著作,第185页:"有一天,伊本·萨阿德的兵士们听到喧嚣之声,遂中断祈祷,以为是敌人来了。后来,他们又重做祈祷。"
⑦ 伊本·阿西尔:《伊历26年纪事》第3卷,第43页。
⑧ 伊本·伊扎里的著作第1卷,第10页。马利基的著作第1卷,第14页。对照努韦里的著作,手抄本,乙本,第64页。

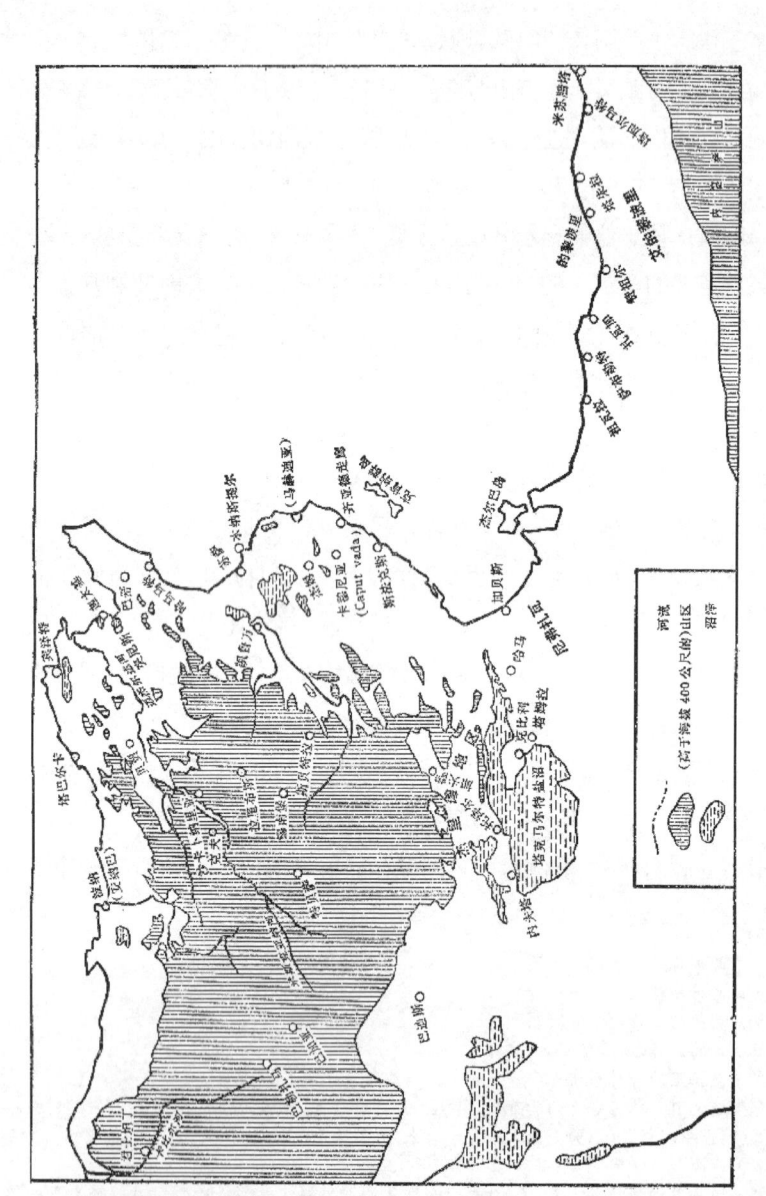

图六 阿非利加地区("突尼斯"的黎波里和君士坦丁)
(按原图翻制)

士的劝告:"把军队分成两部,一部分参加作战,另一部分则埋伏起来等候着,一旦战斗像通常那样在中午结束,伏军便出来袭击已经疲惫的罗马人,这样就能击溃他们。"①这个方案奏效了。伏兵一出击,罗马人当即溃败。阿拉伯人赶上这些残兵败将,大批地加以杀戮,接着,又赶在罗马人之前抵达斯贝特拉城门,阻止他们入城。同时,贾尔吉尔摔倒在战场上,他的女儿成了阿拉伯人的俘虏。②许多传述把这次胜利的荣誉归于阿卜杜拉·本·祖贝尔,而不是阿卜杜拉·本·萨阿德。它们记载:"在远征的消息迟迟不到的情况下,哈里发奥斯曼派他前去支援伊本·萨阿德。而这次战斗的作战方案正是阿卜杜拉·本·祖贝尔建议伊本·萨阿德采用的。"这些传述还把许多英勇无匹和一身是胆的功绩集中于他一身:"他冲入罗马人的队伍中,是他杀死了贾尔吉尔;贾尔吉尔公主的妖娆迷人造成了这一切,使他在阿拉伯骑兵中显得超群绝伦。"③

显然,祖贝尔族人及其追随者竭力在为其家族歌功颂德,特别是在伊本·祖贝尔谋求哈里发职位的那些年代里,这种情况达到了登峰造极的地步。他父亲终生徒然向往的目标,对他来说,已近在咫尺或唾手可得。其实,许多关于埃及和马格里布征服的传述家,都是祖贝尔家族的人。最为著名的是奥尔瓦·本·祖贝尔和他的儿子希沙姆·本·奥尔瓦(卒于伊历146年)。④贾尔吉尔被杀的说法,首先出现在伊本·阿卜德·哈克姆的随口之言中。他说:"据他们说,杀死他(贾尔吉尔)的是阿卜杜拉·

---

① 伊本·阿西尔:《伊历26年纪事》第3卷,第43~44页。马利基的著作第1卷,第11页。
② 伊本·阿西尔:《伊历26年纪事》第3卷,第44页。伊本·伊扎里的著作第1卷,第11页。马利基的著作第1卷,第11页。努韦里的著作手抄本,乙本,第65页。
③ 伊本·阿西尔:《伊历26年纪事》第3卷,第44页。伊本·伊扎里的著作第1卷,第11页。马利基的著作第1卷,第11页。努韦里的著作手抄本,乙本,第65页。
④ 参见伊本·哈贾尔:《甄别》第2卷,"伊本·祖贝尔传略",第309、310、311页,伊历1328年版,第4682号。参见萨阿德·扎格卢勒:《阿拉伯人征服马格里布的史实和传说》,公元1963年亚历山大大学文学院学报,第29页。

本·祖贝尔。"①我们发现另一种传述声称:"建议伊本·萨阿德打埋伏战的,是一个科普特人。"②第三种传述说:"贾尔吉尔的女儿匹配给了一个辅士,这个希腊姑娘宁愿从母骆驼上跳下来自杀。"③她自杀的说法显然是正确的。倘若她委身于伊本·祖贝尔或其他人,那么,如同安达卢西亚哥特国王的女儿萨拉的结局一样,我们也会知道她的情况或她的结局的④。

第一次阿库巴或斯贝特拉战役就这样以伊本·萨阿德的轻易胜利而告终。罗马军队被阿拉伯人打败,阿非利加的总督被杀,他的女儿也自杀了——不妨认为,她因痛惜父亲而从——被说成母骆驼的——城墙纵身自尽。伊本·萨阿德阻止败军窜回城中坚守之后,即将斯贝特拉包围起来,这个城因此无人保卫。斯贝特拉在第二次战斗中不堪一击,即告失守。阿拉伯人在城里缴获了大量的战利品,这是在其他城市所罕见的。⑤如马利基的一个传述所说,其中最多的是金子。⑥ 像传述家们所倾向认为的那样,伊本·萨阿德派阿卜杜拉·本·祖贝尔回去报捷。⑦ 伊本·祖贝尔在不到三星期的时间里,飞速奔到麦地那,在使者清真寺里,他当着哈

---

① 伊本·阿卜德·哈克姆的著作第183页。对照伊本·阿西尔的《伊历26年纪事》,第3卷,第44页;伊本·伊扎里的著作第1卷,第11页。
② 马利基的著作第1卷,第11页。
③ 伊本·阿卜德·哈克姆的著作,第184~185页。伊本·阿西尔:《伊历26年纪事》第3卷,第44页。
④ 参见伊本·库提亚《安达卢西亚征服史》,贝鲁特版,第32页。莱维·普罗旺萨耳:《西班牙穆斯林历史》,法文本,第185页(关于哥特族人和朱利安族人),公元1953年版。
⑤ 伊本·阿西尔:《伊历26年纪事》第3卷,第44页。努韦里的著作手抄本,乙本,第65页。参见伊本·伊扎里的著作第1卷,第12页;马利基的著作第1卷,第13页。伊本·伊扎里这里所谈的迦太基之围,是搞错了。他的本意当然是指斯贝特拉。这个错误令人以为迦太基是阿非利加的首府,而贾尔吉尔则是阿非利加的国王亦即迦太基的君主了。
⑥ 马利基的著作第1卷,第13页。
⑦ 伊本·阿卜德·哈克姆的著作,第185页,作者起先说,是奥克巴·本·纳菲厄带着胜利的消息回去,但后来又说是阿卜杜拉·本·祖贝尔。伊本·伊扎里的著作第1卷,第12页。这里,我们指出伊本·阿卜德·哈克姆引证了另一个传述(他的著作第186~187页),由此知道伊本·萨阿德派马尔万·本·哈克姆去晋见麦地那的奥斯曼。从细节透露的信息看,这可能是在反对奥斯曼的动乱结束之后。

里发和圣门大弟子,宣布了阿拉伯军队在阿非利加的胜利消息。①

伊本·萨阿德在以后兴建凯鲁万的地方扎下营寨。②他从那里派出纵队去侦察阿非利加各地。他们南下到杰里德地区的加夫萨,然后折向马尔马江纳,同时沿苏萨大道抵达罗马残兵败将麇集的杰姆堡,进行包围后,兵不血刃,一举攻克。③罗马人遂撤向突尼斯城与苏萨之间的沙里克岛。这实际是一个半岛,因瓦利德·本·阿卜德·马利克时代的埃及总督库拉·本·沙里克的父亲沙里克·奥卜西而得名。罗马人聚集在那里的克利比亚城,由那儿再从海路退往班泰雷利亚岛。④

战利品问题

这些纵队带回了大量的战利品和俘虏,还千方百计把牲口赶回来。⑤阿非利加的大主教们看到在阿拉伯人面前已无能为力,就设法进行和解。他们主张以金钱来换取伊本·萨阿德的撤走。达成的协议规定他们每年向阿拉伯人缴纳三百堪他尔⑥金币。⑦白拉祖里引证的另一个传述记载:"以二百五十万第纳尔达成了和解。"⑧作家们相一致的,是认为伊本·萨阿德提取了战利品的五分之一,其他的五分之四,由阿卜杜拉·本·阿巴

---

① 参见伊本·阿卜德·哈克姆的著作,第185("花了二十个昼夜")、186页;伊本·伊扎里的著作第1卷,第13页;马利基的著作第1卷,第15~16页。
② 伊本·伊扎里的著作第1卷,第13页。
③ 同上书,第12页。马利基的著作第1卷,第13页。努韦里的著作手抄本,甲本,第66页。
④ 参见贝克里的著作,第45页。贝克里的传述曾被梯贾尼在《游记》第11、13页中加以引证,该传述记载:"当阿卜杜·马立克·本·卡坦侵犯所有阿非利加岛屿的时候,罗马人生活在班泰雷利亚岛上,一直到哈里发阿卜德·马利克·本·马尔万时代。"
⑤ 白拉祖里的著作,第227页。
⑥ 堪他尔是埃及重量名,约等于44.928公斤。——译者
⑦ 白拉祖里的著作,第227页。伊本·伊扎里的著作第1卷,第12页:"和解的条件之一,是穆斯林在和解前的所得,即归已有,而和解后的掳掠物,当予归还。"马利基的著作第1卷,第17页,他说:"他们只付给伊本·萨阿德一百堪他尔金币。"
⑧ 白拉祖里的著作,第227页。伊本·阿西尔:《伊历26年纪事》第3卷,第44页。努韦里的著作手抄本,甲本,第66页。

斯分给士兵们。步兵每人一千第纳尔,骑兵每人三千第纳尔,从而使作家们赞叹不已。① 我们认为后一个传述太夸张了,因为假若真是如此,根据伊本·萨阿德军共二万人的说法,骑兵与步兵相比,不到四分之一——据说还要多些——那么,这次战役战利品的价值,就应在四千万第纳尔左右;或者,假如伊本·萨阿德军只有一万人,假如我们采用伊本·阿西尔关于伊本·萨阿德在伊历25年领导远征的传述,战利品的数量也要有上述价值的一半,即二千万第纳尔左右。毫无疑问,这是一个夸大了的数字,从一个城市或一次战役中,是不可能得到这样多的。众所周知,(除亚历山大外)整个埃及的人丁税,当初也不过一千二百万第纳尔。

来斯·本·萨阿德的传述中确定步兵为每人一千第纳尔,骑兵为每人三千第纳尔,其根据是,伊本·萨阿德军的一个步兵,在归途中死在叫做扎特哈马姆的地方(我们猜想亦即现在从马特鲁到亚历山大城途中的哈马姆),"他的亲人在他死后,拿到了一千第纳尔"②。尽管传述家们肯定,一千第纳尔是他分享的战利品份额,但比较可靠的是,这包括他私人挣得的钱,来自他分享的军队战利品份额和他在这次征伐中所获得的其他私人战利品。他的同伴们即把这笔钱还给他的亲人。我们的根据是伊本·阿卜德·哈克姆引证的一个传述,从这个传述中知道,人们以黄金和金沙做交易,有些买卖做得不正当。③ 至于说骑兵的一份有三千第纳尔,则我们猜想这是按照步兵的钱数推算出来的结果。大家知道,在战争中,光一匹马就得算作两份。这样的夸大其词,可能是想象起了作用,因为除来斯外,别的埃及教长们说"每一个第纳尔值一又四分之一个金币"④,也

---

① 伊本·阿卜德·哈克姆的著作,第184页。伊本·阿西尔:《伊历26年纪事》第3卷,第44页。伊本·伊扎里的著作第1卷,第12页。
② 伊本·阿卜德·哈克姆的著作,第183页。
③ 同上书,第184页。
④ 同上。

就是说,实际的一份,步兵为一千二百五十个金币,骑兵为三千七百五十个金币。

传述家们对钱财之多,大事渲染。他们说,伊本·萨阿德为放在他面前的钱堆而惊诧不已。他问阿非利加人:"你们从哪儿搞来了这些?……"其中有个人东顾西盼,终于找到一颗梓橙,拿来给伊本·萨阿德,说:"靠它得钱。"伊本·萨阿德问他怎么回事,他回答说:"罗马人没有梓橙,他们到我们这里来买油,我们便从他们那儿拿到了钱。"①总而言之,伊本·萨阿德和他的兵士们的确为运走的战利品和钱财而心满意足,就同意讲和。他没有在阿非利加留下一个自己的总督,也没有留下一支阿拉伯守军,便班师回埃及了。②战利品之多,显然难以装运。马利基引证的传述——我们不知道它的可靠程度——说:"伊本·萨阿德写信给他在埃及的副手朱赫纳族的奥克巴·本·阿密尔,要他派船到的黎波里来。船只从海上运走了军队的辎重之后,伊本·萨阿德及其同伴才出发回埃及。"③我们揣测,伊本·萨阿德在这次远征中,攫取了大笔钱财,从而引起了人们的愤怒。④有些传述说:"奥斯曼·本·阿凡曾许诺给他五分之一的五分之一,即哈里发政权份额中的五分之一,而马尔万在麦地那也从阿非利加的钱财中拿到了五万个第纳尔。"⑤后一笔钱是从奥斯曼答应的数字中拿取的。⑥

---

① 伊本·阿卜德·哈克姆的著作,第185页。对照伊本·伊扎里的著作第1卷,第12页。
② 伊本·阿卜德·哈克姆的著作,第183页:"他没有委任一个人,也没有兴建凯鲁万。"白拉祖里的著作,第227页:"他没有委任一个人来统辖阿非利加。那时阿非利加既没有凯鲁万,也没有清真寺区。"
③ 马利基的著作第1卷,第17页。
④ 伊本·伊扎里的著作第1卷,第13页。
⑤ 同上(引自塔伯里的著作)。
⑥ 参见伊本·阿西尔的著作。他概括了有关奥斯曼的传述说:"他这一次把阿非利加的五分之一给了阿卜杜拉·本·萨阿德,又将另一个五分之一给了进行另一次征伐的马尔万。"(《伊历26年纪事》第3卷,第44页)。

据一种传述记载,远征阿非利加,历时一年零两个月。① 白拉祖里说:"远征发生在伊历 27 年——我们采用这个时间——或 28 年,或 29 年。"我们可以推断,这些时间都是正确的。因为阿卜杜拉·本·萨阿德从埃及发兵,是伊历 27 年末,伊历 28 年远征军待在阿非利加,伊历 29 年初班师回朝。

有些传述说,战利品和五分之一的问题,造成斯贝特拉阿拉伯军对阿卜杜拉·本·萨阿德的不满。人们要求罢免他的领导职务。奥斯曼·本·阿凡答应了。奥斯曼免去伊本·萨阿德对阿非利加军的领导,显然意味着解除了他对阿非利加的统治。只剩下埃及还在他的治下。伊本·萨阿德回埃及后,阿非利加军队的领导权,归奥克巴·本·纳菲厄的兄弟阿卜杜拉·本·纳菲厄·本·阿卜德·盖斯所有。这是从伊本·阿西尔的传述中了解到的,虽然这个传述含糊其辞,令人难以置信。因为它提到在奥斯曼时代就考虑从海上侵入安达卢西亚了。② 我们相信,奥克巴·本·纳菲厄一直和他的兄弟驻守在马格里布边界,尽管文献中除了他的兄弟阿卜杜拉外,并没有提到奥克巴本人。

伊本·萨阿德的军事活动,特别是反对罗马人的军事活动,一直持续到他统治埃及结束(伊历 36 年[公元 656 年])③。他在伊历 31 年(公元 651 年)出征努比亚(阿萨维德)地区,从而保障了埃及南部边界的安全。那是一次激烈的远征,穆阿维叶·本·胡德杰曾参加,丢了一只眼睛。最

---

① 伊本·伊扎里的著作第 1 卷,第 13 页。马利基的著作第 1 卷,第 17 页。《西马格里布历史考证》,达尔贝达版,第 34、68 页("一年零三个月")。
② 参见伊本·阿西尔:《伊历 26 年纪事》第 3 卷,第 45 页。
③ 我们发现,莫尼斯博士(在《阿拉伯人对马格里布的征服》第 110 页中)谈道:"阿卜杜拉·本·萨阿德由于奥斯曼时代的内讧回来之后,征伐就此中辍了。"这是不正确的。哈里发国家的危机,只是在奥斯曼时代的末期才开始的,确切地说,是发生在伊历 34 年后的埃及,即侵入祖萨瓦里后(参见伊本·阿西尔:《伊历 31~34 年纪事》第 3 卷,第 57 页。对照伊本·伊扎里的著作第 1 卷,第 14 页。并见下文的论述)。

后,以努比亚每年缴付三百六十头(羊),达成和解。① 虽然,伊本·阿西尔的传述说,阿卜杜拉·本·萨阿德在斯贝特拉战役后,被解除了在阿非利加的职务,但他未曾确定时间。奥赖卜·本·萨阿德概括性地提了一句"阿卜杜拉·本·萨阿德于伊历33年(公元653年)对阿非利加进行远征",而这已在当地人背盟弃约以后了。② 我们在古代随军作家的著述中,虽然没有发现提到这次入侵,但它可能是伊本·萨阿德反对罗马人活动的一个部分,比赫赫有名的祖萨瓦里海上入侵要早。这一点,从伊本·阿卜德·哈克姆对这次战役的描写中可以知道:罗马舰队向着亚历山大城驶来。③ 当时,伊本·萨阿德驻防在祖萨瓦里海边,他派出海军舰队兵力的一半组成陆战纵队,由布斯尔·本·阿比·阿尔塔率领。④ 我们认为布斯尔纵队,是朝西出动的。理由如前所述,布斯尔乃是征服马格里布的主角之一。遭遇风暴的拜占庭舰队败阵以后,风把希拉克略之子君士坦丁皇帝乘坐的旗舰吹送到西西里岛。⑤ 这就证明了我们想要说明的看法:祖萨瓦里战役发生在马格里布沿海,而不是在叙利亚或小亚细亚海岸。伊本·阿西尔记录说,穆阿维叶和伊本·萨阿德当时在阿拉伯舰队上,而伊本·阿卜德·哈克姆却没有提到前者。伊本·阿西尔说,这次入侵的原因,在于阿拉伯人要占领阿非利加。⑥ 哈桑·易卜拉欣教授记述此事——遗憾的是他未提及根据——说:"这次战役发生在祖瓦拉地区。"⑦ 祖瓦拉

---

① 伊本·阿卜德·哈克姆的著作,第188页。
② 参见伊本·伊扎里的著作第1卷,第14页。
③ 伊本·阿卜德·哈克姆的著作,第191页。
④ 同上书,第190页。
⑤ 同上书,第191页。伊本·阿西尔:《伊历31~34年纪事》,第3卷,第57页。
⑥ 伊本·阿西尔:《伊历31~34年纪事》第3卷,第57页。
⑦ 哈桑·易卜拉欣·哈桑:《伊斯兰教政治、宗教、文化和社会的历史》第1册,第262页("齐瓦拉")。

是西的黎波里的沿海城市之一，距离突尼斯边境不远。① 祖萨瓦里战役，是阿拉伯人在奥斯曼时代末期取得的最后一次胜利。按伊本·阿卜德·哈克姆引证来斯·本·萨阿德的传述，时间在伊历34年（公元654年）。②

侵入祖萨瓦里是埃及的阿拉伯军队真正动荡起来并反对奥斯曼的开始。随同阿卜杜拉·本·萨阿德参加这次战役的，有穆罕默德·本·阿比·胡泽法和穆罕默德·本·阿比·巴克尔。他俩最先谈论了奥斯曼下令的这次入侵，揭露了奥斯曼的种种缺点以及他同艾卜·伯克尔和欧麦尔背道而驰的行径，他俩说："奥斯曼任用伊本·萨阿德，而后者，安拉的使者——安拉赐福给他，并祝他平安——曾准许人人得而诛之，并按《古兰经》斥之为叛教……"③有些关于伊本·萨阿德对斯贝特拉远征的传述，确实表达了圣门弟子中的迁士和辅士对伊本·萨阿德领导的不满。不过，据我们猜想，在当时，还只是沉默的反抗而已。而在远征祖萨瓦里时，这种反对显然开始变成了扬声的反对。阿拉伯人的队伍中，出现了罅隙。这是彻底分裂的征兆，也是爆发内战火星的警报。伊本·萨阿德拒绝让伊本·阿比·胡泽法和伊本·阿比·巴克尔搭乘他的主舰，"他俩最后坐在一艘只有科普特人相随的船上。科普特人遭遇敌人，他俩是最贪生怕死的穆斯林……"，终于，"人们受了他俩的言论的挑动，说了一些本来不会说的话"④。

---

① 关于祖瓦拉，参见梯贾尼的著作，第207、210页，并见本书图六。
② 我们采用这个传述。而瓦基迪的一本著作认为，祖萨里之战发生在伊历31年。其实，伊历31年，伊本·萨阿德正忙于对付努比亚战争（参见伊本·阿西尔：《伊历31～34年纪事》，第3卷，第57页）。伊本·阿西尔把这次战役和征伐阿萨维拉（他是指阿萨维德——大约即黑人地区）都列入伊历31年后，又记述了一个认为祖萨瓦里战役发生在伊历34年的传述。参见引证伊本·阿西尔的著作的伊本·伊扎里的著作第1卷，第14页，或其他人的著作。
③ 伊本·阿西尔：《伊历31年纪事》第3卷，第57页。
④ 同上。

伊历35年(公元656年)末期,奥斯曼被害,内乱的大门敞开了。马什里克哈里发国家中心动荡不安,当然影响到远征。在阿里大权在握的埃及,伊本·萨阿德在伊历36年(公元656~657年)被黜①,他遂去叙利亚投奔穆阿维叶,同年死于阿什克伦。②总督之职归盖斯·本·伊巴达·安萨里,次年(伊历37年[公元657~658年])又由穆罕默德·本·阿比·巴克尔继任。③埃及的政局不稳,以穆阿维叶·本·胡德杰为首的奥斯曼派骚扰不停。伊历38年(公元658~659年),穆罕默德·本·阿比·巴克尔被杀,尸体被凌辱之后,阿慕尔·本·阿斯在穆阿维叶的支持下,成功地为他收复了埃及。④内乱一直继续到阿里遇害,大权统归穆阿维叶掌握。此时,无论在马什里克,还是在马格里布,远征又重新大肆展开。事实上,穆阿维叶把马什里克的事务交给了伊拉克的总督们,尤其是巴士拉总督,他自己则着重抓马格里布以及同拜占庭的战争。在这之前,他在内战期间曾与君士坦丁堡的国王签订了停战协定,用金钱买得了国王的沉默。

(2) 穆阿维叶·本·胡德杰　阿拉伯人同罗马人的第二次遭遇

伊历38~44年(公元658~664年),虽然阿慕尔重又统治埃及,但作家们没有记述他在此期间的活动。据我们所知,阿慕尔首先是一个好战的人。他曾说:"没有什么比战争更为我所擅长了。"⑤莫尼斯解释阿慕尔活动减少的原因,是他年岁已迈,忙于马什里克事务,穆阿维叶对他在阿非利加进行活动的敌视和担心。⑥我们认为,自从阿卜杜拉·本·萨阿德侵入阿非利加以来,哈里发国家已直接过问这个地区的事务,也就是说,

---

① 伊本·伊扎里的著作第1卷,第15页。
② 伊本·阿西尔:《伊历36年纪事》第3卷,第145页。
③ 伊本·伊扎里的著作第1卷,第15页。
④ 铿迪:《总督和法官》,第29页。伊本·伊扎里的著作第1卷,第15页。
⑤ 伊本·阿卜德·哈克姆的著作,第180页。
⑥ 《马格里布的征服》,第111页。

埃及总督不再有权统辖阿非利加军。这一点，可以从我们曾已指出的伊本·阿西尔传述中知道："奥斯曼·本·阿凡罢黜了阿卜杜拉·本·萨阿德在阿非利加的官职，由阿卜杜拉·本·纳菲厄·本·阿卜德·盖斯继任。"这种局面显然一直持续到阿慕尔第二次掌权的时代。因为作家们指出了在此期间阿拉伯人对马格里布进行的远征，而这些远征都不是阿慕尔领导的。在阿卜杜拉·本·萨阿德之后，最著名的远征英雄是穆阿维叶·本·胡德杰·苏库尼①，他曾帮助阿慕尔·本·阿斯在伊历38年攻克埃及，据说，他在阿卜杜拉·本·阿慕尔之后，或在伊历47年(公元667年)远征阿非利加之后，执掌了埃及的大权。② 关于大张旗鼓地侵入阿非利加的时间，伊本·阿卜德·哈克姆以及引证他著作的后人们，都认为在奥斯曼时代的伊历34年(公元654～655年)。③ 这个时间是否正确，伊本·阿卜德·哈克姆曾有疑惑。他在谈到伊历34年的入侵时说"这是一次许多人不知道的入侵"，接着又说："伊本·胡德杰最后两次侵入阿非利加，是在伊历41年(公元661年)和伊历50年(公元670年)。"④而伊本·伊扎里说："伊本·胡德杰曾三次侵入阿非利加，第一次在伊历34年，第二次在伊历41年(公元651年)，第三次入侵规模最大，在伊历45年(公元665年)。"这个时间也为拉基克和伊本·赫勒敦所采纳。⑤

---

① 伊本·阿卜德·哈克姆的著作，第193页，此处称他为"铿迪"。对照努韦里的著作，手抄本，乙本，第66页。努韦里称他为伊本·虎德杰，以Kh代替K，外号铿迪。并见伊本·赫勒敦的《教训集》第6卷，第108页中，不过该处称他的外号为苏库尼。
② 参见白拉祖里的著作，第228页："他继阿卜杜拉·本·阿慕尔之后执政四年"；伊本·伊扎里的著作第1卷，第18页："他在侵入阿非利加之后，于伊历47年执政。"
③ 伊本·阿卜德·哈克姆的著作，第193页。伊本·伊扎里的著作第1卷，第14页。
④ 伊本·阿卜德·哈克姆的著作，第194页。马利基的著作(摘自伊本·阿比·阿拉伯的著作)第1卷，第18～19页。
⑤ 这些时间，依次参看《奇闻》，第14、15、16、18页。对照伊本·赫勒敦的《教训集》第6卷，第108页；伊本·阿比·迪纳尔：《阿非利加和突尼斯史话中的趣闻》，第24页，他叙述了史学家们在这方面的分歧。

这样，我们就面临着一个时间互不一致的问题。当牵涉如征服埃及、卡迪西亚或亚尔穆克战役这样的重大事件时，这种现象也很令人瞩目。我们认为，所有这些时间都有可靠的根据，并非出于臆造。应该把历史传述和确定时间区分开来。在历史传述中，伪造杜撰颇为普遍，这是出于个人需要或是为了兜售某种思想的缘故。除非在狭窄的范围内，在规定时间或确定年代方面进行臆测是不可取的，对待誊抄者的错误也同样如此。这里的时间甚多，乃是指一些连续的事件。而战争的性质关系到辽阔的地区和许多民族的命运。这个阶段的马格里布战争，类似每年一度的夏季入侵，即边境战争，恐怕是各次远征的事件相互交错而被混为一谈了，或者是它们都被笼而统之放在一次远征之中了。因此，为了使这种种不同的时间统一起来，我们采取伊本·阿卜德·哈克姆如下的看法：伊本·胡德杰的第一次远征是在伊历34年。那是一次小规模的远征亦即夏季远征中的一次，所以许多人都不知道。也许，伊历35年穆阿巴德·本·阿巴斯在阿非利加被杀，即在此期间。[①] 至于伊历40年和41年的两次远征，我们认为本是一次远征，可能在第一年年底开始，于次年初结束。鉴于当时穆阿维叶的国家局势刚开始稳定，所以在此期间，伊本·胡德杰不可能大张旗鼓地进行征战。因而，我们有理由采取拉基克所确定并为伊本·伊扎里和马利基所主张的远征时间，即伊历45年（公元665年）。[②] 那已经是在阿慕尔·本·阿斯去世之后的事了。

---

① 伊本·阿西尔：《伊历35年纪事》第3卷，第99页。
② 伊本·伊扎里的著作第1卷，第16，17页。马利基的著作第1卷，第17页。我们在这里指出，普罗旺萨耳发表了一个伊本·伊扎里的同代人——阿卜杜拉·本·萨利赫·本·阿卜德·哈利姆的文本。这个文本没有叙述穆阿维叶·本·胡德杰对马格里布的远征，而只提到了出征西里岛。不过他阐明，在伊斯兰教教律学家会议（伊历40年）后一年穆阿维叶任命他为阿非利加总督。——参见公元1954年马德里埃及研究所学报，第202页关于文本作者阿卜杜拉其人，第218页关于伊本·胡德杰。

至于促使伊本·胡德杰发动对阿非利加远征的动机,如塔伯里、拉基克(伊本·伊扎里曾引证他的著作)、伊本·阿西尔和引证他们著述的人所说,是与阿卜杜拉·本·萨阿德的远征密切相关的。这方面,颇像祖萨瓦里战役。从这个传述知道:"阿非利加人付给阿拉伯人的巨额贡赋使罗马国王震惊。他派出一个长官(大主教)去阿非利加,'命他向当地人搜集与穆斯林们得到的同等数目的钱'。大主教到迦太基,召集阿非利加人,传达了国王的命令……"①传述记载:"当地人拒绝国王的要求,说:'我们缴付了规定给他的赋税,他本来应该赦免穆斯林们从我们这儿拿走的款项。'"②因此阿非利加开始动荡,内战的火焰燃烧起来,从而迫使当地的一些领袖向阿拉伯人求救。伊本·阿卜德·哈克姆和白拉祖里虽然没有指出此事,但拜占庭帝国强迫该省居民在阿拉伯人掳掠后增缴贡税,是合乎情理的,而且当地人在内战中向阿拉伯人求援,也是可能的。后来在征服安达卢西亚时,哥特国王维蒂萨的臣民也站在阿拉伯人一边反对篡位者罗德里克。③ 这个传述的可取之处,在于它确定了罗马人回到阿非利加的年代以及他们在伊本·萨阿德撤走后,直接勒索钱财。但我们认为,这并不正确,因为,伊本·伊扎里确定阿非利加人背盟弃约是在伊历33年(公元653～654年)④,伊本·阿西尔为伊本·胡德杰的远征题名为《阿非利加的反叛和再度征服记实》。⑤

许多传述说,伊本·胡德杰在伊历34年(公元654～655年)进行了一次远征。这就证实了伊本·伊扎里所确定的时间。确实合情合理的

---

① 伊本·阿西尔:《伊历26年纪事》第3卷,第45页。塔伯里(阿拉伯宝藏书局版):《伊历27年纪事》第4卷,第56页。
② 同上。
③ 参见莱维·普罗旺萨耳:《西班牙穆斯林历史》,法文本,第15页,注释1。
④ 《奇闻》第1卷,第14页。
⑤ 伊本·阿西尔:《伊历26年纪事》第3卷,第44页。

是，罗马人在奥斯曼时代末期，回到阿非利加，与此同时，为了对亚历山大城进行突然袭击，他们策划了祖萨瓦里战役。他们可能获悉了当时的哈里发政权危机和阿拉伯马什里克的动荡不安。①

综上所述，到伊历 33 年以前，阿非利加同罗马人断绝了往来，而忠实于同阿拉伯人签订的盟约。贾尔吉尔被杀后，充任总督之职的是一个名叫哈巴希巴或贾纳哈的将领。② 这个名字是杰纳迪亚或杰纳迪乌斯（Gennadius）③的讹音。他一直在暗中操纵大权。后来时机成熟，罗马国王又派了一个将领去阿非利加。拉基克称这位将领为乌里马。④ 这可能是埃吕太勒（Eluthère）⑤的讹音。显然有些当地人投靠了他，两个将领及其追随者之间，发生斗争，最后乌里马失败被逐。⑥ 然而杰纳迪乌斯的政权仍不安稳，因为一个拉基克称为阿特里翁⑦的将领起来反对他。当时，杰纳迪乌斯无力抵抗敌人，便向阿拉伯人求助。他到叙利亚谒见穆阿维叶，向穆阿维叶说明阿非利加的局势，夸耀那里的财富，把征服阿非利加说得轻而易举。穆阿维叶遂决定派一支远征军去阿非利加，由伊本·胡德杰率领。穆阿维叶显然派叙利亚军随这个罗马将领前往埃及，正如伊

---

① 对照莫尼斯的著作，第 112 页。他转引迪耳的话说："拜占庭帝国倘若还有一些力量，就能轻而易举地收复阿非利加了。"
② 伊本·伊扎里的著作第 1 卷，第 16～17 页写为"哈巴希巴"。努韦里的著作手抄本，甲本，第 67 页写为"贾纳哈"。
③ 参见乔治·马塞：《穆斯林的柏柏尔地区和中世纪的东方》，第 30 页。
④ 伊本·伊扎里（引证拉基克）的著作第 1 卷，第 17 页。韦里的著作手抄本，乙本，第 66 页。
⑤ 参见乔治·马塞：《穆斯林的柏柏尔地区和中世纪的东方》，第 30 页。
⑥ 伊本·伊扎里的著作第 1 卷，第 17 页。
⑦ 同上。对照努韦里的著作，手抄本，甲本，第 67 页："阿特里翁或阿提隆。"也许这里是指阿雷蒂翁（Aretion），他好像是阿拉伯人进行征服时耶路撒冷的执政官。参见巴兹·阿里尼：《拜占庭的埃及》，第 407 页。

本·阿西尔所说:"穆阿维叶派遣伊本·胡德杰随同这个罗马人一起出发。"①伊本·胡德杰可能把亚历山大城作为他招兵买马、整装待发的一个基地。这一点,可以从伊本·伊扎里引证塔伯里的传述中得知:"伊本·胡德杰前往亚历山大城,起用了罗马将领杰纳迪乌斯为亚历山大城的行政长官。"②比较可信的是如伊本·阿西尔所说:"杰纳迪乌斯死于亚历山大城。"③

伊本·胡德杰率军一万人,从亚历山大城出发。④ 随同他的有许多迁士和辅士以及他们的子侄,他们富有在阿非利加作战的经验。虽然伊本·阿卜德·哈克姆只提到了阿卜德·马利克·本·马尔万、苏莱曼·本·亚萨尔(有一些关于他参加远征的传述)和贾卜拉·本·阿姆尔·安萨里。⑤ 但我们在其他后人的著作中,还发现提到了阿卜杜拉·本·奥马尔、阿卜杜拉·本·祖贝尔和叶海亚·本·哈克姆⑥、汉什·桑阿尼⑦、拉赫姆族的阿克达尔·本·哈马姆、卡里卜·本·阿卜拉哈·本·萨巴赫、萨基夫族的哈立德·本·萨比特以及埃及部队中的贵族。⑧

对伊本·奥马尔和伊本·祖贝尔参加这次征伐,我们特别怀疑,因为伊本·阿卜德·哈克姆没有提到他俩。也许,他俩参战的故事是祖贝尔族人编造的,也可能是对"阿卜杜拉们的入侵"的一种呼应。的确,穆阿维

---

① 伊本·阿西尔:《伊历 26 年纪事》第 3 卷,第 45 页。努韦里的著作手抄本,甲本,第 67 页。
② 伊本·伊扎里的著作第 1 卷,第 16 页。
③ 伊本·阿西尔:《伊历 26 年纪事》第 3 卷,第 45 页。努韦里的著作手抄本,甲本,第 67 页。
④ 伊本·伊扎里的著作第 1 卷,第 16 页。
⑤ 伊本·阿卜德·哈克姆的著作,第 193 页。
⑥ 伊本·伊扎里的著作第 1 卷,第 16 页。对照马利基的著作,第 18 页;努韦里的著作手抄本,甲本,第 67 页。
⑦ 伊本·伊扎里的著作第 1 卷,第 18 页。
⑧ 参见马利基的著作第 1 卷,第 18 页;努韦里的著作手抄本,甲本,第 67 页。

叶曾强令伊本·祖贝尔、本·奥马尔和伊本·阿巴斯参加他的一些征战，这和过去他派他们随他的儿子亚齐德于伊历49年（公元669年）侵入君士坦丁堡的做法①同出一辙。不过据猜测，他当时这样做是由于感到了他们对他的威胁，而远征则处在他的监视之下。内乱后，迁士和辅士中的显贵在希贾兹的地位稳固。他们窥伺着倭马亚族人，企图恢复自己在使者（穆罕默德）城（麦加）中所丧失的势力。同时，军队中最为突出的种族主义，在倭马亚族人和他们的支持者叙利亚人中流行。这使得我们对他们是否会参加这次入侵，感到疑团莫释。

不管怎么说，伊本·胡德杰率兵通过了巴尔卡和的黎波里。在这两块地方，阿拉伯人的势力无疑已经巩固，因为各种文献没有记述那里的军事行动。我们认为，驻防在巴尔卡的阿拉伯守军，在菲赫尔族的纳菲厄·本·阿卜德·盖斯的两个儿子奥克巴和阿卜杜拉的率领下，投到了伊本·胡德杰的麾下，使他能够借助这支守军的战士所具有的经验和对这些区域的战争——如斯贝特拉战役——性质的了解。队伍终于抵达卡穆尼亚②地区西部原来伊本·萨阿德（伊历28年）扎营地点附近。伊本·胡德杰到达时，阿非利加局势的动荡不定，如各种文献所载，已达到无以复加的程度。③

各种传述记载："拜占庭舰队运来一支远征军，由一个名叫内基福勒（Neciphore）的大主教带领，在萨希勒登陆。"④这个地区位于斯法克斯与

---

① 参见伊本·阿西尔：《伊历49年纪事》第3卷，第231页。
② 伊本·阿卜德·哈克姆的著作，第193页。在这一页中，此词写成"库尼亚"，发表者未予校正。伊本·阿西尔：《伊历26年纪事》第1卷，第45页。努韦里的著作手抄本，甲本，第67页。
③ 伊本·阿西尔：《伊历26年纪事》第1卷，第45页，该处称："如火如荼。"努韦里的著作手抄本，甲本，第67页。伊本·伊扎里的著作第1卷，第16页："这完全是一场战争。"
④ 伊本·伊扎里的著作第1卷，第16页。内基福勒这里被写成内杰福尔。努韦里的著作手抄本，乙本，第67页，也是如此。（萨希勒意为海岸。——译者）

苏萨之间，因为桲橄树林密布，从内陆望去，颜色深如海岸一般，故称为萨希勒①。我们不知道内基福勒远征军抵达萨希勒究竟在伊本·胡德杰之前还是在他之后。也许比较正确的是，舰队在他来后才靠岸停泊。由传述知道，伊本·胡德杰一开始在靠近犄角山的凯鲁万地方扎下营寨。②他替这个山取名字时，对随从说："带我们进入这个犄角吧。"这座山又名马姆图尔，因伊本·胡德杰到时，正是大雨滂沱。③

伊本·胡德杰扎营已定，便派出纵队。他征服了不少城堡，获得大量战利品。④因此，拜占庭舰队在苏萨的萨希勒区抛锚，显然旨在攻打阿拉伯大本营。因为大家知道，苏萨是凯鲁万的港口。⑤有些阿拉伯传述称内基福勒军有三万之众，我们认为是言过其实了。伊本·胡德杰没有亲自跋涉行军去迎击这支庞大的军队，而只是派出少量部队前往拦击。罗马人一见阿拉伯军，不战自溃，逃回船上。⑥有些传述把这胜利的荣誉归功于阿卜杜拉·本·祖贝尔，把他说成了同在征服斯贝特拉时一样的神话英雄。伊本·祖贝尔从伊本·胡德杰大营出发，率领大军直奔苏萨。他驻扎在距城十二里的战略高地上，俯视全城。内基福勒及其军士溃败逃回船上后，伊本·祖贝尔率众来到苏萨城门前的海边。敌人虽已近在咫尺，但他仍与伙伴在做礼拜。罗马人为他们的这种无畏精神而惊讶不已，他们当时想乘机"驱赶步兵、骑兵倾巢出动，向他扑去"。英雄伊本·祖贝

---

① 参见梯贾尼的著作，第66页。
② 伊本·阿卜德·哈克姆的著作，第193页。
③ 伊本·伊扎里的著作第1卷，第15页。努韦里的著作手抄本，第67页。（马姆图尔的阿拉伯语意思是被雨淋的地方。——译者）
④ 伊本·阿卜德·哈克姆的著作，第193页。
⑤ 参见伊本·豪卡勒的著作，第73页："相距凯鲁万只一程之遥"。贝克里的著作第32页："距凯鲁万三十四里。"对照努韦里的著作，手抄本，甲本，第67页，他说："内基福勒来到桑塔巴里亚的海岸。"
⑥ 伊本·阿西尔：《伊历26年纪事》第3卷，第45页。

尔仍旧沉浸在礼拜中,不为敌情所动。礼拜完毕,他跨上战马,引众向罗马人冲去,罗马人一败涂地。①

继这次胜利之后,伊本·胡德杰占领了距离凯鲁万二十四里的坚固的贾劳拉堡②,取得了又一次胜利。他曾徒劳无益地包围了这个拜占庭的城堡,而这城堡被认为是阿非利加行省第二道防线中最重要的城堡之一。③战斗进行了一段时期,伊本·胡德杰的士兵损失惨重,"他的左右,大多伤亡"④。经过艰苦奋战,贾劳拉堡被攻克。伊本·胡德杰从中得到大量的战利品和俘虏。⑤阿拉伯的传述把攻克贾劳拉堡编成了故事,其中交织着许多想象的缕线。故事的主角是(后来的哈里发)阿卜德·马利克·本·马尔万,情节由类似荣门堡、的黎波里和斯贝特拉战役的事实相杂而成。阿卜德·马利克率兵千人,前往贾劳拉,一无作为。在归途中,贾劳拉堡的一处城墙坍塌了,灰尘迷漫。阿卜德·马利克以为敌人追踪而来,于是带领一群侍从进攻,他发现墙已坍塌,便兵不血刃进入城内。⑥

稳坐军营的伊本·胡德杰,向苏萨和贾劳拉派出纵队,理所当然,他获得了大量的战利品。其实,有的传述记载:"他还向宾泽特派出纵队。"⑦一个传述称:"在此期间,圣门弟子鲁维法厄·本·萨比特·安萨里(后葬

---

① 贝克里的著作,第34~35页。伊本·伊扎里的著作第1卷,第16页。梯贾尼:《游记》,第27页。
② 关于贾劳拉,参见贝克里的著作,第31页。
③ 参见马塞的著作,第31页。朱利安:《北非史》,第319页。
④ 参见伊本·阿卜德·哈克姆的著作,第193页。
⑤ 同上。
⑥ 同上。并见贝克里的著作,第32页。对照伊本·伊扎里的著作,第1卷,第17页;马利基的著作第1卷,第18页;努韦里的著作手抄本,乙本,第67页。有的传述记载:"伊本·胡德杰白天与他们交锋,然后收兵回营(对照斯贝特拉役)。城墙坍塌的发现纯属偶然。阿卜德·马利克忘了一张挂在城堡附近树上的弓,当他折回来取时,发现一处城墙已经坍塌。"
⑦ 马利基的著作第1卷,第19页,此处记载:"宾泽特战役发生在伊历50年。"这也许是确切的。

于巴尔卡)完成了对杰尔巴岛的征服。伊历46年,他被伊本·胡德杰任命为的黎波里总督,伊历47年(公元667年),他进入的黎波里①,并派出远征军去西西里岛。穆斯林们由阿卜杜拉·本·盖斯率领,在那儿住了一月。"②他们回到阿非利加时,带回了大量的战利品、奴隶和镶嵌珍宝的偶像。③ 战利品分配,五分之一归哈里发,余下五分之四分给士兵,步兵每人两百第纳尔,骑兵每匹战马按两份算,即每人分得六百第纳尔。各种文献把这些都列在贾劳拉一城的战利品之内。④ 同斯贝特拉的战利品一样,贾劳拉战役的战利品也造成了军营中的争斗。纵队的成员征服了此城,想独吞战利品和俘虏,不给其他兵士分享,最后,伊本·胡德杰被迫上疏奏请哈里发裁决。穆阿维叶·本·阿比·苏福扬诏谕:"兵士是纵队的支柱。"⑤伊本·胡德杰显然想要使他的兵士们满意,因而所给的份额,超过了他们的应得。他们的外快为"五分之一之外再加一半"。我们猜测,这句话的意思是,伊本·胡德杰把属于哈里发国家的五分之一的一半,给了他们。人们心满意足,这些人中,有的是圣门弟子。唯有贾卜拉·本·阿姆尔·安萨里拒绝接受。⑥

伊本·胡德杰就这样把拜占庭军队逐出苏萨海岸并攻克了阿非利加

---

① 参见梯贾尼的《游记》,第124页。关于鲁维法厄和他在巴尔卡的墓,参见贝克里的著作,第5页;马利基的著作第1卷,第53页;阿夏希的《游记》的黎波里手抄本,第1卷,第81页。
② 参见伊本·伊扎里的著作第1卷,第16~17页(他在这里引证奥赖卜为塔伯里的著作所写的《概要》),第18页(他只把这一次入侵算在伊历46年,这一点转引自白拉祖里的著作)。对照莫尼斯的《阿拉伯人对马格里布的征服》,第126页,他倾向于认为这是指伊历26年。
③ 伊本·伊扎里的著作第1卷,第17页。努韦里的著作手抄本,甲本,第68页。
④ 伊本·阿卜德·哈克姆的著作,第193页。伊本·伊扎里的著作第1卷,第16页("二百个砝码")。
⑤ 伊本·阿卜德·哈克姆的著作,第193页。
⑥ 同上。

第二道防线中最重要的城堡——贾劳拉堡,完成了远征。他向整个地区派出纵队,"当他让人们安定下来并表示归顺的时候,他回到埃及"。他是满载着战利品和俘虏而归的。伊本·阿西尔对伊本·胡德杰在阿非利加建树的业绩,评价极高,称他在这个地区奠定了"阿拉伯的和平"。伊本·阿西尔说:"到希沙姆·本·阿卜德·马利克时代为止,阿非利加人始终是各地最驯顺、听话的人之一。"①伊本·阿西尔的话,有许多是言过其实的,这一点我们将会看到。因为伊本·胡德杰和伊本·萨阿德的做法完全一样,他班师回朝时,既没有在阿非利加留下总督和阿拉伯守军,也没和当地人签订和约。尽管如此,伊本·阿西尔的话还是表达了这次远征的重要性。这种重要性在于阿非利加地区对阿拉伯人来说已经熟悉,而不再如前所述是一块令人望而生畏的"背信弃义,易上当受骗"的地方了。进而言之,它对阿拉伯人来说,乃是战利品和俘虏之地,也是钱币成堆、黄金论堪他尔计算的地方和漂亮女奴的产地。它的全部——而不仅是它的东部边疆——都应当成为阿拉伯主义和伊斯兰教的地域。这样的重任将落在力能胜任的文官武将们的肩上,他们之中名列前茅并且最负盛名的,是菲赫尔族的奥克巴·本·纳菲厄。

第二节 稳定和持久的征服
(伊历 50~95 年 [公元 670~713 年])

一、奥克巴·本·纳菲厄——第一个驻扎在马格里布的人

虽然没有一个作家曾指出过伊本·胡德杰回到埃及的时间,但据我们猜测,是伊历 47 年(公元 667 年)。有的传述记载:"这一年,穆阿维

---

① 伊本·阿西尔:《伊历 26 年纪事》第 3 卷,第 45 页。

叶·本·阿比·苏福扬任命他为埃及总督。"[1]这是不准确的,因为伊历47年的埃及总督是马斯拉马·本·马赫拉德。[2] 我们认为,这个传述表明伊本·胡德杰远征阿非利加的成功;说他在这一年受任埃及总督之职,则表示他受到的奖励,或表示哈里发对远征成功的赞赏。我们如果把这一文本弃置一旁,便能推算出伊本·胡德杰从阿非利加归来的时间。[3] 到那时为止,阿拉伯人虽然在马格里布取得了成功,但他们进行的军事行动,只不过是些远距离的奔袭,其目的,除努力传播伊斯兰教和以身殉教外,是为了探索并得到战利品和俘虏。至于接踵而来的奥克巴·本·纳菲厄领导的远征,则具有不同的结果。奥克巴为自己制订了行动计划,以达到超越前人的目的。他的计划首先在于要使阿拉伯人在马格里布站稳脚跟——这是手段,——以实现第二个目标——这才是宗旨所在——即传播伊斯兰教,使这块地方只崇拜安拉。奥克巴·本·纳菲厄就是这样以典型的阿拉伯圣战者面貌出现,他是礼拜战士。战争是小圣战,礼拜才是大圣战——心灵之圣战。

穆阿维叶·本·阿比·苏福扬遴选奥克巴·本·纳菲厄统帅阿非利加战争,可谓用人得当。奥克巴是最早的阿非利加战士之一。伊历23年(公元643～644年),他随阿慕尔·本·阿斯进入巴尔卡。自此以来,他一直在这个要塞驻防,约二十五年之久。奥克巴坚持不懈地致力于巩固阿拉伯主义和伊斯兰教的基地。事实上,奥克巴进行了许多的征服和侵伐。各种传述时而把他描绘成一位传奇式的英雄,时而又把他写成为大学问家,他是"有求必应的奥克巴"。

---

[1] 参见伊本·阿西尔:《伊历47年纪事》第3卷,第230页。伊本·伊扎里的著作第1卷,第18页。
[2] 铿迪的传述是关于埃及年鉴最可靠的传述。参见《总督和法官》,第38页。
[3] 对照莫尼斯的著作,第137页。他设想,奥克巴于伊历49年开始侵入阿非利加,因此伊本·胡德杰回埃及,是伊历48年初。

1.奥克巴进兵的黎波里沙漠和阿非利加

奥克巴与他的表兄阿慕尔一起进入马格里布。① 当时,他正青春年少,不到十四岁。② 因此,我们认为,他的父亲纳菲厄·本·阿卜德·盖斯随阿卜杜拉·本·萨阿德去参加努比亚战争,也许奥克巴曾陪同前往。他也可能取道上埃及或法尤姆进入巴尔卡。所有的作家都一致认为,是奥克巴——在这样年轻的时候——征服了整个巴尔卡和祖伊拉地区,从而使它们皈依伊斯兰教。然而我们恐怕传述家们是搞混了,把这么早期的征服和后来奥克巴进行的征服混为一谈了。这一点,为莫尼斯所发现,他注意到了白拉祖里的关于奥克巴在这些区域组织税赋的传述。③ 阿慕尔回埃及后,奥克巴作为圣战者仍留在巴尔卡。伊历27年,伊本·萨阿德前往阿非利加,奥克巴参加了他的行列。不过,我们不清楚奥克巴在那次入侵中所起的作用。伊历29年,伊本·萨阿德被免去了阿非利加军的领导职务,大权归奥克巴的兄弟阿卜杜拉·本·纳菲厄所有。奥克巴显然随他兄弟一直驻扎在阿非利加,虽然那时的奥克巴本人并不引人注目。此后,直到伊历41年(公元661年),作家们对奥克巴只字未提,我们猜想,"他自阿慕尔时代的征服以来,一直住在巴尔卡和祖伊拉",这一点是伊本·阿西尔采纳的传述④中所记载的。伊历41年,阿慕尔·本·阿斯派奥克巴率兵征讨卢瓦塔族人。奥克巴在的黎波里各地,多次打败他们,强加给他们苛刻的条件。从铿迪的传述⑤中可以知道,这些条件中,有如"只要我们乐意,可令你们定居,也可卖掉你们",也就是说卢瓦塔人在反

---

① 参见伊本·阿西尔:《伊历41年纪事》,第212页。
② 伊本·伊扎里(在他的著作第1卷第19页中)说:"奥克巴在使者(穆罕默德)逝世前一年出生。"
③ 参见莫尼斯的著作,第134页。
④ 伊本·阿西尔:《伊历50年纪事》第3卷,第234页。
⑤ 铿迪:《总督和法官》,第32页。

叛后,签下盟约。其实,阿慕尔·本·阿斯在前一年即伊历40年(公元660年),就曾派沙里克·本·西马·加提菲攻打过卢瓦塔族人。① 此后,阿慕尔又侵入米扎塔部族,屡次将他们打败②,伊历42年(公元662年),征服古达米斯,伊历43年(公元663年)侵入胡瓦拉部族,同年,征服黑人地区的一部分③,年底,阿慕尔因病去世,侵伐就此结束。④

虽然各种文本在伊本·胡德杰伊历45年(公元665年)进行的大规模远征期间,都没有提到奥克巴·本·纳菲厄,但我们认为,奥克巴曾积极参与军事活动,从战略观点看,他的这种积极性同他随阿慕尔远征时的情况相类似。当阿慕尔为征服北方区域向的黎波里进发的时候,他曾派奥克巴去祖伊拉征服南部区域。各种文本记载:"伊历46年(公元666年),正当伊本·胡德杰征服苏萨和宾泽特等北方区域时,奥克巴·本·纳菲厄大规模远征南部沙漠、费赞以及深在腹地的绿洲。"伊本·阿卜德·哈克姆及其引证他的作家如贝克里⑤虽然把这次远征作为奥克巴统辖阿非利加和去兴建凯鲁万的开始,但比较确切地说,这次是伊历46年远征,而不是伊历50年——兴建凯鲁万那一年的远征。作家中的权威人士对伊历50年兴建凯鲁万一事,是一致的。⑥ 事实上,正如我们所看到的,伊本·阿卜德·哈克姆的传述包括这两次征服的所有资料,因此,没有理由认为伊本·阿卜德·哈克姆的时间是搞错了,并像莫尼斯那样,试

---

① 铿迪:《总督和法官》,第32页,他把伊历43年(公元663年)对卢卜达的侵伐也算在沙里克·本·西马的身上。
② 伊本·阿西尔:《伊历41年纪事》第3卷,第212页。
③ 同上。
④ 铿迪:《总督和法官》,第32~33页。
⑤ 伊本·阿卜德·哈克姆的著作,第194、196页。贝克里的著作,第12,14页。
⑥ 伊本·阿西尔:《伊历50年纪事》第3卷,第234页。伊本·伊扎里的著作第1卷,第20页("伊历51年")。

图把伊历 46 年(公元 666 年)修正为伊历 49 年(公元 669 年)。[1] 边境战争的性质,在于它需要年复一年地进行,如前所述,这称为夏季侵伐。

　　作家们指出的如下一些话,一般是不可置信的:巴尔卡和的黎波里充满平静安宁的气氛,"阿拉伯和平"遍及阿非利加,直到希沙姆·本·阿卜德·马利克时代。哈里发国家的中心动荡不定,对马格里布很有影响。因此,我们看到伊历 40、41、42 和 43 年,夏季侵伐连续不断,后来又是伊历 45 年的伊本·胡德杰远征。所以,没有理由不接受伊本·阿卜德·哈克姆的说法:奥克巴·本·纳菲厄于伊历 46 年(公元 666 年)远征南部沙漠。这在他受命领导伊历 50 年(公元 670 年)的阿非利加战争和同年(或下一年)兴建凯鲁万之前。兴建凯鲁万一事,系伊本·阿西尔引证的"马格里布人中的史学家"权威人士的看法,他自己也同意这样主张。我们忖度,这位权威人士是指伊本·伊扎里在其《奇闻》一书中引证的作家易卜拉欣·本·卡西姆·拉基克。[2] 那就是说,正当伊本·胡德杰致力于征服加贝斯、苏萨和宾泽特海岸的时候,奥克巴·本·纳菲厄在巡视的黎波里沙漠和南阿非利加,惩治反叛部族,坚决地迫其服从阿拉伯国家,并竭力一劳永逸地使这些部族皈依伊斯兰教。

　　奥克巴带领的是一支小纵队。传说的奥克巴丢下军队让古莱什族的奥马尔·本·阿里和祖赫尔·本·盖斯·巴勒维两人代理其职之说[3],并不可信。奥克巴丢下大军,五个月内无所事事,而且作为最高司令却去进行一次可以由一个将领代替的次要征战,也是不合情理的。说奥克巴是这次次要征战的统帅,还较为可信。至于奥马尔和祖赫尔,则是他于伊历

---

[1] 《阿拉伯人对马格里布的征服》,第 137 页。
[2] 参见伊本·阿西尔:《伊历 50 年纪事》第 3 卷,第 234 页。对照伊本·伊扎里的著作,第 1 卷,第 19 页。
[3] 伊本·阿卜德·哈克姆的著作,第 194 页。

62年(公元680～682年)进行大规模远征时,任命他俩在凯鲁万代理其职使的。① 这一点,下面将会述及。

奥克巴带领四百名骑兵从锡尔特地区的米格马达斯出发②,陪同他的两位将领,是沙漠战争行家布斯尔·本·阿比·阿尔塔(他在阿慕尔早期,曾侵入过瓦丹)和沙里克·本·西马·穆拉迪③(他在伊历40～43年期间,曾随奥克巴远征的黎波里的部族)。奥克巴打算越过荒无人烟的撒哈拉沙漠,装备了负载辎重的四百峰骆驼和八百只水袋(每峰骆驼两只)。撒哈拉沙漠夏季侵伐军从米格马达斯出发,穿过胡瓦拉地区,直奔瓦丹。④ 尽管在瓦丹,阿拉伯的势力十分强盛,当地的部族早已宣布臣服⑤,但奥克巴——如文献所载——还是抓住了城里的头人或国王,割掉他的耳朵。后者当时提出抗议,并提醒奥克巴说,他与穆斯林们曾订有盟约。⑥ 奥克巴告诉他,这是对他的一个教训,使他再也别想同阿拉伯人打仗。奥克巴收取了原来规定瓦丹缴付的赋税三百六十个头。这里的"头",可能是指奴隶,特别因为费赞乃是黑人地区的门户,奴隶即由此输入。这一点,为上面所述文本后来直接予以阐明。奥克巴打听瓦丹后面的地区,当地人

---

① 我们的主张得到马利基的支持。他在其著作(第1卷第22页)中确定,在奥克巴远征西马格里布时,代任其职的是奥马尔和祖赫尔。

② 伊本·阿卜德·哈克姆的著作,第194页。对照贝克里的著作,第13页,贝克里称此地为古达米斯;《考证书》第147页也说是古达米斯。

③ 伊本·阿卜德·哈克姆的著作,第194页。对照贝克里的著作,第13页,他称此人为沙里克·本·萨希姆·穆拉迪。参见莫尼斯的著作,第135页,他把此人的外号写成"穆拉底"。

④ 参见贝克里的著作,第12页。

⑤ 参见伊本·阿卜德·哈克姆的著作,第194页;贝克里的著作,第13页,这个文本说他征服了瓦丹,并从该著作的其余部分知道,当地人没有同穆斯林们交战,因为他们之间原订有盟约。

⑥ 伊本·阿卜德·哈克姆的著作,第194页,这里,原来写的是"你曾和我结盟"。对照贝克里的著作,第13页;"穆斯林们曾同我结盟。"尽管伊本·阿卜德·哈克姆想指明这是奥克巴首次征服费赞,但我们还是采用贝克里的看法。

向他指出杰尔马城（古代杰尔曼底人[Garamantes]的都城、当时费赞的根据地）。他便向此城进发，行军八昼夜后，在距城六里的地方扎下营寨。他号召该城居民信奉伊斯兰教。他们表示响应。城中的领袖（或者如传述所载是国王）骑马出城迎接。奥克巴派出几个骑兵将他拉下马来，迫其步行入见。养尊处优的杰尔马领袖一走到奥克巴跟前，便吐血了。他恭顺听命而来，却受到如此粗暴的对待。当他表示抗议时，奥克巴像对待瓦丹头人一样答复他，并强迫杰尔马人缴出和瓦丹人同样数目的赋税，即三百六十个奴隶。①

战利品和奴隶之多，显然不可胜数。诚如伊本·阿卜德·哈克姆所说，奥克巴将其运往马什里克②，也可能送到他在米格马达斯的大本营或献给阿非利加的伊本·胡德杰。杰尔马的归顺，意味着这个区域中的设防绿洲（库苏尔）被奥克巴逐一征服，已全部臣服。③ 奥克巴接着探询位于费赞之后的区域，向导们告诉他是库瓦尔区，都城为哈瓦尔。④ 哈瓦尔是一个防御坚固的沙漠城市（大城堡），位于撒哈拉大沙漠（旷野）起点的山顶上，路上需走十五个昼夜。奥克巴包围了这座固若金汤的城市，长达一月。这时，他采取先在全区巡弋，制服其他绿洲的办法。他终于达到了目的。在最后一个城堡中，他发现了该区的头人（国王）。奥克巴割掉了他的一个指头，以示警诫，使他牢记住别想反叛阿拉伯人。奥克巴强令库瓦

---

① 伊本·阿卜德·哈克姆的著作，第195页。对照贝克里的著作，第13页。这个文本在谈到赋税时说："是三百六十个奴隶而不是头，如果阿慕尔和巴尔卡人和解时，曾允许他们卖掉最喜爱的儿女来缴纳人丁税，那么这种赋税也无可非议。"
② 伊本·阿卜德·哈克姆的著作，第195页。
③ 同上。贝克里的著作，第13页。库苏尔一词，单数为卡斯尔（Castra），意即城堡。参见夏伊拉：《阿拉伯人同拜占庭人的斗争》，法文本，第64页；阿卜德·穆纳伊姆·马吉德：《阿拉伯国家的政治史》，公元1960年版，第2卷，第52页，注释7。
④ 我们采取伊本·阿卜德·哈克姆的著作第195页的说法。对照贝克里的著作，第13页，他称此城为"贾万"。

尔绿洲缴出三百六十个头的赋税。向导们告诉奥克巴,除哈瓦尔之外,他们不知道库瓦尔后面还有什么别的地方。奥克巴就决定智取哈瓦尔。他归途中经过这个设防的城堡,毫无行动。在他走后三天,堡中居民方始安心。奥克巴和他的随从们,有一段时间住在作家们称之为"马泉"的地方。其出典是由于当时纵队的人马又累又渴,奥克巴的马发现了这里一股清泉。① 在兵士得到休整并饮了牲口之后,奥克巴决定利用哈瓦尔人正忙于工作,毫无警惕的机会,进行突击。"他另择新径,逼近该城,在哈瓦尔人毫不察觉的情况下,夜间入城。奥克巴发现居民们安之若素",就用强力夺取此城。他狠狠地惩罚这座反叛的城市,以儆效尤,凡抵抗者,均行杀戮,俘获儿童和妇女,掠取钱财。的黎波里南部沙漠的首次大巡弋,就这样结束了。奥克巴满载着战利品和俘虏,取道祖伊拉,历时五个月后,回到他在米格马达斯的最早基地。② 这次侵伐的结果,使阿拉伯人在撒哈拉沙漠的势力得到巩固,并在那里的柏柏尔各部族中传播了伊斯兰教。

　　奥克巴和他的伙伴在锡尔特地区休整一段时间后,马匹和驼群恢复了元气,又对突尼斯南部地区(杰里德地区)发起另一次远征。③ 他的西征没有取道称为"最大的道路"④或"正路"⑤的沿海主道,而是偏南,横穿姆扎塔族的地界。他制服了该地所有的绿洲,接着朝向加夫萨,一举把它攻下,尔后又征服了整个卡斯提利亚地区,然后折向凯鲁万。

　　加夫萨的征服,证实了我们这样的看法,即奥克巴的这次远征是伊历

---

① 关于"马泉",参见贝克里的著作,第14页;《考证书》,第146～147页;伊本·阿比·迪纳尔的《趣闻》,第27页,他不称此地为"马泉",而叫"马井"。
② 伊本·阿卜德·哈克姆的著作,第195页,此处记载:"最后回到他的兵营。"贝克里的著作,第13页。
③ 伊本·阿卜德·哈克姆(的著作第196页)是指在伊历50年后奥克巴统率的大军,而贝克里(在其著作第14页中)对此没有指明。
④ 伊本·阿卜德·哈克姆的著作,第196页。
⑤ 贝克里的著作,第14页。

45年(公元665年)伊本·胡德杰远征的一个组成部分。作家们指出,伊本·胡德杰派出一支纵队,征服了加夫萨和卡斯提利亚,但没有提到将领的名字。与此同时,作家们还确认,伊本·胡德杰是坐镇在凯鲁万所在地的军营里调兵遣将的。这里,我们不要被"凯鲁万"一词所迷惑,它的意思和"福斯塔特"一样,只是指军营的所在地。作家们在谈到伊本·萨阿德和伊本·胡德杰的两次远征时都提到"他们两人还没有在阿非利加兴建凯鲁万",尽管也有个别人把伊本·胡德杰的军营称为凯鲁万的。因此,奥克巴是回到了凯鲁万附近与犄角山相接的伊本·胡德杰军营。

我们认为,此后在伊历47年(公元667年),奥克巴曾随伊本·胡德杰回到马什里克。这是在伊历50年(公元670年)穆阿维叶·本·阿比·苏福扬任命他为阿非利加总督之前。这里,在奥克巴的伊历50年远征和伊本·胡德杰的远征之间有一个含糊点。伊本·阿卜德·哈克姆以及引证他著作的人说"伊本·胡德杰于伊历50年侵入了阿非利加",但他们没有指出这次远征的细节,并由此造成朱赫纳族的奥克巴·本·阿密尔同奥克巴·本·纳菲厄之间的混淆不清。伊本·阿西尔在《伊历49年纪事》中说:"这一年,奥克巴·本·纳菲厄发动海战,把埃及人打得落花流水。"①这里的意思其实是指奥克巴·本·阿密尔,因为伊历47年(公元667年),穆阿维叶罢黜马斯拉马·本·马赫拉德,而命令奥克巴·本·阿密尔从海上袭击埃及人后,埃及的海军指挥权已归他所有。② 这一点,伊本·阿西尔本人在《伊历48年(公元668年)纪事》中也曾谈到。③

2. 奥克巴就任总督和凯鲁万的兴建

伊本·阿西尔采用马格里布人中的史学家们的提法,因为"他们最了

---

① 伊本·阿西尔:《伊历49年纪事》第3卷,第231页。
② 参见铿迪的著作,第38页。他说:"他从亚历山大城出发,前去征服罗得岛。"
③ 伊本·阿西尔:《伊历48年纪事》第3卷,第230页。

解自己的地区"(虽然他未提到他们的名字),认为奥克巴·本·纳菲厄就任阿非利加总督之职,是在伊历50年(公元670年)。穆阿维叶·本·阿比·苏福扬显然知道他为了阿拉伯主义和伊斯兰教而在马格里布进行的圣战和出色的表现。在奥克巴充任下级将领长达二十五年之久以后,穆阿维叶让他统率阿非利加军,作为奖励。奥克巴荣升的意义,集中体现在他当年领导远征,并终于在阿非利加省建立了新兴的阿拉伯京城——凯鲁万城这一事实之中。伊本·伊扎里引证的马格里布人的作家们都指出了这一点。伊本·阿西尔也注意及此,他把兴建凯鲁万视作此次远征的主旨,并对建城一事的意义加以阐述。伊历50年(公元670年),穆阿维叶任用奥克巴·本·纳菲厄统辖阿非利加时,给他派去了一万名骑兵。有些近代作家说,其中有二十五名圣门弟子[1],其他作家则按伊本·伊扎里的传述确定,认为只是圣门再传弟子。[2] 奥克巴的军队由于皈依伊斯兰教的柏柏尔人的加入而声势更为浩大。[3] 如前所述,奥克巴是一个执行强硬政策的武夫。伊本·阿西尔说:"他用宝剑对付当地人。他们在埃米尔驾临时,显得服服帖帖,有些人还表示信仰伊斯兰教;而当埃米尔一走,他们便背弃诺言,信仰伊斯兰教的人也叛教了。"[4] 这就是说,奥克巴对早先征服过的地区,又巡视一遍。其实可以说,他当时经由加夫萨和卡斯提利亚,去重新制服突尼斯南部,也就是他在费赞和瓦丹沙漠大巡视后所征服过的地区。

阿拉伯人的条件显然很有利。当时,拜占庭政局动荡。君士坦丁二世被杀后,他的继承者君士坦丁·波果纳(Pogonat)正忙于反对西西里岛

---

[1] 参见阿布·阿拉伯:《阿非利加学者的阶层》,第17页。
[2] 《奇闻》第1卷,第20页:"十八名是圣门弟子。"并见努韦书里的著作,手抄本,乙本,第68页。
[3] 努韦里的著作手抄本,甲本,第68页。
[4] 伊本·阿希尔:《伊历50年纪事》第3卷,第234页。

一个征服者的斗争,把大部分驻在马格里布的拜占庭军队调走了。这也许确实可用来解释奥克巴在这次惩罚性的远征中,为什么一路无阻。① 当奥克巴到达伊本·胡德杰曾驻扎行辕的地方时,他考虑兴建一座阿拉伯的城市,作为阿拉伯人征服马格里布的前哨基地和宣传阿拉伯主义和伊斯兰教的中心。② 这是沿袭了阿拉伯人在马什里克的老政策,他们曾在伊拉克建立库法和巴士拉,后来又在埃及修建福斯塔特。奥克巴聚众商议兴建一座城市,使阿拉伯人的局面得以稳定,当地人也不再反叛。这个主意受到兵士们的欢迎。奥克巴谋士们的热情达到了这样的程度:他们"一致同意让兵士们驻扎在此,他们说:'我们让这座城市濒临海洋,以完成圣战,进行联系。'"③奥克巴虽以极其大胆著称,却没有赞成这个鲁莽的主意。他出自对罗马人的担心,向部下解释了沿海联系点的危险性。最后因为对拜占庭舰队的顾虑,大家一致决定使这座城市远离海边,并出于对柏柏尔人的担心,也不深入内陆。他们选中了靠近萨卜哈(盐沼)的地方,以便于安全地放牧骆驼。④ 这样,城市首先就建立在一个战略性的位置上,其性质因而不同于其他城市。它处在从埃及到阿非利加通道尽头的特殊军事地位,使它颇像一座人为的城市。⑤ 这便可用以解释它在一度兴盛并成为最大的西部城市之后,为什么又回复到它的自然地位(类似斯贝特拉和杰姆的地位),仍只是一座地区性的城市,而突尼斯市(现代的迦太基)却作为阿非利加地区的首都,恢复了自己的地位。

兴建这座城市,是奥克巴·巴·纳菲厄的丰功伟绩。根据这个故事

---

① 参见乔治·马塞的著作,第31页。
② 参见伊本·伊扎里的著作第1卷,第234页:"他想建一座城市,让穆斯林兵士及其家属居住并堆放钱财。"
③ 《考证书》,第113页,注释3。
④ 《考证书》,第113~114页。
⑤ 德普瓦:《东方突尼斯》,公元1940年版,第165页。

可以知道，这儿原来野树杂生，密林重重——这是合乎情理的。凯鲁万地区称为野梓榄树林，甚至相传凯鲁万人世世代代在梓榄林中，采樵打柴，梓榄并无影响。① 林中毒虫猛兽成群。奥克巴注意到部下害怕住在这荒凉偏僻之地，便以安拉使者穆罕默德弟子的名义，呼吁虫豸猛兽离开此地。奇迹发生了：狮子、豺狼和毒蛇雏幼相随，倾巢离去。② 我们发现瓦基迪在其《阿非利加的征服》一书——虽然不无错误而且充满神话——中，对这一奇迹做了合乎逻辑的解释。我们认为这解释符合历史本来面目：奥克巴在建城开始之前，主张清除这里的树木荆棘，因而放火烧野。③ 直到今天，当人们要清除地上的杂草荆棘使之不复生长的时候，仍用这种办法。它比起另一些传述记载的奥克巴采用的砍伐森林的办法，更为简便，也更见成效。④ 虫豸野兽受惊逃离此地，是理所当然的。迄今还能看到，当一座森林或一个村庄失火时，火舌常会灼伤这些飞禽走兽，它们扑翅乱窜，使火势蔓延开来。⑤

---

① 贝克里的著作，第26页。
② 伊本·阿卜德·哈克姆的著作，第196～197页。塔伯里：《伊历50年纪事》。白拉祖里的著作，第228页。伊本·阿西尔：《伊历50年纪事》第3卷，第234页。
③ 《阿非利加的征服》，第13页，突尼斯版。参见萨阿德·扎格卢勒：《阿拉伯人征服马格里布的史实和传说》，第19～20页，公元1963年亚历山大大学文学院学报。对照伊本·阿西尔的《丛林狮子》第3卷，伊历1286年版，第421页："他下令砍去这些'树木'，并放火烧掉。"
④ 伊本·伊扎里的著作第1卷，第234页。
⑤ 对照侯赛因·莫尼斯的著作，他采用了马利基（的著作第1卷第21页）和努韦里（的著作手抄本乙本第69页中）的传述，说这儿本来有一个教堂或（卡穆尼亚）古老坍塌的宫殿。据猜测，在这个宫殿中住着野兽。当它们听到军队的喧嚷时，受到了惊骇（《阿拉伯人对马格里布的征服》，第142页）。当然，随着时间的推移，神话越加活灵活现。在塔伯里的《伊历50年纪事》中，这神话变得很短。后来在（阿布·阿拉伯的著作第8页和马利基的著作第7、20页中的）有关出家人和修士的传略中，又特别增加了篇幅，还有附录和注释。据说，有一个柏柏尔的部族观看了这个奇迹，于是信奉了伊斯兰教。见伊本·阿西尔：《伊历50年纪事》第3卷，第234页；又传说，凯鲁万的所在地在四十年内，寸草不生，虫兽绝迹，以致狮子或蝎子价值一千第纳尔，还遍求不得。见伊本·阿卜德·哈克姆的著作，第196页；伊本·伊扎里的著作第1卷，第20页。

自从库法、巴士拉和福斯塔特的兴建以来,根据业已成为修建阿拉伯城市的传统办法,一开始,先建大清真寺和埃米尔官邸,然后把周围的土地分给各部族和百姓,建造房屋住家以及专门的清真寺。城市、埃米尔官邸和清真寺哪一种先建造,作家们显然是有争议的。伊本·伊扎里确定埃米尔的官邸最先建造;①而从伊本·阿西尔的传述中知道,城市建在大清真寺之前。② 这意思可能是指在修建大清真寺之前,奥克巴所在地就建造埃米尔官邸,部族和百姓的落脚地也各自建筑家园。开始先建造埃米尔官邸,尔后再修建清真寺,是合乎常情的。尽管如此,但贝克里说:"礼拜正向的选择,在人们中颇有争议。有一段时间,奥克巴对此事最为关切不过。后来,他在安拉赐恩的奇迹中,受天启示,选择了清真寺壁龛的正位。他在梦中听到召唤说,他将在礼拜正向的正确地方听到'真主至大'的声音。因而,当他听到'真主至大'时,便把矛插在这个地方。"③

大部分作家认为,这个故事是杜撰的。伊本·阿卜德·哈克姆说:"奥克巴把矛插在地上,以确定城市的位置,而不是确定礼拜正向的位置。"④也许奥克巴亲自选择礼拜正向——而并非由懂天文的人所确定——的说法,是正确的,因为可以发现,凯鲁万清真寺的壁龛,正是奥克巴的礼拜正向,不过与正确方位略有些偏离。⑤

对城市面积的估计,传述各不相同。伊本·阿西尔说:"该城方圆是三千六百庹。"⑥而伊本·伊扎里说,方圆是一万三千六百

---

① 《奇闻》第 1 卷,第 20 页。
② 伊本·阿西尔:《伊历 50 年纪事》第 3 卷,第 234 页。
③ 贝克里的著作,第 22 页。《考证书》,第 114 页。
④ 伊本·阿卜德·哈克姆的著作,第 196 页。
⑤ 参见艾哈迈德·菲克里:《凯鲁万的清真寺》,第 22~23 页。
⑥ 伊本·阿西尔:《伊历 50 年纪事》第 3 卷,第 234 页。努韦里的著作手抄本,乙本,第 69 页。(一庹是两臂左右伸直的长度,约为五尺。——译者)

腕尺。① 对一座城市的雏形、城围以及防御措施来说，亦即就一座军事城市而言，估计当初的方圆为五千八百公尺是合理的。第二个方圆长度，估计为七千公尺，从军营、部族用房和当地人的加入看，也是合理的。因此可以说，原来这座筑有围墙的道地的军事城市——里面有大清真寺、埃米尔官邸和库房——其方圆为三千六百庹，周围分布着部落住房和各自的清真寺，方圆为一万三千六百腕尺，是不足为奇的。当初（伊历21年[公元640年]），阿拉伯人随阿慕尔在福斯塔特定居下来，一些部族远离阿慕尔，把尼罗河对岸的吉萨作为他们的住地。② 这并不妨碍各部族沿着城墙在其住地四周再筑围墙。后来在巴格达，情况也相同，它的周围，筑有两道围墙，因而成了阿拉伯城市设防的传统。内墙因其坚固高大，是真正的城墙，而外墙较弱也不很高，称为"掩体"③。

当然，这样的城市不是一蹴而就的。它的建成花了四年，到伊历55年才完成。④ 在这期间，城市日益繁荣和扩大。奥克巴在这段时间里，没有全力以赴投入建设，而是派出纵队，巩固阿拉伯人在这地区的势力，并带回战利品和俘虏。在阿拉伯人征服马格里布的历史上，兴建这座城市的本身，便是一个重要的事件。伊本·阿西尔确实懂得这一点，并且加以强调。他说："许许多多的柏柏尔人信奉了伊斯兰教，穆斯林们的计划扩大了，凯鲁万城中的兵士们的防御力量也增强了，柏柏尔人安居乐业。于

---

① 伊本·伊扎里的著作第1卷，第20页。（腕尺是自肘至中指尖的长度。阿拉伯腕尺等于0.5883米。——译者）
② 参见伊本·阿卜德·哈克姆：《埃及和马格里布的征服》，第128页。
③ 参见梯贾尼的著作，第240页。关于的黎波里城的设防，他说："现在，环绕城墙的有另一种分隔物，一般比城墙低矮，称为掩体。"
④ 这是伊本·阿西尔所说的（见《伊历50年纪事》第3卷，第234页），也可以从伊本·伊扎里话的字里行间了解到。后者确定在这一年中，奥克巴在阿非利加被免职（第1卷，第21页）。努韦里也转摘了这一点，见其著作手抄本，乙本，第69页。

是伊斯兰教也稳定下来。"①正当奥克巴建成凯鲁万的时候,罢免他的命令到了。奥克巴为哈里发国家和伊斯兰教完成了这样伟大的事业,得到的报答是令人奇怪的。我们往后将会看到,这类例子屡见不鲜,哈里发政权在对待高级文官武将的功劳时,真可以说是以怨报德。

3. "阿布·穆哈吉尔" 奥克巴·本·纳菲厄的被黜(伊历 55~62 年 [公元 674~681 年])

奥克巴被免去阿非利加总督之职的背景,作家们没有阐述清楚。但他们把这件事和马斯拉马·本·马赫拉德就任埃及总督联系了起来。他们说:"穆阿维叶·本·阿比·苏福扬任用马斯拉马,让他统辖埃及和马格里布,因为马斯拉马是首先为他把埃及和马格里布合并起来的人。"②由此可知,哈里发授权埃及总督马斯拉马自由处置阿非利加的政事,而以前,哈里发是直接干预马格里布征服事务的。然而,我们仍不知道大权归于马斯拉马究竟在什么时候,是在他直接执掌埃及总督之职的时候,还是在奥克巴已被罢黜之时?因为,马格里布史学家们把马斯拉马就任埃及和阿非利加总督同奥克巴被黜联系在一起,只是在谈到奥克巴的免职时,他们才涉及马斯拉马的就任。由于马斯拉马统辖埃及开始于伊历 47 年(公元 667 年)③,所以我们认为,马斯拉马任阿非利加总督是在伊历 55 年(公元 674~675 年)前不久。这是我们采取的关于奥克巴被黜的马格里布传述所确定的时间④。奥克巴的被黜,可以用他在马格里布执行暴力政策的原因来解释,马斯拉马对这种政策不满。证

---

① 伊本·阿西尔:《伊历 50 年纪事》第 3 卷,第 235 页。
② 伊本·阿卜德·哈克姆的著作,第 197 页。对照伊本·阿西尔的《伊历 50 年纪事》,第 3 卷,第 235 页,他说是:"埃及和阿非利加"。努韦里的著作手抄本,乙本,第 69 页。伊本·伊扎里的著作第 1 卷,第 21 页。他也说是"埃及和阿非利加"。
③ 伊本·阿卜德·哈克姆的著作,第 197 页。铿迪:《总督和法官》,第 38 页。
④ 对照马利基的著作第 1 卷,第 19 页,他把时间定在伊历 57 年,但其传述十分紊乱。并见莫尼斯的著作,第 149 页注释中的评论。

据是，他派到马格里布去的新总督，奉行截然不同的政策。除了总政策上的分歧，我们猜测，在马斯拉马和奥克巴之间，还有私人纠葛。这也许是出于这两位国家要人之间的相互竞争。各种传述确认，奥克巴的被黜的情况最糟不过，他遭到凌辱，并且被关进牢狱，最后靠哈里发干预，才把他从灾难中救出来。

新任总督，对作家来说，他的别号阿布·穆哈吉尔比他名字迪纳尔有名得多。关于他的经历，我们只知道他原是马斯拉马·本·马赫拉德的极为亲近的幕僚。马斯拉马说"阿布·穆哈吉尔就像是我们中的一员"，意即是他家属中的一员。从伊本·伊扎里的文本中知道，"马斯拉马要报答他幕僚阿布·穆哈吉尔的忠心耿耿和公而忘私的精神，就委任他统辖阿非利加"①，亦即充任马斯拉马在马格里布的副手。这是奥克巴被黜的另一个人事因素。这次任命开了擢用幕僚担任阿拉伯国家显官要职的先例。这种情况后来在阿拔斯王朝中相沿成习，成为那时代的特征之一。虽然各种文本一致认为阿布·穆哈吉尔在罢免奥克巴时的做法恶劣，但却鄙弃这样的说法，即：像马斯拉马这样一位阿拉伯人的领袖，要为奥克巴——作家们把他放在掌权者的地位上——的蒙耻受辱负责，并且否认对马斯拉马的可耻诬告。作家们把一切责任都归咎于这位幕僚，说马斯拉马曾"嘱咐他的幕僚，罢免奥克巴时，要善为相待"，但"阿布·穆哈吉尔凶狠地撤了奥克巴的职，并且把他打入牢狱"，亦即逮捕了他。这事发生在"哈里发下令释放他之前"②。在传述家们看来，阿布·穆哈吉尔对奥克巴权利的侵犯，在埃及的马斯拉马和在大马士革的哈里发当然不能自辞其咎。③

---

① 参见伊本·伊扎里的著作第1卷，第21页；伊本·阿卜德·哈克姆的著作，第197页；伊本·阿西尔：《伊历50年纪事》第3卷，第235页。
② 伊本·阿卜德·哈克姆的著作，第197页。伊本·阿西尔：《伊历50年纪事》第3卷，第235页。伊本·伊扎里的著作第1卷，第22页。
③ 同上。传述家们也谈到，穆阿维叶曾答应奥克巴复职。

阿布·穆哈吉尔任马格里布总督,虽然长达七年之久(伊历55~62年),一直到奥克巴再次回马格里布时为止,然而,传述家们仅强调了他对待奥克巴的行为,对他的建设业绩,匆匆一笔带过。这可能是因为奥克巴的菲赫尔族亲戚的关系。他们在埃及、马格里布和安达卢西亚享有优越的地位,其中有传述家和编年史家。阿布·穆哈吉尔族人,尽管在马格里布也有地位,有自己的编年史家,但与菲赫尔族的水平相比,则不可同日而语。

　　有关阿布·穆哈吉尔从埃及出发或者所率军队或者所走道路等详情,传述家们没有条分缕析。我们只能根据马利基的传述来推测。这个传述中各种资料相杂互不协调,真伪并蓄。据马利基记载:"阿布·穆哈吉尔于伊历55年(公元674~675年)统率由叙利亚人和埃及人组成的大军,从埃及出发。"①当他来到阿非利加境内,他不仅在解除奥克巴职务时做法恶劣,把奥克巴视同敝屣,而且"讨厌住在奥克巴的凯鲁万",尽管他来到相距凯鲁万二里的老地方,与叫做"达克鲁尔"的柏柏尔人村庄毗邻,在那儿建设和居住。② 这表明阿布·穆哈吉尔考虑使阿拉伯人和柏柏尔人互相混杂和接近起来。这也是他政策的基点。作家们称阿布·穆哈吉尔是第一个贯彻使阿拉伯人在阿非利加得以持久稳定政策的人。伊本·阿卜德·哈克姆说,"远征后,第一个住在阿非利加的人,是阿布·穆哈吉尔","他不分寒暑,四季常在"③。而事实上,这份荣誉

---

① 马利基:《心灵游苑》第1卷,第20页。
② 伊本·阿卜德·哈克姆的著作,第197页。伊本·伊扎里的著作第1卷,第22页。各种传述说:"阿布·穆哈吉尔住在属于柏柏尔人的一个地方,称为达克鲁尔或塔克鲁尔。柏柏尔人叫阿拉伯军的新驻地为'特克鲁万',以致有些人设想,凯鲁万一词是把原来的一个柏柏尔词阿拉伯化了。但这一点没有得到证实。"参见马利基的著作第1卷,第20页。莫尼斯在《阿拉伯人对马格里布的征服》第103~104页中,探讨了这个问题。
③ 伊本·阿卜德·哈克姆的著作,第198页。

应当归于奥克巴。① 从马利基的传述中可以知道:"阿布·穆哈吉尔开始向迦太基方向派出纵队,前往阿非利加中尚未征服的区域,并哨探突尼斯。他征服了'岛屿'(我们猜想这是指沙里克岛或巴舒岛),把战利品分赏给兵士,其中的五分之一则送到埃及。"②阿布·穆哈吉尔执行的政策,同奥克巴的严厉的军事政策截然不同,他以怀柔和笼络的手段竭力争取柏柏尔人。夏伊拉博士称之为"结盟政策"③。阿布·穆哈吉尔进行了一次大规模的远征,最后直逼特累姆森的门户。他在那里击溃了巴拉尼斯柏柏尔人的分支乌尔贝族及其首领库塞拉,据说库塞拉原来是基督教徒。不过,阿布·穆哈吉尔同这个乌尔贝族的首领取得和解,争取他皈依了伊斯兰教,成为一个同盟者④,并带他一起回到凯鲁万。

马利基的传述说明了阿布·穆哈吉尔执行的笼络政策。这个传述记载:"他不仅同柏柏尔人,而且也同非阿非利加人取得和解。"⑤毫无疑问,阿布·穆哈吉尔的政策是尽力在马格里布扩大伊斯兰教的范围。柏柏尔人的首领们皈依伊斯兰教一事,意味着他们的部族也随之接受了阿拉伯人的宣教。这样,雄踞凯鲁万的阿布·穆哈吉尔就巩固了伊斯兰教在马格里布的基础。这种情况直到穆阿维叶去世,其子亚齐德继承哈里发,重新任用奥克巴出任马格里布总督时为止。

---

① 这里,我们应该看到,伊本·阿卜德·哈克姆之所以说阿布·穆哈吉尔是第一个住在阿非利加的人,是因为他把奥克巴的被黜算在伊历51年,亦即在凯鲁万兴建之后,或更确切一些说,在凯鲁万规划了之后。
② 参见马利基的著作第1卷,第20页。巴舒岛是一个半岛,座落在北面的突尼斯市和南面的苏萨之间。参见梯贾尼的著作,第11~13页。
③ 参见《结盟的王国》,第24、37页,公元1948年亚历山大大学文学院学报。该文内容是关于贯彻同土耳其部落结盟的政策。
④ 参见伊本·伊扎里的著作第1卷,第28~29页;伊本·赫勒敦:《教训集》第6卷,第108页。
⑤ 马利基:《心灵游苑》第1卷,第21页。

4.奥克巴第二次执政和征服西马格里布（伊历62~64年 [公元681~684年]）

伊历55年（公元674~675年），奥克巴被罢黜后，离开阿非利加，回到马什里克的大马士革。在那里，他对穆阿维叶颇有怨言。他待在大马士革，显然是期待哈里发实践诺言。其根据是穆阿维叶对官员们执行一种笼络的政策：他温和地罢免他们，又进一步封官许愿。如果此事确实，那么，奥克巴大约在叙利亚住了五年或六年（不是那个确定他在伊历51年被黜的传述所说的十年或十一年），直到穆阿维叶去世，其子亚齐德即位。虽然马斯拉马·本·马赫拉德终身为埃及总督，直到伊历62年（公元682年）去世，不过，他同亚齐德的关系无论如何没有像他同穆阿维叶的关系那样牢固。① 因此，亚齐德接受奥克巴的申诉，允许他从埃及总督及其幕僚手中，收回马格里布，让他官复原职。② 作家们确定，奥克巴的第二次执政是在伊历62年（公元681~682年），也就是他们认为奥克巴亡故的那一年。

我们将看到，奥克巴的丰功伟绩，不可能在一年中即告完成。因此，比较可信的是，奥克巴在穆阿维叶去世后，直接恢复了官爵。这可能发生在伊历61年（公元680~681年）。所有的传述都坚持认为，奥克巴迫不及待地要官复原职。由此可知，他想向阿布·穆哈吉尔报仇雪恨，真是心

---

① 参见伊本·伊扎里的著作第1卷，第22页。关于马斯拉马卒于伊历7月（公历3月）一事，参见铿迪的著作，第40页。
② 伊本·阿卜德·哈克姆的著作，第189页。伊本·阿西尔：《伊历50年纪事》第3卷，第235页；《伊历62年纪事》第4卷，第53页。从伊本·阿西尔在这里引用的一个传述知道，奥克巴没有为自己的解职向穆阿维叶鸣冤叫屈，而在亚齐德当朝时，才提出申诉。这使我们猜想，奥克巴也许在亚齐德即位后参与了马什里克的政治活动。亚齐德遴选了许多阿拉伯领袖，特别是迁士和辅士的后代，使他能够拥有一个类似政党的组织，来支持和帮助他。参见伊本·伊扎里的著作第1卷，第23页。

急如焚。[1] 奥克巴率领一部分哈里发国家的军队,从叙利亚出发。伊本·伊扎里说:"陪同他的有二十五位圣门弟子,他迅速通过埃及,在那里,马斯拉马再次向他道歉。[2] 奥克巴抵达阿非利加时,所做的第一件事,就是把阿布·穆哈吉尔抓起来,戴上铁镣,夺取他的所有财物。"[3] 接着,"奥克巴命令捣毁阿布·穆哈吉尔的城市达克鲁尔,重新修造遭到破坏的凯鲁万建筑,把人们赶回原地"[4]。这样,他进一步使阿非利加的第一个阿拉伯基地稳定下来并延续下去。他从凯鲁万出发,开始一次与以往迥然不同的大规模远征。他纵横驰骋整个马格里布沙漠,最后一直打到远苏斯海岸。

我们发现,在早期作家如伊本·阿卜德·哈克姆、白拉祖里以及他俩引证的瓦基迪等人的传述中,对奥克巴的这次远征,都是一笔带过,颇为简略[5],但在后人如伊本·伊扎里等人的著作中,却长篇累牍,大书特书。因而,这一次征服成了研究者们的争论点。罗伯特·普罗什维奇说:"如果我们可以把奥克巴·本·纳菲厄的征服,假设为是一个史实,那么,健全的感觉将引导我们把它局限在阿尔及利亚中部(地区),也许我们可以

---

[1] 伊本·伊扎里的著作第1卷,第22页。有一传述记载:"奥克巴被黜后,阿里曾向阿布·穆哈吉尔发出过呼吁。阿布·穆哈吉尔始终很害怕奥克巴,后悔自己对待奥克巴的行为。"见伊本·伊扎里的著作第1卷,第22页。

[2] 伊本·伊扎里的著作第1卷,第23页。马利基的传述(第1卷,第22页)记载:"他率骑兵一万,前往阿非利加。"我们认为,这是奥克巴在后来大规模远征中所率领的军队。毫无疑问,阿非利加的军队原来就驻扎在马格里布,因为新总督到任要带一支完整的军队来,不合情理,除非卸任总督回去时,带走了所有受他领导的国家军队。

[3] 参见马利基的著作第1卷,第22页,他说:"奥克巴从阿布·穆哈吉尔处夺到的钱,共有十万第纳尔。"

[4] 参见伊本·伊扎里的著作第1卷,第23页,他解释凯鲁万作为马格里布最重要的伊斯兰教学术中心,它的繁荣归功于奥克巴为它所作的祈祷,奥克巴说:"主啊,你让它充满科学和教律学吧,让它充满服从你的人吧……"

[5] 参见伊本·阿卜德·哈克姆的著作,第198页;伊本·阿西尔:《伊历62年纪事》第4卷,第53页;伊本·伊扎里的著作第1卷,第23~30页。这里,我们注意到,库朗和莱维·普罗旺萨耳最近发表的版本弥补了杜齐版本中关于这次远征的漏洞。

说,它——充其量——打到了现在的瓦赫兰地区和谢利夫河,最后我们会找到驳斥这种假设的(论据)。"[1]如上所述,普罗什维奇的这种看法其实是从古代有关奥克巴征服的简略传述中汲取来的,我们在伊本·阿卜德·哈克姆和白拉祖里的著作中也已看到。不过,详尽的细节则见于贝克里的著作和普罗旺萨耳与库朗所发表的伊本·伊扎里的文本,以及普罗旺萨耳发表的《新文本》之中。正如普罗旺萨耳所说,这些细节要求重新研究这种看法,尽管这些细节出现较迟(从伊历四世纪至七世纪),但却代表了在安达卢西亚、马格里布和阿非利加流传的有关阿拉伯人征服马格里布的传述。[2] 普罗旺萨耳用下述的话来佐证他的意见:"在马拉喀什以南,对穆罕默德·本·图马尔特的宣教和穆瓦希德人所掀起的运动的回忆,依然存在,在人们中辗转相传。可以肯定,在像柏柏尔这样保守闭塞的环境中,对伊斯兰教一次又一次地征服当地——直到伊本·伊扎里时代——的回忆,是不会无影无踪的……"[3]这样,奥克巴·本·纳菲厄远征马格里布作为一个历史事实,我们只能予以接受。至于其中可能出现的夸张之处或者神话故事,如同我们在马格里布东部地区的征服史中所见,乃是一件有其涵义和原因的自然而然的事情。其实,健全的感觉也要求阿拉伯人在了解马格里布东部区域四十年以后,应当开始熟悉西马格里布的各个区域了。否则,我们就不能解释在不到三十年的时间里,阿拉伯人在西马格里布的势力是如何稳定的,这些地区的柏柏尔人又如何皈依了伊斯兰教并加入了阿拉伯军队,也不能解释,如在对安达卢西亚的征服中,柏柏尔人怎样参加征服并占有领导地位的。

---

[1] 参见莱维·普罗旺萨耳:《新文本》,第 197 页,公元 1954 年马德里埃及研究所学报。
[2] 同上书,第 197~200 页。
[3] 同上书,第 200 页。

中马格里布的泯灭

奥克巴为他的征服进行准备。据说,他装备了一万名骑兵。[1] 他决定在凯鲁万留下大约六千名兵士[2],由古莱什人奥马尔·本·阿里和祖赫尔·本·盖斯·巴勒维[3]两名将领统率。伊本·阿卜德·哈克姆在这里首先提到的奥马尔,显然是主将,而祖赫尔则是副手。这与大部分作家的主张恰好相反,他们认为凯鲁万军的领导权归代理过奥克巴之职的祖赫尔所有。[4] 留守凯鲁万的这支军队应当保卫城市和城中的生命财产。奥克巴从凯鲁万出发之前,召集人们并唤来自己的孩子,向他们阐明远征的目的:为安拉而献身。他还给大家留下了一个遗嘱。马利基记述说:"遗嘱包括三条:为了维护《古兰经》,不沉溺于吟诗;不借贷;不向自命不凡者求学。"[5]奥克巴向他的孩子和凯鲁万人告别的情景,感人肺腑。他说:"我看,你们今后是见不到我了。"[6]他踌躇满志地出发,取道沙漠之路,横穿中马格里布,向提阿雷特和近苏斯(丹吉尔的苏斯)进发。如前所述,作家们对这次入侵的行程,众说纷纭。伊本·阿卜德·哈克姆和白拉祖里扼要地说:"奥克巴前往苏斯,在此地区巡弋。"马利基的传述,则显然很紊乱。它把征服特累姆森放在征服扎卜之前,而征服扎卜却又比征服提阿雷特

---

[1] 马利基的著作第1卷,第22页,该文本记载:"奥克巴率领这支军队来到阿非利加。"
[2] 伊本·阿卜德·哈克姆的著作,第198页。
[3] 同上。马利基的著作第1卷,第22页。
[4] 对照伊本·阿西尔的《伊历62年纪事》第4卷,第53页;伊本·伊扎里的著作第1卷,第23页。
[5] 马利基的著作第1卷,第22页。伊本·伊扎里的著作第1卷,第23页。
[6] 马利基的著作第1卷,第22页。伊本·阿西尔:《伊历62年纪事》,第4卷,第53页。努韦里的著作手抄本甲本,第70页。这里,我们注意到,作家们夸大了奥克巴的美德。他们认为奥克巴从叙利亚到埃及,就已料到他将殉教一事。他们的根据是,使者穆罕默德在一次谈话中——它无疑是杜撰的——预言他氏族中的一部分人将为安拉进行圣战而牺牲,他们将获得同参加巴德尔战役和乌胡德战役的人相同的报酬。见贝克里的著作,第73页;《考证书》,第173页。

要早。伊本·伊扎里搜集了许多有用的细节,不过也夹杂了有时造成他的传述零乱无序的说法:他谈到巴加亚之围,尔后又讲述攻打迦太基,接着又两次涉及对苏萨附近的木纳斯提尔的入侵。我们认为,伊本·阿西尔的传述是最稳妥、最清楚也最合乎逻辑的系统性传述。按照他的指引,确实可以把马利基和伊本·伊扎里有时纠缠不清的传述理出个脉络来。①

征服扎卜

奥克巴直奔坐落在杰里德地区北端奥雷斯山麓的巴加亚城。在这个地区,有一支庞大的罗马守军,旋即出来迎敌。双方鏖战剧烈。最后罗马人溃败,逃入城中,丢下许多尸体和大量战利品。奥克巴将他们围困在城里之后,认为不必再把力量耗费在包围上,并且对于阿拉伯人获得的战利品,特别是奥雷斯山的马匹,也感到满足。②"穆斯林们在征战中从未见过比它们更健壮的马匹。"③奥克巴从巴加亚进入了广阔的扎卜地区,大军直指当地的首府姆西拉。④ 罗马人和他们麾下的柏柏尔人四散逃窜,避守在坚固的堡垒之中,有些人则逃往山里。⑤ 罗马人同阿拉伯人交战了一段时间,结果仍然败下阵来。当罗马人发现无力与阿拉伯人抗衡时,他们便在城堡中坚守不出。阿拉伯人因此控制了扎卜地区。这一点,作家们都有说明:"罗马人的光荣已在扎卜消失,他们已经穷途末路。"⑥

---

① 伊本·伊扎里的著作第1卷,第23页。马利基的著作第1卷,第23页。
② 参见伊本·阿西尔:《伊历62年纪事》第4卷,第53页;马利基的著作第1卷,第23页;伊本·伊扎里的著作第1卷,第23页。
③ 伊本·伊扎里的著作第1卷,第24页。努韦里的著作手抄本,甲本,第70页。关于健壮而令人满意的现代的马格里布马,参见哥提埃:《北非往昔》前言,第20页。
④ 伊本·伊扎里的著作第1卷,第24页。对照努韦里的著作,手抄本,乙本,第70页,那里写为"亚勒巴什",它是最大的罗马城市之一。
⑤ 伊本·阿西尔:《伊历62年纪事》第4卷,第53页。
⑥ 马利基的著作第1卷,第23页。伊本·伊扎里的著作第1卷,第24页。努韦里的著作手抄本,乙本,第70页。

出征扎卜是征服马格里布新阶段的开始。直到此时,阿拉伯人一路上除罗马人之外,还没有遭到过什么抵抗。这就令人要问当时罗马人同柏柏尔人之间的关系究竟如何?从各种文本中知道,这种关系是消极的。罗马人盘踞在沿海和内陆的城堡,只有为数寥寥的当地人被罗马人同化,信奉基督教。我们认为,作家们叙述基督教徒在奥克巴面前溃败时,指的便是这些同罗马人在一起的当地人。[1] 绝大部分的马格里布人同阿拉伯人尚无联系,他们居住内地,对争斗的双方,抱旁观者的态度。奥克巴在扎卜连连获胜之后,罗马人发现自己已无力对付阿拉伯人,于是考虑向柏柏尔人求救。我们不清楚罗马人同柏柏尔人接触、商洽的背景,也不知道罗马人做出什么承诺和让步。作家们只是说"罗马人向柏柏尔人求救"[2],或者"他们向柏柏尔人求援,柏柏尔人允诺并支持了他们"[3]。当奥克巴抵达提阿雷特地区时,他发现自己面对着一个强大的罗马人和柏柏尔人的联盟,这是阿拉伯人前所未遇的。[4] 奥克巴厉兵秣马,调兵遣将,准备投入战斗。他向大家演讲,鼓励他们进行圣战,勇敢厮杀。在这场大规模的战役中,敌军人数众多,穆斯林们遇到了巨大的困难。但是战斗以罗马人和柏柏尔人败逃回城而告终。阿拉伯人切断败军逃向城门的归路,杀戮甚众,缴获了他们的财产和武器。[5] 这样,阿拉伯人在往丹吉尔的路上,行囊辎重就增加了。在丹吉尔,罗马人和柏柏尔人被阿拉伯人战败,溃不成

---

[1] 参见伊本·阿西尔:《伊历62年纪事》第4卷,第53页;伊本·伊扎里的著作第1卷,第23~24页。
[2] 马利基的著作第1卷,第23页。
[3] 伊本·阿西尔:《伊历62年纪事》第4卷,第53页。
[4] 同上。努韦里的著作手抄本,乙本,第70页。马利基的著作第1卷,第23页。伊本·伊扎里的著作第1卷,第24页(他称此地区为"提哈拉特")。莱维·普罗旺萨耳:《新文本》,马德里埃及研究所学报,第219页,该文本罗列了提阿雷特的柏柏尔部族:卢瓦塔、胡瓦拉、祖瓦加、马特马塔、扎纳塔和梅克内斯等。
[5] 同上。

军,弃下武器和财产,还有高价貌美的女奴。她们被送往马什里克市场,"那里一个罗马女奴价值一千第纳尔"①。

进入西马格里布

奥克巴将那些盘踞城堡坚守不出的罗马人,置之一旁,深入西进,一直打到丹吉尔②。丹吉尔的首领名叫朱利安。从各种文本的字里行间知道,他是罗马的一个亲王。这同有些传述的说法正好相反,那些传述说他是波斯人或哥特人,或者是有一些近代的西班牙人和马格里布人所主张的柏柏尔人。③ 丹吉尔王国包括(与安达卢西亚遥遥相望的)海峡沿岸,特别是丹吉尔和休达两城及其周围的区域。固然,我们不知道,过去,方圆长达一月路程的丹吉尔省④,是否在伊斯兰教时代还保持着和古代丹吉尔王国同样的面积。朱利安大主教显然竭尽全力维护他的丹吉尔王国的独立。为此,他对隔海相望的北邻哥特人和丹吉尔腹地的柏柏尔人,采取笼络和睦邻的政策。当阿拉伯人到达他的领地时,这位聪明人立即与他们结成亲善友好的关系。他写信给奥克巴,求得他的好感,并向他馈赠厚礼,请求和睦相处。⑤ 奥克巴也显示出干练政治家的风度,主张同这位有用的同盟者加强联络,接受这位罗马人的馈赠。两人进行了会谈。朱利安用自己的知识和经验为阿拉伯人效劳,成为奥克巴的政治顾问和军事参谋,向他提供有关安达卢西亚的哥特人和西马格里布的柏柏尔人的情

---

① 马利基的著作第 1 卷,第 23 页。
② 伊本·阿西尔:《伊历 62 年纪事》第 4 卷,第 53 页。努韦里的著作手抄本,乙本,第 70 页。伊本·伊扎里的著作第 1 卷,第 26 页:"他跨进了丹吉尔的领地。"
③ 当谈到朱利安曾积极参与征服安达卢西亚时,产生了对他国籍的争论。参见莱维·普罗旺萨耳:《西班牙穆斯林历史》,法文本,公元 1944 年版,第 11 页,注释 1。并见《西马格里布历史考证》第 1 卷,第 62、73、86 页,此几处称他为"朱利安·古马里",因系居住在里夫山脉的古马拉族人。
④ 伊本·伊扎里的著作第 1 卷,第 26 页。
⑤ 伊本·阿西尔:《伊历 62 年纪事》第 4 卷,第 53 页。伊本·伊扎里的著作第 1 卷,第 26 页。

报。① 朱利安向奥克巴提议不必考虑安达卢西亚的事情。这是出于设身处地的周密考虑：罗马人被甩在背后，而柏柏尔人则成群结队地就在奥克巴的面前，"天知道他们有多少人"②。他们是蒙昧无知的人，"既不信基督教，也不信奉其他宗教"③。朱利安的建议，自然是奥克巴在马格里布必须遵照的方案，即铲除（已成为阿拉伯人背上芒刺的）残存的罗马人基地，然后制服西马格里布的柏柏尔人（以使阿拉伯人的势力能在这个地区稳定下来）。奥克巴没有旋踵回头，反而决定一往直前，去制服西马格里布各部族。他从（丹吉尔以南的）近苏斯开始。这个地区称为"塔马斯纳"，是马斯穆达族的居住地。④ 各种文本记载："他惨绝人寰地杀戮苏斯的柏柏尔人，并派兵去各处侵袭掳掠。"⑤伊本·伊扎里的《奇闻》被认为是有关这次远征行程内容最丰富的资料。普罗旺萨耳发表的《新文本》支持《奇闻》的传述，虽然事实上，《新文本》乃是《奇闻》的校正本，不过两书同出一源。⑥

奥克巴从丹吉尔出发，南下瓦来拉（Volubilis）古城。该城位于后来兴建非斯城的地方附近。在那里，奥克巴与中阿特拉斯的柏柏尔人的大队人马相遇。他打败他们，并向南跟踪追击，越过塔德拉地区，直指德腊河沙漠。奥克巴的目的是为安拉进行清算和工作。在马拉喀什地区的沙漠里，他首次努力传播伊斯兰教，并在德腊修建了清真寺。⑦ 当然，奥克巴

---

① 伊本·阿西尔：《伊历62年纪事》第4卷，第53页。努韦里的著作手抄本，甲本，第71页。
② 伊本·伊扎里的著作第1卷，第26页。
③ 同上。对照努韦里的著作，手抄本，甲本，第71页。他谈到当时的柏柏尔人，说"他们是没有信仰的民族，茹毛饮血，如同牲畜"。
④ 伊本·伊扎里的著作第1卷，第26页。对照努韦里的著作，手抄本，甲本，第71页。努韦里搞错了，把"塔马斯纳"写成了"塔鲁丹特"。
⑤ 伊本·阿西尔：《伊历62年纪事》第4卷，第53页；伊本·伊扎里的著作第1卷，第26页。
⑥ 《新文本》，公元1954年马德里埃及研究所学报，其中普罗旺萨耳的研究，第207页。
⑦ 《新文本》第208页。伊本·伊扎里的著作第1卷，第27页。

不会仅满足于沙漠,他的眼光射向西部富饶的区域。为了绕过高阿特拉斯山脉,进入桑哈贾地区,他必须向西北挺进,到塔菲拉勒地区(后在此建造萨杰拉马萨城),当地的百姓未经一战,便归顺了。① 奥克巴接着又进入哈斯库拉族地区,一路奔向该区域的首府阿格马特城(后在此附近建造现在的马拉喀什市)。②

显而易见,这个繁荣的地区原来与罗马人是有联系的,或者至少受到罗马文明的影响,因为阿格马特的柏柏尔人是基督教徒。阿格马特人没有出来迎战奥克巴,而是凭城坚守。但是被包围一个短时期后,他们即向奥克巴政权投降。③ 奥克巴由阿格马特折向西面,进袭富庶的纳菲斯河流域的首府纳菲斯城。

贝克里说:"奥克巴包围了城里的罗马人和柏柏尔基督教徒,他们靠着城市的坚固和宽广而麇集在城里。奥克巴后来在城里修造了清真寺。"④ 随着奥克巴进入固若金汤的纳菲斯城,他的面前出现了远苏斯河。他前往伊杰利,在那儿也建造了一座清真寺。⑤ 奥克巴号召当地部

---

① 伊本·伊扎里的著作第1卷,第27页。《新文本》中普罗旺萨耳的研究,第208页。我们注意到,这个文本本身(第219页)记载了两个传述。其一说"奥克巴从德腊回到特累姆森,再从特累姆森进入桑哈贾地区";其二不同意这一意见。后者为我们所采用,因为它比较合乎情理。
② 同上。并见本书图七。
③ 伊本·伊扎里的著作第1卷,第27页,此文本在这里规定,阿格马特城叫"阿格马特-瓦里卡"。正如地理学家所说,阿格马实际上是两个城:阿格马特-瓦里卡和阿格马特-希拉纳。参见贝克里的著作,第153页;《考证书》第207页;《利桑丁·本·哈提卜马格里布和安达卢西亚见闻录记》,公元1948年亚历山大大学出版,第130页。对照《新文本》,第219页。
④ 参见贝克里的著作,第160页;《考证书》,第208页。对照伊本·伊扎里的著作,第1卷,第27页;《新文本》,第219页。我们看到,对奥克巴修建纳菲斯清真寺一事,作家们是有争论的。有人认为奥克巴在马格里布只建造了凯鲁万清真寺、德腊清真寺和远苏斯清真寺,"至于其他以其名字命名的清真寺,则是人们——安拉是全智的——在奥克巴曾经过之处建造的",也就是为了纪念他。
⑤ 伊本·伊扎里的著作第1卷,第27页。《新文本》,第220页。

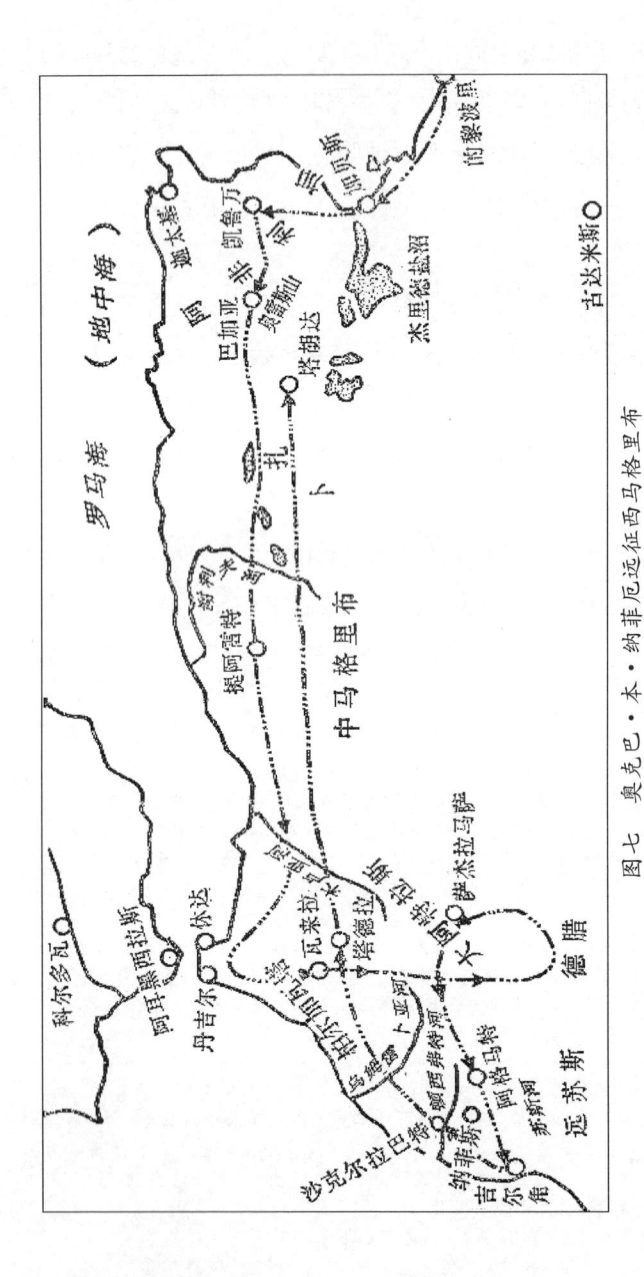

图七 奥克巴·本·纳菲厄远征西马格里布

参见莱维·普罗萨耳:《阿拉伯人对马格里布的征服新文本》,公元1954年马德里埃及研究所学报,第199页。(按原图译制)

族信仰伊斯兰教。前来见他的贾祖拉族做出了响应,皈依了伊斯兰教,并回到自己的住地。奥克巴从伊杰利去马萨,再转向大西洋沿岸的吉尔角(Cap Guir)①。根据那时盛行的地理学观点,马格里布的大西洋沿岸,是由东向西伸展的,奥克巴认为他已经完成了对马格里布的征服。后来的作家也说明了这一点:"奥克巴策马跃入大洋之中,直到海水淹到了他的衣领,他喊道:'主啊,要不是这海洋,我将继续前进,为你进行圣战。'"②

归途

这样,奥克巴便班师回朝了。他在遥远的马格里布各地致力于伊斯兰教的传播。他顺便经过了哈赫、拉杰拉贾和骚达等部族。从各种文本的字里行间知道,这些部族响应了奥克巴的号召,皈依了伊斯兰教。在(现在的马拉喀什城和穆贾杜尔城中途的)顿西弗特河,奥克巴曾稍事停留,留下他的一个伙伴沙克尔,去教授柏柏尔人伊斯兰教的原则。这个地方便以这位再传弟子的名字命名,作家们称为沙克尔拉巴特(依照那里的乡音),现名西迪席克尔。③

如上所述,直到那时为止,奥克巴还没有遇到过认真的抵抗。不过各种文本已经指出了奥克巴开始碰到的困难。当他进入(顿西弗特河和乌姆雷卜亚河之间、纳菲斯河以北的)达卡拉地区,号召当地人信仰伊斯兰教时,他遇到了抵制。他们显然策划反叛。奥克巴同他们交战,他们终于

---

① 伊本·伊扎里的著作第 1 卷,第 27 页。伊本·阿西尔:《伊历 62 年纪事》,第 4 卷,第 54 页。这里,吉尔写成了"马利扬"。
② 这个传述,参见伊本·阿西尔:《伊历 62 年纪事》第 4 卷,第 54 页;马利基的著作第 1 卷,第 24 页;伊本·伊扎里的著作第 1 卷,第 27 页。
③ 伊本·伊扎里的著作第 1 卷,第 27 页。《新文本》,第 220 页。关于西迪席克尔,参见《新文本》中普罗旺萨耳的研究,第 209 页,注释 1。

失败了。但是奥克巴的伙伴伤亡甚众,这个战场因此叫做"殉教者的墓地"①。普罗旺萨耳发表的《新文本》说"类似的事件还在哈斯库拉地区发生",虽然伊本·伊扎里不同意这一点。他说:"哈斯库拉的柏柏尔人在奥克巴面前,望风而逃。此后,马格里布人再没有人与他交锋了。"②奥克巴接着向北面偏西的丹吉尔前进,打算越过塔扎走廊返回中马格里布。当他到达扎卜地区时,情况变得出乎意外,最后这位伟大的英雄牺牲了,也就是说,决定性的胜利却以骇人听闻的灾难而告终。

奥克巴的牺牲

这次灾难在于,阿拉伯军的大队人马在回凯鲁万的时候,把他们的主帅和少数随从留在了后面。奥克巴发现他面对着一个强大的罗马人和柏柏尔人的联盟。作家们为奥克巴的结局披上一件传奇式的外衣:他早就知道自己将遭到马革裹尸的下场,只带着很少的随从,而戴着镣铐的马格里布前任总督阿布·穆哈吉尔又急切地想献身。这样的结局总还是合理的。奥克巴带着阿布·穆哈吉尔和乌尔贝族的首领,他不顾阿布·穆哈吉尔的嘱咐,毫不容情地对待库塞拉,并且鄙视他,从而激起库塞拉的仇恨,他包藏着反叛的祸心③。这就是造成罗马人和柏柏尔人联盟的原因。当然,这种私人的原因并不足以形成罗马人和柏柏尔人联盟,不过,我们相信,奥克巴对待柏柏尔人的粗暴,使得他们惊惶不安,造成他们同罗马人之间的一种相互默契和同情。伊本·阿西尔下述的话出色地阐明了这

---

① 伊本·伊扎里的著作第 1 卷,第 28 页。《新文本》,第 220 页。对照伊本·赫勒敦的《教训集》第 6 卷,第 108 页,这里说:"马斯穆达人把奥克巴包围在德兰山中。"
② 普罗旺萨耳:《新文本》,第 220 页。伊本·伊扎里的著作第 1 卷,第 28 页。
③ 伊本·阿西尔:《伊历 62 年纪事》第 4 卷,第 54 页。伊本·伊扎里的著作第 1 卷,第 29 页。马利基的著作第 27 页,这个传述记载:"奥克巴强迫库塞拉剥羊皮。"还有一个离奇的传述(见马利基的著作,第 1 卷,第 25 页)称:"库塞拉反叛的原因,是他努力想把他的朋友阿布·穆哈吉尔从奥克巴的囚禁中解救出来。"

种粗暴:"穆斯林们屠杀他们(柏柏尔人),大量地捕俘他们,以致他们(柏柏尔人)焦躁不安。"①罗马人和柏柏尔人在西马格里布的一些地方,曾并肩战斗过。再说奥克巴在远征结束时所遭遇的困难,他部下的大批牺牲,也鼓励了中马格里布的罗马人和柏柏尔人结成联盟。

在这样的背景下,罗马人送信给伴随在奥克巴身边的库塞拉。并非没有可能的是,罗马人已为库塞拉铺平了潜逃回本部族去的道路,那里集结了大量的乌尔贝人族人,传述估计为五万人。②关于奥克巴只带着少数随从的原因,有些传述仅一笔带过。伊本·阿卜德·哈克姆说:"奥克巴回阿非利加去。当他接近边境时,下令所属部队可以分批走,以致他的身边只剩下少数随从。"③伊本·阿西尔的传述记载:"自信能打败敌人,命部队分批前进。"④事实上,将士们在这次无疑历时一年多⑤的大规模远征中建树功勋之后,奥克巴允许他们迅速回家省亲,是毫不奇怪的,特别是他们还满载着战利品和俘虏。当然,这也不妨碍朱利安说:"奥克巴也许控制不了他的军队。"⑥莱维·普罗旺萨耳认为:"一定有令人不安的消息从阿非利加传到奥克巴耳中。他刚一到达中马格里布,立即派大部分部队疾速赶回凯鲁万。"⑦伊本·阿卜德·哈克姆有些文本可能支持了普罗旺萨耳的说法,例如:"凯鲁万遭到罗马人和柏柏尔人的猛烈攻击。"⑧但是事情的本身不允许这种假设。倘若奥克巴要援救凯鲁万的阿拉伯人,那么,他绝不会落在人

---

① 伊本·阿西尔:《伊历62年纪事》第4卷,第54页。
② 普罗旺萨耳:《新文本》,第220页。对照伊本·赫勒敦的《教训集》第6卷,第109页,此处记载:"库塞拉和其族人互通信息。"
③ 伊本·阿卜德·哈克姆的著作,第198页。对照马利基的著作第1卷,第35页。
④ 伊本·阿西尔:《伊历62年纪事》第4卷,第54页。对照伊本·伊扎里的著作第1卷,第28页:"他命令部队前进,相信自己能征服这个地区……"
⑤ 伊本·伊扎里(在其著作第1卷第30页中)说:"奥克巴在马格里布待了三年。"
⑥ 朱利安:《北非史》,第321页。
⑦ 《新文本》中普罗旺萨耳的研究,第209页,马德里埃及研究所学报。
⑧ 参见伊本·阿卜德·哈克姆的著作,第99页。

们后面拖延迟归了。比较合乎逻辑的是各种传述所一致认为的,这位穷兵黩武好战不倦的军事家在到达(距凯鲁万八天路程的)图卜纳城时,主张大部分军队先回凯鲁万,身边留下少数精锐,借以完成对许多罗马守军的征服,这些军队是在他远征开始时固守在城堡之中未及消灭的。奥克巴这样做,乃是采用了朱利安的献策。

于是,奥克巴考虑占领塔胡达和巴迪斯两城(距比斯克腊不远)。我们认为,完成这件事只需要奥克巴留下数百兵士就绰有余裕了,而不必像有些文本所说的要五千之多。[1] 在这种情况下,罗马人同库塞拉互通消息,这个柏柏尔人得以逃脱,去纠集他的家人和堂兄弟们。[2] 奥克巴率少量人马假道经过塔胡达,罗马守军坚守不出。罗马人看到他的随从寥寥无几,就不以为意。"奥克巴号召他们归顺安拉时,他们辱骂他,并投掷石块和射箭……"[3]蓦然间,奥克巴发现自己面对着库塞拉的大队人马,他知道这个乌尔贝族人对他心怀恶意。这位久经征战的战士和他小小的骑兵队以及跟随在旁的阿布·穆哈吉尔当然不为敌人的数量众多和气势汹汹所动,决定以勇士的无畏精神应对这场灾难。为表示决不临阵逃生,他们纵身下马,拔剑出鞘——宝剑始终在手,厮杀格斗直到"全体"阵亡。这是所有的传述都坚持的说法,虽然有的传述提到有人如穆罕默德·本·奥斯·安萨里等少数人被俘,后遇加夫萨城首领解救,被送回凯鲁万。[4]

---

[1] 伊本·阿卜德·哈克姆的著作,第199页。《新文本》,第220页。对照伊本·阿西尔的《伊历62年纪事》第4卷,第54页,他说:"奥克巴率少数人前往塔胡达。"伊本·伊扎里的著作第1卷,第28页记载:"他只有少量随从。"
[2] 伊本·阿西尔:《伊历62年纪事》第4卷,第54页。努韦里的著作手抄本,甲本,第72页。
[3] 伊本·伊扎里的著作第1卷,第28页。对照努韦里的著作,手抄本,乙本,第71页。
[4] 伊本·阿卜德·哈克姆的著作,第199页。马利基的著作第1卷,第5页。伊本·阿西尔:《伊历62年纪事》第4卷,第54页。伊本·伊扎里的著作第1卷,第29页。《新文本》第220页。努韦里的著作手抄本,乙本,第72页。

作家们没有比较严格地确定奥克巴牺牲的日期。由各种传述知道,他在到任的同一年里牺牲,即伊历62年(公元681~682年)。不过伊本·伊扎里有一个传述说"奥克巴的入侵也许经历了他就职的第一年和翌年"①,亦即是说,奥克巴卒于伊历63年(公元682~683年)。这个意见为普罗旺萨耳发表的《新文本》所采纳。② 而我们则倾向于伊本·伊扎里的第三种传述"奥克巴在马格里布待了三年"③,意即奥克巴卒于伊历64年(公元684年)底或伊历65年(公元684年)初,从而缩短了从奥克巴阵亡到伊历69年(公元688~689年)祖赫尔为他报仇之间的时期,这是比较合乎情理的。奥克巴的墓地今称"西迪奥克巴",它比塔胡达城更为闻名。他的陵墓受到全体马格里布人的尊敬,他们从各地前来晋谒。它是马格里布地区最古老的伊斯兰建筑的典型之一。④

凯鲁万的埃米尔库塞拉(伊历65~69年[公元684~688年])

库塞拉集结了所有奥雷斯和中马格里布的部族,向凯鲁万挺进。奥克巴牺牲的噩耗,无疑在凯鲁万产生了巨大反响,思想混乱,人心浮动。人们分成了两派:一派主战,以奥克巴的副帅祖赫尔·本·盖斯·巴勒维为首,要阻击柏柏尔人的进军,或者就牺牲献身;另一派认为在这股强大的风暴前面已站立不住,必须弯腰屈从,直到它过去,为首的是著名的再传弟子汉什(·本·阿卜杜拉·桑阿尼)。⑤ 我们不知道汉什究竟是随祖赫尔驻守在凯鲁万,还是跟奥克巴去入侵西马格里布,虽然我们倾

---

① 伊本·伊扎里的著作第1卷,第24页。
② 《新文本》,第220页。
③ 伊本·伊扎里的著作第1卷,第30页。
④ 参见布罗克耳曼:《伊斯兰教民族和国家史》,法文本,第71页;朱利安:《北非史》,第321页。
⑤ 伊本·伊扎里的著作第1卷,第31页。

向于后一种意见。汉什以他当时在马格里布的军事活动以及参与公共事务而著称于世，后来，在他随穆萨·本·努塞尔所到的安达卢西亚和伊本·祖贝尔内乱时代的马什里克，他也是一位知名人物。

显然，凯鲁万在奥克巴不在的期间，曾遭到罗马人和柏柏尔人多次进攻。此后，可能他们两方聚合或结盟。伊本·阿卜德·哈克姆提到，在奥克巴出发以后，"有一个外国人（这是指罗马人）起来反抗，率兵三千同奥马尔·本·阿里和祖赫尔对峙，他俩共有六千名士兵"。接着，他在另一处说："卡希娜的儿子（这里和后面一样，是指柏柏尔人）攻打奥马尔和祖赫尔所在的凯鲁万，但他们两人成功地击败了他，重创了他的部队。"①我们认为，在这里提到卡希娜的儿子固然不正确，但它却表达了中马格里布的柏柏尔人（奥雷斯山卡希娜的贾拉瓦族柏柏尔人）同西马格里布的柏柏尔人（库塞拉的乌尔贝族柏柏尔人和他们的巴拉尼斯人同盟者）结盟的想法。在这强大的联盟跟前，阿拉伯人对抵抗或撤出阿非利加意见分歧。汉什开始向埃及撤退。②祖赫尔发现他的兵士为数不多，无法与库塞拉对抗。在另一批阿拉伯人和柏柏尔人中的赞助者转移到黎波里居住后，③凯鲁万城中的穆斯林就只剩下了老人、妇女和儿童④。奥克巴庞大的远征，就这样以灾难告终。当祖赫尔撤到巴尔卡，⑤住在称为"卢比亚和马拉基亚"地区的时候，⑥阿拉伯人在阿非利加和马格里布的征服成果丧失

---

① 伊本·阿卜德·哈克姆的著作，第199页。
② 参见伊本·伊扎里的著作第1卷，第31页："汉什说：'穆斯林弟兄们，谁愿返回马什里克，就跟我走。'人们随他走了。"
③ 伊本·阿卜德·哈克姆的著作，第200页。
④ 马利基的著作第1卷，第28页。伊本·伊扎里的著作第1卷，第31页。
⑤ 伊本·阿西尔：《伊历62年纪事》第4卷，第54页。伊本·伊扎里的著作第1卷，第31页。
⑥ 马利基的著作第1卷，第29页。值得注意的是，马利基的传述把祖赫尔败退到巴尔卡和后来他战胜库塞拉两事混为一谈。

殆尽。

库塞拉进入凯鲁万，统治了城里的阿拉伯人和柏柏尔人，仿佛成了阿非利加的国王。从各种文本知道，库塞拉没有背叛伊斯兰教，证据是，"他友善地对待凯鲁万城的穆斯林们"①。其实，他笃信伊斯兰教之后，是不至于背叛的。他无疑知道，奥克巴对他的虐待无非出于私人问题，与建立在博爱、平等基础上的伊斯兰教教义并无关系。这一点，可以从一些文本中得知："库塞拉的反叛，只是由于他努力想把他的朋友阿布·穆哈吉尔从奥克巴的囚禁中解救出来。"库塞拉任凯鲁万埃米尔，约四到五年，亦即从（我们所采纳的伊本·伊扎里传述所载的）伊历65年奥克巴被杀到伊历69年（公元688～689年）。我们不了解在这个阶段他同罗马人的关系，究竟是联盟、屈从的关系，还是友好睦邻的关系？

5. 祖赫尔·本·盖斯　为奥克巴复仇

哈里发的政局对库塞拉来说，是有利的。正当祖赫尔撤退的时候，哈里发亚齐德·本·穆阿维叶驾崩，伊本·祖贝尔内讧的大门洞开了。马尔万·本·哈克姆在为争取收复马格里布的通道——埃及的斗争中，度过了他短暂的哈里发生涯。他的儿子阿卜德·马利克在最初几年，力图夺回伊拉克和马什里克，从而不得不用金钱收买君士坦丁堡君主让他对此保持缄默。② 当政局趋于稳定，阿卜德·马利克便利用了这相对平静的阶段，考虑收复凯鲁万和马格里布。他召集文武官员，会众商议马格里布事宜，研究用最恰当的办法拯救凯鲁万的穆斯林并为奥克巴报仇

---

① 参见伊本·伊扎里的著作，第1卷，第31页；伊本·赫勒敦：《教训集》第6卷，第109页。至于作家们所说的柏柏尔人的背叛（见《教训集》，第6卷，第103页），意思是指他们的不折不扣的叛乱。
② 参见弗拉武赞：《阿拉伯国家史》，阿布·里达的阿拉伯文译本，第182页，注释3关于雅各比部分。

雪恨。① 大家一致认为,领导阿非利加军队的是祖赫尔·本·盖斯,因为他是"奥克巴的同伴,最了解他的生平和计谋,也是最适宜为他报仇的人"②。

由伊本·伊扎里的传述知道,大马士革的阿卜德·马利克和巴尔卡的祖赫尔互通信函。祖赫尔向哈里发呈报罗马人和柏柏尔人的军队情况。因此,阿卜德·马利克任命他为阿非利加总督,提供给他叙利亚的人马和埃及的资财,同时还派给他几位能征惯战的阿拉伯将领。③ 其中有塔比阿·本·伊姆拉·卡卜·阿赫巴尔④,他曾在小亚细亚和地中海诸岛与罗马人交战,经验丰富。⑤

马姆斯战役

伊历 69 年(公元 688 年),祖赫尔率大军浩浩荡荡地从巴尔卡出发,前往阿非利加。当他进入卡穆尼亚(即凯鲁万地区)地域,便准备布阵厮杀。⑥ 库塞拉已知道祖赫尔的到来。他集结了由罗马人和柏柏尔人组成的军队,人数比祖赫尔军多数倍。⑦ 从马利基引自阿布·阿拉伯著作的混淆不清的传述中知道,祖赫尔被敌人吓得几乎惊惶失措。功劳归于

---

① 参见伊本·阿西尔:《伊历 62 年纪事》第 4 卷,第 55 页。作者知道,此事发生在伊历 69 年。为了把库塞拉及其被杀联系起来,他在同一页上注意叙述这个事件,"事件是一个,如果将其分隔开来,则真相就不明白了"。因此,作者在《伊历 69 年纪事》中,对祖赫尔只是一笔带过。参见伊本·伊扎里的著作第 1 卷,第 31 页。伊本·阿卜德·哈克姆在一处指出:"阿卜德·阿齐兹·本·马尔万在任命祖赫尔为埃及总督后,即下旨命他远征阿非利加。"在另一处,他又说"是哈散·本·努阿曼派遣了祖赫尔",尽管他接着说:"安拉是全智的!"见《埃及和马格里布的征服》,第 200 页。
② 伊本·伊扎里的著作第 1 卷,第 31 页。努韦里的著作手抄本,甲本,第 73 页。
③ 伊本·伊扎里的著作第 1 卷,第 31 页。马利基的著作第 1 卷,第 30 页。
④ 马利基的著作第 1 卷,第 29 页。对照普罗旺萨耳的《新文本》,第 221 页。参见伊本·哈贾尔:《甄别》,第 860 号第 1 卷,第 187 页。他确定塔比阿卒于伊历 101 年,见伊本·尤尼斯的《埃及史》。
⑤ 关于塔比阿和他在马什里克参加对罗马人作战,参见塔伯里:《伊历 54 年纪事》。
⑥ 伊本·阿卜德·哈克姆的著作,第 200 页。
⑦ 伊本·伊扎里的著作第 1 卷,第 31~32 页。

哈达拉毛人伊本·赫扬和塔比阿,他俩稳定了祖赫尔的不安情绪,使穆斯林们增添了信心。① 库塞拉不想在凯鲁万附近迎战祖赫尔。各种文本在精神战略的基础上对此进行解释,概而言之,就是,库塞拉担心凯鲁万的阿拉伯人从背后扑来。尽管如此,为维护他对他们做过的保证,他不想背信弃义。此外,他主张选择靠近山的另一块地方交战,如果胜利,他便可追袭阿拉伯人,把他们赶回的黎波里;倘若失败,他就据山坚守。对他说来,山是天赐的避难所。② 于是,库塞拉前往距离凯鲁万一天路程的马姆斯。这块地方除它的战略意义外,水源也很丰富。③ 祖赫尔来到凯鲁万,但未入城,而是在城外住了三天,让人马养精蓄锐,准备投入这场大战。第四天④,库塞拉带柏柏尔人和罗马人出发后,祖赫尔随后到达。当天晚上,两军对峙,枕戈待旦,严阵以待。⑤ 翌日拂晓,两军交战,惊天动地。马姆斯之战为阿非利加史上前所未见。双方鏖战,人们舍生忘死。不过,天色将暮时,阿拉伯人终于取得了伟大的胜利。柏柏尔人和罗马人败下阵来,库塞拉及其许多将领阵亡。阿拉伯人追击败军,大肆杀戮,以报仇泄愤。⑥ 有一个传述夸张地说:"阿拉伯人坚持追赶(搜索)他们,一直饮马木卢亚河。"⑦ 接着,阿拉伯人征服了沙卡卜纳

---

① 马利基的著作第1卷,第28页。
② 伊本·阿西尔:《伊历62年纪事》第4卷,第55页。伊本·伊扎里的著作第1卷,第32页。马利基的著作第1卷,第30页。
③ 马利基的著作第1卷,第30页。在第28页,作者说"两军在阿比·奥贝德堡或马姆斯遭遇",尽管他确定这发生在祖赫尔到卢比亚和马拉基亚去之前。
④ 伊本·伊扎里的著作第1卷,第32页。努韦里的著作手抄本,甲本,第73页。马利基的著作第1卷,第30页。马利基说是星期三,而不是第四天。
⑤ 马利基的著作第1卷,第30页;"人们和衣而睡。"马利基的传述错误地把这次战役确定在祖赫尔回卢比亚和马拉基亚之前。但由此知道,两军交战之日正值宰牲节。为了节日祖赫尔要求罗马人推迟战期,他们答应了。见该书,第29页。
⑥ 伊本·阿卜德·哈克姆的著作,第200页。伊本·阿西尔:《伊历62年纪事》第4卷,第55页。
⑦ 马利基的著作第1卷,第30页。伊本·伊扎里的著作第1卷,第32页。

里亚城。①

祖赫尔的归来和他在巴尔卡被杀

从文本知道,祖赫尔的这次入侵首先是一次惩罚性的远征。他在为英雄烈士奥克巴的被害报仇泄愤之后,取道埃及回马什里克。作家们对此解释说,祖赫尔"是礼拜者的领袖和圣战者的贵族之一"②,"他看到阿非利加版图辽阔,拒绝在那里居住"。他说:"我来只是为了进行圣战,我担心会堕入尘世而遭毁灭。"③尽管各种文本记载:"在确保凯鲁万不受当地敌人或实力人物威胁的情况下,祖赫尔离去了。"④然而,事实并非如此。当时马格里布的东部区域是罗马人破坏性袭击的目标,这无疑是祖赫尔东回的原因。在罗马人获悉祖赫尔从巴尔卡前往阿非利加与库塞拉作战的时候⑤,他们便主张进攻巴尔卡。显而易见,他们想使阿拉伯军队陷于腹背受敌的境地(柏柏尔人在阿非利加,他们在巴尔卡)。罗马人率领庞大舰队从西西里岛出发,停泊在巴尔卡海岸。⑥

伊本·阿卜德·哈克姆关于祖赫尔之死的传述较乱,因而马利基的传述也同样含糊不清。他们的传述把祖赫尔之死放在哈散·本·努阿曼

---

① 马利基的著作第 1 卷,第 30 页。沙卡卜纳里亚今称"克夫"。见《考证书》,第 164 页,注释 3;莫尼斯:《马格里布的征服》,第 220 页。
② 马利基的著作第 1 卷,第 29 页。
③ 伊本·阿西尔:《伊历 62 年纪事》第 4 卷,第 55 页。努韦里的著作手抄本,乙本,第 73 页。对照马利基的著作第 1 卷,第 30 页;伊本·伊扎里的著作第 1 卷,第 32 页;伊本·赫勒敦:《教训集》第 6 卷,第 109 页。
④ 伊本·阿西尔:《伊历 62 年纪事》第 4 卷,第 55 页。伊本·伊扎里的著作第 1 卷,第 33 页。马利基的著作第 1 卷,第 30 页。
⑤ 这里,我们发现伊本·伊扎里的著作的一个含混不清之处,文本的考证者也未予指出。该文本记载:"罗马人听说了他从阿非利加出发,前往巴尔卡。"这是与文本的其他内容不相一致的。参见伊本·伊扎里的著作,第 1 卷,第 33 页。同样的错误,也见于普罗旺萨耳的《新文本》(第 221 页)中,这就使得普罗旺萨耳在他对文本的研究中说:"罗马人到达阿非利加。"(第 211 页)正确的是马利基的著作(第 1 卷,第 30 页)和伊本·阿西尔的著作(《伊历 62 年纪事》第 4 卷,第 55 页)的说法,为我们所采用。
⑥ 伊本·阿西尔:《伊历 62 年纪事》第 4 卷,第 55 页。

接任总督之后,亦即在伊历76年阿卜德·阿齐兹·本·马尔万统辖埃及的时代。尽管时间顺序上有错误,但这个传述仍有不少有用的细节——并不因上述错误而减少其意义。① 根据这个传述,巴尔卡的总督易卜拉欣·本·纳斯拉尼逃跑了,把阿拉伯人和被保护人丢给了罗马人。罗马人统治巴尔卡达四十天。② 各种传述把拜占庭的远征称为报复性侵略,它不是为了收复古希腊的城市,而是旨在破坏、杀戮、掳掠和劫夺。③

伊本·阿卜德·哈克姆传述的意义,在于说明了祖赫尔由凯鲁万东返的真实原因,即为了把巴尔卡人从罗马人手中解救出来,而不是担心被阿非利加的世俗生活所毁灭。那时的阿非利加是驻军和圣战之地,它是向往来世和为安拉献身的人们的礼拜正向。由伊本·阿卜德·哈克姆的传述知道,罗马人把(靠近托卜鲁克的)德尔纳城作为他们的据点。④ 这座城市的近郊,就是祖赫尔·本·盖斯的葬身之地。作家们把他的结局比为奥克巴血洒沙场的悲剧下场。祖赫尔在与罗马人遭遇时,没有全军相随,只领着区区七十名将士。⑤ 显然是因为山区环境不允许阿拉伯人整队前进(巴尔卡山离海岸并不远,而且凭临海岸,或者说,它几乎就在德尔纳地区里面),祖赫尔被迫把骑兵分成小队,从山间的羊肠小道向海岸行进,把大队人马留在主道上。⑥ 罗马人获悉祖赫尔来了,显然开始准备撤出巴尔卡。祖赫尔逼近海边时,罗马人正在把掳掠来的阿拉伯妇女和儿童装运上船。祖赫尔看到罗马人大军云集,断定他的少量人马无力抵敌。很

---

① 伊本·阿卜德·哈克姆的著作,第202~203页。马利基的著作第1卷,第29页。
② 伊本·阿卜德·哈克姆的著作,第202页。
③ 同上。伊本·阿西尔:《伊历62年纪事》,第4卷,第55页。伊本·伊扎里的著作第1卷,第33页。马利基的著作第1卷,第30页。
④ 伊本·阿卜德·哈克姆的著作,第202页。
⑤ 同上。
⑥ 参见马利基的著作第1卷,第30页。

显然，他其实是想等待后续部队到来，或者折回去求援。但从各种传述中知道，他已无法返回。① 这一点伊本·阿卜德·哈克姆说得很清楚：主要是祖赫尔的一些年青部将竭力怂恿他投入这场力量悬殊的战斗。② 在这样困难的条件下，祖赫尔决定援救穆斯林们——罗马人正在把他们驱赶上船。坎坷不平的地面无法进行马战，祖赫尔命部下下马③，他们便成了步兵，亦即是说，不管战果如何，他们是决不离开了。

于是，罗马人向祖赫尔及其部队蜂拥扑去，双方格斗，直杀得难分难解。小小的骑兵队放弃马匹作战，毕竟无法支持。就像奥克巴牺牲在塔胡达一样，他们也战斗到最后一人。④ 伊本·阿卜德·哈克姆说"他们在那里的墓地尽人皆知"⑤，称为"殉教者墓地"⑥。今天的德尔纳城中，还有一个陵墓称为"祖赫尔之墓"，以纪念祖赫尔及其在这次战役中的伙伴们。

马兹哈杰人阿提亚·本·亚尔布厄为避时疫逃到巴尔卡旷野中叫做阿姆拉斯的地方。他听到这次灾厄，就向当地的穆斯林求救，得以集合了七百人，带领他们向罗马人开去。罗马人带着马匹、武器和俘虏的穆斯林避居在船上。⑦

---

① 伊本·阿西尔：《伊历62年纪事》第4卷，第55页。伊本·伊扎里的著作第1卷，第33页。
② 伊本·阿卜德·哈克姆的著作，第202～203页。他的传述记载："祖赫尔停下来，等人们赶上他。在旁的一个年轻人对他说：'祖赫尔，你胆怯了。'祖赫尔回答：'我的侄儿，我并没有胆怯，不过你我都会被杀死。'"可以想象，当时祖赫尔的军队中，存在着分裂和混乱。伊本·阿卜德·哈克姆引用的一个传述中说："祖赫尔制止军队反对一个名叫江达勒·本·萨赫尔的人。江达勒此人以粗鲁无礼、待人残暴著称。"（见第202页中祖赫尔与阿卜德·阿齐兹·本·马尔万的对话）。同时也从伊本·阿卜德·哈克姆的传述中知道，"同年，巴尔卡时疫流行"（见第203页）。我们不清楚时疫是否影响了祖赫尔军队。
③ 伊本·伊扎里的著作第1卷，第33页。
④ 伊本·阿卜德·哈克姆的著作，第203页。伊本·阿西尔：《伊历62年纪事》第4卷，第55页。伊本·伊扎里的著作第1卷，第33页。马利基的著作第1卷，第31页。
⑤ 《埃及和马格里布的征服》，第203页。
⑥ 白拉祖里：《各地征服史》，第229页。
⑦ 伊本·阿卜德·哈克姆的著作第1卷，第31页。马利基的著作第1卷，第31页。

祖赫尔阵亡的噩耗传到大马士革,引起深沉的哀痛。"祖赫尔及其部属的灾难同奥克巴·本·纳菲厄及其部属的不幸是一样的。"①哈里发阿卜德·马利克·本·马尔万关切此事,但他的处境不允许他在马格里布采取积极行动。他必须首先摆脱他的竞争对手、斯贝特拉之战的英雄伊本·祖贝尔。因此,直到伊历72年(公元692年)伊本·祖贝尔被杀之后,哈里发国家才能够收复马格里布。从伊历69至72年的四年中,我们对阿非利加和马格里布的情况,所知不详,但罗马人撤出巴尔卡,巴尔卡又在穆斯林的控制之中,却是众所周知的。那时,统辖巴尔卡的总督是阿卜德·阿齐兹·本·马尔万的幕僚塔利德。② 同时知道,祖赫尔确保了凯鲁万的安全之后,它始终是一座阿拉伯伊斯兰教的城市。各种文本没有提到这座阿非利加的阿拉伯城市在此期间曾遭到罗马人或柏柏尔人方面的敌对行动,也没有提到肩负着为祖赫尔报仇和稳定马格里布局势重任的哈散·本·努阿曼所采取的反击行动。

二、最后的抵抗和阿拉伯人终于在马格里布立足

1.加萨尼族人哈散·本·努阿曼的业绩(伊历73~85年[公元692~693~704年])

(1) 反对罗马人和柏柏尔人的斗争

在哈里发国家的第二次危机结束,阿卜德·马利克·本·马尔万摆脱了他的竞争对手伊本·祖贝尔之后,这位哈里发便全神贯注于马格里布。他准备了一支庞大的队伍,由叙利亚的一位名将、古代叙利亚阿拉伯人的加萨尼王朝的后裔哈散·本·努阿曼统率,并任命他为马格里布的

---

① 马利基的著作第1卷,第31页。努韦里的著作手抄本,乙本,第73页。
② 伊本·阿卜德·哈克姆的著作,第203页。

总督。① 遴选哈散一事,证明大马士革的哈里发已直接过问马格里布。根据马利基的说法,哈散是进入马格里布的第一位叙利亚将领,也是在倭马亚王朝时代,首次担任总督的叙利亚人。② 在这以前的将领和总督都是埃及人。作家们指出了哈散军队的密集和庞大,说:"这支军队总数达四万人。"关于他进入马格里布的时间,作家们说法不一。有人把它定在伊历69年(公元688年),即祖赫尔进入马格里布的时间③;也有人确定为伊历78年(公元697年),亦即我们将看到的哈散第二次进入马格里布的时间。④ 较为可信的是伊本·阿卜德·哈克姆所确定的时间:伊本·祖贝尔被杀后不久的伊历73年(公元692年)。这与伊本·阿西尔所采用的"哈散的远征在伊历74年(公元693~694年)"⑤的主张,并不矛盾。因为事实上,这支大军并没有直接开往马格里布。哈散奉命驻在埃及,一直到兵士齐集、局势明朗之后。至于军队的庞大费用和兵士们的给养,则由埃及国库筹划,这也需要时间。

征服迦太基

伊历73年,远征准备就绪。伊历74年,哈散率领这支与他一样从未进入马格里布地区的军队,从埃及出发。⑥ 他在的黎波里扎下营寨。在那

---

① 伊本·阿卜德·哈克姆的著作,第200页。伊本·阿西尔:《伊历74年纪事》第4卷,第179页。关于哈散的世谱,参见伊本·伊扎里的著作,第1卷,第22页:"哈散·本·努阿曼·本·阿达斯·本·巴克尔·本·马基斯·本·阿姆尔·本·马扎基亚·本·阿米尔·本·阿扎德。"
② 马利基的著作第1卷,第31页。
③ 同上。普罗旺萨耳:《新文本》,第221页。努韦里的著作手抄本,甲本,第74页引证了拉基克的传述。
④ 伊本·伊扎里的著作第1卷,第34页。
⑤ 伊本·阿西尔:《伊历74年纪事》第4卷,第179页。努韦里的著作手抄本,甲本,第74页。
⑥ 同上。

里,阿非利加和的黎波里的阿拉伯人纷纷参加进来。① 他待诸事齐备之后,便向阿非利加开去。先锋是穆罕默德·本·阿比·布克尔和卢瓦塔族人希拉勒·本·萨尔万。② 哈散进入凯鲁万后,便准备由此发动征伐。哈散执行一个新的军事方案,重点是采用各个击破的办法歼灭罗马人和柏柏尔人。这一点,阿拉伯的传述都做了说明:"哈散进入阿非利加,便打听谁是最大的国王,他听说是迦太基王;当他消灭了罗马人时,又打听幸存的国王,人们告诉他是奥雷斯山的领袖卡希娜。"③哈散开始把第一次打击目标定在阿非利加的旧都迦太基城,过去,阿拉伯人还未攻打过这座城。④ 哈散包围了这座坚固的城池。城内罗马人人数众多,双方战斗激烈,弩炮隆隆,箭如飞蝗,骑兵武士短兵相接,阿拉伯人重创敌军,罗马人眼看无望再坚持下去,遂纷纷逃奔登船,向地中海上诸岛,特别是西西里岛驶去。⑤ 这显然是靠了一个花招。梯贾尼引证贝克里的一个传述说:"罗马人向哈散求和,哈散一停止厮杀,他们便逃窜上船。"⑥ 伊本·阿卜德·哈克姆也证实:"哈散只杀伤了罗马人中的少数弱者。"⑦ 关于后人几

---

① 伊本·阿卜德·哈克姆的著作,第200页。
② 同上。这里,伊本·阿卜德·哈克姆还加上了祖赫尔·本·盖斯,因为如前所述,他把祖赫尔的卒年放在哈散任总督之后。
③ 马利基的著作第1卷,第31,32页。伊本·伊扎里的著作第1卷,第34,35页。努韦里的著作手抄本,甲本,第74页,乙本,第74页。
④ 伊本·阿西尔:《伊历74年纪事》第4卷,第180页。这里应当指出,伊本·阿西尔所说的"哈散发现了城里的罗马人和柏柏尔人"一节,别人如伊本·阿卜德·哈克姆、马利基和伊本·伊扎里,都未谈及。
⑤ 阿拉伯的各种文本不仅认为罗马人逃往西西里岛(这是合乎情理的,因为当时西西里岛是最重要的据点之一),而且也向安达卢西亚逃命(这却是个疑点,因为安达卢西亚属哥特人所有,而不是罗马人的领地。倒很可能是指他们逃向诸如休达和丹吉尔这样与安达卢西亚有联系的城市)。见伊本·赫勒敦:《教训集》第6卷,第109页。
⑥ 贝克里的著作,第37页。梯贾尼的著作,第10页。并见侯赛因·莫尼斯的著作,第229页。
⑦ 伊本·阿卜德·哈克姆的著作,第200页。

乎一致认为的"哈散把罗马人打得落花流水并捣毁了迦太基"①一事,则是指他第二次(伊历79年[公元798年])力克此城。这并不妨碍后来几次战斗的时间顺序。哈散在萨特福拉和离迦太基不远的宾泽特击败罗马人以及夹杂其中的柏柏尔人后,便进入了迦太基,同时向阿非利加各地派出纵队。哈散满足于击败罗马人,他不想在宾泽特战争中耗尽他的所有力量。罗马人亡命而逃,最先固守在波纳城(即今阿尔及利亚东部、突尼斯边界上的安纳巴城)中,后来柏柏尔人也前往避难。② 阿拉伯人在频繁的战斗中,也是创巨痛深。哈散回到凯鲁万,以休养生息,整治军政。③

反对卡希娜的斗争

哈散就这样在伊历74年首战告捷,进入了阿非利加的永恒首都。因此,据猜测,马格里布的局势在根除了罗马人有组织的抵抗之后,已经或者接近稳定。阿拉伯人面前只剩下一些无组织的、不难制服的部族集团。但事情却并非如此。那时柏柏尔人的抵抗体现在奥雷斯山的部族联盟之中,其首领是一个女人,阿拉伯作家称她卡希娜。关于她,有许多近乎神话的传说,不过也可能有些可靠的根据。其实,卡希娜不是这个女人的名字,而是因为她精通巫术、鸟卜,能预言未来事件而得的绰号,古代即以此称卜者④。由于柏柏尔人蒙昧无知,占卜术在他们之间盛行,直到近代,我们中的马格里布人还以此著称。据一些传述所说,她名叫达希娅⑤,这显

---

① 伊本·阿西尔:《伊历74年纪事》第4卷,第180页。伊本·伊扎里的著作第1卷,第35页。马利基的著作第1卷,第32页。
② 伊本·阿西尔:《伊历74年纪事》第4卷,第180页。努韦里的著作手抄本,乙本,第74页。伊本·伊扎里的著作第1卷,第35页。马利基的著作第1卷,第32页。
③ 伊本·阿西尔:《伊历74年纪事》第4卷,第180页。努韦里的著作手抄本,乙本,第74页。伊本·伊扎里的著作第1卷,第35页。马利基的著作第1卷,第32页。
④ 卡希娜一词在阿拉伯语中是占卜者一词的阴性、单数。——译者
⑤ 伊本·赫勒敦:《教训集》第6卷,第109页:"达希娅是奥雷斯女王玛蒂娅·本·蒂芳的女儿。"

然是因为她诡计多端而得到的另一特点或外号。诡计多端是术士、巫师的基本特征。至于传说她是个犹太人,[1]则各种原始文本都未曾指出,尽管大家知道,自古以来犹太教的思想就在马格里布流行,但这一点却没有证据加以证实。相反,有些传述记载卡希娜随身携带一个巨大的木制偶像,她向这偶像膜拜,也就是说,她是个偶像崇拜者。[2]众所周知,卡希娜是贾拉瓦族的一个柏柏尔女人。贾拉瓦部族属(游牧的)布特尔部族集团,住在奥雷斯山。这个奇异的女人成功地把奥雷斯的各部族聚集在她周围,以致伊本·阿卜德·哈克姆和白拉祖里都称她为"柏柏尔女王"。[3]哈散的谋士们对他说:"如果你杀死她,那么整个马格里布就都会服从你。"[4]我们不清楚这个女人究竟只是从柏柏尔人处汲取力量呢,还是也得力于她同罗马人的关系。有些文本记载"她的儿子中,有一个名叫伊本·尤纳尼"[5],可能是罗马人帮助她巩固地盘,或者有个罗马人与她命运相连。

哈散的失败

哈散的军队在治好创伤恢复元气之后,他开始执行铲除柏柏尔人抵抗方案的第二部分。他向奥雷斯山前进。奥雷斯山是这个地区的腹地,奥克巴即在此丧生。这个神秘的女人也开始贯彻她以后广泛实施的政策,即军事破坏政策,或像今天所说的"焦土政策",目的是使大地在敌人面前成为一片废墟,既不能利用它的资源,又无处可住。当哈散逼近她

---

[1] 伊本·赫勒敦:《教训集》第 6 卷,第 107 页。
[2] 马利基的著作,第 35 页。
[3] 伊本·阿卜德·哈克姆的著作,第 200 页。白拉祖里的著作,第 229 页。伊本·赫勒敦:《教训集》第 6 卷,第 170 页。
[4] 伊本·伊扎里的著作第 1 卷,第 30 页。对照伊本·阿西尔的《伊历 62 年纪事》第 4 卷,第 180 页;马利基的著作第 1 卷,第 32 页。
[5] 伊本·伊扎里的著作第 1 卷,第 37 页。(伊本·尤纳尼的意思是希腊人的儿子。——译者)

时,她迅速奔向巴加亚堡,将其毁坏。① 卡希娜显然担心哈散据城坚守。② 她的部下则想到开阔地交战。这位柏柏尔女王撤到一条河边。作家们对这条河的名字众说纷纭,伊本·阿卜德·哈克姆称它"巴拉"河③,这是后来的名称,以暗示阿拉伯人在战斗中的遭遇;伊本·阿西尔叫它尼纳河④,它显然是米斯克亚纳河的一条支流;在伊本·伊扎里看来,这是个正确的名字。⑤ 两军隔岸对峙,交战前夕,枕戈待旦。各种文本说阿拉伯军驻扎在河的上游(即处于优势的战略地位),而柏柏尔人的大队人马则在河的下游结营。⑥ 酣战苦拼的结果,哈散惨败。战场上留下许多具血气方刚的阿拉伯青年人的尸体,只有哈散幸免于难。这次战役的地点后来称为阿扎里河战场。⑦ 被卡希娜俘虏的约有八十名哈散部下的头面人物,最著名的是哈立德·本·亚齐德,他后被卡希娜收为螟蛉之子,充当了她的参谋。⑧

卡希娜军追击哈散,最后把他赶出加贝斯边境。他一直撤到的黎波里城的东面。哈散的住地,今天仍叫做哈散群堡,在现在的陶沃尔加城附近,距的黎波里城东二百五十公里左右。他显然是住在那里的一个古堡

---

① 伊本·阿西尔:《伊历 74 年纪事》第 4 卷,第 180 页。努韦里的著作手抄本,乙本,第 74 页。对照伊本·伊扎里的著作第 1 卷,第 35 页:"卡希娜把罗马人赶出城堡,并将其毁坏。"马利基的著作第 1 卷,第 32 页:"她把里面的人撵走,将其毁坏。"
② 伊本·伊扎里的著作第 1 卷,第 36 页。
③ 伊本·阿卜德·哈克姆的著作,第 200 页。(阿拉伯语中,巴拉一词意为灾难、祸患。——译者)
④ 伊本·阿西尔:《伊历 74 年纪事》第 4 卷,第 180 页。
⑤ 伊本·伊扎里的著作第 1 卷,第 36 页。对照马利基的著作第 1 卷,第 33 页,他误称此河为梅克内斯河。
⑥ 伊本·伊扎里的著作第 1 卷,第 36 页。
⑦ 同上。
⑧ 伊本·阿卜德·哈克姆的著作,第 200 页。伊本·阿西尔:《伊历 74 年纪事》第 4 卷,第 180 页。伊本·伊扎里的著作第 1 卷,第 36 页。马利基的著作第 1 卷,第 23 页。伊本·阿卜德·哈克姆和马利基说他是阿卜族人,而伊本·阿西尔则称他为是盖斯族人。

之中，并又在当地增建了一些新的城堡。有些传述认为这些城堡属于巴尔卡地域。①

就这样，在十年内（从伊历65年到伊历74年）阿拉伯人第三次被迫放弃了对阿非利加和马格里布的征服。他们手中，只剩下伊杰达比亚、巴尔卡、卢比亚和马拉基亚等区域。② 为了收复被视为库塞拉的继承者③卡希娜所统治的地区，需要整整五年。④ 尽管作家们描写卡希娜懂得巫术、信仰犹太教或膜拜偶像，而且臭名昭彰，也尽管他们没有指出她同阿拉伯人之间存在任何友好关系，但尽人皆知的是，她与库塞拉一样，对阿拉伯人并无怨仇。即使我们没有说她尊敬阿拉伯人，然而她在内心深处，至少是了解他们价值的。同库塞拉在奥克巴死后的做法如出一辙，卡希娜也释放了阿拉伯俘虏，让他们回到哈散处去。不仅如此，她还把哈立德·本·亚齐德留了下来。他的英俊、勇敢和见地高超使她很为欣赏，根据那时流行的柏柏尔风俗，她把他收为义子。这种习俗的形式同阿拉伯人和穆斯林通过哺乳而收作养子和结拜金兰的传统相近。⑤ 至于前已指出的卡希娜同罗马人的关系，显然不像库塞拉同他们的关系那样牢固。最后罗马人背弃了她。

---

① 我们看到，由于一些作家认为哈散群堡地处巴尔卡，以致普罗旺萨耳揣测，哈散退到了克临地区（今沙哈特），亦即退到了巴尔卡城堡地区。参见《新文本》中普罗旺萨耳的研究，第212页。由白拉基里（的著作229页中的）传述知道，群堡中最重要的一个，系古代所建，因为屋顶是圆拱形结构。也可能群堡均建于古代，哈散进行了扩大整修。
② 伊本·阿卜德·哈克姆的著作，第200页。
③ 参见伊本·阿西尔在《伊历74年纪事》第4卷，第181页中引用的瓦基迪传述："卡希娜出来为库塞拉复仇。"
④ 伊本·阿西尔：《伊历74年纪事》第4卷，第180页。伊本·伊扎里的著作第1卷，第36页。
⑤ 伊本·伊扎里（的著作第1卷，第37页，并对马利基的著作第1卷，第34页）说："她准备了大麦粉，用油拌和，涂在乳房上，接着把哈立德和她的两个儿子唤来，让他们吃她乳房上的面粉。当他们这样做了以后，她就对他们说：'你们已经成为兄弟。'"对照伊本·赫勒敦的《教训集》第6卷，第109页。

阿非利加的毁坏

这位柏柏尔女王遵循的政策，建立在她的布特尔贾拉瓦族的部族组织的原则基础之上。那是一种游牧组织，没有城市经济的概念，也不适合这个以文明和古老经济制度著称的地区。卡希娜统辖这个地区，得力于她的儿子们。哈立德·本·亚齐德和他的谋略也帮助了她①。卡希娜研究了她面对阿拉伯人的处境，知道他们必然会和以前一样，过一段时间后，还会卷土重来。她考虑采用"焦土战争"，在把罗马人赶出巴加亚并毁坏这座城市时，她已开始付诸实行。她要让阿拉伯人断绝住在这个地区的念头。各种文本记载："她对柏柏尔人说：'阿拉伯人在阿非利加需要的是城市和金银，而我们只要其中的农庄和牧场。我们认为，你们只有把整个阿非利加毁掉，使阿拉伯人对它感到绝望，他们才永远不会再来。'"②

于是，她的部下开始砍伐树木，捣毁城堡，破坏村庄。③ 作家们因此把这个地区的毁坏都归咎于卡希娜和她的贾拉瓦族。他们说："原来的阿非利加，从的黎波里到丹吉尔，一路绿树成荫，村庄鳞次栉比，城市相接。在世界各地，没有比绵延两千里路程的阿非利加和马格里布地区更富庶、更安康，城堡更密集的了。然而，卡希娜毁坏了这一切。"④

卡希娜执行的破坏政策，是欧洲作家们的一个争论点。普罗旺萨耳支持加多的说法："显然，把这件违反柏柏尔人性格的行为归于卡希娜，肯

---

① 《新文本》，第 222 页。
② 伊本·伊扎里的著作第 1 卷，第 36 页。对照《新文本》，第 222 页，伊本·阿西尔：《伊历 74 年纪事》第 4 卷，第 180 页；努韦里的著作手抄本，甲本，第 75 页。
③ 同上。
④ 伊本·伊扎里的著作第 1 卷，第 36 页。伊本·赫勒敦《教训集》第 6 卷，第 109 页。对照伊本·阿西尔的《伊历 74 年纪事》第 4 卷，第 181 页，他说："这是阿非利加的第一次破坏。"而第二次破坏，则是在希拉勒人时代。

定是值得怀疑的。毋庸置疑的是，在此后的许多年里，阿拉伯人才是阿非利加农业经济遭受破坏的实际负责者，也正是阿拉伯人，他们把这罪过推在奥雷斯的女英雄身上，而我们则一定得把它算在阿拉伯人的账上，这是毫无疑问的。"[1]但是，这种看法纯粹建立在假设和想当然的基础之上，与各种文本一致的看法背道而驰。其实，这种看法的根据，就是"卡希娜和她的柏柏尔人并不乐意恢复他们地区的游牧性质，也不乐意毁坏它的资源"[2]。倘若在一般的情况下，出于对此地区经济问题平心静气的考虑，上述看法也许尚可接受。然而，当时处在战争的非常条件之中，有时违禁的事情倒成为合法的了。

因此，对各种文本一致的看法，不能掉以轻心，也不能采用同它大相径庭的观点，或者采用没有实例明证的对立意见。各种文本清楚地阐明了进行这种破坏工作的哲理，这是一种军事哲理。如果要问为什么库塞拉以前没有实行这种政策，可以这样回答，库塞拉和他的乌尔贝族柏柏尔人属于城居和文明的巴拉尼斯人，而卡希娜和她的贾拉瓦族柏柏尔人，则是不懂城市经济的布特尔游牧民。至于说在大约四个世纪以后，希拉勒族的阿拉伯人破坏了马格里布的经济，把局势搞得天翻地覆，他们的前人为什么不可能这样做呢？这是本末倒置，倒因为果，不符合事件的逻辑性。

每一个时代，都有它的条件。不像有些人可能以为的那样，历史不是在一个固定的圈子里旋转，不是机械地重复，否则，它就丧失了意义，一钱不值了。关于希拉勒族的阿拉伯人，阿拉伯的史学家们勇敢地面对着事实，确认他们所干的破坏工作与卡希娜及其柏柏尔人的行为同出一辙，尽管动机和原因有所不同。

---

[1]《新文本》中普罗旺萨耳的研究，第212～213页。
[2] 同上书，第212页。

哈散的归途

由于这种破坏和蹂躏的行为,在当地人特别是罗马人和追随他们的阿非利加人中,产生了一股恐惧的浪潮,许多人为逃避卡希娜,远走他乡,乘船去地中海诸岛和安达卢西亚。① 驻扎在的黎波里地界的哈散通过住在阿非利加的阿拉伯人,获悉马格里布所发生的事情。各种文本说:"他写信给哈立德·本·亚齐德,后者也回信给他,报告有关卡希娜的消息。"②

虽然这种互通消息的说法不无故事色彩,特别是说卡希娜居然有本事测知反对她的幕后活动,但这说法对于说明古代采用秘密书信而不泄露的办法,却是重要的。③ 哈散和他在马格里布的眼线互通情报,自然意味着准备收复这个地区。于是,当时机一旦成熟,哈里发阿卜德·马利克就供给他部队和钱财,命他向阿非利加进军。④

各种文本对哈散回到阿非利加的时期说法不一。不过,我们认为伊本·阿西尔的传述与伊本·伊扎里的传述较为相似,也较为稳妥。这个传述没有确定时间,但它载明:"哈散在巴尔卡住了五年。"他在伊历74年失败,那么回到马格里布就是伊历79年(公元698年)。⑤ 唯有伊本·阿

---

① 伊本·伊扎里的著作第1卷,第37页。
② 伊本·阿卜德·哈克姆的著作,第200页。
③ 在哈立德送密信给哈散的办法中,提到了他把信放在尚未用火烤熟的面包里,他还把信放在卡拉布斯之中。"卡拉布斯",照伊本·阿卜德·哈克姆的说法,是一种植物,而伊本·阿西尔说是鞍头。参见伊本·阿卜德·哈克姆的著作,第200、201页;伊本·阿西尔:《伊历74年纪事》第4卷,第180页;伊本·伊扎里的著作第1卷,第37页;马利基的著作第1卷,第34页。
④ 参见伊本·阿西尔:《伊历74年纪事》第4卷,第181页,他引证了瓦基迪的传述。
⑤ 参见伊本·阿西尔:《伊历74年纪事》第4卷,第180页;努韦里的著作手抄本,甲本,第75页;伊本·伊扎里的著作第1卷,第36页。这里应该指出,伊本·阿西尔引证了瓦基迪的一个传述,说哈散住在巴尔卡直到伊历74年。大家知道,这是指哈散的首次出征。伊本·阿卜德·哈克姆引证了两个传述,其一说哈散于伊历76年在马格里布立下丰功伟绩;其二说在伊历78年。这与其他的传述不符。这两个日期作为哈散开始回到马格里布,尚可接受。另外有马利基的传述(见其著作,第33页),说哈散在巴尔卡住了三年,这与上述第一个日期是吻合的。至于上述的第二个日期,则与伊本·阿西尔确定的时间相近。

西尔的传述为我们提供了关于哈散取道阿非利加边境时的细节：成群结队的当地人尤其是罗马人从卡希娜处逃出来，投奔哈散，向他求救。这就在物质上和精神上支持了哈散，使他大为高兴。[1] 他来到加贝斯，当地人诚挚地接待他，欢迎他并供给他钱财。[2] 哈散在加贝斯留下一个官员后，离开了漫长的沿海主道，取道经过杰里德地区直到加夫萨的沙漠捷径。加夫萨也宣布臣服。哈散接着占领整个尼弗扎瓦和卡斯提利亚地区。[3] 当地人不仅欢迎他或者支持他，而且积极地站在阿拉伯人一边，供给他金钱和人员。这一点，可以从伊本·阿卜德·哈克姆的传述中知道，他说："有一部分布特尔的柏柏尔人跟随着哈散。"[4]

卡希娜的下场

当哈散逼近卡希娜的时候，这个奇怪的女人用占卦测知她的末日已经临近。卡希娜下场的经过虽然带有神话色彩，但还是合理的。她不甘心投降，认为投降是一种耻辱，而宁愿为维护她和她民族的荣誉而死。但同时，她也预见到她的儿子们会得到保障，将投向哈散一边。更有甚者，各种传述还载明："交战之前，哈散任命她的两个儿子统率他的柏柏尔人军队，也就是说，卡希娜的儿子们加入了阿拉伯人的队伍来同他们母亲的军队作战。"[5] 比较合理的是，卡希娜的儿子们在其母亲被杀之后，要求得到安全保障——这一点，也是这些传述同时指明了的——或者是他们和其他对卡希娜政策不满的人一样，已经起来反对她了。尽管如此，卡希娜的献身行为，就那（古）时代的人们思想而言，是合理的，即使在我们的

---

[1] 伊本·阿西尔：《伊历74年纪事》第4卷，第181页。
[2] 同上。值得注意的是，伊本·阿西尔说："在此以前，他们曾经抵抗过埃米尔们。"
[3] 伊本·阿西尔：《伊历74年纪事》第4卷，第181页。
[4] 伊本·阿卜德·哈克姆的著作，第201页。
[5] 同上。伊本·阿西尔：《伊历74年纪事》第4卷，第181页。伊本·伊扎里的著作第1卷，第37页。马利基的著作第1卷，第34页。

(现)时代,也是正常的。年迈的父亲代表陈腐的过去,而儿子们则象征着现在和未来。未来属于阿拉伯人和伊斯兰教,这一点,这位聪明的勇于牺牲的奥雷斯女王是知道的。

卡希娜被杀

哈散的军队由于当地人的参加而扩充壮大,卡希娜却是众叛亲离,人数越来越少。两军就这样对峙着。稍后的文本指出,这次对峙发生在(位于苏萨和斯法克斯中途的)杰姆堡,卡希娜在堡内固守。① 这种说法表明,卡希娜是沿着通向加贝斯的主道前去迎战哈散。马利基的传述一开始确实就是这样记述的。② 不过,它与其他的传述不符。从别的传述知道,卡希娜等待着伴随哈散而来的血洒沙场的命运。伊本·阿卜德·哈克姆说:"两军对峙在一座山的山脚下。"③由此可知,战斗发生在卡希娜的故乡奥雷斯山。伊本·赫勒敦也这样认为。④ 贝克里的传述支持这种说法:卡希娜固守在杰姆堡时,"从坚硬的石头中,挖了一条隧道,由此通到她妹妹的所在地萨勒卡塔。食物用牲口驮着通过隧道运给她"⑤。事实显然与马利基的说法相吻合。⑥ 哈散同卡希娜之间进行了两场大战。第一次在加贝斯,我们猜测,就是传说中发生在杰姆堡附近的那一次;第二次是在奥雷斯山的决战,达巴格的传述曾清楚地加以佐证。⑦ 卡希娜的儿子们要求

---

① 贝克里的著作,第20~21页。梯贾尼的著作,第57页。参见《考证书》,第118页。该书称此地为拉赫堡,这显然由古名转化而来,因为它原是拉赫姆族人的住地。所以,伊德里西(在其著作第138页中)说,地名由当地人名派生而来。
② 马利基的著作第1卷,第35页。
③ 伊本·阿卜德·哈克姆的著作,第201页。
④ 伊本·赫勒敦:《教训集》第6卷,第109页。
⑤ 贝克里的著作,第31页。梯贾尼的著作,第109页。对照《考证书》,第118页。
⑥ 马利基的著作第1卷,第35页。
⑦ 参见《凯鲁万人的信仰概貌》,伊历1320年突尼斯版,第60页。莫尼斯:《阿拉伯人对马格里布的征服》,第259页,注释3。不过,值得注意的是,这个传述一再说:"卡希娜在宾泽特之东的塔巴尔卡被杀。"

得到安全保障则在两次战斗之间。

战斗本身激烈恐怖,两军都全力以赴,伤亡甚众,"以致人们以为这是一场毁灭"①。第二次战斗结果,柏柏尔人溃败。阿拉伯人追击败军,赶上了卡希娜,在作家们称为"卡希娜之井"的地方②,将她杀死③,并大量杀戮卡希娜军。至于卡希娜被杀的日期,遗憾的是在伊本·阿卜德·哈克姆的著作中未曾提及。伊本·阿西尔只是说,哈散"于当年(伊历)九月"④回到凯鲁万。我们不知道他是否指哈散出发去马格里布的那一年,即如前所述的伊历79年(公元698年),还是再下一年。伊本·伊扎里确定哈散班师回到凯鲁万是在伊历82年(公元701年)。⑤ 我们不能把伊本·伊扎里确定的年份当作卡希娜被杀的时间。⑥ 从卡希娜被杀到哈散返回凯鲁万之间,发生了几起重大事件,从而使阿拉伯人在马格里布最后立足下来。

迦太基的收复和被毁

在扑灭了柏柏尔人的抵抗之后,哈散还得铲除迦太基的罗马人。我们拥有的各种文本没有提到哈散在消灭卡希娜之后曾前往迦太基,或者没有——按当前的形式——一清二楚地加以叙述。这些文本把伊历74

---

① 伊本·阿西尔:《伊历74年纪事》第4卷,第181页。对照伊本·伊扎里的著作,第1卷,第38页;《新文本》第223页;努韦里的著作手抄本,乙本,第75页;达巴格的著作第61页。
② 伊本·阿西尔:《伊历74年纪事》第4卷,第181页。
③ 伊本·阿卜德·哈克姆的著作,第201页。《新文本》,第223页。马利基的著作第1卷,第36页。
④ 伊本·阿西尔:《伊历74年纪事》第4卷,第181页。
⑤ 伊本·伊扎里的著作第1卷,第38页。《新文本》,第223页。
⑥ 对照莫尼斯的《阿拉伯人对马格里布的征服》,第256页,注释1。他同意这个日期。《新文本》中普罗旺萨耳的研究第213页载明,哈散从伊历73年失败到伊历82年获胜,其间过了十年。这不符合纪事的逻辑性,因为哈里发国家不会等待十年之久,才让哈散重回马格里布。

年哈散第一次远征迦太基，和他在伊历79年第二次征服迦太基混为一谈。迦太基的这次征服提醒我们注意伊历21年接着又是伊历25年对亚历山大城的两次征服。第一次是和平征服，第二次则是暴力征服。① 作家们在谈到哈散征服迦太基时，说他起先与罗马人和解，后来罗马人背叛，他又用暴力重新征服，并把这座城市毁掉。唯有马利基记述了哈散在消灭了卡希娜回到凯鲁万之后又夺取了迦太基。然而我们认为，马利基在和解与暴力之间仍有些混淆②。事实上，和解应出现在第一次征服期间（伊历74年），暴力则用于第二次征服。贝克里有一个文本记载："罗马人从海上袭击留在'突尼斯'城（指迦太基）城里的穆斯林，从船上冲下去，杀戮、俘虏他们。穆斯林赤手空拳，无法拒敌，只能在那里聚成一堆。"③由此可知，穆斯林们原来聚集在迦太基，那就表明这座城市并未因为被征服而遭毁坏。袭击迦太基的阿拉伯人一事，是指罗马人利用伊历74年哈散撤回巴尔卡的机会，派出由约翰大主教率领的海上远征队，得以歼灭小小的阿拉伯守军并收复这座城市。④

哈散在消灭卡希娜以后，就应当进袭迦太基。而我们的参考书却只有关于迦太基被毁的节录资料。哈散一路无阻，直奔阿非利加的首都。可以认为，阿拉伯军在这次征战中，有一支柏柏尔人的辅助部队陪同。各种文本记载，柏柏尔人在失败后，曾与哈散达成和解，答应提供一万二千名兵士，与他一起对敌作战。哈散把这支部队分成两部分，委任卡希娜的

---

① 伊本·阿卜德·哈克姆的著作，第80页。
② 参见马利基的著作第1卷，第37页。达巴格：《凯鲁万人的信仰概貌》，第62页。
③ 贝克里的著作，第37～38页。对照梯贡尼的著作，第7页，他提到了罗马人对突尼斯港口拉迪斯的这次袭击。
④ 夏·迪耳和乔·马塞：《东方世界》，公元1944年巴黎版，第207页。莫尼斯：《阿拉伯人对马格里布的征服》，第254页。拜占庭的文本称约翰的远征是在伊历78年（公元697年）。

两个儿子分别统率,"他让他们在马格里布巡弋,与罗马人和叛逆的柏柏尔人厮杀"①。哈散包围了迦太基,罗马人无力抵挡阿拉伯人,就逃窜上船。这一次哈散凭持暴力入城。阿慕尔·本·阿斯第二次进入亚历山大城时,发誓要捣毁它的城墙,把它变成像各地比比皆是的妓院。② 哈散则决定彻底抛弃迦太基。迦太基是罗马人出入的门户,因为它地处边缘且难以守卫。在四周毗邻区域的居民宣布服从后,哈散派出使者,把他们迅速召来,命令他们破坏这座城市,切断通入城里的运河。他们照办了。③ 于是,这座曾经历过第三次布匿战争破坏而幸存下来的永恒城市,就这样被毁灭了。按伊本·伊扎里的说法,"它是一去永不返了"④。伊历82年9月,哈散回到凯鲁万。⑤

(2) 哈散的文治和政绩

由于柏柏尔人的抵抗被铲除和迦太基的毁灭,阿拉伯人的势力稳定下来。哈散·本·努阿曼也因此可以被认为是马格里布地区的真正征服者。哈散住在凯鲁万,"不犯他人,也无人相争"⑥。因此,他开始注意凯鲁万的建设,使它取代迦太基,作为这个地区的首都,一个当之无愧的中心。他先从凯鲁万的大清真寺着手,对它极为重视。伊本·阿卜德·哈克姆说:"哈散修建了当地最大的清真寺。"⑦按马利基的说法,哈散显然是予以重建和扩充(像以后的阿非利加埃米尔们的做法一样)。伊历84年9月

---

① 伊本·阿西尔:《伊历74年纪事》第1卷,第181页。伊本·伊扎里的著作第1卷,第38页。努韦里的著作手抄本,乙本,第75页。
② 伊本·阿卜德·哈克姆的著作,第200页。
③ 伊本·伊扎里的著作第1卷,第35页。伊本·阿西尔:《伊历74年纪事》第4卷,第180页。马利基的著作,第31~32页。
④ 伊本·伊扎里的著作第1卷,第35页。
⑤ 同上书,第38页。《新文本》,第223页。
⑥ 伊本·伊扎里的著作第1卷,第38页。伊本·阿西尔:《伊历74年纪事》第4卷,第181页。
⑦ 伊本·阿卜德·哈克姆的著作,第201页。

（公元703年9月），清真寺落成。① 在安静和平的环境中，这座城市城围扩大，一片繁荣。

哈散重视组织财政管理和军队。有些一掠而过的段落表明，哈散设置了管理机构②，亦即采用档案制和设置官员。那里的管理机构，可能与管理措施相适应，其中最重要的是枢密院。哈散当初从凯鲁万出发的时候，曾任命阿布·萨利赫摄政。③ 这样，从阿布·穆哈吉尔就任总督开始，在马格里布起用幕僚担任要职，就成为一件司空见惯的事情。这里应当指出，伊本·阿卜德·哈克姆确定阿卜德·阿齐兹·马尔万的幕僚塔利德曾统治巴尔卡，当人们对塔利德的政权感到不耐烦的时候，阿卜德·阿齐兹就罢免了塔利德。④ 至于在财政政策方面，哈散组织税收，强迫阿非利加的罗马人和柏柏尔人中的基督教徒缴纳赋税。这些柏柏尔人中，大部分是巴拉尼斯人，少数是布特尔人。⑤ 显而易见，各种文本在这里用的赋税一词，是指人丁税（即被保护人缴付的人丁税）。我们认为，它是指一般的地税和人丁税，包括动产和不动产的贡赋或税捐，也就是每个人要缴纳的金钱。

至于军事政策，自然是与宗教政策紧密相连的。众所周知，征服的宗旨是传播伊斯兰教和阿拉伯化，这是阿拉伯人的使命。功劳归于哈散，是他，第一个使柏柏尔人认真地有组织地参加到阿非利加的阿拉伯军队中来。其实，阿拉伯人一踏进这个地区，伊斯兰教就开始在柏柏尔人中传开

---

① 马利基的著作第1卷，第37页。达巴格的著作，第61页。
② 伊本·阿卜德·哈克姆的著作，第201页。
③ 伊本·阿西尔：《伊历74年纪事》第4卷，第181页。关于阿布·萨利赫的一些业绩，参见马利基的著作第1卷，第37页。
④ 伊本·阿卜德·哈克姆的著作，第203页。
⑤ 同上书，第201页。这文本称罗马人为"非阿非利加人"。伊本·伊扎里的著作第1卷，第28页。《新文本》，第23页。

了。从阿慕尔·本·阿斯时代以来,奥克巴·本·纳菲厄曾在这方面积极活动。阿布·穆哈吉尔使库塞拉皈依伊斯兰教,并同他结盟,在那时候,这种政策开始带来明显的效果。不过,那时,柏柏尔人信奉伊斯兰教和同阿拉伯人结盟,也还是暂时性的,一半出于诚心,一半出于权术。正是哈散强令当地人与阿拉伯人一起肩并肩地服军役。他第一次进入马格里布时,打先锋的就是卢瓦塔族的一个首领,名叫希拉勒·本·萨尔万。我们猜想,这位将领统率了一支卢瓦塔族的部队。当卡希娜的两个儿子要求得到安全保障时,哈散不计睚眦,不念旧恶,慨然允诺,而且争取他俩完全站在阿拉伯人一边,让他们统率效忠于他的柏柏尔军队。哈散在彻底战胜卡希娜后,招募了一万二千名柏柏尔人,将他们编为两队,每队六千人,由卡希娜的儿子伊夫兰和叶兹达扬率领。在阿拉伯军中服役,即意味着信奉伊斯兰教。哈散把教他们学习《古兰经》和伊斯兰教基础的工作,托付给了他随从中十三位德高望重的再传弟子。[①] 教授这些柏柏尔人和其他人学习《古兰经》,当然也意味着教他们学习阿拉伯语,并在他们中间传播阿拉伯的风尚习俗,争取他们彻底阿拉伯化。因此,阿拉伯化一开始便与伊斯兰教齐头并进。

这一次,柏柏尔人就这样怀着正确的意愿皈依了伊斯兰教[②],"他们兴建清真寺,在他们过去的清真寺里,调正礼拜正向,在清真寺里使用讲经坛,决心在里面举行聚礼"[③]。宗教活动不局限在阿非利加和中马格里布,还深入到西马格里布。在那里,奥克巴建造了德腊和纳菲斯两座清真寺。有的文本记载"在哈散时代,首次使用讲经坛是在阿格马特-希拉纳清真

---

① 《新文本》,第223页。
② 同上。
③ 同上。

寺,当时是伊历85年(公元704年),这个日期镌刻在讲经坛上"①,亦即在哈散的埃米尔政权结束前不久。

突尼斯的兴建

哈散的名字一方面同阿非利加古都的破坏者相提并论,另一方面,也与现在的首都——突尼斯市连在一起,整个地区也由此城而得名。哈散在凯鲁万立足下来,境内一片升平景象,尔后,他就考虑兴建一座强大的新城,取代迦太基,使阿非利加可以由此俯瞰外部世界——不过得比较小心谨慎。哈散将此事禀告哈里发阿卜德·马利克。哈里发认为埃及将以它的海上经验做出贡献,于是命他的兄弟埃及总督阿卜德·阿齐兹·马尔万提供一千户精通造船手艺的科普特人,前往阿非利加,去建设这座被确定为对付罗马人的海军基地城市。② 在建城过程中,柏柏尔人也做出了贡献。他们的一项"劳役",是从深山老林里采伐必要的木材建造船只。我们猜测,这项工作同义务兵役制一样,是服役中的一种。文本记载:"这项(工作)让他们永远承担下去。"③所以,我们宁可采用现在的说法,称此为"劳役"。

伊历84年(公元703年),哈散从凯鲁万城出发,去踏勘一块离迦太基遗址不远的地方。由马利基的传述④知道,哈散此行,犹如一次"侦缉"远征,因为他在此期间扑灭了靠近海边的一次潜伏抵抗。当他抵达离突尼斯市几里路的坦巴扎村的时候⑤,他派幕僚阿布·萨利赫前往扎格万

---

① 《新文本》,第223页。我们看到另外一些文本,如伊本·伊扎里的著作第1卷,第43页,把阿格马特讲经坛的设置,归功于穆萨·本·努塞尔。这也许是因为这些文本把哈散的埃米尔权力的结束同穆萨担任总督的开始,确定在这个年份之前。其实,我们对哈散同西马格里布的关系,一无所知。
② 参见贝克里的著作,第37页。梯贾尼的著作,第6页。
③ 贝克里的著作,第37页。
④ 马利基的著作第1卷,第37页。
⑤ 关于坦巴扎,参见梯贾尼的著作,第8页,注释1:"当时称为'穆罕默迪亚'。"

堡。阿布·萨利赫在扎格万堡前的一个地方扎下营寨,这地方就以他的名字著称,叫做"阿布萨利赫居民点"。不过,同当地人交战了三天之后,他却无力攻下它来。哈散不得不亲率骑兵前去夺取这座堡垒。他从扎格万回到坦巴扎村,再从那儿去选建突尼斯的地方。① 从各种文本知道,这块地方原来荒无人烟。当时这儿有一个村庄,叫做塔尔希什,建港口的地方那时叫拉迪斯。② 至于这座城市之所以称为突尼斯,乃是因为有个传述说,当地有一个修道士住的禅房,人们避居在它的周围,因为跟着修士们习唱赞美诗而相互亲热起来,大家便称这个禅房为"突阿尼斯",这块地方就称为"突尼斯"。③ 较为可信的说法是,当地原有一个名叫突尼斯或提尼斯(Tynès)④的古老村落。就像对待别的城市一样,也有人企图找到此词的阿拉伯语渊源。

功劳归于贝克里,他为我们提供了有关突尼斯的位置和如何兴建的有趣资料。这些资料旨在说明要建造"一个兵工厂,它将永远驻扎穆斯林们的军队,存放他们的装备……在那儿建造船只,在陆上和海上同罗马人作战,并由此去袭击罗马人的海岸,使罗马人鉴于穆斯林及其地位的巩固,而无暇顾及凯鲁万"⑤。科普特人由陆路到达。哈散把他们派往塔尔希什,那里已确定为新造船厂的所在地,它的优点同迦太基一样,不向海洋敞开。迦太基被围在北面的(赖亚纳)沼泽和南面的(突尼斯)湖之间,

---

① 马利基的著作,第37页。对照达巴格的著作,第61页,那里用丹吉尔代替坦巴扎,第62页用扎阿法兰代替扎格万。
② 贝克里的著作,第37页。《考证书》,第121页。伊本·阿比·迪纳尔:《趣闻》,第6~7页。关于塔尔希什,参见莫尼斯:《阿拉伯人对马格里布的征服》,第262页,注释2。
③ 贝克里的著作,第78页。《考证书》,第121页。
④ 参见哥提埃:《北非往昔》,第127页。
⑤ 贝克里的著作,第38页。拉迪斯驻地名传遐迩。圣战者受宣教鼓励曾去那儿驻守。因此传说,马什里克的伊斯兰教学者写信给阿非利加人说:"谁为我们在拉迪斯驻扎一天,我们就为他做一次朝觐。"见梯贾尼的著作,第6页。

坐落在半岛形的舌头上,而突尼斯则偏向内陆,在湖泊之西,通过东面的拉迪斯港与地中海沟通。湖泊很浅,战舰艨艟无法航行,必须开凿一条横贯其中的运河,连接突尼斯的兵工厂和拉迪斯的港口或码头。哈散便是这样做的(参见图八)。在湖泊的出口当然可以用锁链封闭这条运河,贝克里的时代,曾出现过这种情况。[①]

这座滨海城市如愿建成。科普特人在兵工厂中繁衍,并由此遍布马格里布的其他沿海地区。[②] 他们把庞大的埃及造船业建立起来。"从那时

图八 突尼斯和迦太基的位置

参见哥提埃:《北非往昔》,第127页;朱利安:《北非史》,第67页。

(按原图译制)

---

① 贝克里的著作,第38页。梯贾尼的著作,第6页,在第7页中,他引证别人的话说:"突尼斯湖的地方,在被哈散沟通之前,原是农田和果园。"
② 梯贾尼的著作,第6页。

起,突尼斯一直人烟稠密。穆斯林们由此出发去袭击罗马人的地盘,屡战屡胜。罗马人频频遭受重创。"①

这座新城的崛起,意味着在马格里布的阿拉伯人从原来是一支陆军,对昏暗的海岸心存惧怕,现在他们成了一支海上武装;同时也意味着罗马人的海军日趋衰退,已不像过去那样称雄海洋,威胁阿拉伯人了。继承迦太基传统的突尼斯的建成,为哈散在马格里布的业绩加上了一顶桂冠。他被称为"忠实的老人",理应返回马什里克去呈报他的功绩。于是,他回到大马士革,此后再也没有返任。

2.哈散被黜和穆萨·本·努塞尔就任总督

哈散被黜

哈散的被黜和穆萨·本·努塞尔就任阿非利加总督的背景,在很大程度上,类似穆阿维叶时代末期奥克巴的被黜和阿布·穆哈吉尔·迪纳尔的接任情况。在历史事件的进程中,私欲和个人野心是起作用的。埃及总督在哈里发面前感到自己举足轻重,企图独揽马格里布的大权,将其与大马士革隔绝。然而与此同时,按照已成为传统的政策,阿卜德·马利克·马尔万直接过问马格里布的事务,当时他的兄弟兼王储阿卜德·阿齐兹·马尔万统辖埃及,仿佛不是一个从属的埃米尔,而是一位加冕的国王。伟大的埃及总督开始注意马格里布。阿卜德·阿齐兹是有权这样做的,因为埃及是进行征服的基地和后盾,同时,他本人不仅注视着马格里布,而且对大马士革和哈里发政权也虎视眈眈。

作家们就这样在这个狭窄的框框里确定了哈散被解除马格里布总督一事,似乎这是阿卜德·马利克和他的兄弟阿卜德·阿齐兹之间一种竞

---

① 贝克里的著作,第39页。

争的结果，或者是对马格里布总督特权的一种争执。一方面，阿卜德·阿齐兹不满意(代表阿卜德·马利克的)哈散，想用他的幕僚、阿卜德·马利克并不中意的穆萨·本·努塞尔更换哈散；另一方面，哈散作为马格里布的总督，想对整个地区施展他的权力，从而在管理已属埃及辖区的巴尔卡一事上，触犯了阿卜德·阿齐兹。①

于是，伊本·伊扎里根据马格里布总督受辖于埃及总督的原则，认为正是阿卜德·阿齐兹·马尔万把哈散从马格里布解职的。② 伊本·阿卜德·哈克姆则认为，哈散回到阿卜德·马利克处，呈报他亲自完成的征服，并交呈了他所获得的战利品和钱财的账目。③ 后来，当他在归途中到达埃及时，他与阿卜德·阿齐兹为巴尔卡一事发生口角。巴尔卡原是由阿卜德·阿齐兹委派他的侍从(亦即奴隶)塔利德管理的。④

作家们对哈散回到马什里克的年份众说纷纭，莫衷一是。事情被伊本·阿卜德·哈克姆搞混了，他确定哈散的归期是伊历76年(公元695年)和伊历78年(公元697年)，这是为了使这个日期与他所引证的各种关于阿卜德·阿齐兹·马尔万(卒于伊历85年[公元704年])和哈散之间争执不和的传述相互协调，而作家们又从伊本·阿卜德·哈克姆处转引这些传述。伊本·阿卜德·哈克姆在对待阿卜德·阿齐兹和祖赫尔·本·盖斯·巴勒维时，也是这样做的。他说，他们两人之间存在争执，因此，他确定祖赫尔于伊历76年遇害，而且为了使这个传述站得住脚，他还

---

① 关于阿卜德·阿齐兹和哈散对巴尔卡的争执，参见伊本·库特巴：《领导和政治》第2卷，伊历1328年开罗版，第49页。
② 伊本·伊扎里的著作，第38页。对照《领导和政治》第2卷，第50页："伊历79年2月，阿卜德·阿齐兹任命穆萨为总督。"
③ 伊本·阿卜德·哈克姆的著作，第201页。
④ 同上书，第203页。

把祖赫尔置于哈散的麾下①。我们认为,伊本·阿西尔为穆萨·本·努塞尔就任总督之职所确定的年份是可取的,即伊历 86 年(公元 705 年)②。如前所述,哈散出发去兴建突尼斯城,是在伊历 84 年(公元 703 年)。倘若此时哈散已经被黜,那么,罢免他的乃是阿卜杜拉·本·阿卜德·马利克③。

阿卜杜拉于伊历 85 年(公元 704 年)继承叔父阿卜德·阿齐兹·马尔万,担任埃及总督,这样,阿卜德·阿齐兹和哈散之间争吵的故事就不正确了。这个引人入胜的故事造成作家们故意更改哈散被黜的日期,将它放在伊历一世纪的八十年代,而不是九十年代。伊本·伊扎里支持这一点,说当哈散到达叙利亚时,瓦利德·本·阿卜德·马利克已经在伊历 86 年底继承他父亲即位当了哈里发。

尽管如此,伊本·伊扎里却叙述了阿卜德·阿齐兹·马尔万(卒于伊历 85 年)霸占哈散带来的"马匹、行李、细软和男女仆役"④的故事。这难免造成时间上的混乱,伊本·伊扎里曾注意及此。他说:"哈散的历次征战,没有确切的时间,对此,应该从哈散归来时装在皮囊水袋里带回的金银财宝,以及从他带来的罗马人和柏柏尔人的名门闺秀中的男女侍从和女奴等有关确凿资料来加以考证。"⑤伊本·伊扎里的传述说,哈里发瓦

---

① 伊本·阿卜德·哈克姆的著作,第 200 页。
② 伊本·阿西尔:《伊历 86 年纪事》第 4 卷,第 259 页。对照努韦里的著作,手抄本,甲本,第 76 页。那里确定的时间是伊历 89 年。我们猜想,这是誊抄者的错误。
③ 伊本·阿西尔在《伊历 74 年纪事》(第 4 卷第 181 页)中曾对此加以引述。伊本·伊扎里(的著作第 1 卷,第 41 页)把此放在伊历 86 年的事件中。然而传述者在这里错误地介绍了阿卜杜拉,称:"瓦利德委其叔父阿卜杜拉·本·马尔万统辖埃及。"伊本·阿西尔后来在《伊历 85 年纪事》(第 4 卷,第 447 页)中更正了这个名字,说在阿卜德·阿齐兹·马尔万殁后,"阿卜德·马利克把他的职务交给自己的儿子阿卜杜拉·本·阿卜德·马利克,由他统辖埃及。"
④ 伊本·伊扎里的著作第 1 卷,第 39 页。
⑤ 同上。

利德·本·阿卜德·马利克对哈散缴献的珍宝财物,大加赞赏。不过在这个传述的字里行间,却带有在对战利品和钱财的估计上发生争执的味道,哈散对瓦利德说:"我仅为真主才出发去圣战,我辈决不会背叛真主和哈里发。"①接着,他又信誓旦旦地说:"我永不背弃倭马亚人。"伊本·伊扎里最后说:"哈散被称为忠实的老人。"②我们不清楚,这究竟是对哈散所具优点的肯定,还是旨在否认可能在钱财问题上对哈散的种种怀疑。哈散的时乖命蹇引出了继承他统辖马格里布的穆萨·本·努塞尔。

对哈散的被黜和归来,尽管有种种争论,然而,他没有再返回马格里布的真正原因,很可能是他在回到马什里克不久便去世了③,或者是因病亡故了。

穆萨·本·努塞尔就任总督

由于上述原因,我们舍弃在确定时间上矛盾百出的其他传述,而采用伊本·阿西尔的传述。

据其记载,伊历86年(公元705年),穆萨·本·努塞尔由瓦利德·本·阿卜德·马利克派往阿非利加就任总督。④

古代作家们对穆萨·本·努塞尔的出身意见分歧。有人说他是拉赫

---

① 伊本·伊扎里的著作第1卷,第39页。对照努韦里的著作,手抄本,甲本,第76页。
② 同上。
③ 参见伊本·阿卜德·哈克姆的著作,第203页,他在指出阿卜德·阿齐兹同哈散·本·努阿曼的争执后说:"哈散过后不久即去世。"
④ 对照《新文本》,第223页,它把穆萨出发到马格里布的时间,定在伊历89年。这个年份比较靠后了,可能原来是伊历86年。伊本·伊扎里所引证的说法,是:"伊历83年,哈散就任总督。"见伊本·伊扎里的著作,第1卷,第21页,但他在谈到穆萨时,则把他算在伊历88年就任总督(见马卡里的《麝香煎风》,第6卷,第108页),辛于伊历98年。但他接着又说:"穆萨任安达卢西亚和马格里布的埃米尔达十八年之久。"(第1卷第46页)倘若上述说法属实,那也只有十年时间。至于要解释这个错误,就我们所知,是因为他采用了一些认为穆萨大约在伊历80年就任总督的传述。参见我们前已引述的伊本·阿卜德·哈克姆的传述。

姆族人,也有人说他是巴克尔·本·瓦伊勒族人或者与祖赫尔一样,是巴勒维族人。① 后人显然想制止对这个光辉人物的分歧意见。他的子孙后代在埃及、马格里布和安达卢西亚地位显赫,他们把穆萨列为圣门子弟之一,认为他的名字是穆萨·本·努塞尔·本·阿卜德·拉赫曼·本·泽德(一译载德),而泽德是使者(穆罕默德)的弟子。② 这就是说,他们首先把他看作是一个辅士,出身高贵门第,而不是哈立德·本·瓦利德在艾因塔姆尔战役中抓来的俘虏或者只是倭马亚族人的一个扶助者。③

其实,穆萨的父亲努塞尔原任穆阿维叶的卫队长之职,是叙利亚的埃米尔。他性格刚毅,具有远见卓识,即使在严重危机的时刻,他也敢于对穆阿维叶的一切愿望置之不理。④ 至于穆萨,则在马什里克历任要职。他在马什里克最后担任哈里发阿卜德·马利克的兄弟、年轻的巴士拉总督比什尔·本·马尔万的谋士。巴士拉财政管理腐败,哈里发唯穆萨是问,并欲予以惩办。穆萨就逃往阿卜德·阿齐兹处,很得阿卜德·阿齐兹的青睐。后者为他向阿卜德·马利克说情,终于求得赦免。穆萨在阿卜德·阿齐兹的庇护下,住在福斯塔特。⑤ 我们不知道穆萨在埃及的活动情

---

① 参见伊本·伊扎里的著作第1卷,第39页;白拉祖里的著作,第230页。前人在穆萨问题上的这种分歧,其影响延及今人。杜齐说:"穆萨是也门的阿拉伯人。"见《西班牙的穆斯林史》第1卷,法文本,第132页;弗拉武赞则认为:"穆萨及其儿子们没有从杜齐所肯定的哈里发苏莱曼的也门种族主义政策中得到好处。"见《阿拉伯国家史》,阿布·里达博士的阿拉伯文译本,第252~253页。
② 这在伊本·巴什卡瓦勒的《礼物》第2卷,第481页,已经提到(译本第1061号)。伊本·伊扎里(的著作第1卷第39页)和《新文本》(第223页)也都曾引证。
③ 《史话集》,第3页。白拉祖里著作,第230页。
④ 参见伊本·阿西尔:《伊历86年纪事》第4卷,第259页:"努塞尔不答应与穆阿维叶一起出发到隋芬去反对阿里,他当时对穆阿维叶说:'我不和你站在一起去背叛比你更应得到感谢的尊严的安拉。'穆阿维叶默然不语。"伊本·希利甘的著作第4卷,第402页。
⑤ 参见伊本·库特巴:《领导和政治》第2卷,第48~49页。并见伊本·伊扎早的著作第1卷,第40页:"阿卜德·马利克要穆萨缴纳十万第纳尔罚金,阿卜德·阿齐兹代他缴了一半。"

况。不过阿卜德·阿齐兹显然坚持要让穆萨任马格里布总督之职。哈里发国家派在马格里布的总督在柏柏尔人的暴动面前屡屡失败,是阿卜德·阿齐兹坚持推荐他自己的人的有利因素之一。伊本·阿卜德·哈克姆追溯说:"当哈散要求阿卜德·阿齐兹把他的幕僚塔利德从巴尔卡撤走时,阿卜德·阿齐兹说:'我不会这么做,因为我一旦放弃它,罗马人便会来侵占。'"①我们可以这样认为,在哈散去世后,穆萨就是阿非利加总督的候选人。我们猜想,那时支持选他的,是如前所述的哈里发瓦利德·本·阿卜德·马利克的兄弟、新任埃及总督阿卜杜拉·本·阿卜德·马利克。于是,哈里发便派穆萨前往阿非利加。

(1) 穆萨在马格里布的业绩

穆萨到达凯鲁万,从哈散在阿非利加的代理人、他的幕僚阿布·萨利赫手中接管了权力。②伊本·库特巴说:"穆萨对待阿布·萨利赫很凶,命他缴纳一万第纳尔罚金,并将他戴上镣铐发配回马什里克。"③穆萨到马格里布来,显然期望取得前人未竟的业绩。这一点,可以从伊本·库特巴所讲述的并为伊本·伊扎里引证的传述中知道:穆萨率兵到阿非利加时,他杀了一只落在他身上的鸟,把血涂在他衣服胸口,拔掉鸟毛,将鸟挂在身上,他说,他就是征服者,就是克而白④的主人。⑤ 穆萨登上讲经坛,向人们演讲:"在我面前的阿非利加人中,只有两种人:愿意得到宽宥的和平共处者……或者信仰不坚、浅薄无知的人……凭真主发誓,我决不会离开这些崇山峻岭和坚固城堡,直到真主为了穆斯林们使其最高之巅变得卑下,

---

① 伊本·阿卜德·哈克姆的著作,第203页。
② 伊本·阿西尔:《伊历86年纪事》第4卷,第259页。
③ 伊本·库特巴:《领导和政治》第2卷,第50页。
④ 克而白是麦加的天房,因具骰子之形而得名。——译者
⑤ 伊本·库特巴:《领导和政治》第2卷,第51页。伊本·伊扎里的著作第1卷,第41页。

使最坚之城遭受屈辱，并征服它们。"①事实上，哈散虽然荡平了阿非利加和中马格里布，但阿拉伯人还没有征服西马格里布。这个重任就落在穆萨肩上。穆萨开始采取的行动，是消灭在阿非利加残存的隐蔽抵抗。他派出五百人的骑兵营前往（距凯鲁万城一天路程的）扎格万堡，完成对它的征服，把一万俘虏押回凯鲁万。②

穆萨在中马格里布和西马格里布的远征，取得了辉煌的成功。据说，这些远征就像一些军事游戏。作家们只谈到臆想的奴隶和俘虏的数字，有的城市，竟多达十万以上。③

至于（征服的）年份，则并未核定，或绝对无从查考，采取军事行动的地点，也没有依次确定下来。各种文本相互一致的，是穆萨·本·努塞尔曾进行三次大规模的军事行动，其中一次，由他亲自指挥，其他两次，则由他的两个儿子阿卜杜拉（大儿子）和马尔万领导。扎尔阿·本·阿比·穆达里克进行的第四次行动，也有所述及。功劳归于普罗旺萨耳发表的奥贝德拉文本，它清楚地阐述了远征西马格里布的主要步骤，并且还提到二十年前的奥克巴·本·纳菲厄所进行的大规模远征。这里，我们必须指出，作家们可能是把穆萨·本·努塞尔的业绩和奥克巴·本·纳菲厄的业绩混为一谈，把穆萨的一些功绩也记在奥克巴身上了。

在哈散回马什里克以后④，穆萨开始着手制服桀骜不驯的柏柏尔部族，这些部族尚未归降阿拉伯人。穆萨从阿非利加出发，前往中马格里布

----
① 伊本·库特巴：《领导和政治》第2卷，第51页。
② 伊本·伊扎里的著作第1卷，第41页。
③ 参见伊本·阿卜德·哈克姆的著作，第204页；伊本·伊扎里的著作第1卷，第40页。对照伊本·阿西尔的《伊历86年纪事》第4卷，第259页；努韦里的著作手抄本，乙本，第76页。
④ 伊本·阿西尔：《伊历86年纪事》第4卷，第259页。

和丹吉尔省。柏柏尔人望风披靡,向西溃逃。① 穆萨跟踪追击,经过近苏斯,到达萨杰拉马萨地区和德腊河。② 在这次惊人的追击中,惊慌失措的各个部族③显然相互混杂在一起。奥贝德拉叙述说:"穆萨(在德腊河)遇到库塔马族人,他杀死了这个部族的国王塔蒙。"④引证伊本·库特巴著作的伊本·伊扎里在提到库塔马族之外,还加上胡马拉族和扎纳塔族。⑤ 这些部族向穆萨投降,他就从中选出一人令其统管,并从他们的贵族中扣留人质。穆萨感到放心之后,才带了大量俘虏班师东返。⑥ 穆萨回到马格里布,在那里与桑哈贾部族遭遇。在木卢亚河,穆萨杀死了他们的头领。⑦

许多传述夸大了穆萨在这次远征中所取得的成就,竟说在小小的萨朱马(或萨库马)城——乌尔贝族的一座城市——他就俘虏了十万人。这使哈里发瓦利德大为惊异。他下谕给穆萨说:"愿你遭难。朕以为,这是你的一次谎言。倘若你所说属实,那么,它是各民族云集之地。"⑧在萨朱马,穆萨借助奥克巴的儿子们,又一次为奥克巴报仇泄愤。他们是伊亚德、奥斯曼、阿布·奥贝达和穆萨,他们跟随穆萨·本·努塞尔杀死城中

---

① 伊本·伊扎里的著作第1卷,第42页。
② 同上。
③ 《新文本》,第224页。
④ 参见伊本·库特巴:《领导和政治》第2卷,第53页,他错误地提到库塞拉·本·拉姆扎姆之死。显然,他本是想讲述库塞拉的儿子们即乌尔贝族诸王子。伊本·伊扎里的著作第1卷,第41页,称库塔马族之王为塔蒙,说穆萨没有把他杀死,而是"将他送到阿卜德·阿齐兹·马尔万处,后者在奥克巴村的池塘将塔蒙处死,那儿迄今还称为塔蒙池塘"。
⑤ 《新文本》,第224页。
⑥ 伊本·伊扎里的著作第1卷,第41、42页。
⑦ 《新文本》,第224页。
⑧ 贝克里的著作,第117~118页。《考证书》,第194页,注释3。对照伊本·库特巴的著作,第2卷,第54页,他把这次征服定于伊历83年,说穆萨的大将有伊亚德·本·奥克巴、扎尔阿·本·阿比、穆达里克、穆基拉·本·阿比、巴尔达和纳杰达·本·穆卡西姆。

六百名头领显要。①

穆萨取得这样辉煌的成绩,自然而然就扩大了他在马格里布其他各地的活动范围。他派儿子马尔万率兵五千前往远苏斯,②命大将扎尔阿·本·阿比·穆达里克挥师征讨高阿特拉斯山的马斯穆达族的柏柏尔人③。两次远征都获得成功。马尔万带回的大批俘虏,成了作家们浮想联翩的话题。④扎尔阿尚未开战,马斯穆达人即宣布归顺,向他送上马斯穆达族和非马斯穆达族的人质。⑤继奥克巴之后,这是阿拉伯骑兵第二次踏进马斯穆达地界。马斯穆达人心甘情愿地皈依伊斯兰教。伊斯兰教在当地的传播就肯定下来。⑥

(2) 征服丹吉尔

穆萨完成从德腊沙漠、远苏斯到马斯穆达族地区的中马格里布和西马格里布的征服之后,便将目光投向从奥克巴时代起就由罗马的亲王朱利安统治的丹吉尔。这里说的丹吉尔并不是指丹吉尔城,而是指一个行省,它在古代地域辽阔,足有一个月的路程。后来,作家们在谈丹吉尔的征服时,乃是指近苏斯的征服,即位于丹吉尔以南的地区,那里的各个部族已被制服,穆萨指派了一个最有声望的人担任总督。⑦ 穆萨第一次成功

---

① 参见伊本·库特巴的传述(《领导和政治》第2卷,第54~55页);伊本·伊扎里(曾引证此传述)的著作第1卷,第41页;《新文本》,第224页。
② 《新文本》,第224页。参见伊本·阿西尔:《伊历86年纪事》第4卷,第259页。他称马尔万为哈龙。对照伊本·库特巴的《领导和政治》第2卷,第58页。
③ 《新文本》,224页。伊本·伊扎里的著作第1卷,第43页(引证伊本·卡坦的传述)。
④ 伊本·伊扎里的著作第1卷,第44页:"当马尔万从苏斯到达时,穆萨迎了出来,两人相会。马尔万命跟随在他父亲身旁的每一个兵士都领取一个年轻的侍者或婢女。穆萨对马尔万的兵士们也发出同样的命令。于是,人们回来时,都各自带着一个年轻的侍者或婢女。"
⑤ 伊本·伊扎里的著作第1卷,第43页。《新文本》,第224页。
⑥ 伊本·伊扎里的著作第1卷,第43页。
⑦ 同上书,第205页。

地夺取了丹吉尔(城),城里住着的柏柏尔人中的布特尔人和巴拉尼斯人的部族,他们都尚未归顺。① 穆萨派儿子马尔万率领一支一千七百人的军队,驻守在丹吉尔海边。② 对马尔万来说,驻军的条件显然并无有利。他与幕僚们想方设法,把领导权丢给塔里克·本·齐亚德之后,很快就离去了。③ 柏柏尔人对去丹吉尔沿海驻守显然怀有空前的热情,塔里克军不久便增至一万二千人。这些柏柏尔人中也包括马斯穆达族的人质和阿非利加、马格里布其他柏柏尔人的人质。有十几位阿拉伯的教律学家给他们讲授伊斯兰教教义和法律基础。④ 因此,除还在朱利安控制下的休达区域⑤之外,西马格里布的征服已经完成,伊斯兰教也已传开。这大约是在伊历90年(公元708年),与某些作家确定穆萨就任马格里布总督的时间相近。⑥ 穆萨任用塔里克·本·齐亚德统辖丹吉尔后⑦,决定班师东归。在回凯鲁万路上,他用比什尔·本·福蓝去征服距离凯鲁万三天路程的马贾纳城。此城位于现在突尼斯和阿尔及利亚的边境,比什尔以自己的

---

① 伊本·阿卜德·哈克姆的著作,第205页。对照《史话集》,第4页;马卡里:《麝香煦风》,第1卷,第108页,他说:"在(穆萨)以前,它从未被征服过。据说,它曾被打开,接着又关闭了。"
② 参见伊本·阿卜德·哈克姆的著作,第204页。
③ 同上。
④ 同上。伊本·阿卜德·哈克姆记载的一个传述称:"塔里克除有十六名阿拉伯人外,还拥有一万二千名柏柏尔人。"他接着说:"这是不正确的。"其实,这个文本的作者是想说,这支守军由柏柏尔人组成,十六名阿拉伯人,则是被委派来教柏柏尔人伊斯兰教义的穆斯林教律学家。对照伊本·伊扎里的著作,第1卷,第43页;伊本·阿西尔:《伊历86年纪事》,第4卷,第259页。并见伊本·希利甘的著作第4卷,第403页,他说:"塔里克军共有一万九千名柏柏尔骑兵。"
⑤ 参见伊本·阿卜德·哈克姆的著作,第205页。他确定安达卢西亚沿岸的马贾兹城(即阿耳黑西拉斯)也属于朱利安。
⑥ 参见《新文本》,第224页。至于伊本·阿卜德·哈克姆,则确定此事发生在伊历92年。这个年份偏晚,因为在这一年里发生了对安达卢西亚的远征,那是在经过一段时间的休养生息和深思熟虑之后才完成的。
⑦ 参见伊本·阿卜德·哈克姆的著作,第205页。他说:"穆萨罢免了原来的丹吉尔统治者——我们猜想这是指马尔万·本·穆萨——而委任塔里克·本·齐亚德。"

名字命名此城,称为比什尔堡。①

(3) 海上活动

塔里克·本·齐亚德在丹吉尔就任总督和他在西马格里布独立领导阿拉伯军,被认为是阿拉伯人和柏柏尔人关系正常发展的最好结果。这是一种兄弟情谊和同盟的关系,由于库塞拉同阿布·穆哈吉尔缔盟,这种关系开始奏效,尔后见之于起用卡希娜的儿子们来率领哈散的军队和让塔里克的独立领军,塔里克后来又在马格里布采取最大的军事行动——征服安达卢西亚。从塔里克的家谱知道,这种(关系的)发展经历了三代而达到顶点。他,他的父亲和他的祖父阿卜杜拉都有阿拉伯名字。而其曾祖,则是柏柏尔尼弗扎瓦族的瓦勒古·本·瓦尔法朱姆②。如果说,安达卢西亚的征服当归功于塔里克,那么,我们也不应忘记穆萨在扩大海上活动范围方面的功劳——没有这些海上活动,就不可能完成对安达卢西亚的征服。穆萨在海上进行远距离的袭击,一直打到西西里岛、撒丁岛、(巴利阿里群岛的)马略卡岛和梅诺卡岛。

穆萨重视突尼斯城的建设,以做好远征准备。他扩建了那里的兵工厂,开凿连接拉迪斯港和突尼斯城的长达十二里的运河。有了这条运河,突尼斯城就成为船只的避风港。③

---

① 伊本·阿西尔:《伊历92年纪事》第4卷,第259页。努韦里的著作手抄本,乙本,第76页。至于伊本·阿卜德·哈克姆,则在其著作205页中说:"征服者是布斯尔·本·阿比·阿尔塔,这个地方遥称为布斯尔堡。"大家知道,布斯尔曾随奥克巴参加早期征服,不过我们不清楚他是否也曾陪同穆萨去征服马格里布。他的卒年,其实也众说纷纭,有的说他卒于穆阿维叶时代,也有说是在阿卜德·马利克时代。参见伊本·阿西尔:《丛林狮子》第1卷,第180页。伊本·阿卜德·哈克姆采用第一种说法(见其著作206页)。
② 参见伊本·伊扎里的著作第1卷,第43页。认为塔里克是哈马丹人或者波斯人的说法,则毫无可靠的根据(《史话集》,第6页)。我们认为,这些传述出于波斯作家的臆造,他们想把一切伟大的功绩都归于他们波斯人。这发生在他们中掀起反阿拉伯主义的活动之后。
③ 伊本·库特巴的著作第2卷,第56页。

据传,远征西西里岛是从突尼斯出发的,主将阿亚什·本·阿赫亚勒在锡腊库扎城登陆,"将该城洗劫一空,平安凯旋"①。至于袭击撒丁岛,则尽管传述对占领后所获得的大宗战利品颇为重视,但入侵的结果却不妙。由伊本·阿卜德·哈克姆的传述知道,领导这次侵袭的是埃及舰队的司令胡泽勒族的阿塔·本·拉菲阿。②他从苏萨城出发,随同的有阿布·阿卜德·拉赫曼·哈卜利和著名的再传弟子萨那人汉什·本·阿卜杜拉。③阿拉伯海军在该岛的都城登陆。他们特别把卡塔德拉伊亚④(伊本·阿西尔称之为大教堂⑤)当作他们的目标,把那里的珍宝、金银器皿和当地人积聚起来的钱财,占为己有。⑥ 这个传述特别重要,因为它指出被一只金壶所诱惑的一伙人的漫无秩序,他们私藏战利品(缴获)中的钱财,千方百计地瞒过他们的长官,将其塞入剑鞘,甚至藏在猫的尸体里。命运不愿让他们安享这些背信弃义攫取来的钱财。他们的船只在归途中遇到艰险,风暴骤起,船只互撞,竟至粉碎。⑦ 按照伊本·库特巴的说法,许多人淹死在靠近阿非利加海岸的地方。在找到的尸体中,"许多溺死者身上还带着第纳尔"⑧。阿布·阿卜德·拉赫曼·哈卜利和汉什却得救了,因为他俩"没

---

① 伊本·伊扎里的著作第1卷,第43页。伊本·库特巴:《领导和政治》第2卷,第57页,他把这次入侵列在伊历86年。
② 伊本·阿卜德·哈克姆的著作,第209~210页。他称之为"阿塔·本·拉菲阿·毛拉·胡泽勒"。伊本·库特巴:《领导和政治》第2卷,第56页。
③ 伊本·阿卜德·哈克姆的著作,第209页(他称之为萨巴人,而不是萨那人)。
④ 卡塔德拉伊亚,意大利文Cattedrale,大教堂。——译者
⑤ 伊本·阿西尔:《伊历92年纪事》第4卷,第272页。
⑥ 伊本·阿卜德·哈克姆的著作,第209页。对照伊本·阿西尔的《伊历92年纪事》第4卷,第372页。努韦里的著作手抄本,甲本,第82页。传述指出,他们自发地到教堂里掠夺钱财,当时,有人射入一只鸽子,箭头钉在天花板上,木板碎裂,钱币纷纷落在他们身上。
⑦ 伊本·阿卜德·哈克姆的著作,第209页。
⑧ 伊本·阿西尔:《伊历92年纪事》第4卷,第373页。他说:"他们都溺死了,无一生还。"这是夸张的笔法,意思是说许多人都淹死了。伊本·库特巴:《领导和政治》第2卷,第58页。

有染指掳掠物"①。

  作家们把这不幸的结局看作天罚,因为这些人恣意劫掠不义之财,或者是些背信弃义的家伙。穆萨·本·努塞尔当然不能对他的军队中这种违法乱纪行为置若罔闻。他派出自己的助手们,其中有阿姆尔·本·奥斯和亚齐德·本·马斯鲁克,去检查远征军中的生还者。阿姆尔揭露了偷藏钱财的各种离奇古怪的办法,如把第纳尔放在芦苇杆里,权充手杖使用,或在第纳尔上涂上沥青,甚至还有人把钱藏在身体的敏感部位。后来,阿姆尔勒令这些被查出来的水手到突尼斯的兵工厂去。②

  关于上述两次侵袭的时间,作家把侵入西西里岛插入征服马格里布的期间③,并把征服安达卢西亚和侵入撒丁岛混为一谈,从而使伊本·阿西尔把侵入撒丁岛放在伊历 92 年(公元 711 年)的事件之中。④ 比较合乎逻辑的是,侵入撒丁岛是从马格里布的海军基地出发去完成的,而不是从安达卢西亚出发的。因为,征服安达卢西亚才刚开始,阿拉伯人不可能在伊历 92 年就到达安达卢西亚的东海岸。这一点,埃及的传述业已载明,而伊本·阿卜德·哈克姆在谈到赛义德·本·阿菲尔时也已提到。⑤ 因此,这些海上侵袭可能发生在直接征服安达卢西亚之前,而且我们还可以说,这些侵袭对越过狭窄的海峡去进行大冒险是一种鼓舞。

---

① 伊本·阿卜德·哈克姆的著作,第 209 页。
② 同上书,第 210 页。伊本·库特巴:《领导和政治》第 2 卷,第 57 页。
③ 伊本·伊扎里的著作第 1 卷,第 43 页。
④ 参见伊本·阿西尔:《伊历 92 年纪事》第 4 卷,第 273 页。伊本·阿西尔在这次入侵以后,又引述了后来的伊本·哈比卜(伊历 135 年)、法蒂玛王朝的曼苏尔(伊历 323 年)和阿密尔王朝达尼亚的埃米尔穆贾希德(伊历 406 年[公元 1015 年])等时代阿拉伯人对撒丁岛的袭击。
⑤ 伊本·阿卜德·哈克姆的著作,第 209 页。对照伊本·库特巴的《领导和政治》第 2 卷,第 56~57 页,他把时间定在伊历 84 年和 85 年,亦即在穆萨就任总督之前(?)。

(4) 特累姆森的塔里克,他与朱利安的关系

于是,穆萨·本·努塞尔在凯鲁万稳定下来,"他在阿非利加已所向无敌"。他的副手和幕僚塔里克·本·齐亚德在丹吉尔为征服马格里布铺平道路,并觊觎着安达卢西亚。有的作家注意到——他们是有权的——塔里克耽在丹吉尔是令人奇怪的,丹吉尔与休达几乎就是一个城市,它由与安达卢西亚隔海峡相望的两个部分组成,而且,休达又在朱利安的掌握之中。有人倾向于认为,塔里克的基地在后来兴建萨杰拉马萨城的德腊地区以北,即今天的塔菲拉勒,"因为萨累以及后面的非斯、丹吉尔和休达是属于基督教徒的"[①]。但是,这种假设从两方面来说,不值一驳。首先,它同各种文本一致认为塔里克在丹吉尔或丹吉尔沿海的看法大相径庭;第二,阿拉伯人在占据北部的沿海富庶地区之后,还没有在干旱的南部沙漠立足下来。事实上,他们是北向安达卢西亚,而不是南下塞内加尔和西苏丹。

其实,作家们指的是广阔的丹吉尔行省,而不是小小的丹吉尔城。如前所述,丹吉尔行省长达一个月的路程,如果萨累城(今天的拉巴特市)划入行省西面的范围之内,丹吉尔城就要从东一直延伸到中马格里布边境和特累姆森。伊本·阿卜德·哈克姆的一个传述支持这种看法:"朱利安送信给塔里克,怂恿他征服安达卢西亚。当时,塔里克在特累姆森,而穆萨则在凯鲁万。"[②]这就是说,那时候,马格里布的特累姆森可以同阿非利加的凯鲁万相提并论。从而可以揣测,当朱利安同塔里克和穆萨结成同盟的时候,丹吉尔城本身、休达城和朱利安所辖的领地都已划入阿拉伯人的版图之中。这也不妨从《史话集》的一个传述中加以判断。它记述说,

---

① 参见(引证伊本·卡坦传述的)伊本·伊扎里的著作第1卷,第44页。
② 伊本·阿卜德·哈克姆的著作,第205页。

穆萨·本·努塞尔确已征服了丹吉尔,他还企图征服休达,但是发现朱利安的"兵力、装备和援军已不比以往,奈何朱利安不得,于是穆萨就折回丹吉尔,开始采用袭击以夺取朱利安周围的地区,但未成功"①。倘若此事属实,那么,塔里克住在穆萨无力制服的劲敌身旁,就未免太冒险了。

如伊本·阿卜德·哈克姆所说,塔里克与他的妻子乌姆·哈基姆②住在丹吉尔行省东部边境的特累姆森,继续执行阿拉伯人从奥克巴·本·纳菲厄时代以来对待朱利安的睦邻政策,尽管阿拉伯人已经占据休达的腹地,但塔里克并不想夺取休达城。他开始与朱利安互通信息,表示亲善。这位罗马的亲王做出响应,他严格地站在安达卢西亚的哥特人和马格里布的阿拉伯人中间。他同塔里克之间的友谊纽带加强了,并且还互相馈赠礼物。③ 最后,朱利安为阿拉伯人做出了决定性的贡献,这是征服安达卢西亚的积极因素。

作家们把阿拉伯人进入安达卢西亚作为扣人心弦的故事题材,其中最著名的是朱利安的女儿和安达卢西亚国王罗德里克的故事。④ 不过我们这里所关心的是,征服安达卢西亚乃是完成对马格里布征服的自然结果。一方面,我们注意到在自然地理方面,马格里布和安达卢西亚联系密切,以致阿拉伯作家们认为安达卢西亚是马格里布的西翼;另一方面,从腓尼基人、迦太基时代到汪达尔人时代,这两地的历史事件对彼此都具有深刻的影响。这种相互影响延续到阿拉伯人和伊斯兰教时代,甚至一直到近代和现在。

征服安达卢西亚同在此以前阿拉伯人进行的征服不同,其特点在于

---

① 《史话集》,第4页。
② 伊本·阿卜德·哈克姆的著作,第205页。
③ 同上。
④ 同上。《史话集》,第5页。

马格里布人的参加,亦即马格里布地区一经征服,当地人立即站在阿拉伯人一边,积极地参加这次征服(安达卢西亚),甚至可以说,这次征服是由他们独自承担的。这无疑是一件伟大的功绩,它证实了阿拉伯人的光荣和功绩,因为他们成功地执行了他们的使命——博爱和平等使命,把当地人完完全全地争取到自己一边。在这次短暂的征服中,柏柏尔人为了阿拉伯主义和伊斯兰教,显得比阿拉伯人更热情,他们站在他们的阿拉伯兄弟一边,在欧洲传播使命,并为此慷慨捐躯。

于是,伊历92年(公元711年),塔里克率领一万二千名士兵,其中大部分是柏柏尔人,在安达卢西亚登陆。① 伊斯兰军取得了空前辉煌的胜利。他们进入伊比利亚半岛的心脏,就像利刃切乳酪。穆萨·本·努塞尔在凯鲁万听到捷报,在这之前,他名下的五分之一钱财和美貌的西班牙女俘虏已经送到。② 第二年(伊历93年[公元712年]),他带着身边的阿拉伯军亲自前往,并由许多著名人物陪同,其中有瓦利德·本·阿卜德·马利克的幕僚穆吉斯·鲁米、大名鼎鼎的再传弟子汉什和菲赫尔族的哈比卜·本·阿比·奥贝达。穆萨命他的儿子阿卜杜拉留守凯鲁万。③ 他横渡海峡到达安达卢西亚,与塔里克一起,在大约两年时间内,完成或接近完成对安达卢西亚的征服。安达卢西亚的财富、宝藏和俘虏,引起了阿拉伯作家们的丰富的想象,其程度超过了阿非利加和马格里布,甚至超过

---

① 《史话集》,第6页。伊本·伊扎里的著作第43页:"塔里克渡过海峡,到达安达卢西亚,跟他在一起的有阿拉伯人、柏柏尔人及其人质。这些人质是穆萨留给他的,也是哈散在穆萨以前从中马格里布带回来的。"
② 《史话集》,第6页。
③ 参见伊本·阿卜德·哈克姆的著作,第207页;伊本·伊扎里的著作第1卷,第43页。关于汉什,参见伊本·库特巴:《领导和政治》,第2卷,第65页。这里错写成"哈比什·舍巴尼"。正确的是伊本·库特巴的著作中伊本·库提亚的《增补》,马德里版,第137页。参见伊本·阿卜德·哈克姆的著作中加多所写的序,第19页。

(5) 穆萨·本·努塞尔执政的结局

随着完成对安达卢西亚的征服,穆萨·本·努塞尔在马格里布的统治也告结束。哈里发瓦利德·本·阿卜德·马利克召他回去汇报他经手完成的征服,也为了清算他所获得的钱财和珍宝。穆萨打点收拾,准备返回马什里克。他把儿子阿卜德·阿齐兹留在安达卢西亚,自己由塔里克·本·齐亚德陪同,将钱财和金银珍宝装船运到丹吉尔。② 作家们对穆萨横穿马格里布的凯旋队伍,做了精彩的描写。金银财宝装上了车,从丹吉尔出发,"一百一十四辆车,每一辆都装得满满的"。至于俘虏,据来斯·本·萨阿德说:"数量多如穆萨·本·努塞尔为伊斯兰教捕获的俘虏,真还闻所未闻。"③

穆萨把儿子阿卜德·马利克留在丹吉尔之后,浩浩荡荡的队伍便向凯鲁万出发。④ 伊历95年底(公元714年8月),穆萨到达阿非利加的京城。⑤ 他没有入城,而是驻留在凯鲁万附近叫做"马堡"的地方。⑥ 凯鲁万阿拉伯军的将领们派来祝贺使团。他们从穆萨处各有所得。他带来的"各色女奴是罗马和柏柏尔国王们的女儿,她们环佩铿锵,簪饰满身,犹如初升的新月"。⑦

---

① 安达卢西亚的财宝落入穆斯林手中,其中最有名的是一张神桌。参见伊本·阿卜德·哈克姆的著作,第208、211页;伊本·伊扎里的著作第1卷,第43页;《史话集》,第19页;伊本·库特巴的著作第2卷,第63页。
② 伊本·伊扎里的著作第1卷,第43页。
③ 同上。
④ 同上书,第44页。
⑤ 同上。
⑥ 伊本·阿卜德·哈克姆的著作,第211页。伊本·伊扎里的著作第1卷,第44页。
⑦ 伊本·伊扎里的著作第1卷,第44页。此处记载:"他夸耀带来的女奴,认为她们归他所有。他在注意到阿里·本·拉巴赫·西勒米有独霸她们的危险之后,便将女奴分赏给了众人。"

穆萨把阿非利加事务处置妥帖后，令其长子阿卜杜拉代理其职。① 伊历96年初（公元714年秋），他班师东返，随同的有他的其他儿子马尔万和阿卜德·艾阿拉，此外，还有阿拉伯的贵族、柏柏尔人的头面人物和哥特诸王公。② 伊历96年3月23日（公元714年12月8日）星期四，穆萨一行抵达福斯塔特城。③ 在那里，穆萨展示了他所获得的财富，表现出国王般的慷慨。他向福斯塔特所有的教律学家和贵族赠送礼品。④ 在巴勒斯坦，赞巴阿族人像迎接凯旋的国王一样接待他，为他宰了五十峰骆驼。穆萨厚赏了他们。他把自己的一些亲属和年幼儿子留给他们之后，才告别而去，回到大马士革。已经奄奄一息的哈里发瓦利德在病榻上接待了他。

伊历96年6月（公元715年2月），瓦利德去世。穆萨·本·努塞尔成了新哈里发苏莱曼·本·阿卜德·马利克发怒泄愤的目标。对穆萨遭灾罹难的原因，各种传述众说纷纭。这里面有许多个人因素，其中一个原因是穆萨因同塔里克·本·齐亚德争夺征服安达卢西亚的功劳而亏待了塔里克，并侵吞了他的财富和珍宝；⑤还有一个原因是穆萨使苏莱曼失去获得这些财富的机会，而将它献给了弥留之际的瓦利德。⑥

钱财问题毫无疑问是招致对穆萨不满的原因之一，他擅自处置了一部分钱财，从凯鲁万到福斯塔特、巴勒斯坦，沿途大量向名流显贵送礼。众所周知，苏莱曼沿袭穆阿维叶开创的传统，苛刻地向穆萨进行清算。反

---

① 伊本·阿卜德·哈克姆的著作，第210页。伊本·伊扎里的著作第1卷，第44页。
② 参见伊本·伊扎里的著作第1卷，第44页。他把阿拉伯贵族分为古莱什人和辅士等。在柏柏尔人中，他提到了库塞拉和卡希娜的儿子们、亚苏尔人和苏斯国王米兹达纳，此外还有阿非利加诸城的王公。伊本·伊扎里除了叙述哥特诸王公外，还提到马略卡岛和梅诺卡岛的亲王。对照伊本·库特巴的著作第2卷，第66页。
③ 伊本·阿卜德·哈克姆的著作，第211页。
④ 伊本·伊扎里的著作第1卷，第45页。伊本·库特巴的著作第2卷，第67页。
⑤ 伊本·阿卜德·哈克姆的著作，第207、210、211页。
⑥ 伊本·伊扎里的著作第1卷，第45页。马卡里:《麝香煦风》第1卷，第133页。

对穆萨的证人,不乏其人。其中有麦地那人伊萨·本·阿卜杜拉·塔维勒,他原在穆萨军中担任战利品主管(或分配者)。他向苏莱曼控告说:"安拉以合法之财使你富有,而禁绝不义之财……但穆萨没有从他带给你的全部钱财中取出五分之一来。"这就导致苏莱曼把穆萨带来的钱财,尽行没入国库。① 最后,穆萨备受折磨,被迫赔偿巨款。在那样不幸的境遇中,他死去了,仿佛从翱翔的云端一落千丈。

钱财问题上的反目,不仅致穆萨于死地,而且还伴随了新政策的产生,使国家从瓦利德时代过渡到他的兄弟苏莱曼时代。除穆萨外,这种政策还杀死了国内其他文武大官。塔里克·本·齐亚德在马什里克不明不白地死去。库特巴·本·穆斯利姆是征服"河东"②的英雄,也成了苏莱曼泄愤的另一个牺牲品,最后被自己引导而成为英雄和胜利者的人暗杀。穆萨、塔里克和库特巴这些人曾为哈里发国家和伊斯兰教立下丰功伟绩,把疆域扩大到东西两极,最后却被哈里发政权恩将仇报或以怨报德。除去哈里发的脾气或他的私欲之外,有些人还试图用阿拉伯各部族之间的宗派斗争来解释国家政策的剧烈变化。这些人认为,瓦利德原先遵循的政策是笼络盖斯族人,在军事文治中,仰仗他们。而后来苏莱曼奉行的政策,恰恰相反,他偏爱和任用也门族人,迁怒于他们的敌人。③ 这种理论在很大程度上虽然有它的正确性,但仍有商榷余地。因为,塔里克·本·齐亚德是个(阿拉伯人的)扶助者,而对穆萨·本·努塞尔本身,又众说不一,有人倾向于认为,究其渊源,他乃是也门阿拉伯人中的拉赫姆族。④ 也许,他们对王储苏莱曼·本·阿卜德·马利克所持冷淡或敌视的态度,他

---

① 伊本·阿卜德·哈克姆的著作,第211页。
② 这里指底格里斯河以东的波斯等地。——译者
③ 参见杜齐:《西班牙的穆斯林史》第1卷,法文本,第133~134页。
④ 参见弗拉武赞(的《阿拉伯国家史》,阿布·里达的阿拉伯文译本,第253页)对此的评论。他驳斥了杜齐的看法,认为阿拉伯两大宗派之间的斗争问题,尚未明朗化。

们从幕后怂恿哈里发瓦利德嗣立他的一个儿子而不让他的兄弟即位等行为,都招致了苏莱曼对他们的愤怒。①

除此以外,我们猜想哈里发政权对处在遥远边境的穆萨·本·努塞尔和库特巴·本·穆斯利姆这样的有功之臣已有危险之感——他们使人想起阿慕尔·本·阿斯和哈立德·本·瓦利德——担心他们趋向独立或者企图摆脱哈里发的国家政权。这些将领们驻在关山迢递的边疆,显然有权比较自由地行动,表露出增加权力的雄心和愿望。有一个传述指出,安达卢西亚的征服是在穆萨的坚持和瓦利德的犹豫之中完成的。② 这同传说的阿慕尔·本·阿斯没有获得欧麦尔的同意就进入埃及,何其相似乃尔。③ 另一些传述解释穆萨对塔里克·本·齐亚德的不满,是因为塔里克违背主帅的教导,没有事先得到允许便深入到安达卢西亚的腹地。④ 穆萨的抱负表现在对埃布罗河和阿拉贡高地的远征上,而这却是他的部下力不能及的,以致汉什对他抗议说:"你是在异想天开,或者是想追求比安拉赐给你的更多、更伟大的东西吗?"⑤在处置战利品的钱财上,穆萨更加明显地表现出他的随心所欲。根据前已述及的战利品主管的证词,他竭力攫取最大量的钱财,甚至有时剥夺了归其部下所有的五分之一份额的权利。与此同时,他还独占了许多钱财和漂亮的俘虏,终于使他的一些高级将领注意到这样做的危险性。他随意地以馈赠和礼物的形式来处理钱财和女奴,这是对自始至终有权处置这些钱财的哈里发的一种轻视。

于是,哈里发和他的谋士们有理由担心这个遭灾受难中的被审查人

---

① 关于瓦利德希望嗣立他的儿子而不是他的兄弟苏莱曼一事,参见哈桑·易卜拉欣·哈桑:《伊斯兰教政治、宗教、文化和社会的历史》第1卷,第324页。
② 《史话集》,第5、6页。
③ 伊本·阿卜德·哈克姆的著作,第56页。
④ 参见伊本·库特巴的著作中伊本·库提亚的《增补》,第137页。
⑤ 伊本·库特巴的著作第2卷,第65页。伊本·库提亚的《增补》,第137页。

物的能量。他们问他，他和他的家属到底拥有多少幕僚和仆役，比如说，有近一千人吗？他答道："是的！一千人，不过如此而已。"①接着又问他，为什么他不安于自己的尊严和体面，而去侵犯哈里发国家的利益。他说："凭安拉起誓，倘若我真要这样做，那么，他们从我手里就一无所得，然而，我敬重尊贵的安拉和他的使者，我毫无反叛之意。"②

　　事实上，穆萨虽已落入哈里发政权的掌心，听任仇敌们摆布，但他仍是苏莱曼的心腹之患。穆萨来到叙利亚，而把整个马格里布和安达卢西亚地区置于他儿子们的统辖下：阿卜杜拉在凯鲁万，阿卜德·马利克在丹吉尔，阿卜德·阿齐兹在塞维利亚。哈里发必须谨慎地对待穆萨，竭力使他的西方省份从穆萨儿子们的手中解脱出来。

　　虽然，苏莱曼被说成对待国家的高级将领是恩将仇报，而且伊本·伊扎里把苏莱曼对待穆萨及其儿子们的行为看作是他始终遭人痛恨的过错之一，然而，苏莱曼却是倭马亚王朝中的一位伟大的哈里发，正是他，进行了制服君士坦丁堡最大尝试，在其身后又把政权传给了虔诚的哈里发奥马尔·本·阿卜德·阿齐兹，保持了荣誉。毫无疑问，当他对付穆萨等国家要人时，他的目的是励精图治，竭力在全国各地扩大哈里发政权的势力，使所有的官员臣服于哈里发，而在撤换旧官员时，他进行了调查，择优录用。

---

① 伊本·伊扎里的著作第 1 卷，第 46 页。关于穆萨幕僚的人数，见伊本·库特巴的著作，第 2 卷，第 69 页。
② 同上。关于穆萨被控为背叛，参见伊本·库特巴的著作中伊本·库提亚的《增补》，第 126 页。

第三章　倭马亚王朝的行政
它的错误和在马格里布人中的反响
（哈瓦利吉派运动）

第一节　改革的尝试

一、古莱什族人穆罕默德·本·亚齐德　穆萨·本·努塞尔家族的清除

苏莱曼开始物色能胜任阿非利加总督的人,最后选择了古莱什族人穆罕默德·本·亚齐德。① 在此以前,他嘱咐穆罕默德要笃信独一无二的

---

① 伊本·阿卜德·哈克姆的著作,第213页,作者称他的别号为"古莱什人"。伊本·伊扎里的著作第1卷,第47页。此处记载"他是古莱什族的首领"。见努韦里的著作,手抄本,乙本,第82页。对照《史话集》,第22页,该处时而写作奥贝德拉·本·泽德,时而又写成奥贝德拉·本·亚齐德,这也许是指他的别号"阿布·阿卜杜拉",正如习惯上对名叫穆罕默德的人的称谓一样。至于他对古莱什的统治,该文本说:"我不知道他统治了古莱什族中的谁!"

安拉,任职期间要坚持真理和正义。① 穆罕默德·本·亚齐德的中选是在伊历96年(公元715年)。② 伊历97年(公元715年年底),他前往阿非利加赴任。③

显然,穆萨·本·努塞尔遭灾罹难只是在穆罕默德·本·亚齐德在凯鲁万稳定下来以后才开始的。当时苏莱曼下令穆罕默德捉拿阿卜杜拉·本·穆萨·本·努塞尔和穆萨的家族,查抄他们的财产,甚至勒令他们交付三十万第纳尔的罚款。穆罕默德执行哈里发的谕旨,逮捕了阿卜杜拉·本·穆萨,把他投入监狱并严刑拷打,然后假手古莱什族人哈立德·本·阿比·哈比卜将他处死。④ 哈里发和他的阿非利加总督并不缺乏努塞尔家族的仇敌——努塞尔家族在马格里布曾显赫一时——这些仇敌帮助哈里发打击了努塞尔家族的气焰。

苏莱曼又成功地摆脱掉安达卢西亚的阿卜德·阿齐兹·本·穆萨·阿卜德·阿齐兹显然表现出某种独立性——在他父亲和兄弟遭难后,他这样做是理所当然的——但是,哈里发煽动阿拉伯的军官们起来反对他,同时哈里发还组织广泛的宣传来反对他,不仅谴责他的桀骜不驯⑤,而且

---

① 伊本·伊扎里的著作第1卷,第47页。努韦里的著作手抄本,乙本,第82页。
② 伊本·阿卜德·哈克姆的著作第213页。他又引证了来斯·本·萨阿德的另一传述,说:"穆罕默德·本·亚齐德于伊历97年就任总督。"我们认为,这两种说法可能都正确,也就是说,他伊历96年被任命,而于伊历97年抵达阿非利加。对照努韦里的著作,手抄本,乙本,第82页,作者认为"他于伊历99年就任总督"。我们猜测,这是誊抄者的错误。
③ 伊本·伊扎里的著作第1卷,第47页。
④ 同上。对照伊本·阿卜德·哈克姆的著作,第215页,他认为,阿卜杜拉·本·穆萨死于伊历102年,即哈里发亚齐德·本·阿卜杜拉即位和比什尔·本·萨弗万就任总督的时期。如后所述,是在阿卜杜拉被指控谋杀亚齐德·本·阿比·穆斯利姆之后。关于穆萨被害一事,由于这个年份偏后,而且故事又具有神话色彩,所以我们认为,事情也许被伊本·阿卜德·哈克姆搞混了,他把阿卜杜拉·本·穆萨的结局说成是穆萨·本·努塞尔另一个儿子的下场。我们推测后者是阿卜杜·马利克,因为事实上,他俩的长相颇为相似,名字可能混淆。因此我们采用伊本·伊扎里更符合实际的传述。
⑤ 伊本·伊扎里的著作第1卷,第37页。努韦里的著作手抄本,甲本,第83页(此处引证了瓦基迪的传述)。

成功地暗示人们他在哥特族妻子的影响下已成为一个基督教徒。① 于是，反对阿卜德·阿齐兹的阴谋策划已毕，阿卜德·阿齐兹的一些亲戚也参与其事，站在他的敌人一边。伊历97年年底（公元716年）或伊历98年（公元717年），阿卜德·阿齐兹被塔米姆族人齐亚德·本·纳比加和奥克巴·本·纳菲厄的一个仆人哈比卜·本·阿比·奥贝德暗杀。② 他的首级被送给正在对穆萨·本·努塞尔施加酷刑的哈里发，哈里发将首级交给穆萨。③ 哈里发命穆罕默德·本·亚齐德委任萨基夫族人胡尔·本·阿卜德·拉赫曼为安达卢西亚总督。④

至于穆罕默德的其他业绩，我们只发现伊本·伊扎里指出的"他派兵前往阿非利加边境，但分配不当"⑤。我们猜测，这表明他与（前已述及的）穆萨的做法背道而驰，不得不实施战利品的分配规则。穆罕默德·本·亚齐德充任总督直到伊历99年2月（公元717年9～10月），即持续到苏莱曼·本·阿卜德·马利克去世，奥马尔·本·阿卜德·阿齐兹即位。⑥ 这个时期一般被认为是倭马亚王朝史上的一个重要转折点。

---

① 《史话集》，第20页。努韦里的著作手抄本，甲本，第83页。
② 《史话集》，第20、22页；努韦里的著作手抄本，乙本，第83页。
③ 伊本·阿卜德·哈克姆的著作，第212页。对照伊本·伊扎里的著作第1卷，第47页，他说："阿卜德·阿齐兹的首级和阿卜杜拉的首级被一起放在受刑的穆萨面前。"而《史话集》第22页则记载："当苏莱曼听说阿卜德·阿齐兹·本·穆萨被杀时，他感到难以处置。"
④ 伊本·伊扎里的著作第1卷，第47页。参见《史话集》，第22页，该处将其名字写成"胡尔·本·阿卜杜拉"。
⑤ 伊本·伊扎里的著作第1卷，第47页。
⑥ 伊本·阿卜德·哈克姆的著作，第213页。对照伊本·伊扎里的著作，第1卷，第47页，根据穆罕默德担任总督是随苏莱曼的去世而告终，作者认为穆罕默德的官场生涯是两年零数月。事实上，直到伊历100年，才又任命新的总督。

二、奥马尔·本·阿卜德·阿齐兹的哈里发政权是马格里布史上的决定性阶段

财政危机的解决

事实上,奥马尔·本·阿卜德·阿齐兹短暂的哈里发政权,从时间上来说,是处在伊历一世纪到二世纪的过渡时期;从政治上来说,在马格里布和王朝其余各地的历史进程上,也是一个过渡时期。① 奥马尔励精图治的尝试是众所周知的,简而言之,他希望伊斯兰教恢复早期的名声,因此,有些史学家称他是第五位正统的哈里发。② 由于分裂的因素已被铲除,他的计划便易于实施。奥马尔为实现内部统一,同哈瓦利吉派谈判,企图取悦什叶派,同时,他又竭力寻找一项解决经济政策同宗教政策相互矛盾、彼此对立的办法,这就使他的情况日益严重起来。

毫无疑问,倭马亚王朝对那种互相矛盾的情况并不负有责任。国库和高级圣门弟子手里的金钱堆积如山,乃是造成奥斯曼时期哈里发国家危机的因素之一。③ 后来倭马亚人崛起,阿拉伯国家的疆土扩大到最大限度。这就意味着征服停止后战利品财产的减少,随之而来的是被征服地区的人民皈依了伊斯兰教并免缴人丁税,也就是说,国库收入的税款也减少了。与此同时,国家却在开明和发展起来。它采用正规军,组织行政机构和各种机关,任用官吏。这就意味着国家比以前更需要增加财产。因

---

① 我们在这里指出,据传古代作家把第一世纪末叶到第二世纪初叶的世纪转换同倭马亚王朝的历史事件的决定性演变联系起来,其隐蔽的原因在于当时人们认为时间和存在之间有着某种关系。事实上,人们不仅在每个世纪初叶,而且也在它的中叶,期待着重大事件的发生,这种信念过去乃至我们今天都始终存在。
② 参见伊本·阿西尔:《伊历101年纪事》第5卷,第24页。
③ 这一点,梅斯欧迪(在《黄金草原》第2卷,第341~343页中)确已注意到了,当时他指出圣门弟子(如祖贝尔、塔勒哈、阿卜德·拉赫曼·本·奥夫、萨阿德·本·阿比·瓦卡斯、泽德·本·萨比特和亚阿拉·本·明亚)和奥斯曼本人的钱财堆积如山。

此，它努力从各个方面积累财富，采取了许多措施。它对官员严加检查，而官员们又变本加厉地对待他们的百姓。这从人所共知的哈贾杰的所作所为和他横征暴敛的财政政策中，便可略见一斑。①

　　局势终于造成了穆斯林之间的分裂，他们被区别对待：阿拉伯人在新的社会里占据特殊地位，而穆斯林中的非阿拉伯人的许多权利都被剥夺，不少人被迫继续缴纳人丁税或者在军队里服役而不领军饷。更有甚者，国家还要求各地区皈依伊斯兰教的人要令人信服地证实自己确已信奉了伊斯兰教——这是一件难事——或者规定一些难以实现或有时不易解释清楚的条件。尽管国家的这些措施是以伊斯兰教的法律原则和逐渐具有法律性质的法令为根据的，然而国家也因此——不知不觉地——离开了伊斯兰教初期的原则，即平等与博爱的原则。

　　奥马尔·本·阿卜德·阿齐兹对此是知道的，他对伊斯兰教的见解比他的前辈更加宽广。他立志首先传播伊斯兰教。在这方面，作家们记载过他的话："安拉派遣穆罕默德指引众生，并未派他做税吏。"当他的霍腊散总督向他请示用割礼来考验皈依伊斯兰教的人时，他下旨说："安拉派遣穆罕默德——愿安拉赐福给他，并使他平安——传播教义，并未派他当割礼人。"②奥马尔为实现他的政策，必须更换朝廷的前任官吏，用按其旨意行事的官员取而代之。③

　　伊历100年1月（公元718年8月），奥马尔将在马格里布的古莱什族人穆罕默德·本·亚齐德革职，代之以马赫祖姆族的首领伊斯梅尔·

---

① 哈贾杰严酷的财政措施在伊拉克竟然达到了禁止从农村迁往城市的程度。关于这一点和他的所作所为，参见弗拉武赞：《阿拉伯国家史》，阿布·里达的阿拉伯文译本，第170页。
② 弗拉武赞：《阿拉伯国家史》，阿布·里达的阿拉伯文译本，第284页（引自塔伯里的著作）。
③ 同上书，第261～263页（有关奥马尔派去各地的总督）。

本·阿卜杜拉·本·阿比·穆哈吉尔。① 这位阿布·穆哈吉尔的孙子担任总督,表明早期的征服者已在马格里布和埃及形成强大的家族。我们即将看到,奥克巴·本·纳菲厄、伊本·胡德杰和穆萨·本·努塞尔等人的后裔在埃及和马格里布的历史事件进程中,是起了何等举足轻重的作用。至于我们现在所关心的,是伊斯梅尔·本·阿卜杜拉在任总督期间把战争、田赋和施舍结合了起来,这一点就由伊本·阿卜德·哈克姆所肯定。② 按原来的习惯,政治和行政是同财务分开的,各设有专职官员。这里,财产是有区别的,分为土地税和施舍,如前所述,这表明了奥马尔对财政问题的重视。

事实上,伊斯梅尔·本·阿卜杜拉的入选,是因为奥马尔了解他敬畏安拉,敢于在权贵面前直陈不阿,说明真相,特别是关于税收和正当收入款项的确凿数目。那时的习惯,各地的税款由当地知名人士和大将组成十人代表团解送到大马士革。这些人应当发誓,税款中的每一个第纳尔和每一个迪尔汉都取之正当,是当地人各得其应得并将所得用于作战和延续子嗣后的积余。③ 在苏莱曼·本·阿卜德·马利克时期,阿非利加代表团送来土地税,其中八人私订盟誓,隐瞒确切的款项数字。伊斯梅尔·本·阿卜杜拉不同意,豪蓝族人萨姆赫·本·马立克也跟随他,表示拒绝。当时在场的奥马尔对他俩颇为欣赏。"他把他俩罗致在自己身边,并考察了他俩的德行和功绩。"后来奥马尔即位,当了哈里发,就任命伊斯梅尔为阿非利加总督,萨姆赫为安达卢西亚总督。④

---

① 伊本·阿卜德·哈克姆的著作,第213页。伊本·伊扎里的著作第1卷,第48页。《史话集》,第22页。
② 伊本·阿卜德·哈克姆的著作,第213页。
③ 《史话集》,第22~23页。
④ 《史话集》,第23页。伊本·伊扎里的著作第1卷,第48页:"伊历100年9月,伊斯梅尔·本·阿卜杜拉委派萨姆赫担任总督。"

伊斯梅尔在马格里布很有威望,"他是位最优秀的埃米尔,也是最好的总督"①。伊斯梅尔必须贯彻奥马尔因地制宜的财政政策,和解的地区和暴力征服之地是有区别的。"在征收五分之一税收后,让征服者在村子里定居下来。"②奥马尔在马格里布的一系列改革,减轻了当地穆斯林的经济负担。他们可以保持自己的土地,只要缴纳称为施舍的天课和土地税。接着,奥马尔为贯彻穆斯林之间的平等原则,还废除了奥克巴时期允许卢瓦塔族人出卖心爱子女来缴付人丁税的规定。而卢瓦塔族人皈依伊斯兰教后,也不愿为缴纳人丁税而出卖女儿。奥马尔颁布诏书:"谁若拥有卢瓦塔族之女,即应向该女之父求婚,或将此女归还其亲人。"③伊斯梅尔对于号召柏柏尔人皈依伊斯兰教很是重视。柏柏尔人也都响应他的号召:"在他任总督期间,柏柏尔人无不信仰了伊斯兰教。"④

这方面的成就,应归功于哈里发本人,作家们说他派给马格里布再传弟子中的十名教律学家,他们知识渊博、德高望重。他们是:阿布·贾赫姆·阿卜德·拉赫曼·本·纳菲厄⑤、图吉卜族人阿布·马斯奥德·萨阿

---

① 伊本·伊扎里的著作第 1 卷,第 48 页。努韦里的著作手抄本,乙本,第 83 页。
② 《史话集》,第 23 页,此页内容是奥马尔给安达卢西亚总督萨姆赫·本·马立克的各项敕令,只是由于马格里布和安达卢西亚两地联系密切,故我们加以引用。因为伊本·伊扎里(在其著作第 235 页注释 3 中)认为,萨姆赫是伊斯梅尔委派的总督。至于说"让征服者在村子里定居下来,征收五分之一的税",则显然是指此文中的最后一部分,亦即国家要向占有土地的阿拉伯人征税,因为土地已不再属于原来的主人。
③ 白拉祖里:《各地征服史》,第 226 页。
④ 伊本·阿卜德·哈克姆的著作,第 213 页。伊本·伊扎里的著作第 1 卷,第 48 页。对照努韦里的著作,手抄本,乙本,第 83 页。
⑤ 伊本·伊扎里的著作第 1 卷,第 48 页。参见马利基的著作第 1 卷,第 72 页,此处,作者根据阿布·阿拉伯的《阿非利加学者的阶层》将伊本·纳菲厄改为伊本·拉菲厄。阿布·阿拉伯还说他的绰号叫塔希希。阿布·贾赫姆在伊历 80 年(公元 699 年)给穆萨·本·努塞尔当过凯鲁万的法官,他于伊历 113 年(公元 731 年)卒于凯鲁万。

德·本·马斯奥德①、阿布·阿卜德·拉赫曼·哈卜利②、以"塔吉尔拉"闻名的伊斯梅尔·本·奥贝达·安萨里③、穆阿菲尔族人毛希卜·本·赫伊④、古莱什族人赫扬·本·阿比·贾卜拉⑤、朱扎姆族人阿布·萨马马·巴克尔·本·萨瓦德⑥、阿布·赛义德·贾萨勒·本·阿汉·本·奥迈尔⑦、伊斯梅尔·本·阿卜杜拉·本·阿比·穆哈吉尔⑧和波斯人塔勒克·本·贾班⑨。由于这些再传弟子和其他没有被列入有德之士十人传的人的努力提倡,马格里布人学习伊斯兰教的原理,诵读《古兰经》,学会了阿拉伯语。据说直到那时,阿非利加人还不懂得合法与非法之别。酒

---

① 伊本·伊扎里的著作第1卷,第48页。马利基的著作第1卷,第66~67页。作者未提到他的卒年。但是从阿布·马斯奥德的传记中知道,他曾在汉扎拉·本·萨弗万时代参加伊历123年哈瓦利吉派的起义,这一点,我们即将述及。
② 马利基的著作第1卷,第64页,并见第66页,那里称他为阿非利加人阿卜杜拉·本·阿比·亚齐德,"他造福于阿非利加人,传授给他们各种知识。伊历100年(公元718~719年)他在凯鲁万去世,葬于突尼斯门"。参见达巴格的著作第1卷,第138页,此处称他为"阿非利加的穆阿菲尔族人阿布·阿卜德·拉赫曼·阿卜杜拉·本·亚齐德·哈卜利"。
③ 马利基的著作,第69~72页。伊斯梅尔被称为塔吉尔拉(意为安拉的商人),是"因为他为了安拉把三分之一的收入用于各种善举"(见第70页)。马利基认为榨橄清真寺系伊斯梅尔所建,伊斯梅尔卒于伊历107年(公元725~726年)。见达巴格的著作,第1卷,第146页。
④ 马利基著作,第73页。达巴格的著作第1卷,第160页。此处称他为"伊本·哈比"。
⑤ 马利基的著作,第73页。此处记载:"古莱什族人赫扬以忠诚著称,是阿卜德·达尔族人的首领。他住在凯鲁万城,为该城人造福,卒于伊历125年(公元743年)。"参见达巴格的著作第1卷,第158页,此处称其名为"哈班"。
⑥ 马利基的著作第1卷,第74页。此处称"他是阐述伊斯兰教法典的教律学家,住在凯鲁万,伊历128年(公元745~746年)在该城去世"。参见达巴格的著作第1卷,第160页。
⑦ 马利基的著作第1卷,第75页。此处记载:"他之所以闻名,主要是因为他是一位教律学家,曾在希沙姆·本·阿卜德·马利克时代执掌阿非利加军队的司法,在希沙姆哈里发政权初期去世。"参见达巴格的著作第1卷,第153页,此处称他为"朱埃勒"。
⑧ 他也是奥马尔·本·阿卜德·阿齐兹时代的阿非利加和马格里布的总督。根据马利基的著作(第75页),他的全名是古莱什族人,马赫祖姆族人阿布·阿卜德·哈米德·伊斯梅尔·本·奥贝达拉·本·阿比·穆哈吉尔。据我们所知,他既是古莱什族人后又是马赫祖姆族人。他的祖父阿布·穆吉尔曾是马斯拉马·本·马赫拉德的幕僚。伊斯梅尔于伊历132年(公元749~750年)卒于凯鲁万。达巴格的著作第1卷,第154页。
⑨ 马利基的著作,第76页。达巴格的著作第1卷,第162页,此处称其为"伊本·哈班"。

原来在阿非利加是合法的,直到再传弟子们到来,他们才把酒明确列为禁品①。

事实上,马格里布出现这些领袖,不能归功于哈里发奥马尔。我们看到他们中有些人以前就住在阿非利加,而另一些人在奥马尔殁后仍继续长期从事善举,也就是教育人们懂得立法的原则和伊斯兰教的原理,这种教育是和阿拉伯人的政治进步并驾齐驱的。但是作家们想把许多虔诚敬主的事迹列入在位不到两年半的哈里发奥马尔时代,在他们看来,奥马尔二世②时期是美德和善举风行的盛世。

第二节 奥马尔·本·阿卜德·阿齐兹殁后马格里布的动荡

一、亚齐德·本·阿比·穆斯利姆

作家们几乎一致认为,随着哈里发奥马尔(于伊历101年7月或8月[公元719年12月或720年1月])去世,改革时代也就结束了。国家又恢复了早先对各地人民逞暴肆虐的行径。财政问题是一块顽石,穆斯林中的阿拉伯人和非阿拉伯人之间的平等和博爱的思想被这块顽石击得粉碎。马格里布地区曾取得了辉煌的胜利,这种胜利不仅体现在人们皈依了伊斯兰教,而且也体现在阿非利加的阿拉伯军队里。这个地区的历史事件在此以后颇关紧要。

在马格里布,开始发生了危机。当时,亚齐德·本·阿卜德·马利克罢免了奥马尔虔诚的总督伊斯梅尔·本·阿卜杜拉,代之以亚齐德·

---

① 伊本·伊扎里的著作第1卷,第48页。
② 一世是指欧麦尔·本·哈塔卜。——译者

本·阿比·穆斯利姆。亚齐德是哈贾杰的一个门生和助手,先后当过哈贾杰的书记官和警察长官。①

当亚齐德于伊历102年(公元720年)在马格里布立足下来的时候,他执行了哈贾杰的强硬政策,查抄了前任总督们的财产。正如伊本·阿卜德·哈克姆所说,他先从穆萨·本·努塞尔的柏柏尔人支持者下手,把他们一分为五,统计他们的财产和孩子,然后把这些孩子充作他的卫士和侍从。②显然,他按照一分为五的法律,把这些总督的财产和子女中的五分之一送给了哈里发。接着,亚齐德又逮捕了前任总督古莱什族人穆罕默德·本·亚齐德,用刑罚、鞭笞和干渴极其残酷地虐待他,并把他关在类似现在人们称为单人牢房的狭窄监狱里。尽管他这样做是为了对穆罕默德·本·亚齐德进行清算,并追索他的财产,但是,说这方面是由于个人睚眦之怨起了作用,也并不令人觉得诧异。伊本·阿卜德·哈克姆说:"穆罕默德·本·亚齐德在哈贾杰时代曾在马什里克给亚齐德·本·阿比·穆斯利姆吃过苦头……"③

亚齐德·本·阿比·穆斯利姆想对他的柏柏尔人卫士们实施严密的组织体制。根据伊本·阿卜德·哈克姆所说,我们在这里指出,这些卫士不光是指他自己的卫队,而且也包括他前任总督们的卫士。④ 伊本·阿卜德·哈克姆的这段记载事实上表明,国家已拥有稳固的组织体系,总督不

---

① 伊本·阿卜德·哈克姆的著作,第213页。伊本·伊扎里的著作第1卷,第48页。努韦里的著作手抄本,乙本,第83页;他是"哈贾杰的幕僚"。参见萨拉维:《西马格里布历史考证》第1卷,达尔贝达版,第91页。萨拉维说:"他原来是瓦利德的人。而瓦利德提到他时则说:'我和哈贾杰以及他之后的伊本·阿比·穆斯利姆,我们这样的人,都只像一个丢掉了银币却拾到金币的人。'"
② 伊本·阿卜德·哈克姆的著作,第214页。此处还加上一句说:"他在他们手上刺上花纹。"这一点,我们下文即将谈到。努韦里的著作手抄本,乙本,第83页。
③ 伊本·阿卜德·哈克姆的著作,第214页。
④ 同上。

再带着他的由亲人和族人所组成的军队赴任。过去的情况是,总督一旦被黜,他就带着这些人一起离任,留给新总督的几乎是一片真空;也就是说,总督只是一个临时性的官员,主管着一个不受其升降或去留影响的永久性机构。总督的这种卫队由柏柏尔人组成,"特别是布特尔人,其中没有一个巴拉尼斯人"[①]。这也许是因为卡希娜的柏柏尔人加入进来的结果。如前所述,他们是源源不断地参加阿拉伯军队的贾拉瓦族人。

亚齐德要使他的卫队服从严密的组织,以体现他的气质、个性和赫赫威风。他沿袭拜占庭人区别警卫部队的传统,在卫士们的右手掌心上刺上本人的名字,左手掌心上刺上本人的特点,使人们易于辨认,雷厉风行地去执行总督的命令。[②] 布特尔人拒绝服从这种制度,他们认为它是一种歧视,不符合伊斯兰教的原则。他们说:"他(总督)使我们处于基督教徒的地位。"[③]于是,他们决定摆脱暴虐蛮横的亚齐德·本·阿比·穆斯利姆。通常最适宜暗杀总督的地方,是清真寺或礼拜的地方,总督在礼拜时间总在那里。当亚齐德从官邸出来前往清真寺行昏礼的时候,他的卫队袭击了他,把他杀死。凶手名叫哈里兹。[④] 事实上,我们不知道亚齐德的被害是否还有他人插手。前任总督穆罕默德·本·亚齐德带来的一些侍童把亚齐德被杀的消息告诉了关在狱中的穆罕默德。[⑤] 亚齐德被刺的时间,据说事前可能经过预谋,从而至少使这次暗杀避免立即受到处罚,因

---

① 伊本·阿卜德·哈克姆的著作,第214页。
② 同上。伊本·伊扎里的著作第1卷,第48页。
③ 伊本·伊扎里的著作第1卷,第48页。
④ 伊本·阿卜德·哈克姆的著作,第214页,他引述了两种说法。其一说亚齐德晚饭后在家里被哈里兹所杀,割下的首级被扔在清真寺里;其二说他在清真寺里遇害。后者和伊本·伊扎里的传述相似。见其著作第1卷,第48页。
⑤ 伊本·阿卜德·哈克姆的著作,第214页。他的传述指出,穆萨·本·努塞尔的儿子阿卜杜拉被控告,而此人如前所述,已经在伊历97年被处死了,这里可能是指穆萨·本·努塞尔的另一个儿子。

为他被杀的时候,他的军队正在舰队司令穆罕默德·奥斯·安萨里率领下攻打西西里岛。①

在哈里发的敕令下达前,人们聚集起来商议主持大计的人选,大家一致公推在阿非利加的古莱什族的一位知名人士,他是阿卜德·达尔族人的盟友穆格拉·本·阿比·巴尔达②。但是他的儿子因担心其父被指控谋害亚齐德,劝他别担任此职。他接受了儿子的劝告,宁愿平安无事。③最后,大家一致同意将重任托付给不久即将出征归来的海军司令穆罕默德·本·奥斯·安萨里,这是最稳妥的解决办法。他们发信给在突尼斯的穆罕默德,把这件大事托付给他。④ 穆罕默德上疏给哈里发亚齐德,报告所发生的事态,奏折交给突尼斯人哈立德·本·阿比·伊姆兰送去。哈里发接受了既成事实,赦免了罪犯们,也没有对他们实施报复⑤,尽管他并不乐意让一个非名门望族出身的人担任总督。⑥ 根据伊本·阿卜德·哈克姆的传述,哈里发于同年(伊历102年[公元721年]),把阿非利加的大任委派给他的埃及总督卡勒卜族人比什尔·本·萨弗万。⑦

---

① 伊本·伊扎里的著作第1卷,第49页。对照伊本·阿卜德·哈克姆的著作,第214页。他只提到伊本·奥斯是突尼斯海军司令。
② 参见马利基的著作中关于穆格拉的传略(第44号,第80~81页),此处说他是一位有功之臣,列为再传弟子之一,曾随穆萨·本·努塞尔参加圣战。对照达巴格的著作,第1卷,第150页。
③ 伊本·阿卜德·哈克姆的著作,第214页。伊本·伊扎里的著作,第215页。马利基的著作,第81页。
④ 伊本·阿卜德·哈克姆的著作,第215页。伊本·伊扎里的著作,第1卷,第49页。
⑤ 伊本·阿卜德·哈克姆的著作,第215页。对照伊本·阿西尔的《伊历102年纪事》,他说:"他们拥戴了前任总督穆罕默德·本·亚齐德。"
⑥ 伊本·阿卜德·哈克姆(在其著作第215页中)叙述说:"亚齐德·本·阿卜德·马利克单独召见哈立德·本·伊姆兰,在向他打听穆罕默德·本·奥斯之后说:'那里难道没有古莱什族人吗?'"
⑦ 伊本·阿卜德·哈克姆的著作,第215页。而伊本·伊扎里认为比什尔在伊历103年(公元721~722年)就任总督(见其著作第1卷,第49页)。据努韦里所说(见其著作,手抄本,乙本,第84页),这显然是指他前往阿非利加赴任的时间。

二、比什尔·本·萨弗万

比什尔把他兄弟汉扎拉·本·萨弗万留在埃及继任己职,自己出发去阿非利加。他显然对杀害亚齐德·本·阿比·穆斯利姆的被告人进行了审查,其中之一是穆萨·本·努塞尔的一个儿子。伊本·阿卜德·哈克姆说他名叫阿卜杜拉·本·穆萨。① 而根据我们所采纳的伊本·伊扎里的传述,阿卜杜拉在其兄弟阿卜德·阿齐兹被杀前不久,已于伊历97年(公元716年)被处死。我们认为,这是穆萨的另一个儿子,或许是阿卜德·马利克,自从他父亲把他留在丹吉尔以来,我们对他一无所知。伊本·阿卜德·哈克姆说:"证实穆萨·本·努塞尔的儿子参与谋杀亚齐德的是古莱什族人哈立德·本·阿比·哈比卜②和穆罕默德·本·阿比·布克尔。在赦令到达前,他俩怂恿比什尔·本·萨弗万执行哈里发的命令,杀掉穆萨的儿子。穆萨的女婿、哈里发亚齐德的掌玺大臣拉比阿插手干涉,他要求对被定罪者颁布赦令。但是被许以获赏三千第纳尔高额酬金的使臣,在判决执行几个小时后才带着赦令到达。"③而伊本·伊扎里只提到比什尔·本·萨弗万除掉了穆萨·本·努塞尔剩下的家属。④ 比什尔虽然也是安达卢西亚的掌权者,但是实际上,他没有在那里行施过权力。他罢免奥马尔的总督萨姆赫·本·马立克,不过是应安达卢西亚人的要求,迫不得已才撤换总督的。⑤

伊历105年初(公元723年),比什尔·本·萨弗万带着给哈里发亚齐德·本·阿卜德·马利克的礼物向马什里克出发,以便向哈里发报告

---

① 伊本·阿卜德·哈克姆的著作,第215页。
② 同上书,第215、216页,他在第216页称哈立德为菲赫尔族人。
③ 同上书,第215页。
④ 伊本·伊扎里的著作第1卷,第49页。
⑤ 《史话集》,第25页。

当地的情况。但是亚齐德·本·阿卜德·马利克却不料于伊历105年8月(公元724年1月)寿终。比什尔到叙利亚，把礼物献给新即位的哈里发希沙姆·本·阿卜德·马利克。① 我们不知道这些礼物是否帮他达到了预期的目的。伊历106年(公元724～725年)，哈里发希沙姆让他重返马格里布。伊本·阿卜德·哈克姆确定②，比什尔到达阿非利加时，查抄穆萨·本·努塞尔的财产，惩办他的官员。③ 我们虽然不了解事情是否被伊本·阿卜德·哈克姆搞得混淆不清，因为他把比什尔在亚齐德·本·阿卜德·马利克时代的行为推迟到希沙姆时代来阐述④，但是，众所周知，奥马尔·本·阿卜德·阿齐兹曾试图解决的财政问题，在急切搜括财富的希沙姆时代已更加严重，从而使比什尔根据希沙姆的谕旨查抄穆萨·本·努塞尔的财产一事，也并非不可能。

出征西西里岛

比什尔·本·萨弗万任总督时期所做的最重要一件事是出征西西里岛。他的这次出征显然是在伊历107年(公元725年)获悉他的安达卢西亚总督、同宗族的卡勒卜族人安巴萨·本·萨希姆牺牲的消息以后。他让卡勒卜族人阿巴斯·本·巴迪阿在凯鲁万代任其职之后，亲自出海。⑤ 尽管伊本·阿卜德·哈克姆说，比什尔这次远征结局甚惨，因为气候恶劣，以致"他的军队伤亡

---

① 伊本·阿卜德·哈克姆的著作，第215页。
② 同上书，第216页。
③ 同上书，第215页。
④ 这里应当指出，伊本·伊扎里(在其著作第1卷，第49页中)叙述说"比什尔在哈里发亚齐德时代清除了穆萨·本·努塞尔残存的家属"，从而令人以为伊本·阿卜德·哈克姆把比什尔在亚齐德时代的行为同他在希沙姆时代的行为弄混淆了，他认为比什尔在希沙姆时代任命安巴萨·本·萨希姆为安达卢西亚总督(见伊本·阿卜德·哈克姆的著作第215页和伊本·伊扎里的著作第1卷第49页)。事实上，这事发生在亚齐德时代亦即伊历103年(公元721年)。参见《史话集》中的安达卢西亚总督一览表，西班牙文译本的附录，第241页；普罗旺萨耳:《西班牙穆斯林历史》，法文本，第28页。
⑤ 伊本·伊扎里的著作第1卷，第49页。

惨重"①，但是比什尔由西西里回凯鲁万时，还是满载俘虏而归。②伊历109年10月（公元727年12月～728年1月），比什尔·本·萨弗万任总督长达七年后据说因患黑死病在凯鲁万去世。③比什尔在病入膏肓的时候，遗嘱让卡勒卜族人纳加什·本·库尔特在凯鲁万代理他的职位④。

三、萨勒姆族人奥贝达·本·阿卜德·拉赫曼的宗派主义和暴力政策

伊历116年初（公元728年），当比什尔逝世的消息传到了大马士革的时候，希沙姆·本·阿卜德·马利克立即任命萨勒姆族人奥贝达·本·阿卜德·拉赫曼去担任阿非利加和马格里布的总督。⑤奥贝达·本·阿卜德·拉赫曼是穆阿维叶在隋芬之战时的监马官阿布·艾阿瓦尔的侄子。⑥奥贝达于伊历110年3月（公元728年5～6月）到达凯鲁万。比什尔·本·萨弗万的代理人正准备去做聚礼日的祈祷，奥贝达的到来使他出乎意料，茫然失措。他说："别无办法，只凭真主。末日降临如此突然。"他两腿发软，跌倒在地。⑦ 一如过去的习惯，新总督开始审查前总督的官员和助手，理由是追查他们欺上瞒下积累起来的财富。"奥贝达抓住

---

① 伊本·阿卜德·哈克姆的著作，第215～216页。
② 伊本·伊扎里的著作第1卷，第50页。
③ 伊本·阿卜德·哈克姆的著作，第215页，他说："黑死病是一种表现为内脏的肿痈和脓肿的疾病，致人死命。"（阿密尔版，第291页，注释1）。伊本·伊扎里的著作第1卷，第49页。努韦里的著作手抄本，甲本，第84页。
④ 伊本·阿卜德·哈克姆的著作，第216页。对照伊本·伊扎里的著作第1卷，第49页，他认为当比什尔于伊历107年（公元725年）出征西西里岛时，在凯鲁万代理其职的就是这个卡勒卜族人阿巴斯·本·巴迪阿。
⑤ 伊本·伊扎里的著作第1卷，第50页。对照伊本·阿卜德·哈克姆的著作，第216页。他称奥贝达为盖斯族人而非萨勒姆族人。
⑥ 伊本·伊扎里的著作第1卷，第50页。努韦里的著作手抄本，甲本，第84页。
⑦ 伊本·伊扎里的著作第1卷，第50页。

了比什尔的官员及其部下,把他们监禁起来,命令他们缴出罚款,并对其中一部分人用刑。"①

出征西西里岛

奥贝达显然残暴地统治了(马格里布)地区,特别在对待文武大员方面,不论是对他自己的官员还是前任总督们的官员,都毫无区别。他在到达阿非利加后,就派穆斯塔尼尔·本·哈卜哈卜·哈尔希统率远征军出征西西里岛。我们不清楚究竟是穆斯塔尼尔错误地估计了出征的时间,还是受战利品的诱惑,致使他在冬天发起进攻。在班师途中,天气突变,风暴骤起,海浪滔天,造成许多战船沉没。海浪把穆斯塔尼尔所乘旗舰冲到的黎波里海岸。奥贝达获此消息,即写信给他在的黎波里的总督金达族人亚齐德·本·阿比·穆斯利姆,"命他给穆斯塔尼尔带上重枷,连同其辎重一起送来"②。当倒运的海军司令来到奥贝达跟前时,"奥贝达对他狠加鞭笞,接着押着他骑在母驴上在凯鲁万游街,此后每逢聚礼日拷打一次,直到有令来为止"③。穆斯塔尼尔一直被奥贝达所囚禁。④

奥贝达的暴政愈演愈烈。卡勒卜族的阿布·哈塔尔·胡萨姆·本·达拉尔是也门族人的一位领袖,比什尔·本·萨弗万旧日的官员之一,在

---

① 关于这个奥贝达,伊本·阿卜德·哈克姆(在其著作第 216 页)的说法,证实了关于总督们急于从各方面寻找财富的见解。当奥贝达在安达卢西亚起用阿卜德·拉赫曼·加菲基时,后者曾侵袭过法兰克人的地区,在那里获得一些金银珠宝,"他将此兑换成钱,自取五分之一,剩余的分给了他身边的穆斯林们"。奥贝达对此十分气愤,去信威胁他。加菲基则复信说:"即令天地密无缝隙,安拉也要为虔诚的信徒们从中找到出路。"后来,加菲基带兵出征。伊历 114 年(公元 732 年)在"殉教者墓地"一战中,他自己及所率之军全部牺牲。对照伊本·阿西尔的《伊历 113 年纪事》。
② 伊本·阿卜德·哈克姆的著作,第 216 页。对照伊本·阿西尔的《伊历 113 年纪事》,作者称穆斯塔尼尔为"伊本·哈里斯"。而伊本·阿卜德·哈克姆根据其他手抄本,在他的著作第 216 页注释 10 中,也有此说。
③ 伊本·阿卜德·哈克姆的著作,第 216 页。
④ 同上。

比什尔时代,他曾在阿非利加历任要职。阿布·哈塔尔不仅在本部族里身份高贵,而且富有口才,善于吟诗,他也遭到奥贝达的虐待。当他被撤职受到处分时,他谴责倭马亚王朝对待卡勒卜族的宗派主义态度作诗吟道:

> 马尔万人人皆知,
> 我等洒血败盖斯;
> 汝辈施政失公平,
> 真主报应不徇私。
> 草原①建功决雄雌,
> 竟若罔闻不念兹;
> 明眼偏欲充瞽者,
> 吾心愕愕何所之。②

伊本·伊扎里的传述说:"当哈里发希沙姆听到这首诗时,即下令将奥贝达撤职。"③但是,我们倾向于采纳伊本·阿卜德·哈克姆的传述。他说:"奥贝达在命奥克巴·本·库达马在阿非利加代理其职之后,自己带着礼物出发,前去谒见哈里发希沙姆,请求辞职。哈里发就把他免职了。"④阿布·哈塔尔的这首诗虽然曾引起反应,但它起作用是在伊历123

---

① 指拉希特草原,位于大马士革以北。公元684年,马尔万·本·哈克姆在此战胜盖斯族人,巩固了倭马亚王朝在叙利亚的势力。该地即以此战役闻名。——译者
② 在伊本·伊扎里的著作第1卷第50页的注释1中,这首诗的个别词句有些变动。对照伊本·库提亚的著作,第18~19页。此处引用了该诗里的七行,略有不同。在努韦里的著作手抄本甲本第84页和伊本·阿西尔的《伊历125年纪事》中,个别词句也略有不同。
③ 伊本·伊扎里的著作第1卷,第51页。
④ 伊本·阿卜德·哈克姆的著作,第217页(阿密尔版第293页中则写成"奥克巴·本·库塔马")。参见努韦里的著作,手抄本,甲本,第84页。努韦里还添上一笔:"奥贝达把司法交给了古莱什族人阿卜杜拉·本·穆格拉·本·巴尔达。"

年(公元740～741年)以后①。

显然,奥贝达是在伊历114年底(公元732年)离开马格里布的②,伊历115年初(公元732年)到达大马士革。③ 伊本·阿卜德·哈克姆记载了奥贝达带回的大量礼品和珍宝,包括男女奴隶、七百名精选的美女、阉人、马匹、牲畜和金银器皿。④ 这就令人想起征服的初期——马格里布地区归属伊斯兰教以前,当时马格里布就是珍贵的战利品和漂亮的俘虏的产地。据伊本·阿卜德·哈克姆说,奥贝达显然确是来要求辞职的,但是需要有一段时间。直到伊历116年3月(公元734年4月),哈里发希沙姆才任命伊本·哈卜哈卜为阿非利加总督。⑤

四、奥贝德拉·本·哈卜哈卜建立在宗派主义基础上的强权政治

马格里布的新总督盖斯族人奥贝德拉·本·哈卜哈卜·本·哈里斯,曾经是萨卢勒部族的首领。⑥ 伊本·伊扎里把他描写成"是位高尚的

---

① 伊本·库提亚在其著作(第19页中)说:"哈里发希沙姆·本·阿卜德·马利克听到阿布·哈塔尔的诗句,就命他在马格里布的总督卡勒卜族人汉扎拉·本·萨弗万(在伊历123年之后)委派阿布·哈塔尔为安达卢西亚总督,汉扎拉照办了。"参见普罗旺萨耳:《西班牙穆斯林历史》,法文本,第34页。
② 伊本·伊扎里的著作第1卷,第51页写成伊历114年10月(公元732年11月)。因此他连续任职四年。见努韦里的著作,手抄本,甲本,第84页。
③ 伊本·阿卜德·哈克姆的著作,第217页。他引证了另一种传述,确定奥贝达出发去叙利亚是在伊历117年9月(公元735年10月)。此说不确,因为伊本·哈卜哈卜开始担任总督是在伊历116年(公元734年)。
④ 伊本·阿卜德·哈克姆的著作,第216页。对照伊本·伊扎里的著作第1卷,第51页。
⑤ 努韦里的著作手抄本,乙本,第84页。伊本·阿卜德·哈克姆的著作,第217页。伊本·伊扎里的著作第1卷,第51页。而贝克里在其著作第37页中认为,伊历114年,伊本·哈卜哈卜还在突尼斯。
⑥ 《史话集》,第25页。伊本·库提亚的著作第14页。伊本·伊扎里的著作第1卷,第51页。努韦里的著作手抄本,乙本,第84页。

领袖和伟大的埃米尔,善于辞令,通晓阿拉伯人的历史、诗歌和事件"①。伊本·哈卜哈卜以书记官开始他的仕途,后在伊历109年发迹,任埃及的田赋税吏②,接着升任马格里布总督。伊本·哈卜哈卜把埃及田赋税吏之职让他儿子卡西姆继任之后③,自己于伊历116年4月(公元735年5月)离开埃及来到阿非利加④,从奥贝达的代理人奥克巴·本·库达马手里接过总督的权力。

伊本·哈卜哈卜以其闻名于世的勤奋,致力于行政管理。按照习惯,他首先着手撤换不合其意的前任官员。他把不幸的西西里岛远征军司令穆斯塔尼尔释放出狱,并任命他管辖突尼斯城。⑤ 我们认为,这意味着他继续领导海军。遗憾的是,作家们对伊本·哈卜哈卜的功绩是笼统谈的,没有记载具体时间。除了让穆斯塔尼尔管辖突尼斯外,据知,伊本·哈卜哈卜还把除阿非利加外的马格里布分成两个省。其一是近苏斯,相当于丹吉尔和丹吉尔管辖的西马格里布地区,起初划归他的儿子伊斯梅尔·

---

① 伊本·伊扎里的著作第1卷,第51页。努韦里的著作手抄本,乙本,第84页。
② 值得注意的是,伊本·阿卜德·哈克姆(在其著作第217页里)说:"希沙姆的埃及官员,其职别是不明确的。"而伊本·伊扎里(在其著作第1卷第51页中)则把伊本·哈卜哈卜说成是埃及、阿非利加、安达卢西亚和马格里布的总督。众所周知,从伊历109年(公元727年)到伊历117年(公元735年),瓦利德·本·里法阿·本·哈立德·本·萨比特·法赫米是埃及的总督,但是正如铿迪(在其著作第75页中)所说,此职不过主管礼拜而已。与此同时,铿迪未提到过伊本·哈卜哈卜的总督职务,但铿迪说他同希沙姆有联系,曾奏请让盖斯族移居埃及。为使哈里发放心,他说:"这对土地税并无妨碍。"(铿迪的著作,第76页)这就是说,除瓦利德·本·里法阿是司礼拜官之外,伊本·哈卜哈卜则担任地税总监。这并不妨碍伊本·哈卜哈卜有时还享有埃米尔称号。这一点,已由格罗曼阐明。参见格罗曼:《阿拉伯古文字学概论》,第54~55页。
③ 伊本·阿卜德·哈克姆的著作,第217页。伊本·伊扎里的著作第1卷,第51页。
④ 伊本·伊扎里的著作第1卷,第51页。而伊本·阿卜德·哈克姆(在其著作第217页中)说:"这一年,希沙姆命他前往阿非利加。"对照伊本·阿西尔的著作,他把此事定在伊历117年。
⑤ 伊本·阿卜德·哈克姆的著作,第217页。对照伊本·阿西尔的《伊历113年纪事》第5卷,第64页。

本·奥贝德拉，后由穆拉德族人奥马尔·本·阿卜杜拉任该地总督①，后者任职直到伊历122年（公元740年）；其二是远苏斯，伊本·哈卜哈卜派奥克巴·本·纳菲厄的孙子哈比卜·本·阿比·奥贝达带兵进入该地区。② 至于安达卢西亚，他在伊历116年任命萨卢勒族人奥克巴·本·哈贾杰为总督，这是为了表示对后者的敬重，并承认他对伊本·哈卜哈卜及其家族建树的功勋。③

从各种文本中知道，伊本·哈卜哈卜同高级将领们一样奉行强权政治，以达到两个目的。第一是进一步加强阿拉伯人在东马格里布的势力，力图最终制服西马格里布的各个区域或各个部族；第二是为完成上述任务而努力积聚必要的钱财，以满足国库和哈里发政权的需要。

根据这项计划的第一部分，伊本·哈卜哈卜极为重视突尼斯城，它作为海军基地，是一支退可防御进可攻击的力量，它不断向海外开展活动。作家们说，伊本·哈卜哈卜在突尼斯建造了兵工厂。④ 事实上，这个厂乃是哈散·本·努阿曼所建。作家们的意思是说他更新和扩建了它。伊本·哈卜哈卜也重视突尼斯城本身的建设，后来称为榨橄清真寺的大清

---

① 伊本·伊扎里的著作第1卷，第51页。参见伊本·阿西尔：《伊历117年纪事》，他说，穆斯塔尼尔和伊斯梅尔一起统辖丹吉尔。对照伊本·阿卜德·哈克姆的著作，第217页，作者仅称作"苏斯省"，没有提到奥马尔·本·阿卜杜拉的统治，而认为他是丹吉尔的总督，同时作者认为苏斯的总督是伊斯梅尔·本·阿卜杜拉（第218页），这正是在伊历122年柏柏尔人起义的时期。
② 伊本·阿卜德·哈克姆的著作，第217页。伊本·伊扎里的著作第1卷，第51页。
③ 参见《史话集》里的安达卢西亚总督一览表，西班牙文译本附录，第241页，正文第25页。值得注意的是正文第28页记载：奥克巴进入安达卢西亚，是在"壹百拾年"。我们认为这是誊抄者的错误，他把"陆"字误写成了"年"字。
④ 参见贝克里的著作，第37页；伊本·伊扎里的著作第1卷，第51页；努韦里的著作手抄本，乙本，第84页；伊本·阿西尔说"伊本·哈卜哈卜进行了海上侵略"（见《伊历113年纪事》），后他又确定"出征者是菲赫尔族人哈比卜·本·阿比·奥贝达，目标：撒丁岛，时间：伊历117年"（见《伊历117年纪事》）。对照伊本·阿卜德·哈克姆的著作，第217页。

真寺就是他所兴建。① 至于在马格里布，据各种文本所说，他的大将菲赫尔族人哈比卜·本·阿比·奥贝达深入远苏斯向南推进，一直到达西部黑人地域，这是指从马苏法族地区到桑哈贾-拉姆图纳族地区的南部沙漠②，它一直通向奥德加斯特城（黑人地区的第一城）。这次远征取得巨大成功，那些地区的许多部族归降了，哈比卜满载着大批俘虏和大量金砂归来。③ 哈比卜显然把他的这次远征看作是对"敌国"的一次入侵，因为从各种文本的记载中知道，丹吉尔总督穆拉德族人奥马尔·本·阿卜杜拉"'劣迹昭彰'，他侵吞施舍物和什一税，想把柏柏尔人一分为五，称他们是穆斯林的战利品"。

正如伊本·伊扎里所说，他的这种罪行是空前的。④ 事实上，以往的一些总督也有把柏柏尔人一分为五的，但只是对那些尚未皈依伊斯兰教的柏柏尔人，而不是针对已经成为穆斯林的柏柏尔人。⑤

第三节　对马格里布人的专制和残酷剥削

我们认为，促使伊本·哈卜哈卜及其官员这样残酷无情地对待马格里布人的原因，是（他们）希望给哈里发送去更多的财富和俘虏。伊本·伊扎里说："马什里克的哈里发们都喜爱马格里布的珍宝，他们向阿非利加的官员索取，官员们把柏柏尔的美女献给哈里发们。事情达到了这样

---

① 参见《考证书》，第120页；伊本·伊扎里的著作第1卷，第51页；努韦里的著作手抄本，乙本，第84页；萨拉维：《西马格里布历史考证》第1卷，达尔贝达版，第94页。
② 伊本·赫勒敦：《教训集》第6卷，第110页；德·斯朗译本第1卷，第216页。
③ 伊本·阿卜ıt·哈克姆的著作，第217页。伊本·伊扎里的著作第1卷，第51页。
④ 伊本·伊扎里的著作第1卷，第51～52页。努韦里的著作手抄本，乙本，第84页。对照伊本·赫勒敦的著作第1卷，第110页；德·斯朗译本第1卷，第216页；伊本·阿西尔：《伊历117年纪事》。
⑤ 伊本·伊扎里的著作第1卷，第52页。努韦里的著作手抄本，乙本，第84页。

的程度:伊本·哈卜哈卜使得哈里发们期望得到更多的东西,他向他们承担的或他们责成他的数量也越来越多,于是他不得不更加专横暴虐……"①从《史话集》的作者引用的另一种文本中——尽管他并不相信它的正确性——知道,哈里发政权对马格里布的一些珍品欲壑难填,这些珍品给当地人们造成了惨重的损失。例如:"哈里发和太子下旨给丹吉尔的官员们,索取褐色的绵羊皮,结果宰了一百只羊,也许一张都没有——这是心怀不满者对教长们所说的话……"②行政如此腐败,首先是无视当地人的利益和要求,竭力对(马格里布)地区进行剥削,这就导致了一次由迈萨拉领导的反对阿拉伯人的波澜壮阔的起义,这次起义席卷了整个马格里布。

起义的预兆

塔伯里和伊本·阿西尔提到,在惊心动魄的起义爆发之前,当地人民曾想方设法使哈里发对他在马格里布官员们的卑劣行径引起注意。以起义领袖迈萨拉为首的马格里布代表团,约由二十人组成,前去向哈里发希沙姆提出申诉和要求,但是他们在哈里发门前盘桓良久,一无收获。我们不清楚:究竟是哈里发希沙姆已经听到他们的申诉,还是这一申诉被他的侍从隐瞒了。至于代表团提出的要求,归纳起来是讲马格里布的埃米尔带领他的(阿拉伯人)部队和他们(马格里布人)出征时,剥夺了马格里布人分内的战利品,他说"这是你们进行圣战的最忠诚表

---

① 伊本·伊扎里的著作第1卷,第52页。对照伊本·阿西尔的《伊历26年纪事》。
② 《史话集》,第31~32页。我们不了解褐色羊皮所指的是什么?我们猜测,这是一种把母羊宰杀后才能挑选出的羊皮,意思或许是指胎羔皮,这就要宰杀母羊而不是公羊,这样损失极大。这诚如塔伯里(在《伊历27年纪事》,阿拉伯宝藏书局版,第4卷,第255页中)所说:"他们为了给信士们的长官(哈里发)找白羔皮,剖杀怀胎的牲畜,杀掉一千只母羊才得一张羔皮。"(对照伊本·阿西尔的《伊历26年纪事》。)伊本·赫勒敦解释这种情况说:"为从胎羔中取得褐色皮革的羊皮,就大量杀生,尽管如此,也只能得到一二张……"见其著作,第1卷,第119页。参见《西马格里布历史考证》第1卷,第95页。

现";如果他们包围一个城市,他说"你们向前",而让他自己的部队殿后,大家想知道:"这是否出于信士们的长官的旨意!"[1]我们认为,这个传述中的申诉内容是阿拉伯人对马格里布人的歧视,包括没有在穆斯林之间执行平等和博爱的原则,从而使人认为这样做,违背了伊斯兰教的原则。

西马格里布的哈瓦利吉派

实际上,迈萨拉于伊历122年(公元740年)在马格里布发动的起义的重要性,不仅体现在它的政治方面,而且还在于它的宗教色彩。起义打着全体穆斯林之间一律平等、反对任何种族歧视的口号,这是哈瓦利吉派人思想所依照的原则。哈瓦利吉派在马格里布进行了充分的准备和广泛的宣传之后,起义终于爆发。在哈里发国家的中心,哈瓦利吉派受到国家的压力,特别是在伊拉克,哈贾杰激烈地反对他们,他们被迫逃到国家的边远地区:东向霍腊散,北至美索不达米亚,南到波斯湾沿岸,还有的逃往马格里布。哈瓦利吉派号召一切穆斯林不分种族,一律平等,主张恢复伊斯兰教初期的纯洁性。柏柏尔人从中找到一种精神纽带,这种纽带把他们组织起来,反对虐待他们的阿拉伯人,同时,在哈瓦利吉派从宗教方面对哈里发国家的行径提出疑问,特别是在他们把决不服从一个犯有过失的人作为他们的政治基础之后,柏柏尔人从中找到了反对哈里发国家的法律根据。

至于哈瓦利吉教派渗入马格里布的时间,则完全无从稽考。伊本·赫勒敦把它渗入马格里布同伊历102年(公元720年)亚齐德·本·阿

---

[1] 塔伯里:《伊历27年纪事》第4卷,阿拉伯宝藏书局版,第255~264页。伊本·阿西尔:《伊历26年纪事》第1卷,第35页。

比·穆斯利姆的被杀联系起来。① 比较正确的说法是,哈瓦利吉教派的宗旨在此以前业已输入马格里布。哈瓦利吉派是在对阿里和穆阿维叶之间进行仲裁之后开始形成的,它的根源一直可以追溯到(伊历 37 年[公元 658 年])奥斯曼时代内讧发生的早期。当时,一些持门户之见的人或者敏感的保守者,指责奥斯曼背叛了先知(穆罕默德)时期的伊斯兰教传统,而奥斯曼则指控他们离经叛道,"哈瓦利吉"②一词便由此派生。在哈里发国家的中心,哈瓦利吉派人遭到压迫,他们成群结队地逃往马格里布是很自然的,可能其中有些人加入了阿非利加的阿拉伯军队③,这同麦地那人和希贾兹人在伊历 63 年(公元 682 年)的哈拉战役之后和伊历 73 年(公元 692 年)伊本·祖贝尔被杀之后因遭叙利亚人的责罚而逃到马格里布去时的情况相同。众所周知,哈瓦利吉派过去曾和伊本·祖贝尔缔结同盟。

哈瓦利吉派在马格里布的发难是和入侵安达卢西亚互相联系的。各种文本记载,伊历 91 年(公元 710 年)塔里夫·本·穆卢克率领第一支伊斯兰远征军开进阿耳黑西拉斯,该地也因此被称为塔里夫岛。④ 塔里夫曾随哈瓦利吉派人一起参加迈萨拉起义,宣传不信神的思想,而这种思想在塔马斯纳区域的柏尔加瓦塔部族中早已传开。⑤ 我们不清楚,塔里夫信奉哈瓦利吉教派究竟是在伊历一世纪末期还是在此以后。奥马尔·本·阿卜德·阿齐兹对哈瓦利吉派人的宽容和同他们言归于好的尝试,乃是一种

---

① 伊本·赫勒敦的著作第 6 卷,第 110 页;德·斯朗译本第 1 卷,第 216 页。而伊本·阿西尔则认为伊拉克人流入马格里布,是在希沙姆时期(见《伊历 26 年纪事》)。
② 哈瓦利吉一词的阿拉伯文意思,为"出走者、叛教者……"——译者
③ 关于麦地那人参加阿非利加的军队,曾由马格里布流入安达卢西亚,参见杜齐:《西班牙的穆斯林史》第 1 卷,法文本,第 69、164~165 页和注释。
④ 普罗旺萨耳:《西班牙穆斯林历史》,法文本,第 13 页。
⑤ 伊本·伊扎里的著作第 1 卷,第 57 页。对照贝克里的著作第 134 页和《考证书》第 197 页(此两书都说萨利赫·本·塔里夫不信神)。

绥靖和安抚,这显然使他们得以恢复力量,同时,他也要他们改弦易辙,或者像阿扎里卡派一样,放弃他们的宗派主义观点。于是,哈瓦利吉派以苏福里亚派的集团形式在马格里布出现。伊本·赫勒敦把奥马尔的总督伊斯梅尔·本·阿卜杜拉的继承人亚齐德的被杀归咎于哈瓦利吉派人。毫无疑问,由伊拉克传来这种教派的原则在悄悄地秘而不宣地传播着。教派的宣传者显然没有采用某种教派的名称,而是以改革的名义,以及主张按《古兰经》和教律办事的名义进行宣传的,因而伊本·赫勒敦称之为以假乱真。伊历122年(公元740年),哈瓦利吉派已经吸引了大量的支持者,他们不仅被容许反对政府,而且被容许参加起义,去击败马格里布的阿拉伯军队。

迈萨拉起义

起义的领袖是穆德格拉族(或穆特格拉族)人迈萨拉。穆德格拉(或穆特格拉)族是布特尔人的一个部族。有的作家称迈萨拉为"穷人"[1],这或许是他的追随者鉴于他的贫穷和苦行而送给他的绰号;还有的人称他为"卑贱者"[2],以表示蔑视,这些人是哈瓦利吉派人势不两立的仇敌。迈萨拉早期生活清苦,在阿非利加京城凯鲁万的市场上卖水为生。凯鲁万是宗教传播中心,那里伊斯兰教学者和教律学家云集,并有潜心修行、虔诚敬主的著名再传弟子。毋庸置疑,在这些人中有许多是主张恢复伊斯兰教初期纯洁性的,他们反对同一切穆斯林之间平等、博爱的原则背道而驰的措施,也就是说,他们在散播——据我们猜想,这是无意识的——哈瓦利吉派反对国家的主张。[3] 不妨说,迈萨拉就是从凯鲁万的这部分学者

---

[1] 伊本·阿卜德·哈克姆的著作,第218页。
[2] 伊本·伊扎里的著作第1卷,第52页。
[3] 参见伊本·阿西尔:《伊历117年纪事》。作者说:"当时,在阿非利加出现了一个集团,他们宣传哈瓦利吉派的主张。"

身上汲取了这些主张,尽管作家们对此未予指出。关于起义前的迈萨拉,作家们只是说,他为在阿非利加军队里的阿拉伯人和柏柏尔人之间实现军饷平等而奔波。或许当迈萨拉去向哈里发提出申诉,住在大马士革时,他进一步了解到哈瓦利吉派的主张。当时,哈瓦利吉派的一个分支苏福里亚派已在马什里克传播,此派以它的奠基人齐亚德·本·阿斯法尔而得名。它类似中庸派别,代表着哈瓦利吉派主张的发展阶段:由过去代表受人谴责的极端派——阿扎里卡派向后来体现可以接受的温和派——伊巴迪亚派过渡。迈萨拉的起义正是立足在中间的苏福里亚派的原则上的。①

迈萨拉和他的代表团在要求哈里发公平待人的希望破灭以后,由叙利亚返回。他们断定官员们是按哈里发的旨意行事的,于是决定走马什里克哈瓦利吉派人的道路,他们由默默的反抗一跃而为武装起义。迈萨拉利用了伊本·哈卜哈卜在西马格里布的两个代理人之一菲赫尔族人哈比卜·本·阿比·奥贝达率海军出征西西里岛的时机。② 伊历122年(公元740年),起义在迈萨拉的穆德格拉部族所在地丹吉尔区域(近苏斯)爆发。迈萨拉自称伊马目,受到人们的拥戴。③ 古马拉族、梅克内

---

① 伊本·伊扎里的著作第1卷,第53页。对照《史话集》,第28页的记载:"柏柏尔人分成伊巴迪亚派和苏福里亚派举行起义。"众所周知,这次起义的哈瓦利吉派人只限于苏福里亚派教徒。至于伊巴迪亚派的起义,我们将在的黎波里和提阿富特看到。参见伊本·阿西尔:《伊历117年纪事》。苏福里亚派以其创始人命名,也称齐亚德派,关于这一点,参见西赫里斯坦尼的著作,公元1923年莱比锡版,第102页。而伊本·阿西尔则认为该派系由阿卜杜拉·本·萨法尔·萨阿迪创建(见《伊历64年纪事》第4卷,第82页)。
② 伊本·阿卜德·哈克姆的著作,第217页("他向海外侵略")。伊本·伊扎里的著作第1卷,第51~52页("他出发去罗马人的地区")。功劳归于伊本·阿西尔,他(在《伊历117年纪事》中)单独详述了哈比卜在伊历122年的这次出征,哈比卜的儿子阿卜德·拉赫曼曾陪同前往,获得巨大胜利,强迫锡腊库扎人交纳人丁税。假若不是迈萨拉起义,哈比卜甚至决心在城里住下去以彻底征服该城。
③ 伊本·阿卜德·哈克姆的著作,第28页:"他自命为哈里发,以后遂以此相称。"这里是指伊马目之职,此职在哈瓦利吉派中是尽人皆知的,特别是在那样的早期。

斯族和柏尔加瓦塔族等当地的所有部族很快加入进来。仰仗柏尔加瓦塔族的首领塔里夫，哈瓦利吉派的号召在该族人里广为流传。起义者向丹吉尔城进军，打败了丹吉尔的长官穆拉德族人奥马尔·本·阿卜杜拉，并将他杀死，占领了全城。① 显然，他们在该城居民身上发泄仇恨。《史话集》的作者说："他们屠杀居民，据说，他们还杀戮儿童。"② 当伊本·哈卜哈卜获悉丹吉尔被起义者攻陷，就发信给他的安达卢西亚总督萨卢勒族人奥克巴·本·哈贾杰，令其镇压起义。奥克巴被迫亲自出征丹吉尔，他对柏柏尔人大开杀戒，但是他并未能扑灭起义的火焰，因为安达卢西亚人起来反对他，将其废黜，代之以他们的前任总督阿卜德·马利克·本·卡坦。③

作为伊马目的迈萨拉起用他的助手罗马血统的阿非利加人阿卜德·艾阿拉·本·朱赖杰镇守丹吉尔，后者原是穆萨·本·努塞尔的一个幕僚。④ 起义者由丹吉尔直下近苏斯，打败了伊斯梅尔·本·奥贝德拉。⑤ 这些初步的胜利，使得反对阿拉伯人的起义在整个马格里布更加如火如荼，"每一个柏柏尔部族都奋起反对他们的总督，总督们被杀戮和撵走"⑥。起义者团结一致向阿拉伯人的基地，伊本·哈卜哈卜坐镇的阿非利加进

---

① 伊本·阿卜德·哈克姆的著作，第217页。伊本·阿西尔：《伊历117年纪事》。努韦里的著作手抄本，乙本，第84页。
② 《史话集》，第28页。
③ 《史话集》，第29页。伊本·阿西尔：《伊历117年纪事》。伊本·赫勒敦的著作第1卷，第119页（此处错写成"伊本·卡特尔"）。努韦里的著作手抄本，甲本，第85页，乙本，第85页。莱维·普罗旺萨耳：《西班牙穆斯林历史》，法文本，第31页。
④ 伊本·阿卜德·哈克姆的著作，第218页。伊本·伊扎里的著作第1卷，第52页。参见伊本·赫勒敦著作第6卷，第110页，该处记述："迈萨拉在当伊马目之前，曾拥戴伊本·朱赖杰。"第119页上将"伊本·朱赖杰"写成伊本·胡德姆"。伊本·赫勒敦在该页上说："阿卜德·艾阿拉原来就是哈瓦利吉派教徒，他统辖丹吉尔是在伊历125年。"
⑤ 伊本·阿卜德·哈克姆的著作，第218页。
⑥ 《史话集》，第29页。

军。① 遗憾的是，各种资料对以后的事件三言两语一笔带过。我们不清楚究竟发生了什么事件。伊本·伊扎里只是说："西马格里布人的变故接连不断，阿非利加人对此长期谈论不息。"②

面对这紧张的局势，伊本·哈卜哈卜严阵以待，开始装备阿非利加军。他发信给哈比卜·本·阿比·奥贝达，命他从西西里岛返回，以便共同对付迈萨拉。③ 然而局势已经等不及哈比卜回来了，伊本·哈卜哈卜就派菲赫尔族人哈立德·本·阿比·哈比卜率阿非利加军队出发，随军的有"古莱什族人、辅士等阿非利加的显要"④。

贵族战役

在伊本·阿卜德·哈克姆引证来斯·本·萨阿德各种传述而写成的《埃及、马格里布和安达卢西亚的征服》一书里，或在伊本·伊扎里摘录拉基克等人的传述而写成的《奇闻》里，都完全无法确定后来的历史事件经过。分歧之点集中在战争的主角身上：在柏柏尔人方面，究竟是迈萨拉率领着他们，还是扎纳塔族人哈米德率领着他们，对此，作家们众说纷纭；在阿拉伯人方面，统帅究竟是哈立德·本·阿比·哈比卜，还是哈比卜·本·阿比·奥贝达，各种传述也莫衷一是。至于交战的地点，则介于谢利夫河和丹吉尔的前沿或附近之间，靠近特累姆森。⑤ 尽管各种传述说法不一，然而尚能加以协调，将历史事件顺序排列于下：哈立德率阿非利加军到达谢利夫河，距离提阿雷特城不远，在那里同哈瓦利吉派人相遇，战斗

---

① 《史话集》，第29页。
② 伊本·伊扎里的著作第1卷，第52页。
③ 同上书，第53页。伊本·阿西尔：《伊历117年纪事》。
④ 伊本·阿卜德·哈克姆的著作，第218页。对照伊本·伊扎里的著作，第1卷，第53页。
⑤ 参见伊本·阿卜德·哈克姆的著作，第218页；伊本·伊扎里的著作第1卷，第53页；伊本·阿西尔：《伊历117年纪事》；伊本·赫勒敦的著作第1卷，第219页；努韦里的著作手抄本，乙本，第84页。

激烈,双方奋勇厮杀,结果,迈萨拉军在一种我们完全无从得知的情况下撤退了。①

　　迈萨拉和他的追随者之间显然发生了分裂。他们迫使他撤退,而不去拼命奋战。结果,他们杀了迈萨拉。这是根据哈瓦利吉派的原则:如果伊马目与众人背道而驰,那么,众人就可以摆脱他。② 哈立德继续向丹吉尔进军,在丹吉尔附近和柏柏尔人交战。与此同时,迈萨拉的部下已经自行组织起来,另选扎纳塔族人哈米德·本·哈米德·胡图里担任他们的新伊马目。③ 鏖战正急时,哈米德率苏福里亚教派的门徒从背后突然袭击阿拉伯人。哈米德人多势众,哈立德却不屑逃跑而决定遵照奥克巴·本·纳菲厄在塔胡达战役的打法,按传述家们夸张的说法:"他同他的部下下马死战,终于全体阵亡,无一幸免。"④阿拉伯人在这场战斗中就这样

---

① 参见伊本·阿西尔:《伊历117年纪事》,他说迈萨拉向丹吉尔撤退,但又认为战事发生在丹吉尔附近。伊本·伊扎里(在其著作第1卷第53页中)记载了哈立德到达谢利夫河,但接着又认为交战地点是在丹吉尔。而伊本·赫勒敦(在其著作第6卷,第110页上)说:"大战在谢利夫河进行。"伊本·阿卜德·哈克姆(在其著作第218页)引证的一个传述说:"哈立德和柏柏尔人在丹吉尔附近直接遭遇,哈立德及其部下被杀。"然后他又提到另一个传述:"哈立德在丹吉尔前沿遭遇迈萨拉,哈立德及其随从被杀,迈萨拉回丹吉尔。"伊本·阿卜德·哈克姆还引证了来斯·本·萨阿德的著作,记载了第三种传述:"迈萨拉于伊历123年(公元741年)杀死伊斯梅尔·本·奥贝德拉和哈立德·本·阿比·哈比卜。此后,伊本·哈卜哈卜派遣哈比卜·本·阿比·奥贝达去对付迈萨拉。"
② 参见伊本·伊扎里的著作第1卷,第53页,此处记载的传述为我们所采纳。它分析了各种传述的分歧点,那些传述把迈萨拉和他的继承者扎纳塔族人哈米德搞混清了。对照努韦里的著作,手抄本,乙本,第84页;富尔内尔:《论阿拉伯人对非洲的征服》,第77页及注释1。
③ 参见伊本·伊扎里的著作第1卷,第53页。伊本·阿卜德·哈克姆(在其著作第218页中)搞错了,他说:"柏柏尔人杀了迈萨拉之后,即将大任托付给阿卜德·马利克·本·卡坦。"事实上,安达卢西亚的阿拉伯人起来反对他们的总督奥克巴·本·哈贾杰,将其废黜,代之以阿卜德·马利克·本·卡坦。对照伊本·赫勒敦(在其著作第1卷第110页)对此的说法,他没有提到另一种确认迈萨拉的继承人是叶海亚·本·哈里斯的传述(见其著作第1卷第219页)。参见富尔内尔的著作,第77页及注释2。
④ 伊本·伊扎里的著作第1卷,第54页。伊本·阿卜德·哈克姆的著作,第218页。努韦里的著作手抄本,甲本,第85页。伊本·阿西尔:《伊历117年纪事》。

丧失了许多古莱什族和辅士中名噪一时的骑士和英雄,作家们因此称之为"贵族战役"①。

当此不幸消息传到凯鲁万时,讨伐西西里岛的哈比卜·本·阿比·奥贝达已经回来。伊本·哈卜哈卜旋即命他统率大军去对付起义者。②哈比卜向谢利夫河进军,但是他没有一往直前,而是在马扎兹驻扎下来。③他住在那里显然是为了探听消息。接着,他前往尚未被起义者占领的特累姆森,它是顺民们的避难所。哈比卜在此抓住了当地总督伊本·胡德杰的幕僚穆萨·本·阿比·哈立德,指控他参与和怂恿暴乱,以挑唆者治罪,将他断手刖足。④我们不清楚哈比卜后来的情况。从后来的事件看来,他显然是住在谢利夫河地区。但是马格里布的事态与伊本·哈卜哈卜的意愿背道而驰。"人们对他群起而攻之,并废黜了他。"⑤这与人们对待他的安达卢西亚总督的做法同出一辙。当哈里发希沙姆听到这些不幸的消息时,他发誓:"凭安拉起誓,我一定要对他们发一次阿拉伯式的雷霆之怒,一定要派一支前军已经到达后军尚未出发的大军去对付他们。"希沙姆下旨,召回伊本·哈卜哈卜。后者就在伊历123年5月(公元741年3月)离开了马格里布。⑥

---

① 伊本·伊扎里的著作第1卷,第54页。伊本·阿卜德·哈克姆的著作,第218页。努韦里的著作手抄本,甲本,第85页。伊本·阿西尔:《伊历117年纪事》。
② 这是我们采用的来斯·本·萨阿德的传述(参见伊本·阿卜德·哈克姆的著作,第218页)。而伊本·伊扎里(在其著作第1卷,第53页上)则说:"哈比卜·本·阿比·奥贝达继哈立德·本·阿比·哈比卜之后出发。"由此可知,哈比卜的出征是在哈立德同哈瓦利吉派交战和阵亡之前,尽管在哈立德阵亡的传述里只字没有提到哈比卜。
③ 伊本·伊扎里的著作第1卷,第53页。
④ 伊本·阿卜德·哈克姆的著作,第218页。
⑤ 伊本·伊扎里的著作第1卷,第54页。
⑥ 同上。伊本·阿卜德·哈克姆的著作,第218页。参见伊本·阿西尔:《伊历117年纪事》;努韦里的著作手抄本,甲本,第85页;加斯帕尔·雷米拉译本第1卷,第360～361页。

库舍尔族人库勒苏姆·本·伊亚德　塞布河(巴克杜拉)战役

哈里发不食誓言。次月(伊历123年6月[公元741年4月]),他遴选忠心耿耿的盖斯族名流中的一位老人库舍尔族人库勒苏姆·本·伊亚德为阿非利加总督①(以取代盖斯族人伊本·哈卜哈卜),并先后派给他两名能执掌埃米尔职权的副手,以备不测。一个是他的侄子库舍尔族人巴拉杰·本·比什尔,另一个是阿米拉族人萨阿拉巴·本·萨勒马。② 功劳归于《史话集》,该书在伊本·阿卜德·哈克姆和伊本·伊扎里的记述之外还补充了有关库勒苏姆军队的重要细节。希沙姆装备了一支由叙利亚人组成的大军,正规军达二万七千人。叙利亚的四支部队(大马士革、霍姆斯、约旦和巴勒斯坦)各应提供六千人,金尼斯临人须出三千人。哈里发派了两个熟悉马格里布和安达卢西亚的人作库勒苏姆的谋士,一个是穆阿维叶·本·希沙姆的幕僚叫哈龙·卡尔尼,另一个是(穆萨·本·努塞尔的主公)瓦利德的幕僚穆吉斯·鲁米。同时,哈里发还授予库勒苏姆在他所到之处的绝对权力。哈里发诏谕埃及和马格里布的官员们,要他们服从库勒苏姆,向库勒苏姆提供人力和财力援助。③

确实,哈里发国家的正规军和志愿军就这样准备由叙利亚向阿非利加出发了。希沙姆言行一致。库勒苏姆率叙利亚人出发。随同他前往的巴拉杰率骑兵充作先锋,萨阿拉巴·本·萨勒马统率约旦部队。当库勒苏姆进入埃及的时候,当地的三千正规军加入进来,这样库勒苏姆的

---

① 伊本·阿卜德·哈克姆的著作,第218页。作者称他为盖斯族人。伊本·伊扎里的著作第1卷,第54页。努韦里的著作手抄本,甲本,第85页。加斯帕尔·雷米拉译本第1卷,第361页。
② 《史话集》,第30、35页。伊本·伊扎里的著作第1卷,第55页。作者在54页上说:"巴拉杰是库勒苏姆的堂兄弟。"
③ 《史话集》,第30~31页。伊本·伊扎里的著作第1卷,第54页。伊本·阿西尔:《伊历117年纪事》。

军队就达到三万人,这还不包括他们的幕僚、随从和志愿军。① 库勒苏姆的军队在西进路上,由于巴尔卡和的黎波里部队的加入,人数不断增加。② 库勒苏姆于当年9月(伊历123年[公元741年7月])到达阿非利加。③

由于阿非利加部队的加入,库勒苏姆的军队蔚为壮观,最后达七万人之众。④ 但是,军队内部蔓延着的分裂,使库勒苏姆难以驾驭。叙利亚人显然以他们的装备精良和人数众多而趾高气扬,他们还以哈里发给予他们的种种特权而得意洋洋,蔑视屡败于柏柏尔人的阿非利加人和马格里布人。而历经圣战、坚忍不拔的阿非利加人对叙利亚人的这种异乎寻常的态度,也颇不满意。当库勒苏姆来到时,他避开凯鲁万不入,而是在距凯鲁万一天路程的斯比巴安营下寨。⑤ 库勒苏姆发信给住在谢利夫河的菲赫尔族人哈比卜·本·阿比·奥贝达,命他在原地驻防。⑥ 库勒苏姆的侄儿巴拉杰要求阿非利加人不要关闭门户,以便于叙利亚人找到住处,"此外,还有许多激怒他们的言语"。⑦ 阿非利加人写信给哈比卜·本·阿比·奥贝达,诉说他们遭到的侮辱。哈比卜回信库勒苏姆,提出警告,要他带着军队从阿非利加撤走,否则,哈比卜就要率自己的军队转而反对库

---

① 《史话集》,第31页。
② 伊本·伊扎里的著作第1卷,第54页。伊本·阿卜德·哈克姆的著作,第218页。对照努韦里的著作,手抄本,乙本,第85页。
③ 伊本·伊扎里的著作第1卷,第54页。努韦里的著作手抄本,乙本,第85页;加斯帕尔·雷米拉译本第1卷,第361页。
④ 《史话集》,第31页。
⑤ 伊本·阿卜德·哈克姆的著作,第219页。伊本·伊扎里的著作第1卷,第54页。努韦里的著作手抄本,乙本,第85页,此处把斯比巴误写成了休达。
⑥ 伊本·阿卜德·哈克姆的著作,第219页。伊本·伊扎里的著作第1卷,第54页。对照伊本·阿西尔的《伊历117年纪事》,作者说,哈比卜在特累姆森。
⑦ 伊本·伊扎里的著作第1卷,第54页。参见伊本·阿西尔:《伊历117年纪事》。

勒苏姆。① 这是哈里发国家的叙利亚军同它的阿非利加军之间破裂的开始。

在如此严重的形势下,库勒苏姆让阿非利加的法官吉法尔族人阿卜德·拉赫曼·本·奥克巴留在凯鲁万执掌礼拜,让古莱什族人马斯拉马·本·萨瓦达主管军事②,自己率领阿非利加军队出发。步兵的主帅是穆吉斯·鲁米,骑兵的大将是哈龙·卡尔尼。③ 在谢利夫河,库勒苏姆与哈比卜之间的争执很快又重新爆发。巴拉杰遇到哈比卜时,对他视同敝屣;库勒苏姆则毁坏哈比卜的名誉,"辱骂他及其家人"④。哈比卜的儿子阿卜德·拉赫曼适在其父身旁,他不禁热血沸腾,参与争吵,最后几乎酿成内讧。⑤ 人们叫喊着:"武器!武器!"阿非利加人倒向一边,埃及人和他们站在一起,然后埃及人又出来调解。据伊本·伊扎里所说,因库勒苏姆和巴拉杰的偏见而造成的这种分歧,导致了他们的灭亡。⑥ 为了讨伐聚集在新伊马目哈米德领导下的起义军,心怀怨恨、怒火中烧的库勒苏姆大军向丹吉尔地区进发。两军在塞布河⑦(非斯城河)下游北岸的一个叫"巴克杜拉"⑧的地方交战。这场大会战惊天动地,苏福里亚教徒的英勇奋战,可与他们在马什里克的哈瓦利吉派弟兄们同哈里发

---

① 伊本·伊扎里的著作第 1 卷,第 54 页。参见伊本·阿西尔:《伊历 117 年纪事》。
② 伊本·阿卜德·哈克姆的著作,第 218 页。伊本·伊扎里的著作第 1 卷,第 54 页。对照努韦里的著作,手抄本,乙本,第 85 页;加斯帕尔·雷米拉译本第 1 卷,第 361~362 页。
③ 《史话集》,第 31 页。
④ 参见伊本·阿卜德·哈克姆的著作,第 219 页。
⑤ 伊本·阿卜德·哈克姆的著作,第 219 页。伊本·伊扎里的著作第 1 卷,第 54 页。
⑥ 伊本·伊扎里的著作第 1 卷,第 54 页。
⑦ 同上书,第 55 页。伊本·赫勒敦的著作第 1 卷,第 119 页。对照努韦里的著作,手抄本,乙本,第 85 页;加斯帕尔·雷米拉译本第 1 卷,第 362 页,该处称这条河为丹吉尔河。
⑧ 《史话集》,第 32 页。此书中另外还把这个地名写成"纳克杜拉"(第 39 页)或"纳弗杜拉"。参见杜齐的著作第 1 卷,第 154 页,注释 2。

军作战时的舍生忘死相提并论。战斗结果出乎意料,库勒苏姆的骑兵如云、人数众多、装备精良的军队却被手无寸铁或武器不多的柏柏尔人打得落花流水。

《史话集》一书对这次战斗做了精彩的描写:库勒苏姆军包括两支骑兵队,一支是由巴拉杰率领的叙利亚人骑兵队,约有一万名骑兵[1];另一支是由哈龙·卡尔尼率领的阿非利加人骑兵队。[2]而哈瓦利吉派人,"则没有可与穆斯林骑兵相匹敌的马队"[3]。至于步兵,除阿非利加人之外,光库勒苏姆带来的由穆吉斯统帅的叙利亚步兵,就有二万名左右,而且还有哈比卜的军队。但是,据《史话集》所述,柏柏尔人的数量更多,因为"哈米德集结的人,不可胜数"[4]。伊本·伊扎里说:"后来,有三十万柏柏尔人向凯鲁万挺进。"[5]不过,虽然他们确实人数众多,可他们的武器和装备却是原始的和简陋的。他们"赤身露体,仅以短裤遮身[6],佩带装着石块的干皮袋"[7]。尽管如此,他们在战斗中苦战死拼的坚强意志,可与他们的马什里克弟兄们相媲美,这种意志足以弥补上述的不足。他们"模仿阿扎里卡派和拉西比·阿卜杜拉·本·瓦赫卜与泽德·本·哈辛的门徒纳赫拉万

---

[1] 《史话集》,第33页。事实上,该书在此处提到两个数字:一万二千名和七千名。作者倾向于采纳后者。他说:"在这两个数字中,它更为可靠。"我们认为,这两个数字都是正确的。因为据努韦里所说(见其著作手抄本,乙本,第85页;加斯帕尔·雷米拉译本第1卷,第361页),第一个数字代表所有的叙利亚骑兵人数,而第二个数字则是失败后巴拉杰仅剩的骑兵人数。
[2] 《史话集》,第32页。
[3] 同上书,第33页。
[4] 同上书,第32页。对照伊本·赫勒敦的著作第1卷,第119页(此处把哈米德误写为迈萨拉,如前所述,迈萨拉已被杀)。
[5] 伊本·伊扎里的著作第1卷,第56页。
[6] 伊本·阿卜德·哈克姆的著作,第219页。伊本·伊扎里的著作第2卷,第55页:"他们赤身露体出战。"
[7] 《史话集》,第33页。对照伊本·赫勒敦的著作第1卷,第119页。

人"①，不留头发，并呼吁凭《古兰经》仲裁②。

　　库勒苏姆问计于他的两个谋士。他已近乎处在防御地位,他采用堑壕,不时派出分队与柏柏尔人厮杀,尔后返回阵地。但是他又听取他刚愎自用的侄儿巴拉杰的劝告,巴拉杰对他说:"你不必害怕这些乌合之众,他们大多赤身露体,手无寸铁。"③厮杀开始时,库勒苏姆的将领们对他的作战方案就已心怀不满。④ 库勒苏姆的方案是依靠骑兵作为粉碎起义军的主力。"他派巴拉杰率骑兵冲入敌营。在库勒苏姆心目中,骑兵比步兵更为可靠。"⑤清晨,巴拉杰向柏柏尔人发起突然袭击。柏柏尔人用大喊大叫和石块来对付他。(阿拉伯人的)战马受惊,四处奔窜。⑥ 柏柏尔人用计破了阿拉伯人的骑兵,迫使阿拉伯人像他们一样进行步兵战。柏柏尔人还在桀骜不驯的种马尾巴上绑上水袋和干皮垫,然后驱向库勒苏姆的阵营里去横冲直闯。人喊马叫,阿拉伯骑兵大多从马背上摔下来。柏柏尔人这种战法就靠人多势众,因为他们没有穆斯林们那么多的马匹。⑦

　　于是,库勒苏姆军阵容大乱。柏柏尔人冲过去"与叙利亚人的队伍混在一起"⑧。率领七千骑兵的巴拉杰挡不住柏柏尔人的前进,他试图对苏

---

① 纳赫拉万位于巴格达和瓦西特之间。公元658年,阿里·本·阿比·塔列卜和哈瓦利吉派人在此交战,阿卜杜拉·本·瓦赫卜被杀。——译者
② 《史话集》,第32页。
③ 同上。
④ 除上所述之外,伊本·阿卜德·哈克姆又说:"哈比卜·本·阿比·奥贝达向库勒苏姆建议,交战用步兵对步兵,骑兵对骑兵。库勒苏姆回答说:'哈比卜,我们不听你的。'"(见其著作,第219页)当局势紧张库勒苏姆建议哈比卜来领导时,哈比卜回答说:"大势已去。"(见其著作,第220页)。对照伊本·阿西尔的《伊历117年纪事》。
⑤ 伊本·阿卜德·哈克姆的著作,第219页。
⑥ 《史话集》,第33页。伊本·阿卜德·哈克姆的著作,第220页。
⑦ 《史话集》,第33页。对照伊本·赫勒敦的著作第1卷,第119页。作者说:"柏柏尔人的计策是交战时用装满石头的皮袋绑在马匹的尾巴上……石头互撞作声,阿拉伯人的战马受惊,队伍乱成一团……"
⑧ 《史话集》,第33页。伊本·赫勒敦的著作第1卷,第119页。

福利亚派人做一次闪电袭击来挽回局势。他虽然成功地冲开了他们的队伍,但这次进攻却使他脱离他伯父的主力。柏柏尔人不让他返回自己的队伍。战局突变,库勒苏姆军被分割。一群群柏柏尔人包围住巴拉杰和随同他的阿卜德·拉赫曼·本·哈比卜,同时哈立德·本·哈米德又派主力扑向库勒苏姆。哈瓦利吉派凭着人多势众不顾死活打败了库勒苏姆,杀死了哈比卜、穆吉斯·鲁米、哈龙、卡尔尼、苏莱曼·本·阿比·穆哈吉尔和许多阿拉伯显贵。阿非利加军的骑兵和步兵全被击溃。① 只有随同巴拉杰的阿卜德·拉赫曼·本·哈比卜得以幸免。②

库勒苏姆被杀

库勒苏姆镇定自若,他坐在司令台上,帅旗在他头上飘扬。哈瓦利吉派的剑要碰到他时,他要求部下保护他,他被杀时还在诵读《古兰经》:"安拉以天园来赎买信士们的生命财产……""不得真主的许可,任何人都不会死亡;真主已注定各人的寿限了。……"③伊历123年(公元741年),库勒苏姆在巴克杜拉战役中阵亡。④ 帅旗被夺,战争的命运就决定了。向阿非利加进攻的哈里发军彻底溃败。柏柏尔人追击残兵败将,杀戮和俘虏他们。"哈里发军中,三分之一被杀,三分之一败逃,还有三分之一被俘。"⑤

巴拉杰和叙利亚军在休达被围

巴拉杰及其骑兵落在后面,跟随他的有萨阿拉巴·本·萨勒马和哈

---

① 《史话集》,第34页。伊本·伊扎里的著作第1卷,第55页。伊本·阿卜德·哈克姆的著作,第220页。
② 伊本·伊扎里的著作第1卷,第56页。伊本·阿西尔:《伊历117年纪事》。
③ 《史话集》,第34页。《古兰经》忏悔章,第111节;仪姆兰的家属(阿黎仪姆兰)章,第145节。
④ 伊本·阿卜德·哈克姆的著作,第220页(尽管他引述了来斯·本·萨阿德的另一种传述说,库勒苏姆于伊历124年被杀)。对照《史话集》,第35页:"巴拉杰到安达卢西亚是在伊历123年。"伊本·伊扎里的著作第1卷,第56页。
⑤ 《史话集》,第34页。

比卜的儿子阿卜德·拉赫曼。他们重创敌军,但没有能赶上大军。柏柏尔人在结果了库勒苏姆后,便回过来对付巴拉杰。面对着声势浩大的柏柏尔人,巴拉杰向柏柏尔人的地区撤去,然而柏柏尔人朝北紧追不舍。他试图进入丹吉尔未遂,就前往坚固的休达城,在城中固守不出。① 起义军派他们的一位将领胡瓦拉族人阿布·优素福率兵进攻巴拉杰,但他被巴拉杰所杀,军队被打得落花流水。② 哈瓦利吉派接连不断地派兵攻打休达,一军被歼,又发一军。巴拉杰共打败他们的军队达五支或六支之多。③ 最后,苏福里亚派人看到,除非采取饥饿和断绝粮草的办法,就不能消灭巴拉杰及其军队。

丹吉尔周围的土地,人烟稠密,物产丰富。柏柏尔人决定破坏这块土地,把丹吉尔周围距城两天路程的地方化作不毛之地。④ 这个计划的确成功了。巴拉杰的军队为了获得粮食进行远征,是很困难的。他们的粮草断绝了,饿得吃牲畜⑤、吃皮子⑥,甚至连地面上的青草都啃光了⑦。年迈的安达卢西亚总督、市民出身的阿卜德·马利克·本·卡坦曾在伊历63年(公元682年)的哈拉战役中与麦地那的叙利亚人交战过,现在,他拒绝以服从信士们的长官和阿拉伯(主义)的名义去援救叙利亚人。"他反而视若无睹,幸灾乐祸,唯恐他们于己有害。"伊本·卡坦对叙利亚人的仇恨达到这样的地步:他严惩了拉赫姆族领袖阿卜德·拉赫曼·本·齐亚德·阿赫拉姆,因为后者同情海峡彼岸弟兄们的遭遇,曾"送给他们两艘

---

① 《史话集》,第35页。伊本·伊扎里的著作第1卷,第55页。伊本·赫勒敦的著作第1卷,第219页。
② 伊本·阿卜德·哈克姆的著作,第320页。
③ 《史话集》,第25页。
④ 同上。
⑤ 同上。对照伊本·阿西尔的《伊历123年纪事》。
⑥ 《史话集》,第37页。
⑦ 同上书,第38页。

载着大麦和油脂的船只"。尽管如此,这些东西对叙利亚人来说,仍只是杯水车薪,以致他们濒临着灭亡。①

援助叙利亚人并同意巴拉杰及其兵士在安达卢西亚登陆,这对伊本·卡坦是难乎其难的。但安达卢西亚的柏柏尔人爆发了起义,他们仿效迈萨拉的追随者不留头发②,并杀戮阿拉伯人,伊本·卡坦的军队又无力镇压他们的起义。(束手无策的)伊本·卡坦终于不得不接受叙利亚人进入安达卢西亚,不过有个条件,即叙利亚人要交出一个将领作人质,并在一年左右结束安达卢西亚人的战争后须全部返回阿非利加,而不管叙利亚人是否害怕柏柏尔人,也不管他们是否遭遇柏柏尔人。③

第四节 东马格里布的哈瓦利吉派

惨败的消息传到大马士革,引起深沉的哀鸣。希沙姆·本·阿卜德·马利克痛惜与他同宗的叙利亚人的不幸遭遇,他希望伊拉克人等能补充他的军队,"以免他的军队减员"④。哈里发确实遗憾,他也确实发誓,"如果他在世的话,一定派领取军饷的十万人去攻打哈瓦利吉派,接着再派十万人,然后再派,即使最后只剩下他和他的儿子们,那么,就抽签,要是他抽到签,那他就御驾亲征"⑤。

事实上,柏柏尔人打败哈里发大军的辉煌胜利,预告着从的黎波里到

---

① 《史话集》,第37~38页。
② 同上书,第38、第40页。对照伊本·赫勒敦的著作第1卷,第119页。关于迈萨拉的柏柏尔人,伊本·赫勒敦说:"他们把头顶心的头发剃去。"
③ 《史话集》,第38~39页。伊本·伊扎里的著作第1卷,第56页。伊本·阿西尔:《伊历123年纪事》。
④ 《史话集》,第36页。
⑤ 同上。

安达卢西亚的整个马格里布地区将燃起起义的烈火,同时,也意味着哈瓦利吉派的胜利在马格里布产生了不可磨灭的影响。在库勒苏姆率兵向丹吉尔出发以后,在萨布勒特和加贝斯之间的尼弗扎瓦区域,哈瓦利吉派的柏柏尔人爆发起义,这也就是说,凯鲁万从西到东都已被起义者所包围。扎纳塔族人阿卡沙·本·阿尤布·法扎里在加贝斯地区起义,他是哈瓦利吉派中的苏福里亚派教徒,他派他的兄弟率兵由的黎波里向萨布勒特城进发,在该地区集结扎纳塔族人,并率领他们向称为苏克萨布勒特的新城进军。他显然选中了人们集会的星期五,这一天,人们由他们的官员哈比卜·本·迈蒙率领,聚集在大清真寺里。从伊本·阿卜德·哈克姆的传述知道,人们被包围了。① 把新萨布勒特从起义者手里解救出来的责任,落在的黎波里总督萨弗万·本·阿比·马立克肩上。他带兵出去,确实成功地打败了阿卡沙的兄弟,后者丢下了许多他所率领的扎纳塔族人和战场上的尸体,只身逃往他在加贝斯的兄长。②

至于解救阿非利加地域中的加贝斯的责任,则落在库勒苏姆·本·伊亚德在阿非利加的副手古莱什族人马斯拉马·本·萨瓦德身上。马斯拉马率凯鲁万人向阿卡沙进攻,但是他不像萨弗万那样走运,他被法扎里打败,伤亡甚众,回到凯鲁万。在这之后我们对马斯拉马的情况便无所知。他也许在战斗中受伤致命,因为伊本·阿卜德·哈克姆在讲述马斯拉马回到凯鲁万后说:"所有追随马斯拉马的凯鲁万人在加萨尼族人赛义德·本·布杰拉的率领下固守不出。"③伊本·阿卜德·哈克姆接着又引证一种传述说:"的黎波里总督萨弗万·本·阿比·马立克的出战,是根

---

① 伊本·阿卜德·哈克姆的著作,第219页。对照伊本·阿西尔的《伊历117年纪事》。
② 伊本·阿卜德·哈克姆的著作,第219页。对照伊本·阿西尔的《伊历117年纪事》。
③ 参见伊本·阿卜德·哈克姆的著作,第219页,在该页中,他的名字为古莱什族人马斯拉马·本·萨瓦德,而在第221页上则写为朱扎姆族人马斯拉马·本·萨瓦德。至于赛义德·本·布杰拉,在第221页上,写成了赛义德·本·布赫拉。

据库勒苏姆要他增援的命令。当萨弗万到达加贝斯时,他获悉了库勒苏姆遇害的消息,就不战而退。"①

显而易见,的黎波里总督和库勒苏姆在凯鲁万的代理者们都一致同意围攻在加贝斯的阿卡沙。萨弗万直奔向加贝斯,与此同时,赛义德·本·布杰拉和随他一起守城的马斯拉马·本·萨瓦德的部下也从凯鲁万出发,前往加贝斯。阿卡沙·法扎里感到自己陷入了腹背受敌的境地,于是便放弃加贝斯,选择距加贝斯十二里的贾马河作为他的新据点。但是,当萨弗万听到库勒苏姆遇难的消息返回的黎波里的时候,赛义德决定迅速率兵进入加贝斯,出于对阿卡沙的惧怕,他凭城坚守不出。然而,库勒苏姆留下的司礼拜官吉法尔族人阿卜德·拉赫曼·本·奥克巴却挽回了局势。他率凯鲁万人向阿卡沙进攻,在加贝斯和凯鲁万之间,成功地打败了阿卡沙②。

汉扎拉·本·萨弗万　哈里发在阿斯纳姆和卡尔纳两次战役中的报复行动

在这样困难的形势下,哈里发希沙姆·本·阿卜德·马利克急忙任命比什尔·本·萨弗万的兄弟、埃及总督汉扎拉·本·萨弗万兼任马格里布总督,命他立即出发赴任。汉扎拉率兵三万③于伊历124年4月17日(公元742年2月18日)④由埃及出发。他一路疾行,于月底到达阿非利加。⑤ 此后,希沙姆又给他派去二万人。⑥ 伊本·伊扎里说:"马格里布的苏福里亚派三十万人在库勒苏姆被杀后即奔凯鲁万而来,企图蹂躏和

---

① 伊本·阿卜德·哈克姆的著作,第226页。
② 同上书,第221页。努韦里的著作手抄本,甲本,第86页。
③ 《史话集》,第36页。
④ 铿迪的著作,第82页。关于汉扎拉第二次任埃及总督,参见铿迪的著作,第81~82页;伊本·阿西尔:《伊历124年纪事》;努韦里的著作手抄本,甲本,第86页。
⑤ 伊本·伊扎里的著作第1卷,第58页。对照伊本·阿卜德·哈克姆的著作,第221页。《史话集》第36页中确定的时间为伊历123年。
⑥ 《史话集》,第36页。

洗劫凯鲁万城,但被仅一万二千人的凯鲁万人所击溃。"①显而易见,伊本·伊扎里指的是的黎波里和阿非利加的哈瓦利吉派人,因为当时威胁凯鲁万的危险来自阿卡沙和他的盟友胡瓦拉族人(后又为穆达哈姆族人)阿卜德·瓦希德·本·亚齐德,后者也是苏福里亚派教徒。②

关于丹吉尔的哈瓦利吉派,马利基引述了奥马尔·本·阿卜德·阿齐兹以汉扎拉·本·萨弗万的名义派往丹吉尔的十名再传弟子所写的信:"穆斯林们应按此信行事,相信信中所言。"③这封信阐明了《古兰经》中所号召的劝人从善,禁人作恶,以天园说教,用地狱示警。同时这封信还阐明:宣扬合法、禁绝非法而且恭顺驯良,心怀善意的人,"就会功德无量,生生死死不得毁灭"④。这封信,从其形式看,它的可靠性颇有疑问,但从其内容看,却是可取的,因为它说明了汉扎拉从政治上呼吁丹吉尔的起义者和平归顺。

至于阿卡沙,汉扎拉派吉法尔族人阿卜德·拉赫曼·本·奥克巴前去征讨。后者一连两次击败阿卡沙及其苏福里亚派部属。⑤ 但是当胡瓦拉族人阿卜德·瓦希德·本·亚齐德加入阿卡沙行列时,阿卜德·拉赫曼·本·奥克巴便抵敌不住他们两人,于同年战败被杀。⑥

凯鲁万军的败北显然发生在扎卜地区⑦,它导致了阿卡沙和阿卜德·

---

① 伊本·伊扎里的著作第 1 卷,第 56 页。
② 伊本·阿卜德·哈克姆的著作,第 222 页。伊本·阿西尔在《伊历 117 年纪事》中称他为穆达加姆族人。努韦里的著作手抄本,甲本第 86 页和乙本第 86 页都提到:阿卜德·瓦希德率兵三十万。
③ 马利基:《心灵游苑》第 1 卷,"传略 31·图吉卜族人赛义德·本·马斯奥德",第 67 页。
④ 马利基:《心灵游苑》第 1 卷,第 67 页。
⑤ 伊本·阿卜德·哈克姆的著作,第 222 页。
⑥ 同上。
⑦ 参见伊本·伊扎里的著作第 1 卷,第 58 页,此处说:"阿卡沙和阿卜德·瓦希德在扎卜地区分道扬镳。"对照努韦里的著作,手抄本,甲本第 86 页;加斯帕尔·雷米拉译本第 1 卷,第 363 页。

瓦希德之间为当领袖而引起的争执。阿卜德·瓦希德野心勃勃,想当伊马目。他迅速前往突尼斯城,占领此城后,在那里受到部下的拥戴。① 苏福里亚派教徒们显然认为,有权担任伊马目的是首先占领凯鲁万的人,因为阿卡沙和阿卜德·瓦希德已开始竞相奔往阿非利加的京城。② 阿卡沙经由(地处突尼斯和阿尔及利亚边界的)马贾纳向凯鲁万进军;而阿卜德·瓦希德则取道贝贾山路。他的先锋是大将阿布·库拉·马吉利。③ 阿卜德·瓦希德向汉扎拉发出警告,要他从凯鲁万撤走。

凯鲁万人听到柏柏尔人的大队人马在向他们开来的消息,预感到大难临头,猜想他们即将被俘。城里一片惊慌,甚至连汉扎拉的传令兵只是在拿到五十个第纳尔之后才肯到距城三里的地方为他打探消息。④ 阿卜德·瓦希德和阿卡沙终于都在凯鲁万附近扎营,前者驻扎在距城一驿站之遥的阿斯纳姆⑤,据我们猜测,此地因有古代陈迹和雕像而得命;后者在离城六里的卡尔纳扎营。⑥ 我们不知道卡尔纳是否在伊本·胡德杰所称犄角⑦山亦即凯鲁万旧址的附近。汉扎拉严阵以待,他主张在凯鲁万进行防御,于是在其周围挖掘堑壕,并考虑向哈里发国家求援。但是他的谋士

---

① 伊本·伊卜德·哈克姆的著作,第222页。作者说:"人们称他为'哈里发',但按照当时瓦利吉派的习惯,应该主称为'伊马目'。"
② 伊本·阿卜德·哈克姆的著作,第222页。
③ 伊本·伊扎里的著作第1卷,第58页。对照伊本·阿卜德·哈克姆的著作,第222页,作者称他为"阿基利",而不是"马吉利"。对照努韦里的著作,甲本,第86页;加斯帕尔·雷米拉译本第1卷,第363页。努韦里先称他为"阿布·奥马拉·阿卜利",后又称之为"阿特基"。显然,马吉利在贝贾路上,把出城迎战的凯鲁万军打得大败,以致努韦里说"凯鲁万军损失二万人"(见其著作,乙本,第86页)。而伊本·阿西尔(在《伊历117年纪事》)说:"他们用小麦而不用大麦喂马,因此,损失了二万匹马。"
④ 伊本·阿卜德·哈克姆的著作,第222页。
⑤ 在阿拉伯语中,阿斯纳姆意为偶像。——译者
⑥ 伊本·阿卜德·哈克姆的著作,第222、223页。对照努韦里的著作,乙本,第86页;加斯帕尔·雷米拉译本第1卷,第363页。努韦里认为,阿斯纳姆坐落在贾拉瓦地区,距离凯鲁万三里。
⑦ 阿拉伯语中,犄角一词的读音为"卡尔纳"。——译者

们劝他出战迎敌。① 汉扎拉就写信给他在的黎波里的总督穆阿维叶·本·萨弗万，命他前来援助。②

阿斯纳姆

汉扎拉利用他两个敌人互相抬杠的机会，决定各个击破。为此，他努力不让他俩重新联起手来反对他。他写信给阿卡沙，对其威吓利诱。③ 汉扎拉将所有库存的武器和钱财都分发给随他出战的凯鲁万人。凯鲁万人由穆罕默德·本·阿姆尔·本·奥克巴率领，决心孤注一掷，投入这场生死存亡的战争：不是打败苏福里亚派赢得战斗，便是妇孺财产丧失殆尽。④ 在两个敌人中，汉扎拉先从离他较近也最为危险的敌人阿卜德·瓦希德下手。他趁阿卜德·瓦希德不备之际，清晨突至阿斯纳姆。对凯鲁万的阿拉伯人来说，这是一场光荣的战斗。根据当时的战术，双方都分中军、左军和右军相互对峙。凯鲁万的伊斯兰教学者们鼓舞战士投入圣战，妇女们出来激励他们勇敢杀敌。接着，"战斗开始，英雄们相互召唤，战士们寸步不让，唯闻兵器相击、肘臂相搏之声"⑤。阿卜德·瓦希德的右军在战斗一开始即进攻汉扎拉的左军，将其击溃。但是，凯鲁万人却成功地打败了柏柏尔人的左军和中军，紧接着又进攻柏柏尔人打了胜仗的右军，把他们打垮。阿卜德·瓦希德大败，在战斗中

---

① 伊本·伊扎里的著作第 1 卷，第 58 页。
② 伊本·阿卜德·哈克姆的著作，第 223 页。
③ 同上书，第 222 页："也许此信的内容，即系马利基所引述的汉扎拉寄给丹吉尔柏柏尔人的那封信。"
④ 伊本·伊扎里的著作第 1 卷，第 59 页。在努韦里的著作手抄本乙本第 68 页和加斯帕尔·雷米拉译本第 1 卷第 364 页中，另有一些细节，比如说："阿卜德·瓦希德率兵三十万，而汉扎拉在交战前夜通宵达旦装备起来的军队不过才五千个盾牌手和五千个弓箭手。汉扎拉原给每个兵士一个盾牌和五十个第纳尔，后人数增多，钱数递减为四十个、三十个第纳尔。"
⑤ 伊本·伊扎里的著作第 1 卷，第 59 页。参见伊本·阿西尔：《伊历 117 年纪事》。

被杀。① 阿拉伯人追击他的苏福里亚派门徒，直到贾劳拉，他们大肆杀戮，柏柏尔人"死的死，逃的逃"。②

卡尔纳

汉扎拉刚消灭了阿卜德·瓦希德，抢在阿卡沙获悉他的盟友阵亡和他的胡瓦拉族苏福里亚派弟兄们遇难之前，就立即率胜利之师向驻扎在卡尔纳的阿卡沙奔去。凯鲁万人满怀胜利的激情和勇气向阿卡沙扑去。阿卡沙被这次突然袭击吓得不知所措。他的队伍被打败，他只身逃出战场，但被抓住，当作俘虏解送给汉扎拉。汉扎拉随即将他处死，并俯伏感谢安拉。③

伊历124年（公元742年）底④或伊历125年（公元743年）初⑤，汉扎拉就这样在阿斯纳姆和卡尔纳的两次战役中获胜。借此，阿拉伯人为他们在（谢利夫河的）"贵族战役"和（塞布河的）"巴克杜拉战役"中的失败，向丹吉尔的柏柏尔人报了仇。胜利在马什里克引起喜悦的巨响，以致作家们夸大了苏福里亚派的柏柏尔人死亡的数字。他们说："柏柏尔人死亡

---

① 伊本·伊扎里的著作第1卷，第59页；努韦里的著作手抄本，乙本，第86页；加斯帕尔·雷米拉译本第1卷，第363～364页。他们都认为阿卜德·瓦希德败在阿卡沙之后。
② 伊本·阿卜德·哈克姆的著作，第223页。对照伊本·阿西尔的《伊历117年纪事》。如多加（在他翻译伊本·阿卜德·哈克姆的著作的译本第159页注释中）所说，阿斯纳姆可能是指贾劳拉，因为当地有不少古迹。
③ 伊本·阿卜德·哈克姆的著作，第223页。对照努韦里的著作，手抄本，甲本，第86页；加斯帕尔·雷米拉译本第1卷，第363页。努韦里把阿卡沙之败北置于阿卜德·瓦希德之前，虽然他在其著作手抄本乙本第86页（加斯帕尔·雷米拉译本第364页）中又记述说，阿卡沙被俘遇害在阿卜德·瓦希德之后。并见伊本·阿西尔的《伊历117年纪事》。至于伊本·伊扎里（在其著作第58页中）虽然确定阿卡沙失败在先，但他把卡尔纳和阿斯纳姆的两次战役混为一谈（见其著作第59页）。我们采用的伊本·阿卜德·哈克姆的排列次序，最为可信也最清楚（见加多译本第195页的注释）。
④ 《史话集》，第37页。
⑤ 伊本·阿卜德·哈克姆的著作，第223页。

达十八万之多。"①埃及的教律学家和著名的传述家来斯·本·萨阿德评论这次胜利,认为是伊斯兰教决定性的胜利之一,甚至可与巴德尔战役相提并论,他说:"在巴德尔战役以后,没有比卡尔纳和阿斯纳姆的战役更令我喜闻乐见的了。"②

对的黎波里的哈瓦利吉派人的惩罚

汉扎拉在消灭阿非利加的哈瓦利吉派后,接着就惩罚尼弗扎瓦的哈瓦利吉派人。当汉扎拉在凯鲁万受到苏福里亚派人威胁的时候,他曾写信给他在的黎波里的总督穆耶·本·萨弗万求援。后者率的黎波里军前来支援,但是他一到加贝斯,就听到阿斯纳姆和卡尔纳的起义者已被消灭的捷报③,接着汉扎拉的命令又到,命他追剿正在尼弗扎瓦地区进攻和搜捕被保护人④的哈瓦利吉派柏柏尔人。伊本·萨弗万即向起义者挺进,他的军队打败了他们,把在他们迫害下的被保护人解救出来。但是,作为这次胜利的代价,伊本·萨弗万付出了他的生命。汉扎拉任命他的一个同族人泽德·本·阿姆尔统率伊本·萨弗万的军队。泽德就率军回到的黎波里。⑤

伊历125年(公元743年),希沙姆·本·阿卜德·马利克在听到战胜哈里发国家敌人的捷报时,已经奄奄一息。不过,他终于实践了自己的誓言,倭马亚王朝向它在马格里布的仇敌报了仇。但是这已经是回光返

---

① 伊本·伊扎里的著作第1卷,第95页。伊本·阿西尔:《伊历117年纪事》。努韦里的著作乙本,第86页;加斯帕尔·雷米拉译本第1卷,第364页。努韦里说:"他们只是在每个尸体上放一根芦苇杆,然后加起来才统计出来,总数为十八万。"
② 伊本·伊扎里的著作第1卷,第59页。努韦里的著作甲本,第87页。对照伊本·阿西尔的《伊历117年纪事》:"在巴德尔战役之后,迄今为止,没有比阿拉伯人在阿斯纳姆的征战更激烈的了。"
③ 伊本·阿卜德·哈克姆的著作,第223页。
④ 被保护人系指伊斯兰教国家保护下的犹太教徒、基督教徒。——译者
⑤ 伊本·阿卜德·哈克姆的著作,第223页。

照了。希沙姆是倭马亚王朝最后一位伟大的哈里发。他为了维护阿拉伯国家的统一而努力奋斗,使他成为阿拔斯王朝的哈里发曼苏尔所称道的"民族伟人"。然而,希沙姆却留下许多软弱无能的王子,他们没有济世之才,因而经历了王朝的衰微和尔后的灭亡。其实,马格里布燃烧的起义火焰,即使不是被扑灭,那么也是可以阻止住的,但是在国家消灭它在马格里布的仇敌——哈瓦利吉派人的时候,在马什里克,对圣裔的宣传声势渐壮,它由默默的反抗转变成为惊天动地的起义;而倭马亚王朝在马什里克忙于反对阿拔斯族人的斗争,又对听其自然的马格里布地区产生了影响。于是,马格里布与大马士革的关系中断了,马格里布的各个区域被哈瓦利吉派人、冒险家们等所控制。

第四章　在独立和归属哈里发国家期间倭马亚王朝末和阿拔斯王朝建立时期的马格里布概况

第一节　奥克巴·本·纳菲厄在阿非利加的后裔——菲赫尔族人

一、菲赫尔族人阿卜德·拉赫曼·本·哈比卜　从安达卢西亚归来

汉扎拉在打败阿非利加的哈瓦利吉派后，有机会将哈里发国家的势力重新伸向安达卢西亚。从伊历122年(公元740年)柏柏尔人在安达卢西亚爆发起义以及尔后巴拉杰率领的叙利亚人登陆以来，安达卢西亚就动荡不定，当地人中的贤哲要求汉扎拉给他们派一位传播和平、稳定局势的总督来。于是，他把一个同族的卡勒卜族人阿布·哈塔尔·胡萨姆·本·达拉尔派去了。阿布·哈塔尔过去是汉扎拉的兄弟比什尔·本·萨

弗万在马格里布的官员。①

正当马格里布动荡不定之际,阿布·哈塔尔由突尼斯取海道前往安达卢西亚,于伊历 125 年 7 月(公元 743 年 5 月)到达。② 他凭自己的年高德劭和宗族的帮助而得以成功,因为他是有权号令众人的叙利亚人中的名流之一。但是,正当阿布·哈塔尔到达安达卢西亚之时,他却不知不觉地造成了他这一族的首领、马格里布总督汉扎拉的倒台。阿布·哈塔尔采取的措施之一是将内乱的领袖逐出安达卢西亚,这些人中有菲赫尔族人阿卜德·拉赫曼·本·哈比卜·本·阿比·奥贝达·本·奥克巴·本·纳菲厄和阿米拉族人萨阿拉巴·本·萨勒马。这两人原来与巴拉杰·本·比什尔一起驻守在休达,后又随他渡海来到阿耳黑西拉斯。巴拉杰·本·比什尔和阿卜德·拉赫曼·本·哈比卜自从在阿非利加会面以来就一直互相嫉妒、明争暗斗。阿卜德·拉赫曼·本·哈比卜怀着对巴拉杰的仇恨来到安达卢西亚。③ 他企图征服这个地区,当巴拉杰大权在握时,他参与反对巴拉杰的斗争,尔后又和萨阿拉巴作对,但都失败了。

于是,阿布·哈塔尔把好几个参与内讧的叙利亚军将领从安达卢西亚撵了出去,其中有萨阿拉巴·本·萨勒马和阿卜德·拉赫曼·本·哈比卜。④ 后者渡海前往阿非利加,在突尼斯定居下来⑤;而萨阿拉巴则在凯鲁万追上了汉扎拉⑥。上述一切发生在伊历 125 年(公元 743 年)底或

---

① 参见《史话集》,第 45 页。
② 参见《史话集》中的"历代总督一览表",西班牙文版,第 242 页。对照伊本·伊扎里的著作,第 1 卷。第 58 页,作者确定阿布·哈塔尔抵达的时间为伊历 124 年 7 月。
③ 参见伊本·阿卜德·哈克姆的著作,第 22 页:"阿卜德·拉赫曼·本·哈比卜比巴拉杰先到安达卢西亚……他命阿卜德·马利克·本·卡坦不要听从巴拉杰。"
④ 《史话集》,第 64 页。伊本·伊扎里的著作第 1 卷,第 60 页。对照伊本·阿西尔的《伊历 117 年纪事》;努韦里的著作甲本,第 86 页:"阿卜德·拉赫曼悄悄地或惴惴不安地出走了。"
⑤ 伊本·伊扎里的著作第 1 卷,第 60 页。
⑥ 伊本·阿卜德·哈克姆的著作,第 223 页。

伊历126年初,亦即在哈里发(于伊历126年6月[公元744年3月])遇害的前夕。当瓦利德被害的噩耗传到阿非利加时,萨阿拉巴和叙利亚军高级将领旋即由阿非利加回到马什里克。① 叙利亚的哈里发国家的政局动荡不定,是使阿卜德·拉赫曼·本·哈比卜喜出望外的机会。如前所述,他的父亲在马格里布地区曾权倾一时,而他则企图在马格里布实现他在安达卢西亚受挫的抱负。

征服凯鲁万

阿卜德·拉赫曼住在突尼斯,"他号召人们归顺,得到响应"②。接着,他招集了一支军队,决心把汉扎拉赶出阿非利加③。汉扎拉曾想同阿卜德·拉赫曼交战,但是他的虔诚之心占了上风,他主张用政治和笼络来招安这个菲赫尔族人,避免内乱。④ 汉扎拉派遣一个由五十名凯鲁万名流组成的代表团去突尼斯城同阿卜德·拉赫曼谈判。当代表团接近突尼斯时,他们听到马尔万·本·穆罕默德即位的消息,于是想从原道折回,但是阿卜德·拉赫曼行动迅速,他派出一队骑兵将他们驱赶进

---

① 伊本·阿卜德·哈克姆的著作,第223页。对照伊本·伊扎里的《伊历126年(公元743~744年)纪事》。作者说:"是年,阿非利加平静无事。"(见其著作第1卷,第59页)尔后,他又说"阿卜德·拉赫曼·本·哈比卜抵突尼斯是在伊历127年5月(公元745年2月)"(见其著作第1卷,第60页;努韦里的著作甲本,第86页;加斯帕尔·雷米拉译本第1卷,第364页)。其实,如本书后面所述,这一年,阿卜德·拉赫曼已征服了阿非利加。伊本·阿卜德·哈克姆确定的年份较为确切,这也是伊本·伊扎里采用的时间,他(在其著作第1卷,第62页中)叙述伊历127年(公元744~745年)事件之前,将上述事件都收入伊历126年(公元743~744年)。同样,伊本·赫勒敦确定阿卜德·拉赫曼占领阿非利加是在伊历126年(公元744年)。参见《教训集》第6卷,第111页;德·斯朗译本第1卷,第218页。
② 伊本·伊扎里的著作第1卷,第60页。对照努韦里的著作,甲本,第87页。作者说"阿卜德·拉赫曼到突尼斯后即在萨曼贾安营扎寨";加斯帕尔·雷米拉译本第1卷,第364页(此处正确地写明"他驻扎在萨朱姆盐沼");伊本·阿西尔:《伊历126年纪事》。
③ 伊本·阿卜德·哈克姆的著作,第223页。
④ 同上。伊本·伊扎里的著作第1卷,第60页。努韦里的著作手抄本,甲本,第78页;加斯帕尔·雷米拉译本第1卷,第365页。

突尼斯城。① 各种文本指出，阿卜德·拉赫曼虐待了代表团成员，并把他们关入牢中。②

唯有伊本·阿卜德·哈克姆指出了阿卜德·拉赫曼对他们生气的原因。他说："阿卜德·拉赫曼对他们到他这儿来就很恼火，他们原来在汉扎拉处曾与阿卜德·拉赫曼秘密通信，而当他们获悉马尔万登基时，他们又离弃了阿卜德·拉赫曼。"③伊本·阿卜德·哈克姆的这个文本表明，凯鲁万的首领们同意在阿非利加拥立阿卜德·拉赫曼，乃是在马什里克的哈里发国家乱成一团的时候。在瓦利德·本·亚齐德被杀以后和篡位者亚齐德·本·瓦利德及其儿子易卜拉欣的时代，哈里发国家已经或几乎感到自身的岌岌可危了。当马尔万·本·穆罕默德稳定大局时，凯鲁万的首领们便承认他的哈里发政权，撤回他们原来与阿卜德·拉赫曼达成的协议。这就是说，马什里克的哈里发政权的事变，理所当然会对马格里布的局势产生反响。

阿卜德·拉赫曼显然认为凯鲁万人前来他这里，尔后到了突尼斯城门口又决定返回汉扎拉处，这是他们对他违盟失约，应当受到惩罚，于是便把他们关进牢里。接着，他决定采取积极的行动。他押着这些戴着镣铐的人向凯鲁万出发，在凯鲁万附近扎下营寨。④ 阿卜德·拉赫曼向汉扎拉发出通牒，限他三天之内从这座京城撤走。更有甚者，他警告司库不得给汉扎拉超过其应得的钱财。⑤ 为了杜绝汉扎拉和凯鲁万人进行反对他的任何强硬活动，他以杀害在押人质威胁他们，声称："如果汉扎拉的扶助

---
① 伊本·阿卜德·哈克姆的著作，第 223 页。
② 同上。伊本·伊扎里的著作第 1 卷，第 60 页。努韦里的著作手抄本，甲本，第 87 页；加斯帕尔·雷米拉译本第 1 卷，第 365 页。
③ 伊本·阿卜德·哈克姆的著作，第 223 页。
④ 伊本·伊扎里的著作第 1 卷，第 60 页。
⑤ 伊本·阿卜德·哈克姆的著作，第 223～224 页。

者中有人竟敢投石相抗，那么，他就杀死这些人质。"①虔诚的总督在这个难对付的冒险敌人的诡计面前不知如何是好，他决意阻止穆斯林们流血，同他以前的叙利亚人的做法一样，回到马什里克去。他召集法官、证人和公证人，当着众人的面打开国库，仅取出一千第纳尔，其余的都留下。他说："除了够我用的和糊口的数量外，我别无所求。"②伊历127年5月（公元745年2月），汉扎拉带着他的一群随从毫不遗憾地离开凯鲁万。阿卜德·拉赫曼入城。③他禁止人们与汉扎拉同行或外出送别。④

阿卜德·拉赫曼的业绩　各地的起义

阿卜德·拉赫曼就这样成功地征服了阿非利加。他要努力在这个地区站稳脚跟，以期为他和他的子孙建立一个王国。这件事颇不容易。自伊历122年（公元740年）以来，马格里布地区就一直动荡不定。随着时间的推移，哈瓦利吉派人的运动在继续增强和扩大，他们甚至已经或差不多包围了凯鲁万城。再说，倭马亚王朝在尚黑的阿拔斯族人的打击下摇摇欲坠，局势更趋不稳。没有合法基础的阿卜德·拉赫曼终于征服阿非利加一事，为其他企图效法他的冒险家和个人野心家树立了榜样。仅仅由于他的掌权，马格里布地区便骚动起来。这个地区经历了类似阿拉伯

---

① 伊本·伊扎里的著作第1卷，第60页。努韦里的著作，甲本，第78页；加斯帕尔·雷米拉译本第1卷，第365页。对照伊本·阿西尔的《伊历126年纪事》。
② 伊本·伊扎里的著作第1卷，第60页。对照努韦里的著作，乙本，第87页；加斯帕尔·雷米拉译本第1卷，第365页。
③ 伊本·阿卜德·哈克姆的著作，第234页。对照伊本·伊扎里的著作第1卷，第60页。作者确定汉扎拉于伊历129年5月出城。他显然把菲赫尔族人优素福在伊历129年就任安达卢西亚总督（见其著作第62页）同阿卜德·拉赫曼于伊历127年统治阿非利加这两件事搞混清了。他说："汉扎拉诅咒阿卜德·拉赫曼和阿非利加人。"对照努韦里的著作，乙本，第87页；加斯帕尔·雷米拉译本第1卷，第365页。后者引证了一个传述，它夸大了汉扎拉对阿卜德·拉赫曼和阿非利加人的诅咒，说这个诅咒造成了七年的瘟疫和鼠疫。参见伊本·阿西尔的《伊历126年纪事》。
④ 伊本·伊扎里的著作第1卷，第60页。努韦里的著作，乙本，第87页。

史学家们称为"列侯时代"的一段时期,这段时期表明,中央政权失去了对这个地区的控制,各区域和城市脱离首都而独立。这种情况发生在突尼斯、贝贾、柏柏尔山(奥雷斯山)、加贝斯和的黎波里。伊斯兰教学者和哈瓦利吉派中的阿拉伯人和柏柏尔人参加起义。阿卜德·拉赫曼在一段时间里只拥有凯鲁万,他必须努力奋斗,以制服那些想在这个地区割据以建立自己埃米尔国的人。

沿海区域的动荡

在突尼斯,锡德夫族人奥尔瓦·本·瓦利德发动起义,占领了突尼斯城。起义由突尼斯向(苏萨和斯法克斯之间的)萨希勒地区伸展,那里的阿拉伯人在阿兹德族人伊本·阿塔夫的率领下发动起义。① 在贝贾,以萨比特·本·瓦泽敦②为首的桑哈贾族爆发起义,得以占领全城。③ 不久,另一个柏柏尔人首领阿卜杜拉·本·苏克尔迪德加入萨比特的行列。④ 柏柏尔山和后来的黎波里地区也都这样动荡起来。这些起义中最激烈的显然是柏柏尔人的起义。作家们在罗列阿卜德·拉赫曼所进行的军事行动时,只谈到柏柏尔人——鉴于他们的暴力运动所具有的舍身的宗教性质——也是很自然的。阿卜德·拉赫曼对敌人们采用武力、欺诈和权术等各种不同的行动。当他获悉贝贾起义时,他装备了六百人的骑兵纵队,由他的兄弟伊勒亚斯·本·哈比卜率领。他们两人相约用计收复贝贾城,不消耗兵力。阿卜德·拉赫曼随即派出一个奸细,窥探萨希勒的起义

---

① 伊本·伊扎里的著作第1卷,第61页。努韦里的著作,乙本,第87页;加斯帕尔·雷米拉译本第1卷,第336页。对照伊本·阿西尔的《伊历126年纪事》。
② "瓦泽敦"一词恐系"伊本·泽敦"之误。参见伊本·赫勒敦的著作,第1卷,第111页。该处称他为"瓦里敦";德·斯朗译本第1卷,第218页,注释2。其他作家则称之为桑哈贾族人。
③ 伊本·伊扎里的著作第1卷,第61页。努韦里的著作,乙本,第87页。
④ 伊本·赫勒敦的著作第6卷,第111页;德·斯朗译本第1卷,第219页。

者。奸细回来报告说："人们松懈无备。"这时,伊勒亚斯立即率兵偷袭,杀死伊本·阿塔夫及其部卒。这是在伊历 130 年(公元 748 年)。① 尔后,伊勒亚斯又突然袭击突尼斯城,杀死奥尔瓦·本·瓦利德,他遂据有此城。②

至于柏柏尔人,阿卜德·拉赫曼向他们发动无情的战争,正如伊本·伊扎里所说,他屠杀柏柏尔人成性,"他用杀戮没有自卫能力的柏柏尔人来考验和折磨人们。阿卜德·拉赫曼从柏柏尔人中抓出一个俘虏,即命那个控告过他非法杀人的人将俘虏杀死,这人便杀死这个俘虏"③。

的黎波里的伊巴迪亚派

最重要的哈瓦利吉派的柏柏尔人起义是在的黎波里区域。起义的原因,据伊本·阿卜德·哈克姆所说,是伊巴迪亚派的一位首领图吉卜族人阿卜杜拉·本·马斯奥德在那里被阿卜德·拉赫曼的兄弟杀害。④ 我们猜测,这位兄弟是指担任了的黎波里总督后的伊勒亚斯。伊本·阿卜德·哈克姆的文本首先指出了出现在马格里布的伊巴迪亚派。这是哈瓦利吉派中的温和派,与逊尼派相近,被认为是马格里布四个教派之外的第五教派。它的创始人是用自己名字命名教派的塔米姆族人阿卜杜拉·本·伊巴德,他是哈瓦利吉派的领袖之一。

伊巴迪亚教派实际上代表了哈瓦利吉派思想的最终发展。阿扎里卡派否认和杀戮其他的穆斯林,继他们的宗派主义之后,哈瓦利吉派人缓和了他们的严酷原则性。这些原则曾使穆斯林大众感到厌恶并遭到国家方面的强烈反击。于是出现了齐亚德·本·阿斯法尔门徒们的苏福里亚派,这一教派并不攻击其他的穆斯林为多神教徒,而是站在介于宽容和可

---

① 参见伊本·伊扎里的著作第 1 卷,第 61 页。对照伊本·阿西尔的《伊历 126 年纪事》。
② 伊本·阿西尔:《伊历 126 年纪事》。
③ 伊本·伊扎里的著作第 1 卷,第 61 页。
④ 伊本·阿卜德·哈克姆的著作,第 224 页。

以接受的严厉之间的折中立场上。同时,他们还接受提防(即隐蔽信仰)的原则。苏福里亚派虽然不与他们的分歧者作对为敌,但是他们也没有人民性。因此,他们被描绘成残酷和认为抓捕穆斯林是合法的人。这样,哈瓦利吉派日趋温和。其中出现了一些不把其他穆斯林斥为叛教徒的集团。他们说,这些穆斯林的不虔不诚乃是忘恩负义,但不许杀戮和捕捉他们。① 宣传这些主张的人中最著名的是阿卜杜拉·本·伊巴德。他在伊历一世纪末叶的阿卜德·马利克·本·马尔万时代,宣传自己的主张。这些主张受到哈瓦利吉派追随者的欢迎,到马尔万·本·穆罕默德的晚年已在马什里克和马格里布遐迩闻名,广为流传。②

伊巴迪亚教派的书籍把该派传入马格里布的功劳归于伊历二世纪初期的萨勒马·本·赛义德。这些书籍记述说,他努力传播这一教派,其忘我精神达到了这样的程度:他说:"我希望有朝一日它——伊巴迪亚教派——将出现(在马格里布),我就是被砍掉脑袋也不在乎。"③萨勒马成功地争取到许多忠实的门徒,如阿卜德·拉赫曼·本·罗斯图姆和阿布·

---

① 关于哈瓦利吉派,参看西赫里斯坦尼的著作,公元1923年莱比锡版,第102页。关于在其事务中反对阿扎里卡派和纳杰达特派的苏福里亚派人,他们并不认为制止厮杀便是叛教,也不以屠杀多神教徒的儿童和斥多神教徒为叛教者来作为仲裁的依据……他们说:"言谈而非行动上的防范是许可的……"又说:"渎神有两种,一为忘恩负义,一为不承认养育之恩……"对照巴格达迪的《各教派的区别》,伊历1328年(公元1910年)开罗版,第82~84页;阿布·扎赫拉:《伊斯兰教各教派》,第127~128页。
② 参见西赫里斯坦尼的著作,第100页,此处罗列了伊本·伊巴德的主张,其中有:"反对我们的麦加人是不敬神者,而非多神教徒,可以娶他们的女子为妻,允许继承他们的财产,此外均为非法。禁止暗杀和秘密捕捉他们……伊巴迪亚派人允许他们的反对者对伊巴迪亚派的支持者作的证词……他们一致认为,犯有一次罪行的人,乃系忘恩负义,不以背叛教规论处……"对照巴格达迪的《各教派的区别》,第82~84页,这里罗列了伊巴迪亚派最重要的主张:"反对他们的人,与多神教和(伊斯兰教的)信仰无干";同时,伊巴迪亚派中各支派的名称,是根据他们同例如穆尔太齐赖派和反宿命论者这样一些派别之间的思想关系来确定的(见第84页)。
③ 沙马希:《内富萨山学者和首长列传》,第123页。参见扎维:《阿拉伯人征服利比亚的历史》,第107页。

哈塔卜·阿卜德·艾阿拉·本·萨姆赫。如后所述,这些人信奉这一教派,在马格里布从政治和教派两方面都高举着伊巴迪亚派的大纛。

从历史事件的进程中知道,当阿卜德·拉赫曼·本·哈比卜征服阿非利加时,伊巴迪亚派在马格里布的第一站——的黎波里就深深地扎下了根。如前所述,在图吉卜族人阿卜杜拉·本·马斯奥德被杀后,"伊巴迪亚派就云集在的黎波里……"。"伊历131年(公元748～749年),伊巴迪亚派集会,为首的是穆拉德族人阿卜德·贾巴尔·本·盖斯和哈达拉毛人哈里斯·本·塔利德。"①

尽管阿卜德·拉赫曼·本·哈比卜企图挽回局势,罢黜其弟,任命哈米德·本·阿卜杜拉·阿基为的黎波里总督,但是伊巴迪亚派决心为他们首领的被杀报仇。他们在一个村庄里包围了哈米德·本·阿卜杜拉。当瘟疫在哈米德的军队里流行时,他的处境不佳,于是他不得不与起义者谈判。最后达成协议:他及其部下从的黎波里安全撤出。虽然有此协议,但阿卜德·贾巴尔·本·盖斯抓住了哈米德的一员大将努塞尔·本·腊希德·安萨里(··比勒瓦拉),指控他煽动别人谋杀了伊巴迪亚派的伊本·马斯奥德,并将其处死。② 由于这个胜利,伊巴迪亚派的起义扩展开来。阿卜德·贾巴尔占领了扎纳塔地域。阿卜德·拉赫曼·本·哈比卜竭力制止起义蔓延。他写信给穆阿菲尔族人亚齐德·本·萨弗万(他是前任总督萨弗万·本·阿比·马立克的儿子,前任总督穆阿维叶·本·萨弗万的兄弟),任命亚齐德为的黎波里总督,企图用政治手段对付胡瓦拉各部族,使他们不去参加起义。阿卜德·拉赫曼把一个胡瓦拉族人穆

---

① 伊本·阿卜德·哈克姆的著作,第224页。沙马希:《内富萨山学者和首长列传》,第125页。
② 伊本·阿卜德·哈克姆的著作,第224页。伊本·阿西尔(在他的《伊历126年纪事》中)和努韦里(在其著作乙本第87页中)只提到:阿卜德·贾巴尔和哈里斯。

贾希德·本·穆斯利姆派往胡瓦拉部族,"要他笼络人心,切断胡瓦拉族和其他人同阿卜德·贾巴尔的联系"①。但是穆贾希德没有完成任务,他在胡瓦拉族人处待了几个月就被赶了出来,于是前去投奔的黎波里的亚齐德·本·萨弗万。②

阿卜德·拉赫曼在政治上失败后决定使用武力。他派穆罕默德·本·马弗鲁克率一支骑兵进攻的黎波里,并发信给亚齐德·本·萨弗万,要他随同出发去对付起义者。阿卜德·拉赫曼军同阿卜德·贾巴尔·本·盖斯和哈里斯·本·塔利德军在胡瓦拉族的某地交战,战斗以凯鲁万军的惨败告终。亚齐德·本·萨弗万和穆罕默德·本·马弗鲁克被杀。穆贾希德·本·穆斯利姆带着残兵逃出胡瓦拉族地域。③ 阿卜德·拉赫曼重新调集军队,由阿姆尔·本·奥斯曼率领,但在扎纳塔地域又被阿卜德·贾巴尔和哈里斯打败。伊巴迪亚派因而占领了的黎波里全境。④ 阿姆尔·本·奥斯曼试图重整旗鼓,便和穆贾希德·本·穆斯利姆同去达古拉⑤,但是他在哈里斯·本·塔利德的追击下,被迫越过沙漠逃走。阿姆尔接着去锡尔特,在那里,被哈里斯的骑兵追上,他的一些部将被杀,他把自己的军队丢给哈里斯后带伤逃脱。于是,阿卜德·贾巴尔和哈里

---

① 伊本·阿卜德·哈克姆的著作,第224页。
② 同上。
③ 伊本·阿卜德·哈克姆(在其著作224页中)没有确定战斗地点,因为胡瓦拉地域宽阔,它北起的黎波里沿海,向南铺展到内富萨山之南。对照伊本·赫勒敦的《教训集》,第6卷,第111页;德·斯朗译本第1卷,第219页。伊本·赫勒敦称被杀的的黎波里总督是盖斯族人巴克尔·本·阿卜西。
④ 参见伊本·阿卜德·哈克姆的著作,第224页。
⑤ 对照伊本·胡尔达扎巴的著作。作者称此为拉古加(以"拉"取代"达"),它位于锡尔特之西127里,哈散群堡之西84里,陶沃尔加之西20里。见伊本·胡尔达扎巴和伊本·法基等合著的《伊历三世纪(公元九世纪)时期马格里布和欧洲的特点》,选自阿拉伯-法文丛书,穆罕默德·哈吉-萨迪克的阿拉伯文原本和法文译本,公元1949年阿尔及尔版,阿文本第4页,法译本第4页及注释47,第91页。

斯声势大振。要不是他俩出现分歧,我们就不知道他俩的结局究竟如何。这种分歧最后导致了他们两人相杀而同归于尽。①

的黎波里的伊巴迪亚派挑选地位显赫、门徒众多的内富萨族人伊斯梅尔·本·齐亚德为新伊马目。他成功地占领了(阿非利加境内的)加贝斯城。② 阿卜德·拉赫曼决定亲自出马,迎战伊斯梅尔。他到达加贝斯时,即派堂弟舒埃卜·本·奥斯曼统率一支骑兵进攻哈瓦利吉派。两军交锋,这一次的结果是凯鲁万军取胜。伊斯梅尔阵亡,部队溃败,其中许多人被俘。③ 阿卜德·拉赫曼接到捷报,即率兵押着俘虏前往苏克的黎波里,沿途未遇值得一提的抵抗。他从的黎波里发信给避居在锡尔特地域的阿姆尔·本·奥斯曼,命他前来。

阿卜德·拉赫曼骇人听闻地向伊巴迪亚派的起义者报复。他砍下他们的脑袋,把他们钉在十字架上。④ 他努力稳定局势,注意加固城防,重建城墙。因此城市得以安全,"人们从各地迁入的黎波里"。⑤ 阿卜德·拉赫曼对这种状况感到放心了,便委任奥马尔·本·苏韦达为的黎波里总督,命他讨伐叛逆,并把战利品按份额赏给兵士们,然后自己启程回凯鲁万。⑥

---

① 伊本·阿卜德·哈克姆的著作,第224页。参见伊本·赫勒敦:《教训集》,第6卷,第111页;德·斯朗译本第1卷,第219页。伊本·赫勒敦说:"阿卜德·拉赫曼·本·哈比卜将他俩杀死。"参见沙马希的《内富萨山学者和酋长列传》,第125页,此处记载:"为争权,他俩发生分歧,互相格斗。在一间房里发现他俩的尸体,两人都被对方的武器击中。"如果这种传述属实,那么,这两位伊巴迪亚派的领袖曾仰仗宝剑的仲裁来解决他俩的争端。这个问题成了伊巴迪亚派争论不休的题目。有的人说"应该是他们两人争斗到被隔开为止",也有的人说"我们站着",还有的人说"他俩互相搏斗"。至于马什里克的教律学家,则劝说不要再提起这两个人。
② 伊本·赫勒敦的著作第6卷,第111页;德·斯朗译本第1卷,第219页。
③ 伊本·阿卜德·哈克姆的著作,第224页。对照伊本·赫勒敦的著作第6卷,第111页;德·斯朗译本第1卷,第219页。伊本·赫勒敦没有提到伊斯梅尔的被杀,而是谈到了阿卜德·贾巴尔和哈里斯被阿卜德·拉赫曼·本·哈比卜所杀。
④ 伊本·阿卜德·哈克姆的著作,第224页。
⑤ 伊本·伊扎里的著作第1卷,第63页。
⑥ 伊本·阿卜德·哈克姆的著作,第224页,此处记载:"他命苏韦达兼管此项工作。"

虽然伊本·阿卜德·哈克姆没有为我们确定上述事件的日期，伊本·赫勒敦则断定阿卜德·拉赫曼最后一次远征的黎波里是在伊历131年（公元748～749年）——这也是伊本·伊扎里确定阿卜德·拉赫曼修建的黎波里城墙的年份，但是，我们倾向于纠正沙马希的记载，他说阿卜德·贾巴尔和哈里斯的起义是在伊历131年或伊历132年。我们认为，这次起义可能持续了整整两年，因此，修筑的黎波里城墙和阿卜德·拉赫曼回凯鲁万是在后一年，即伊历132年（公元749～750年）。①

阿卜德·拉赫曼·本·哈比卜任马格里布总督的合法化

因此，阿卜德·拉赫曼在四年内得以铲除仇敌，作为当地合法的总督巩固了自己的地位。有些传述记载，他上疏哈里发马尔万·木·穆罕默德，并送去贡品。哈里发遂承认了他的总督地位，召他前去。这是在马尔万忙于同阿拔斯族人作战之前，亦即发生在伊历129年（公元746～747年）以前。② 因为在这一年，安达卢西亚人写信给阿卜德·拉赫曼，要求他准许他们遴选他的亲戚菲赫尔族人优素福·本·阿卜德·拉赫曼作他们的总督。阿卜德·拉赫曼作为合法的总督答应了他们，即委任优素福为安达卢西亚总督。③ 当阿卜德·拉赫曼断定阿拔斯族人将获得胜利，外号"屠夫"的哈里发阿布·阿拔斯将被拥立的时候，他立即承认了阿布·阿

---

① 伊本·阿卜德·哈克姆的著作，第224页。伊本·伊扎里的著作第1卷，第63页。沙马希：《内富萨山学者和酋长列传》，第125页。
② 伊本·伊扎里的著作第1卷，第61页。参见白拉祖里的著作，第232页，他阐明，阿卜德·拉赫曼所以能够在阿非利加站稳脚跟，应当归功于他的书记官阿非利加人哈立德·本·拉比阿，后者与（马尔万的书记官）阿卜德·哈米德·本·叶海亚交好并有通信往来。
③ 伊本·伊扎里的著作第1卷，第62页。伊本·伊扎里对此事很重视（见其著作第63页），因为，倘若安达卢西亚的征服者菲赫尔族人优素福确系由倭马亚王朝的总督阿卜德·拉赫曼所委派的话，那么，在伊历424年（公元1013年）之前，倭马亚族人在安达卢西亚一直拥有一个代代相传而未中断的国家。不妨指出伊本·阿西尔在《伊历139年纪事》中的引述，即优素福可能是阿卜德·拉赫曼的一个儿子。

拔斯的哈里发政权,而阿布·阿拔斯,也从自己方面同意阿卜德·拉赫曼继任总督。① 这意味着阿拔斯王朝的势力已伸入马格里布,不过仅到凯鲁万地区,而且也只是徒具形式而已。

随着时间的推移,阿卜德·拉赫曼在阿非利加的地位日益稳固。刚进入伊历 135 年,他的处境已允许他瞩目于中马格里布,并把他的活动向海外伸展。伊历 135 年(公元 752～753 年),阿卜德·拉赫曼决定向特累姆森进军。他命他的儿子哈比卜在凯鲁万暂代其职,自己亲自率兵出征。尽管伊本·赫勒敦说"阿卜德·拉赫曼占领了特累姆森,征服了马格里布"②,但是,阿卜德·拉赫曼显然满足于打败当地的扎纳塔部族所取得的胜利,回到了凯鲁万。③ 而关于海上远征,阿卜德·拉赫曼攻打了西西里岛,夺得大量的战利品和俘虏。同样,他也侵入撒丁岛,以当地人缴纳人丁税为条件而达成和解。④

当然,阿卜德·拉赫曼进行这些征服,乃是为了个人。尽管他承认阿拔斯王朝的哈里发,然而,这种承认没有超越理论形式而成为具体事实,即向哈里发交纳年贡和让哈里发按照法律规定分享战利品。这一点,在哈里发曼苏尔即位以后将毫不掩饰地显示出来。在当时,阿卜德·拉赫曼正在扩大他的活动范围,阿拔斯王朝的哈里发政权在稍感安定之后,即开始觊觎马格里布,企图把马格里布划入自己的栅栏之中。伊历 136 年(公元 753～754 年),哈里发阿布·阿拔斯派兵去埃及,让埃及总督阿布·奥纳·阿卜德·马利克(伊历 133～136 年[公元 750～753 年])率领,于伊历 6 月向马格里布出发。计划是,在阿拔斯军队到达之前,先由

---

① 伊本·伊扎里的著作第 1 卷,第 61 页:"当阿卜德·拉赫曼获悉阿布·阿拔斯被拥立的时候,他即去信表示唯命是从。阿布·阿拔斯遂承认他的地位。"
② 《教训集》第 6 卷,第 111 页;德·斯朗译本第 1 卷,第 219 页。
③ 伊本·伊扎里的著作第 1 卷,第 61、65～66 页。
④ 同上书,第 65 页。伊本·阿西尔:《伊历 126 年纪事》。

阿拔斯王朝的支持者——伊本·胡德杰和穆萨·本·努塞尔的后裔组织一个大规模的宣传运动，因为这些人熟悉马格里布并在当地拥有追随者和扶助者。至于军事行动，则决定让陆军、海军共同参加。阿布·阿拔斯任命哈斯阿姆族人穆萨纳·本·齐亚德组织海军远征军。穆萨纳于当年10月抵达亚历山大城去准备战船。由于哈里发阿布·阿拔斯的去世，这次远征未能完成。宣传者们到锡尔特城后又折了回来，同时阿布·奥纳在进入巴尔卡后也重新返回，而舰队则显然尚未准备出发。[1] 毋庸置疑，哈里发国家中心的动乱——它体现在哈里发之叔阿卜杜拉·本·阿里在叙利亚的叛乱中——对中止远征马格里布具有影响。

与哈里发国家断绝关系和阿卜德·拉赫曼的独立

这里我们所关心的是，阿布·奥纳的远征即意味着（伊历135年[公元752～753年]）前不久屠夫阿布·阿拔斯和阿卜德·拉赫曼之间关系的冷淡。这种关系日趋恶化，到曼苏尔的哈里发政权（伊历137年[公元754～755年]）达到断交的地步。虽然从各种传述中知道，断交的原因是阿卜德·拉赫曼仅仅在形式上臣服阿拔斯王朝的哈里发，而拒绝缴纳年贡。还有其他一些原因，也使阿拔斯王朝从一开始就怀疑阿卜德·拉赫曼的忠诚。我们猜测，这些原因促成了屠夫阿布·阿拔斯派兵由埃及去马格里布。马尔万在叙利亚失败，阿拔斯王朝追剿倭马亚族的王子们，采用阴谋诡计屠杀他们，在此以后，一大批幸免于难的人逃往马格里布。虽然马格里布的史学家们对此解释说，倭马亚族人"听一个传述说，他们的归宿在马格里布，于是大部分人向往着阿非利加"[2]。然而，事实上，由于倭马亚族的敌人们到处杀戮他们，他们在马什里克已经走投无路，除马格

---

[1] 参见铿迪的著作，第102～103页。本作者著有《亚历山大城史·从阿拉伯征服到法蒂玛王朝的建立》，公元1963年亚历山大版，见第264～265页。
[2] 《史话集》，第50页。

里布外，倭马亚族人(以及后来的阿拉伯人)已无藏身之地。

于是，扎班·本·阿卜德·阿齐兹·本·马尔万的两个儿子朱泽和伊斯梅尔①，还有阿卜德·马利克·本·奥马尔·本·马尔万都逃往阿非利加，同时，苏福亚尼·萨伊尔·瓦利德·本·亚齐德·阿西的儿子们，以及穆萨和哈比卜·本·阿卜德·马利克·本·奥马尔·本·瓦利德②也赴阿非利加避难。阿卜德·拉赫曼友好地接待了倭马亚族的诸王子，把他们置于他的庇护之下。③ 他的这种行径显然不是出自对合法哈里发的子女们的忠诚感，或是同情他们遭遇的苦难，而是受自私心理的驱使。阿卜德·拉赫曼认为，通过和他们结亲而联盟的方式，他们将成为一种手段，这种手段会赋予他的地位以某种稳定性或合法性。于是，阿卜德·拉赫曼及其兄弟们便和他们结亲。④ 当伊斯梅尔·本·扎班到达阿非利加时，阿卜德·拉赫曼霸占了他带来的全部财产，后来又强迫伊斯梅尔妹妹嫁给他。⑤ 阿卜德·拉赫曼的弟弟伊勒亚斯也娶了倭马亚族的一位公主，这是让公主的两个堂兄弟处阿卜德·拉赫曼的庇护之下的理由。他俩是瓦利德·本·亚齐德·阿西的儿子，一个叫卡迪，另一个叫穆明。⑥

至于那些在阿非利加避难王子中的最负盛名者，则是称为达希勒的阿卜德·拉赫曼·本·穆阿维叶·本·希沙姆，是他在安达卢西亚重建

---

① 铿迪：《总督和法官》，第97页。
② 《史话集》，第50页。我们不知道苏福亚尼·萨伊尔是否是指在希贾兹被杀的"阿布·穆罕默德·本·亚齐德·穆阿维叶"。参见伊本·阿西尔：《伊历132年纪事》第5卷，第206页。
③ 《史话集》，第50页。
④ 伊本·伊扎里的著作第1卷，第61页。伊本·阿西尔：《伊历126年纪事》。
⑤ 《史话集》，第55页。
⑥ 伊本·伊扎里的著作第1卷，第61页。对照努韦里的著作，乙本，第88页；加斯帕尔·雷米译本第1卷，第368页。努韦里说："阿卜德·拉赫曼把他俩安置在舍巴·本·哈散的家里，并悄悄潜入窃听他俩谈话。参见伊本·阿西尔：《伊历126年纪事》。该处记载此两人的名字为"阿斯和阿卜德·穆明"。

了倭马亚王朝。伊历132年(公元750年)，达希勒在阿布·法特拉斯的屠杀中幸免于难，在他的幕僚巴德尔和他妹妹乌姆·阿斯巴格的幕僚萨列姆的陪同下逃生。他欲往马格里布，于是经巴勒斯坦到埃及，再从埃及直奔巴尔卡、的黎波里，最后抵达阿非利加。有一段时间，他与其他的倭马亚族王子们同住在阿卜德·拉赫曼·本·哈比卜处。

从各种文本中知道，正当阿卜德·拉赫曼希望借助倭马亚族诸王子壮大自己的时候，这些人也对他图谋不轨。在瓦利德·本·亚齐德的两个儿子独处时，一个对另一个说："我们乃是金枝玉叶，难道阿卜德·拉赫曼以为他是和我们一样的王子吗？"①阿卜德·拉赫曼获悉这两个倭马亚王子对他包藏的祸心。他俩企图逃遁，但被阿卜德·拉赫曼追上杀死。②倘若不是达希勒的一个随从的及时通知，达希勒也几乎成了这个菲赫尔族人(阿卜德·拉赫曼)泄恨的牺牲品。达希勒与他的堂兄弟们一起离开阿非利加。为远远避开阿卜德·拉赫曼的势力，他来到中马格里布，在过后不久建造提阿雷特城的地区③待了一段时间。这位马尔万的王子在伊历138年(公元755年)进入安达卢西亚之前，在马格里布一直流浪了好几年。他从提阿雷特地区来到梅克内斯族的巴拉地方。④最后，他终于结束漂泊，到达休达城的沿海地区，住在距离纳库尔城不远的萨卜拉特他舅父们的内夫扎部族里。⑤

在这样的情况下，阿卜德·拉赫曼在感到倭马亚族人对他所具的威

---

① 伊本·伊扎里的著作第1卷，第61页。
② 同上书，第62页。
③ 参见杜齐的著作第1卷，第195页，他说："达希勒住在提阿雷特的罗斯图姆部族里。"众所周知，提阿雷特建于后来的伊历161年。尽管如此，达希勒显然有一段时间落脚在后来建造提阿雷特的地区。参见普罗旺萨耳：《西班牙穆斯林历史》，第69页。
④ 《史话集》，第55页。
⑤ 同上。参见伊本·阿西尔：《伊历139年纪事》。

胁之后，便同他们一刀两断，转而承认阿拔斯王朝。但阿拔斯族人对阿卜德·拉赫曼的野心和利己主义并非一无所知，他们对他同他们的敌人倭马亚族人的断盟也印象深刻。就伊历 137 年的曼苏尔的哈里发政权而言，尽管伊历 136 年他决心在马格里布进行的军事行动已经中辍，但是，我们看到，曼苏尔仍坚持要阿卜德·拉赫曼表明他对阿拔斯王朝所抱的真实意图。

阿卜德·拉赫曼仅限于向曼苏尔缴纳年贡，以证明他的忠心耿耿和俯首帖耳，而行动上却不兑现。各种传述记载："当阿布·贾法尔·曼苏尔大权在握时，他即降旨阿卜德·拉赫曼，吁其归顺。后者表示响应，向哈里发请安并送去鹰、狗等贡品。阿卜德·拉赫曼上疏称：'阿非利加如今已完全伊斯兰化，战俘绝源。'阿布·贾法尔大为震怒，下诏威胁他。"[①]上述文本表明，阿卜德·拉赫曼想仅限于形式上的服从，至于钱财，他借口该地区已经伊斯兰化，不再有战利品和俘虏，因而哈里发国家一无所获，似乎除对敌国外，哈里发国家就没有财政上的权利。

曼苏尔对于这种理论上的屈从，当然不会满意。上交给哈里发国库里的年贡，通常是把各地的埃米尔们同中央政府连接起来的唯一物质纽带。因此，曼苏尔有权威胁和恫吓阿卜德·拉赫曼，而阿卜德·拉赫曼这时发现，讨好和诡计一无用处，就坦率地表明自己的立场，切断了与曼苏尔的关系。他想赋予自己的大胆立场以某种合法性。这是一种脱离代表伊斯兰统一政府的哈里发国家的立场，而当时，哈里发国家是不可分割的。他召集人们礼拜，向大家说明断交的原因。他说："我原先以为这个叛徒（曼苏尔）能主持真理并身体力行，后来我看清他与我所拥护的

---

① 伊本·伊扎里的著作第 1 卷，第 67 页。努韦里的著作手抄本，甲本，第 88 页。对照伊本·阿西尔的《伊历 126 年纪事》。

主持正义者截然不同。现在，我要像抛弃这只鞋子一样抛弃他。"说毕，他把一只鞋脱下扔掉了。① 因此这次演讲就断绝了他与阿拔斯王朝哈里发的联系。这一点，是在安达卢西亚的达希勒不曾敢做的。直到一年后，他在倭马亚族亲戚们的强烈要求下，才对自己的敌人曼苏尔发表这样的演讲。② 阿卜德·拉赫曼接着拔下了阿拔斯王朝的黑色旗幡，——黑色乃是衣服和旗帜的法定颜色，——下令将其撕碎烧毁。他说："这是地狱人的衣服，该进火狱。"③他命书记官哈立德·本·拉比阿撰写脱离曼苏尔的文告，在马格里布各地的讲经坛上宣读。④ 此事发生在曼苏尔执政初期的伊历137年（公元754年）⑤，亦即达希勒进入安达卢西亚的一年。

于是，阿拉伯国家出现了最早的分裂。继苏福里亚派起义后，西马格里布也脱离了哈里发国家。接着，在达希勒领导下的安达卢西亚和阿卜德·拉赫曼的阿非利加相继独立。哈里发国家没有袖手旁观，仍企图收复马格里布，但是，它的势力已越不过阿非利加了。在哈里发国家收复马格里布地区以前，阿卜德·拉赫曼就已经成功地在阿非利加形成了一个堪与王室相比的家族。然而，由于家族的成员对埃米尔权力的觊觎，苏福里亚派和伊巴迪亚派柏柏尔人的起义，以及哈里发国家为恢复被内讧所动摇的帝国统一所采取的措施，这个家族没过几年就覆灭了。

---

① 伊本·伊扎里的著作第1卷，第67页。努韦里的著作手抄本，甲本，第88页。对照伊本·阿西尔的《伊历126年纪事》。
② 参见普罗旺萨耳：《西班牙穆斯林历史》，法文本，第94页。
③ 伊本·伊扎里的著作第1卷，第67页。此处记载了拉基克的传述。至于伊本·卡坦的传述，则伊本·伊扎里也引证了。这个传述说："阿卜德·拉赫曼表面上服从曼苏尔，向他请安，但不穿黑衣。"而伊本·阿西尔在《伊历126年纪事》中说："曼苏尔在即位之初，赐阿卜德·拉赫曼一件黑袍，他即穿在身上。这是传入阿非利加的第一件黑衣。"
④ 努韦里的著作手抄本，乙本，第88页。
⑤ 伊本·伊扎里的著作第1卷，第67页（引自奥赖卜·本·萨阿德的著作）。

二、哈比卜家族内部的斗争　阿卜德·拉赫曼被杀和其弟伊勒亚斯被拥立为埃米尔

阿卜德·拉赫曼脱离曼苏尔宣布独立后，只当了几个月的埃米尔。据说，他于伊历137年（公元755年）被其弟、他的股肱之臣伊勒亚斯·本·哈比卜所杀。虽然据悉阿卜德·拉赫曼遭害的主要原因，是他的兄弟伊勒亚斯同太子哈比卜之间为夺取这个新生王国二号人物地位而发生的争斗。然而，各种文本还引述了这个事件其他的内在因素。其中，有阿卜德·拉赫曼由于断绝与哈里发国家的关系而失去合法支撑后，他的地位被削弱；还有宫闱妇女施展阴谋的故事。我们的确认为，正是这些因素的相互作用迅速导致了阿卜德·拉赫曼的灭亡。

阿卜德·拉赫曼任用弟兄和儿子们，把他们作为帮助他治理国事和稳定治安的官员和将领。其弟伊勒亚斯享有特殊的地位，他是军队的主帅和阿卜德·拉赫曼对付仇敌的右臂。凭着他的地位和年龄——除埃米尔外，在家族成员中，就数他年长，他显然认为，他在王储候选人中居于首位。然而，这却不是阿卜德·拉赫曼的看法。阿卜德·拉赫曼希望按照父传子的世袭原则建立完全的王位制。于是，他嗣立其子哈比卜，竭力加强哈比卜在人们心目中的地位，把依靠伊勒亚斯取得的军事胜利都归功于哈比卜。①

这种忘恩负义的行为当然在伊勒亚斯的心中激起了对阿卜德·拉赫曼的反感。阿卜德·拉赫曼的仇人中的大人物和政客知道这一点，就煽动伊勒亚斯，增加他对其兄长的仇恨。事情的奇异之处在于倭马亚族的

---

① 伊本·伊扎里的著作第1卷，第67页。努韦里的著作手抄本，乙本，第89页。加斯帕尔-雷米拉译本第1卷，第368页。

什叶派人和阿拔斯族的什叶派人无疑是不谋而合地都竭力要消灭阿卜德·拉赫曼。伊勒亚斯的妻子——倭马亚族的公主对阿卜德·拉赫曼怀着宿仇,因为他杀害了她的两个堂兄弟——瓦利德·本·亚齐德的两个儿子。她趁机"唆使她丈夫伊勒亚斯反对阿卜德·拉赫曼说:'他杀死了你的两个妹妹[①]。你是他军队的统帅,执掌着军权,而他却嗣立他的儿子哈比卜。这是对你的蔑视'"[②]。伊勒亚斯的妻子成功地把他煽动起来,他终于决意摆脱阿卜德·拉赫曼。他与另一个兄弟阿卜德·瓦里斯商议,后者表示支持。由于凯鲁万的一群阿拉伯人的参与[③],这个阴谋的范围扩大了。阴谋者们一致同意由伊勒亚斯继承其兄阿卜德·拉赫曼在阿非利加的埃米尔王位,条件是重新回到阿拔斯王朝的大纛之下,伊勒亚斯宣布臣服哈里发曼苏尔。[④]

便于实施阴谋的有利时机到来了。当阿卜德·拉赫曼为微恙所苦或染小病在床的时候,他任命伊勒亚斯为突尼斯城总督。伊勒亚斯在赴任之前须向其兄埃米尔辞行,他就决定趁此机会杀死阿卜德·拉赫曼。伊勒亚斯由其弟阿卜德·瓦里斯陪同晋见阿卜德·拉赫曼。当时,阿卜德·拉赫曼穿着内衣和斗篷,屋里还有他的小儿子。对伊勒亚斯来说,形势是恐怖的。他虽然是位出生入死身经百战的统帅,但是,在他的弟弟阿卜德·瓦里斯用眼示意催他下手之前,在敢于暗杀他的大哥、一族之长、富有经验和业绩丰伟的阿卜德·拉赫曼之前,他曾久久地迟疑不决。终

[①] 此处可能系"两个兄弟"之误。——译者
[②] 伊本·伊扎里的著作第1卷,第62页。努韦里的著作乙本,第88页;加斯帕尔·雷米拉译本第1卷,第368页。
[③] 伊本·伊扎里的著作第1卷,第62、67页。对照努韦里的著作,手抄本,乙本,第89页,该处记载"一群凯鲁万人、阿拉伯人和其他人";伊本·阿西尔在《伊历126年纪事》中认为,断绝与阿拔斯王朝关系的演说,乃是伊勒亚斯反叛的证据。
[④] 伊本·伊扎里的著作第1卷,第62页。努韦里的著作乙本,第89页;加斯帕尔·雷米拉译本第1卷,第369页。

于,伊勒亚斯站起来向阿卜德·拉赫曼告别,"他向阿卜德·拉赫曼扑去,用剑对准直抵其胸膛,接着挥手一剑,将其刺倒"①。伊勒亚斯被自己的恐怖行为吓得发呆,几乎破坏事先的计划而使他在这次罪行中一无所获,当时"他惊惶出逃",幸亏他的部下把他推回去,割下阿卜德·拉赫曼的首级,当众宣布此事,然后占领了埃米尔宫。② 当哈比卜·本·阿卜德·拉赫曼知道其叔对父王的行为时,即从凯鲁万的突尼斯门逃走,去投奔他统辖突尼斯城的另一位叔叔伊姆兰·本·哈比卜。③ 菲赫尔族人的王国建立仅仅十年,由于家族成员之间的争夺和对埃米尔权力的野心,伊历137年(公元755年)底,就这样开始分裂了。

伊勒亚斯·本·哈比卜和他同哈比卜·本·阿卜德·拉赫曼的斗争

伊勒亚斯虽宣布他掌控了埃米尔政权,但没有原王储哈比卜·本·阿卜德·拉赫曼的同意,埃米尔国内就不会忠于伊勒亚斯。哈比卜"从突尼斯的四面八方调集他父王的幕僚、扶助者以及他们的奴隶"④。伊勒亚斯则企图在哈比卜羽毛未丰之时一举将其铲除。哈比卜与其叔伊姆兰向伊勒亚斯奔来。但是他俩最后用谈判代替了厮杀,达成的和约旨在使这个家族成员的所有敌对方都感到满意。大家一致同意分割阿非利加:突尼斯及其辖下的萨特福拉和岛屿(沙里克岛或巴舒岛)归伊姆兰;加夫萨及其辖下的卡斯提利亚(杰里德)地区和尼弗扎瓦归哈比卜;

---

① 伊本·伊扎里的著作第1卷,第68页。努韦里的著作甲本,第89页;加斯帕尔·雷米拉译本第1卷,第369页。这里,我们注意到"内衣和披风"两词被写成"玫瑰色的内衣",而德·斯朗也译成同一个意思即"玫瑰颜色"。对照伊本·阿西尔的《伊历126年纪事》,他说:"阿卜德·拉赫曼在知道其弟伊勒亚斯的阴谋后,即命他出任突尼斯总督,以便让他离开凯鲁万。"
② 伊本·伊扎里的著作第1卷,第68页。努韦里的著作甲本,第89页。
③ 同上。加斯帕尔·雷米拉译本第1卷,第369页。
④ 伊本·伊扎里的著作第1卷,第68页。努韦里的著作甲本,第89页。

伊勒亚斯除埃米尔国外,还领有阿非利加的其他地方和马格里布。① 显然,当伊勒亚斯接受其弟和侄子共辖王国的时候,他是怀着鬼胎,无意执行协议的。他与伊姆兰一起前往突尼斯城,在那里,他把伊姆兰抓了起来,将伊姆兰和家族的其他一些成员如奥马尔·本·阿比·奥贝达、阿斯瓦德·本·穆萨·本·阿卜德·拉赫曼·本·奥克巴和阿里·本·卡坦发配去安达卢西亚。② 在安达卢西亚有他们的亲戚菲赫尔族人优素福。伊勒亚斯在回凯鲁万以前,任命穆罕默德·本·穆吉拉为突尼斯总督。③

伊勒亚斯与前王储的关系中当然也掺杂着一种怜悯和警惕的敌视,这种敌视终于达成某种协议:哈比卜也到安达卢西亚去了。从各种文本中知道,这件事安排为哈比卜由其叔阿卜德·瓦里斯和大量扶助者陪同渡海前往安达卢西亚。船只刚启航不久,哈比卜就在距宾泽特不远的塔巴尔卡抛锚。④ 他写信给伊勒亚斯说,他这样做是迫不得已,因为当时船只遇到了风浪。伊勒亚斯怀疑哈比卜图谋不轨,就下诏给他在塔巴尔卡的总督苏莱曼·本·齐亚德·鲁埃尼,命他警惕哈比卜。于是,这位总督就禁止"被流放者"上岸。事情果不出伊勒亚斯所料。哈比卜的扶助者和其他的支持者来到塔巴尔卡,乘黑夜袭击苏莱曼。当时"在军营中的苏莱曼正监视着哈比卜。他们俘虏了苏莱曼,将其戴上镣铐,接着渡海过去接

---

① 伊本·伊扎里的著作第1卷,第68页。努韦里的著作乙本,第89页;加斯帕尔·雷米拉译本第1卷,第369~370页。伊本·阿西尔:《伊历126年纪事》。
② 努韦里的著作乙本,第89页;加斯帕尔·雷米拉译本第1卷,第370页。对照伊本·阿西尔的《伊历126年纪事》,作者说:"伊勒亚斯杀死他的兄弟伊姆兰,然后向曼苏尔表示归顺。"
③ 伊本·伊扎里的著作第1卷,第68页。努韦里的著作手抄本乙本,第89页。
④ 关于塔巴尔卡,参见贝克里的著作,第58页。他认为塔巴尔卡位于宾泽特之西,相距一天的路程。

应哈比卜上岸"①。

哈比卜及其拥护者由塔巴尔卡南下,前往距凯鲁万一天路程的拉里布斯,一举占领之。伊勒亚斯获此消息,即命古莱什族人穆罕默德·本·哈立德留守凯鲁万,亲自出马和哈比卜交战。双方只是小有接触,当天色已暮时,冲突中止。哈比卜采用当时作战中尽人皆知的计策,以求兵不血刃占领京城(凯鲁万):他在营寨里点起灯火,"使伊勒亚斯以为他已安息。接着,他夜间行军,拂晓至贾劳拉,尔后径取凯鲁万并占领下来"②。伊勒亚斯在哈比卜后面紧追,但是时间对他不利。他的部下纷纷离去,而哈比卜力量增强。在凯鲁万城前,哈比卜率大军迎战伊勒亚斯。他想使其叔处于劣势,凭恃他的年轻力壮取胜。他呼吁双方军队避免流血,因为军队是他们的物质基础和力量源泉,只需用剑在他们两人之间做出仲裁,这就是决斗。他的叔叔对此表示同意。伊勒亚斯和哈比卜开始交手,双方都全力以赴,两人的长矛折断了,又改用剑斗,人们为他们的坚韧而赞叹不绝。③ 这场惊心动魄的格斗以哈比卜的胜利告终,他将其叔打翻在地,割下首级。

哈比卜在取得这场罕见胜利的队伍簇拥下,开进凯鲁万。他的帅旗上挂着伊勒亚斯的首级,矛枪尖上挑着伊勒亚斯追随者们的脑袋,其中有哈比卜的叔祖父穆罕默德·本·阿比·奥贝达·本·奥克巴,还有古莱什族

---

① 伊本·伊扎里的著作第1卷,第68~69页。努韦里的著作乙本,第89页;加斯帕尔·雷米拉译本第1卷,第370页。与伊本·伊扎里的解释相反,努韦里说:"伊勒亚斯对哈比卜把去安达卢西亚说得娓娓动听。"对照伊本·阿西尔的《伊历126年纪事》,他没有提到这些细节。

② 伊本·伊扎里的著作第1卷,第69页。这里不妨指出,阿卜德·拉赫曼·本·穆阿维叶·达希勒在那个时候前后也曾想用此计来对付安达卢西亚的总督,伊勒亚斯的亲戚菲赫尔族人优素福。而优素福则在最后一分钟识破此计。参见《史话集》,第86页;莱维·普罗旺萨耳:《西班牙穆斯林历史》,法文本,第73页。

③ 伊本·伊扎里的著作第1卷,第69页。对照努韦里的著作,乙本,第89页,甲本,第90页;加斯帕尔·雷米拉译本第1卷,第371页;伊本·阿西尔:《伊历126年纪事》。

人穆罕默德·本·穆吉拉·本·阿卜德·拉赫曼和其他阿拉伯头面人物。① 哈比卜就这样迅速地挽回大局。伊勒亚斯死于伊历138年7月(公元755年12月~756年1月),他的埃米尔国存在了不到一年的时间。②

哈比卜·本·阿卜德·拉赫曼和在阿非利加的菲赫尔家族被哈瓦利吉派消灭

哈比卜·本·阿卜德·拉赫曼为他父亲的被害报了仇,并澄清了局势。可是,家族成员之间的纷争不断持续,终于导致了这个家族的覆灭。在伊勒亚斯被杀之后,他的弟弟和同盟者阿卜德·瓦里斯带着伊勒亚斯败军中的幸存者得以逃脱,避难在哈瓦利吉-苏福里亚派的柏柏尔人的一个部族——瓦尔法朱马族之中,它是尼弗扎瓦族的一个分支。在那里,该族的首领阿西姆·本·朱迈勒欢迎阿卜德·瓦里斯众人。③ 哈比卜写信给阿西姆要他交出阿卜德·瓦里斯及其随从,并加以威胁。④ 阿西姆的反应是与瓦勒哈萨族的酋长亚齐德·本·萨朱姆(萨库姆)结盟。由于(阿西姆)已经宣布效忠和臣服合法的哈里发阿布·贾法尔·曼苏尔,因而所有的尼弗扎瓦族都加入了联盟。他们决定摆脱凯鲁万。⑤ 哈比卜让法官

----

① 伊本·伊扎里的著作第1卷,第69页。对照努韦里著作,甲本,第90页,他除此之外还提到哈比卜的姑祖父法扎拉族人穆罕默德·本·阿姆尔·本·穆斯阿卜,他前来祝贺,结果被杀。
② 伊本·伊扎里的著作第1卷,第69页。他说:"伊勒亚斯在位一年半"。对照努韦里的著作,甲本,第90页;加斯帕尔·雷米拉译本第1卷,第381页,第382页中记载:"伊勒亚斯在位仅十个月。"
③ 伊本·伊扎里的著作第1卷,第69~70页。努韦里的著作甲本,第90页;加斯帕尔·雷米拉译本第1卷,第371页。对照伊本·赫勒敦的著作,第6卷,第111页;德·斯朗译本第1卷,第219页。伊本·阿西尔在《伊历126年纪事》中说:"阿西姆自称先知先觉,他擅改宗教,增加祈祷,不许在宣礼中提到先知(穆罕默德)——愿真主赐福给他,并使他平安——的名字。"
④ 伊本·伊扎里的著作第1卷,第70页。努韦里的著作甲本,第90页。
⑤ 伊本·赫勒敦的著作第6卷,第111页,该处以"瓦勒哈哈马"取代了"瓦勒哈萨";德·斯朗译本第1卷,第219页。

穆阿菲尔族人阿布·库赖卜·朱迈勒·本·库赖卜留守凯鲁万,自己带兵向尼弗扎瓦出发,去同阿西姆交战。但战斗结果,是哈比卜被打败,逃到加贝斯,固守不出。① 阿西姆由其弟穆卡拉姆相随,向加贝斯挺进,但后来又丢开加贝斯不顾,直接进军凯鲁万。②

柏柏尔人假装为哈里发曼苏尔做宣传,这对分裂凯鲁万人产生了作用。当阿西姆接近阿非利加京城的时候,凯鲁万的一些知名人士写信给他和瓦尔法朱马族的酋长们。这些人士希望归顺哈里发曼苏尔,猜想写信之举能使他们避免柏柏尔人的报复。③ 这就足以解释为什么阿西姆的一些兵士一向凯鲁万人奔来,凯鲁万人就败退了。他们四散逃回凯鲁万,而让法官"阿布·库赖卜带着大约一千名宗教人士去送死,这些人坚持作战,直到阿布·库赖卜及其大部分部下阵亡"④。战役发生在伊历139年(公元756年)凯鲁万城胡卜拉县中后来称为"阿布库赖卜河"的地方。⑤

因此,瓦尔法朱马族和它的同盟者尼弗扎瓦族进入了凯鲁万城。作家们确认,苏福里亚派劣迹昭彰,"他们倒行逆施,罪行累累。阿西姆在

---

① 伊本·伊扎里的著作第1卷,第70页。对照努韦里的著作,甲本,第90页,乙本,第90页;加斯帕尔·雷米拉译本第1卷,第371页;伊本·赫勒敦的著作第6卷,第111页;德·斯朗译本第1卷,第219页。关于法官阿布·库赖卜,参见马利基的著作第1卷,"传略71",第107页。

② 伊本·伊扎里的著作第1卷,第70页。努韦里的著作乙本,第90页;加斯帕尔·雷米拉译本第1卷,第372页。对照伊本·赫勒敦的著作第6卷,第111页;德·斯朗译本第1卷,第219页。伊本·赫勒敦说"阿西姆打败哈比卜后直接占领凯鲁万",也就是说,交战地点在凯鲁万附近。实际上,正如我们从伊本·伊扎里和努韦里的传述中所了解的,哈比卜已经前往尼弗扎瓦,而这正是他到附近的加贝斯去避难的原因。

③ 伊本·伊扎里的著作第1卷,第70页。对照努韦里的著作,乙本,第90页和加斯帕尔·雷米拉译本第1卷第371~372页中的传述。努韦里说:"一些凯鲁万人离开柏柏尔人的队伍,他们削弱了人们的斗志,号召城里人加入阿西姆行列。"

④ 伊本·伊扎里的著作第1卷,第70页。努韦里的著作,乙本,第90页。

⑤ 参见马利基的著作第1卷,第170、110页。马利基还引了一种传述(第102页),这个传述确定阿布·库赖卜被杀是在伊历140年(公元757年)。但这个日期乃是哈比卜·本·阿卜德·拉赫曼被杀的日期。

圣殿下榻"①。接着,阿西姆让伊弗兰族人阿卜德·马利克·阿比·朱阿德留守凯鲁万,自己向加贝斯的哈比卜奔去。哈比卜抵挡不住苏福里亚派的攻势,便向奥雷斯山败退,但愿这座大山挡住阿西姆军的不知疲倦的追击。哈比卜在奥雷斯山同苏福里亚派交战,首战告捷,杀死阿西姆及其许多门徒。② 哈比卜主张乘胜从阿卜德·马利克·本·阿比·朱阿德手里夺回凯鲁万,但是他失败了,于伊历140年1月(公元757年5~6月)被杀。③ 哈比卜·本·阿比·奥贝达·本·奥克巴·本·纳菲厄的后裔,菲赫尔家族从此覆灭。凯鲁万遂归属苏福里亚派,他们在其领袖阿西姆·本·朱迈勒被杀之后继续为非作歹。正如作家们所说:"他们把牲畜拴在大清真寺里,杀害所有的古莱什族人并惩罚他们的家属,瓦尔法朱马族人大肆虐待凯鲁万人。那些把瓦尔法朱马族人召来的人感到后悔莫及。"④

第二节　哈瓦利吉派的黄金时代

苏福里亚派和伊巴迪亚派争夺中的马格里布

伊历140年(公元757年),尼弗扎瓦族的苏福里亚派人夺取凯鲁万城,从而实现了他们在丹吉尔和西马格里布的苏福里亚派弟兄们早在伊

---

① 伊本·伊扎里的著作第1卷,第70页。努韦里的著作乙本,第90页。对照伊本·赫勒敦的著作第6卷,第162页;德·斯朗译本第1卷,第219~220页。伊本·阿西尔:《伊历126年纪事》。
② 伊本·伊扎里的著作第1卷,第70页。努韦里的著作乙本,第90页,他称阿卜德·马利克为"伊本·阿比·朱阿德"。伊本·阿西尔:《伊历126年纪事》。
③ 伊本·伊扎里的著作第1卷,第70页。对照伊本·赫勒敦的著作第6卷,第112页;德·斯朗译本第1卷,第219页上说:"伊本·阿比·朱阿德在奥雷斯山打败并杀死哈比卜。"
④ 伊本·伊扎里的著作第1卷,第70页,此处记载:"瓦尔法朱马族人大肆作践凯鲁万人。"伊本·赫勒敦的著作第6卷,第112页;德·斯朗译本第1卷,第219~220页。

历 122 年(公元 740 年)就期望达到的目的；而丹吉尔和西马格里布的苏福里亚派人当时还取得了另一个成就：他们建立了苏福里亚派的一个新中心，这便是他们在伊历 141～142 年建成的萨杰拉马萨城。因此，马格里布曾一度与哈里发国家完全断绝往来，成为哈瓦利吉派人的天下。在马格里布的哈瓦利吉派运动之所以能够成功并且建立他们梦寐以求的理想共和政府，是因为这个政府的力量真正来自人民，所有的信士们在一切权利和责任上一律平等，任何人不分种族只要具备资格就可以成为伊马目(亦即众人之魁首)。

倘若不是他们自身分裂成为互相争斗、彼此敌对的派别，那么，他们本来可以达到上述的目的。分裂是哈瓦利吉派人的隐患，它削弱了能把他们坚强有力的运动统一起来、团结一致、消弭裂隙的英明领导的要求。就像哈瓦利吉派人在马什里克分裂成为许多著名的派别一样，他们在马格里布也是如此，虽然在当地仅分为两派：首先出现在西马格里布的苏福里亚派和随即出现在的黎波里的伊巴迪亚派。伊巴迪亚派在的黎波里的出现，实质上是马格里布哈瓦利吉派集团的分裂所致。因为伊巴迪亚派持中庸之道，倾向于温和与宽容，因而接近逊尼派，这一点，前已述及。

所以，的黎波里的伊巴迪亚派人听到苏福里亚派人的恶劣行径以及他们在凯鲁万的暴行和宗派主义而深感气愤，是不足为奇的。伊巴迪亚派人肩负起把京城从瓦尔法朱马族人及其同盟者的压迫下解救出来的任务。于是，的黎波里的伊巴迪亚派中的胡瓦拉族人和扎纳塔族人，在的黎波里以西名叫萨亚德的地方集中①，拥戴穆阿菲尔族人阿布·哈塔卜·阿

---

① 参见沙马希：《内富萨山学者和酋长列传》，第 125 页。

卜德·艾阿拉·本·萨姆赫为领袖。① 阿布·哈塔卜是伊巴迪亚派人的旗手,在马格里布传播教义的五大伊马目之一。②

阿布·哈塔卜率众进攻的黎波里城,赶走总督古莱什族人奥马尔·本·奥斯曼,并占领了该城。③ 阿布·哈塔卜控制整个的黎波里区域之后,力量增强。他在那里把全体扎纳塔族人和胡瓦拉族人召集起来向凯鲁万进发。沙马希称赞阿布·哈塔卜的行为说:"他不顾当年大旱而出征。"④我们不清楚当年的旱灾是否是导致这些贫穷的游牧民集群进攻凯鲁万地区的原因之一。阿布·哈塔卜在途中占领了加贝斯⑤,接着在凯鲁万附近同伊本·阿比·朱阿德交战。战争结果,伊巴迪亚派人把苏福里亚派人打得大败,伊本·阿比·朱阿德及其许多部下被杀。这事发生在伊历141年3月(公元758年6~7月),也就是瓦尔法朱马族人占领凯鲁

---

① 伊本·伊扎里的著作第1卷,第71页。对照铿迪的著作,第109页;伊本·赫勒敦的著作第6卷,第112页;德·斯朗译本第1卷,第220页,此处把伊本·萨姆赫误写为伊本·谢赫。参见沙马希:《内富萨山学者和酋长列传》,第127页,作者说:"有个女人在凯鲁万呼救,安拉把她的声音传到了阿布·哈塔卜的耳中。"而努韦里则说:"一个伊巴迪亚派教徒,把那个女人的情况告诉了阿布·哈塔卜。"见努韦里的著作,甲本,第91页;加斯帕尔·雷米拉译本第1卷,第373页。并见伊本·阿西尔:《伊历126年纪事》。
② 参见沙马希:《内富萨山学者和酋长列传》,第123页,作者引证了一个关于阿卜德·瓦哈卜·本·阿卜德·拉赫曼·本·罗斯图姆的传述说:"赛勒马·本·赛义德首先在马格里布传播伊巴迪亚教派,他鼓励他最早的四大弟子前往巴士拉去向当时该教派的教律学家塔米姆族人的首领阿布·奥贝达·萨勒姆·本·阿比·卡里马学习教义。四大弟子为:阿卜德·拉赫曼·本·罗斯图姆、萨德拉塔族人阿西姆、古达米斯人伊斯梅尔·本·达拉尔和尼弗扎瓦族人达乌德·基卜利。穆阿菲尔族人阿布·哈塔卜·本·阿卜德·艾阿拉·本·萨姆赫在巴士拉也加入四大弟子的行列。五个人在巴士拉研究该派教义多年,因怕巴士拉的埃米尔们发现他们住在地道里,便在入口处安装锁链,如有人进来,就有锁链响声报警。在阿布·奥贝达指示他们拥戴阿布·哈塔卜并对拒绝者格杀勿论之后,他们回到了阿非利加。"参见扎维:《阿拉伯人征服利比亚的历史》,第105~106页。
③ 伊本·伊扎里的著作第1卷,第71页。努韦里的著作甲本,第91页;加斯帕尔·雷米拉译本第1卷,第373页。对照伊本·赫勒敦的著作第6卷,第112页;德·斯朗译本第1卷,第220页。并见沙马希:《内富萨山学者和酋长列传》,第126页。作者说:"阿布·哈塔卜乘当地人不备之际夺取的黎波里,他把兵士装入口袋,用商旅的形式运入城中。"
④ 沙马希:《内富萨山学者和酋长列传》,第127页。
⑤ 同上书,第128页。

万一年零两个月之后。① 阿布·哈塔卜在向瓦尔法朱马族人报仇之后进入凯鲁万。他稳定了城里的局势,尔后任命他的伙伴阿卜德·拉赫曼·本·罗斯图姆统辖该城,自己回到了黎波里地区。② 伊本·罗斯图姆后来在提阿雷特建立了著名的伊巴迪亚派的埃米尔国。

这样,凯鲁万就摆脱了苏福里亚派,落入伊巴迪亚派的掌握之中。伊巴迪亚派虽然利用为阿布·贾法尔·曼苏尔宣传的主意,来为他们反对瓦尔法朱马族人及其同盟者的利益服务,但事实上,他们并不打算向阿拔斯王朝称臣。哈里发曼苏尔全神贯注于马什里克的事务(从阿卜杜拉·本·阿里的起义到摆脱阿布·穆斯利姆),无力迅速地反击阿卜德·拉赫曼·本·哈比卜的反叛,同时,也没有援助阿拔斯王朝在阿非利加的支持者们。曼苏尔对遭受瓦尔法朱马族人压迫和破坏的凯鲁万教律学家和学者们发出的求救,也未做出反应。教律学家和学者们前去晋见哈里发曼苏尔,为首的是阿非利加的法官阿卜德·拉赫曼·本·齐亚德·本·安阿姆,还有纳菲厄·本·阿卜德·拉赫曼·萨勒米、阿布·巴赫卢勒·本·奥贝达和阿布·阿尔巴德。③ 伊历142年(公元759~760年),正当哈里发国家准备对马格里布进行干预的时候,危险的中心已越来越向东移,哈里发国家必须对付在的黎波里的阿布·哈塔卜及其伊巴迪亚派。

---

① 伊本·伊扎里的著作第1卷,第71页。参见努韦里的著作,甲本,第91页;加斯帕尔·雷米拉译本第1卷,第373页。
② 伊本·伊扎里的著作第1卷,第71页。努韦里的著作甲本,第91页,他把伊本·罗斯图姆说成是一个法官;加斯帕尔·雷米拉译本第1卷,第373页。伊本·赫勒敦的著作第6卷,第112页,此处称其名为"阿卜德·拉赫曼·本·拉辛";德·斯朗译本第1卷,第220页。伊本·阿西尔:《伊历126年纪事》。沙马希:《内富萨山学者和酋长列传》,第130页。
③ 马利基:《心灵游苑》第1卷,"传略67",第102页。努韦里的著作乙本,第91页;加斯帕尔·雷米拉译本第1卷,第374页。至于法官阿卜德·拉赫曼·本·齐亚德·本·安阿姆,他担负过同样的使命:当他去晋见曼苏尔时,他带去了伊勒亚斯·本·哈比卜的归顺。伊本·阿西尔:《伊历126年纪事》。

当阿拔斯王朝著名的大将穆罕默德·本·阿什阿斯担任埃及总督的时候，征服就开始了。他派出驻扎在巴尔卡的军队，由布杰拉族人奥瓦姆·本·阿卜德·阿齐兹率领。但是，奥瓦姆抵挡不住阿布·哈塔卜派出的胡瓦拉族人马立克·本·萨赫兰，在锡尔特地域败北。① 伊历142年(公元759~760年)，伊本·阿什阿斯又派他的一个将领伊杰勒族人阿布·阿赫瓦斯·奥马尔·本·阿赫瓦斯率领阿拔斯王朝军队，重新向马格里布进兵。阿布·哈塔卜亲自出马应战，在位于哈散群堡和锡尔特中途的沿海的米格马达斯地方②，成功地截断了阿布·阿赫瓦斯的道路。战斗激烈。最后，"黑衣人"败下阵来，许多人被杀，阿布·阿赫瓦斯被迫退回他在埃及的基地。与此同时，阿布·哈塔卜满载战利品，凯旋回到的黎波里。③

曼苏尔听到失败的消息，反应迅速。他任命伊本·阿什阿斯统辖阿非利加，并派大军给他，命他马上出征。穆罕默德·本·阿什阿斯集合军队，伊历142年12月月初(公元760年3月底)扎营在吉萨，做过宰牲节礼拜后，他让穆罕默德·本·穆阿维叶·本·布杰尔·本·拉亚桑留守福斯塔特④，自己率兵径往亚历山大城。伊本·阿什阿斯出征时的军队为四万人，其中三万是霍腊散军，一万是叙利亚军，共二十八名将领，其中有塔米姆族人阿格拉布·本·萨列姆，波斯人穆哈里卜·本·希拉勒和穆哈

---

① 沙马希：《内富萨山学者和首长列传》，第130页。
② 贝克里的著作，第7页；沙马希的著作，第130页。参见伊本·伊扎里的著作第1卷，第71页，他称此地为"米克达斯"。对照铿迪的著作，第109页，注释4。尽管原来有个地名叫"米伊达斯"，与米格马达斯相近，但铿迪宁愿采用伊本·伊扎里考证后的名字"米克达斯"。地理学家们虽然没有提到米克达斯，然而扎维猜测，这是指陶沃尔加以西的卡达斯，它是在锡尔特路上位于苏弗金和扎姆扎姆之间的古堡。见《阿拉伯人征服利比亚的历史》，第123~124页。
③ 伊本·伊扎里的著作第1卷，第71页。铿迪的著作第109页。伊本·阿西尔：《伊历126年纪事》。
④ 铿迪的著作，第109页。

里克·本·加法尔·塔伊,分任各级指挥。① 伊本·阿什阿斯一路缓缓而行,显然是为了探听严阵以待的阿布·哈塔卜的消息。伊本·阿什阿斯求得凯鲁万伊本·罗斯图姆的支援,调集了大军。伊本·伊扎里说,这支庞大的军队达二十万人之多。直到伊历144年初(公元761年4~5月),伊本·阿什阿斯才同伊巴迪亚派交战。②

伊巴迪亚派之间不能长久地和睦相处,这是伊本·阿什阿斯的幸运。当时,宗派主义的怨恨情绪迅速地使伊巴迪亚派四分五裂。扎纳塔族人和胡瓦拉族人之间发生争执。扎纳塔族人指控阿布·哈塔卜偏爱他自己的胡瓦拉族人,许多扎纳塔族人离弃了阿布·哈塔卜。③ 伊本·阿什阿斯听到这些令人鼓舞的消息,立即秘密兼程向阿布·哈塔卜奔去。在(锡尔特的)黎波里境内,阿布·哈塔卜遭到突然袭击。两军在锡尔特地域的陶沃尔加交战。根据沙马希的传述,伊本·阿什阿斯先赶到水边。④ 经过一

---

① 努韦里的著作手抄本,乙本,第91页;加斯帕尔·雷米拉译本第1卷,第374页。此处记载:"穆哈里卜在伊本·阿什阿斯到达阿非利加之前去世。"对照伊本·阿西尔的《伊历126年纪事》。作者说,伊本·阿什阿斯率兵五万。
② 伊本·伊扎里的著作第1卷,第71,72页。努韦里著作乙本,第91页;加斯帕尔·雷米拉译本第1卷,第374页。沙马希在他的《内富萨山学者和酋长列传》第131页中,描写阿布·哈塔卜的部下说:"伊本·阿什阿斯的奸细们在谈到阿布·哈塔卜及其部下时告诉他说:'我们看到,他们在夜里胆小如鼠,在白天则勇猛如狮,他们像病人盼望医生一样,期望同您打仗……'"参见伊本·阿西尔:《伊历126年纪事》。
③ 伊本·伊扎里的著作第1卷,第71,72页。努韦里的著作乙本,第92页;加斯帕尔·雷米拉译本第1卷,第375页。伊本·赫勒敦的著作第6卷,第112页(此处记载较乱,值得注意);德·斯朗译本第1卷,第220页。参见沙马希的著作,第130页。沙马希把曼苏尔开往阿非利加一事,归因于伊巴迪亚派间的分歧。沙马希说:"伊巴迪亚派中有一个萨德拉塔族人朱迈伊勒在同瓦尔法朱马族人的战争中,违反了本集团的纪律:不许抢劫和掠夺。阿布·哈塔卜在凯鲁万教训过他。"(第129页)"朱迈伊勒投奔曼苏尔,恳愿曼苏尔派兵随他去凯鲁万。"尽管如此,沙马希对阿布·哈塔卜的部下离弃他,却作了另一种解释,他说:"当时适逢农时,阿布·哈塔卜的部下纷纷离去。"
④ 参见努韦里的著作,手抄本,甲本,第92页。他说:"伊本·阿什阿斯控制了交通要道,使得当时已回的黎波里的阿布·哈塔卜对他的情况一无所知。"沙马希:《内富萨山学者和酋长列传》,第132页。

场血战,哈里发国家的军队挺住了,柏柏尔人则败下阵去,阿布·哈塔卜及其大批将士被杀,溃不成军。哈里发国家的军队一直追击到加贝斯。①

伊本·阿什阿斯以为伊巴迪亚的骚乱随着阿布·哈塔卜的被杀已经告终,然而,像汉扎拉在阿斯纳姆和卡尔纳两次战役的情况完全一样,形势还需要进行第二次战斗,因为扎纳塔族人在阿布·胡赖拉的率领下,很快集结起一万六千人。同年(伊历144年3月[公元761年6～7月])伊本·阿什阿斯打败阿布·胡赖拉。②

伊本·阿什阿斯向哈里发报捷并送上阿布·哈塔卜的首级③,然后进入的黎波里城。他任命穆哈里克·本·加法尔·塔伊为该城总督。④ 当伊巴迪亚派遭遇不幸的消息传到凯鲁万,阿布·哈塔卜的副手阿卜德·拉赫曼·本·罗斯图姆即弃城西去,前往后来兴建提阿雷特新城的地方。该城在伊历三世纪(公元九世纪)末叶法蒂玛王朝在马格里布建立之前,是中马格里布伊巴迪亚派的京城。⑤ 在伊本·罗斯图姆逃走后,凯鲁万人

---

① 伊本·伊扎里的著作第1卷,第71、72页。对照努韦里的著作,甲本,第92页;加斯帕尔·雷米拉译本第1卷,第375页。努韦里把柏柏尔人的失败归之于伊本·阿什阿斯设置的一个骗局。当时伊本·阿什阿斯扬言他应哈里发之召,将回埃及。他确实后退了几里,然后在瓦尔达萨偷袭阿布·哈塔卜。努韦里夸张地说:"阿布·哈塔卜军被杀者达四万人。"而沙马希(在其著作第132页中)确定为一万二千到一万四千人。
② 伊本·伊扎里的著作第1卷,第72页。对照努韦里著作,甲本,第92页;加斯帕尔·雷米拉译本第1卷,第375页。努韦里同贝克里(在其著作第68页中)的做法一样,确定这是阿布·哈塔卜被杀的一年。伊本·阿西尔:《伊历126年纪事》。
③ 伊本·伊扎里的著作第1卷,第72页,此处记载"他把阿布·哈塔卜的首级送到巴格达",意即送呈曼苏尔。巴格达城在次年(伊历145年)才建成。
④ 努韦里的著作乙本,第92页;加斯帕尔·雷米拉译本第1卷,第376页。
⑤ 伊本·伊扎里的著作第1卷,第72页。努韦里的著作甲本,第92页,此处把"提阿雷特"写成了"锡阿雷特"。对照伊本·赫勒敦的著作第6卷,第144页;德·斯朗译本第1卷,第220页;贝克里的著作第68页。并对照沙马希的著作,第132~133页,他的说法恰恰相反,但未指明出处,他说:"阿卜德·拉赫曼·本·罗斯图姆随阿布·哈塔卜一起参加了战斗,他潜入凯鲁万,被阿卜德·拉赫曼·本·哈比卜抓住。但一个凯鲁万人替他说情,伊本·罗斯图姆遂获释。"伊本·罗斯图姆作为一个旗手,沙马希显然想为他的传记增添故事色彩和一种君主尊严的标记。

抓住了他的代理人,将其投入监牢。他们遴选古莱什族人阿姆尔·本·奥斯曼当他们的总督,直到伊本·阿什阿斯抵达。伊历144年5月(公元761年8月),伊本·阿什阿斯进入凯鲁万。① 自此,哈里发国家收复了阿非利加地区,不过仅限于凯鲁万。随着哈瓦利吉教派北面从的黎波里到西马格里布(柏尔加瓦塔地区)的塔马斯纳、南面从费赞沙漠到萨杰尔马萨沙漠的柏柏尔各部族中的继续深入,凯鲁万地区仿佛成了处在政敌和教派敌人海洋中的一个孤岛。伊本·阿什阿斯了解这一点。他认为他的当务之急是加固这座京城,使它能够对付周围之敌。伊历144年11月(公元762年2月),他开始修建凯鲁万城墙,工程经过伊历145年(公元762～763年)整整一年,于伊历146年7月(公元763年9～10月)完成②,这一年也是哈里发曼苏尔忙于兴修巴格达的一年。

伊历145年是丰收年,这有助于伊本·阿什阿斯完成他的建设业绩,使他能够消灭残存的哈瓦利吉派敌人。同年,他派胡扎阿族人伊斯梅尔·本·阿克拉马率兵远征祖伊拉和瓦丹。远征军成功地占领了这两座城,消灭了城里的伊巴迪亚派,杀死了祖伊拉的领袖阿卜杜拉·本·赫扬。③ 伊本·阿什阿斯在他的辖区内成功地制服了所有的柏柏尔仇敌,以致伊本·伊扎里在《伊历145年纪事》中说"是年,伊本·阿什阿斯使阿非利加人安居乐业,当地没有发生动乱",虽然他也提到了祖伊拉和瓦丹的

---

① 伊本·伊扎里的著作第1卷,第72页。努韦里的著作手抄本,甲本,第92页,此处把古莱什族人阿姆尔·本·奥斯曼写为"奥马尔·本·奥斯曼"。
② 伊本·伊扎里的著作第1卷,第72～73页。努韦里的著作乙本,第91页;加斯帕尔·雷米拉译本第1卷,第376页。努韦里确定修建城墙一事于伊历5月1日(公元761年8月)开始。
③ 伊本·伊扎里的著作第1卷,第73页。对照努韦里的著作,乙本,第92页;加斯帕尔·雷米拉译本第1卷,第376页。伊本·阿西尔(在《伊历126年纪事》中)称他为"阿卜杜拉·本·席南"。

"动乱"。① 因而，在连续两年内，我们没有发现——一段时间来我们已习以为常的——重大事件，这种情况一直延续到伊本·阿什阿斯伊历 148 年的突然垮台。

哈里发军的动乱

伊本·阿什阿斯的垮台是开始在阿非利加蔓延的新灾难的一个结果。他的垮台并非由于柏柏尔人和哈瓦利吉派的起义，而是因为霍腊散军的漫无纪律。伊历 148 年（公元 765 年），埃及军的一个大将伊萨·本·穆萨·本·阿杰蓝伙同一些部队将领起来反对伊本·阿什阿斯，他们一度把他围困在凯鲁万，强迫他离职出走。伊历 4 月（公元 5 月）伊本·阿什阿斯让位给这个霍腊散人伊萨。② 伊萨在"既无曼苏尔任命，又遭到朝野的一致不满"的情况下，控制凯鲁万达三个月。其他的阿拉伯人和部队乘机占领了当地的一些边境。③ 显然，在伊本·阿什阿斯出走之前，军队反叛的消息已经传出凯鲁万。哈里发曼苏尔当机立断，任命阿非利加军的一位大将为总督。④ 他指望图卜纳（扎卜）的总督塔米姆族人阿格拉布·本·萨列姆的才智和控制局势的能力。阿格拉布的后裔后来在当地成功地建立了一个王朝。同年 6 月（公元 765 年 8 月），哈里发下达委任阿

---

① 伊本·伊扎里的著作第 1 卷，第 73 页。
② 同上书，第 73、74 页。参见沙马希的著作，第 135 页，他引证了拉基克的一个传述，虽然在此以前，沙马希把伊本·阿什阿斯同奥马尔·本·哈米斯混为一谈。
③ 伊本·伊扎里的著作第 1 卷，第 73 页。对照努韦里的著作，乙本，第 92 页；加斯帕尔·雷米拉译本第 1 卷，第 337 页。努韦里说："只有穆达尔族的首领们拥戴伊萨。也就是说，霍腊散军是穆达尔族的阿拉伯埃及军。"这里，我们要指出伊本·阿西尔（在《伊历 126 年纪事》中）的记载："在伊萨的这次反叛之前，伊历 147 年，一个军队首领哈希姆·本·沙希杰在卡穆尼亚发动反叛，穆达尔族将领参与其事。哈希姆败退到提阿雷特，后来带着柏柏尔人重返塔胡达，再由塔胡达向的黎波里挺进，在的黎波里被曼苏尔的代表所杀。"
④ 参见努韦里的著作，乙本，第 92 页；加斯帕尔·雷米拉译本第 1 卷，第 376 页。努韦里说："反叛的起因是部队听说曼苏尔宣召伊本·阿什阿斯，而他却拒绝回朝面君。"

格拉布的谕旨,此后,阿格拉布又接到哈里发的训谕,"命他公正对待民众,善视军队,加固凯鲁万的城防和壕堑,整编护城卫队,有人投敌即予剔除,等等"①。阿格拉布成功地控制了军队,掌握了主动权,稳定了局势,以致第二年(伊历 149 年[公元 766 年])再无"动乱"。②

　　阿格拉布在凯鲁万执政只有一年零八个月,他在反对目无法纪、不听命令的哈里发军的斗争中被杀。这也是哈瓦利吉派骚乱的结果。伊历 150 年(公元 767 年),扎纳塔部族的一个分支伊弗兰族的伊巴迪亚-苏福里亚派人,在被他们拥戴为伊马目的阿布·库拉率领下,在中马格里布发动起义。参加的还有穆吉拉族的柏柏尔人。他们朝着凯鲁万挺进。③ 阿格拉布准备迎战苏福里亚派,他留下一个将领塔米姆族人萨列姆·本·萨瓦德代理其职之后,亲自率领大部分军队和将领由凯鲁万出发,取道扎卜。④ 当阿格拉布接近阿布·库拉的驻地时,阿布·库拉逃跑了,他的部卒作鸟兽散。这就使得阿格拉布决定深入扎纳塔族人的巢穴,袭击他们的基地特累姆森和塔丹尔。这时,军队又出现目无纪律的现象,因为兵士们不愿随他出征,他们开始离开他溜回凯鲁万,以致他身边的军队所剩无几。⑤

---

① 伊本·伊扎里的著作第 1 卷,第 74 页。对照努韦里的著作,乙本,第 92 页;加斯帕尔·雷米拉译本第 1 卷,第 377 页;伊本·赫勒敦的著作第 6 卷,第 112 页;德·斯朗译本第 1 卷,第 221 页;伊本·阿西尔:《伊历 148 年纪事》。
② 伊本·伊扎里的著作第 1 卷,第 74 页。
③ 同上。对照伊本·赫勒敦的著作第 6 卷,第 112 页;德·斯朗译本第 1 卷,第 221 页。伊本·赫勒敦认为此事是在伊历 148 年(公元 765 年)。他在这里,把军队反对伊本·阿什阿斯同反对阿格拉布的两次反叛混为一谈了。伊本·阿西尔:《伊历 148 年纪事》。
④ 伊本·伊扎里的著作第 1 卷,第 74 页。努韦里的著作甲本,第 93 页;加斯帕尔·雷米拉译本第 1 卷,第 337 页。
⑤ 同上。对照伊本·赫勒敦的著作第 6 卷,第 112 页;德·斯朗译本第 1 卷,第 221 页。伊本·赫勒敦说:"阿格拉布又名伊本·苏德(萨瓦德)。"其实,伊本·萨瓦德是阿格拉布在凯鲁万的副手。

这件事显然是突尼斯总督金达族人哈桑·本·哈尔卜策划的。他和将领们通过联系,布斯塔姆·本·胡泽勒和法德勒·本·穆罕默德等许多将领都投靠了哈桑。阴谋家们利用凯鲁万无兵守卫的机会,向它奔去。他们逼迫萨列姆就范。哈桑抓住萨列姆,把他禁闭起来。① 阿格拉布获悉此事,立即带领所剩的军队返回。他写信给哈桑,希望他归顺,并对他的叛逆行径进行威吓。哈桑的答复是:接受既成事实或凭宝剑裁决,何去何从,由阿格拉布选择。②

　　从伊本·伊扎里的传述中知道,阿格拉布被迫去加贝斯避难。他上疏哈里发,请旨行事。曼苏尔降下的谕旨既没有罢黜阿格拉布,也没有另委他人,而是招安哈桑归顺。由于哈桑拒不听命,阿格拉布即向他进军,迫哈桑败退到他原来的任所突尼斯。阿格拉布进入凯鲁万。哈桑继续反抗,他纠集了庞大的队伍,再次奔凯鲁万而来。阿格拉布动员了一切可以动员的人,甚至他的家人和贵族,出城迎敌。但是苦战到最后,还是看不出决定性的胜负,因为哈桑逃跑了,而阿格拉布也身中流箭,他在伊历150

---

① 伊本·伊扎里的著作第 1 卷,第 74 页。努韦里的著作甲本,第 93 页;加斯帕尔·雷米拉译本第 1 卷,第 377 页。
② 参见伊本·伊扎里的著作第 1 卷,第 74 页;努韦里的著作甲本,第 93 页;加斯帕尔·雷米拉译本第 1 卷,第 377 页。伊本·伊扎里叙述了哈桑在复信的末尾写下的几行诗:
　　汝曹持去哈桑书,
　　当面晓谕阿格拉布:
　　"尔果横行肆暴虐,
　　将临大祸逃无路。
　　倘若执迷难醒悟,
　　不甘乞和求宽恕,
　　何妨来此试兵戎,
　　刀尖剑锋决胜负。"
伊本·伊扎里和努韦里引述的文本中,个别词句有所不同。努韦里的著作中"汝曹"改为"二人";伊本·伊扎里的著作中,以"告诫"取代了"晓谕"。至于第六行诗中的"乞和",在努韦里的著作中,则是"归顺"。

年8月(公元767年9月)因伤重致命。① 阿格拉布在临终前,命穆哈里克在阿非利加继承其职。穆哈里克于下月(伊历9月[公元10月])得到凯鲁万人的一致拥戴。他决心为阿格拉布报仇雪恨,于是派出一支凯鲁万的骑兵去突尼斯。哈桑逃往(现在阿尔及利亚东部的)库塔马地区,在那里待了两个月,尔后回突尼斯,被突尼斯城守军所杀。②

第三节　阿非利加的穆哈拉卜族人

奥马尔·本·哈夫斯·本·卡比萨和反对哈瓦利吉派斗争的继续

曼苏尔获悉阿格拉布·本·萨列姆在阿非利加遇害,立即遴选了一位有能力驾驭马格里布严峻局势的人物:(穆哈拉卜的兄弟)阿布·贾法尔·奥马尔·本·哈夫斯·本·奥斯曼·本·卡比萨。此人出身于同马什里克的哈瓦利吉-阿扎里卡派人屡次作战而声名大振的穆哈拉卜·本·阿比·苏福拉家族。奥马尔以勇往直前的英雄著称,以致被誉为"哈扎尔马尔德"(波斯语,意为千人敌)。③ 因此,曼苏尔派他率领五百名骑兵去马格里布。显然,奥马尔除了他家族的响亮名字之外,他的智勇双全也足以服众。伊历151年2月(公元768年3月),他顺利进入凯鲁万。在哈

---

① 伊本·伊扎里的著作第1卷,第54~75页;对照努韦里的著作,乙本,第93页;加斯帕尔·雷米拉译本第1卷,第378页。努韦里谈到了有关战斗经过的细节:哈桑的右军如何溃败,阿格拉布如何深入中军杀敌,直至中箭。伊本·阿西尔:《伊历148年纪事》。

② 伊本·伊扎里的著作第1卷,第77页。对照努韦里的著作,他提到哈桑死在阿格拉布之后。伊本·赫勒敦的著作第6卷,第112页;德·斯朗译本第1卷,第221页(并见该译本第379页的注释1)。伊本·赫勒敦叙述了两种传述。参见伊本·阿西尔的《伊历148年纪事》,他说:"阿格拉布被尊为烈士。"

③ 伊本·阿西尔:《伊历151年纪事》,作者说,奥马尔的声名仅仅因为他出身于穆哈拉卜家族。努韦里的著作甲本,第94页;加斯帕尔·雷米拉译本第1卷,第379页。伊本·赫勒敦的著作第6卷,第112页;德·斯朗译本第1卷,第221页。

瓦利吉派人重新骚动之前,他稳定局势达三年多时间。①

最初的动乱火星始燃于扎卜地区。奥马尔在令其亲戚哈比卜·本·哈比卜·本·亚齐德·本·穆哈拉卜在凯鲁万代理其职之后,自己即出发去该地平定局势。他的出征预示着哈瓦利吉派的起义即将燃遍整个马格里布。正如地理学家们所说,阿非利加仿佛成了低压地区,把灾祸之风从各地吸引过去。在中马格里布,扎纳塔族人崛起。为首的是(穆基拉-伊弗兰族的)苏福里亚派人阿布·库拉,共四万人之众。② 伊巴迪亚派人阿卜德·拉赫曼·本·罗斯图姆率领利马亚族、卢瓦塔族和尼弗扎瓦族的分支一万五千人在提阿雷特地区举事。③ 由于阿非利加总督的势力对这些人鞭长莫及,所以,他们起义是不足为奇的。除此之外,隶属凯鲁万的各地区的柏柏尔人也参加了这次声势浩大的起义。在的黎波里,伊巴迪亚派人在阿布·哈提姆(或阿布·卡迪姆)·雅各布·本·哈比卜·本·马丁·本·亚图法特领导下,发动了最大规模的起义。④ 阿布·哈提姆是继阿布·哈塔卜之后于当年即位成为伊马目的。⑤ 此外,伊巴迪亚派

---

① 伊本·伊扎里的著作第1卷,第75、77页。伊本·阿西尔:《伊历151年纪事》第5卷,第283页。
② 伊本·伊扎里的著作第1卷,第75页。
③ 同上。伊本·阿西尔:《伊历151年纪事》第5卷,第283页。参见伊本·赫勒敦的著作第6卷,第112页;德·斯朗译本第1卷,第220页。伊本·赫勒敦说:"伊本·罗斯图姆仅六千人。"
④ 参见伊本·赫勒敦的著作第6卷,第112页;德·斯朗译本第1卷,第220页。伊本·赫勒敦认为阿布·哈提姆系穆基拉族,而伊本·阿西尔(在其著作《伊历151年纪事》)和努韦里(在其著作甲本第94页和加斯帕尔·雷米拉译本第1卷第379页)则认为他是金达族的首领。沙马希(在其著作第133页中)也称他为纳吉萨族人阿布·哈提姆·马勒祖齐。
⑤ 在沙马希的著作中,有关于伊巴迪亚教派的传教方式和他们如何秘密集会选拔伊马目的颇为有趣的细节。沙马希在他的《内富萨山学者和首长列传》第134页中记述:"穆斯林们(仅指伊巴迪亚派人)看到他们在的黎波里境内力量壮大,便举行集会。他们声称集会是为了一个遭到其丈夫虐待的贤惠妇女穆斯利玛。伊历154年,当他们的意见已臻完善,每个参加意见的人都到齐了,他们即拥戴阿布·哈提姆为领袖。"对照伊本·伊扎里的著作第1卷,第77页,他认为阿布·哈提姆在的黎波里起义发生在伊历153年。

的"五大旗手之一"萨德拉塔族人阿西姆①约率众六千在凯鲁万地区起义。除拉基克忽略未提的其他集群外,还有扎纳塔族人穆骚瓦尔·本·哈尼的伊巴迪亚派一万人,苏福里亚派的桑哈贾族人阿卜德·马利克·本·苏克尔迪德的两千人,以及贾里尔·本·马斯奥德率领的马德尤纳族人中的追随者。②

我们手头现有的参考书都没有阐明这些事件的顺序,而是将它们笼统地叙述在一起。在这方面,作家们是情有可原的,因为像这种时期的历史事件必然纵横交错,难以单独组织。可以知道的是,在奥马尔·本·哈夫斯出发去扎卜之后,阿非利加就爆发了哈瓦利吉派人的起义。我们猜测,萨德拉塔族人阿西姆——据沙马希说,他后来被凯鲁万人用黄瓜毒死——是首先揭竿而起的人物之一。③ 此外还有桑哈贾族人阿卜德·马利克·本·苏克尔迪德,当时桑哈贾族人在贝贾地区发难。④ 奥马尔的代理人穆哈拉卜族人哈比卜·本·哈比卜·本·亚齐德前去征讨,与起义者遭遇,但被击败阵亡。⑤ 至于的黎波里的哈瓦利吉派,则在阿布·哈提姆的领导下,两次打败的黎波里总督阿兹德族人朱奈德·本·塞亚尔的军队,取得巨大的胜利。⑥ 总督曾派哈齐姆·本·苏莱曼

---

① 参见沙马希的著作,第128页。
② 伊本·伊扎里的著作第1卷,第75页。努韦里的著作甲本,第94页。对照伊本·赫勒敦的著作第6卷,第112页;德·斯朗译本第1卷,第221~222页。
③ 参见沙马希的著作,第128页。
④ 参见伊本·赫勒敦的著作第6卷,第111页;德·斯朗译本第1卷,第219页。伊本·赫勒敦在此处说:"参加贝贾起义的人名叫阿卜拉·本·苏克尔迪德。"由于阿卜杜拉和阿卜德·马利克两个名字的写法相似也许会搞错,因而此人如不是阿卜德·马利克·本·苏克尔迪德本人,也可能是他的兄弟。
⑤ 参见伊本·阿西尔的《伊历151年纪事》。对照努韦里的著作,甲本,第94页;加斯帕尔·雷米拉译本第1卷,第379页。
⑥ 努韦里的著作甲本,第94页;加斯帕尔·雷米拉译本第1卷,第379页,此处名字被写为"阿兹德族人朱奈迪·本·亚萨尔"。对照伊本·阿西尔的《伊历151年纪事》,这本书中的名字为"朱奈德·本·巴沙尔·阿萨迪"。

率骑兵队攻打起义者。哈齐姆败北,退回的黎波里。接着,奥马尔·本·哈夫斯派来的由穆哈拉卜族人哈立德·本·亚齐德率领的援军四百名骑兵,在朱奈德的带领下前往征讨,又被起义们打败。朱奈德和哈立德败退,避居在加贝斯城。奥马尔获悉此事,即派穆哈拉卜族人苏莱曼·本·阿巴德率军去援救他俩。但是苏莱曼也不比他俩走运。他在加贝斯附近被阿布·哈提姆击败,不得不赶快退向凯鲁万。阿布·哈提姆在后紧追不舍。①

哈瓦利吉派人在取得这些初步的胜利之后,从四面八方向凯鲁万进逼,军队多达十二支。② 这虽然是哈瓦利吉派人统一力量、合并队伍的一次难得的机会,但他们显然没有考虑到这一点。而且,他们的意见分歧正是造成他们不去攻占凯鲁万,反而决定进军扎卜,首先除掉他们的共同敌人奥马尔·本·哈夫斯的原因。不过,说他们为了把自己的弟兄们从奥马尔的报复中拯救出来而进军扎卜,倒也是可取的。于是,五万多名苏福里亚派人和伊巴迪亚派人在扎卜的首府图卜纳周围集结。奥马尔固守不出,他约有一万五千人。③

奥马尔与众将商议如何御敌。他们建议他待在图卜纳,以便在此困窘之时保住自己的生命,如果他愿意的话,派一些将领去对付敌人。在这关键的时刻,奥马尔无疑不得不加固图卜纳。有些作家说,奥马尔从

---

① 参见努韦里的著作,甲本,第94页,乙本,第94页;加斯帕尔·雷米拉译本第1卷,第379～380页。
② 伊本·伊扎里的著作第1卷,第75页。伊本·阿西尔:《伊历151年纪事》。努韦里的著作乙本,第94页;加斯帕尔·雷米拉译本第1卷,第379页。对照伊本·赫勒敦的著作第6卷,第112页;德·斯朗译本第1卷,第222页。作家们说:"这些军队在图卜纳会合,包围了奥马尔·本·哈夫斯。"
③ 伊本·伊扎里的著作第1卷,第75页。

凯鲁万出发,"前往扎卜,系奉曼苏尔之诏去兴修图卜纳城"①。奥马尔决定施计分化瓦解敌人,用钱买通一部分敌军撤退。他选择了阿布·库拉,因为阿布·库拉军人数最多,威胁最大。奥马尔派了一个梅克内斯族人伊斯梅尔·本·雅各布带了四万迪尔汗和许多衣物去见阿布·库拉。②苏福里亚派的伊马目当然拒绝了这种公开的贿赂。然而伊斯梅尔又去找阿布·库拉的兄弟(一说为儿子)。后者被闪闪发光的金钱和华丽的礼服所诱惑,就瞒着阿布·库拉谋划(撤军)。阿布·库拉不意间发现他的大部分军队竟已离去,无可奈何,只得也随之离去。③

在苏福里亚派人离开伊弗兰族人而去之后,奥马尔备受鼓舞。他派出一支由萨阿德族人穆阿米尔·本·伊萨率领的军队直奔塔胡达,在那里与阿卜德·拉赫曼·本·罗斯图姆的伊巴迪亚派人交战。阿卜德·拉赫曼·本·罗斯图姆在战场上约损失三千人后,败退至提阿雷特。④这时,阿布·哈提姆决定进军凯鲁万,把它围困起来,层层逼紧。⑤当奥马尔的敌人中只剩下阿布·哈提姆和的黎波里的伊巴迪亚

---

① 参见伊本·阿西尔的《伊历151年纪事》;伊本·赫勒敦的著作第6卷,第115页,作者说:"伊历151年,奥马尔规划图卜纳城,由于瓦尔法朱马族人已归顺于他,他即把他们安置在城里。在围城时期,城里的瓦尔法朱马族人更加富裕。"
② 伊本·伊扎里的著作第1卷,第76页。对照努韦里的著作,乙本,第94页;加斯帕尔·雷米拉译本第1卷,第380页。并见伊本·阿西尔的《伊历151年纪事》,此处记载为"六万迪尔汗"。
③ 伊本·伊扎里的著作第1卷,第76、77页。对照努韦里的著作,乙本,第94页;加斯帕尔·雷米拉译本第1卷,第380页;伊本·阿西尔:《伊历151年纪事》;伊本·赫勒敦的著作第6卷,第112页;德·斯朗译本第1卷,第222页。伊本·赫勒敦说:"阿布·库拉之子(一说为其弟)获得的报酬为四千迪尔汗和一些礼服。"
④ 伊本·伊扎里的著作第1卷,第76页。对照努韦里的著作,甲本,第90页,此处记载"穆阿米尔军为一千五百人"。
⑤ 伊本·阿西尔:《伊历151年纪事》第5卷,第284页。对照伊本·赫勒敦的著作第6卷,第112页,从他的传述中知道,阿布·哈提姆包围了图卜纳,奥马尔反其道奔凯鲁万而去。

派人时，他决定向他们进军。在这之前，他让马赫纳·本·穆哈里克·本·加法尔·塔伊留守图卜纳。马赫纳又被苏福里亚派的阿布·库拉重新包围，但他成功地打败阿布·库拉，杀散其兵士。① 当阿布·哈提姆离开他在拉里布斯的基地直奔奥马尔而去的时候，奥马尔旋即去突尼斯城附近。阿布·哈提姆尾随着他直到萨曼贾。奥马尔由萨曼贾转往称为比尔萨拉马的地方，在那里与他的同母兄弟朱迈伊勒·本·萨赫尔相遇，尔后进入凯鲁万，坚守不出。他准备被长期围困，积聚了许多食物和兵器。② 奥马尔在阿布·哈提姆开到凯鲁万时，曾试着迎战，但遭败北。他只好凭城坚守，巩固阿布·拉比阿门的方向，在那里挖掘壕堑。③

起义者的队伍由于那些垂涎洗劫凯鲁万的人的参加而日益增多，以致传说"包围凯鲁万的人竟有十三万之多"④。围城约历时一年⑤，终于城内粮食殆尽，物价腾贵，被围者走投无路，"他们吃牲畜，食猫狗，饿殍遍野。盐价飞涨至每两一个迪尔汗"⑥。面对着动荡不安的局势，奥马

---

① 伊本·伊扎里的著作第1卷，第78页。伊本·阿西尔：《伊历151年纪事》。努韦里的著作甲本，第95页；加斯帕尔·雷米拉译本第1卷，第381页。
② 参见努韦里的著作，甲本，第95页，乙本，第95页；加斯帕尔·雷米拉译本第1卷，第381页。对照伊本·阿西尔的《伊历151年纪事》，此处用"哈米德·本·萨赫尔"取代了"朱迈伊勒·本·萨赫尔"。
③ 努韦里的著作乙本，第95页。
④ 伊本·伊扎里的著作第1卷，第76、77页。努韦里的著作乙本，第95页；加斯帕尔·雷米拉译本第1卷，第382页。并见伊本·赫勒敦的著作第6卷，第113页；德·斯朗译本第1卷，第222页。伊本·赫勒敦在引述塔伯里的《伊历153年纪事》和伊本·伊扎里的著作(第1卷第77页)时，忘记了他在《历史诸论》中所坚持的评论规则，特别是关于其中对军队人数和财富估价方面的夸张。他说："包围凯鲁万的伊巴迪亚派人的军队达三十五万人，其中骑兵为三万五千人。"
⑤ 参见伊本·阿西尔的《伊历151年纪事》；努韦里的著作甲本，第96页；加斯帕尔·雷米拉译本第1卷，第381页。伊本·阿西尔和努韦里确定的围城期为八个月。值得注意的是，他俩把这时期放在奥马尔·本·哈夫斯从扎卜回到凯鲁万之前。对照沙马希的著作，第135页，此处确定围城期为一年。
⑥ 伊本·伊扎里的著作第1卷，第76页。对照努韦里的著作，乙本，第95页。

尔脾气暴躁。兵士们品德败坏，他们开始怀疑奥马尔的居心。接着奥马尔的妻子哈莉黛·宾特·马阿里克带来消息说，哈里发国家派遣的军队由穆哈拉卜族人亚齐德·本·哈提姆率领已经出发。听说"亚齐德前来解围"，"千人敌（哈扎尔马尔德）"如获至宝。这个亚齐德好像是他的同族人，甚至是他的亲戚，他的侄儿。奥马尔决定出城与敌交锋。他对书记官胡拉什·本·阿杰蓝说："这只是睡了一场觉。我要去算账了。""他出发了，急速地左砍右杀，直至阵亡。"① 这是在伊历 154 年 12 月中旬（公元 771 年 11 月）。②

奥马尔被杀后，凯鲁万还没有失陷。当时兵士们拥立了他的同母兄弟朱迈伊勒·本·萨赫尔。③ 不过，面对着困境和层层逼紧的包围，朱迈伊勒被迫与阿布·哈提姆签订了尚可接受的和约。和约的条件是，朱迈伊勒军撤出凯鲁万而不背叛曼苏尔，并保留他们自己的武器和黑旗、黑衣等国家标志。④ 于是，大部分兵士出发去图卜纳。⑤ 阿布·哈提姆进入凯鲁万，对这座使他疲于包围的城市进行了报复。他烧掉城门，捣毁城墙——按他的考虑，是使它不再成为一座久攻不克的城市。他还向城内居民报复，在兵士们走后，把大部分居民撵往扎卜。⑥ 伊巴迪亚派

---

① 伊本·伊扎里的著作第 1 卷，第 76 页。努韦里的著作甲本，第 96 页。伊本·阿西尔：《伊历 151 年纪事》。对照伊本·赫勒敦的著作，第 6 卷，第 113 页；德·斯朗译本第 1 卷，第 223 页。
② 伊本·伊扎里的著作第 1 卷，第 76 页。伊本·阿西尔：《伊历 151 年纪事》。努韦里的著作甲本，第 96 页。
③ 努韦里的著作甲本，第 96 页，乙本，第 96 页；加斯帕尔·雷米拉译本第 1 卷，第 383 页。伊本·阿西尔：《伊历 151 年纪事》第 5 卷，第 284 页，此处将其名字写为"哈米德·本·萨赫尔"。对照伊本·伊扎里的著作第 1 卷，第 76 页，此处写为"朱迈伊勒·本·哈夫斯"。
④ 参见伊本·阿西尔：《伊历 151 年纪事》第 5 卷，第 284 页；伊本·伊扎里的著作第 1 卷，第 76 页；努韦里的著作乙本，第 96 页；加斯帕尔·雷米拉译本第 1 卷，第 383 页。
⑤ 伊本·阿西尔：《伊历 151 年纪事》。努韦里的著作乙本，第 96 页；加斯帕尔·雷米拉译本第 1 卷，第 383 页。
⑥ 伊本·伊扎里的著作第 1 卷，第 76～77 页。

人就这样为阿布·哈塔卜的被害报了仇,实现了他们首任伊马目萨勒马·本·赛义德的梦想,他曾盼望有朝一日成就大事,即使脑袋被砍也不在乎。伊巴迪亚派人重新统治了凯鲁万,他们在整个阿非利加权倾一时。

亚齐德·本·哈提姆　伊巴迪亚派阿布·哈提姆的下场

势如狂飙的起义没有使哈里发曼苏尔对他的西部边境弃置不顾,恰恰相反,他紧抓不放。他知道如何用剑和火来扑灭起义,把它浸没在血泊中。他擢用了另一个出身穆哈拉卜家族的亲信去统治阿非利加,这就是以仇视哈瓦利吉派闻名的亚齐德·本·哈提姆(·本·卡比萨·本·穆哈拉卜·本·阿比·苏福拉)。他不仅声名卓著,在奥马尔·本·哈夫斯之上,而且勇武绝伦,仗义疏财。亚齐德原是埃及的总督。伊历155年(公元772年),曼苏尔派他率领从叙利亚、伊拉克和霍腊散等地区召集来的六万大军,浩浩荡荡杀向马格里布。①

阿布·哈提姆获悉亚齐德奔来的消息,即准备迎战,不过由于追随者们的四分五裂,阿布·哈提姆的力量已经衰落。当他出发去的黎波里以截断哈里发军队的道路时,他任命一个高级将领穆阿菲尔族人阿卜德·阿齐兹·本·萨姆赫(阿布·哈塔卜之弟)在凯鲁万镇守。阿布·哈提姆在凯鲁万的一个阿拉伯人同盟者菲赫尔族人奥马尔·本·奥斯曼起来反对阿卜德·阿齐兹,并召集凯鲁万的旧军,把这个穆阿菲尔族人逐出城

---

① 伊本·伊扎里的著作第1卷,第78、79页。对照努韦里的著作,甲本,第97页;加斯帕尔·雷米拉译本第1卷,第384页。努韦里说:"亚齐德所部之军,有三万是霍腊散人,六万人来自巴士拉、库法和叙利亚。"对照伊本·阿西尔的《伊历151年纪事》,他认为亚齐德于伊历154年抵达,但又确定奥马尔·本·哈夫斯卒于伊历154年12月中旬。关于亚齐德,参见伊本·希利甘的著作第5卷,毛希丁版,第365页;沙马希的著作136页。

去，并杀死了他的部将。① 阿布·哈提姆被迫折回凯鲁万，同凯鲁万人交战。在奥马尔·本·奥斯曼弃城去突尼斯城之后，阿布·哈提姆进入凯鲁万。② 与此同时，朱迈伊勒·本·萨赫尔和朱奈德·本·塞亚尔前往马什里克。③ 阿布·哈提姆不放过他的仇敌奥马尔·本·奥斯曼，派马德尤纳族人贾里尔·本·马斯奥德率领先遣部队尾追而去。贾里尔在季杰勒的地方赶上菲赫尔族人奥马尔。双方打了一场恶战。结果，贾里尔和他的许多部下被杀，然后奥马尔在马哈里克·本·加法尔·塔伊的陪同下进入突尼斯城。④

在这样严重的局势下，筋疲力尽的阿布·哈提姆出发去迎战亚齐德·本·哈提姆。后者已经抵达锡尔特，与朱迈伊勒·本·萨赫尔及其部下会合。⑤ 于是，由于凯鲁万军和反对阿布·哈提姆的柏柏尔人的加入，亚齐德声势大振。⑥ 阿布·哈提姆同亚齐德的先锋塔米姆族人萨列姆·本·萨瓦达在的黎波里附近⑦通往内富萨山的路上会战。⑧ 虽然努

---

① 伊本·伊扎里的著作第1卷，第77页。伊本·赫勒敦的著作第6卷，第113页；德·斯朗译本第1卷，第223页。对照努韦里的著作，乙本，第96页；加斯帕尔·雷米拉译本第1卷，第383页。努韦里说："菲赫尔族人奥马尔·本·奥斯曼起来反对伊巴迪亚派人是因为阿布·哈提姆想要违反同凯鲁万军签订的协定，企图解除他们的武装，把他们发送到他的所在地的黎波里。"努韦里还说，菲赫尔族人（奥马尔）杀死了穆阿菲尔族人（阿卜德·阿齐兹）。这时，还有一些菲赫尔族人站到伊巴迪亚派人一边，比如，阿卜·拉赫曼·本·哈比卜·本·阿卜德·拉赫曼就始终跟随阿布·哈提姆，直至遭到失败。这一点，后面将会谈到。

② 伊本·伊扎里的著作第1卷，第77页。伊本·阿西尔：《伊历151年纪事》。

③ 努韦里的著作乙本，第96页；加斯帕尔·雷米拉译本第1卷，第383页。

④ 努韦里的著作乙本，第96页，甲本，第97页；加斯帕尔·雷米拉译本第1卷，第384页。

⑤ 努韦里的著作甲本，第97页；加斯帕尔·雷米拉译本第1卷，第384页。

⑥ 参见沙马希的著作，第136页。他说："梅利利亚人支援亚齐德。阿布·哈提姆咒骂他们是给柏柏尔人丢脸。"

⑦ 参见伊本·赫勒敦的著作第6卷，第113页；德·斯朗译本第1卷，第223页。对照伊本·阿西尔的《伊历151年纪事》，他说："第一次交锋是在加贝斯附近。"

⑧ 努韦里的著作甲本，第97页；加斯帕尔·雷米拉译本第1卷，第284页。对照伊本·阿西尔的《伊历151年纪事》。

韦里说"阿布·哈提姆成功地挡住了哈里发军的前部,最终把它赶了回去",但是事情显然并非如此,因为努韦里提道:"此后阿布·哈提姆退到内富萨山,固守在一座坚堡之中。在那里,亚齐德向他发起进攻。"① 比较合理的是,阿布·哈提姆在第一次交战中失败了,他企图据山而守。然而亚齐德军追踪而至,他在那里把阿布·哈提姆打得落花流水,最后,阿布·哈提姆本人丧命,他的许多部将被杀。其他的传述佐证这一点说:"亚齐德及其军队在每一块平地和每一座山岭追赶残兵败将,大肆杀戮。他们喊道:'为奥马尔·本·哈夫斯报仇!'"② 具有反对哈瓦利吉派倾向的作家们,当他们说到阿布·哈提姆的三万部下毙命而哈里发军仅损失三人的时候,无疑夸大了事实。③ 至于战役的时间,则被确定在伊历155年3月27日(公元772年3月8日)。④ 阿布·哈提姆阵亡的战场成了伊巴迪亚派人瞻仰之地,以致作家们说:"那里夜夜灯火通明,远远望去,红光照天。"⑤

消灭残余的起义者

亚齐德·本·哈提姆在交战地住了一个月,派军队到这个地区巡弋,征服土著。这是在他进入由他任命为总督的赛义德·本·沙达德的的黎波

---

① 努韦里的著作甲本,第97页;加斯帕尔·雷米拉译本第1卷,第384页。努韦里说:"阿布·哈提姆为亚齐德的声势所惊,就寻找最险恶、最坚固的驻地,在那里安营,周围挖掘壕堑。"对照伊本·阿西尔的《伊历151年纪事》。
② 伊本·阿西尔:《伊历151年纪事》第5卷,第285页。伊本·伊扎里的著作第1卷,第79页,他说:"亚齐德军追到人便杀。"对照沙马希的著作,第136页,他引证阿布·扎克里亚的著作说:"双方打了两仗。第一仗在(距锡尔特一天路程的)米格马达斯,阿布·哈提姆初战得胜。"但值得怀疑的是,阿布·扎克里亚可能把阿布·哈塔卜在米格马达斯的胜利,与阿布·哈提姆同亚齐德之战搞混淆了。参见扎维:《阿拉伯人征服利比亚的历史》,第129页。扎维说:"阿布·哈提姆在内富萨山称为江杜巴的地方战死。"
③ 参见努韦里的著作,乙本,第97页;加斯帕尔·雷米拉译本第1卷,第384~385页。
④ 努韦里的著作乙本,第97页;加斯帕尔·雷米拉译本第1卷,第385页。对照伊本·阿西尔的《伊历151年纪事》。
⑤ 参见沙马希的著作,第137~138页。他在引证阿布·扎克里亚的著作后接着说:"这个地方在我们中间颇负盛名,不过,我认为,'灯火通明'是指阿布·哈提姆的墓地。据说,在阿布·哈提姆的墓旁,还埋着一个游牧的阿拉伯人,他的坟塚黯然无色。——安拉是全智的。"

里之前，也在他后来于伊历5月（公元4月）到达加贝斯之前。①一个月后，亚齐德抵达凯鲁万，同年（伊历155年）6月（公元772年5月）入城。②亚齐德在扎卜地区、（阿尔及利亚东部的）库塔马山区和的黎波里，开始致力于稳定局势，继续残酷无情地剿灭残存的起义者。翌年（伊历156年[公元773年]），他派自己的一个亲戚穆哈拉卜族人阿拉·本·赛义德去扎卜地区支援图卜纳的官员马哈里克·本·加法尔·塔伊。阿拉和马哈里克从图卜纳直奔阿布·哈提姆的盟友菲赫尔族人阿卜德·拉赫曼·本·哈比卜·本·阿德·拉赫曼的库塔马山区。在的黎波里和内富萨山败北以后，阿卜德·拉赫曼避居在库塔马山区的哈卜哈卜堡。马哈里克围攻此堡达八个月之久，在经过光荣的抵抗之后，哈卜哈卜堡终于失陷。阿卜德·拉赫曼的大部分追随者被杀，他本人的情况究竟如何，作家们不知其详。③

我们猜测，这个菲赫尔族人阿卜德·拉赫曼·本·哈比卜就是作家们因其"身材颀长、蓝眼金发"而称之为斯拉夫人的菲赫尔族人阿卜德·拉赫曼·本·哈比卜。④ 他的家属曾与哈瓦利吉派人共谋，而他在收复阿非利加受挫之后，显然是出来进行新的尝试，这同他的祖父和他的同名者随巴拉杰·本·比什尔在安达卢西亚登陆之后所从事的控制安达卢西亚的尝试，是一样的。这个菲赫尔族人为了达到自己的目的，诚如伊本·阿西尔所说，于伊历160年（公元777年）或伊历161年（公元778年）在安达卢西亚东部泊岸之后，显然不惜撒谎说，他同过去曼苏尔时代的阿拉·本·穆

---

① 伊本·伊扎里的著作第1卷，第79页。努韦里的著作乙本，第97页；加斯帕尔·雷米拉译本第1卷，第385页。
② 伊本·伊扎里的著作第1卷，第79页。
③ 参见伊本·伊扎里的著作第1卷，第79页，他说："当城堡陷落的时候，阿卜德·拉赫曼·本·哈比卜逃跑了。"伊本·阿西尔：《伊历151年纪事》《伊历156年纪事》。对照伊本·赫勒敦的著作第6卷，第113页；德·斯朗译本第1卷，第223页。伊本·赫勒敦说："阿卜德·拉赫曼和他所有的柏柏尔人部下无一幸存。"
④ 伊本·阿西尔：《伊历161年纪事》。

基斯到安达卢西亚来一样,是来为阿拔斯王朝的哈里发马赫迪做宣传的。他企图加入反叛的萨拉戈萨总督苏莱曼·本·亚克赞·本·阿拉比的行列。苏莱曼与查理大帝阴谋侵入安达卢西亚,但最后在伊历 162 年落得悲惨下场,被倭马亚族人阿卜德·拉赫曼收买的一个柏柏尔人所杀。①

库塔马(山区)战役的第二年亦即伊历 157 年(公元 774 年),扎卜地区动荡不安,瓦尔法朱马各部族在阿布·扎尔洪(胡瓦拉族人阿尤布)领导下发动起义。亚齐德·本·哈提姆从凯鲁万派出一支军队去扎卜,由他的亲戚穆哈拉卜族人亚齐德·本·马杰扎率领。然而交战的结果,是瓦尔法朱马族人获胜,扎卜总督马哈里克·本·加法尔·塔伊被杀。亚齐德·本·哈提姆即令其子穆哈拉卜·本·亚齐德统辖扎卜、图卜纳和库塔马山,派他率远征军去惩罚瓦尔法朱马族人,并派穆哈拉卜族人阿拉·本·赛义德前往支援。经过激烈的战斗,穆哈拉卜族人击败了起义者,对他们"惨加杀戮","以致瓦尔法朱马族人无一幸免"②。在的黎波里,阿布·哈提姆的残兵败将在胡瓦拉族人阿布·叶海亚·本·福纳斯③的

---

① 伊本·阿西尔:《伊历 161 年纪事》。关于这个斯拉夫人的业绩和查理大帝对安达卢西亚的远征,参见普罗旺萨耳:《西班牙穆斯林历史》,法文本,第 86~87 页。
② 伊本·赫勒敦的著作第 6 卷,第 113 页;德·斯朗译本第 1 卷,第 223 页。伊本·赫勒敦把"阿布·扎尔洪"写成了"阿布·扎尔朱纳",法译本做了订正。事实上,我们发现,在亚齐德·本·哈提姆时代有两次提到了扎卜地区的动荡。一次是(伊本·赫勒敦的著作第 6 卷第 113 页中记述的)伊历 157 年;另一次是(伊本·阿西尔的《伊历 151 年纪事》中记述的)伊历 164 年。倘若不是由于事件本身是一个,主角又同是这些人物,那么就有可能事关两次动乱。而实际上这是涉及上述两个年份的事件,因此可能就是一次事件,错误出现在年份的确定上。伊本·赫勒敦确定的年份是可取的,因为它表明,这次动乱是阿布·哈提姆起义的延续,也因为作家们肯定:在亚齐德·本·哈提姆时代,该地平静无事,局势稳定;伊本·阿西尔的著作中的细节比伊本·赫勒敦的著作更为清楚,更有条理,所以,我们主张在这两位史学家之间统一起来,我们倾向于采取伊本·赫勒敦确定的年份和伊本·阿西尔著作中的细节。
③ 伊本·赫勒敦的著作第 6 卷,第 141 页;德·斯朗译本第 1 卷,第 276 页。此处写为"叶海亚·本·福纳斯"。对照伊本·阿西尔的《伊历 156 年纪事》,他称这个胡瓦拉族人为"阿布·叶海亚·本·法努斯"。伊本·伊扎里的著作第 1 卷,第 79 页,称之为"阿布·叶海亚·卡尔亚斯"。

领导下在一些地区集结。但是他们抵挡不住亚齐德在那里的大将金达族人阿卜杜拉·本·萨姆特。阿卜杜拉在沿海某地与他们交锋,经过激战,打得他们溃不成军,受戮甚众。穆哈拉卜族人就这样到处追杀着反叛者们,"亚齐德·本·哈提姆终于平息了阿非利加的战事,控制了该地"①。因而直到亚齐德在拉希德时代的伊历171年(公元787年)任期结束,阿非利加局势稳定,一片升平景象。在此后的若干年里,作家们没有记述下值得一提的战役、战争和内讧等情况。

亚齐德·本·哈提姆的文治——阿非利加的文明和宗教生活

由于阿非利加地区恢复了和平与安定,亚齐德·本·哈提姆具备了在当地进行建设、传播文明并使之繁荣的条件。有助于此的是亚齐德的性格。他的慷慨豪爽,传为美谈②。凯鲁万城理所当然地受到他的重视。

---

① 伊本·伊扎里的著作第1卷,第79页。伊本·阿西尔:《伊历151年纪事》第5卷,第285页。作家们夸大了从奥马尔·本·哈夫斯同柏柏尔人开战到柏柏尔人起事被平息期间阿拉伯人同柏柏尔人之间进行战斗的战役次数,说共有三百七十五次战役。见伊本·伊扎里的著作第1卷,第77页;努韦里的著作甲本,第97页;加斯帕尔·雷米拉译本第1卷,第384页。

② 这方面,伊本·伊扎里记述了拉比阿(·本·萨比特·阿萨迪)对亚齐德的说法。拉比阿夸饰亚齐德的乐善好施:

誓词发心田,岂肯趋时炎;
情真意虔诚,不敢存欺瞒。
两位亚齐德,慷慨竟天渊;
前王虽称贤,豪爽不如君。

此诗中的"两位亚齐德,慷慨竟天渊"在人们心中引起反响,后成了(形容慷慨的)谚语,相传后四句有另外的讲法:

人常喜慷慨,光荣伏疏财;
不见两亚氏,差距难算猜。

见伊本·伊扎里的著作第1卷,第81页。对照伊本·希利甘的著作第5卷,第336页。作家们叙述了亚齐德·本·哈提姆自己的关于慷慨的诗:

钱币难藏身,虽少也送尽;
来去挥手间,不是聚财人。

伊本·伊扎里的著作第1卷,第81页。努韦里的著作乙本,第97页;加斯帕尔·雷米拉译本第1卷,第385页。

他特别注意组织该城的经济活动,整顿城内的市场,使各行各业的人各自有集中的地方。① 大部分人认为,倘若上述情况属实,那么,在出色的组织方面,功劳肯定归于亚齐德。这种出色的组织使许多阿拉伯城市的市场兴旺昌盛,直至近代,它还使市场的每一块地方专属于某种商品或手艺。这种组织在现代表现为分门别类的大商场(grands magasins)的形式。在这方面,努韦里说:"甚至即使说他(亚齐德)是凯鲁万文明的缔造者,那也言之不谬。"②

很遗憾,作家们对记载文治业绩的关心,远不如他们对记载战争和战役的重视。作家们提到的归功于亚齐德的丰功伟绩之一是他在伊历157年(公元774年)重建了凯鲁万大清真寺。这一年年底曼苏尔去世。尽管如此,伊本·伊扎里仅仅说"亚齐德极为乐善好施"③,而未加任何细述。

至于亚齐德在当时阿非利加地区最重要的资源——农业和畜牧业方面的功绩,作家们只是叙述了与埃米尔及其慷慨相关的部分,或者是他对土地和我们今天称为"经济作物"的各种大农作物的关心。这一点,可以从亚齐德对他的一个经纪人说的话中知道。当时这个经纪人在亚齐德的园圃里种了许多蚕豆,亚齐德对这个经纪人喝道:"臭娘养的,你想要我在巴士拉丢丑吗?让人家说我亚齐德·本·哈提姆是个食品杂货商人吗?!"还可以从这文本的其余部分了解到,亚齐德对通过出售这种新鲜的季节性作物来剥削人们的行为加以限制,"他下令(这些作物)归人们公有"④。这方面还有一说:亚齐德从凯鲁万出来,到称为"明亚特赫勒"的地

---

① 伊本·伊扎里的著作第1卷,第78页。
② 努韦里的著作乙本,第97页。
③ 伊本·伊扎里的著作第1卷,第79页。努韦里的著作乙本,第97页。
④ 参见伊本·伊扎里的著作第1卷,第81~82页。对照努韦里的著作,甲本,第89页;加斯帕尔·雷米拉译本第1卷,第385~386页。努韦里引证了同一个传述,稍作了更动:"亚齐德·本·哈提姆使农业合法化,并去农田闲游和吃喝。"

方游玩,看见一大群羊。他经打听知道这是属于他儿子伊斯哈克的,"便为这事斥责他的儿子,并下令宰杀羊群,赐归人们公有。人们遂一抢而空,分而食之"。亚齐德使凯鲁万的一个地方专门进行这项工作,羊皮被放在当时叫做"制皮革之地"的粗硬石地上。①

作家们提到的一些零星片断,说明亚齐德·本·哈提姆对他的埃米尔国政府制度和措施的重视。他曾将著名的法官亚齐德·本·图费勒免职,因为后者"离开法庭的时候,将法庭托付给大清真寺对面的一个染匠"。亚齐德·本·哈提姆与他谈及此事时,他说"我维护了机关中的一切,这样做于我无损",竟然对亚齐德的话无动于衷。②

由于亚齐德·本·哈提姆的慷慨大度,埃米尔宫成了诗人云集之地。他们从各地来登门求见。③ 学者、教律学家、法官④、修行者和有德之士也纷至沓来。因此凯鲁万在马格里布诸城中首屈一指,它不仅是整个地区的政治首都,而且也是当地思想、文化和传播宗教的中心。

从那早期以来,马什里克新兴的伊斯兰学派的思想开始传入马格里

---

① 伊本·伊扎里的著作第 1 卷,第 82 页。对照努韦里的著作,手抄本,甲本,第 98 页;加斯帕尔·雷米拉译本第 1 卷,第 386 页。此处包括亚齐德与其儿子伊斯哈克对话的细节。
② 马利基:《心灵游苑》第 1 卷,"传略 72",第 111 页。
③ 有一位诗人吟道:阿拉伯人的首脑,首屈一指声名高,盖哈坦和纳扎尔,两族统归君领导。满怀希望诚祝祷,一路平瞻君貌;从此不遭旅途苦,驿道无缘意逍遥。见伊本·伊扎里的著作第 1 卷,第 81 页。塔米姆族的诗人穆斯哈尔,他来到阿非利加的亚齐德·本·哈提姆跟前时,也作诗吟道:竟月跋涉不惮倦,一半祈祷献君前;向往何虑成泡影,唯求早日偿夙愿。西姆阿尼在他的《宗谱》一书中说:"亚齐德命他的五万雇佣军每人从其军饷中拿出两个迪尔汗给这位诗人,亚齐德另又赏赐十万迪尔汗。"虽然伊本·希利甘引证后在结尾时说:"我后来发现这后一首诗系马尔万·本·阿比·哈夫斯所作——安拉是全智的。"见《名人之死和时人轶事》第 5 卷,第 368 页。
④ 参见伊本·伊扎里的著作第 1 卷,第 80 页。作者在伊历 162 年(公元 778 年)事件中,提到了凯鲁万法官阿布·哈立德·阿卜德·拉赫曼·本·齐亚德·安阿姆的去世。卒前,"九十多岁的阿布·哈立德在亚齐德的餐桌上吃了鲸鱼,喝了牛奶,当天晚上便死了"。参见马利基的著作第 1 卷,第 102 页;达巴格的著作第 1 卷,第 117 页。我们不知道,这个传述是否来源于担心鱼、奶一起食用的传说。

布。这方面最重要的例证是马立克·本·艾奈斯的教律学见解传入了这个地区。马立克当时在麦地那城清真寺"讲学"。他的听众里有许多马格里布和安达卢西亚的学生和朝觐者,他们把听讲所得带回到自己的地区。此外,还有一些马什里克人迁居到马格里布来。这是马立克学派传入马格里布的开始。在学者和有德之士的传记中,载有许多当时听过马立克的课,向他求过学的人和一直与这位麦地那教长保持联系,并用信件问答的人的名字,其中最有名的是波斯人阿布·穆罕默德·本·阿卜杜拉·本·法鲁赫①。马立克说他是"马格里布的教律学家"②。伊本·法鲁赫还遇见过阿布·哈尼法·努阿曼③,"他怀念后者,写下了许多关于后者的未记载下来的事迹……"④。正如我们所知,伊本·法鲁赫求教于伊拉克的教长,"他也许倾向于伊拉克人的言论,因为他认为他们的话有道理",不过,他与马立克的联系却更为密切,"他听马立克讲学并学习教律学,在《圣训》和教律学上仰仗着马立克,并以跟随马立克而著称于世"⑤。名传遐迩的还有阿非利加的法官阿卜杜拉·本·加尼姆——马立克说"他是当地的法官"⑥——和巴赫卢勒·本·腊希德,马立克称之为"当地礼拜者"⑦。巴赫卢勒推崇伊本·法鲁赫,并"在一些他遇到的宗教事务中仿效伊本·法鲁赫"⑧。

---

① 他于伊历 115 年(公元 733 年)生于安达卢西亚,伊历 176 年卒于埃及。参见马利基的著作第 1 卷,第 113~114 页,"伊本·法鲁赫的传略"。达巴格的著作第 1 卷,第 178 页。
② 马利基的著作第 1 卷,第 115 页。达巴格的著作第 1 卷,第 179 页。
③ 阿布·哈尼法·努阿曼(公元 699~767 年),库法人,哈乃斐学派的创始人。——译者
④ 马利基的著作第 1 卷,第 116 页。达巴格的著作第 1 卷,第 179 页。
⑤ 同上。
⑥ 马利基:《心灵游苑》第 1 卷,"巴赫卢勒·本·腊希德传略",第 133 页,并参看第 114、115、116 和 118 页的"伊本·法鲁赫传略"。达巴格的著作第 1 卷,第 215 页。
⑦ 马利基:《心灵游苑》第 1 卷,"巴赫卢勒传记",第 132 页。达巴格的著作第 1 卷,第 198 页。
⑧ 马利基的著作第 1 卷,"伊本·法鲁赫传略",第 116~117 页。

马立克的教律学见解虽然吸引了马格里布人的心,但是在此期间凯鲁万也已了解到穆尔太齐赖派的主张,尽管这些主张遭到大部分学者的反对。穆尔太齐赖派显然是随着阿布·哈尼法的门徒伊拉克人的见解一起传入马格里布的,直到我们前已述及的曾遇到过阿布·哈尼法的伊本·法鲁赫摒弃了穆尔太齐赖派。事情需要伊本·法鲁赫公开对穆尔太齐赖派在"世界末日及其前后"进行诅咒。① 穆尔太齐赖派遂遭到马立克门徒们的强烈反对。这些门徒在这方面都听命于麦地那教长的指示,教长担心在"阿非利加出现争论派"②,所以伊本·加尼姆、伊本·法鲁赫和巴赫卢勒都拒绝为穆尔太齐赖派人出殡做礼拜。③ 尽管如此,穆尔太齐赖派和争论派都有自己的追随者。穆尔太齐赖派的道理有时也引起逊尼派和马立克派的台柱人物的兴趣。据说,巴赫卢勒·本·腊希德有一天问他的一位同席者:"我希望你对我谈谈反宿命论抗议些什么。"然而此人回答道:"巴赫卢勒呀,你问我反宿命论抗议些什么,这是魔鬼们的话,因为这是他们蛊惑人心的一种武器。你的席间有人不知道我这样说的道理,我怕他会心安理得,因为他会说:'我在巴赫卢勒的席间听到此话。'"巴赫卢勒亲此人的头说:"你使我永生,真主赐你永生。"④

这些学者、教律学家和有德之士的重要性不仅在于他们努力宣传教义、反对异端邪说和使人们知道合法与非法,而且他们存在的本身,就是根据劝善戒恶的原则对百姓和官员行为的一种监督。尽管亚齐德之兄鲁赫·本·哈提姆再三要求,伊本·法鲁赫仍然拒绝执掌司法,这是由于他听从了阿布·哈尼法的劝告。阿布·哈尼法对他打比方说:"执掌司法者

---

① 马利基:《心灵游苑》第1卷,"伊本·法鲁赫传略",第120页。
② 同上书,第114页。
③ 同上书,第121页。达巴格的著作第1卷,第198页。
④ 马利基的著作第1卷,第134页。

就像是一个被投入汪洋大海中的人,其结局不论时间长短,也不管他是否擅长游泳,都是沉溺。"① 还相传,伊本·法鲁赫曾说:"如果兵士们领了饷,我就关闭店门,直到他们手里的钱花完。倘若他们两手空空,我就打开铺子。"由此可知,他不相信兵士们的所得是正当的。② 亚齐德·本·哈提姆曾派使者去问他,是否可以为衣服上的跳蚤血做礼拜。伊本·法鲁赫回答说可以,不过他当着使者又加上一句辛辣的话:"他们问我关于跳蚤的血,却不问我关于被杀害穆斯林的鲜血。"③

穆哈拉卜族人的结局

在亚齐德·本·哈提姆长达十五年多的任期内,阿非利加经历了一段安宁和繁荣时期。亚齐德的执政从曼苏尔任哈里发开始,经过马赫迪和哈迪时代,直到拉希德即位后的伊历170年9月(公元788年2月)——亚齐德的卒年。④ 这段时期表明,穆哈拉卜族人从伊历151年(公元768年)奥马尔·本·哈夫斯上任以来,已经站稳了脚跟,凭恃既坚决又稳健的老练政策而博得哈里发们对他们的好感,并在阿非利加形成一个从属于哈里发政权的类似埃米尔国或王国的政权,它一直持续到伊历178年(公元794年)他们中的最后一人法德勒·本·鲁赫被杀。

达乌德·本·亚齐德·本·哈提姆

当亚齐德·本·哈提姆病危临终的时候,他让其子达乌德·本·亚齐德继任其职。达乌德任总督九个半月,直到他的伯父鲁赫·本·哈提

---

① 马利基的著作第1卷,第118~119、121页。
② 马利基的著作第1卷,第122页。"巴赫卢勒传略"。参见达巴格的著作第1卷,第206页。教律学家和礼拜者们在兵士们的给养究竟属合法还是非法方面,意见不一。"巴赫卢勒说,兵士获得的给养是非法攫取的。"
③ 马利基的著作第1卷,第119页。达巴格的著作第1卷,第182页。
④ 伊本·阿西尔:《伊历151年纪事》第5卷,第285页。至于伊本·伊扎里(在其著作第1卷第82页中)则确定亚齐德卒于伊历171年。伊本·阿西尔比较正确。

姆被拉希德任命为马格里布的埃米尔来接替他为止。达乌德在此期间忙于同哈瓦利吉派人作战。他们因亚齐德的去世找到了一个重新活动的机会。

动乱从尼弗扎瓦部族开始。该族人拥戴伊巴迪亚派的努塞尔·本·萨利赫作为他们的伊马目,在贝贾山宣布反叛,并企图将他们的势力扩大到整个地区。贝贾山脉经历了凯鲁万军同伊巴迪亚派的柏柏尔军之间的激烈战斗,双方互有胜败。努塞尔·本·萨利赫曾在贝贾战胜达乌德派出的由其兄弟穆哈拉卜·本·亚齐德统率的军队,但在第二次战斗中败于苏莱曼·本·亚齐德领导的向他进攻的军队。如传述家们所说,苏莱曼追击反叛者,杀戮一万多人,而自己不损一兵一卒。①萨利赫成功地把没有参加他第一次反叛的所有伊巴迪亚派人重新召集拢来,集结在沙卡卜纳里亚。但苏莱曼再次打败了他们,然后回到凯鲁万。②

因此,伊巴迪亚派的反叛没有具体收获就结束了。鲁赫·本·哈提姆恢复其弟亚齐德的做法,稳定当地局势。与此同时,达乌德回到马什曼克,伊历174年初(公元790年)拉希德任命他为埃及总督。③ 不过,随着鲁赫的到来,马格里布地区出现了新的分裂主义宣传。这就是哈桑族人伊德里斯·本·阿卜杜拉继伊历169年(公元768年)希贾兹的阿拉维族

---

① 伊本·伊扎里的著作第1卷,第82页。对照伊本·赫勒敦的著作第6卷,第113页;德·斯朗译本第1卷,第224页。虽然伊本·赫勒敦提到这些战役发生在亚齐德·本·哈提姆去世之后,但他却错误地把年份定在伊历161年(公元778年)。他认为达乌德的后一支军队是由其堂兄穆哈拉卜族人苏莱曼·本·萨马(西哈)率领的。对照努韦里的著作,乙本,第98页;加斯帕尔·雷米拉译本第1卷,第387页。努韦里认为贝贾山之乱不是努塞尔·本·萨利赫之乱,他说后者名叫(内夫扎族人)萨利赫·本·努塞尔。这与伊本·赫勒敦的说法相同。伊本·赫勒敦称此人的外号叫萨福里(苏福里亚派人?)。至于伊本·萨马,伊本·赫勒敦说他的全名叫苏莱曼·本·萨马·本·亚齐德·本·哈比卜·本·穆哈拉卜。
② 伊本·赫勒敦的著作第6卷,第113页;德·斯朗译本第1卷,第224页。
③ 铿迪:《总督和法官》,第133页。

人反叛失败之后，在西马格里布所进行的宣传。如后所述，是他最终建立了阿拉维族人的国家，即伊德里斯王朝，统治了西马格里布，其分支伸入到中马格里布和安达卢西亚。

就这样，正当哈里发政权为稳定阿非利加局势，甚至不惜给予凯鲁万总督以阿非利加和马格里布总督的封号，以尽力使马格里布回到哈里发国家栅栏里来的时候，它的政敌和教派敌人哈瓦利吉派人、阿拉维族人等却积极在凯鲁万之外的地区宣传他们的主张。他们实际上成功建成了此后长期存在的埃米尔国和王国，在整个地区打上各自的标记。伊巴迪亚派的宣传在中马格里布获得了成功。这是由于阿卜德·拉赫曼·本·罗斯图姆的努力。他兴建了提阿雷特城，使之在长达一个半世纪的时间里成为中马格里布的京城，和全马格里布——从的黎波里沿海到内富萨山、费赞绿洲、杰里德和扎卜地区——的伊巴迪亚派人的天房。至于哈瓦利吉派中的偏激者即苏福里亚派人，他们避居在西马格里布的撒哈拉沙漠腹地，则在那里兴建了他们的京城——现在塔菲拉勒地区的萨杰拉马萨城。他们与凯鲁万的埃米尔们建立了友好的关系，直到法蒂玛王朝将他们消灭。除这些人之外，伊德里斯还成功地把丹吉尔区域的各部族团结起来，开始修建非斯城。该城的势力伸展到大西洋沿岸甚至到远苏斯地区，它反对在塔马斯纳原来是苏福里亚派的柏尔加瓦塔族人中的不信神者。非斯城在法蒂玛王朝建立以前，一直是西马格里布伊德里斯王朝的京城。

中马格里布在罗斯图姆族人的统治下组织起来，西马格里布则远离哈里发政权的势力，在伊德里斯族人的统治下组织起来。与此同时，阿非利加的政局动荡不定。面对这样的形势，哈里发政权为了在马格里布的三个区域建立某种平衡，也被迫给予处在阿格拉布族人统治下的阿非利加以类似内部独立的权力。

鲁赫·本·哈提姆

在经历了达乌德·本·亚齐德代理时期的短暂动荡阶段之后,随着伊历171年7月(公元787年12月~788年1月)鲁赫·本·哈提姆回到凯鲁万,局势又趋于稳定。鲁赫带来五百名骑兵,他的儿子卡比萨率领一千五百名骑兵随后开到。① 这一点,作家们像在谈到亚齐德·本·哈提姆时一样,曾予指出。他们仅仅提到鲁赫的性格和特点,记载了鲁赫时代发生的趣事。我们没有发现那些杂乱无章的起义和司空见惯的骚乱。鲁赫在世期间,道路安宁,柏柏尔人和睦相处。②

至于鲁赫的性格,他坚韧不拔,不急不躁,以雄辩、豪爽闻名。③ 他比其弟亚齐德年长,当时已经老态龙钟。他的老迈使阿非利加的文官武将感到不安,因为鲁赫"在凯鲁万坐的时间一长,由于衰老可能就会昏昏欲睡"④。邮政大臣是负责向哈里发政权汇报当地情况的。他与大将阿布·安巴尔共同上疏拉希德,表示对鲁赫年老体弱的担心,怕他万一突然去世,埃米尔空缺,阿非利加势必边患四起。他们两人向拉希德推荐纳斯尔·本·哈比卜做阿非利加第二总督,一旦鲁赫去世,即由纳斯尔出任埃米尔,因为他见地高超,熟谙埃米尔事务并且深得人心。⑤ 拉希德准奏,同意选择穆哈拉卜族人纳斯尔·本·哈比卜,密诏任命他为阿非利加埃米

---

① 努韦里的著作乙本,第98页;加斯帕尔·雷米拉译本第1卷,第387页。
② 努韦里的著作甲本,第99页;加斯帕尔·雷米拉译本第1卷,第387页。
③ 相传,鲁赫的一个儿子死了,有人前去吊唁。他看见鲁赫笑呵呵的,就没有吊唁。鲁赫说:
　　民族性本坚,
　　人亡寻常殁;
　　哀痛任腰断,
　　凝泪不动颜。
见伊本·伊扎里的著作第1卷,第84页。
④ 伊本·伊扎里的著作第1卷,第85页。
⑤ 同上。努韦里的著作甲本,第99页。

尔。纳斯尔曾出任亚齐德·本·哈提姆在阿非利加的警察大臣,过去亚齐德任埃及总督时,他在福斯塔特也任警察长官之职。①

穆哈拉卜族人纳斯尔·本·哈比卜

邮政大臣和大将阿布·安巴尔所担心的事发生了,伊历174年9月22日(公元791年2月1日)鲁赫·本·哈提姆去世。② 人们在大清真寺拥立他的儿子卡比萨为埃米尔③。拥立卡比萨·本·鲁赫,可能具有两重意思。一方面,它表明阿非利加已经或者将近成为穆哈拉卜族人的封地;另一方面,拉希德委任纳斯尔·本·哈比卜一事,也许可以解释为哈里发政权及其高级官员企图防止阿非利加变成穆哈拉卜族人的世袭王国。邮政大臣和阿布·安巴尔一获悉拥立了卡比萨,立即前往纳斯尔·本·哈比卜处,"把拉希德的诏书通知他,授予他埃米尔之权,并率随从同他一起骑马去大清真寺。他们两人来到已经坐在王位上的卡比萨跟前,叫卡比萨站起来,让纳斯尔·本·哈比卜坐下去。他俩告诉人们关于纳斯尔之事,并当众宣读信士们的长官哈龙·拉希德给纳斯尔的诏书。人们遵命服从"④。

纳斯尔对阿非利加的统治,持续到伊历177年1月(公元793年4月)拉希德命法德勒·本·鲁赫任总督为止。历时两年零三个月的纳斯尔统治,可以认为是鲁赫·本·亚齐德统治的继续。因为纳斯尔品行端正,断事公正,在他的时代,当地经历了一段太平岁月,不过它类似狂风暴雨来

---

① 伊本·伊扎里的著作第1卷,第85页。我们发现,伊本·阿西尔在他的《伊历177年纪事》中误称之为穆哈拉卜族人哈比卜·本·纳斯尔,后又校正,即纳斯尔·本·哈比卜。
② 伊本·伊扎里的著作第1卷,第85页。对照努韦里的著作甲本,第99页;加斯帕尔·雷米拉译本第1卷,第388页。努韦里认为鲁赫卒于9月19日。
③ 伊本·伊扎里的著作第1卷,第85页。努韦里的著作甲本,第99页;加斯帕尔·雷米拉译本第1卷,第388页。
④ 伊本·伊扎里的著作第1卷,第85页。努韦里的著作乙本,第99页;加斯帕尔·雷米拉译本第1卷,第389页。

临前的平静。①

阿非利加最后一个穆哈拉卜族人——法德勒·本·鲁赫 伊本·贾鲁德的起义

正当拉希德对纳斯尔·本·哈比卜统治阿非利加的任命公布于众而卡比萨·本·鲁赫又在凯鲁万清真寺准备接受人们拥立的时候,卡比萨之弟法德勒·本·鲁赫已由其父鲁赫·本·哈提姆任命为扎卜的总督。法德勒对其兄被赶下埃米尔之位感到不满,就前往巴格达,一直追随在拉希德左右。他的努力终于奏效,当上了阿非利加的总督。② 历史事件证明,法德勒谋取总督之职的努力,事实上是为了最终消灭马格里布穆哈拉卜族人的势力。当拉希德任命法德勒为阿非利加总督的时候,"他下诏罢免纳斯尔·本·哈比卜,由穆哈拉卜·本·亚齐德号令众人,直到法德勒到任"。法德勒于伊历177年1月(公元793年4～5月)抵达凯鲁万。③然而他的任期不过一年半左右时间,最后于伊历178年8月(公元794年11月)被杀。④

法德勒·本·鲁赫临终前的局势,是兵士们出现骚动和突尼斯城及其郊区的部队漫无法纪。法德勒委派侄子穆格拉·本·比什尔·鲁赫统辖突尼斯,而穆格拉"对付群众既无经验又无权术"⑤。据作家们说,"他蔑视兵士,待之甚劣"。兵士们受到这样的对待心怀不满,他们在一次集会上决定,上书给穆格拉在凯鲁万的叔父法德勒,告诉他"穆格拉对待他们

---

① 伊本·伊扎里的著作第1卷,第85页。努韦里的著作乙本,第99页;加斯帕尔·雷米拉译本第1卷,第389页。
② 参看努韦里的著作乙本,第99页;加斯帕尔·雷米拉译本第1卷,第389页。
③ 同上。并参见伊本·伊扎里的著作第1卷,第86页;伊本·阿西尔:《伊历177年纪事》第6卷,第54页。
④ 伊本·伊扎里的著作第1卷,第88页。
⑤ 同上书,第86页。对照努韦里的著作乙本,第99页;加斯帕尔·雷米拉译本第1卷,第389页;伊本·阿西尔:《伊历177年纪事》第6卷,第54页。

的行为和劣迹"①。法德勒迟迟不予答复,这就使得他们组织起自己的队伍,选择大将阿卜杜拉·本·阿卜德·拉比·本·贾鲁德作为他们的首领,委托他去实现他们的目的。伊本·贾鲁德起初犹豫不决,在大家用诺言、盟约进一步表示对他的拥护之后②,他才接受下来。伊历178年(公元794年)兵士们终于在伊本·贾鲁德的率领下,哗变犯上。他们径奔总督府,将穆格拉揎了出去。③

伊本·贾鲁德决意不一下子揭开他脸上的面具,表示他的行为意不在背叛。他写信给法德勒·本·鲁赫,用穆格拉的腐败来为自己开脱,不过信的结尾却道破了他内心的秘密:"祈速派出我们所乐于从命者,否则我们将自行其事。"④法德勒复函伊本·贾鲁德说"安拉执行其旨,不管人们喜爱或厌恶",警告伊本·贾鲁德不要反对他派往突尼斯的新任总督穆哈拉卜族人阿卜杜拉·本·亚齐德。⑤ 阿卜杜拉系由纳德尔·本·哈夫斯,大将阿布·安巴尔和朱奈德·本·塞亚尔陪同前往。⑥ 这时,伊本·贾鲁德真相毕露。他怂恿突尼斯军反对新任总督。兵士们出发,在突尼斯附近的泽通阻拦阿卜杜拉之路。突尼斯军和凯鲁万军争执激烈,终于

---

① 伊本·阿西尔:《伊历177年纪事》第6卷,第54页。伊本·阿西尔除此之外还说:"法德勒本人由于兵士们倾向于前任总督纳斯尔·本·哈比卜而粗暴凶狠地对待他们。"
② 同上。
③ 伊本·伊扎里的著作第1卷,第86页,此处记载:"大家对伊本·贾鲁德说:'真理在您和跟随您的人一边。'"对照努韦里的著作乙本,第99页;加斯帕尔·雷米拉译本第1卷,第390页。
④ 伊本·伊扎里的著作第1卷,第86页,此处记载:"祈速派出你所中意者……"正确的是伊本·伊扎里的《伊历177年纪事》所载"……我们所乐从的人……",努韦里的著作甲本第100页和加斯帕尔·雷米拉译本第1卷第390页记述也是如此。
⑤ 参见努韦里的著作甲本,第100页;加斯帕尔·雷米拉译本第1卷,第390页。努韦里的这个传述相比伊本·伊扎里(著作第1卷86~87页中)的传述,包括更多的细节,他说新总督名叫阿卜杜拉·本·穆罕默德。伊本·阿西尔:《伊历177年纪事》。
⑥ 努韦里的著作甲本,第100页;加斯帕尔·雷米拉译本第1卷,第390页。

发生战争。法德勒军战败,新任总督阿卜杜拉被杀,他的高级随从被俘。①

这时,就决定公开宣布反叛法德勒·本·鲁赫了。替伊本·贾鲁德运筹帷幄的是波斯人穆罕默德·本·亚齐德,此人是策划突尼斯反叛的魁首。他写信给将领,封官许愿,呼吁他们参加到伊本·贾鲁德一边来。②伊本·贾鲁德发现时机已经成熟,便向凯鲁万进军,在城外扎下营寨。法德勒问计于他穆哈拉卜族的堂兄弟和高级谋士们。然而,大势已去,他已无力挽回局面。伊本·贾鲁德率军进逼凯鲁万,他的预谋完全成功:对方将领们打开城门,让他的军队兵不血刃进入城中。伊本·贾鲁德在城外驻留片刻后也进入城里,占领埃米尔宫,把法德勒及其随从安全地带出宫来,派大将阿布·赫萨姆率一队兵押送他们去加贝斯。③ 这事发生在伊历178年6月(公元794年10月)。④

放走法德勒并让他东返的问题在伊本·贾鲁德的将领中是有争论的。有人向伊本·贾鲁德献策"不要让法德勒进入的黎波里,免得他聚众起事,再回凯鲁万……"⑤这个主意显然最后占了上风。于是,伊本·贾鲁

---

① 伊本·伊扎里的著作第1卷,第87页。对照努韦里的著作,甲本,第100页;加斯帕尔·雷米拉译本第1卷,第390页。努韦里说:"伊本·贾鲁德的追随者建议他把新任总督及其部下抓起来,投入监狱。他们不得命令便出城俘房了阿卜杜拉及其随从,并杀死了阿卜杜拉·本·亚齐德。"而伊本·伊扎里则没有指出阿卜杜拉的被杀。
② 努韦里的著作甲本,第100页;加斯帕尔·雷米拉译本第1卷,第390~391页。对照伊本·阿西尔的《伊历177年纪事》第6卷,第54页,此处引证了波斯人穆罕默德·本·亚齐德如何引诱大将们的细节,倘若叛乱得逞,他们便任总督,要是失败,则隐瞒他们和反叛者的联系。
③ 伊本·伊扎里的著作第1卷,第87页。他引证了许多细节,由此可知,穆哈拉卜族人的局面已经不可收拾。当法德勒和他的堂兄弟们从凯鲁万的一个边门出去的时候,看门人对他说:"滚吧,你们这些地狱里的狗,安拉不会可怜你们。"法德勒在这时说道:"万物非主,唯有真主。所有的人,甚至我们释放的人,都在反对我们了。"对照努韦里的著作,乙本,第100页;加斯帕尔·雷米拉译本第1卷,第391页。努韦里记述说法德勒逃出了埃米尔宫。
④ 伊本·阿西尔:《伊历177年纪事》第6卷,第55页。
⑤ 伊本·伊扎里的著作第1卷,第88页。

德的许多将领就跟在法德勒后面出发。法德勒的一些部下还以为反叛者改邪归正了,来请他们回埃米尔宫去。事实上,伊本·贾鲁德的将领们是要把法德勒带回凯鲁万。此事发生在他们释放了以穆哈拉卜·本·亚齐德为首的穆哈拉卜族人之后。这一族人中只有两人例外,这就是穆罕默德·本·希沙姆和法德勒·本·亚齐德。这时(伊本·贾鲁德的)将领们又把穆哈拉卜族人禁闭在法德勒的宫中。他们对法德勒的事情重新加以研究。有人认为,法德勒不死,国无宁日。波斯人穆罕默德·本·亚齐德企图保全法德勒,但已枉然。法德勒在任职一年零五个月后于伊历178年8月(公元794年11月)被杀。①

就这样,当法德勒为谋取阿非利加埃米尔之职和罢黜堂兄纳斯尔而在拉希德面前奔走的时候,他实际上是在为他自取灭亡并且把他的家族葬送殆尽而努力。这个家族成员的内讧显然是导致其灭亡的原因之一。努韦里记述说:"伊本·贾鲁德在法德勒死后,把(前任总督)纳斯尔·本·哈比卜和亚齐德·本·哈提姆的儿子们:穆哈拉卜、哈立德和阿卜杜拉都逐出了阿非利加。"②由此可知,这些(被逐出的)人在法德勒危机时曾袖手旁观。这样,"穆哈拉卜王朝"经过二十三年之后便灭亡了。③

这个稳定局势达四分之一个世纪的家族的消亡,预示着阿非利加重又陷入动荡。这次动荡长达七个月,直到哈尔萨马·本·艾阿扬由拉希德委任为总督,抵达阿非利加为止。努韦里为我们提供了有关这个时期相互交错的历史事件细节。而伊本·伊扎里对这些事件则是一笔带过。法德勒之死使各地的一些将领心怀不满。他们决定反抗伊本·贾鲁德。

---

① 伊本·伊扎里的著作第1卷,第88页。
② 努韦里的著作甲本,第100页;加斯帕尔·雷米拉译本第1卷,第391页。
③ 伊本·伊扎里的著作第1卷,第88页。

拉里布斯(Laribus)总督沙姆东·卡伊德首先发难。大将法拉赫·本·阿卜德·拉赫曼·基拉伊和穆格拉(突尼斯前任总督比什尔的儿子?)等人都加入沙姆东一边。没过多久,米拉的总督卡勒卜族人阿布·阿卜杜拉·马立克·本·蒙齐尔也率领自己庞大的队伍出来支援他们。大家一致拥戴伊本·蒙齐尔为首领,接着是招兵买马,尔后便出发去迎战伊本·贾鲁德。但交战结果,伊本·蒙齐尔阵亡,他的部下败回拉里布斯。这时,沙姆东主张向扎卜的总督阿拉·本·赛义德求助,于是便发信请他前来。阿拉到达拉里布斯,在穆格拉、沙姆东和法拉赫及他们的将领陪同下,由拉里布斯向凯鲁万挺进。① 但是伊本·贾鲁德这时已经让穆弗里杰·本·阿卜德·马利克代理其职,自己离开凯鲁万,去迎接哈尔萨马·本·艾阿扬从的黎波里派出的叶海亚·本·穆萨。当时是伊历179年1月(公元795年4月)。②

稳定阿非利加局势的新尝试——哈尔萨马·本·艾阿扬就任总督

当拉希德获悉伊本·贾鲁德反叛和阿非利加动荡不定的时候,他即从霍腊散军中以效忠朝廷、年高德劭闻名的大将中派出一人前去稳定那里的局势。此人是亚克廷·本·穆萨。拉希德嘱咐他应慎重地说服伊本·贾鲁德撤出阿非利加。在派出亚克廷的时候,拉希德还命穆哈拉卜·本·拉菲厄随同前往,后来又相继派出曼苏尔·本·齐亚德和哈尔萨马·本·艾阿扬。后者被任命为马格里布的总督。③ 据伊本·阿西

---

① 努韦里的著作乙本,第100页;加斯帕尔·雷米拉译本第1卷,第391页。对照伊本·阿西尔的《伊历177年纪事》,他说:"第一回合,伊本·贾鲁德军失败,敌军占领凯鲁万。但在敌军分散之后,伊本·贾鲁德从突尼斯出发,打败他们,收复了凯鲁万。"
② 伊本·伊扎里的著作第1卷,第88页。对照努韦里的著作,乙本,第101页,他称伊本·贾鲁德在凯鲁万的继承人是阿卜德·马利克·本·阿巴斯。
③ 努韦里的著作甲本,第101页;加斯帕尔·雷米拉译本第1卷,第392页。

尔说,随同哈尔萨马的还有叶海亚·本·穆萨。① 哈尔萨马留驻在巴尔卡,等待和解努力的揭晓,因为当时亚克廷已去凯鲁万与伊本·贾鲁德谈判,要他离开阿非利加。伊本·贾鲁德对信士们的长官任命哈尔萨马为阿非利加总督予以承认,宣称他听命于哈里发。不过他也指出,哈尔萨马远在巴尔卡,而扎卜的总督阿拉·本·赛义德正率领柏柏尔人威胁着凯鲁万,要是他(伊本·贾鲁德)舍弃城堡,柏柏尔人必定会加以占领,最后他们也必定会除掉阿拉本人。假如发生这种情况,信士们的长官的官员就永无可能进入凯鲁万。伊本·贾鲁德建议他自己去迎战阿拉,如果阵亡,凯鲁万城即归亚克廷;如果战而胜之,他就等到哈尔萨马来临。同时,他答应在那以后,他就出发去晋见信士们的长官。②

亚克廷对伊本·贾鲁德感到失望,主张同他的得力助手波斯人穆罕默德·本·亚齐德接触,怂恿他反对伊本·贾鲁德,许以高官显爵(千户侯)、丰厚礼品,并让他任选一地作采邑。穆罕默德·本·亚齐德开始煽动伊本·贾鲁德的支持者们,呼吁他们归顺哈里发。他的努力成功了,伊本·贾鲁德的许多兵士加入到他这一边。伊本·贾鲁德出来同反对他的人作战。两军对阵的时候,伊本·贾鲁德要求同穆罕默德·本·亚齐德单独说话,实际上他居心叵测。正当伊本·贾鲁德让对手忙于交谈之时,他埋伏着的一个手下突然从穆罕默德·本·亚齐德背后用匕首刺去,当即刺中要害。顿时,穆罕默德的追随者们惊惶失措,不顾一切地四散逃

---

① 这里我们注意到,伊本·阿西尔(在他的《伊历 177 年纪事》第 6 卷第 55~56 页中)对叶海亚·本·穆萨和亚克廷·本·穆萨两人不加区分,视作一人,即叶海亚·本·穆萨。而在伊本·伊扎里的著作中,特别是在努韦里的著作中,区别则很明显。努韦里认为亚克廷比陪同哈尔萨马出发的叶海亚先去凯鲁万,如后所述,他比叶海亚先到达的黎波里和凯鲁万。

② 努韦里的著作甲本,第 101 页;加斯帕尔·雷米拉译本第 1 卷,第 392 页。对照伊本·阿西尔的《伊历 177 年纪事》第 6 卷,第 55~56 页。

窜。① 因此,伊本·贾鲁德取得了胜利,但并无收益。这件事的结果是:他更加众叛亲离。

正当阿非利加发生上述事件而哈尔萨马还在巴尔卡的时候,哈尔萨马的副手叶海亚·本·穆萨已在的黎波里进一步巩固了他在那里的势力。努韦里说:"叶海亚抵达的黎波里,率众做宰牲节礼拜,发表节日演说。许多领袖人物加入他的队伍,声势更加壮大。于是,伊本·贾鲁德瞩目于叶海亚,邀请叶海亚前去接收凯鲁万城,这是出于对阿拉·本·赛义德的担心,阿拉正带着同盟者向凯鲁万开来。"②伊历179年1月(公元795年4月),叶海亚离开的黎波里前往凯鲁万。他刚一到达加贝斯,以纳德尔·本·哈夫斯和阿姆尔·本·穆阿维叶为首的凯鲁万军即投到他的麾下。同时,如前所述,伊本·贾鲁德已让穆弗里杰·本·阿卜德·马利克留守凯鲁万,自己于伊历2月(公元4～5月)出发来迎接叶海亚。

伊本·贾鲁德从凯鲁万离去一事表明,这座城市已成为一只熟果,捷足先登者即可摘取。事实上,叶海亚和阿拉都竞相奔往凯鲁万。最后阿拉先到一步。他大肆杀戮伊本·贾鲁德的部下。叶海亚致函阿拉,要他解散军队以证实他对哈里发政权的服从。阿拉放士兵回乡,带了三百心腹前往的黎波里。伊本·贾鲁德当时已到达的黎波里,他由亚克廷·本·穆萨相陪又离城东去。他们与已到达阿非利加边境的哈尔萨马相遇。哈尔萨马同意伊本·贾鲁德前去晋见哈里发哈龙·拉希德。③ 至于

---

① 努韦里的著作甲本,第101页,乙本,第101页;加斯帕尔·雷米拉译本第1卷,第392～393页。对照伊本·阿西尔的《伊历177年纪事》。我们发现,刺杀穆罕默德·本·亚齐德的凶手,努韦里称之为"阿布·塔列卜",而伊本·阿西尔则称之为"塔列卜"。
② 努韦里的著作乙本,第101页;加斯帕尔·雷米拉译本第1卷,第393页。对照伊本·伊扎里的著作第1卷,第88页,他在该处叙述极简。伊本·阿西尔:《伊历177年纪事》。
③ 努韦里的著作甲本,第102页;加斯帕尔·雷米拉译本第1卷,第393～394页。对照伊本·伊扎里的著作第1卷,第88页;伊本·阿西尔:《伊历177年纪事》。

阿拉,他发信禀报曼苏尔·本·齐亚德和哈尔萨马说他已把伊本·贾鲁德逐出了阿非利加。哈尔萨马重赏了他。[1] 哈里发拉希德知道阿拉的出色表现,赏赐给他十万迪尔汗另加礼服。此后不久,阿拉卒于埃及。[2]

哈尔萨马的业绩

自从伊历178年8月法德勒被杀以来,阿非利加经历了整整七个月的动乱,随着伊本·贾鲁德和阿拉·本·赛义德的离去才恢复平静。哈尔萨马于伊历179年4月初(公元795年6月)来到凯鲁万。[3] 作家们说,哈尔萨马的执政历时两年半,这是阿非利加的太平盛世,因为据说,他到达凯鲁万时,"待人亲切,乐善好施,使人们安居乐业"。[4]

事实上,在哈尔萨马时代,马格里布所发生的一些骚动,只是被一笔带过。对此,伊本·伊扎里说:"哈尔萨马来到提阿雷特,打败伊本·贾鲁德,降服柏柏尔人。"[5] 也许,这是指哈尔萨马反对提阿雷特的伊巴迪亚派人所采取的军事行动,同时他们还与鲁赫·本·哈提姆休战议和。[6] 众所周知,伊本·贾鲁德没有抵抗过哈里发国家的军队。他的反叛只是哈里发军的内乱而不代表柏柏尔人的起义。至于柏柏尔人,伊本·阿西尔在叙述哈尔萨马任命易卜拉欣·本·阿格拉布去统辖扎卜的一些地方时,提到胡瓦拉族人伊亚德·本·瓦赫卜和卡勒卜族人库来卜·本·贾米阿举行的起义,但哈尔萨马派叶海亚·本·穆萨率领大军去对付起义者,把

---

[1] 努韦里的著作甲本,第102页;加斯帕尔·雷米拉译本第1卷,第394页。伊本·伊扎里的著作第1卷,第88页。
[2] 努韦里的著作甲本,第102页;加斯帕尔·雷米拉译本第1卷,第394页。伊本·阿西尔:《伊历177年纪事》第6卷,第56页。
[3] 同上。伊本·伊扎里的著作第1卷,第89页。
[4] 伊本·伊扎里的著作第1卷,第89页。努韦里的著作甲本,第102页;加斯帕尔·雷米拉译本第1卷,第394页。
[5] 伊本·伊扎里的著作第1卷,第89页。
[6] 努韦里的著作手抄本,甲本,第99页。

他们打败,杀戮甚众。①

除此以外,作家们还叙述了哈尔萨马的文治业绩。例如,他在伊历 180 年(公元 796 年)修建了称为木纳斯提尔的大城堡。② 它是苏萨附近的著名枢纽,后来成为连接马格里布海岸最有名的总纽带。③ 哈尔萨马还修筑了的黎波里城靠海一面的城墙。④ 这说明哈尔萨马重视加固阿非利加海岸,以抵御来自海上的敌人,因为拜占庭人从海上诸岛特别是从西西里岛威胁着阿非利加沿海。

内部虽然安靖,但哈尔萨马的任期到伊历 181 年 9 月(公元 797 年 10 月)也结束了。据作家们所说,他看到阿非利加人同床异梦、桀骜不驯,便奏请拉希德将自己免职,随后便离开了当地。⑤

奥克族人穆罕默德·本·穆卡提勒担任总督

根据已经成为传统的政策,拉希德任命一位朝廷大臣担任阿非利加总督之职,这就是他的同乳兄弟奥克族人穆罕默德·本·穆卡提勒·本·哈基姆。穆罕默德于伊历 181 年 9 月 1 日(公元 797 年 10 月 13 日)抵达阿非利加。⑥ 这也就是说,哈尔萨马留在阿非利加直到他到来。穆罕默德的统治不过三年,最后以哈里发军的哗变而告终,如果不是大将易卜

---

① 伊本·阿西尔:《伊历 177 年纪事》第 6 卷,第 56 页。
② 伊本·伊扎里的著作第 1 卷,第 89 页。努韦里的著作甲本,第 102 页;加斯帕尔·雷米拉译本第 1 卷,第 394 页。贝克里的著作第 36 页。伊本·阿西尔:《伊历 177 年纪事》。伊本·阿比·迪纳尔:《趣闻》,第 47 页,此处说木纳斯提尔系扎克里亚·本·卡迪姆所建。
③ 关于木纳斯提尔港,参见贝克里的著作,第 35~36 页。对照《考证书》,第 120 页,注释 1;梯贾尼:《游记》,第 30~33 页。
④ 伊本·伊扎里的著作第 1 卷,第 89 页。努韦里的著作甲本,第 102 页;加斯帕尔·雷米拉译本第 1 卷,第 394 页。伊本·阿西尔:《伊历 177 年纪事》。
⑤ 伊本·伊扎里的著作第 1 卷,第 89 页。努韦里的著作甲本,第 102 页;加斯帕尔·雷米拉译本第 1 卷,第 394 页。
⑥ 伊本·阿西尔:《伊历 181 年纪事》。

拉欣·本·阿格拉布插手干预,几乎重演法德勒·本·鲁赫的悲剧。伊历184年6月,大权归于易卜拉欣·本·阿格拉布。

作家们把动乱归咎于穆罕默德·本·穆卡提勒对待军民的暴戾恣睢。他断绝兵士们的给养,甚至愚蠢到"迫害那时代的礼拜者和虔敬者巴赫卢勒·本·腊希德,对他横加拷打,投入囹圄,摧残致死"①。由于大将法拉赫及霍腊散军、叙利亚军受到冷遇,军队开始出现骚动。兵士们一致拥戴阿兹德族人马赫拉德·本·穆拉为首领,然而穆罕默德·本·穆卡提勒平定了这次哗变。马赫拉德逃到一个清真寺里避难,在那里被捕处死。② 最严重的一次叛乱,是塔米姆族人塔马姆·本·塔米姆在突尼斯城发动的。③ 它使人想起同在这座城市爆发的伊本·贾鲁德之乱。塔马姆之乱结束了穆罕默德·本·穆卡提勒的统治,为在阿非利加建立阿格拉布族人的政权铺平了道路。

叛乱从伊历183年9月15日(公元799年10月20日)开始。当时塔马姆率领由霍腊散人和叙利亚人组成的突尼斯军向凯鲁万进发。穆罕默德·本·穆卡提勒出城来迎战这个叛军之将。双方在凯鲁万附近的明亚特赫勒交战,结果穆罕默德败北,于同年9月25日(公元799年10月30日)退回凯鲁万。他放弃了埃米尔宫,固守在自己的宅邸。④ 塔马姆兵临

---

① 伊本·伊扎里的著作第1卷,第89页。关于巴赫卢勒·本·腊希德(伊历128~183年),参见马利基的著作第1卷,第141~142页;达巴格:《凯鲁万人的信仰概貌》,第206~207页。
② 参见努韦里的著作,乙本,第102页。他把大将法拉赫写成礼拜者法拉赫,从而令人注意到巴赫卢勒·本·腊希德之难。对照加斯帕尔·雷米拉译本第1卷,第395页。关于马赫拉德之死,参见伊本·阿西尔的《伊历181年纪事》。
③ 这位塔马姆即作家阿布·阿拉伯·本·塔米姆的祖父。阿布·阿拉伯作品甚多,最为有名的是《阿非利加学者的阶层》。参见伊本·伊扎里的著作第1卷,第90页;伊本·阿西尔:《伊历181年纪事》。
④ 伊本·伊扎里的著作第1卷,第90页。努韦里的著作乙本,第102页;加斯帕杀·雷米拉译本第1卷,第395页。

城下，在阿布·拉比阿城门前扎下营寨。翌日清晨，城门不战而开，塔马姆进驻凯鲁万。他给予这个奥克族人及其家属的生命财产以安全保证，要他离开阿非利加地区。① 因此，哈里发政权的总督穆罕默德·本·穆卡提勒在任职两年之后被塔马姆逐出了凯鲁万。② 塔马姆是在未得到拉希德命令的情况下征服这个地区的。穆罕默德则前往的黎波里，一些霍腊散军的兵士赶上了他，其中有他的警察大臣塔尔洪。③ 穆罕默德在的黎波里住了一段时间后即去锡尔特城。④

塔马姆没有能够长期安享他在凯鲁万的统治，因为依靠易卜拉欣·本·阿格拉布的干预，穆罕默德·本·穆卡提勒不久又回到凯鲁万。易卜拉欣在军内的级别比塔马姆高。塔马姆控制阿非利加地区，使采取旁观态度的易卜拉欣心中不悦。易卜拉欣带兵从扎卜奔凯鲁万而来。塔马姆一发现易卜拉欣逼近，就弃城回到故乡突尼斯。易卜拉欣进入京城，直接去大清真寺。他站在讲经坛上宣布他是前来援助信士们的长官的合法总督穆罕默德·本·穆卡提勒的。接着，他写信给在锡尔特的穆罕默德，告诉他已经采取行动，要求他回到自己的统治中心来。⑤

穆罕默德确实回到了凯鲁万。不过，从各种传述中知道，不论是在凯鲁万还是在突尼斯，他的东山再起并不受人欢迎。在凯鲁万，"一个妇

---

① 伊本·伊扎里的著作第 1 卷，第 90 页。努韦里的著作乙本，第 102 页；加斯帕杀·雷米拉译本第 1 卷，第 395 页。伊本·阿西尔：《伊历 181 年纪事》。
② 参见伊本·伊扎里的著作，第 1 卷，第 90 页，此处说："他(穆罕默德·本·穆卡提勒)从就任到被塔马姆逐出凯鲁万，共两年零十个月。"事实上，穆罕默德只不过待了两年(从伊历 181 年 9 月到伊历 183 年 9 月)就被赶走了。如后所述，伊本·伊扎里认为，穆罕默德在此以后到最终离开阿非利加，仅十个月。
③ 伊本·伊扎里的著作第 1 卷，第 90 页。也许塔尔洪的正确名字是"塔尔鸿"，这是尽人皆知的东方头衔，类似"塔尔汗"，意为埃米尔或国王。
④ 努韦里的著作乙本，第 102 页；加斯帕尔·雷米拉译本第 1 卷，第 395 页。
⑤ 伊本·伊扎里的著作第 1 卷，第 90 页。努韦里著作甲本，第 103 页；加斯帕尔·雷米拉译本第 1 卷，第 395 页。伊本·阿西尔：《伊历 181 年纪事》第 6 卷，第 62 页。

女对他用力喊道:'你感谢易卜拉欣·本·阿格拉布吧,是他让你重掌了阿非利加的王权'"①。在突尼斯,人们说:"我们刚摆脱了这个奥克族人,易卜拉欣又把他召了回来。在这个奥克族人的统治下,我们活着还不如死呢。"②于是,许多人投向塔马姆。这就使塔马姆考虑同穆罕默德开战,重新把他赶走。塔马姆主张先在穆罕默德和易卜拉欣之间试用反间计。促使他这样做的原因,是他相信这个奥克族人天性嫉妒,"一定会对易卜拉欣翻脸"③。因此,塔马姆写信给穆罕默德说:易卜拉欣答应他返任不是出于感恩戴德,也不是表示对哈里发政权的服从,而是要借塔马姆之手将他杀死。信的结尾,塔马姆警告说要像过去的做法一样对他开战,还用一首诗来概括信的内容。④

穆罕默德·本·穆卡提勒把塔马姆的信拿给易卜拉欣看。后者对信的内容表示惊讶。穆罕默德回信塔马姆,痛斥他的看法荒唐,揭露他的背叛和奸诈,并威胁说,当他遇到易卜拉欣时,将会倒霉。穆罕默德的信也用一首诗来结尾,就像是对塔马姆的宣战书。⑤ 这份挑战书一到突尼斯,

---

① 伊本·伊扎里的著作第1卷,第90页。
② 同上。
③ 同上。
④ 诗云:
　　易氏恭顺意难猜,
　　朝纲重整尔命哀;
　　尔若有智识奸计,
　　不致贸然趋前来。
参见伊本·伊扎里的著作第1卷,第90页;努韦里的著作甲本,第103页;加斯帕尔·雷米拉译本第1卷,第396页。此处第二行诗是:"江山重修尔命哀。"
⑤ 冀尔遇敌在明朝,
　　兵败受戮劫难逃;
　　易氏疆场无敌手,
　　光耀门庭丈八矛。
参见伊本·伊扎里的著作第1卷,第91页;努韦里的著作乙本,第103页;加斯帕尔·雷米拉译本第1卷,第396页。此处第一行诗中的"明朝"被写成"拂晓"。

塔马姆即率大军离城向凯鲁万开去。易卜拉欣出来迎敌,穆罕默德部全体人马随后接应。两军鏖战,结果塔马姆军伤亡甚众,他败退回突尼斯。① 穆罕默德命易卜拉欣进袭突尼斯彻底消灭这个叛逆者,自己则回到凯鲁万。

上述事件发生在伊历183年年底(公元799年末~800年初),因为当伊历184年1月(公元800年2月)来临的时候,易卜拉欣正在向突尼斯进军。塔马姆刚一获悉易卜拉欣已经逼近,就写信去求和。② 这样,突尼斯的兵变便告结束。易卜拉欣于伊历1月8日星期五(公元2月8日)回到凯鲁万。塔马姆随他同来,他和许多以反叛为能事的军队将领被押回巴格达,关在称为"穆特比克"③的地牢里。④

拉希德对易卜拉欣在阿非利加稳定局势的出色表现和忠心耿耿地维护哈里发政权所做出的努力,自然十分赞赏。这样,他任命易卜拉欣取代穆罕默德·本·穆卡提勒为总督,也是不奇怪的。这件事发生在伊历184年6月中旬左右(公元800年7月)。

易卜拉欣的统治,对阿非利加来说,是一个新时代的开始,因为他的子孙世袭了这个地区的政权,在马格里布建立了一个新王朝,它形式上隶属哈里发政权,实际上脱离巴格达享有独立。努韦里在谈到阿格拉布王朝的时候一开始就说:"这个王朝建立时,就像是个自行其是的独立体。它的诸王仅仅尊重阿拔斯王朝的敕令,他们掌握施恩和下令的权利,表现出一种掺杂着忤逆的顺从。假如(阿拔斯王朝)想罢免他们其中一人,代

---

① 伊本·伊扎里的著作第1卷,第91页。努韦里的著作乙本,第103页;加斯帕尔·雷米拉译本第1卷,第397页。
② 同上。
③ "穆特比克"是阿拉伯语地牢、暗牢的音译。——译者
④ 努韦里的著作乙本,第103页;加斯帕尔·雷米拉译本第1卷,第397页,此处记载:"……塔马姆·本·阿勒卡马和其他猛烈攻击过埃米尔的部队头面人物被解往巴格达,囚禁在地牢里。"

之以其他族人，他们就起来反抗。"

因此，阿格拉布王朝的埃米尔根据自己的意愿嗣立他的儿子或兄弟在其身后继承埃米尔之位，而无视于"适宜"的人选。这一切，军队的将领均不持异议。①

---

① 参见努韦里的著作，甲本，第 104 页；加斯帕尔·雷米拉译本第 1 卷，第 397 页。

第五章　独立时代的开始

马格里布分为三个王朝

随着阿格拉布王朝的建立,马格里布分为三个王朝:最早是哈瓦利吉派在中马格里布建立的罗斯图姆王朝;其次是阿拉维族人在西马格里布建立的伊德里斯王朝;最后是在阿非利加和东马格里布建立的逊尼派的阿格拉布王朝。对阿拉伯马格里布来说,这是一个新时代的开始。有一种猜测,认为三个信奉相互敌对的政治和宗教派别的王朝的建立,可能会使马格里布更加动荡。事实恰恰相反,由于这种新形势,马格里布地区反而得到了某种稳定,伊斯兰教因此在当地进一步传播,形成了可以称之为复兴的时代。

尽管在割据的情况下,存在着衰弱、不睦和分裂的因素,但是,新形势却促使这三个地区形成了各自内在的特点和互不相同的特色;在进行旨在阿拉伯化和伊斯兰化的文明工作中,新形势还造成了某种无中心状况。每个地区在上述文明工作中,都做出了贡献,它们不自觉地肩并肩地相互出色地配合。有助于此的是,虽然这三支力量之间相互竞争,但是这种竞争没有消减它们彼此间的相似之处,其中具有重要意义的是它们的马什里克渊源。它们在政治上脱离哈里发国家独立,可是通过持续不断的移民潮,它们始终与马什里克联系在一起。这股潮流把王亲国戚,这三个王朝的同胞,支持者和信奉其政治、教派思想人中的杰出精华,从马什里克带到马格里布。这种迁徙进一步加强了地处边远的马格里布同哈里发国家的中心、阿拉伯地区的联系,这种情况正如阿拔斯王朝的马什里克同倭马亚王朝的安达卢西亚地区之间的关系一样,虽然这两个王朝彼此也是冤家对头。

第一节 阿格拉布王朝在凯鲁万的建立

易卜拉欣·本·阿格拉布

阿格拉布王朝的奠基人是塔米姆族人易卜拉欣·本·阿格拉布·本·萨利姆·本·阿卡勒·本·哈法贾。他的父亲阿格拉布原来在埃及军队里服役,伊历144年(公元761年),随穆罕默德·本·阿什阿斯的军队进入阿非利加。伊历148年底(公元765年底~766年初),曼苏尔委任阿格拉布为阿非利加总督。伊历150年(公元767年),阿格拉布中箭身亡。易卜拉欣在他父亲去世的时候,年方十岁。[①] 我们不知道他当时是在凯鲁万还是在埃及。作家们记述说他在福斯塔特度过了他的少年时代,在那里求学,在埃及最负盛名的教律学家来斯·本·萨阿德的讲座中听课。来斯对易卜拉欣的用功努力和突出优点很是赞赏,有一天他谈到易卜拉欣时说:"这个少年必有造就。"[②] 易卜拉欣年纪很轻便参加了埃及军队。他应当同他父亲一样,前往马格里布。于是,他离别了在埃及的亲

[①] 我们在后面将看到,伊本·阿格拉布卒于伊历196年,享年56岁,也就是说,他大约生于伊历140年(公元757年)。
[②] 伊本·伊扎里的著作第1卷,第92页,此处记载:"易卜拉欣随来斯听课,来斯将乌姆·贾拉吉勒许配给易卜拉欣为妻。"

人,整点行装去阿非利加。① 如前所述,我们仅仅看到他是一个高级将领,担任过扎卜的总督②,并干涉了伊本·穆卡提勒的利益,而对他早期在军内服役的情况,实际上一无所知。

从各种文本中知道,易卜拉欣的总督之职得来不易,它是易卜拉欣向前任总督奥克族人穆罕默德·本·穆卡提勒做了艰苦斗争才取得的。伊本·穆卡提勒凭恃他与百尔马克人贾法尔·本·叶海亚的良好关系,而易卜拉欣则竭力赢得在阿非利加的哈里发国家要人们的支持。有一个传述说,当易卜拉欣使伊本·穆卡提勒重任总督的时候,阿非利加的邮政大臣叶海亚·本·齐亚德上疏哈龙·拉希德,报告易卜拉欣为哈里发国家做出的功绩。拉希德让太监把邮政大臣的奏疏念给他听,并征询前任阿非利加总督哈尔萨马·艾阿扬的意见。后者向哈里发肯定了易卜拉欣对哈里发政权的忠诚,并介绍说他受到人民的爱戴。这就是拉希德任命易卜拉欣为当地总督的原因。③ 伊本·阿西尔记载的另一个传述说:"易卜拉欣根据当地人的意愿上书哈里发,要求委任他为阿非利加总督。他向拉希德提出免去埃及每年提供给阿非利加的十万第纳尔援助。相反,易卜拉欣保证每年上交四万第纳尔给国库。"④如果我们认为易卜拉欣是通过诸如邮政大臣这样的哈里发政权的官员,与拉希德联系的话,那么,上面的两个传述是可以协调起来的。

---

① 参见伊本·伊扎里记述的易卜拉欣怀念他留在埃及与妻子所写的几行诗:
　　一站复一站,一里又一里;
　　征途常相思,低首忆别离。
　　入夜眺群星,情思总依依;
　　凄凄念倩人,恍如在冥地。
② 关于易卜拉欣任扎卜总督一事,伊本·伊扎里(在其著作第1卷,第92页中)说:"这是由拉希德委派的。"
③ 伊本·阿西尔:《伊历181年纪事》第6卷,第63页。努韦里的著作乙本,第104页;加斯帕尔·雷米拉译本第1卷,第398页。
④ 伊本·阿西尔:《伊历181年纪事》第6卷,第62~63页。

伊本·穆卡提勒显然知道易卜拉欣背着他进行的这些联系。虽然易卜拉欣对他表示关心和同情，但他却试图进行反击，以确保自己的总督职位延续下去。当拉希德委任易卜拉欣的谕旨到达的时候，易卜拉欣立即去看伊本·穆卡提勒，要求他不要急于离开凯鲁万，并允许他想耽多久就耽多久……可是，伊本·穆卡提勒还是出发去了的黎波里。在那里，他遇到从巴格达来的带着两道诏书去凯鲁万的专使（哈马德·苏奥迪）。伊本·穆卡提勒乘机伪造了罢免易卜拉欣、让他自己续任总督的第三道诏书，接着又以自己的名义写了一封信，宣称他已接近凯鲁万，要他的一个助手萨赫勒·本·哈吉卜在他到达之前，暂代总督之职。①

人们得知此事，便骚动起来。他们要求易卜拉欣留任，要他向哈里发上书，弹劾伊本·穆卡提勒的中伤和矫诏。易卜拉欣凭着他与贾法尔·本·叶海亚的有力关系，虽然也同意大家的意见：伊本·穆卡提勒确是矫诏，但他还是召集起自己人，回到他原来在扎卜的任所。②

当拉希德听到伊本·穆卡提勒的勾当时，大为震怒。他下诏斥责伊本·穆卡提勒的恶劣行为，要这个"行为不端者"马上回朝。伊本·穆卡提勒就回到马什里克。与此同时，拉希德又发了一道谕旨，任命易卜拉欣为总督。使者持谕旨去扎卜。伊历184年6月12日（公元800年7月9日），易卜拉欣·本·阿格拉布重新回到凯鲁万。③

关于伊本·穆卡提勒的传述确切性，可能是有疑问的。首先是因为它的故事色彩；其次，只有努韦里引证了它，而我们以为，努韦里好几次讲错了，他说伊本·穆卡提勒被易卜拉欣逐出后又曾重返凯鲁万。尽管如此，我们认为，这个传述的目的，在于表明易卜拉欣的深得人心。而且，从

---

① 努韦里的著作乙本，第104页；加斯帕尔·雷米拉译本第1卷，第398～399页。
② 努韦里的著作乙本，第104页；加斯帕尔·雷米拉译本第1卷，第399页。
③ 努韦里的著作甲本，第105页。

伊本·阿西尔的传述中知道,易卜拉欣被遴选来统治当地,乃是根据了阿非利加人民的愿望。这是一件颇不多见的事情。它说明,易卜拉欣成功地赢得了阿非利加人的爱戴,当他提出免去来自埃及的援助反而每年上缴大笔款项给哈里发的时候,他也成功地取得了哈里发政权的欢心。不要援助、上交款项一事表明,易卜拉欣向哈里发政权解释:阿非利加地区只要管理得当,就可以像哈里发国家的富饶省份一样,在经济上恢复元气并向前迈进。

阿非利加的新都阿拔西亚(卡迪姆堡)

易卜拉欣开始执政时,便着手进行一项工作,它实质上是新王朝的一种特征或者是大统治者的一种标志,这就是兴建一座王城或新都。根据伊本·阿西尔的传述,这项工作开始于易卜拉欣到任的一年,即伊历184年(公元800年)[1],或者如伊本·伊扎里所说的下一年,伊历185年(公元801年)[2]。我们认为,这两个传述都正确,第一年开始,第二年竣工。毫无疑问,易卜拉欣重视过去的教训,从曾经把凯鲁万军民都卷进去的骚乱中吸取教训,因而主张要稍稍离开一点凯鲁万。他选中了凯鲁万东南方三里的一块地方,它是塔卢特族人集群的地盘。易卜拉欣向他们买下了它。[3] 新城建成后,易卜拉欣命名该城为阿拔西亚。[4] 这是由于他认为阿拔斯王朝的名字是吉祥的,要使阿拔西亚成为哈希姆族人的一个联系点和除巴格达外阿拔斯王朝的第一京城。[5] 此城也称卡迪姆堡。[6] 我们不

---

[1] 伊本·阿西尔:《伊历181年纪事》第6卷,第63页。伊本·阿比·迪纳尔:《趣闻》,第47页。
[2] 伊本·伊扎里的著作第1卷,第92页。
[3] 同上。
[4] 伊本·阿西尔:《伊历181年纪事》第6卷,第63页。
[5] 关于伊拉克的哈希姆族,参见白拉祖里的著作,公元1866年莱顿版,第287页。
[6] 伊本·伊扎里的著作第1卷,第93页。对照伊本·阿比·迪纳尔的著作,第47页,他仅称此地为"堡"。

知道卡迪姆堡这个名称究竟是建城以来就有,还是在建城之后较晚的时间才出现。前一种情况表示阿拔西亚建在塔卢特族人地域的一个古堡所在地;后一种情况是因为在阿拔西亚周围又建成了许多新堡之后,故称为卡迪姆堡①。在阿格拉布王朝的第十代君主易卜拉欣·本·艾哈迈德·本·穆罕默德·本·阿格拉布·本·易卜拉欣·本·阿格拉布(伊历263年[公元876～877年])时代,拉卡达群堡建成之后,出现了上述第二种情况。②

作家们没有提供给我们有关阿拔西亚建城性质的资料。不过,可以认为,阿拔西亚包括埃米尔宫、埃米尔侍从的住房和大清真寺③,接着又建有禁卫队营房,这些建筑都有坚固的围墙。后来,当易卜拉欣·本·阿格拉布的大将(在伊历193年[公元808年]之后)④起来反叛时,易卜拉欣又在城墙四周挖了壕堑。

易卜拉欣在着手建城的时候,竭力悄悄地从阿拔西亚的兴建中,达到他的目的,这就是努力摆脱横行不法的军队控制,在必要的时候,他可以凭恃新建的城堡抵御他们。为了不露声色地实现这个目的,易卜拉欣关心兵士们,笼络他们,以确保他们的驯顺。为此,他容忍他们的恶劣品德和暴戾性情,同时还借口减轻人们在工业上的负担和困难,开始收买黑人,理由是要用黑人来从事工业。尔后,他采取第二个步骤,又买进一批黑人来服军役,让这些黑人接过兵士们的武器。他使兵士们以为这是对他们的尊重。⑤ 其实,他解除兵士们的武装,是要训练黑人使用武器。当

---

① 卡迪姆的阿拉伯语意思为"古老的""古代的""旧的"等。——译者
② 参见伊本·伊扎里的著作第1卷,第117页。
③ 努韦里的著作甲本,第105页;加斯帕尔·雷米拉译本第1卷,第400页。努韦里提到了易卜拉欣·本·阿格拉布建造的王宫清真寺。
④ 伊本·阿西尔:《伊历181年纪事》第6卷,第63页。
⑤ 努韦里的著作甲本,第105页;加斯帕尔·雷米拉译本第1卷,第400页。

阿拔西亚城落成的时候,易卜拉欣着手把武器装备运进城里①,接着又在夜里,把他的妻室、家人和仆役迁入城中。② 他使这些后来成为他的亲信卫士和仆役们住在他的周围,也让他军队中的心腹与他住在一起。③ 因此,阿拔西亚成了易卜拉欣的住地和他军队的营地。这种情况正如过去所有新建的阿拉伯城市一样,例如伊拉克的库法、巴士拉和后来的瓦西特,埃及的福斯塔特和后来的阿斯卡尔,马格里布的凯鲁万、提阿雷特、萨杰拉马萨和非斯④。

易卜拉欣·本·阿格拉布稳定阿非利加的局势

易卜拉欣相信阿拔西亚,因为它在维护这个新兴王国的存在中,起了出色的作用。可是易卜拉欣对阿非利加军队担心的情况仍然发生了。伊历186年(公元802年),易卜拉欣遭遇了突尼斯城总督和大将、金达族人哈姆迪斯·本·阿卜德·拉赫曼所领导的大叛乱。⑤ 作家们对这次叛乱的原因只字未提。他们仅仅说,这个金达族人脱掉了黑衣——阿拔斯王朝的标志,成功地在阿拉伯人和柏柏尔人中吸引了许多追随者。⑥ 易卜拉欣派大将伊姆兰·本·穆贾利德去与这个反叛者作战。两军在突尼斯盐沼交战。对叛军来说,这次战争是个灾难:他们尽管败退了,但还是被阿格拉布军的刀剑赶上,成千上万个叛乱者倒在战场的血泊里,其中有哈姆

---

① 伊本·伊扎里的著作第1卷,第93页。
② 努韦里的著作甲本,第105页;加斯帕尔·雷米拉译本第1卷,第400页。
③ 同上页注释③④。
④ 关于提阿雷特、萨杰拉马萨和非斯,参见本书后面的有关章节。
⑤ 参见伊本·阿西尔的《伊历181年纪事》第6卷,第63页;努韦里的著作乙本,第105页;加斯帕尔·雷米拉译本第1卷,第401页。对照伊本·伊扎里的著作第1卷,第93页,他把此事放在伊历185年的事件之中,虽然他接着又说:"易卜拉欣同哈姆迪斯之间的战斗,恰似拉希德殁后亦即在伊历193年之后,马蒙同阿明之间的斗争。"我们认为,伊本·伊扎里在此把哈姆迪斯的反叛同后来伊姆兰·本·穆贾利德的叛乱混为一谈了。
⑥ 伊本·阿西尔:《伊历181年纪事》第6卷,第63页。努韦里的著作乙本,第105页;加斯帕尔·雷米拉译本第1卷,第400页。

迪斯本人。① 伊姆兰进入突尼斯，向哈姆迪斯的支持者们报复，杀戮他们。伊姆兰使城里的局势稳定了下来。②

在伊巴迪亚派人的故乡内富萨山、胡瓦拉族人和扎纳塔族人地域附近的的黎波里城，给易卜拉欣造成不少麻烦。的黎波里人向易卜拉欣控告他们的总督，他答应撤换他们不中意的人。伊历189年，的黎波里人起来反对他们的总督苏福扬·本·穆达（他第四次任该城总督），他们逼得他到大清真寺里避难，尔后又允许他平安离去。当时他上任还不到一个月。发动这次叛乱的显然是的黎波里的兵士，而不是该城的居民。因为这些兵士想把该城的大权交给塔米姆族人易卜拉欣·本·苏福扬，以取代苏福扬·本·穆达。只有伊本·阿西尔提到了这次事件，他说："在这以后，的黎波里人和阿布·基纳纳族人、优素福族人之间产生了分歧，以致的黎波里遭到破坏。"这里所说的的黎波里人显然是指阿格拉布军，或是指易卜拉欣买来的奴隶军。易卜拉欣得知这次闹事的消息，在伊历189年12月（公元805年11月），把当地人及其对立方面都召到凯鲁万。他们在凯鲁万向易卜拉欣告罪求饶，他答应了，让他们回乡。③

易卜拉欣·本·阿格拉布遭到的最危险叛乱，是他的大将、拉比阿族人伊姆兰·本·穆贾利德发动的。伊姆兰曾战胜金达族人哈姆迪斯。据我们猜测，他伙同库赖什·本·突尼西在伊历194年发动这次叛乱。④ 伊姆兰在获得易卜拉欣赏赐的高官厚禄之后，显然感到自己举足轻重，他野心勃勃，想获取在埃米尔跟前的优越地位。努韦里用私人的

————

① 伊本·阿西尔在《伊历181年纪事》中称易卜拉欣的大将为"伊姆兰·本·马赫拉德"。努韦里的著作乙本，第105页；加斯帕尔·雷米拉译本第1卷，第400~401页。
② 伊本·阿西尔：《伊历181年纪事》第6卷，第63页。努韦里的著作乙本，第105页；加斯帕尔·雷米拉译本第1卷，第401页。
③ 伊本·阿西尔：《伊历189年纪事》第6卷，第77页。
④ 同上书，第95页。

因素分析了易卜拉欣同伊姆兰之间关系的冷淡。那是在卡迪姆堡建成以后,有一天,易卜拉欣让伊姆兰陪同前往圣殿。伊姆兰与他攀谈,而他却专心在考虑自己新建城堡(卡迪姆堡)里的住所,没有听伊姆兰说话。① 也许比较正确的是,伊姆兰感觉到这座新城造成了军队同埃米尔易卜拉欣之间的疏远和分离,埃米尔已不再处在他将领们的掌握之中了。这还可以使人想到,易卜拉欣开始漠视军队的事务,特别是发放军饷一事。我们稍后便会看到,这种情况出现在他不需要来自哈里发政权的款项之后。就这样,伊姆兰开始发生变化,阴谋反对易卜拉欣。他终于宣布反叛。他吸引了许多支持者,其中有凯鲁万人。这些凯鲁万人在伊历 7 月 10 日(公元 810 年 4 月 19 日)一举占领凯鲁万。事情一度达到了这种地步:伊姆兰征服了绝大部分的阿非利加地区。② 他企图把阿非利加著名的教律学家阿萨德·本·福拉特拉到自己一边,使他的叛乱具有某种合法性。他试图强迫阿萨德,然而阿萨德威胁伊姆兰说要公开宣布自己对这次内乱的看法,那就是"杀人者和被杀者同入地狱"。伊姆兰就丢开了阿萨德。③

除了阿拔西亚,易卜拉欣别无藏身之地。他在城的四周挖掘壕堑,坚守不出。④ 叛乱持续了整整一年。在此期间,整个地区横遭洗劫,动荡不安。易卜拉欣的骑兵袭击到凯鲁万的城墙跟前,杀死路上遇到的人,而伊姆兰的马队也攻入易卜拉欣的地区。⑤

---

① 努韦里的著作甲本,第 106 页;加斯帕尔·雷米拉译本第 1 卷,第 401 页。
② 伊本·阿西尔:《伊历 181 年纪事》第 6 卷,第 63 页;《伊历 194 年纪事》第 6 卷,第 95 页。努韦里的著作甲本,第 106 页;加斯帕尔·雷米拉译本第 1 卷,第 402 页。
③ 伊本·阿西尔:《伊历 194 年纪事》第 6 卷,第 95 页。
④ 同上书,第 63 页。
⑤ 努韦里的著作甲本,第 106 页;加斯帕尔·雷米拉译本第 1 卷,第 402 页。

转机终于出现:拉希德给易卜拉欣解送来了军饷。① 易卜拉欣无疑正急需用钱,他一知道钱已送出,马上派他的儿子阿卜杜拉去的黎波里接收②,生怕这笔款项落入他的在凯鲁万地区的仇人手中。钱来了的消息在叛乱兵士们的心目中产生了神奇的影响,他们酝酿要把伊姆兰交出去。当易卜拉欣率领骑兵、步兵和奴隶军来到凯鲁万的城墙前,他的传令官按信士们的长官的花名册,逐个点名,要他们来领饷。这时,伊姆兰在其兵士中间再也待不住了。他连夜逃出凯鲁万,由阿姆尔·本·穆阿维叶和阿密尔·本·穆阿塔米尔伴随,前往扎卜地区。③ 易卜拉欣立即进入凯鲁万。他对这座城进行报复,拆掉城门,捣毁城墙④,使它不再造反。

就这样,阿拔西亚进一步获得了易卜拉欣对它的信任,它使他得以战胜仇敌,并使他的家族在当地站稳脚跟。因此,易卜拉欣在安下心来以后,便开始进一步建设该城。他在城内为其家人和支持者们分封采邑。这个原来京城的郊区取代了凯鲁万,成为当地的新京城。

伊姆兰则一直在扎卜,直到伊历196年(公元812年)易卜拉欣去世,其子阿卜杜拉即位。阿卜杜拉赦免了伊姆兰,让他也住在卡迪姆堡。不过据说,不久,阿卜杜拉获悉伊姆兰又在策划阴谋的时候,便除掉了他。易卜拉欣·本·阿格拉布统治阿非利加十二年。他镇压坏人,使当地人就范。⑤ 正如伊本·拉基克所说,阿非利加还没有出现过比易卜拉

---

① 伊本·阿西尔:《伊历181年纪事》第6卷,第63页。努韦里的著作甲本,第106页;加斯帕尔·雷米拉译本第1卷,第402页。
② 努韦里的著作甲本,第106页;加斯帕尔·雷米拉译本第1卷,第402页。
③ 同上。对照伊本·阿西尔的《伊历181年纪事》第6卷,第63页。
④ 同上。
⑤ 伊本·伊扎里的著作第1卷,第92页。

欣更公正、更精明、更宽厚待民和更能控制局势的总督。①

易卜拉欣在阿非利加立足稳固,开始把眼光投向阿拉维族人伊德里斯·本·伊德里斯的西马格里布。易卜拉欣成功地把伊德里斯的主要助手、穆特格拉族②的首领巴赫卢勒·本·阿卜德·瓦希德争取过来,使伊德里斯不得不向易卜拉欣求情,请他高抬贵手。③ 易卜拉欣在当地的地位得以确定,以致在伊历193年底(公元809年)拉希德去世后,阿明仍把阿非利加留给易卜拉欣,让他进一步巩固统治。

伊历196年10月底(公元812年7月),易卜拉欣在阿拔西亚去世,享年五十六岁。正如努韦里在介绍阿格拉布王朝时所确定的,易卜拉欣处的地位允许他把埃米尔之位传给其子阿卜杜拉而毋须得到哈里发的同意。阿卜杜拉原任的黎波里总督,当时正忙于同胡瓦拉族人及其同盟者——提阿雷特的伊巴迪亚派作战。伊巴迪亚派在他们的伊马目阿卜德·瓦哈卜·本·罗斯图姆的率领下,打败了的黎波里军,并包围了的黎波里城。④ 阿卜杜拉的兄弟齐亚达图拉为阿卜杜拉取得了家族成员和高级将领们的拥戴。阿卜杜拉在同罗斯图姆族人达成和解,规定城市和海洋归阿格拉布族人,除此而外皆为阿卜德·瓦哈卜所有⑤之后,于伊历197年1月(公元812年10月)从的黎波里来到阿拔西亚。他安享了他父亲不懈奋斗和精心经营的成果。如伊本·阿西尔所说,阿卜杜拉

---

① 努韦里的著作乙本,第106页;加斯帕尔·雷米拉译本第1卷,第403页。
② 此处有错,应为扎纳塔族。——译者
③ 伊本·阿西尔:《伊历181年纪事》第6卷,第63页。努韦里的著作乙本,第105页。伊本·赫勒敦的著作第4卷,第14页,第6卷,第119页。
④ 参见伊本·赫勒敦的著作第6卷,第121页,此处记载错误,说易卜拉欣享年七十六岁,而不是五十六岁。但五十六岁是正确的。见伊本·赫勒敦关于胡瓦拉族人的论述(第6卷第141页);沙马希的著作第160页。
⑤ 参见沙马希的著作,第161页;伊本·赫勒敦的著作第6卷,第121页,此处记载:"阿卜德·瓦哈卜以萨巴希亚(沿海区域?)归他们所有为条件,同意和解,前往马古萨(内富萨)。阿卜杜拉随后回凯鲁万。"

时代平静无事,没有战争,人们安居乐业,整个地区一片繁荣。① 阿卜杜拉卒于伊历201年12月(公元817年6月),由其弟齐亚达图拉继位。从此,阿格拉布族人对阿非利加的统治进一步巩固,形成了独立的世袭君主制。除了向巴格达的国库上交微不足道的贡赋和承认哈里发政权的权力等一些微弱的联系外,阿格拉布王朝与哈里发国家并无其他关系。事实上,与哈里发国家的这些微弱联系,对阿格拉布王朝的埃米尔们而言,是很重要的,这使他们相比同时代的提阿雷特和非斯的埃米尔们,具有某种道义上的优势。因为,提阿雷特和非斯的埃米尔们是以脱离统一整体的分裂者面目出现的。

第二节 罗斯图姆王朝在提阿雷特的建立

阿格拉布王朝虽然是哈里发政权的代表,拥有统治全马格里布的合法权利,但是,它的独立乃是当时马格里布政治局势的产物。罗斯图姆族人在中马格里布割据,而伊德里斯族人正在西马格里布站住了脚跟。这就是说,当拉希德任命易卜拉欣·本·阿格拉布统辖阿非利加的时候,他是在竭力求得某种力量上的平衡。罗斯图姆王朝的奠基人波斯人阿卜德·拉赫曼·本·罗斯图姆·本·巴赫拉姆(下称伊本·罗斯图姆)是奥斯曼·本·阿凡的幕僚之一,虽然作家们追溯他的家谱,直至古代波斯列王。② 至于他是如何来到阿非利加的,有传述说,他的父亲罗斯图姆带着妻子和儿子伊本·罗斯图姆到麦加去行朝觐天房的仪式,死

---

① 伊本·阿西尔:《伊历181年纪事》第6卷,第63页。
② 据传,其祖是波斯王巴赫拉姆·本·齐沙拉尔·本·萨布尔·本·贝甘·本·萨布尔·齐勒阿克塔夫。参见贝克里的著作,第67页。对照伊本·伊扎里的著作,第1卷,第196页;伊本·赫勒敦的著作第6卷,第121页。

在那里。其妻改嫁给一个凯鲁万人。此人在重返故里时将她及伊本·罗斯图姆带了回去。① 伊本·罗斯图姆在凯鲁万长大,求教于当地的教律学家。他倾向于哈瓦利吉派的教义,受到主张伊巴迪亚教派的萨勒马·本·赛义德的熏陶。及至成年,他就和一些马格里布人兄弟去巴士拉,师从那里伊巴迪亚派的教长,如塔米姆族人阿布·奥贝达·西勒姆·本·阿比·卡里马等。如前所述,伊本·罗斯图姆因此成为五大"学者"之一。

当他取道回马格里布的时候,他努力实现他师父萨勒马·本·赛义德的夙愿。萨勒马说:"我希望有朝一日它(伊巴迪亚教派)将出现(在马格里布),我哪怕被砍掉脑袋也不在乎。"② 伊本·罗斯图姆参加了阿布·哈塔卜领导的的黎波里起义。阿布·哈塔卜清除了凯鲁万城的苏福里亚派人和瓦尔法朱马族人之后,即委任伊本·罗斯图姆统辖该城。他一直待在凯鲁万,直到穆罕默德·本·阿什斯率领阿拔斯王朝军队到来,才于伊历144年(公元761年)逃往中马格里布。尽管有的传述说,伊本·罗斯图姆逃后不久,即在伊历144年或稍后兴建了提阿雷特城。③ 不过,比较可信的是,伊本·罗斯图姆设想把他及其追随者的命运与中马格里布联系起来,是在他重返阿非利加的尝试失败以后。伊历151年(公元768年),他同其他的哈瓦利吉派中的伊巴迪亚派人和苏福里亚派人一起,参加了在图卜纳对奥马尔·本·哈夫斯的包围,最后以失败告终,退回提阿雷特。显然,这里说的不是提阿雷特城,而是提阿雷特的地域即提阿雷特地区。伊本·伊扎里确定,罗斯图姆族

---

① 参见沙马希的《内富萨山学者和酋长列传》,第123页。
② 沙马希的著作,第123页。
③ 参见伊本·赫勒敦的著作第6卷,第123页;德·斯朗译本第1卷,第242页;努韦里的著作甲本,第92页;加斯帕尔·雷米拉译本第1卷,第375页。

人兴建提阿雷特城是在伊历161年（公元777～778年），亦即在伊本·罗斯图姆逃出凯鲁万的十五年以后，他在图卜纳败退的十年以后，这是合乎情理的。

　　这样说，并不意味提阿雷特在此以前就不存在。它是一座早在罗马时代和后来的拜占庭时代就已出现的古城。① 在伊历62年（公元681～682年）奥克巴·本·纳菲厄远征的最初时代，已经提到过它，奥克巴就是在该地牺牲的。伊本·罗斯图姆及其从阿非利加和的黎波里来的追随者为了在中马格里布定居下来，必须组织范围广泛的宣传，在当地的各部族中间传播伊巴迪亚派教义，呼吁他们支持伊本·罗斯图姆。要实现这件事，当然需要有十五年左右的时间。有助于伊本·罗斯图姆宣教成功的是，他来到的这个地区是扎卜地区的延伸，那里的许多部族如卢瓦塔、胡瓦拉、祖瓦加和马特马塔等族人②，原住在伊巴迪亚教派宣教的摇篮——的黎波里、尼弗扎瓦和杰里德地区等马格里布东部地区。伊本·罗斯图姆的到来，就很容易使上述地区的许多伊巴迪亚派人来投奔他，生活在中马格里布的同胞中间（参看图九）。至于提阿雷特之所以被选为宣教中心的原因，首先因为它是一个闭关自守的内陆地区。它坐落在从丘陵地区通往大海的谢利夫河下游的道路口，并与海拔一千一百公尺的（曼达斯丘陵）山区顶端相连。此外，它还位于（海拔一千二百公尺的）卡祖勒山南麓③，也就是说，它面朝内陆，背靠海洋。对四面受敌包围的一个集群来说，这是一个优越的战略位置，这个集群在维护自己在马格里布东部各首府的胜利成果受挫后，至少希望目前能平安地生存下去。

---

① 关于罗马和拜占庭时代的提阿雷特的废墟，参见哥提埃：《北非往昔》，第322页。
② 参见贝克里的著作，第67页。他把"卢瓦塔"写成"卢瓦泰"。
③ 参见伊本·赫勒敦的著作第1卷，第121页。并见哥提埃：《北非往昔》，第328页。

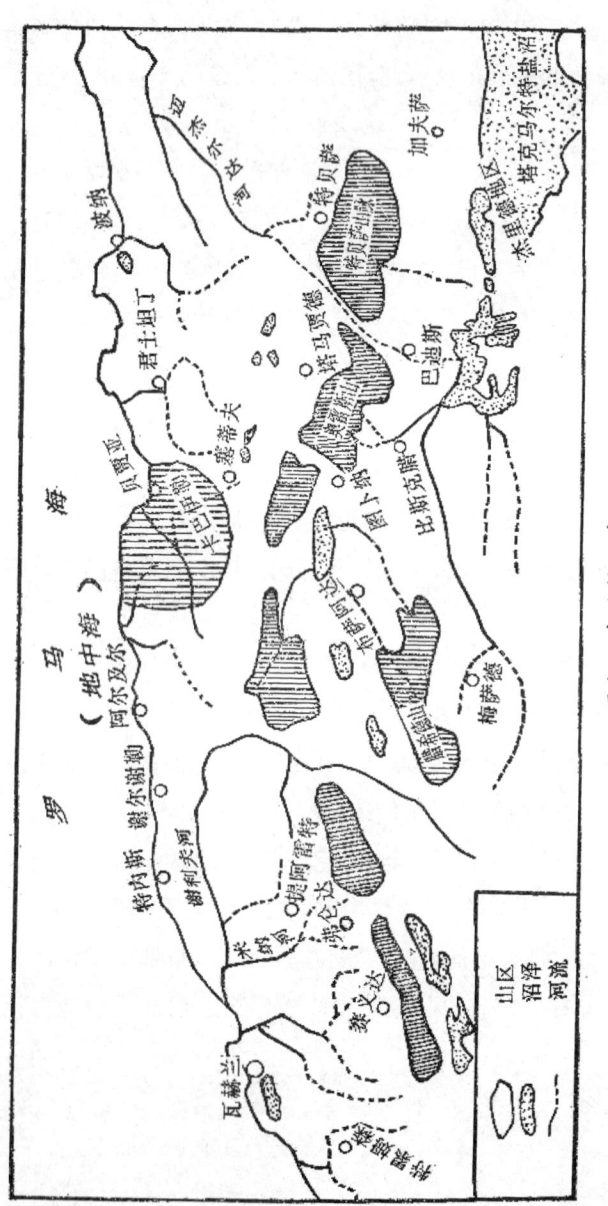

图九 中马格里布
（按原图译制）

这个地点虽然地形崎岖坎坷,气候恶劣,尤其是冬天,阴霾密布,大雨滂沱,雪花飞舞,严寒料峭,而且晴天难得,因而成为诗人雅士的趣谈和诗题①,但却以农业资源特别是以许多富饶的牧场闻名,是一个水源丰富的城市。提阿雷特"靠着西面流过的大河,米纳(米纳斯)河和另一条集井泉之水而成的纳尼斯河浇灌着它的土地和园圃。相去不远有锡拉特河,它是一条有名的大河,在罗马古城阿兹瓦瓦城入海"②。地理学家们赞美捉阿雷特作物丰茂,果园毗连,不过,他们是把它作为牧场和畜产区来肯定它的声誉的。伊本·豪卡勒在谈到提阿雷特时说:"它是一个牲畜、羊群和健壮骡马的产地。"③事实上,畜牧业特点在中马格里布是很有优势的,因为中马格里布"土地肥沃,作物繁盛,羊儿、牲畜成群,

---

① 在这方面,相传有人问一个提阿雷特人:"你们那儿冬天有几个月?"他回答说:"十三个月。"(见伊本·伊扎里的著作第1卷,第198页)又传说有一个提阿雷特人到麦加去行朝觐天房的仪式。当他看到麦加阳光灿烂,他便望着太阳说道:"你随心所欲地燃烧吧。凭着安拉起誓,你在提阿雷特却令人失望。"阿布·巴克尔·本·哈马德(卒于伊历296年[公元908~909年])作诗形容提阿雷特城的寒冷:
　　　高地严寒厉,
　　　提城太阳稀;
　　　日出阴霾后,
　　　犹如穿云底。
　　　朝起见晨曦,
　　　此心乐无比;
　　　不见齐米氏*,
　　　周末不胜喜。
参见贝克里的著作,第67页;《考证书》,第178页。关于阿布·巴克尔·本·哈马德,见穆巴拉克·米利的《阿尔及利亚通史》,第2卷,第31页。
* 齐米是伊斯兰教国家保护下的犹太教徒、基督教徒一词的音译。——译者
② 参见《考证书》,第178页。对照伊本·赫勒敦的著作第6卷,第212页。提阿雷特水源丰富使得诗人们竞相讴歌。有一位诗人吟道:
　　　提城沐天恩,米纳河水深;
　　　市场小变大,家家乐甘霖。
见伊本·伊扎里的著作第1卷,第198页。
③ 伊本·豪卡勒的著作,贝鲁特版,第86页。

牧场优良,羊肉鲜美,价格低廉,畅销马格里布和安达卢西亚全境"①。根据当地的这种特点,哥提埃(引证伊本·赫勒敦的著作)解释罗斯图姆王朝的特点,说它同凯鲁万和非斯的王国正好相反,是一个布特尔人的王国亦即游牧王国。②

中马格里布的新凯鲁万——罗斯图姆王朝的提阿雷特或新提阿雷特的兴建

伊本·罗斯图姆及其追随者的宣教获得了成功,响应伊巴迪亚派号召的中马格里布各部族都来投奔他,参加到他的行列里来的有许多哈瓦利吉派中的苏福里亚派人,甚至还有瓦西利亚派集群。这个集群虽然以穆尔太齐赖派的支派出名,但贝克里认为它属于伊巴迪亚派。③ 这两个派别的联合显然是因为它们对犯大罪者采取中间立场(折中的态度),因此马格里布的穆尔太齐赖派被认为隶属于伊巴迪亚派,大家也承认它的领导地位。④ 穆尔太齐赖派的领袖是继承的黎波里阿布·哈塔卜的阿布·哈提姆。在伊巴迪亚派教长们的心目中,阿布·哈提姆是一个守成型伊马目,而不像阿布·哈塔卜那样是喜欢出头露面的伊马目。所以,"他在执掌教权显示自己之前,就把搜集到的天课除自己所需之外都送交给了伊本·罗斯图姆"⑤。事实上,这些互相对立的派别在同一口号下集合起来。由此可见,问题不在于这些或那些人谋求怎样的宗教改革,而在于旨在反对哈里发政权代表的统治和脱离(哈里发)国家而独立

---

① 《考证书》,第179页。
② 哥提埃:《北非往昔》,第326~330页。并见本书图十。
③ 参见贝克里的著作,第72页。
④ 参见贝克里的著作,第67页。他说:"瓦西利亚派人的所在地离提阿雷特不远。……他们有三万人,住的房舍与阿拉伯人相同,可以携带。"这也就是说,他们是乘住驼轿的游牧民。参见伊本·赫勒敦的著作第6卷,第121页。并见穆巴拉克·本·穆罕默德·米利:《阿尔及利亚通史》,伊历1350年君士坦丁版,第2卷,第7~9,12页。
⑤ 沙马希的著作,第138页。

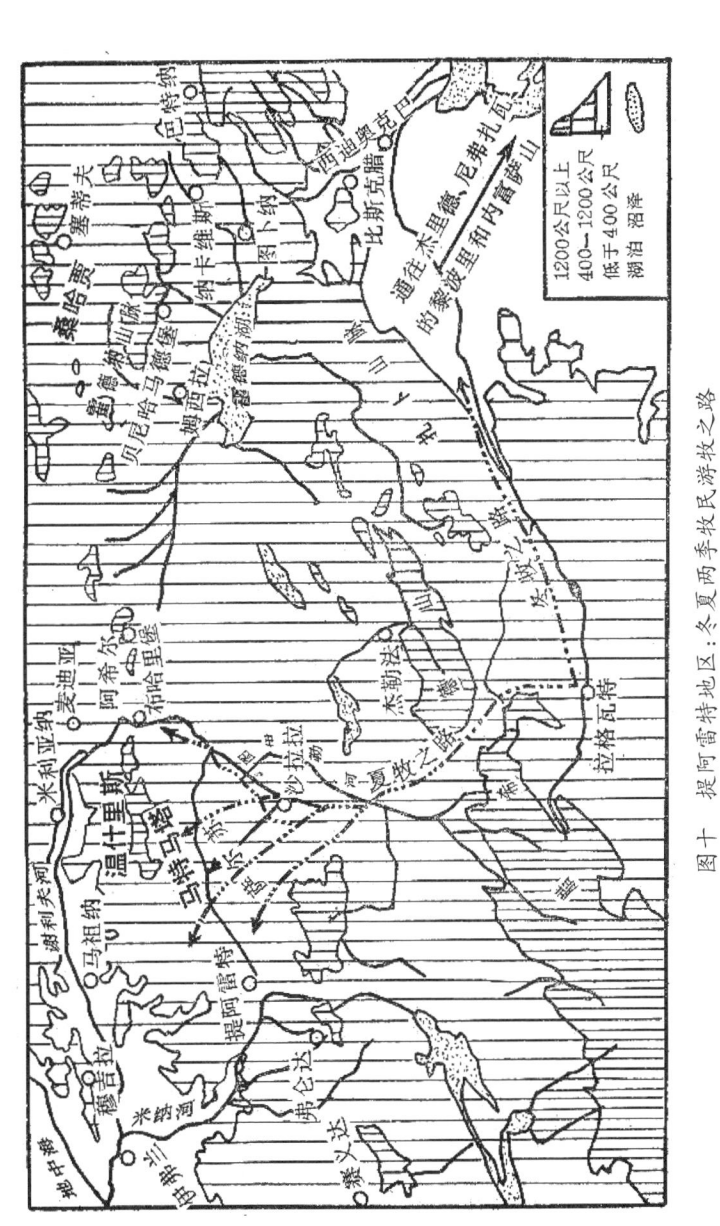

图十 提阿雷特地区：冬夏两季牧民游牧之路

参见哥提埃：《北非往昔》，第323页；穆巴拉克·米利：《阿尔及利亚通史》第2卷的附图。（按原图译制）

的政治方面。这就是说,宗教只不过是掩盖这个目的或赋予分裂立场以某种合法性的帷幔。伊本·罗斯图姆在伊历160年(公元776~777年)被拥立为伊马目①之后,当然就得为自己寻找一个住地,作为这个新兴国家的中心。由于下述的原因,他选中了提阿雷特地区:在"战略上",它是山地,布特尔人的宗派主义盛极一时,而且水源充足,牧场遍布。这并不妨碍认为伊本·罗斯图姆过去曾经踏勘过这个地方,正如作家们所说,他逃出凯鲁万后曾住在该地,很中意这块地方。

伊巴迪亚派的作家们为伊本·罗斯图姆逃往提阿雷特山和兴建提阿雷特城增添了一种引人入胜的故事色彩,这与过去的作家编写亚历山大、福斯塔特、凯鲁万和开罗的城建史时的做法,是一样的。伊本·罗斯图姆逃出凯鲁万以前,落在(菲赫尔族人)阿卜德·拉赫曼·本·哈比卜的手中,但有一个凯鲁万人为他说情,于是获释。② 这位伊马目(伊本·罗斯图姆)带着儿子阿卜德·瓦哈卜和一个侍从出走。他的马匹倒毙在半路上,他就步行,累得走不动路了,他的儿子和侍从便扶着他走。历尽千辛万苦,他来到苏弗贾杰山。③ 在同一教派的长老们从的黎波里赶到之前,他凭山坚守不出。按照(沙马希的)这个传述,伊本·阿什阿斯跟在伊马目(伊本·罗斯图姆)后面,一直追击到苏弗贾杰山,设下包围。在此期间,"山中瘴气伤人,伊本·罗斯图姆的部下多有死亡……伊本·阿什阿斯遂败兴回到凯鲁万"④。

---

① 参见沙马希的著作,第139页。他在此处记述:"伊本·罗斯图姆于伊历160年(公元776~777年)被拥立。"接着又说:"据说,他被拥立是在伊历162年(公元778~779年)。"我们采取前一种说法,因为正如伊本·伊扎里所确定的,兴建提阿雷特城是在伊历161年。
② 沙马希的著作,第133页。
③ 同上。我们不知道,这座山是否就是提阿雷特山,《考证书》的作者(在第187页中)称为"卡尔卡勒"山,伊本·赫勒敦(在其著作第6卷第121页中)称为"卡祖勒"(贾祖勒)山。
④ 沙马希的著作,第133页。

关于(提阿雷特)城市的兴建,也有一个离奇的说法,类似奥克巴和兴建凯鲁万的故事。礼拜者的领袖、大修士和信士们集团在一致同意建造一座城市之后,就派出踏勘人员。这些人四处查访,看中了提阿雷特的地方。提阿雷特是一片密林[1],树木纵横交错,各种猛狮野兽群集。因此,伊巴迪亚派的礼拜者像奥克巴·本·纳菲厄对付凯鲁万密林的做法一样,"派出一个喊叫者,他用足力气呼喊林中的野兽:'你们出来走开吧,我们要开发这块地方,要住在这里了,给你们三天时间……'"沙马希也引证阿布·扎克里亚的著作说:"他们记得曾看见林中嘴里衔着幼兽的野兽,也就是狮子。安拉是全智的。"[2]所以,在伊巴迪亚派人看来,提阿雷特成了他们的光荣,如同凯鲁万之对于逊尼派人。

以上是后来出现的故事或民间传说。至于最早关于提阿雷特兴建的文本,则见诸贝克里的著作。贝克里引证穆罕默德·本·优素福的著作说,伊巴迪亚派人集群在一致拥戴伊本·罗斯图姆为伊马目并同意建立一个他们聚居的城市之后,便来到提阿雷特的地方,这是一片密林[3],在(提阿雷特旧城)西面五里的地方。[4] 伊本·罗斯图姆选中了一块四方形没有树林的地方。因其方方正正,柏柏尔人比喻为鼓地,称为"塔克达马特"。[5] 住于该地的桑哈贾族和马拉萨族虽然衰弱,但伊本·罗斯图姆还是同他们谈判,出钱购买该地。当柏柏尔人拒不同意时,他与他们协商,要求允许伊巴迪亚派人建设,条件是柏柏尔人将有权在市场之

---

[1] 沙马希的著作第139页、贝克里的著作第68页和伊本·伊扎里的著作第1卷第196页,都用不同的字眼表明它是一片密林。
[2] 沙马希的著作,第139页。关于对被认为是德行录而不是历史文献的阿布·扎克里亚传述的评价,参见哥提埃:《北非往昔》,第328、329页。
[3] 贝克里的著作,第68页。
[4] 同上书,第67页:"提阿雷特旧城在新城之东,相距五里。"
[5] 同上书,第68页。对照沙马希的著作,第139页。他说:"他们在当地放火烧林。"

外课税。① 根据兴建伊斯兰城市的习惯，一开始是修造大清真寺并从密林中砍伐建城所必需的木材。关于大清真寺的平面配置，贝克里说，到他的时代或者到他引证其著作的穆罕默德·本·优素福的时代②，清真寺原样未变，由四个大殿组成。③

贝克里说，他们根据习惯围绕着大清真寺做规划和进行建设，沙马希说他们建造了许多宅邸、宫殿和房舍。话虽如此，但众所周知，提阿雷特新城像奥克巴的凯鲁万一样，一开始只不过是伊巴迪亚派人的营地。这种军营的特点在城里长期存在，贝克里对此的记载说："这块地方迄今还称为伊本·罗斯图姆军营。"④

伊本·罗斯图姆被拥立为伊马目和哈瓦利吉派思想的发展

显而易见，在提阿雷特新城建造成为"伊斯兰教的要塞和堡垒"之后，各部族的代表团开始从邻近地区赶来拥立伊马目。沙马希引证的一个传述认为，伊本·罗斯图姆被拥立是在提阿雷特城落成之后，这个传述说："他们研究部族首领中谁适合执掌大权……大家的一致意见是伊本·罗斯图姆，这是因为他的功德，他是学者之一，又是阿布·哈塔卜的官员，统治过阿非利加，也因为如果他出于正义之道做出改变，没有一个部族能阻

---

① 参见贝克里的著作，第 68 页。此处引证了沙马希的著作第 145 页。
② 贝克里的写作时代在伊历 460 年（公元 1068 年）左右。而穆罕默德·本·优素福则卒于伊历 363 年（公元 974 年）。参见贝克里的著作中德·斯朗的序，第 1 卷，第 16 页。
③ 贝克里的著作，第 68 页。伊本·伊扎里的著作第 1 卷，第 196 页。
④ 贝克里的著作，第 68 页。关于城墙和城门，贝克里提到了萨巴门、马纳齐勒门、安达卢西亚门和马塔欣门。这些对提阿雷特的描写，是在它城市化、扩充以及人们从各地涌去之后，以致伊本·苏格亚尔说："很少有个异乡人来到而不同当地人住在一起、生活在他们中间的……甚至你每看到一所房子，都会有人告诉你：这是某库法人的，那是某巴士拉人的，这又是某凯鲁万人的；这是凯鲁万人的清真寺和庭院，那是巴士拉人的清真寺，这又是库法人的清真寺……"参见穆巴拉克·本·穆罕默德·米利：《阿尔及利亚通史》第 2 卷，第 39 页。

止他。"①很清楚,这个传述的目的不是确定新城建成后伊本·罗斯图姆被遴选为伊马目的时间。这个时间过去从未有人谈起,因为伊本·罗斯图姆自从阿布·哈塔卜时代以来,就一直领导着凯鲁万的伊巴迪亚派人,阿布·哈塔卜去世以后,他便成为众人的伊马目。这一点,如前所述,伊巴迪亚派的教律学家们都谈到了。因此,我们认为,这个传述表明了各部族首领对伊本·罗斯图姆的拥护,此外,也说明了选举伊本·罗斯图姆的条件,伊巴迪亚派教律学家们以此作为选举他的基本原则。这位首席伊马目具备四个性质不同的条件:第一,品德方面,第二,学问方面,第三和第四都是政治方面的。

不妨认为这样的顺序是正确的。第一、第二条原则是属于被选为伊马目或扶立为哈里发所必须具备的,对此,教律学家们意见一致。(沙马希的)文本中的"功德"相当于"正义",亦即品德的完美:健全的信仰、健全的肢体、个人行为的端正清廉。② 说到他是学者之一,因为学问不仅对执掌伊马目或哈里发权力的候选人来说,是基本条件,而且对选民阶层亦即有权选举伊马目或哈里发的人来说,也是必须的。诚然,这个阶层的学问是导致选出最适宜的人的学问,而伊马目所具备的学问,则是在今世和来世造福众人的学问。③ 第三个条件:他"是阿布·哈塔卜的官员,统治过阿非利加",这体现了已经转变成世袭原则的任命或托孤的思想,表明伊巴迪亚派集团离开了选举的原则。逊尼派人把任命或托孤的原则作为一个历史事实加以接受:先知(穆罕默德)任命艾卜·伯克尔

---

① 沙马希的著作,第139~140页。
② 参见马瓦尔迪:《素丹政权》,伊历1327年(公元1909年)开罗版,"伊马目的任命"一节,第4页;伊本·赫勒敦:《历史绪论》,第26节"民族在确立哈里发和伊马目之位时的分歧",第192页。
③ 马瓦尔迪的著作中"伊马目的任命"一节。伊本·赫勒敦:《历史绪论》,第25节"论哈里发和伊马目的含义"。

执掌司礼拜的教长之职,艾卜·伯克尔嗣立欧麦尔为哈里发;欧麦尔又确定六种人有资格继承哈里发之位;后来穆阿维叶将其儿子亚齐德立为王储;在倭马亚王朝之后,阿拔斯族人也贯彻世袭的原则。所有这一切,都还保持着贯彻体现在拥立之中的选举原则的形式。最后规定的条件是只有古莱什族人才能成为哈里发的候选人。①

众所周知,哈瓦利吉派人不同意任命或世袭的原则,他们要求贯彻协商即选举的原则,候选人的阶层不局限于某一集团,而应该没有种族歧视地向所有人开放,甚至允许黑奴担任伊马目,只要他具备资格。② 这就是说,哈瓦利吉派人的政治基础是贯彻共和制的原则,在这种共和制的国家中最高权力不含歧视属于全体人民。至于第四个原则:"如果他出于正义之道而做出改变,没有一个部族能阻止他",则是一个与作为立国基础的种族理论大相径庭的政治条件,正如伊本·赫勒敦在论述伊斯兰国家的崩溃和建立中所见。③ 伊马目不依赖某个部族或宗派的支持,这个原则旨在阻止伊卜迪亚派人可能遭遇的专制独裁,希望实现正义占上风的伊马目国或理想政府。这体现了哈瓦利吉派思想发展的一个阶段,有的哈瓦利吉派思想家后来谈到,如果在大众之间实现正义,那就不需要伊马目国亦即不需要政府了。④

显然,这些思想家们过于理论化了。当伊巴迪亚派人在提阿雷特建

---

① 马瓦尔迪的著作中"伊马目的任命"一节。伊本·赫勒敦:《历史绪论》,第26节"民族在确立哈里发和伊马目之位时的分歧"。
② 参见伊本·赫勒敦:《历史绪论》,"民族在确立哈里发和伊马目之位时的分歧"一节,第194页。西赫里斯坦尼:《教派和学派》,第87页。
③ 伊本·赫勒敦:《历史绪论》,第18节"论国王是宗派主义追求的目的",第139页。
④ 西赫里斯坦尼:《教派和学派》,莱比锡版,第67页。马瓦尔迪的著作第1节"伊马目的任命"。伊本·赫勒敦:《历史绪论》,第26节。马瓦尔迪和伊本·赫勒敦在这里指出,对这个看法,哈瓦利吉派的一些派别与穆尔太齐赖派的教律学家阿萨姆意见是一致的。参见艾哈迈穆·本·阿比·迪亚夫:《突尼斯诸王和太平盛世的历史》第1卷,公元1963年突尼斯版,第6页。

立他们的伊马目国时，他们在遴选伊马目方面并不能贯彻选举的共和制理论。他们的伊马目国，就像马什里克的阿拔斯王朝和安达卢西亚的倭马亚王朝一样——为罗斯图姆族人所世袭。这表明哈瓦利吉派人无法摆脱已成为逊尼派人传统史实的世袭原则的影响，或者说当他们成为要求伊马目之职为穆圣后裔世袭的什叶派人的时候，他们无法摆脱最初的见解。

事实上，当阿卜德·瓦哈卜·本·阿卜德·拉赫曼·本·罗斯图姆继承其父在伊历168年（公元784~785年）当上伊马目的时候，伊巴迪亚派人内部就分裂了。有的人否认阿卜德·瓦哈卜有权执掌领导权，这些人因此被称为努卡尔派或努卡里亚派。① 与此同时，大部分人则坚持在择优而从的基础上由阿卜德·瓦哈卜担任伊马目是无可指摘的。② 这也许是正确的，不过，我们将看到：一个贤明的伊马目的家族传位给它贤明的后裔而不是其他什么人，这种做法虽然不是建立在托孤的原则基础之上，但与什叶派人尽人皆知的做法颇为相似。

事实上，伊本·罗斯图姆虽然具备了上述四个条件，但是作家们还是再三强调了他的德行和导致他得到（世人）承认的正义。他不仅是作为提阿雷特和马格里布的伊巴迪亚派人的伊马目，而且也是马什里克的伊巴迪亚派的伊马目。当关于他的公正廉明的传闻传到伊巴迪亚派人在伊拉克的中心巴士拉城时，教徒们征集了三驮金钱，派使者送往马格里布，他们要求使者考察伊本·罗斯图姆的情况，如果与他们听说的相符，就把钱给他。使者们在到达提阿雷特时，"发现伊马目在屋顶上抹泥，奴隶们把泥土递给他……"这样，这位人民的伊马目确实同他们在马什里克听到的

---

① 努卡尔是阿拉伯语"否认者"一词的音译。努卡里亚意为"否认的、不承认的"。——译者
② 关于阿卜德·瓦哈卜的品质，参见沙马希的著作，第144页。

传闻所描绘的形象相符。"他们意见一致,对他很满意,都同意把钱交给他。"①伊本·罗斯图姆把人们召来做聚礼日的礼拜,"他同送钱人商量,他们建议他把钱分给有需要的人(亦即穷人)。他当着使者们的面做了"②。毫无疑问,巴士拉人的使者回到马什里克后,对这位已经在马格里布崭露头角的公正的伊马目赞不绝口,以致巴士拉人又送去了第二批钱。然而这一次伊马目要求把钱退回去,"因为当地人安享正义,有了钱就需要克服心中的不义"③。

沙马希的这个文本表明,伊本·罗斯图姆至少在理论方面没有满足于"教派中人"在提阿雷特及其周围所取得的独立,他的目的在于要把马什里克的伊巴迪亚派人从阿拔斯王朝的统治下解放出来,这与伊巴迪亚派想在哈里发国家全境传播他们教派的抱负,是一致的。这一点,伊巴迪亚派的作家们谈到了。他们说:"马什里克人钦佩他(伊本·罗斯图姆)清心寡欲的生活,伊巴迪亚派人人承认他的领导,他们把自己的著作和忠告献给他。"④作家们还记述说:"伊本·罗斯图姆的公正不仅吸引了其他地区的伊巴迪亚派人,而且也吸引了从埃及、阿非利加和马格里布来到提阿雷特的富商大贾。"⑤

阿卜德·瓦哈卜被拥立为伊马目

伊本·罗斯图姆就这样成功地坐稳了伊马目之位,直到伊历 168 年(公元 784~785 年)去世。他是伊巴迪亚派伊马目的完美榜样。其子阿卜德·瓦哈卜受益于他的良好声誉,战胜竞争者执掌伊马目之权是毫不奇怪的。当伊本·罗斯图姆病入膏肓时,把大事托付给七位高级官员和

---

① 沙马希的著作,第 140 页。
② 同上。
③ 同上。
④ 同上。
⑤ 同上书,第 158 页。

其子阿卜德·瓦哈卜去商议。① 就像欧麦尔·本·哈塔卜最后遴选出的七人在阿里和奥斯曼之间做出抉择一样,这八个人最后也在两个人——安达卢西亚人马斯奥德和阿卜德·瓦哈卜之间选出一人。据沙马希说,马斯奥德几乎占了上风,但是当他知道众人有拥护他的倾向时,却退避归隐了。显然,阿卜德·瓦哈卜之所以当选,除了他博学、勇敢、虔诚和温和之外②,种族主义也起了作用,当时伊弗兰族的首领阿布·库达马倾向于他,因为阿卜德·瓦哈卜的母亲也是伊弗兰族人。③

马格里布的伊巴迪亚派人的内讧——努卡尔派(或努卡里亚派)人的第一次分裂

在这样的情况下,阿卜德·瓦哈卜在他的父亲去世一个月后才当上了伊马目,但是以亚齐德·本·凡丁——他是候选人之一——为首的反对派对阿卜德·瓦哈卜拥有绝对权力提出异议,他们要求他不经商议不得断事。阿卜德·瓦哈卜的答复是:"除了以《古兰经》、圣训和他以前的有德之士的言行来做判断之外,伊马目不受任何条件限制。"教律学上的立宪分裂不只停留在处事不得专断的要求上,而且扩大开来,反对派怀疑阿卜德·瓦哈卜继任伊马目的合法性,理由是一个学者如果发现有人比

---

① 参见沙马希的著作,第145页:这八个人是安达卢西亚人马斯奥德、亚齐德·本·凡丁、伊弗兰族人阿布·库达马、安达卢西亚人伊姆兰·本·马万、阿布·穆瓦法克·萨阿杜斯·本·阿提达、库塔马族人舒克尔·本·萨利赫、穆斯阿卜·本·西尔曼和阿卜德·瓦哈卜·本·阿卜德·拉赫曼·本·罗斯图姆。至于贝克里(的著作第67~68页)和伊本·伊扎里(的著作第1卷第197页)引述的罗斯图姆王朝众教长,则很简略,有时混淆不清。贝克里认为提阿雷特属迈蒙·本·阿卜德·拉赫曼·本·阿卜德·瓦哈卜·本·罗斯图姆统辖,亦即把阿卜德·瓦哈卜当作阿卜德,拉赫曼(即伊本·罗斯图姆)的父亲了;伊本·伊扎里认为伊本·罗斯图姆身后即伊马目之位的是他的儿子阿卜德·瓦里斯,而不是阿卜德·瓦哈卜。
② 沙马希的著作,第144页。
③ 同上书,第145页。

他更有学问,这个学者就不可以担任伊马目。①

阿卜德·瓦哈卜的政策或统治方法是以提拔与世无争者和贬谪名利熏心者这一原则为基础的②,这显然是在竭力扩大他与仇敌们之间的鸿沟。如同逊尼派人和一些温和的什叶派人一样,马什里克的(伊巴迪亚派)学者们说"允许有人的学问超过伊马目"③,尽管如此,亚齐德·本·凡丁的支持者还是离开提阿雷特前往山里及其附近的村庄。他们表示否认阿卜德·瓦哈卜有权当伊马目,因此被称为努卡尔派或努卡里亚派,他们的敌人称他们背信派,因为他们违背了拥立伊马目的诺言。④这样,伊巴迪亚派就分裂成了努卡尔派和瓦哈卜派两派。努卡尔派是亚齐德·本·凡丁的门徒,也称为瓦西利亚派即穆尔太齐赖派;⑤瓦哈卜派是阿卜德·瓦哈卜·本·阿卜德·拉赫曼·本·罗斯图姆的支持者。⑥

努卡尔派不只是脱离了提阿雷特社会,而且还企图暗杀伊马目。当

---

① 沙马希的著作,第 146 页。
② 同上书,第 148 页。
③ 同上。对照马瓦尔迪的著作,"伊马目的任命"一节,第 5 页:"假如候选人中的最优秀者当选,那么众人就拥立他为伊马目。在他以后出现更出类拔萃者,前者因受到众人拥戴仍维持其伊马目之位,不允许舍弃前者改立后者。"持相同看法的温和的什叶派分支泽德派人说:"有个条件,即伊马目应当是法蒂玛的后裔。"参见西赫里斯坦尼的《教派和学派》,第 115 页。对照伊本·希利甘的著作第 2 卷,毛希丁版,第 335 页,他说,伊马目泽德·本·阿里·本·侯赛因"允许被遴选的伊马目与更优秀者一起共同执政。"
④ 沙马希的著作,第 148 页。
⑤ 同上书,第 154 页。
⑥ 伊本·豪卡勒在把内富萨山人分成伊巴迪亚派和瓦哈卜派的时候,是弄错了,他把阿卜杜拉·本·伊巴德说成是伊巴迪亚派的创始人,瓦哈卜派的创始人是阿卜杜拉·本·瓦哈卜·拉西比。他说这两个人去(内富萨)山,死在那里。见伊本·豪卡勒的著作,贝鲁特版,第 93 页。关于内富萨山的瓦哈卜派,参见沙马希的著作,第 424、440、458、461 和 546 页。

他们的努力受到挫折的时候①,他们又想用武力攻入提阿雷特,但是伊马目阿卜德·瓦哈卜的儿子成功地击退他们,杀死了亚齐德·本·凡丁。② 面对着这样的失败,努卡尔派的一个集团在舒埃卜的领导下转入的黎波里地域——也许是介于的黎波里城与内富萨山之间的地区——他们在那里向阿卜德·瓦哈卜宣战,表示同他脱离关系。他们说"他杀害穆斯林们"③。当阿卜德·瓦哈卜派其儿子去向他们收钱时,他们拒绝了,把他叫做"杀人者的儿子"④。情况要求阿卜德·瓦哈卜用同样的武器来对付他的敌人。他看到仇敌们人多势众,就要求内富萨山人提供军事援助;由于他的反对者是精通(伊斯兰教)教义学的瓦西利亚派即穆尔太齐赖派,他还要求内富萨人支援他"懂得向对手做各种解释和答复的"⑤学者。

哈拉夫派的第二次分裂

伊巴迪亚派在的黎波里的骚动,显然需要伊马目亲自前往内富萨山,尽管沙马希说阿卜德·瓦哈卜东行是为了朝觐,在到达内富萨山时,因害怕黑衣大食⑥人而停留。使我们对朝觐一事更感疑惑的是,伊马目阿卜德·瓦哈卜住在内富萨山的祖穆尔部族里长达七年,这么长的时间就不能仅仅解释为他在等待马什里克学者们的有关法律意见的到来,"他不能去朝觐,因为朝觐的条件之一是路途的安全"⑦。下列事实佐证了我们的

---

① 沙马希的著作,第149页。他说:"伊马目的部下作弄了阴谋者们,他们在阿卜德·瓦哈卜的床上放了一个吹足气的皮囊。"
② 同上书,第150页。
③ 同上书,第92页。这里说的"穆斯林们"是指伊巴迪亚派教徒,借以责备其他教派的教徒。
④ 同上书,第153页。
⑤ 同上书,第154页。
⑥ 黑衣大食即阿拔斯王朝。——译者
⑦ 沙马希的著作,第159页。

主张：在阿卜德·瓦哈卜的这段居住期间，内富萨的伊巴迪亚派同阿格拉布王朝的军队在的黎波里发生了重大战事，他曾亲自参与，最后他的军队获胜，并把阿卜杜拉·本·易卜拉欣·本·阿格拉布围困在的黎波里城。阿卜德·瓦哈卜迫使阿格拉布王朝的埃米尔承认他对的黎波里内陆地区的统治权，取得了重大的成就。

在阿卜德·瓦哈卜回提阿雷特去的时候，内富萨人请求委任阿布·阿卜德·艾阿拉·萨姆赫·本·阿比·哈塔卜·阿卜德·艾阿拉为他们的总督。伊马目同意了，"把萨姆赫留在的黎波里境内"①，充任自己的一个官员②。萨姆赫去世的时候，任命其子哈拉夫统辖的黎波里区域的伊巴迪亚派人。当阿卜德·瓦哈卜写信给他们，说明他们未经他的同意便任命哈拉夫当总督是错误的时候，他们仍坚持哈拉夫，还要求阿卜德·瓦哈卜"宽恕他们的行为"。尽管阿卜德·瓦哈卜用他从一些马什里克学者处获得的关于法律的意见来为自己的意见辩护，然而他的不肯宽容终于使得的黎波里地域的人拒绝了他的处理，尔后，他们又宣布拥立哈拉夫·本·萨姆赫为伊马目。"他们的理由是的黎波里和提阿雷特关山相隔，路途遥远。"③沙马希没有详细向我们阐明伊马目阿卜德·瓦哈卜去世前这种分歧的情况究竟如何，他仅仅说，阿卜德·瓦哈卜任命阿布·哈桑·阿尤布·本·阿巴斯为总督。后者用阿拉伯语和柏柏尔语发誓说："只有说'我很差'的人才会管理穆斯林和他们的事务。"④这显然是指下文将谈到的他在的黎波里地区的代表阿布·奥贝达。

---

① 沙马希的著作，第161页。这里所说"的黎波里境内"，可能是指的黎波里城与内富萨山之间的地区。
② 同上书，第162页。
③ 同上书，第181页。
④ 同上书，第182页。

伊历188年（公元804年）伊马目阿卜德·瓦哈卜去世。他的儿子阿弗拉赫德才兼备，学问渊博，被提阿雷特的伊巴迪亚派领袖们选立为伊马目。① 这里，伊巴迪亚派的作家们因担心周围众多的敌人，在（阿弗拉赫）博学的长处之外，还加上了勇敢这一优点。② 这是危机时期伊马目必备的优点。伊巴迪亚派人这种做法与逊尼派的立法学家的做法相同，逊尼派的立法家在遴选伊马目时规定的条件是和平时候崇尚学问，战争期间注重勇敢。③ 关于阿弗拉赫的勇敢，沙马希的著作提了一笔，从中知道，他的父亲阿卜德·瓦哈卜遗言立他为伊马目，因为"有一天，阿卜德·瓦哈卜看到阿弗拉赫正在格斗，勇武绝伦，便说'他（阿弗拉赫）宜负大任'"④。

哈拉夫·本·萨姆赫拒不承认伊马目阿弗拉赫。他打起反叛的旗号率众集中在特姆塔及其东部地区。哈拉夫行为恶劣，他的专横跋扈和骄奢淫逸使他犯了一些错误，其中如"误杀了某些部下"⑤。虽然伊马目不主张用武力防御他而是写信给当地的代表阿布·奥贝达去笼络他，然而，哈拉夫却开始进攻阿弗拉赫的部下和阿布·奥贝达。战争持续了一年之久，其中穿插着努卡尔派要伊马目部下倒戈的失败尝试。哈拉夫的人马尽管数量上占优势，但还是以失败告终。⑥ 决定性的战斗在内富萨山山麓进行。阿布·奥贝德凭借山险，激励将士奋战，并祝祷其中素有德行的阵亡将领

---

① 沙马希的著作，第188页。沙马希（在第192页中）引证了伊本·苏格亚尔著作里的关于内富萨人如何考验阿弗拉赫虚怀若谷的传述：内富萨人在晚上吃饭，阿弗拉赫为他们举灯照明，当他们分食给他的时候，他把灯放在膝盖上，像奴隶似地双手接食。关于阿弗拉赫即位的年份，参见穆巴拉克·米利：《阿尔及利亚通史》第2卷，第23页。
② 沙马希的著作，第192页。
③ 参见马瓦尔迪的著作，"伊马目的任命"一书。
④ 沙马希的著作，第192页。
⑤ 同上书，第183页。
⑥ 同上书，第184～185页。

升入天园。① 结果,兵少将寡之军战胜了人数众多之军。② 战场距内富萨山里的阿杰纳温不远,时间为伊历221年7月13日(公元836年7月4日)星期四傍晚。③ 虽然沙马希说"这次战役挫折了哈拉夫的锐气,阿弗拉赫稳定了局势"④,但是哈拉夫派——穆阿菲尔族人哈拉夫·本·萨姆赫·本·阿比·哈塔卜的追随者——依然活跃在的黎波里地区和内富萨山的伊巴迪亚派的其他派别中。这些派别有伊马目阿卜德·瓦哈卜部下组成的瓦哈卜派,伊巴迪亚派人阿卜杜拉·本·亚齐德的追随者组成的穆斯塔瓦派,伊巴迪亚派人艾哈迈德·本·侯赛因的门徒组成的哈桑派。⑤

提阿雷特的埃米尔国就这样从一开始便遭到分裂,但是它始终掌握在伊本·罗斯图姆家族手中,不容他人置喙。伊历238年(公元852~853年)阿弗拉赫去世后,其子阿布·巴克尔即位。他也遭遇动乱,甚至被赶出提阿雷特,尔后又回来。⑥ 阿布·巴克尔去世后,根据他的遗嘱由其弟阿布·亚克赞·穆罕默德·本·阿弗拉赫继承伊马目。⑦ 这是因为穆罕默德的学问和虔诚。⑧ 在书香门第的罗斯图姆家族中,学问乃是基础。⑨

---

① 沙马希的著作,第186页,此处的传述说,他祝祷不幸阵亡者升入天园,但"奸夫嫖客或谋财害命者除外"。
② 同上书,第186页。他的传述夸大了双方作战的人数,说哈拉夫有四万之众,而伊马目只有三百人。
③ 同上书,第189页。
④ 同上书,第187页。
⑤ 同上书,第546页。
⑥ 伊本·伊扎里:《奇闻》第1卷,第197页。
⑦ 沙马希的著作,第220页。关于年份,参见穆巴拉克·米利的著作,第24页。
⑧ 同上书,第221页。
⑨ 关于罗斯图姆王朝诸伊马目的学问,参见沙马希的著作,第162页谈到伊马目阿卜德·瓦哈卜的学问,他在巴士拉的兄弟们为他誊抄的书籍要四十峰骆驼负载,他只利用了其中他能用对比法回答的两个问题;第193、214页谈及在伊马目阿弗拉赫成年以前人们如何向他求教各种学问;第221~222页是关于伊马目穆罕默德·本·阿弗拉赫的学问,他编纂的著作,多达四十本;第282页是关于伊马目阿布·哈提姆·优素福·本·穆罕默德的学问,等等。

穆罕默德本领高强,他把四分五裂的提阿雷特的伊巴迪亚派人团结在他身边。由于这样的成就,他始终稳据伊马目的宝座,达四十年左右,直到伊历281年(公元894～895年)去世①,以致他的政权可与他的祖父、第一任伊马目伊本·罗斯图姆的统治相媲美。② 穆罕默德伊马目政权的结束是罗斯图姆王朝衰落的开始。人们对他的儿子伊马目阿布·哈提姆·优素福持有异议。王叔雅各布·本·阿弗拉赫出来争位,优素福执政一年后被迫从提阿雷特出走,前往卢瓦塔堡。他在那里住了四年,与提阿雷特人作战。

这次战争因雅各布的被黜和优素福回到提阿雷特而告终。局势平静了六年。但是优素福的下场悲惨,伊历294年(公元906～907年)亦即在提阿雷特终于被什叶派的法蒂玛人攻占③的两年前,他被侄儿们所杀。④

提阿雷特的伊马目国的疆域

虽然我们看到提阿雷特的伊马目国已经把势力伸到了的黎波里和内富萨山,但是要绘制一张罗斯图姆王朝的疆域图却很困难,因为这是一个游牧或沙漠的王国,它的势力伸展到旷野或沙漠的各个部族之中。这些部族尽管把山区村落或沙漠绿洲作为一些中心,然而他们始终处于流动不定的状态,根据自然或政治的条件,从一地转移到另一地,例如前已述及的努卡尔派转移到提阿雷特郊区,尔后又到的黎波里境内;又如阿卜

---

① 沙马希的著作,第222页。
② 同上。对内富萨山的统治,只有其祖父伊本·罗斯图姆才能与他(阿弗拉赫)相提并论——愿真主喜爱他俩。
③ 当什叶派人占领提阿雷特的时候,雅各布·本·阿弗拉赫已转移到瓦尔贾拉(瓦尔卡拉)。那里有人建议他担任伊马目,他对他们说:"羊遮盖不住骆驼。"参见穆巴拉克·米利的著作第2卷,第25页。
④ 参见伊本·伊扎里的著作第1卷,第97页。根据此处的传述,阿布·哈提姆·优素福在位共十三年。对照沙马希的著作,第162页。他说优素福执政达十四年,没有一个百姓在判决和行为上责难过他。他只有一次因被人怀疑而遭到过攻击。

德·瓦哈卜迁往内富萨山，阿布·哈提姆·优素福从提阿雷特出走到卢瓦塔堡。这就说明散布在南面扎卜全境的、帮助哈瓦利吉派宣教的各部族，他们的放牧场所都已进入了罗斯图姆王朝的范围。

提阿雷特附近的沿海区域，例如谢利夫河的下游是臣服于在非斯建立伊德里斯王朝的西马格里布的，而哈瓦利吉派的各部族则铺展在：西到撒哈拉沙漠的菲吉格①；西南面到萨杰拉马萨——在那里，苏福里亚派集团也建立了伊马目国；至于东面，我们已经看到提阿雷特的哈瓦利吉派人原来就是从伊巴迪亚派的摇篮的黎波里区域来的。由于的黎波里的南部沙漠是阿非利加和中马格里布沙漠的自然延伸，这三个区域的沙漠道路连成一片，所以，这就是说，提阿雷特王国一直铺展到黎波里地区和内富萨山，或者是以某种形式连接在一起。这些前面已经述及，我们后面还将谈到。

如果我们手头的资料说明不了罗斯图姆伊马目国的疆界和它范围里的各个地方，那么可以这样说，信奉哈瓦利吉教派的特别是伊巴迪亚派的所有区域和村庄，都在提阿雷特的势力范围之中。在这方面，地理和游记书籍是我们最主要的资料，虽然这些书籍绝大部分是在提阿雷特被法蒂玛族人所攻占，伊巴迪亚派传播到沙漠绿洲之后完成的，因而可能造成了该教派以作家们所指出的方式更广泛地在南部绿洲中流传。②

我们接受上述说法的各点理由，提阿雷特王国就横亘在东面的内富萨山和西面的提阿雷特之间。内富萨山人是偏激的伊巴迪亚派教徒，他们看重自己的教派胜过其他的教派③，至今仍是如此。这座山在提阿雷特

---

① 参见哥提埃：《北非往昔》，第321～322页。
② 参见贝克里的著作，第79页。关于提阿雷特人向一个城市的迁移，这是在伊历238年，（人们）走了四个驿站的路程，把城市兴建起来。
③ 沙马希的著作，第316页。

伊马目国存在期间的历史,可以被认为是这个王国历史的一个组成部分。内富萨山是整个毗邻区域的伊巴迪亚教派传播中心,这在沙马希的著作中阐述得一清二楚。① 据说,这个教派即由此山传入费赞和瓦丹的南部沙漠。② 内富萨山以西,哈瓦利吉派人散布在尼弗扎瓦地域③;在沿海地区,他们分布在的黎波里和加贝斯之间。他们最著名的沿海中心是杰尔巴岛④。阿非利加南部区域的卡斯提利亚绿洲和杰里德地区是哈瓦利吉派人的重要基地之一⑤;阿非利加的西部,奥雷斯山是哈瓦利吉派人的一个强大据点⑥;此外,还有通往瓦尔贾拉(瓦尔卡拉)——它是提阿雷特王国的一个辖区——的扎卜地区。⑦ 至于在西马格里布方向,哈瓦利吉派人控制了撒哈拉沙漠,直到以苏福里亚派中心著称的萨杰拉马萨。哈瓦利吉派人通过绿洲、萨杰拉马萨及其南面的奥德加斯特,把他们的活动转入黑人地区的塔德马卡特(塔德马卡)、加纳以及后来的马里,他们在那里传播

---

① 参见沙马希的著作,第221页。此处记述了关于内富萨山贯彻劝善惩恶的原则和市场的整顿:"……他们惩罚往羊体内打气的屠夫,禁止挑夫让牲口负载过重的东西……";第228页说:"多亏内富萨山的法官阿姆鲁斯·本·法塔赫把霍腊散人阿布·加尼姆·比什尔·本·加尼姆的十二卷札记翻译了过来。要不是这些札记,伊巴迪亚派人在提阿雷特失陷、书籍被焚之后,在马格里布就没有一本可靠的典籍了。"
② 沙马希的著作,第190页。这里专门有一节记述费赞人中的伊巴迪亚派教徒的传略。
③ 关于尼弗扎瓦的哈瓦利吉派,参见伊本·豪卡勒的著作,贝鲁特版,第93页。
④ 贝克里的著作,第85页。沙马希的著作,第161页并见第416页。沙马希说杰尔巴人是努卡尔派。关于他们的信仰,见第562页。伊本·赫勒敦(在其著作第6卷第122页)谈到杰尔巴人时说:"他们属于罗斯图姆王朝的同盟者利马亚部族人,加贝斯对面的海岛即因他们得名。"
⑤ 伊本·豪卡勒的著作,第93页,他提到哈瓦利吉派人存在于加夫萨、内夫塔、哈马、锡马塔和布士拉。沙马希的著作347页提到哈马,第350页提到杰里德,第403页提到托泽尔。他在第280页把卡斯利亚写成了卡斯塔利亚。
⑥ 贝克里的著作,第144页:"住在那里的姆扎塔和达里萨族人全是伊巴迪亚派教徒。"
⑦ 靠近奥雷斯的扎卜地区的城市有:巴加亚——那里的人在贝克里时代都信奉伊巴迪亚派(贝克里的著作,第144页)——图卜纳、巴迪斯(伊本·豪卡勒的著作,第93页)、塔胡达——住在里面的胡瓦拉族和梅克内斯族人也都是伊巴迪亚派教徒(贝克里的著作,第72页)——比斯克腊(伊本·豪卡勒的著作,第93页)。关于瓦尔贾拉和它的哈瓦利吉派人,参见沙马希的著作,第351、365、373和418页。

伊斯兰教并聚敛了大量财富。①

萨杰拉马萨城的兴建和苏福里亚派的瓦苏勒族人的伊马目国

萨杰拉马萨位于德腊河北岸,坐落在撒哈拉沙漠的南端最后一处有人烟的地区。与它相接的是一大片通往黑人地区的加纳沙漠,沙漠里住着蒙面的桑哈贾部族的分支:马苏法族和拉姆图纳族。② 萨杰拉马萨地区以塔菲拉勒闻名于世。而古城(现在的里萨尼③)只剩下了回忆。众所周知,萨杰拉马萨并非古城,而是与提阿雷特相仿的一座新建城市,它的建设者是梅克内斯部族中的苏福里亚派人。梅克内斯族是曾经支持丹吉尔区域迈萨拉起义的最主要的柏柏尔部族之一。④ 事实上存在着一条重要的移民和征服军走过的古道,它把北面的非斯城和梅克内斯城——它仍然冠以这个部族的名字——同南面的塔菲拉勒亦即萨杰拉马萨连接起来。⑤

伊本·伊扎里认为这座城市是梅克内斯族人阿布·卡西姆·萨姆贡·本·瓦苏勒所建,此人"拥有许多牲畜,在萨杰拉马萨地方辗转放牧"⑥。事实上,他是在法蒂玛王朝建立以前统治萨杰拉马萨王朝的创始人,这是鉴于他的富有,也因为他谋生的这个地区是周围柏柏尔人云集的一个市场。⑦ 至于这座城市的真正缔造者或者萨杰拉马萨的哈瓦利吉派

---

① 参见沙马希的著作,我们在该书的首长列传中看到有这种活动的事例:第279~280页关于萨杰拉马萨的伊巴迪亚派人的活动,第478页关于他们到奥德加斯特的旅行,第312页关于向黑人国王传教和他皈依伊斯兰教,第457页关于伊巴迪亚派人在加纳收集金沙和宣传伊斯兰教的活动,第411页关于他们在塔德马卡特聚敛财富的活动。
② 《考证书》,第200~201页及其注释。
③ 里萨尼今名埃富德。——译者
④ 伊本·赫勒敦的著作第6卷,第130页,"梅克内斯和瓦苏勒王国"一节。
⑤ 哥提埃:《北非往昔》,第317页,他称这条道路为"素丹之路"。
⑥ 伊本·伊扎里的著作第1卷,第56页。对照伊本·赫勒敦的著作第6卷,第130页,他称此人为"萨姆库(萨姆朱)·本·瓦苏勒·本·巴斯蓝·本·阿比·亚祖勒"。
⑦ 《考证书》,第201页。伊本·伊扎里的著作第1卷,第156页。伊本·赫勒敦的著作第6卷,第130页。

奠基人,则按照贝克里和伊本·赫勒敦所确定的,也如伊本·伊扎里所指出的,是一个有黑人血统的(阿拉伯人的)支持者,名叫伊萨·本·亚齐德·阿斯瓦德。① 伊本·伊扎里、《考证书》的作者和伊本·赫勒敦一致认为,有一群苏福里亚派教徒,人数达四百,于伊历140年(公元757~758年)集结在萨杰拉马萨的地方磋商他们的大事。他们推举在哈瓦利吉派人中地位显赫的伊萨·本·亚齐德·阿斯瓦德作他们的首领,尔后就开始建造萨杰拉马萨城。②

据说,这群苏福里亚派人当然是迈萨拉的旧部,他们在那里遴选一个黑人担任伊马目。这表明苏福里亚派在选举伊马目时坚持贯彻"无种族主义"和"无宗派主义"原则的倾向。这是我们在谈到选举伊本·罗斯图姆时业已指明的条件,以便在伊马目一旦偏离正义之道就能够除掉他,萨杰拉马萨的苏福里亚派集团后来对他们的伊马目伊萨就是这样做的。贝克里虽然提到了萨杰拉马萨的缔造者是苏福里亚派人,但是,他把伊萨列为伊巴迪亚派人阿布·哈塔卜的门徒。我们在伊本·哈提卜的《头领们的业绩》第3卷(该书出版后我们已经读过)中注意到,伊本·哈提卜称萨杰拉马萨的苏福里亚派的第二任伊马目为苏福里亚派人阿布·哈塔卜,作者确定他的任期是从伊历167年至191年。这一点,贝克里、《考证书》的作者、伊本·伊扎里和伊本·赫勒敦虽然均未提及,但也不妨对阿布·

---

① 贝克里的著作,第149页。伊本·赫勒敦的著作第6卷,第130页;德·斯朗译本第1卷,第261页。伊本·伊扎里的著作第1卷,第156页。
② 同上。这里,我们发现《考证书》的作者(在第201页)错误地认为萨杰拉马萨清真寺是米德拉尔·本·阿卜杜拉于伊历140年所建,并说米德拉尔就是那个遇到过伊本·阿拔斯的幕僚阿克拉马,而且是唯阿克拉马的马首是瞻的圣训派人。(关于卒于伊历107年[公元722年]的柏柏尔血统的阿克拉马,参看加斯帕尔·雷米拉译本第1卷,第203页,注释2)正如伊本·赫勒敦(在其著作第6卷第130页和德·斯朗译本第1卷第261页中)所确定的,这个圣训派人显然指的是萨姆贡·本·瓦苏勒。至于米德拉尔,如后所述,他在建城中起了作用。

哈塔卜其人打上一个问号。贝克里还把伊萨的罢免和被杀归咎于阿布·哈塔卜发表的侵犯伊萨权力的一篇演讲。① 这表明萨杰拉马萨集团的领导源自伊巴迪亚派。伊萨执政十五年，亦即在阿布·哈塔卜被杀十多年后的伊历 155 年（公元 772 年）被黜。尽管贝克里错误地把阿布·哈塔卜的演讲当作伊萨被黜的原因，但是这不表明他否认伊萨是阿布·哈塔卜的一个门徒。可能，发表这篇让伊萨送命的演讲人是阿布·哈塔卜的继承者阿布·哈提姆，而非阿布·哈塔卜本人。也可以设想，这篇演讲是伊本·罗斯图姆做的，他当时在马格里布的哈瓦利吉派人中身居首位。可以为我们这种观点佐证的是，萨杰拉马萨的苏福里亚派人与提阿雷特的伊巴迪亚派人关系密切，两派难以区分，以致伊本·赫勒敦在谈到萨姆贡（萨姆库）·本·瓦苏勒时说："他是一个伊巴迪亚-苏福里亚派教徒。"② 这是可信的，因为哈瓦利吉派运动自伊历 123 年或 124 年以后已在西马格里布销声匿迹，而东马格里布地区由于改变了该派的教义并且在阿布·哈塔卜的领导下使该派成为比较温和的伊巴迪亚派之后，已取得了运动的领导权。

这里，使我们感兴趣的是，最初，当萨姆贡·本·瓦苏勒住在萨杰拉马萨的时候，该地不过是哈瓦利吉-苏福里亚派人在那里搭建帐篷的一个聚居地。③ 这个游牧民的住地开始随着历史事件的发展而发展。在伊

---

① 参见贝克里的著作，第 149 页："阿布·哈塔卜有一天在伊萨的议事厅里对自己的门徒说'黑人都是窃贼，甚至这个也是'，他指着伊萨。门徒们就把伊萨抓住，捆绑在一座山顶的树上，弃之而去。伊萨终于被蚊蚋咬死。这座山至今称为伊萨山。"对照伊本·赫勒敦的著作第 6 卷，第 130 页。
② 《教训集》第 6 卷，第 130 页；德·斯朗译本第 1 卷，第 262 页。伊本·赫勒敦此后还记述说："有些伊马目是苏福里亚派，有些是伊巴迪亚派。"
③ 伊本·伊扎里的著作第 1 卷，第 156 页："他们在那里与他（萨姆贡）一起，生活在帐篷里。"

萨·本·亚齐德·阿斯瓦德被选为伊马目后,"他们才开始建设"①。但这当然是与当时人们的朴素相一致的一种草创,也就是说,萨杰拉马萨不过是一个沙漠村落。在伊萨被除后的萨姆贡时代(伊历 155～168 年[公元 772～784 年])②,以及后来他的儿子伊勒亚斯时代(伊历 168～174 年[公元 784～790 或 791 年])③,这座城市一直保持这种形式。

萨杰拉马萨的第四代埃米尔亚萨阿·本·阿比·卡西姆在位长达三分之一个世纪(伊历 174～208 年[公元 790～823 年])。在他的时代,萨杰拉马萨初具京城规模。亚萨阿以积极加强这个苏福里亚派王国,努力扩充它的版图而著称于世,以致作家们形容他是个暴戾恣睢、刚愎自用的人。④ 他征服了萨杰拉马萨周围不服王化的部族,使他们俯首听命。他在传播苏福里亚教派方面颇有功绩。⑤ 亚萨阿的势力一直扩展到德腊河。由于他积聚的钱财,尤其是因为他控制了德腊矿藏(德腊五矿),萨杰拉马萨日渐繁荣。如前所述,在使此城初具京城规模方面,功劳归于亚萨阿。据伊本·赫勒敦说,亚萨阿把萨杰拉马萨当作自己的所在地,在里面兴建宫殿、宅第和水库(作坊),从而完成了城市的建设。⑥

---

① 伊本·伊扎里的著作第 1 卷,第 156 页。
② 参见贝克里的著作,第 149 页,他说:"萨姆贡在位十二年后,在一次宵礼上突然死亡。"伊本·伊扎里的著作第 1 卷,第 156 页:"萨姆贡始终统辖众人,直到伊历 168 年亡故。"对照伊本·赫勒敦的著作第 6 卷,第 130 页;德·斯朗译本第 1 卷,第 262 页。伊本·赫勒敦说:"萨姆贡执政十二年,于伊历 167 年暴卒。"
③ 参见贝克里的著作,第 150 页。他说:"伊勒亚斯号称阿布·瓦齐尔。"对照伊本·赫勒敦的著作第 6 卷,第 130 页;德·斯朗译本第 1 卷,第 262 页。伊本·赫勒敦称他为"瓦齐尔"。阿拉伯文原本说伊勒亚斯卒于伊历 194 年,而法文译本则写作伊历 174 年。对照伊本·伊扎里的著作第 1 卷,第 156 页。他说:"伊勒亚斯执政仅两年,伊历 170 年被其弟亚萨阿废黜。"这里,伊本·伊扎里有一个错处:他确定亚萨阿卒于伊历 208 年,并把他的在位期算成三十四年(见伊本·伊扎里的著作,第 157 页)。为了纠正这个数字,亚萨阿上台执政应在伊历 174 年。
④ 伊本·伊扎里的著作第 1 卷,第 157 页。
⑤ 同上。伊本·赫勒敦的著作第 6 卷,第 130 页:"他原是苏福里亚派教徒……"
⑥ 伊本·赫勒敦的著作第 6 卷,第 130～131 页;德·斯朗译本第 1 卷,第 262 页。

在此以后，亚萨阿理所当然要在城市周围筑起坚固的城墙，以保护城内居民不受外敌侵扰。由于带有公益性的设施被认为是虔诚和敬主的善举，萨杰拉马萨伊马目就把修筑保护城池和居民的城墙，视作他个人的无人可与共事的工作。①《考证书》的作者还说："为筑城墙而耗费的食物共达一千莫德。"②城墙以石头作基础，上砌砖块。③ 这位作者又说："萨杰拉马萨城有十二个城门。"不过，我们猜测，这是指在《考证书》作者的时代，这座城市在穆拉比特王朝时代已经扩大，穆拉比特王朝把注意力转向黑人地区，而萨杰拉马萨则是黑人地区的门户。因此，《考证书》的作者认为它是"马格里布最大的城市之一"④。

至于建筑城墙的年份，伊本·赫勒敦确定为亚萨阿在位第三十四年⑤，亦即他统治的最后一年：伊历208年（公元823～824年）。这就意味着有两种可能：要么城墙竣工于同一年（伊历208年）；要么系由亚萨阿动工而由其子、拥有哈里发称号"蒙塔西尔"的米德拉尔（伊历208～253年[公元823～867年]）⑥完工。这个年份的根据是贝克里著作中的一个模糊点。《考证书》的作者跟随其后，引证了一个传述，认为萨杰拉马萨本身是米德拉尔·本·亚萨阿（伊历140年[公元757～758年]）所建。⑦ 由于米德拉尔从伊历208年（公元823年）开始称王一事已尽人皆知，所以这个传述说，这里说的米德拉尔乃是个铁匠，"科尔多瓦郊区拉卜德人氏。

---

① 伊本·伊扎里的著作第1卷，第157页。
② 《考证书》，第201页。（莫德，容器名，约等于18升。——译者）
③ 伊本·伊扎里的著作第1卷，第157页。
④ 《考证书》，第201页。
⑤ 伊本·赫勒敦的著作第6卷，第130页；德·斯朗译本第1卷，第262页。
⑥ 关于米德拉尔被称为蒙塔西尔，参看贝克里的著作，第150页；伊本·伊扎里的著作，第1卷，第157页；伊本·赫勒敦的著作第6卷，第131页；德·斯朗译本第1卷，第262页。对照《考证书》，第201页。
⑦ 贝克里的著作，第149页；《考证书》，第201页。

拉卜德之乱时，他逃出安达卢西亚，在萨杰拉马萨附近落户。当时的萨杰拉马萨周围是柏柏尔人的市场。米德拉尔搭帐篷而居，人们住在他的周围。这就是该城最早的雏形。米德拉尔是个黑人，他的儿子们为此遭到诽谤"[1]。显而易见，这个传述中所说的米德拉尔是指萨杰拉马萨第一任伊马目黑人伊萨·本·亚齐德。这就表明这个传述是错误的，即便是贝克里本人，也予以确认。[2]

这个传述虽然有错，但显然也包含一些事实。伊历202年(公元817年)亦即在亚萨阿开始修筑城墙(的伊历208年)之前，科尔多瓦发生以"拉卜德之乱"著称的暴动，哈克姆·本·希沙姆捣毁了科尔多瓦这个叫做拉卜德亦即郊区的南部大区，当地人被逐出安达卢西亚，许多人前往马格里布，还有大批人参加渡海大冒险，终于抵达亚历山大城，尔后又到克里特岛(阿克里塔什岛)。[3] 众所周知，这些前往马格里布的拉卜德人在非斯城正在兴建的时候到达，他们参加了建城，为自己择定了一个区，名叫"安达卢西亚区"。

因此，我们认为，拉卜德人米德拉尔的故事也许原来是有正确根据的；并非不可能的是，这些仓促冒险甚至横渡地中海东去的拉卜德人中，有一部分走了从非斯地区到萨杰拉马萨的移民古道；亚萨阿欢迎他们，并在伊历208年修筑城墙过程中借助了他们。然而，亚萨阿在这一年去世，城墙尚未完成，拉卜德人在亚萨阿之子米德拉尔·蒙塔西尔时代才将其完工。这样就可以解释米德拉尔的名字与拉卜德人联系在一起的原因。

---

[1] 《考证书》，第201页。贝克里的著作，第149页。
[2] 贝克里的著作，第149页。
[3] 参见莱维·普罗旺萨耳：《西班牙穆斯林历史》，法文版，公元1944年版，第119～121页。并见萨阿德·扎格卢勒·阿卜德·哈米德：《亚历山大城历史——从阿拉伯征服到法蒂玛王朝的建立》，载《自远古以来的亚历山大城历史》，公元1963年亚历山大版，第267、275页。

我们认为，亚萨阿时代萨杰拉马萨所经历的建造宫殿、宅第和作坊并使之成为当之无愧的南都大建设工程，是靠着科尔多瓦的安达卢西亚人的参加才完成的，因为科尔多瓦的拉卜德在伊历202年暴动之前已经发生过好几次动乱。事实上，萨杰拉马萨从一个沙漠村落转变为马格里布的一座京城，也不得不据此做出解释，在这方面，萨杰拉马萨城与非斯城的情况相同。

第三节　伊德里斯王朝在西马格里布的建立和非斯城的兴建

阿拉维族人的王朝的哈瓦利吉派根基

正当两个哈瓦利吉派的埃米尔国在提阿雷特和萨杰拉马萨建立的时候，西马格里布也建立了一个新的阿拉维族人的埃米尔国，这就是非斯的伊德里斯王朝。这三个王国不仅各自的教派特色不同，而且它们的性质也有区别。前两个是沙漠性质的王国，伊德里斯王国却具有纯粹的城居、文明性质，这表现在它的京城非斯上。一千多年后，非斯仍保持着它当初的文明色彩，而提阿雷特则从伊历四世纪起就日趋衰亡。[①] 萨杰拉马萨王朝的繁荣兴旺到伊历八世纪之后也江河日下，因为从穆拉比特王朝时代起马格里布南部沙漠担负着重要的角色，当地仅以塔菲拉勒的名字著称。在迦太基——表现为突尼斯城——恢复了它作为阿非利加京城的地位之后，甚至凯鲁万城本身也失去了它的重要性。

在阿拉维族人的伊德里斯王国(亦即至少是形式上的什叶派王国)的建立中，首先值得注意的是，作为王国基础的区域，不久以前乃是哈瓦利吉派运动的发祥地。不必再去指出往日兄弟们(我们是指哈瓦利吉派和

---

① 参见伊本·豪卡勒的著作，贝鲁特版，第93页。

什叶派)之间的阋墙之争,这种敌视曾达到互相斥责、彼此指控对方叛教的程度。关于西马格里布的哈瓦利吉派怎样从一个极端转到另一个极端,亦即怎样从苏福里亚派迈萨拉的支持者一转而为法蒂玛族人[①]伊德里斯的追随者和同盟者,这里有着许多性质不同、介于政治和宗教之间的原因。

第一个原因当然是反对(哈里发)国家的共同性。双方尽管存在分歧,但都一直反对哈里发国家,无论它是倭马亚王朝还是阿拔斯王朝。这种反对迎合了马格里布柏柏尔人的心理。柏柏尔人对倭马亚王朝管理的腐败感到厌恶,他们竭力追求一个能实现他们与阿拉伯人间的平等和根据伊斯兰教原则行事的政权。所以,在阿拔斯王朝时期,西马格里布的柏柏尔人仍坚持他们对待哈里发政权的态度,也就并不令人感到诧异。但奇怪的是,他们竟然会团结在实行集权原则的阿拉维族人的伊马目周围,这种集权的原则是体现在与已经成为哈瓦利吉派政治基础的协商和群众选举的原则背道而驰的君主世袭制上的。这里,我们看到,哈瓦利吉派仅仅坚持口号和形式,而罔顾内容。当他们有机会实际贯彻自己的主张时,他们便偏离由群众拥立伊马目的原则,而实行君主世袭的原则,虽然在拥立君主时,也套用公选的形式。这与倭马亚王朝和后来的阿拔斯王朝的做法完全一样。如前所述,在提阿雷特,伊巴迪亚派的伊马目之位已由罗斯图姆族人世袭,从而导致了我们前面谈到的分裂运动。

对于萨杰拉马萨的苏福里亚派的伊马目之位来说,情况也是一样。各部族摆脱了不具宗派偏见却有黑人血统的第一任伊马目,使伊马目之

[①] 参见《考证书》,第180页。此处确实称伊德里斯为法蒂玛人。伊本·阿比·迪纳尔在其著作第99页中)也称伊德里斯人为法蒂玛人。

位由瓦苏勒族人世袭。这就可以设想,哈瓦利吉派集团并不反对在遴选哈里发亦即伊马目时已成为历史传统的原则,也可以设想,往日的什叶派——我们指今天的哈瓦利吉派——也不放弃他们最早的原则,即伊马目之位应属于圣裔阿拉维族人①的遗产之一,因此尽管不是对圣裔,他们也执行世袭原则。当有机会提出一个阿拉维族人的时候,哈瓦利吉派在西马格里布的各部族和其他人,就会立即追随在他周围,他们根据什叶派的原则,让他的子孙实行世袭制度。

不过,我们在这里应毫不延误地指出,尽管伊德里斯是阿拉维族人,也尽管伊德里斯王朝是世袭的君主制,但是,它却不是一个人所共知意义上的什叶派国家。即便说它是的话,那么,它也是一个什叶派分支泽德派(一译栽德派)或者具有一种接近逊尼派温和性质的国家。因此,在作家们看来,它是一个哈希姆族的王朝。② 这是理所当然的:伊德里斯王朝突然出现了,它不像早先的阿拔斯王朝和后来的法蒂玛王朝,甚至也不像提阿雷特的伊马目政权,进行过准备或事先的宣传。总之,它不是按照一定的政治或宗教原则建立的,而是建立在一个能体现伟大的阿拉维族人的威严和圣裔丰功伟绩的人的双肩之上的。

伊德里斯进入马格里布——从希贾兹到埃及到马格里布

王朝的创始人是伊德里斯·本·阿卜杜拉·本·哈桑·本·哈桑·本·阿里·本·阿比·塔列卜。③ 他来到马格里布的原因,是他参加了麦加的哈桑族人在侯赛因·本·阿里·本·哈桑·本·哈桑·本·哈桑(外号西卜特)领导下的反叛。在哈里发哈迪时代的伊历169年(公元786

---

① 阿拉维族人即第四位哈里发阿里的后裔。——译者
② 参见伊本·伊扎里的著作第1卷,第82页。前已指出,《考证书》的作者称伊德里斯二世为法蒂玛人,这个称呼并不包含更多的意义,只是说明他是法蒂玛·扎赫拉的后代,而不是指在法蒂玛王朝时代出现的一定的宗教派别或政治倾向。
③ 伊本·伊扎里的著作第1卷,第82、210页。

年6月)的朝觐季节,阿拔斯王朝使哈桑族人在法赫的地方落入圈套,反叛终于失败。① 哈桑族人在法赫惨遭杀戮,但也有不少人得以逃脱,其中有叶海亚·本·阿卜杜拉,他向东逃至德拉姆地区,成功地煽动当地人起来反对哈里发政权,直到拉希德采用权术借助百尔马克人法德勒·本·叶海亚之手除掉了他。② 而从法赫之役逃生人中的最闻名者,就是逃往马格里布的伊德里斯·本·阿卜杜拉。伊德里斯王朝的作家们为伊德里斯的发迹增添了一种饶有趣味的故事色彩,把历史事实和民间传说糅合在一起。比如伊本·阿比·扎尔阿在他的《文苑良友》中,为了突出圣裔的功绩,就依次罗列了这些传述。

伊德里斯乔装混在向埃及而去的朝觐驼队里,逃出希贾兹。陪同他的是一个扶助者,以智勇双全著称的腊希德。据说,腊希德原是柏柏尔人,所以他陪伴伊德里斯去马格里布,投靠他的族人。③ 作家们一致认为,伊德里斯平安到达西马格里布,并且有人在各部族之间为他进行宣传,功劳应归于腊希德。这件事不仅对伊德里斯王朝的建立来说很重要,而且对那些来自马什里克、与哈里发政权断绝关系的大部分马格里布国家来说,也具有重大意义。比如安达卢西亚的倭马亚王朝,它的建立归功于阿卜德·拉赫曼·穆阿维叶·达希勒的幕僚巴达尔的努力;④ 又如阿非利加

---

① 参见塔伯里的《伊历169年纪事》;伊本·阿西尔:《伊历169年纪事》第6卷,第36~38页;贝克里的著作第118页;《考证书》第194页;伊本·伊扎里的著作第1卷,第83页;伊本·赫勒敦的著作第4卷,第8页(此处以"法贲"取代了"法赫"),第12页(此处写为"阿贲"),第6卷,第147页(此处记载正确:"法赫");德·斯朗译本第2卷,第559页。这里值得注意的是,有些作家把事情搞混了,他们说,伊德里斯参与了伊历145年(公元762年)穆罕默德·纳弗斯·扎基亚在麦地那的叛乱,或者说他参与了伊历169年穆罕默德·纳弗斯·扎基亚的叛乱。参见梅斯欧迪的《黄金草原》第3卷,第308页;《心灵游苑》第4~5页;伊本·伊扎里的著作第1卷,第210页。
② 参见伊本·阿西尔的《伊历176年纪事》第6卷,第50页。
③ 《考证书》,第194页(瑙法利的传述)。
④ 参见《史话集》,第53、67、74等页。

的法蒂玛王朝,它的建立归功于奥贝德拉·马赫迪的幕僚什叶派的阿布·阿卜杜拉的努力。①

显然,哈里发国家追踪哈桑族人是不遗余力的。当时的埃及总督阿拔斯族人阿里·本·苏莱曼很快获悉了伊德里斯的情况。② 大部分传述都认为,伊德里斯的得救应归功于埃及的邮政大臣——哈里发曼苏尔之子萨利赫的幕僚瓦迪赫——伊本·赫勒敦称他为瓦迪赫·米斯金,他是什叶派人③。这一点与铿迪的传述也不矛盾。铿迪清楚地记载:"阿拔斯王朝的埃及总督阿里·本·苏莱曼知道伊德里斯的身份,秘密会见了他。伊德里斯要求阿里·本·苏莱曼以真主和亲戚关系起誓掩护他。尔后伊德里斯就逃往马格里布。"④正是阿里·本·苏莱曼,为伊德里斯逃出埃及提供了方便。不妨说,这两个传述都正确,也就是说什叶派的邮政大臣和阿拔斯王朝的总督协同掩护了这位阿拉维族人。因为铿迪的传述解释了这位阿拔斯王朝的总督包庇他的亲戚、窝藏他的仇敌阿拉维族人的原因,即在于这位总督也觊觎着哈里发的王位,而这也正是拉希德罢免他的原因。⑤ 这一点,《文苑良友》也阐明了。该书确定,阿里·本·苏莱曼包庇

---

① 参见《考证书》,第202页注释及其后面几页;《教长们的传述——正统派的训诫》,第74页及其后面几页。
② 参见铿迪的著作,第131~132页:"阿里·本·苏莱曼的任期是从哈伦时代的伊历169年7月到拉希德时代的伊历171年4月(公元786年4月到787年8月)。"
③ 参见伊本·阿西尔的《伊历169年纪事》第6卷,第38页;伊本·伊扎里的著作第1卷,第83页;伊本·赫勒敦的著作第4卷,第7、12页;德·斯朗译本第2卷,第559页。对照《文苑良友》,第5页,此处引证了贝克里(的著作第118~119页中)的传述。只有这个传述谈到了一些有趣的细节,比如:"伊德里斯和腊希德在福斯塔特的街上闲逛。一幢建筑出色、装潢精致的宅第引起他俩的注意。他俩与房主攀谈。房主终于知道他俩是哈桑族的什叶派人。腊希德信赖了房主,向他介绍了伊德里斯。房主也暴露了自己是个什叶派人,他尽善尽美地把他俩安置下来。"不妨认为,这个什叶派人就是邮政大臣瓦迪赫。铿迪对瓦迪赫任邮政大臣一事只字未提,不过他说"瓦迪赫在伊历162年(公元778~779年)任职埃及三个月"。(见其著作第121页)
④ 铿迪:《总督和法官》,第131页。
⑤ 同上书,第131~102页。

了这个掩护伊德里斯和腊希德的什叶派人，要求他带他俩离开阿里·本·苏莱曼的辖区。《文苑良友》对这一点的解释是总督不愿意圣裔遭受杀害。① 于是，据说为伊德里斯逃往马格里布策划了一个高水平的阴谋。从贝克里和伊本·伊扎里的传述中知道，确定了腊希德随同朝觐和行商的驼队离开埃及，取道大路；而伊德里斯则与瓦迪赫结伴走"隐蔽之路"——我们认为，这是邮政之路——大家在巴尔卡会面。② 到了巴尔卡，瓦迪赫对伊德里斯和腊希德的安全感到放心了。在给了他俩必需的钱和物品之后，他便送别了他俩。大家显然商定伊德里斯穿着粗衣，乔装改扮为腊希德的侍童。③ 这里，在确定伊德里斯和腊希德所走的道路上，各种传说说法不一。我们倾向于采取贝克里和《考证书》作者引证的传述。它说，腊希德(出于对哈里发国家官员穆哈拉卜族人的顾虑)没有进入阿非利加地区，而径往柏柏尔人地区④(亦即不服从凯鲁万埃米尔的地区)。伊德里斯在特累姆森休息几天之后，腊希德又带他向西而去。他俩渡过木卢亚河，进入近苏斯地区，在当时西马格里布最大的城市丹吉尔住了一段时间。⑤ 正如大部分作家公认的，这是在经过约两年的长途跋涉之后⑥，

---

① 《文苑良友》，第6页。
② 贝克里的著作，第119页。《文苑良友》，第6页。
③ 贝克里的著作，第118页。《考证书》，第194页。
④ 贝克里的著作，第119页。《考证书》，第194页。而在《文苑良友》(第6页)中，则记载："腊希德带伊德里斯进入凯鲁万，住了一个时期。腊希德当时出于对伊德里斯的担心，为他的进城设谋，让他穿上粗衣，改扮为自己的仆人。"
⑤ 《文苑良友》，第6页。
⑥ 参见《文苑良友》，第6页，此处记载："伊德里斯到达瓦来拉是在伊历172年3月初(公元787年8月20日)。"贝克里的著作，第118页。伊本·赫勒敦的著作第4卷，第7页(此处误写为"伊历176年")，第72页(改为"伊历172年")，第6页，第147页。对照伊本·伊扎里的著作第1卷，第82页："伊德里斯进入马格里布是在伊历170年(公元786~787年)。"然而，我们认为，伊本·伊扎里的意思是指伊德里斯离开埃及去马格里布的时间，因为伊本·伊扎里(在其著作第1卷，第83页中)把各部族拥立伊德里斯的时间确定在伊历172年(公元787年)。

在伊德里斯定居在瓦来拉城①之前。

定居在瓦来拉

虽然《文苑良友》的作者说,伊德里斯在丹吉尔没有达到预期目的,便随其幕僚腊希德折回,最后住在瓦来拉城,但是,我们认为,他没有在西马格里布的京城虚度光阴,而是开始对各部族进行调查,了解他们的意见和力量,直到他被引导瓦来拉的部族。古老的瓦来拉城坐落在现在的非斯和梅克内斯之间的扎尔洪山山麓。② 它是这个土地膏腴、水源丰富、庄稼茂盛地区的首府,当时是布尔努斯人的乌尔贝族的聚居地。③ 乌尔贝族人,我们前已述及,他们在其首领库塞拉率领下在中马格里布曾抵抗过奥克巴·本·纳菲厄,并在塔胡达附近将他杀死。显而易见,在阿拉伯人对这个部族进行惩罚性的远征之后,该族人离乡背井,移居到木卢亚河和乌姆雷卜亚河之间的近苏斯来了。④

在瓦来拉,伊德里斯下榻在乌尔贝族首领伊斯哈克·本·穆罕默德·本·阿卜德·哈米德家中。伊斯哈克欢迎并款待伊德里斯。⑤ 各种文本形

---

① 贝克里的著作,第118页。《考证书》,第194页。伊本·伊扎里的著作第1卷,第83页(写为"瓦来拉")。伊本·赫勒敦的著作第4卷,第7页(写为"瓦来拉"),第12页(写为"瓦利亚",正确的应为"瓦来拉")。参见本书图十一。
② 伊本·赫勒敦的著作第6卷,第147页;德·斯朗译本第1卷,第290页。参见本书图十一。
③ 贝克里的著作,第118页。《考证书》,第194页。《文苑良友》,第6页。
④ 关于近苏斯(它的范围从木卢亚河到乌姆雷卜亚河),参见《文苑良友》,第6页。关于被祖赫尔·本·盖斯打败后的乌尔贝族人在西马格里布的聚居地,参见伊本·赫勒敦的著作第6卷,第147页;德·斯朗译本第1卷,第290页。
⑤ 《考证书》,第194页。关于乌尔贝族的历史,见伊本·赫勒敦的著作第6卷,第147页;德·斯朗译本第1卷,第290页。关于伊德里斯王朝,见伊本·赫勒敦的著作第4卷,第7、12页;德·斯朗译本第2卷,第559页。德·斯朗译本中,这个首领的名字被写成阿布·来拉·伊斯哈克。我们不知道德·斯朗是否搞错了,把"在瓦来拉"写成了"布·来拉",亦即把瓦来拉城当作这个乌尔贝族人的别名了(Abou Laila = Bou Laila?)。因为事实上,贝克里确实称伊斯哈克的别号为阿布·来拉(见贝克里的著作,第113页)。《文苑良友》第6~7页中称之为"乌尔贝族人阿卜德·哈米德"。

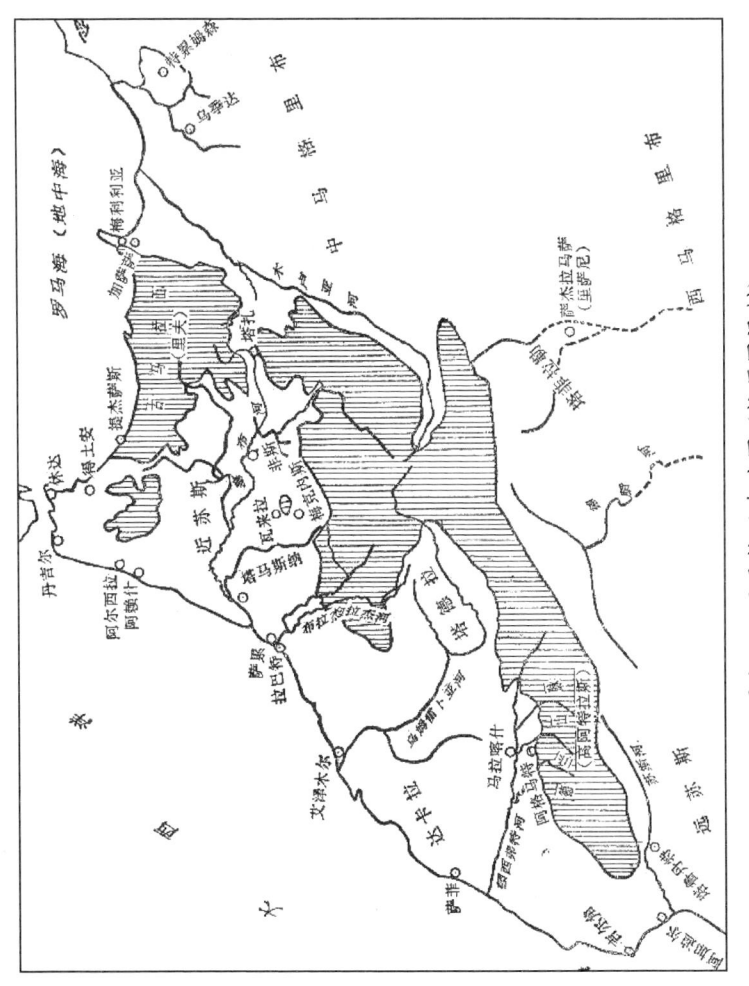

图十一 西马格里布地图（按原图译制）

容这个乌尔贝族的首领是个穆尔太齐赖派教徒。① 我们不了解这里说的穆尔太齐赖派是指什么,因为我们对穆尔太齐赖派的政治原则仅仅知道他们的先辈脱离内讧、对内讧持中立态度,以及统一、正义、承诺、威胁和行善等这些众所周知的穆尔太齐赖派原则。② 假若这些原则是目的所在,也就是说,马什里克哈里发国家中心出现的思想运动,产生的深远影响,不仅如前所述已波及凯鲁万,而且深入到柏柏尔地区的中心。有的作家说,直到那时,还有许多柏柏尔部族信奉祆教、犹太教和基督教。这一点,我们后面将会谈到。也许上面提到的穆尔太齐赖派,是指哈利吉派的一个派别,贝克里称之为瓦西利亚派。他确定,此派从属伊巴迪亚派。事实上,在穆尔太齐赖派与哈瓦利吉派的思想之间,是存在着某种亲缘或一致的东西。③

按照宣教者们熟知的技巧原则,一开始,腊希德没有暴露他主公的主张。《考证书》中记载:"伊德里斯赞成伊斯哈克·本·穆罕默德的穆尔太齐赖教派。"④

伊德里斯被拥立

随着时间的推移,伊德里斯向乌尔贝族首领显示了身份,宣布他当伊马目的合法性。伊斯哈克毫不犹豫地表示支持。这当然是伊斯哈克的一个天赐良机:一个阿拉维族人住在他的地方,这抬高了他在乌尔贝族成员中的身价,同时也为他带来了一种高于其他部族首领的优势。于是,伊德里斯就住在伊斯哈克的家中,而伊斯哈克则亲自为伊德里斯效劳。这是

---

① 贝克里的著作,第118页。《考证书》,第194页。《文苑良友》,第6页。
② 参见梅斯欧迪:《黄金草原》第3卷,第234页。
③ 关于哈瓦利吉派涉及统一、承诺和威胁的原则,也是穆尔太齐赖派的原则。参见梅斯欧迪的著作第3卷,第146页。关于马格里布的伊巴迪亚派对《古兰经》的特点以及《古兰经》并非臆造问题上对阿什阿里亚派的批判"和"论承诺和威胁"的看法,参见阿路什:《伊巴迪亚派人的两篇神学论文》第22卷,公元1936年埃斯贝里斯版,第1分册,第57页。
④ 贝克里的著作,第118页。《考证书》,第195页。

在伊历 172 年 3 月 1 日（公元 788 年 8 月 20 日）。伊斯哈克召集乌尔贝族各首领，向他们介绍伊德里斯及其身份。大家表示欢迎说："赞颂全归真主。真主把他赐给我们，我们为生活在他周围而感到荣耀。他是我们的主人，我们至死是他的仆人。"最后，大家拥立伊德里斯为伊马目。这事发生在伊历 172 年 9 月中旬（公元 789 年 2 月 15 日）。① 这是在西马格里布最初为阿拉维族人宣传的开始。此后，一个宣教运动在周围各个区域的部族中展开。为伊马目伊德里斯作宣传的有：扎纳塔族、祖瓦加、祖瓦瓦族、利马亚族、萨德拉塔族、米苏腊塔族、格亚塔族、内夫扎族、梅克内斯族和古马拉族，人们从四面八方来投奔他。②

积极的行动

由于所有这些部族参加为阿拉维族人作宣传，建立伊德里斯王朝的一个积极阶段开始了。这是根据伊马目肩负着的要达到的目的，它符合圣裔的使命——努力传播伊斯兰教和为安拉进行圣战。至于这项工作的范围，则是在伊斯兰教尚未站稳脚跟的区域，或者是在当地人以信奉异端邪说闻名的区域。

征服塔马斯纳

伊马目和他的谋士们理应选择柏尔加瓦塔族的聚居地塔马斯纳区域来开展他们的第一项活动。塔马斯纳区域很早以来就以当地部族的分离和信奉异端邪说的倾向著称，因而叫做"不信神的柏尔加瓦塔族"。柏尔加瓦塔族人的这种不信神，同马格里布的许多政治和宗教运动一样，乃是早

---

① 《文苑良友》，第 8 页。伊本·阿比·迪纳尔：《趣闻》，第 99 页，此处确定的日期是伊历 172 年 9 月。对照伊本·伊扎里的著作第 1 卷，第 83 页，他仅仅确定了年份：伊历 172 年（公元 788～789 年）。
② 《文苑良友》，第 7 页。对照伊本·赫勒敦的著作，第 4 卷，第 12 页，第 6 卷，第 147 页。伊本·赫勒敦把"米苏腊塔族"写成了"锡拉塔族"，而《文苑良友》中则写作"米兹腊塔族"。

期哈瓦利吉-苏福里亚派运动的产物。迈萨拉的起义被平息以后,他的门徒分散在各地。其中有个名叫塔里夫的人,避居在大西洋沿岸,布拉杰拉杰河(萨累河)和乌姆雷卜亚河河口之间的塔马斯纳地区。塔里夫显然就是塔里夫·本·穆卢克,他在塔里克·本·齐亚德之前第一个袭击安达卢西亚沿海,塔里夫岛即以他命名。① 塔马斯纳地区的柏柏尔人自称柏尔加瓦塔族人。②

作家们说,塔里夫原是信奉伊斯兰教的,但他的儿子和嗣君萨利赫·本·塔里夫(生于伊历110年[公元728~729年])却偏离了正道,对人自称先知和"信士们的萨利赫"③。更有甚者,作家们还说:"萨利赫创立了一种新教。当他的势力日盛,他嘱咐其子伊勒亚斯宣传他的宗教,自己则前去马什里克,他说,他将以马赫迪④的身份回来,为这块被不义笼罩的土地带来正义。"⑤这件事是有其意义的,因为它阐明了哈瓦利吉派人如何与他们的仇敌什叶派人一起,实际贯彻世袭君主统治制的主张之后,又在所期待的救世主的见解——这是什叶派的主要主张之一——上一致起来。在政治上,萨利赫命其子与安达卢西亚的埃米尔通好,亦即与倭马亚王朝友

---

① 参见贝克里的著作,第138页,他引述了一位诗人诋毁柏尔加瓦塔族人的两行诗:
忆往昔,你们追随迈萨拉,气势汹汹;
看今朝,你们成强弩之末,日暮途穷。
对照伊本·赫勒敦的著作第1卷,第208页,他称塔里夫的别名为"阿布·苏贝赫";伊本·伊扎里的著作第1卷,第224页;《考证书》第197页,说塔里夫是安达卢西亚的犹太人出身。参见普罗旺萨耳《西班牙穆斯林历史》,法文本,第13页。
② 参见贝克里的著作,第138页;伊本·伊扎里的著作第1卷,第223页。对照《考证书》,第197页,此处记载:"当时的塔马斯纳的柏尔人是属于扎纳塔族的一个蒙昧部族。"并称:"进入他们中间的是萨利赫·本·塔里夫。"
③ 萨利赫意为有"有德行者","正义之士"。——译者
④ 马赫迪是什叶派人所期待的救世主。——译者
⑤ 贝克里的著作,第138页。《考证书》,第198页。伊本·伊扎里的著作第1卷,第224页。对照伊本·赫勒敦的著作第6卷,第207页,他说:"萨利赫在希沙姆·本·阿卜德·马利克即位哈里发的伊历127年出现,他的统治达四十七年。"

好相处,抵制马格里布的埃米尔们。① 萨利赫·本·塔里夫的子孙一直执掌着塔马斯纳的埃米尔政权,他们的势力扩展到邻近各部族,坚持他们的异端邪说,直到穆拉比特人侵入,阿卜杜拉·本·亚辛于伊历450年(公元1057年)在一次战役中毙命。②

伊德里斯从扎纳塔、乌尔贝、桑哈贾和胡瓦拉各族人中调集一支军队,前往沙拉城。沙拉是萨累的旧城,与现在的拉巴特市隔河口相望。伊德里斯征服沙拉,接着在整个塔马斯纳地区巡弋,将其征服。他随后又征

---

① 参见贝克里的著作,第138页;《考证书》,第198页;伊本·伊扎里的著作第1卷,第224页;伊本·赫勒敦的著作第6卷,第207～209页。
② 伊本·赫勒敦的著作第6卷,第209页。关于柏尔加瓦塔族的埃米尔们萨利赫·本·塔里夫族人,也见上述的出处。伊勒亚斯·本·萨利赫(在位五十年)之后,由尤尼斯·本·伊勒亚斯继位,在位四十年或更久(四十四年)。宣传不信神和自称先知的是尤尼斯。他曾与瓦西利亚派领袖扎纳塔族人泽德·本·席南、苏福里亚派的瓦基勒的祖父布尔古斯·本·赛义德和萨杰拉马萨附近穆纳迪亚堡的首领穆纳德等前往马什里克。尤尼斯与上述三人一起学习教律学,记下听讲的一切,并学习星象学和占卜学(见伊本·伊扎里的著作第1卷,第225页;伊本·赫勒敦的著作第6卷,第207～208页)。继承尤尼斯的是阿布·奥费尔(有的说他是尤尼斯的儿子,如《考证书》第198页。也有的人认为他是王族的另一支,名叫阿布·奥费尔·本·马阿兹·本·亚萨阿·本·萨利赫·本·塔里夫,见贝克里的著作,第135页;伊本·伊扎里的著作第1卷,第224页;伊本·赫勒敦的著作第6卷,第208页)。阿布·奥费尔之后是使该族统治历经了三百年的阿布·安萨尔·阿卜杜拉(《考证书》的作者称他为阿布·贾法尔·哈夫斯——第198页)。此后是他的儿子阿布·曼苏尔·伊萨即位(伊历341年)。阿布·曼苏尔在伊历352年(公元963年)曾与倭马亚王朝的穆斯坦西尔·比拉有书信来往。作家们叙述了关于萨利赫·本·塔里夫家族和他们的柏尔加瓦塔族人异端邪说的离奇传述,如妄称先知、歪曲伊斯兰教教义和生造《古兰经》的章节。我们认为,作家们有许多夸大其词的说法。他们这样做是为了达到反对塔里夫族人的教派的和政治的目的。我们还认为,塔里夫家族和柏尔加瓦塔族人歪曲教义的原因,在于他们要用柏柏尔语来行宗教仪式,并把《古兰经》译成他们自己的语言。在这方面,据说,他们说的"马卡尔亚克什",译意是"大的真主",据我们猜想,即是"大哉真主"。又如他们说的"伊斯曼亚克什",译意即"以真主的名义"。参见《考证书》,第199页;贝克里的著作139页;伊本·伊扎里的著作第1卷,第227页。关于"亚库什"("亚克什"),德·斯朗猜想即是巴科斯(酒神Bacchus);巴斯特说,此词的真实含义是"赐予者、馈赠者或好施者";参见马尔西的著作。他试图解释此词为亚祖斯(Jezus),即基督耶稣(Jésus),我们认为这缺乏令人信服的根据。马尔西:《伊巴迪亚派人和柏尔加瓦塔人的上帝》第22卷,公元1936年埃斯贝里斯版,第1分册,第33页及其后面几页。

服了塔德拉区域及其城堡,使当地人皈依伊斯兰教。从伊本·阿比·扎尔阿的传述中知道,当地人中有许多集群原来是信奉基督教和犹太教的。① 伊德里斯这次远征显然紧接在他被各部族拥立之后,因为他回到瓦来拉的时间是伊历172年12月底(公元789年5月底)。② 伊德里斯在瓦来拉让他的人马稍事休息之后,又立即出发去征讨残存的信仰袄教、基督教和犹太教的柏柏尔人。他摧毁城堡,破坏据点,迫使反叛者服服帖帖改奉伊斯兰教。随着这第二次讨伐的结束,凡达拉瓦、马德尤纳、巴赫卢拉和格亚塔各部族均被征服。同时,伊德里斯还征服了法扎兹地区的土著。他于伊历173年6月中(公元789年10月10日)回到瓦来拉。③

特累姆森的征服及其清真寺的修建

伊德里斯只休整了大约一个月。伊历173年7月中(公元789年11月),他由瓦来拉出发,前往中马格里布的特累姆森。那里有扎纳塔部族的两个分支:马格拉瓦族和伊弗兰族,领导权属于马格拉瓦族及其首领穆罕默德·本·哈扎尔·本·苏拉特。伊马目伊德里斯的威望就足以兵不血刃地使穆罕默德·本·哈扎尔归顺,因为穆罕默德急忙求和,他和扎纳塔部族都拥护伊德里斯。因此,伊马目和平进入特累姆森。他在那里的最大业绩,是修建城里的大清真寺,造了一座漂亮的讲经坛,上面镌刻着他建造的日期:"奉至仁至慈的安拉之名。此系伊德里斯·本·阿卜杜拉·本·哈桑·本·哈桑·伊本·

---

① 参见《文苑良友》,第7页。我们认为,伊本·阿比·扎尔阿说当地绝大部分人信仰基督教和犹太教,信奉伊斯兰教的人为数寥寥,而那时距穆萨·本·努塞尔进入西马格里布已有八十年,因此,伊本·阿比·扎尔阿的说法是夸大其词的,他显然想为伊马目伊德里斯歌功颂德。对照伊本·赫勒敦的著作第4卷,第12页;德·斯朗译本第2卷,第560页。
② 《文苑良友》,第7页。
③ 同上书,第7~8页。对照伊本·赫勒敦关于伊德里斯王朝的论述,第4卷,第12页;德·斯朗译本第2卷,第560页。伊本·伊扎里(在其著作第1卷第84页中)还说到伊德里斯征服了远苏斯,进入马萨城。

阿里·本·阿比·塔列卜——愿真主喜爱他们——敕令兴修。伊历174年2月（公元790年6~7月）。"①这就是说，伊德里斯在特累姆森一直住到伊历174年，然后回到瓦来拉。他在归途中经过塔扎地区，显然制服了那里的部族。正如伊本·伊扎里所说，"这一年，他的埃米尔国已趋完整"②。

伊德里斯一世之死

从《文苑良友》的传述中知道，由于征服了特累姆森，伊德里斯的眼光便从瓦来拉转向东方。这就引起马什里克哈里发国家的恐惧。伊本·阿比·扎尔阿说："拉希德听说伊德里斯平定了马格里布的局面并决意入侵阿非利加，感到非常忧虑。他下旨给宰相百尔麦克人叶海亚·本·哈立德称：'伊德里斯占据了阿非利加的门户特累姆森。占据大门的人，行将进入宅中。'"③若不是关山迢迢，哈里发真想发兵去攻打这个阿拉维族人。但是，叶海亚劝他用计除掉伊德里斯——就像他过去摆脱和杀死帮助伊德里斯逃跑的瓦迪赫一样。④ 拉希德命他的宰相设谋划策。叶海亚收买了阿拉维族人中的一个什叶派教徒，名叫苏莱曼·本·贾里尔·沙马赫，他是偏袒阿里后裔的泽德教派信徒。叶海亚派他去马格里布。苏莱曼得以接近伊德里斯，伺机下手。终于，机会来了，腊希德不在，这个家伙趁机毒死了伊德里斯，然后逃跑，他摆脱了追捕：腊希德只砍着他两剑，一剑斩断了他的手，另一剑砍伤了他的头。苏莱曼成功地回到巴格达。⑤

---

① 《文苑良友》，第8页。对照伊本·赫勒敦的著作第4卷，第13页；德·斯朗译本第2卷，第560页。
② 伊本·伊扎里的著作第1卷，第84页。
③ 《文苑良友》，第8页。
④ 伊本·伊扎里的著作第1卷，第83页。
⑤ 参见贝克里的著作，第121页；"共击中三剑"；《考证书》，第196页；《文苑良友》，第10页；伊本·赫勒敦的著作第4卷，第13页；德·斯朗译本第2卷，第561页。

哥提埃认为,伊德里斯被这样暗杀的故事,可能并不确切。① 各种传述不仅在毒死伊德里斯的方法上众说不一②,而且,另有些传述认为策划阴谋的不但有拉希德和叶海亚·本·哈立德,而且作为阿非利加和马格里布总督的易卜拉欣·本·阿格拉布也曾参与其事。③ 因此,伊德里斯的支持者和他的什叶派人想把他说成是个殉教者而不是寿终正寝的人,以此来争取大众对阿拉维家族的同情。阿拉维家族在马什里克蒙受不义,惨遭杀害之后,它的成员又在马格里布被无辜杀害,血流成河。同时,这也可能出自阿拔斯王朝作家们的想象,他们后来把拉希德说成是一位传奇人物,充满着光怪陆离的奇闻轶事。拉希德坐在位于底格里斯河岸边的哈里发宫中,却能略施小计除掉他在西马格里布的阿拉维族敌人。

伊德里斯二世(伊本·伊德里斯)的诞生和他的童年

各种传述一致认为伊德里斯·本·阿卜杜拉遇害是在伊历175年(公元791～792年),即他统治了三年半时间。④ 唯有《文苑良友》的作者

---

① 哥提埃:《北非往昔》,第300页。
② 各种传述在沙马赫毒死伊马目伊德里斯的方法上,说法不一。有一个传述说:"他(沙马赫)递给他(伊德里斯)一个装满极毒物的玻璃瓶。"见贝克里的著作,第120页;《考证书》,第195页;《文苑良友》,第9～10页。另一个传述说:"他(沙马赫)毒死他(伊德里斯)是利用一只(摩洛哥)西瓜或者是一只苹果,用刀切开,把沾染刀面一侧毒物的一半给他(伊德里斯)。"见贝克里的著作,第121页;《考证书》,第195页。第三个传述说:"当伊德里斯牙痛时,沙马赫冒充懂得医术,给伊德里斯上了带毒的牙粉。"见贝克里的著作,第121页;伊本·伊扎里的著作第1卷,第83页;伊本·赫勒敦的著作第4卷,第7、13页;德·斯朗译本第2卷,第560页。
③ 伊本·赫勒敦的著作第4卷,第13页;德·斯朗译本第2卷,第560页。伊本·赫勒敦说:"沙马赫奉哈里发谕旨去见已经为他(的出发)做好准备的易卜拉欣·本·阿格拉布。"(见伊本·阿比·迪纳尔的《趣闻》,第99页。)众所周知,易卜拉欣·本·阿格拉布直到伊历184年(公元800年)才当上阿非利加的总督。在这以前,他是扎卜的总督。而在伊德里斯去世时的阿非利加的总督,则是穆哈拉卜族人纳斯尔·本·哈比卜(伊历174年9月至177年1月[公元791年2月至793年4月])。
④ 参见贝克里的著作,第121页;《考证书》,第196页;伊本·伊扎里的著作第1卷,第210页;伊本·赫勒敦的著作第4卷,第13页;德·斯朗译本第2卷,第561页。

持不同意见,他认为伊德里斯卒于伊历 177 年 4 月初(公元 792 年 7 月 26 日)①,也就是说伊德里斯统治了五年零七个月,虽然他后来也引证了前一个年份②。伊德里斯葬在瓦来拉附近。他身后没有留下子嗣,伊马目之位一时无人继承。但伊马目之位的空缺只持续了几个月,因为伊德里斯留下的一个名叫甘簪的柏柏尔女奴,已有孕在身。腊希德召集各部族首领,与他们商定,等着看这个女奴,她生下的如是男孩,当承继其父即位;如系女孩,则大家再行推选。③ 哥提埃以为,这只不过是腊希德或首领们的一种手法。生下来的当然会是男孩,即使是女孩,也会调包换成男孩。④ 在这方面,他认为柏柏尔人需要一位伊马目,他拥有使人们对他的权力肃然起敬的威严(天惠)。⑤ 这种看法虽有道理,但我们不再去做新的故事性假设,因为历史传述中让人极难了解事实真相的神话故事已够多的了。

重要的是,各部族首领听从了腊希德的意见。他肩负着管理大事的责任,带领人们礼拜,为大家仲裁。⑥ 伊德里斯去世两个月后,甘簪生下一个男孩,为求吉利,即以他父亲的名字命名。他就是伊德里斯·本·伊德里斯⑦,或是伊本·赫勒敦所称的小伊德里斯。⑧ 腊希德始终是监护人。

---

① 《文苑良友》,第 10 页。
② 同上(见瑙法利和伊本·阿西尔的传述)。
③ 《文苑良友》,第 10~11 页。对照伊本·赫勒敦的著作第 4 卷,第 13 页,他说,乌尔贝人拥戴小伊德里斯是"从他在娘胎里、吃奶、断奶一直到他成长为一个青年……"
④ 哥提埃:《北非往昔》,第 300 页。
⑤ 同上。
⑥ 《文苑良友》,第 11 页。
⑦ 参见贝克里的著作,第 122 页,他说,小伊德里斯的诞生,是在伊历 175 年 4 月(公元 791 年 8 月)。对照《文苑良友》,第 11 页,此处解释这孩子名叫伊德里斯的原因说:"他酷肖其父,以致人们说他就是伊德里斯本人,仿佛其父并未亡故。"伊本·阿比·扎尔认为,小伊德里斯于伊历 177 年 7 月 3 日(公元 793 年 10 月)出生在一个叫做甘簪的村子里。我们不知道这是正确的还是他把孩子祖母*的名字和村子的名字混为一谈了。
  * 此处应为母亲。——译者
⑧ 伊本·赫勒敦:《教训集》第 4 卷,第 13 页;德·斯朗译本第 2 卷,第 561 页。

他辅佐年幼的伊德里斯，授以最好的教育，给他诵读《古兰经》，伊德里斯八岁就能背诵《古兰经》了。腊希德还教他伊斯兰教的教律、法典、文法、圣训、诗歌、阿拉伯人的成语故事以及其中的格言和国王们的传记，同时，还训练他掌握骑马、射箭和兵法。①

小伊德里斯当上伊马目

据估计，伊德里斯还不过是一个十一岁的少年时，就登上了伊马目之位。大部分作家虽然说，伊德里斯二世是在伊历175年（公元791年）伊德里斯一世去世后出生的，但他们一致认为，伊德里斯二世于伊历188年（公元804年）即位。②倘若这是正确的话，那么，小伊德里斯当时的年龄为十三岁左右，而不是十一岁。这一点，贝克里和伊本·伊扎里的著作中的传述说得很清楚，它确定伊德里斯·本·伊德里斯于伊历187年（公元803年）执政，又称："他年方十一岁。"伊本·伊扎里接着加上一句："据说，他的年龄比这要大些。"③因此，我们认为，作家们对伊德里斯二世十一岁当上伊马目这一点，意见是一致的。而《文苑良友》为了使推算正确，则确定伊德里斯一世殁于伊历177年（公元973年）。至于要使作家们几乎一致认为小伊德里斯即伊马目之位是在伊历188年（公元804年）和他只有十一岁这两点协调起来的问题，我们认为是与大伊德里斯的幕僚腊希德的去世相联系的。尽管引证贝克里著作的《文苑良友》作者说，腊希德是在马格里布拥立了伊德里斯之后才去世的④，然而，绝大部分作家——其

---

① 《文苑良友》，第11页。
② 伊本·赫勒敦的著作第4卷，第13页；德·斯朗译本第2卷，第561页。《文苑良友》，第13页。对照《考证书》，第196页，此处确定拥立伊德里斯·本·伊德里斯是在伊历192年（公元807~808年）。
③ 贝克里的著作，第123页，此处记载，(小伊德里斯被拥立)是在伊历187年3月7日星期五（公元803年3月5日）。伊本·伊扎里的著作第1卷，第210页。
④ 参见《文苑良友》，第13页。

中包括贝克里本人①——都认为,小伊德里斯即位是在腊希德去世之后。虽然在确定时间的前后上,作家们意见分歧。《文苑良友》的作者说:"在拥立伊德里斯二世之前,由于易卜拉欣·本·阿格拉布的策划,腊希德被暗杀。"他确定这次拥立与腊希德遇害(伊历 188 年 3 月初[公元 804 年 2 月 17 日])相隔二十天。② 至于《考证书》中的传述,则把事情搞复杂了。它把小伊德里斯被拥立定在腊希德去世之后,但时间又是伊历 192 年(公元 807~808 年)。③ 伊本·赫勒敦像其他人一样记述说:"伊历 188 年,伊德里斯·本·伊德里斯在瓦来拉清真寺被拥立。这位小伊马目年方十一岁,由阿布·哈立德·叶齐德·本·伊勒亚斯·阿卜迪监护。"但伊本·赫勒敦接着又说:"在此前两年,易卜拉欣·本·阿格拉布暗杀了腊希德。"④

其实,我们可以从伊本·赫勒敦的这个传述中找到问题的关键。根据这个传述,腊希德去世时(伊历 186 年[公元 802 年],这年份与贝克里的说法相同),伊德里斯·本·伊德里斯正好十一岁。我们认为,小伊德里斯的辅弼既亡,各部族拥立他乃是理所当然的事。这第一次拥立,在小伊德里斯的监护人阿布·哈立德·亚齐德·本·伊勒亚斯·阿卜迪的主持下完成⑤。我们认为,当时是在伊历 188 年(公元 804 年),小伊德里斯已满十三岁,他被认为已经成年。各部族拥立他为不受监护而能行使权力的伊马目。这一点,伊本·赫勒敦虽未确定时间,但继上述传述之后也

---

① 参见贝克里的著作,第 122 页,他把腊希德的卒年定在伊历 186 年(公元 802 年)。
② 《文苑良友》,第 13 页。该书的传述引自阿卜德·马利克·瓦拉克的著作。它说腊希德决心拥立伊德里斯·本·伊德里斯为伊马目,这就使易卜拉欣·本·阿格拉布密谋把他暗杀了。
③ 《考证书》,第 196 页。
④ 伊本·赫勒敦的著作第 4 卷,第 13 页;德·斯朗译本第 2 卷,第 561 页,作者称其名为"阿布·哈立德·本·叶德里"。
⑤ 参见贝克里的著作,第 122 页;《考证书》,第 196 页;《文苑良友》,第 13 页。

已提及。① 至于《考证书》确定的伊历192年，我们认为也是正确的。如后所述，这个年份与非斯城的兴建相关联，因为拥立伊马目必须在这地区的新都和伊马目政权的中心举行。

因此，小伊德里斯被拥立了三次：满十一岁时的伊历186年（公元802年），当时他处在监护之下——如果这里可以用监护这个字眼的话；伊历188年（公元804年），伊德里斯满十三岁，已经完全成年——这是最大的一次拥立；最后一次在京城非斯建成之后的伊历192年（公元807~808年）。

西马格里布的新凯鲁万——非斯城的兴建和阿拉伯主义在西马格里布的传播

伊历188年（公元804年），伊德里斯·本·伊德里斯被拥立为伊马目。这在新兴的伊德里斯王朝史上，被认为是一个重要的转折点。直到那时，这位伊马目才真的不是一个躲在西马格里布柏柏尔部族的人中的避难者了，虽然他在各部族中地位优越，权势显赫。伊马目的这种地位，来自阿拉维家族和先知后裔的尊严和小伊德里斯所具有的优点：善良、节欲、尚德、主持正义和提倡孝行②，此外，他还仰仗了腊希德的活动和善于谋划。至于伊马目在这种新环境中的处境，则是孤独者和异乡人的处境：麦加的河流和麦地那的房屋，换成了丹吉尔和瓦来拉城的山峦；希贾兹和阿拉伯半岛的阿拉伯人，换成了苏斯和马格里布的柏柏尔人；亲人和朋友换成了一批新型的忠实追随者。事实上，伊德里斯一世接纳了许多从希贾兹投奔而来的人，接纳了他的亲人和支持者，如他的兄弟苏莱曼——他的儿子们后来在中马格里布独立③——和他的侄儿达乌德·本·卡西

---

① 伊本·赫勒敦的著作第4卷，第13页；德·斯朗译本第2卷，第561页。
② 参见伊本·伊扎里的著作第1卷，第84页。
③ 参见贝克里的著作，第122页；伊本·伊扎里的著作第1卷，第210页；伊本·赫勒敦的著作第4卷，第12页；德·斯朗译本第2卷，第560页；《文苑良友》，第4页。

姆·本·伊斯哈克·本·阿卜杜拉·本·贾法尔·本·阿比·塔列卜。①但是这些人寥若晨星,不足以改变他的流落异乡之感。这方面的证明是,这些人宁愿回到马什里克的沉寂中去,而不肯留在平安的马格里布。比如达乌德·本·卡西姆,虽然他的子孙留在马格里布,但他自己却在伊德里斯·本·伊德里斯时代回到了马什里克。②

在这方面,从伊历188年伊德里斯二世被拥立和这位年轻的伊马目行使权力起,开始发生新的变化。他的周围簇拥着阿拉伯人的扈从和卫队,也就是说,处在一种常见的气氛之中。这同时也意味着在这个新兴的国家里,除了传播伊斯兰教外,阿拉伯主义也在努力传播。第二年(伊历189年),成群结队的阿非利加和安达卢西亚的阿拉伯人来投奔小伊德里斯,有盖斯族、阿兹德族、马德拉杰族、亚赫萨卜族和锡德夫族等,共约五百人。③年轻的伊马目欢迎他们,"把他们而不是柏柏尔人纳为心腹,以他们为荣。这是因为他原来在柏柏尔人中很孤独,身边一个阿拉伯人也没有"④。就像我们所认为的那样,他从此开始了阿拉伯化。伊马目从阿兹德族中挑选外号叫做马勒朱姆的奥迈尔·本·穆斯阿卜为宰相。奥迈尔出身阿拉伯名门望族,其父穆斯阿卜在阿非利加和安达卢西亚建有丰功伟绩,并在对罗马人的征伐中立下殊勋。⑤伊马目又任命盖斯族的阿密尔·本·穆罕默德·本·赛义德为法官。阿密尔是一个有德行的教律学

---

① 贝克里的著作,第122页。伊本·伊扎里的著作第1卷,第210页。
② 同上。关于小伊德里斯时代的达乌德·本·卡西姆,对照《文苑良友》第12页。
③ 《文苑良友》,第14页。伊本·赫勒敦的著作第4卷,第13页;德·斯朗译本第2卷,第561页。
④ 《文苑良友》,第14页。对照伊本·赫勒敦的著作第4卷,第13页;德·斯朗译本第2卷,第561页。
⑤ 同上。伊本·赫勒敦称宰相的名字是阿兹德族人穆斯阿卜·本·奥迈尔,并说:"他之所以有马勒朱姆*的外号,是因为他的鼻子上留有剑痕,就像戴着一个马鼻罩。"
　*马勒朱姆意为上了笼头的。——译者

家,曾听过马立克·本·艾奈斯和苏福扬·骚里的讲授并加以引证,后入安达卢西亚进行圣战,接着渡海到达奥德瓦。① 伊马目的书记官是哈兹拉杰族人阿布·哈桑·阿卜杜拉·本·马立克·安萨里。② 这第一批阿拉伯人是从安达卢西亚和阿非利加来投奔伊德里斯的阿拉伯移民潮的开始。安达卢西亚和阿非利加的动荡不安,如科尔多瓦的拉卜德之乱和阿非利加的阿拉伯军反对巴格达派来的总督们的暴动,导致了这种情况的产生,造成大批阿拉伯人的迁徙。这一点,伊本·阿比·扎尔阿予以确认。他说:"阿拉伯人和柏柏尔人的人群不断从四面八方涌来,人数增多,瓦来拉城已容纳不下。"③

在伊德里斯·本·伊德里斯加强与阿拉伯人的联系并亲近他们的时候,他与柏柏尔人首领们的关系自然就冷淡下来。他们逐渐失去自己原有的势力。这方面一个突出的例子是,乌尔贝族的首领伊斯哈克·本·穆罕默德开始与阿拔斯王朝的阿非利加总督易卜拉欣·本·阿格拉布联系,结果被伊马目敕令处死。④ 在这样的关键时刻,阿拉伯人开始占了柏柏尔人的上风,伊马目当然不能一直待在乌尔贝族的城市瓦来拉中了,何况瓦来拉城又容纳不下伊马目的许多新来支持者。他必须选择一个更宽广、更能体现新的政治倾向——阿拉伯倾向的新首府。

---

① 《文苑良友》,第14页。从他渡海来说,奥德瓦是指陆地。此词原来是指安达卢西亚和马格里布之间的(直布罗陀)海峡的两岸。有两个奥德瓦:安达卢西亚奥德瓦和马格里布或阿非利加奥德瓦。在《文苑良友》中,此词是指马格里布陆地,或者是指在作家所处时代(公元十四世纪)已成为重点的马格里布地区。在此以前,基督教徒已控制了安达卢西亚的大部分。"奥德瓦"即指马格里布陆地,而非(海峡)对岸的陆地。
② 《文苑良友》,第13页。伊本·赫勒敦的著作第4卷,第13页;德·斯朗译本第2卷,第562页。此处记载的名字是"哈兹拉杰族人阿布·哈桑·阿卜德·马利克·本·马立克"。
③ 《文苑良友》,第14页。
④ 伊本·赫勒敦的著作第4卷,第13页;德·斯朗译第2卷,第561页。

哥提埃的意见[1]支持了我们的观点。他不同意瓦来拉容纳不下居民的看法。他说,瓦来拉的遗址尚存,城市的地盘不是不能扩大了。诚然,我们也不赞成他对小伊德里斯迁出瓦来拉和兴建非斯城所作的解释,即部族迁徙的简便,使马什里克人认为,迁城也是易事,要比更新一座旧城容易。其实,哥提埃在这里只看到自然和人文的因素,而忽视了在这些事件中作为动力的政治条件。

非斯城址的选择

在这样的情况下,伊历190年(公元805～806年),伊马目小伊德里斯宣布决心迁出瓦来拉,另建一座供他和他的亲族、军队、国家显贵居住的城市。他确实出发去选择适合作新都的地点。[2] 他选中了扎利格山,伊马目欣赏它的高峻、土壤肥沃和气候温和,决定在这座山的北麓建城。他确已开始动工,也筑起了一部分城墙。但是,地点显然选得不理想。有一天晚上,山洪暴发,冲毁了已经建成的城墙。洪流卷走了道路周围的阿拉伯人帐篷。伊德里斯决定不再在此建城。[3] 根据《文苑良友》的传述,第一次兴建新都的尝试因此失败。翌年,第二次尝试也失败了。

伊历191年1月(公元806年11月),伊德里斯外出狩猎,以挑选合适的地点。他来到塞布河靠近豪蓝温泉的地方——豪蓝温泉今名西迪哈拉齐姆,位于非斯城东十五公里。[4] 这块地方靠近淡水河流和温泉,使他颇为欣赏。(《文苑良友》)中的传述说,他展开了实际工作,挖基础,烧石灰,砍木头,着手兴建。但当冬季来临,他看到河水泛滥,担心重蹈去年的覆

---

[1] 哥提埃:《北非往昔》,第307～308页。
[2] 《文苑良友》,第14～15页。
[3] 参见《文苑良友》,第15页,此处引证了伊本·加利卜的传述。
[4] 参见莱维·普罗旺萨耳:《非斯城的兴建》,法文本,公元1948年巴黎版,第6页,注释14,阿拉伯文本,千种书书局版,第8页,注释2。并见勒图尔纳:《保护制以前的非斯城》,第31页。勒图尔纳概括了普罗旺萨耳关于非斯城的研究论文。

辙,使人们遭到毁灭,遂又作罢,返回瓦来拉。①

这时,伊马目决定把此事托付给他的宰相奥迈尔·本·穆斯阿卜。从《文苑良友》的传述知道,奥迈尔于同年(伊历191年)出发,成功地选到了合适地点,亦即阿萨伊斯屯,那里地域宽阔,适处两山之间,水流丰富,水源于井泉,缓缓流入塞布河的一条支流非斯河。周围树木环绕,有柽树、塔赫什树、杜松和大茴香树等。② 这块地方并非荒无人烟,它是扎纳塔族的两个分支竞相角逐之地。这两个部族是称为赫尔人的祖瓦加族人(在凯鲁万区)和亚兹加坦族人(在安达卢西亚区)。③ 双方各占这条小河的一边。宰相回来向伊马目报告这块出色的地方,它具备典型城市的各种优点:流水不断,土地膏腴,柴火就近可取。④ 伊马目允准这个建议。他用六千迪尔汗⑤买下这块地方,并与他们签约立据。其中,亚兹加坦族人得二千五百迪尔汗,祖瓦加族人得三千五百迪尔汗。从《文苑良友》的传述中知道,首先买下的是亚兹加坦族人的地盘,签约者是伊马目的书记官哈兹拉杰族人阿布·哈桑·阿卜杜拉·本·马立克(时间是伊历191年[公元806～807年])⑥。伊马目驾临这两个部族的角逐之地,是他们的幸运,他使他们结束争执和战争,达成和解。这里,我们注意到《文苑良友》的传述毫无疑义是夸张了。它记述说,当地的柏柏尔人信仰基督教、犹太教,还有祆教,亚兹加坦族人(他们的住地在后来的安达卢

---

① 《文苑良友》,第15页。
② 同上书,第15～16页。
③ 同上书,第16页。我们发现此处有两种写法:亚兹加坦族人和亚尔加什族人。我们倾向于前者,因为在该书中用得较多,而且普罗旺萨耳在《非斯城的兴建》(法文本第26页,注释48,第40页,阿拉伯文译本第41页,注释1)中,也采用前者。亚兹加坦的名字接近现在非斯城南面著名的亚兹加部族的名字。而伊本·赫勒敦在其著作第4卷,第13页(德·斯朗译本第2卷第662页)中,则写成布加什族人和布尔加什族人。
④ 《文苑良友》,第16～17页。
⑤ 迪尔汗,阿拉伯银币名,等于3.12克。——译者
⑥ 《文苑良友》,第16页。

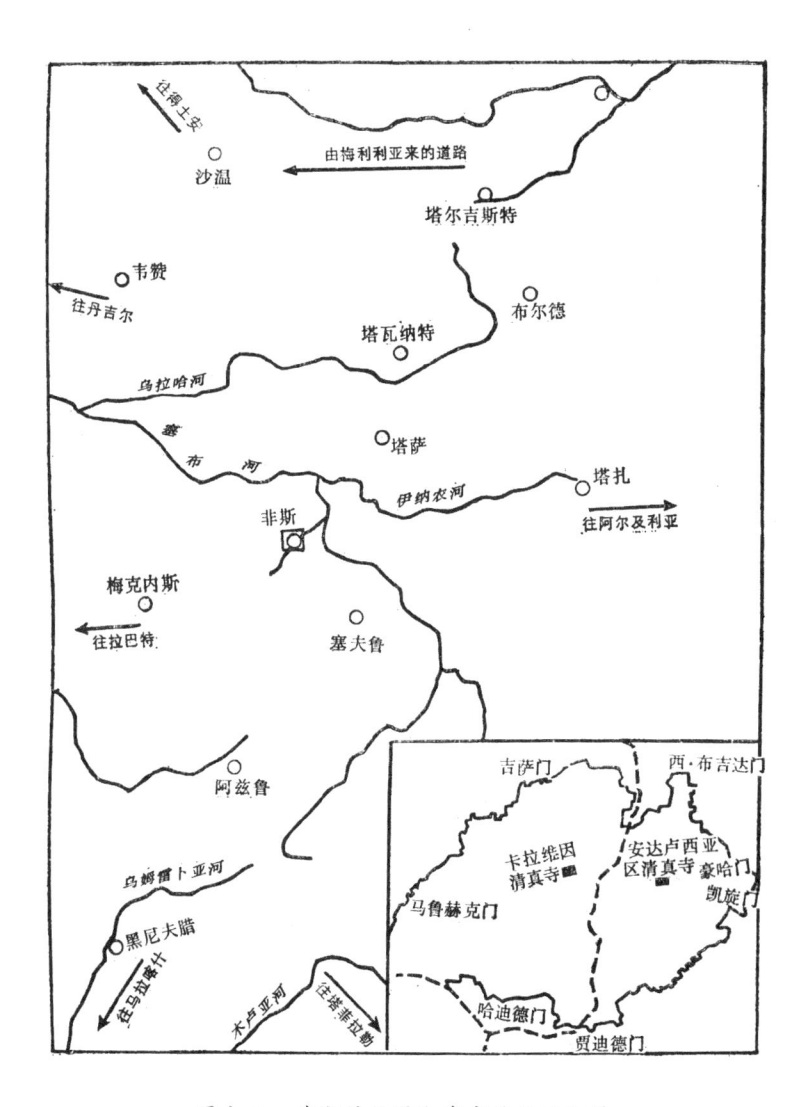

图十二　非斯的位置和城市的平面配置
（按原图译制）

西亚区)就有一座火房。① 这里,传述家们旨在把光辉的业绩和显赫的贡献归功于非斯城的缔造者②,强调是他使形形色色的各种宗教信仰者皈依了伊斯兰教。

建设

根据伊本·阿比·扎尔阿搜集的那些传述,非斯城分两期建成。第一期从伊历191年(公元807年)开始,当时伊马目买下亚兹加坦族人的地盘。第二年,即伊历192年3月初(公元808年1月4日),非斯河东岸后来称为安达卢西亚区的一部分城市建成。③ 伊马目为新城礼拜,吁请安拉使它成为一座知识、教律的城市,城里将诵读《古兰经》和树立起安拉的法度;他为百姓礼拜,吁请安拉使他们与城市共存,笃信教义,服从整体。④ 然后他亲自奠基。先打基础,接着修建伊马目宫和称为长老清真寺的大清真寺,并搭建帐篷,围之以木头和芦苇筑成的城墙。城市的这个部分,叫做吉尔瓦瓦(基尔瓦瓦),这名字一直沿用至今。⑤ 这种形式建成的城市,证明它是简单窳陋,诚如普罗旺萨耳所说,它类似贫瘠山区的一座村庄。⑥

---

① 《文苑良友》,第16页。伊本·赫勒敦的著作第4卷,第13页;德·斯朗译本第2卷,第562页。
② 关于伊德里斯在马格里布人心目中的地位,艾哈迈德·本·阿比·迪亚夫(在《突尼斯诸王和太平盛世的历史》,公元1963年突尼斯版,第1卷第26页中)说:"马格里布人生生世世都尊敬这位主公,以致老百姓出自他们的善良、伊斯兰教的纯朴以及对贵族、学者和有德之士的尊重,认为马格里布的素丹,事实上就是我们的主公伊德里斯"。
③ 《文苑良友》,第19页。贝克里的著作第115、123页。雅古特:《地名辞典》,"非斯"条。伊本·赫勒敦的著作第4卷,第13页。
④ 《文苑良友》,第19~20页。
⑤ 《文苑良友》,第16页。伊本·赫勒敦的著作第4卷,第13页写为"基兹瓦瓦"。参见普罗旺萨耳的研究(《非斯城的兴建》)。他解释墙头一词说,它是柏柏尔-腓尼基语中"阿贯迪尔"一词的阿拉伯语译名,意为集体仓库或会场。由此词派生出"阿杰拉瓦"一词,以称呼里夫地区一些会场;又派生出"吉尔瓦瓦"——非斯旧址——一词,意为集中住地(法文本第22页,注释41、42,第38、39页。阿拉伯文译本第34页,注释1,第35页,注释1)。
⑥ 参见普罗旺萨耳:《非斯城的兴建》,法文本,第21页;阿拉伯文译本第32~33页。

至于城市的第二部分,则在下一年(伊历193年)4月初(公元809年1月22日)开始兴建。① 它位于非斯河西岸的祖瓦加族人所在地。这个区域称为凯鲁万人区。从《文苑良友》的传述中知道,它与类似牧人村的安达卢西亚区相反,的确是按城市式样兴建的。伊马目离开原地,前往对岸,因为那里井泉很多,树木繁茂。他住在叫做穆卡尔马达的地方。按照兴建新城的习惯,首先建造后来称为贵族清真寺的大清真寺。② 接着修建埃米尔宫,叫做克通宫,亦即行宫(因为伊马目刚来时就在这个地方搭了一个克通③即行宫或者拱顶宫)。在清真寺旁,建起了有顶篷的市集,这是城里的中心市场,同时,围着清真寺,还设立了许多集市和店铺。④

围绕这个代表政府所在地的中心,这座新兴城市迅速扩展开去。这是由于伊德里斯·本·伊德里斯的鼓励:他命令人们建设和开垦土地,并许诺说,在城墙建成之前,凡垦殖过一块土地的人,即将该地赏赐给他。繁茂的树木使人们在建设中有足够的木材,这有助于加速城市的繁荣。⑤ 成群结队从马什里克和安达卢西亚来投靠伊马目的人,也有助于城市的迅速发展。从马什里克来的人中,有一群伊拉克人,伊德里斯·本·伊德里斯让他们住在艾因阿隆。⑥ 这些人可能就是伊德里斯要他们与他住在一起的三百家凯鲁万人,他们把城市的这一部分叫做卡拉维因区⑦。

---

① 《文苑良友》,第21页。伊本·赫勒敦的著作第4卷,第13页。贝克里的著作,第115页。雅古特:《地名辞典》,"非斯"条。
② 贝克里(在其著作第116页中)描写伊德里斯·本·伊德里斯所建的卡拉维因清真寺,说它"拥有自东向西连续的三座大殿,里面的一个大庭院,种着榉橄和其他树木,并有顶棚"。
③ 克通意为河岸上的码头或游廊。——译者
④ 《文苑良友》,第21页。
⑤ 同上。
⑥ 同上。
⑦ 《文苑良友》,第17页(卡拉维因是"凯鲁万人"一词的音译。——译者)

伊本·阿比·扎尔阿为我们提供了有关城墙和城门的长篇详细资料。他说卡拉维因区有六座门：阿非利加门、萨阿东门、波斯门、法西勒门、法尔杰门和哈迪德门；安达卢西亚人区有五座门：法瓦拉门、法尔杰门的对门、阿布·苏福扬门、教堂门和安达卢西亚区门。① 其实，我们不知道，这些细节究竟是与伊德里斯·本·伊德里斯所建的最早的非斯有关，还是对代代相传逐渐扩大后的马格里布宏大京城非斯的描述。尽管这座城市在伊马目时代日益发展是不容置疑的，但我们还是倾向于后一种意见，因为贝克里和伊本·阿比·扎尔阿对城门名字和数目有不同的说法，而且伊本·阿比·扎尔阿本人还叙述了这些城门所经历的破坏、重建，以及从非斯列王时代直到他的时代城门名字的变化。②

城墙建成以后，伊德里斯·本·伊德里斯把城内直接毗连城门的土地，分封给阿拉伯和柏柏尔各部族。伊本·阿比·扎尔阿确定了阿拉伯各部族的地盘：盖斯族人住在卡拉维因区沿南城墙的地方，介于阿非利加门和哈迪德门之间；亚赫萨卜族人与盖斯族人相对，靠着另一边的城墙；阿兹德族人则沿着西城墙，分布在上述两族之间。③ 而对桑哈贾族、卢瓦塔族和阿希汉族等柏柏尔部族，他则没有确定他们的住地。伊本·阿比·扎尔阿

---

① 《文苑良友》，第21页。对照贝克里的著作，第116页。他说卡拉维因区有五座门：新堡门（在南面）、锁链门（在东面）、卡纳提尔门（在东面）、叶海亚·本·卡西姆的篱笆门（在里面）和星期天市场门（在西面）；而安达卢西亚人区则有六座门：凯旋门（在南面）、教堂门（在东面）、阿布·哈卢夫门（在东面）、萨阿东堡门（在里面）、豪德门（在西面）和苏莱曼门（在西面）。对照勒图尔纳的著作，第42页，他记录了加亚尔（Gaillard）关于早期的城建史，并在卡拉维因区中增加了一座门，就是吉萨门。大家知道，这座门以它的建造者扎纳塔族的埃米尔阿吉萨命名，随着时间的推移，阿吉萨门变成了吉萨门（《文苑良友》，第24页）。
② 《文苑良友》，第22页。参见该书第23页，那里引用了伊本·加利卜的一个传述，它把有些非斯的旧城门向外延伸了。但《文苑良友》则确定，有的城门如萨阿东堡门，系由伊德里斯二世所建。
③ 参见《文苑良友》，第26页。

说："他们各个部族都住在自己的地方。"① 显然，柏柏尔人原来是住在东岸的安达卢西亚人区。伊本·阿比·扎尔阿记述说，伊德里斯·本·伊德里斯把他的军队、将领，以及武器和牛马骆驼等辎重都安置在安达卢西亚人区。只有他的幕僚和扈从，还有商人、工匠等黎民百姓，与他同住在卡拉维因区。《文苑良友》的作者即据此解释从伊德里斯及其儿子一直到扎纳塔族人称王时代，非斯自始至终以两座城的形式存在的原因。②

非斯以各有名称的两座城的形式存在，确是一件引人注目的怪事。普罗旺萨耳(在他关于非斯城的兴建研究中)注意到对建造两座相连相邻城市的想法，应通过长期的具体历史过程来加以解释，同时，应当把关于这两座城在兴建阶段的资料区分开来，不要借口这座马格里布的宏大京城都是由伊马目小伊德里斯所建而把两者混淆起来。③

普罗旺萨耳认为，第一城(安达卢西亚人区)是由伊德里斯一世于伊历172年(公元788~789年)所建，而非伊德里斯二世在伊历192年(公元808年)建成的。他的根据是一些(并非专论非斯或马格里布史的著作中的)野史外传。④ 他认为"七十"一词容易被错传成"九十"。⑤ 普罗旺萨耳之所以持有这种观点是因为有非斯铸造的钱币。据说，钱币系伊历185年和伊历191年所铸，亦即在伊历192年这个大兴土木兴建非斯城的年份以前。⑥ 同时，伊德里斯二世铸造的钱币上有"阿里城"字样，而不是"非

---

① 参见《文苑良友》，第26页。
② 《文苑良友》，第27页。
③ 参见《非斯城的兴建》，法文本，第9~10页；阿拉伯文译本，第12~13页。
④ 参见普罗旺萨耳：《非斯城的兴建》，法文本，第13~17页；阿拉伯文译本，第20~22页。普罗旺萨耳引证了伊本·阿巴尔的著作《金衣》中的安达卢西亚史学家拉齐(卒于伊历334年[公元955年])的一个文本说："伊德里斯一世兴建了非斯城。"
⑤ 《非斯城的兴建》法文本，第19页；阿拉伯文译本，第29页。
⑥ 《非斯城的兴建》法文本，第11页；阿拉伯文译本，第15，17页。

斯"。① 这就得普罗旺萨耳认为,第二城(卡拉维因区)是伊德里斯二世所建,它一开始就带有"阿里"的名字。② 因此,真正的"非斯"(安达卢西亚人区)是由伊德里斯一世所建。

普罗旺萨耳的看法虽然不是最终定论,但的确可取。众所周知,伊历192年(公元808年)以前,伊德里斯王朝的城市(即京城)是瓦来拉,非斯的所在地只不过个贫穷的村庄。倘若在伊历192年(公元808年)以前,瓦来拉确曾铸过钱币,那也并不一定意味着伊德里斯修建了非斯,并把它当作首都,因为他在那里的代理人(和其他的代理人一样)也可以铸造钱币。如果在伊历192年以前,非斯的名字就已经存在,那么可能名字出现在前,新城建成在后。这一点,《文苑良友》中的一个传述确实谈到了:"小伊马目说'以当地的旧城名来称呼它吧',但他又命令把原来的名字'萨夫'改为'非斯'。"③

我们想由此得出的结论是,假设伊德里斯一世建成了早期的非斯城(这在他短暂的统治时期很难做到),那也无损于真正的非斯城缔造者伊德里斯二世建树的丰功伟绩,在这方面,他可与巴格达城的缔造者阿拔斯王朝的曼苏尔相媲美。这里要指出的是,巴格达城有它的深远的意义,但它的位置和名称的选择却并非出于曼苏尔的个人脾性,那块地方原是一

---

① 《非斯城的兴建》法文本,第11页;阿拉伯文译本,第17页,此处写为"阿里亚"。
② 《非斯城的兴建》法文本,第12页;阿拉伯文译本,第19页。
③ 关于名称的由来,另有一些传述,但带有神话色彩。据说伊马目曾降尊纡贵亲自与工匠们一起劳动。他为自己制成了一柄金银斧,用以破土奠基。这柄斧头在工匠中广为谈论,此城因而叫做"非斯"。还有传述记载,当伊德里斯开始奠基时,他发现朝着礼拜的正向**有一柄巨斧,长四拃***,宽一拃,重六十磅。此城遂以斧头命名。又有传述说,该城以第一个经过它的人命名,此人名叫法斯,是个大舌头。当问到他的名字时,他说:"法斯"。最后一个传述记载,这座城市因一伙波斯人得名。他们在建城期间,住在这里,山石崩坍,惨遭横死。后来人们说起他们时,图省事不说波斯人****,而读成了"法斯"。参见《文苑良友》,第26页。
* 在阿拉伯语中,"非斯"的读音应为"法斯"(fas),斧头的读音也为"法斯"。——译者
** 礼拜的正向即朝着麦加的方向。——译者
*** 拃是拇指尖到小指尖张开的长度,通常为22.5公分。——译者
**** 波斯人一词的音译是"福尔斯""法里斯"。——译者

座叫做巴格达的人烟稠密的古村。

曼苏尔在底格里斯河西岸建造了他的城市。城市跨河延伸到东岸（称为鲁萨法）时，那里铸造的钱币上镌刻着"和平城"之名，但城市还是一座，名称也相同。虽然东岸更加繁荣，但城市的真正缔造者始终是曼苏尔。由此看来，马格里布的作家们理应认为非斯的真正缔造者是伊德里斯·本·伊德里斯，因为非斯城是由他创建。至于当地原来曾住有一些柏柏尔部族，或者在伊德里斯一世时代曾有一座贫穷村庄冠有这座幸福京城之名，则都无关宏旨。

小伊德里斯的创新方面，在于他在柏柏尔地区建立了一座阿拉伯京城。这与奥克巴·本·纳菲厄在阿非利加的做法完全相同。非斯成了西马格里布的凯鲁万。在这方面，如前所述，阿拉伯的非斯即在卡拉维因区，伊马目让阿拉伯人与他同住在那儿，而另一个区（安达卢西亚人区）过后不久，也阿拉伯化了。那时，大约在伊历202年（公元817年），安达卢西亚的埃米尔哈克姆·本·希沙姆在科尔多瓦郊区拉卜德之乱以后，把当地人赶了出来。他们中约有八百家来到安达卢西亚区，开始到处建筑家园，这个东部即以他们得名。[1] 他们多半采用安达卢西亚的方法来开发这个区域。各种传述夸大了城市的迅速发展和扩大，企图把它说成在直接建成之后就是一座世界性的城市。由于伊马目的恩典，根据建城的规律，在城内广植树木和栽种葡萄。[2] 城市越来越富庶。在伊马目及其后裔的时代，城内不买卖粮食（作物），因为一驮小麦只值两个半迪尔汗，一驮大麦为一个迪尔汗，一头山羊是一个半迪尔汗，而水果则便宜到了无价可定。[3]

这座城市不仅包括阿拉伯的穆斯林或新近皈依伊斯兰教的柏柏尔人，而且也有犹太人。伊本·阿比·扎尔阿说："城中麇集着许多犹太人。伊

---

[1] 《文苑良友》，第27页，该处称"八家"，我们认为，正确的应为"八百家"。
[2] 同上书，第27页。
[3] 同上书，第29页。

马目命令他们住在通往萨阿东堡门的阿斯蓝地方,每年向他们征收的人丁税达三万第纳尔。"①这就是说,大批的犹太人形成了整整一个区。非斯与许多阿拉伯城市一样,只是在经历了兴建阶段成为一座宏伟的京城之后,才形成了这样一个区域。其实,(《文苑良友》的)这个传述与我们在谈到城市初建时所引证的前一个传述不相符合。前一个传述把大批原来信仰基督教、犹太教和袄教的柏柏尔人皈依伊斯兰教的荣誉,都归之于伊马目。

我们在这里指出,不应夸大在伊德里斯·本·伊德里斯时代的年轻非斯城的宏伟程度。其实,伊德里斯·本·伊德里斯在为他的这座阿拉伯城市奠定基础之后,活了二十年(他卒于伊历213年[公元828年]),这段时期虽足以使城市扩大,但还达不到《文苑良友》的作者所形容的境地。这本著作在公元十四世纪写成,如作者自己所说,那时,马格里布没有一座城市可与非斯相提并论。②

事实上,除非条件允许我们比较细致地了解《文苑良友》作者所引证的资料出处,我们就不可能把他混杂在一起的各种资料和细节组织起来。我们如果同意把非斯城——这座宏大的京城——的光荣,归于它的缔造者小伊德里斯,那么,这只是因为他创建了它,提出了建城的主张。至于他那时候的非斯,我们不相信它已经大大超过了一座新兴王城的范围。到伊马目晚年,这座城市也只有二十年的历史。倾向于这种看法的理由是,有一些传述断定伊德里斯·本·伊德里斯不是在非斯城去世的,而是殁于大伊德里斯的城市:瓦来拉。

兴建非斯城的意义——伊德里斯王朝的势力在马格里布进一步巩固

这里必须指出,非斯的意义不在于兴建这座奇妙城市的本身,也不在

---

① 《文苑良友》,第 27 页。
② 《文苑良友》,第 28 页。

于它的清真寺、驼队、市场、宫殿和它的富有，而在于它的文明业绩，这种业绩体现了阿拉维族的伊德里斯王朝在西马格里布的使命。城市的建造显然花了三年或四年的时间。伊德里斯二世在城里住到伊历 197 年（公元 812～813 年）之后，便引兵攻打马斯穆达族人的地区。他征服了他们的各个部族，一直打到远苏斯，攻克了奥克巴·本·纳菲厄曾到过的纳菲斯城，然后班师回到非斯。① 伊德里斯二世住了将近一年，接着决心巩固他在中马格里布西部地区的势力。伊历 198 年底（公元 814 年 6～7 月），他出发去侵袭内夫扎部族，成功地征服了他们，进入特累姆森。扎纳塔族人穆罕默德·本·哈扎尔前来晋谒，表示拥戴。伊德里斯在特累姆森待了三年。在此期间，他在那里继承父业：修筑城墙，修葺（他父亲所建的）清真寺，在寺里竖起新的讲经坛。② 伊马目对他从特累姆森到纳菲斯的势力感到放心之后，回到非斯。

事实上，伊德里斯在特累姆森及其周围住了三年，目的在于对付中马格里布哈瓦利吉派人的威胁，保障他王朝东部边境的安全。如前所述，被

---

① 《文苑良友》，第 29 页。伊本·赫勒敦的著作第 4 卷，第 13 页；德·斯朗译本第 2 卷，第 562 页。对照伊本·伊扎里的著作，第 1 卷，第 211 页，他把侵袭马斯穆达地区列在攻打内夫扎族人之后。
② 参见引证阿卜德·马利克·瓦拉克传述的《文苑良友》，第 29 页。瓦拉克说："伊历 255 年（公元 869 年），我进入特累姆森清真寺，看到在讲经坛顶端钉着一块旧讲经坛遗留下来的牌子，上面写着：'此系奉伊马目伊德里斯·本·伊德里斯·本·阿卜杜拉·本·哈桑·本·哈桑·本·阿里——愿真主喜爱他们——敕令兴修。伊历 199 年 1 月（即公元 814 年 8 月）。'"按照这个日期，我们主张把伊德里斯二世从非斯前往特累姆森的年代更正为伊历 198 年底（公元 814 年 6 月），以取代《文苑良友》的作者（在第 29 页）和伊本·赫勒敦（只要参见德·斯朗译本，第 2 卷，第 562 页，该文本既没有提到日期，也没提到穆罕默德·本·哈扎尔的名字）所说的伊历 199 年。这里，我们注意到，伊本·赫勒敦（在其著作第 4 卷第 13 页中）记述说："按《文苑良友》的传述，伊马目改建了讲经坛，而未建造新的讲经坛。"关于瓦拉克进入特累姆森的日期是在伊历 255 年一节，我们注意到瓦拉克的写作时间是在伊历六世纪末叶，因此，在《文苑良友》的一些抄本中，这个日期被写成了伊历 555 年（公元 1160 年）。参见普罗旺萨耳的《非斯城的兴建》，法文本，第 21 页，注释 38。我们根据誊抄瓦拉克著作的史学家伊本·加利卜的著作，倾向于伊历 255 年（参见本书的前言中关于《文苑良友》一书的介绍）。

他打败的内夫扎部族是提阿雷特的伊马目政权中最强大的教派势力之一。这一点，伊本·赫勒敦曾予指出。他谈到当时伊德里斯在制服柏柏尔人和扎纳塔族人之后，声势雄壮，得以消灭其中的哈瓦利吉派人，"把从远苏斯到谢利夫河的两个马格里布同阿拔斯王朝的宣教隔绝开来"①。这也是哥提埃坚持的看法。他说："伊德里斯二世消灭哈瓦利吉派人一事表明，文明人和城居民（伊德里斯王朝的臣民）害怕（游牧的扎纳塔族）哈瓦利吉派人的破坏。这体现了伊德里斯二世所取得的成果，那就是伊历 122 年由迈萨拉领导的在西马格里布发难的哈瓦利吉派运动，已转向它的反面，成为一个正规的政府，亦即伊德里斯王朝。"②

小伊德里斯去世和伊德里斯王朝分裂的端倪

《文苑良友》的作者说，伊德里斯始终住在非斯，直到伊历 213 年（公元 828 年）去世，年仅三十六岁。他葬在面对东墙或礼拜正向之墙的清真寺（贵族清真寺）中。该书后来引证的布尔努西的传述可能在时间上更可靠一些。这个传述确定伊德里斯殁于伊历 213 年 6 月 12 日夜间（公元 828 年 8 月 28 日），终年三十八岁。这个传述与贝克里的传述相符。贝克里认为伊德里斯不是在非斯亡故的，而是在扎尔洪地区的瓦来拉城，说他葬在他父亲的陵墓旁边。③

年轻的伊德里斯王朝的奇异之处，在于它刚进入建立后的第四个十年，就开始遭受到使它衰败和消亡的灾祸。症结在于家族成员觊觎王位互相争斗而造成的分崩离析上。这也是那时的通病。这位住在西马格里布的阿拉维族人，单根独苗，无兄无弟，却竭力留下——他理应如此——

---

① 伊本·赫勒敦的著作第 4 卷，第 13 页；德·斯朗译本第 2 卷，第 562 页。
② 哥提埃：《北非往昔》，第 315～316 页。
③ 贝克里的著作，第 123 页。《文苑良友》第 30 页，此处记载了布尔努西的传述："他（小伊德里斯）去世是因为吃了一颗葡萄，被葡萄核所哽噎（或呛住）而死。"

许多后代。他有十二个儿子,有的已经成年,有的尚未成年。①

伊马目之位归伊德里斯·本·伊德里斯的长子穆罕默德承继。各种传述一致认为,小伊德里斯的母亲、穆罕默德兄弟们的祖母甘簪在左右国事方面,很有势力,或者说,她就像是穆罕默德的监护人。她指示她的孙子伊马目,要他让弟兄们分领国内各地区和行省。作家们清楚地说,这道命令把王朝给瓜分了,或者说是把它分配给了穆罕默德的兄弟们②,不过其目的,当然是为了努力巩固王族,使军政要职都操在王族成员的手中。穆罕默德·本·伊德里斯听从了祖母的劝谕,让他八位成年的兄弟分辖各行省,留下三位在祖母保护下的未成年兄弟,与他一起住在非斯城。整个地区划分给各兄弟的情况如下③:

1. 卡西姆:领丹吉尔行省,包括休达、得土安、胡杰尔尼斯尔堡和马斯穆达族地区,以及其他地区和部族住地。④

2. 达乌德:领胡瓦拉族地区、塔苏勒族地区、塔扎、梅克内斯、加亚塔山和塔姆利特。⑤

---

① 伊德里斯·本·伊德里斯的儿子们,根据作家不按排行所引的有:穆罕默德、卡西姆、奥马尔、达乌德、伊萨、叶海亚、阿卜杜拉、哈姆扎、艾哈迈德、阿里、伊德里斯和贾法尔。参见伊本·伊扎里的著作第1卷,第211页。他两次提到阿卜杜拉,而未提阿里。对照《文苑良友》,第30页,此处显然引用了贝克里(的著作124页中)的传述,列入了奥贝德拉,去掉了阿里。
② 参见《文苑良友》,第30页,此处记载"马格里布划分给他诸弟";伊本·赫勒敦的著作第4卷,第14页;德·斯朗译本第2卷,第563页,此处记载"该地区划分给他的诸弟";伊本·伊扎里的著作第1卷,第211页:"该地区分给他的诸弟";贝克里的著作第124页;《考证书》第196页:"该地区分给他的诸弟。"
③ 我们是以《文苑良友》(第30页)的分配办法为基础的。我们前已指出该书同伊本·赫勒敦、伊本·伊扎里和贝克里等人著作的不同之处。
④ 在贝克里的著作第124页、伊本·赫勒敦的著作第4卷第14页和德·斯朗译本第1卷第563页中,除这些地方外,还加上了巴士拉城,而《文苑良友》则将此城列入叶海亚的辖下。
⑤ 《文苑良友》第30页中没有提到塔扎。伊本·伊扎里的著作第1卷第211页中,增加了塔姆利特。贝克里的著作第124页中加上了塔斯利姆特。

3. 伊萨：领沙拉城、萨累、艾泽木尔和塔马斯纳，此外还有一些部族住地。①

4. 叶海亚：领巴士拉城、阿尔西拉、阿赖什城及其郊区和瓦尔加地区。②

5. 奥马尔：领提杰萨斯(提克萨斯)城、塔尔加、古马拉族和穴居的桑哈贾族的住地以及这两族之间的地区。③

6. 艾哈迈德：领梅克内斯城、法扎兹地区和塔德拉城。④

7. 阿卜杜拉：领阿格马特城、纳菲斯地区、马斯穆达族人地区、远苏斯和卢姆塔族地区。⑤

8. 哈姆扎：领瓦来拉城及其郊区、特累姆森城及其郊区。⑥

这样分封的结果，自然就在兄弟之间造成了不和。他们中有人受到个人野心的诱惑，不服从大哥的政权；也有人循规蹈矩，不越雷池半步。最后弟兄们之间出现了一系列的争执和战争。伊萨在萨累和塔马斯纳首开反叛的先例。伊马目穆罕默德敕令(丹吉尔的领主)卡西姆前往征

---

① 对照贝克里的著作，第124页。此处写为瓦兹库尔和萨拉。伊本·伊扎里的著作第1卷，第211页，他没有提到归伊萨领有的地区名字。

② 伊本·赫勒敦的著作第4卷，第14页；德·斯朗译本第2卷，第563页。伊本·赫勒敦没有把巴士拉划入叶海亚的地盘，而是将它列入卡西姆的领地之中。

③ 《文苑良友》第30页的注释中以塔姆江萨斯取代了提杰萨斯，并且没有提到塔尔加城。至于伊本·伊扎里(的著作第1卷第211页)和贝克里(的著作第124页)，都只提到穴居的桑哈贾族地区和古马拉族地区。

④ 伊本·赫勒敦、伊本·伊扎里和贝克里都没有提到艾哈迈德的领地。

⑤ 参见伊本·赫勒敦的著作第4卷，第14页；德·斯朗译本第2卷，第563页。对照《文苑良友》，诚如我们所见，它把马斯穆达族地区划归给了卡西姆。

⑥ 参见《文苑良友》，第30页，此处说："哈姆扎只领有特累姆森"；伊本·赫勒敦的著作第4卷，第14页；德·斯朗译本第2卷，第563页。伊本·赫勒敦说："哈姆扎仅领有瓦来拉城及其郊区。"贝克里的著作第124页，也是如此记载。至于伊本·伊扎里，他不把哈姆扎列入诸侯之中，亦即把他当作未成年的弟兄之一。显而易见，哈姆扎只领有东方省，因为特累姆森是伊本·苏莱曼·本·阿卜杜拉的采邑。这位苏莱曼，如前所述，乃是伊德里斯一世的兄弟。伊本·赫勒敦在其著作第4卷第16页(德·斯朗译本第2卷第564页)中也是这么说的。

讨。卡西姆拒不受诏。奥马尔(古马拉族地区的领主)响应其兄伊马目之诏,召集了古马拉族、乌尔贝族和桑哈贾族的柏柏尔人,穆罕默德又提供给他一千名扎纳塔族骑兵。奥马尔打败伊萨,将他逐出萨累。根据穆罕默德的谕旨,奥马尔将伊萨的领地纳入自己的治下。接着,奥马尔又奉伊马目之命去攻打卡西姆,经过多次战役之后,成功地击溃了卡西姆。卡西姆后来离群独居,在阿尔西拉之南的海边他为自己修建的静室里潜心修行。①

就这样,奥马尔并吞了他两个弟兄的地盘后,始终恭事其兄穆罕默德,直到伊历220年(公元835年)殁于桑哈贾地区的法杰法里斯(在非斯城北的古马拉族地区)。他的遗体运到非斯城,葬在他父亲的陵旁。其兄伊马目穆罕默德为他做了礼拜②。奥马尔·本·伊德里斯的儿子们后来地位显赫,因为伊马目同意他们承继父亲的领地,嗣立阿里为其父的继承人。③ 这就加深了国家的分裂。阿里·本·奥马尔是伊德里斯王朝中哈穆德人的祖先。哈穆德人在伊历400年(公元1009年)倭马亚王朝崩溃时进入安达卢西亚。④

至于伊马目穆罕默德,可惜寿命不长,在奥马尔去世后,只活了七个月,殁于非斯城,葬在非斯大清真寺之东其父弟陵墓之侧,时值伊历221年4月(公元836年3~4月)。他在位仅八年。他只有九岁的儿子阿里即位。阿里卒于伊历234年(公元848~849年),年仅二十二岁。此后由

---

① 《文苑良友》,第30页。贝克里的著作第124页。伊本·赫勒敦的著作第4卷,第14页;德·斯朗译本第2卷,第564页。伊本·伊扎里的著作第1卷,第211页。
② 《文苑良友》,第31页。伊本·赫勒敦的著作第4卷,第14页。伊本·伊扎里的著作第1卷,第211页。
③ 伊本·赫勒敦的著作第4卷,第14页;德·斯朗译本第2卷,第564页。
④ 《文苑良友》,第31页。伊本·赫勒敦的著作第4卷,第14页。伊本·伊扎里的著作第1卷,第211页。贝克里的著作,第125页。《考证书》,第196页。

阿里之弟叶海亚·本·穆罕默德继承王位,他以活跃著称。在他的时代,非斯城有扩大。他伊历245年(公元859年)在城内建造的卡拉维因清真寺,是迄今尚存的最著名的遗迹。

参考文献

易卜拉欣·阿德维:《阿拉伯史学家的先驱伊本·阿卜德·哈克姆》,公元1963年开罗版。

易卜拉欣·拉兹卡纳和穆罕默德·萨菲伊丁:《阿拉伯祖国》,选自文学、经济和政治系教授集体编著的《阿拉伯社会研究》,公元1961~1962年开罗版。

伊本·阿比·迪纳尔(凯鲁万人穆罕默德·本·阿比·卡西姆·拉伊尼):《阿非利加和突尼斯史话中的趣闻》(简称《趣闻》),伊历1280年突尼斯版。

伊本·阿比·扎尔阿:《文苑良友——马格里布诸王和非斯城史话》(简称《文苑良友》),非斯石印版。

伊本·阿西尔:《编年史全集》,开罗版(共十二卷);《丛林狮子——圣门弟子列传》,共五卷,伊历1285年开罗知识书局版。

伊本·伊斯哈克:《埃及及其各地区的征服》,伊历1275年开罗版(参见瓦基迪的《埃及和亚历山大城的征服》,公元1825年莱顿版);参见伊本·希沙姆的《先知传记》。

伊本·哈提卜:《马格里布和安达卢西亚见闻录》,由艾哈迈德·穆赫塔尔·阿巴迪发表,公元1958年亚历山大大学出版;《头领们的业绩》(第3卷),由艾哈迈德·穆赫塔尔·阿巴迪和穆罕默德·易卜拉欣·基塔尼以《中世纪的阿拉伯马格里布》为题发表,公元1964年达尔贝达版。

伊本·萨基尔:《罗斯图姆王朝众伊马目的编年史》,莫蒂林斯基发表和翻译;莫蒂林斯基翻译和出版伊本·萨基尔的《提阿雷特地区的罗斯图姆王朝众伊马目的编年史》,选自《第14次东方学者会议文件集》,第三部分,公元1907年。

伊本·法基(哈马丹人阿布·巴克尔·艾哈迈德·本·穆罕默德):《地方志》,公元1885年莱顿版。

伊本·卡迪:《非斯城志》,伊历1309年非斯石印版。

伊本·库提亚:《安达卢西亚征服史》,公元1868年马德里版;雷比拉发表阿拉伯文原本和西班牙文译本(由阿卜杜拉·阿尼斯·塔巴阿在贝鲁特出版)。

伊本·哈贾尔(阿什克伦人希哈卜丁·本·阿里,卒于伊历853年[公元1449年]):《甄别圣门弟子》(简称《甄别》),伊历1328年版。

伊本·哈兹姆(阿布·穆罕默德·本·艾哈迈德·本·哈兹姆·查希里,卒于伊历456年[公元1064年]):《各宗教和各教派的区别》,伊历1317年开罗版。

伊本·豪卡勒:《大地的形状》,贝鲁特(生活书局)版;德格日出版《道路和王国》,公元1899年莱顿版。

伊本·胡尔达扎巴、伊本·法基和伊本·拉斯特:《伊历三世纪(公元九世纪)时期马格里布和欧洲的特点》,选自《道路和王国》《地方志》和《珍宝》,由亨利·佩雷主编的巴黎阿拉伯-法文丛书。阿拉伯文原本和法文译本由穆罕默德·哈吉-萨迪克发表,公元1949年,《阿尔及尔》第6期。

伊本·赫尔东:《历史绪论》(《教训集》的绪论,以《伊本·赫尔东绪论》著称),开罗商业书店版;《教训集》,共七卷,开罗版;德·斯朗发表其中关于马格里布的法文译本;《柏柏尔人和北非穆斯林王朝的历史》,公元1925年巴黎版,(卷1,卷2)。

伊本·希利甘(沙姆斯丁·阿布·阿巴斯·艾哈迈德·本·易卜拉欣·本·阿比·巴克尔,沙菲伊,卒于伊历681年[公元1281年]):《名流之死和时人轶事》,毛希丁·阿卜德·哈米德版。

伊本·阿卜德·哈克姆(埃及古莱什族人阿布·卡西姆·阿卜德·拉赫曼·本·

阿卜杜拉·本·阿卜德·哈克姆):《埃及、马格里布和安达卢西亚的征服》,夏尔·托里发表,公元1920年莱顿版;阿拉伯-法文丛书的节选本,附加多的法文译本,公元1948年阿尔及尔版;马赛的节选本,公元1914年开罗版;阿卜德·穆纳伊姆·阿密尔的新节选本,开罗版。

伊本·伊扎里(马拉喀什城人阿布·阿卜杜拉·穆罕默德):《马格里布史中的奇闻》(简称《奇闻》),库朗和普罗旺萨耳发表和考证,公元1948年莱顿版。(杜齐发表,贝鲁特版,共二卷)。

伊本·加勒奔(曾去爱资哈尔大学学习,伊历1133年回到家乡米苏腊塔):《关于的黎波里的君王和当地传述的回忆》,塔希尔·艾哈迈德·扎维发表,伊历1349年开罗版。

伊本·库特巴(阿布·穆罕默德·阿卜杜拉·本·穆斯利姆,卒于伊历276年[公元889年]):《领导和政治》,共二卷,伊历1328年开罗版;关于安达卢西亚的征服一部分,选自公元1868年马德里出版的伊本·库提亚的《安达卢西亚征服史》中的《增补》。

伊本·希沙姆(希木叶尔族人阿布·穆罕默德·阿卜德·马利克·本·希沙姆·本·阿尤布,卒于伊历218年[公元834年]):《先知传记》,共四卷,穆斯塔法·萨卡、易卜拉欣·阿卜亚里和阿卜德·哈菲兹·沙勒比考证,伊历1355年(公元1936年)埃及版。

阿布·阿拉伯(塔米姆族人穆罕默德·本·艾哈迈德·本·塔米姆,卒于伊历333年):《阿非利加学者的阶层》,谢赫·穆罕默德·本·阿比·沙纳卜发表,伊历1332年(公元1914年)阿尔及尔版。

阿布·菲达(伊斯梅尔·本·阿里·伊马德丁,哈马的统治者,卒于伊历732年[公元1231年]):《人类史概要》,伊历1286年君士坦丁堡版;《阿布·菲达地理学》(《地理志》),里诺和德·斯朗发表,公元1890年)。

阿布·扎克里亚:《先知传和教长列传》,马斯凯雷节译,书名为《阿布·扎克里亚编年史》和《姆扎卜部落史》,公元1878年阿尔及尔版;开罗图书馆手抄本,编号乙9030。

伊赫桑·阿巴斯：《西西里岛的阿拉伯人》，公元1959年开罗（知识书局）版。

艾哈迈德·纳伊卜·安萨里：《甘泉——西的黎波里史》，伊历1317年开罗版。

艾哈迈德·本·阿比·迪亚夫：《突尼斯诸王和太平盛世的历史》，公元1963年突尼斯版。

艾哈迈德·陶菲克·马达尼：《阿尔及利亚》，公元1963年开罗版；《阿尔及利亚地区地图》，阿尔及尔卡尔布尼勒版。

艾哈迈德·菲克里：《凯鲁万的大清真寺》，公元1936年开罗知识书局版；《开罗各清真寺及其学校——入门》，公元1962年亚历山大版。

《史话集》（关于安达卢西亚的征服、安达卢西亚历代的埃米尔和他们之间的战争），E. 拉封特于公元1867年在马德里发表阿拉伯文原本和西班牙文译本。

伊德里西：《思慕者的游览》（有关马格里布、苏丹、埃及和安达卢西亚特点的专册），德格日和杜齐发表阿拉伯文原本和法文译本，公元1864年莱顿版。

伊斯塔赫里：《道路和王国》，德格日发表，公元1870年莱顿版。

赛德·阿卜德·阿齐兹·萨列姆：《安达卢西亚穆斯林的历史，从阿拉伯的征服到科尔多瓦哈里发国家的崩溃》，公元1962年黎巴嫩知识书局版。

塔希尔·艾哈迈德·扎维：《阿拉伯人征服利比亚的历史》，埃及知识书局版（第一版）。

阿马里：《西西里岛的穆斯林史》（卡洛·阿尔方斯·纳利诺校勘和发表，第二版），公元1935年卡塔尼亚版；阿拉伯-西西里丛书，公元1855年利普西亚版。

安赫尔·冈萨雷斯·帕伦西亚：《安达卢西亚思想史》，侯赛因·莫尼斯翻译，公元1955年开罗版。

莱维·普罗旺萨耳：《关于阿拉伯人征服马格里布的新文本》（简称《新文本》），公元1954年马德里埃及研究所学报；《贵族中的史学家》，公元1923年版；《西班牙穆斯林历史》，公元1944年巴黎版；《非斯城的兴建》，选自《伊斯兰的西方》，公元1948年巴黎版。（赛德·阿卜德·阿齐兹·萨列姆和穆罕默德·

萨拉赫·希勒米翻译成阿拉伯文,题目是《马格里布和安达卢西亚的伊斯兰教》,千种书书局,第89号);《穆瓦希德王朝公文集》,选自《外交研究》,公元1944年巴黎版;《马赫迪伊本·图马尔特的历史和穆瓦希德王朝的开始》(选自《贝达克回忆录》),阿拉伯文原本和法文译本均以《未发表的文献》为名发表,公元1928年巴黎版。

布罗克耳曼:《伊斯兰教民族和国家史》,塔泽罗特发表法文译本,公元1949年巴黎版。

布勒伊埃:《拜占庭盛衰史》,公元1947年巴黎版。

巴格达迪(阿布·曼苏尔·阿卜德·卡希尔·本·塔希尔,卒于伊历429年[公元1037年]):《各教派的区别》,伊历1328年(公元1910年)开罗版。

贝克里(阿布·奥贝德·阿卜杜拉·本·阿卜德·阿齐兹,卒于伊历487年[公元1097年]):《阿非利加和马格里布的奇谈》,摘自《列国志》中的一部分,公元1911年德·斯朗在阿尔及尔出版。

贝尔:《穆拉比特王朝的最后代表——加尼亚族人,以及他们反对穆瓦希德王朝的斗争》,公元1903年版;《柏柏尔地区的伊斯兰教》,摘自《历史和宗教社会学手稿》,公元1938年巴黎版。

白拉祖里(阿布·阿巴斯·艾哈迈德·本·叶海亚·本·贾比尔,卒于伊历279年[公元892年]):《各地征服史》,公元1866年莱顿版。

皮埃尔·德塞尼伐勒:《所谓哈马德族人的卡拉大教区》,第15卷,第1分册,公元1932年埃斯贝里斯版。

蓬斯·博伊盖斯:《阿拉伯-西班牙史地学家》,公元1898年马德里版。

梯贾尼(阿布·穆罕默德·阿卜杜拉·本·穆罕默德·本·易卜拉欣·梯贾尼):《游记》,公元1958年突尼斯版。

格罗曼(阿道夫):《阿拉伯古文字学概论》,选自《古文字学研究》,卷Ⅰ,公元1932年开罗版。

贾兹纳伊(阿布·哈桑·阿里·贾兹纳伊):《非斯城的兴建》,伊历1340年(公元

1922年)阿·贝尔在阿尔及尔出版;法文译本附注释,以《桃金娘花》为题,公元1923年阿尔及尔版。

格耳:《公元三世纪的的黎波里和撒哈拉》,摘自《科学院优秀文集汇编》,第43卷,公元1926年巴黎版。

贾马勒丁·舍亚勒:(伊斯兰教时期)《马格里布和亚历山大城的文化联系》,公元1961年亚历山大大学文学院学报,第15期;《亚历山大城的地形及其自古以来的演变》,历史地图,历史学报,公元1949年。

哥提埃:《北非往昔——黑暗时代》(简称《北非往昔》),公元1942年巴黎版;《论撒哈拉》,公元1946年巴黎版。

戈德弗鲁瓦-德蒙比讷:《穆斯林的机构》,公元1946年巴黎版;参见奥马里的《列国志》(除埃及外的非洲),法文译本附前言和注释,公元1927年巴黎版。

朱利安:《北非史》,公元1931年版。

加亚尔:《一座伊斯兰教的城市:非斯》,公元1905年巴黎版。

哈桑·易卜拉欣·哈桑:《伊斯兰教的政治、宗教、文化和社会的历史》,第1卷,公元1957年开罗版。

哈桑·艾哈迈德·马哈茂德:《穆拉比特王朝的建立》,公元1957年开罗版。

哈桑·胡斯尼·阿卜德·瓦哈卜:《突尼斯史纲》,突尼斯第三版。

哈桑·苏莱曼·马哈茂德:《利比亚今昔》,公元1962年开罗版。

侯赛因·莫尼斯:《阿拉伯人对马格里布的征服》,公元1947年开罗版;《安达卢西亚的黎明》,公元1959年开罗版。

侯赛因·纳萨尔:《评阿卜德·穆纳伊姆·阿密尔发表伊本·阿卜德·哈克姆的〈埃及和安达卢西亚的征服〉》,《文库》杂志,公元1963年8月,第80期。

达巴格(阿卜德·拉赫曼·本·穆罕默德·本·阿卜杜拉·安萨里,伊历605～696年):《凯鲁万人的信仰概貌》,共二卷,伊历1320年突尼斯版。

德普瓦:《内富萨山》,公元1935年巴黎版;《东方突尼斯》,公元1940年巴黎版。

杜齐:《西班牙的穆斯林史》,公元1932年莱顿版,第1卷(哈桑·哈卜希将第1卷译成阿拉伯文,书名相同,开罗版)。

迪耳和马塞:《东方世界,公元 365～1081 年》,公元 1944 年巴黎版(格洛茨的《通史全集》,第 3 卷,《中世纪部分》)。

里斯莱尔:《阿拉伯文明》,公元 1956 年巴黎版。

塞勒里埃:《摩洛哥》,选自《法兰西联盟》丛书,公元 1948 年巴黎版;《非斯城发展的地理条件》,公元 1934 年埃斯贝里斯版,第 19 卷,第 1～2 分卷。

萨阿德·扎格卢勒·阿卜德·哈米德:《阿拉伯人征服马格里布的史实和传说》,公元 1963 年亚历山大大学文学院学报;《利比亚对法蒂玛王朝的建立及其迁移到埃及的态度》,班加西,利比亚大学文学教育学院学报,公元 1958 年;《马格里布地理学家和旅行家的旅埃及评述》,公元 1954 年亚历山大大学文学院学报;《亚历山大城历史,从阿拉伯征服到法蒂玛王朝的建立》,选自《自远古以来的亚历山大城历史》,公元 1963 年亚历山大版;《萨拉丁和穆瓦希德王朝的阿布·优素福·雅各布·曼苏尔之间的关系》,公元 1953 年亚历山大大学文学院学报;参见《考证书》。

萨拉维:《西马格里布历史考证》,达尔贝达版。

苏莱曼·巴鲁尼:《伊巴迪亚派的伊马目和国王中的翘楚》。

赛妲·伊斯梅尔·卡希夫:《伊斯兰史的资料及其研究纲要》,公元 1960 年开罗版;《伊斯兰黎明时期的埃及,从阿拉伯征服到图隆王朝的建立》,公元 1947 年开罗版。

沙马希:《内富萨山学者和酋长列传》,开罗石印版。

西赫里斯坦尼(阿布·法塔赫·穆罕默德·本·阿卜德·克里姆,卒于伊历 548 年[公元 1153 年]):《教派和学派》,公元 1923 年莱比锡版。

塔伯里:《各民族和历代国王史》,伊历 1358 年(公元 1939 年)开罗版,欧洲版,阿拉伯宝藏书局版,共五卷。

阿卜德·哈米德·阿巴迪:《安达卢西亚史概要》,公元 1958 年开罗版。

阿卜德·萨拉姆·本·骚达:《西马格里布史学家的向导》,公元 1950 年得土安版。

阿卜德·阿齐兹·杜里:《阿拉伯人的历史学》,公元1960年贝鲁特版。

阿卜德·阿齐兹·塔里赫·沙拉夫:《利比亚地理》,公元1963年亚历山大版。

阿卜德·穆纳伊姆·马吉德:《阿拉伯国家的政治史》,公元1960年版;《伊斯兰史研究绪论》,公元1953年开罗版。

阿卜德·哈迪·塔齐:《历史文献中的达乌德·本·伊德里斯伊马目》,公元1961年亚历山大大学文学院学报,第15期。

阿卜德·瓦希德(马拉喀什人):《马格里布史略》,伊历1324年埃及版。

阿路什:《伊巴迪亚派人的两篇神学论文》,公元1936年埃斯贝里斯版,第22卷,第1分册。

奥马里:《列国志》,伊历1342年(公元1924年)图书社版,一卷;公元1927年巴黎出版的关于马格里布和苏丹两个地区的法文节译本,参见戈德弗鲁瓦-德蒙比讷条。

阿夏希:《游记》,的黎波里手抄本,宗教基金图书馆, ں 号书库,一号书架,第340号,共二卷;非斯石印版。

弗拉武赞:《阿拉伯国家史,从伊斯兰教出现到倭马亚王朝结束》,穆罕默德·阿卜德·哈迪·阿布·里达博士译,公元1958年开罗版。

富尔内尔:《论阿拉伯人对非洲的征服》,公元1857年巴黎版。

韦库泰:《古埃及史》,选自《我知道什么?》丛书,公元1947年巴黎版。

费舍尔:《伊本·赫尔东和帖木儿》,公元1952年贝克莱-洛杉矶版。

卡勒卡仙迪(阿布·阿巴斯·艾哈迈德,辛于伊历821年[公元1418年]):《创作启蒙》,公元1913年开罗版。

卡尼亚:《罗马时代的黎波里的军事边界》,公元1912年巴黎版。

《地方奇闻考证书》(简称《考证书》,伊历六世纪[公元十二世纪]对麦加、麦地那、埃及、马格里布与苏丹地区的描述),萨阿德·扎格卢勒·阿卜德·哈米德发表并加评注,公元1958年亚历山大大学印刷出版。

铿迪(阿布·奥马尔·穆罕默德·本·优素福·铿迪,卒于伊历350年[公元961年]):《总督和法官》,拉文·格斯特发表,公元1908年贝鲁特版;附英文序,公元1912年莱顿版。

拉尔诺德:《阿尔及利亚》,选自《法兰西联盟》丛书,公元1950年巴黎版。

拉乌斯特:《摩洛哥中部游牧民的居住问题》,公元1932年埃斯贝里斯版,第14卷,第2分册。

勒图尔纳:《保护制以前的非斯城》,公元1941年卡萨布兰卡版。

马利基(阿布·阿卜杜拉·本·阿比·阿卜杜拉,约卒于伊历五世纪中叶):《心灵游苑——凯鲁万和阿非利加的学者、隐士、出家人和修士,他们的轶事、美德和性格》(简称《心灵游苑》),侯赛因·莫尼斯发表,公元1951年开罗版。

威·马塞:《百年来对穆斯林阿尔及利亚历史的研究》,(R. H. 1931)。

乔治·马塞:《穆斯林的柏柏尔地区和中世纪的东方》,公元1946年巴黎版。

马尔西:《伊巴迪亚派人和柏尔加瓦塔人的上帝》,公元1936年埃斯贝里斯版,第22卷,第1分册。

马瓦尔迪(巴士拉人阿布·哈桑·阿里·本·哈比卜,卒于伊历450年[公元1057年]):《素丹政权》,伊历1327年(公元1909年)开罗版。

穆巴拉克·本·穆罕默德·米利:《阿尔及利亚通史》,共二卷,伊历1350年阿尔及尔版。

穆罕默德·塔伊卜·本·艾哈迈德·伊德里斯·阿什哈卜:《阿拉伯的巴尔卡今昔》,公元1945年开罗版。

穆罕默德·阿卜德·穆纳伊姆·沙尔卡维和穆罕默德·马哈茂德·塞亚德:《阿拉伯马格里布的面貌》,公元1959年亚历山大版。

穆罕默德·卡迪里:《一、二世纪名人韵文传记》米肖-贝莱尔译成法文,题名《摩洛哥档案》,公元1917年巴黎版,第24卷。

穆罕默德·本·奥斯曼·哈沙伊希(突尼斯人,卒于伊历1340年):《西的黎波里消忧去愁》,哈桑·胡斯尼·阿卜德·瓦哈卜在突尼斯的图书馆打字机版,亚历山大市政府图书馆,编号لـ 2591。

穆罕默德·阿卜杜拉·阿南:《安达卢西亚的伊斯兰国家,从征服到格拉纳达王朝结束》,伊历 1362 年(公元 1943 年)开罗版;《伊本·赫尔东,生平及其思想遗产》,伊历 1372 年(公元 1953 年)开罗第二版。

穆罕默德·阿卜德·哈迪·夏伊拉(参加编著):《利比亚史和伊斯兰世界》,公元 1962 年开罗版;《阿拉伯人同拜占庭人的斗争》,法文本,公元 1947 年亚历山大版;《利比亚——名称及其历史涵义》,班加西,公元 1958 年利比亚大学文学教育学院学报,第 1 期;《自阿拔斯王朝初期以来的区域划分》,公元 1944 年亚历山大大学文学院学报。

梅斯欧迪(阿布·哈桑·阿里·本·哈桑·本·阿里,卒于伊历 345 年[公元 956 年]):《黄金草原和珠宝产地》(简称《黄金草原》),伊历 1377 年(公元 1958 年)商业书店版。

穆斯塔法·阿卜杜拉·巴阿尤:《卢比亚* 史概要,从远古到如今》,公元 1947 年亚历山大版。

* 卢比亚系利比亚的古称。——译者

穆斯阿卜·祖贝里:《古莱什氏族谱系》,普罗旺萨耳考证,选自《阿拉伯人珍本》丛书,公元 1954 年开罗版。

马克里齐(塔基丁·艾哈迈德·本·阿里,卒于伊历 845 年[公元 1441 年]):《回忆手迹和古迹的殷鉴和教训》,共二卷;《教长们的传述——正统派的训诫》,贾马勒丁·舍亚勒发表和考证,公元 1948 年开罗版。

米肖:《土著事务局预备会议记录》,摘自《摩洛哥档案》,第 27 卷。

纳吉卜·米哈伊勒:《埃及和古代近东》,第 1 卷,公元 1963 年埃及版。

努韦里(希姆卜丁·艾哈迈德,卒于伊历 733 年[公元 1333 年]):《文艺菁华》,有关马格里布和安达卢西亚史的专册,影印手抄本,亚历山大大学文学系图书馆,编号ف 22。

于巴:《突尼斯》,选自《法兰西联盟》丛书,公元 1948 年巴黎版。

希罗多德:《历史》,选自《企鹅》丛书,公元1955年版,第3卷。

瓦基迪:《阿非利加的征服》,伊历1315年突尼斯版(英国博物馆手抄本,阿拉伯文部,增补第9572号);《巴汉萨的奇闻轶事和圣门弟子在当地的遭遇》,伊历1278年开罗版(伦敦东方语言学校手抄本:《巴汉萨和法尤姆的征服》,阿拉伯文部,第26386号);《埃及和亚历山大城的征服》,公元1825年莱顿版。

瓦尔贾拉尼(阿布·雅各布·本·易卜拉欣):《智者的向导》,开罗石印版。

雅古特(希哈卜丁·阿布·阿卜杜拉·雅古特·本·阿卜杜拉·哈马维·鲁米·巴格达迪,卒于伊历626年[公元1229年]):《地名辞典》,伊历1323年(公元1906年)开罗版。

雅各比(艾哈迈德·本·阿比·雅各布·布·贾法尔·本·瓦赫卜·本·瓦迪赫,卒于伊历284年[公元897年]):《雅各比史记》,共二卷,公元1883年莱顿版;《地志》,公元1892年莱顿版。

后　记

　　就这样，除已经成为东马格里布京城的凯鲁万之外，继建成中马格里布京城的提阿雷特之后，又建成了成为西马格里布京城的非斯。只是在此以后，有两个截然不同的现象控制了历史事件的进程并左右了这个地区命运的走向。其一是政治形式；其二是文明内容。一方面，从伊历二世纪初到该世纪末，经过千辛万苦的努力和付出高昂牺牲的代价之后，马格里布已确定被分成为三个部分。哈里发国家已无可能维护其疆域的统一，也无法否认它遭受的失败。就像我们所知道的，分治和割据同统一和结盟恰好相反，代表的是分崩离析、衰微和内讧。另一方面，奇怪的是，分封又以相反的方式在马格里布人中建立起了另一种统一，这是由于各个区域的腹地进一步的阿拉伯化和伊斯兰教更广泛的传播，把文明征服大踏步地推向前进。

　　其实，这三个京城之间虽然一开始表现出政治上的和教派上的敌视，但是，幸运的是，阿格拉布王朝、罗斯图姆王朝和伊德里斯王朝都没有在彼此间毫无结果的斗争中耗尽自己的力量。它们各怀恶意，不过没有发生可以称作实质性的争执和战争。这要归功于凯鲁万的官员们所奉行的稳健政策。凯鲁万作为哈里发国家的代表，是整个马格里布的合法统治者。在阿格拉布王朝建立以前，鲁赫·本·哈提姆响应阿卜德·瓦哈卜·本·阿卜德·拉赫曼·本·罗斯图姆的召唤，把伊巴迪亚派稳稳地安置在中马格里布的沙漠旷野里。① 接着，易卜拉欣·本·阿格拉布又被迫答应阿卜德·瓦哈卜·本·罗斯图姆拥有的黎波里内陆的主权，他自己则保留的黎波里城及沿海地区。

关于凯鲁万与非斯的关系，传说易卜拉欣·本·阿格拉布曾参与策划杀害伊德里斯一世的阴谋，还传说他也插手除掉了伊德里斯的幕僚腊希德②，并唆使扎纳塔族首领巴赫卢勒·本·阿卜德·瓦希德反对伊德里斯二世，使这位伊马目极度不安和警觉。③ 尽管如此，凯鲁万和非斯之间

---

① 参见努韦里的著作，手抄本，甲本，第99页；伊本·赫勒敦的著作第6卷，第113页，作者认为这是在伊历171年，并认为这个罗斯图姆族人阿卜德·拉赫曼乃是阿卜德·瓦哈卜的父亲。众所周知，阿卜德·拉赫曼·本·罗斯图姆已于伊历168年去世。
② 参见《文苑良友》，第13页。此处引证的一个传述认为，易卜拉欣·本·阿格拉布用计除掉了腊希德。这个传述的可疑之处在于据说奥克族人穆罕默德·本·穆卡提勒（他在伊历184年离任，而腊希德则卒于伊历186年）曾参与其事。这个传述还记述了易卜拉欣·本·阿格拉布曾赋诗一首呈拉希德，以否认这个奥克族人的介入：
　　陛下难道不见：
　　腊希德被臣用计所除，
　　红眼睛的小伊德里斯，
　　臣另设高谋周旋对付。
　　他的巨宫，臣决意铲除，
　　妙计算就，他难逃劫数。
　　哀哉，奥克族的兄弟，
　　为腊希德死一命呜呼。
　　他弥留在床行将作古，
　　臣适去探望亲眼目睹。
③ 参见《文苑良友》，第12页。此处记载了伊德里斯写下几节诗赠给这位扎纳塔族的领袖：
　　巴赫卢勒啊，
　　尔竟设谋费苦心，
　　趋附不义弃仁信；
　　易卜拉欣官阃深，
　　令尔扑朔在迷津；
　　受制他人徒陷身，
　　失却引绳路难寻；
　　尔岂不闻易氏奸，
　　清晨仗剑各地巡。

还是以和平的——不敌对的或睦邻的关系为主。① 至于非斯与提阿雷特之间的关系,虽然伊德里斯王朝控制着特累姆森,还据说伊德里斯铲除了哈瓦利吉派并把两个马格里布与阿拔斯王朝隔绝开来②,但是,事实上,伊德里斯王朝只不过控制了谢利夫河以北的沿海地区。罗斯图姆王朝的势力深入内陆,直到撒哈拉沙漠的腹地。这里,我们发现提阿雷特与萨杰拉马萨之间的关系是友好的,甚至相传萨杰拉马萨的伊马目们都是苏福里亚-伊巴迪亚派人。同时,在罗斯图姆族人和米德拉尔族人之间通过姻亲结成某种同盟。③ 这类良好的关系,也显然存在于凯鲁万和萨杰拉马萨之间,这方面的例子出现虽然较迟,要到伊历三世纪末叶,当时各种传述说,萨杰拉马萨的伊马目唯阿格拉布王朝的埃米尔或阿拔斯王朝的哈里发马首是瞻。这位伊马目在那时逮捕了避居在这座沙漠城市的法蒂玛王朝的缔造者奥贝德拉·马赫迪。④

在那早期,马格里布领导人之间的这种良好关系或者至少是非敌对的关系,颇类似现在所称的"和平共处"。由于这种睦邻关系,在马格里布东端出现了一个京城凯鲁万之后,共有了三个"凯鲁万",它们竭力实现第一个凯鲁万——阿非利加凯鲁万的宗旨:军事扩张、在阿非利加以外的地区传播阿拉伯主义和伊斯兰教。

如果可以把这种分治解释为独立运动或分离的倾向,那么,不应忘记,要对此负责的,并不只是马格里布。马格里布所发生的事件,不论是

---

① 参见伊本·赫勒敦的著作第4卷,第14页。他认为是伊德里斯·本·伊德里斯要求和解的。接着又说,此后,阿格拉布王朝无力抵御伊德里斯王朝,"它以各种理由为阿拔斯王朝的哈里发们辩护,贬低伊德里斯,诋毁他的宗谱,一直骂到他的父亲伊德里斯一世,诬之为是最纤细的一根蛛网丝"。
② 伊本·赫勒敦的著作第4卷,第14页。
③ 参见伊本·伊扎里的著作第1卷,第157页。此处记载,迈蒙·本·米德拉尔·本·亚萨阿以伊本·阿尔娃著称。阿尔娃是其母,阿卜德·拉赫曼·本·罗斯图姆的女儿。
④ 参见《考证书》,第204页;《教长们的传述——正统派的训诫》,第84页。

政治性的还是教派性的,都只是马什里克事件的自然反映。大规模的反叛运动或者剧烈的动荡,是哈里发国家管理不善的自然结果。而马格里布的起义者所信仰的教派——不论是哈瓦利吉派还是什叶派——也都源于马什里克,这种情况与希贾兹人的教派——在马格里布获得巨大成功的马立克教派,或者伊拉克人的教派——阿布·哈乃斐派有雷同之处。后一个教派在霍腊散军进入凯鲁万地区之后,开始在阿非利加站稳了脚跟。这也就是说,在马格里布这三个区域之间,当它们的政治关系——我们是指正式的关系——冷淡或几乎破裂的时候,它们之间的文明和文化的关系——我们是指非正式的亦即民间的关系——却一直在往前进,它努力使以马格里布各区域人民为一方和以阿拉伯马什里克、伊斯兰教发祥地人民为另一方的相互联系更趋密切。

至于马格里布这种新的政治局面,仅维持到我们已经开始涉及的伊历三世纪末叶。这是为了在法蒂玛王朝的大纛下重新恢复政治统一,发展马格里布的文明、文化和艺术运动,并加强它与马什里克地区的关系。因此,如果天从人愿,我们希望在下一卷中对此详加论述。

苏丹地区自然地理

〔埃及〕穆罕默德·马哈茂德·西亚德
〔埃及〕穆罕默德·阿卜德·基纳·苏奥迪

第一节　国界

苏丹的土地面积 250 多万平方公里，土地占跨亚非的阿拉伯各国总面积的 22％强，或大约相当于埃及面积的两倍半。这片土地位于非洲东北角，铺展在北纬 3°30′至 22°东经 22°至 38°30′之间。然而在这样辽阔的面积中，海岸线还不到 800 公里，这便是苏丹东北部俯临红海的海岸线。由于红海的壕堑结构和遍布的珊瑚礁障碍，使这条海岸线的自然条件不利于建立天然港口。

苏丹的北部与埃及接壤。根据 1899 年 1 月有关治理苏丹的协定规定①，两国间的边界与北纬 22°相一致。这个协定的第一条规定：本协定中"苏丹"一词是指北纬 22°以南所有下列领土：

（1）自 1882 年以来埃及军队从未撤出者；

（2）在苏丹最近一次革命（马赫迪运动）之前，原由埃及政府治理、后来埃及暂时失去控制，现经英国女王陛下政府和埃及政府以联合行动收复者；

（3）今后两国政府将以联合行动收复者②。

苏丹的边界被确定为那些曾由埃及治理，后来被马赫迪运动所控制，接着又被埃、英军队收复的土地。但正如克罗默所说③，采纳这种意见，不久就会造成巨大的行政管理困难。在此情况下，必须把瓦迪哈勒法和萨

---

① 协定全文见《独立的苏丹》中译本下册，第 830 页。——译者
② 1953 年埃及共和国内阁主席团关于苏丹的绿皮书，第 5 页。
③ 克罗默（Cromer），即伊夫林·巴林爵士（Sir Evelyn Baring），1883～1907 年任英国驻埃及总领事。——译者

瓦金从苏丹这一专有名词所包括的领土中划分出去。因为瓦迪哈勒法和萨瓦金绝对不曾被苦修僧的军队占领过①。假定说，要不是英国统辖下，英军为保卫瓦迪哈勒法和萨瓦金所做的抵抗，埃及必然会在（马赫迪）革命时期失去这两块地方，从而被苦修僧所控制，那倒是完全正确的。② 因此，第一条的目的是要把瓦迪哈勒法与萨瓦金置于苏丹境内。

在此基础上，埃及与苏丹之间的政治边界便成了按天文线划的一条直线，它割断了南北自然和人文状况的联系。要是注意自西向东研究这条线，便会发现它穿过西部荒无人烟的沙漠区，除了阿尔巴因小道外，这一地区毫无生气。阿尔巴因小道，是从法席尔到阿西尤特、由绿洲和井泉连成的一条路线。作为埃及和苏丹之间的一条商路，它过去的重要性要数倍于今日，而现在它的意义却仅限于骆驼贸易。

我们如果到尼罗河，就会看到这条政治边界线在瓦迪哈勒法北部数里外通过。瓦迪哈勒法的南部农田稀少，而在它的北部则耕地比较宽广，尤其在法尔斯、西腊、德比腊、艾什坎塔、阿尔金、达格姆和德卜鲁萨一带更是如此。根据这种情况，埃及内务部按照英国的政策，在1899年3月26日颁布了一项行政决定，调整了这个地区的边界，使其在瓦迪哈勒法以北25公里的地方通过该地区，因而使边界线经过尼罗河东岸的阿丁丹村和西岸的法尔斯村。

往东，这条边界把阿巴比达人、比沙里因人的土地割开，于是苏丹的阿巴比达人脱离埃及的阿巴比达人的主要聚居地；埃及的比沙里因人也与他们在苏丹的主要聚居地分开。因此，内务部部长于1902年11月14

---

① 指马赫迪运动的起义者。——译者
② 参见穆罕默德·福阿德·舒克里的《埃及与苏丹的十九世纪（1820～1899年）尼罗河流域政治统一史》中对1899年协定（及其背景）的解释和评论，1957年开罗版，第545～591页。

图一　苏丹共和国

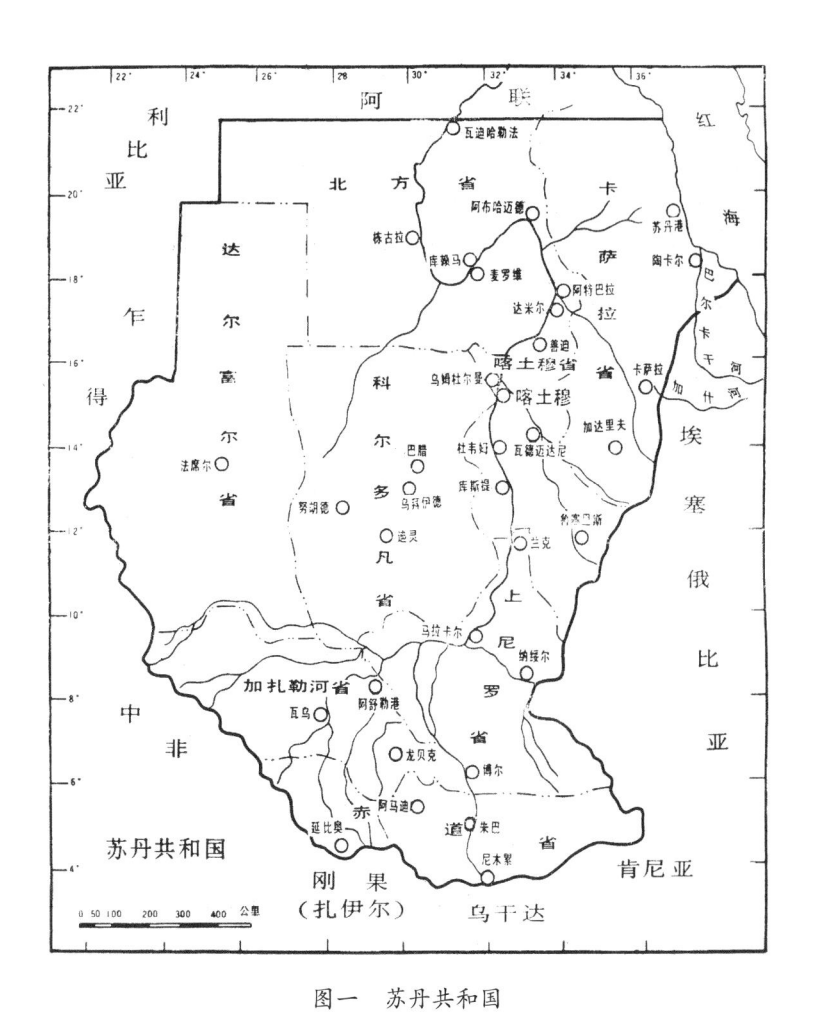

日颁布了一条调整边界的行政决定,把奥勒巴山地区(12500平方公里)划归苏丹,而将巴尔塔祖贾山地区(600平方公里)并入埃及。①

---

① 穆罕默德·穆塔瓦里:《政治地理》,第109~111页。

不管怎么说,这条政治的天文线边界同一般的天文线边界一样,不具备通常的边界线的任何地理学根据。没有阻碍联系的地形,地势也没有突然的变化。这条边界穿过尼罗河地区在努比亚方迪加人地域的中部,把操同一语言的村庄分开了。如果说马哈斯人、苏库特人和方迪加人的方言组成了一个相似的语区,那么,埃及的库努兹语和苏丹的栋古拉语则构成了第二个相似的语区①。

尼罗河以东的行政边界线的情况也是如此。在那里比沙里因人没有被全部包括进去,有些比沙里因人生活在奥勒巴山地区以北,甚至几乎到了阿斯旺所在的纬度线。

在与埃塞俄比亚交界的苏丹东部,与厄立特里亚接壤的边界是按照英国政府和意大利政府于1895年6月达成的《凯奇尔-巴拉蒂尔协定》和1898年12月达成的《巴尔松-马蒂尼协定》确定的。② 协定规定,边界线从红海之滨的卡萨尔角开始,与离海岸两公里的卡罗拉(Karora)河的主要支流相遇,沿卡罗拉河到地图上称为卡罗拉的地方,然后随着北面的埃特(Aiet)、马里卜(Marib)河道及南面的法勒卡特(Falkat)、锡拉(Sila)河道之间的分水线而下,到哈杰尔努什高原某处。再由该地到巴尔卡河,然后笔直走向抵达北纬17°与东经37°线相交之处。

这条边界的延伸部分,即与埃塞俄比亚毗邻部分,是英国和埃塞俄比亚在1902年5月达成的协议规定下来的。根据这项协议,埃塞俄比亚与苏丹的分界线按如下走向:从乌姆哈杰尔河沿塞提特河到加拉巴特,以下到法马卡南面的青尼罗河、尼罗河、皮博尔河、阿科博河、马利拉河,然后到北纬6°线与东经35°线的相交点。该协议规定,尼罗河边伊坦克附近的

---

① 穆罕默德·阿瓦德·穆罕默德:《北苏丹》,第304页。
② C.V.O.格利森:《英埃苏丹》第1卷,第288、289页。

一片土地，由苏丹政府租借，为河边商站管理。商站沿河岸长不到2000公尺，面积不超过400公顷。这片土地不得用于政治或军事目的。[①] 事实上，从1902年到1957年，苏丹还一直租借了甘贝拉的一个商业中心。

苏丹东部的大部分边界，是沿埃塞俄比亚高原的边缘，然后随着河道走向的几何线。这个方向的苏丹边界有几段并不是自然边界。在东北部，边界线把阿米尔部落的一部分从他们在厄立特里亚的主要聚居地中划分出来，有些阿米尔人在每年的迁徙中越过边界活动。中部的边界线是沿着埃塞俄比亚高原的边缘划的，边界线的一面是陡崖壁立的高原，犹如一道难以攻克的屏障，另一面是青尼罗河流经的深谷。因此，我们看到从卡萨拉到阿斯马拉仅有一条公路，而中部边界的两旁则毫无联系或活动。经过索巴特河上游的南部边界似有若无，这种不寻常的现象表现在苏丹租借了埃塞俄比亚的一个商业中心，苏丹与埃塞俄比亚之间的安瓦克部落被分割，越境潜逃的行为屡见不鲜，劫掠牲口的事件层出不穷，造成了许多管理上的困难。[②]

苏丹的西部边界是根据英法两国在1899年3月达成的协议确定的。协议规定这条边界从刚果自由国（现改名扎伊尔——译者）与法属领地的分界线同尼罗河与刚果河及其支流的分水线地区的交接点开始，基本上沿着这条分水线前进，直到与北纬11°线相遇，然后再到北纬15°线，从而把瓦迪王国与1882年成立的达尔富尔省分开。原则上可以理解为北纬15°线以北的边界将把从北回归线与东经16°线相交点开始的东北面和东面的法属地区划了进来，尔后再往东南，与后来按此划定的在北纬15°线

[①] 格利森：《英埃苏丹》，第295页。
[②] 1939年以埃及和英国政府为一方，意大利政府为另一方，交换了关于调整这段边界的备忘录。后因战争爆发，调整工作中止。到1950年，苏丹政府的行政秘书要求埃及同意组成一个有埃塞俄比亚当局参加的委员会，确定鲁道夫湖以北37公里处苏丹和埃塞俄比亚之间的一段分界线。埃及曾表示同意，然而这件事并无进展。

的达尔富尔边界相接。①

　　后来，苏丹的西北边界又曾做过另外的调整。英国一反常态，在没有征询埃及意见的情况下，放弃了面积相当于卡萨拉省的位于苏丹西北部的三角地。英国无偿放弃这块三角地是出于对意大利的恐惧。为了讨好意大利，英国没有掩饰这个让步，它在地图上划出了这块被劫夺之地，并使用了这样的字眼："Ceded to Italy 1934"，即"1934 年割让给意大利"。这片土地现在被纳入了利比亚王国的版图。②

　　北纬约 15°40′以北的苏丹西北边界也是天文线边界。各部落对它置若罔闻。冬季，成群结队的扎加瓦族、盖尔安族、比达亚特族和一部分卡巴比什族人越过边界去乍得，到茂盛的稷祖草（Jizzu）地区放牧牲畜。往南，边界线沿着一些河道走向划定，这些河道又构成了像瓦迪卡贾镇一类的定居区。有时，这些水道在瓦迪阿祖姆穿过这些定居区。边界线有时被阿祖姆（Azum）河切割，牧牛人在边界来回往返。比如，被认为是苏丹部落之一的泰阿依沙人，有的就不得不交纳两次税，一次交给苏丹政府，一次交给乍得政府。整个边境都有迁居现象发生，如果在阿贝歇（Abeshe）的主要通道上还能履行正式手续和注射疫苗，那么在实际上要控制走私和非法的潜逃行为则是不可能的。

　　英国和比利时为共同划定苏丹西南边界的谈判，经历了不止一个阶段。第一阶段达成了 1894 年 5 月的协定，双方同意英国把几乎整个加扎勒河省和该省北面的一部分租借给比利时国王利奥波德二世，租借期以利奥波德在位时期为限。与此相对等的是比利时把坦噶尼喀湖和尼亚萨

---

① 格利森：《英埃苏丹》，第 292、296 页。
② 利比亚于 1912 年 10 月沦为意大利殖民地，1951 年 12 月成立利比亚联合王国（联邦制），1963 年 4 日取消联邦制，改名利比亚王国，1969 年 9 月建立了阿拉伯利比亚共和国。——译者

湖之间一条宽 25 公里的地带租借给英国。

第二阶段经过多次谈判才签订了 1906 年 5 月协定。按照这个协定，利奥波德国王以他在世期间为限，取得了称为"拉多飞地"(Lado Enclave)的地区。这块位于尼罗河西岸的地区，南起阿伯特湖（现名蒙博托湖——译者）畔的马哈吉镇，北到北纬 5°30′线，东起东经 30°线，西到尼罗河与刚果河之间的分水岭。①

利奥波德二世国王逝世后，这块地区于 1910 年归还给苏丹，但不是全部。英国在 1914 年割去了拉多的南部，将其划入英国在乌干达的管辖范围，代价是把冈多科罗和明尤特两地并给苏丹。

苏丹南部边界的现状是 1913 年底和 1914 年初开始形成的。当时，马迪部落和卢贾巴里部落居住的拉多南部并给了乌干达，而巴腊部落和拉土卡部落的住地则归属苏丹，因为界河右岸到北纬 5°原是由乌干达设在冈多科罗和尼木累的行政中心管理的。1930 年，乌干达政府要求边界线不通过界河西岸丘陵脚下，而是绕过界河岸边的尼木累本身。②

苏丹南部边界不是按民族学划成的。这条边界虽是沿尼罗河以西尼罗河和刚果河之间的分水岭走向，但却把住在苏丹及其邻国的部落分割开了。因为高原地区的地形比起一年中总有一段时间因河水泛滥而遭淹没的平原更有助于定居，所以那里人口比较集中。③

我们不妨引证一下博格斯(Boggs)的话："在边界正式划定之前，当时苏丹和刚果达成一致的边界线是分水岭，分隔的地区是一片大部分位于赤道的高原。一位传教士想了解他的传教地区及其范围，求助于人们在他的地区排了几天水，最后发现他派出的传教使团及其活动领域原来是在刚果

---

① 参见穆罕默德·萨布里:《苏丹帝国地图集》。
② 格利森:《英埃苏丹》:第 285 页。
③ L. F. 纳尔德:《赤道省手册》,1936 年版,第 26~42 页。

境内。"①这也许清楚地证明这个地区的边界在自然的区分上并不明显。

这样，边界线就把分布在苏丹和刚果的巴卡族、卡库族、艾苏卡亚族和门督族等部落几乎平均地分为两半。最突出的例子是阿赞德部落，这个部落在1953年估计将近有100万人，其中在苏丹有23万，在刚果有50多万，在中非共和国有20万左右。② 尼罗河以东，边界随地形蟠旋，使苏丹囊括了所有的伊马东、德温朱土拿和迪丹加山脉。但到了最东面，边界又变成纯粹的天文线，它把一些部落的一部分划了进来，其余的则留在境外，例如艾朱里部落的绝大部分便住在乌干达。肯尼亚的图尔卡纳部落在逐水草而居的迁徙中，向苏丹的东南部移动，常常遭到其他部族的袭击，特别是遭到埃塞俄比亚的马利勒和冬尤鲁部落的袭击，有时也遭到苏丹的突布萨部落的袭击，从而引起肯尼亚政府的抗议，要求苏丹要么制止这些袭击，要么让肯尼亚政府管理图尔卡纳部落辗转迁徙的地区。1931年，(英国)苏丹政府同意肯尼亚当局在苏丹境内保护图尔卡纳部落，肯尼亚政府在该区通道上的费用，苏丹也分担一定数额。这个地区被称为意里米三角(Illemi Triangle)地，它处在穆鲁阿吉比和特尔马高原与鲁道夫湖的两面包围之中。③

第二节 地质结构

研究一个地区的地质结构，即一方面研究形成这个地区的各种岩石及其年龄，另一方面是研究这些岩石的地理分布。此外，还包括岩石所经

---

① H. 丘奇：《动荡世界中的非洲边界》(政治地理研究丛书之一，1956年版，由G. 伊斯特和A. E. 穆迪主编)，第764页。
② A. 巴特和T. 巴克斯特：《阿赞德部落》，第12页。
③ L. F. 纳尔德：《赤道省手册》，第34页。

历的构造运动和这些运动的影响。

因此,研究苏丹的地质结构,就是研究苏丹境内的各种岩石,这些岩石的分布和年龄,以及地壳运动对苏丹影响的程度。

下表说明苏丹地层的演变程序①:

时　代	距今年数	构　造
第四纪	100万年	河流沉积
第三纪	7000万年	高兹——平原黏土
上新世		乌姆鲁瓦巴——火山
中新世		红海丘陵上升
		红土开始形成
渐新世		胡达构造
始新世		埃塞俄比亚高原开始上升
第二纪	8000万年	苏丹西北部的努比亚构造
白垩世②		苏丹东部的努比亚构造
侏罗世		伊罗勒构造
三叠世		风化时期
		漫长的风化时期——地层开始形成
第一纪	35000万年	努比亚地区——纳瓦地层
前寒武纪	250000万年	基底杂岩

值得注意的是,第三纪末,也就是距今100万年以前形成的各种岩

---

① 编写本表的根据是 G. 安德鲁:《苏丹地质学》,摘自《苏丹的农业》,1952年伦敦版,第91页。
② 白垩、侏罗、三叠即现在的白垩纪、侏罗纪、三叠纪,和第三、第四纪并列,第一、第二纪现在一般不继续沿用。表中的第一、第二纪接近于现在地质学上所通用的古生代和中生代。

石,都叫做原生岩或基岩(solid);而近代,也就是第四纪的沉积,则称为地表堆积层(superfisia deposits)。它与原生岩不同,通常是细软的或者是疏松的,并不发生褶皱或者翘起。苏丹许多地方都覆盖着这种有时很厚的地表堆积层,它遮盖了各种原生岩层。

在这一节里,我们将论述原生构造,地表堆积层将留待另一节与土壤一起研究。

如果看一下原生岩石的分布图或即便是苏丹的地形图,那么,首先引人注目的是那块广阔无垠的大平原。苏丹的地质结构图较之毗邻的东非地区要简单一些,因为从裂谷的形成,火山岩浆的喷出,直到相互穿插的各种地质构造运动,都使东非受到影响。

苏丹的地理位置影响着它的地质结构。因为它是非洲的一部分,位于两块在结构上截然不同的地区之间。它的南面和东面是具有古老结晶岩的赤道湖泊高原,以及被火山岩盖住的具有古老结晶岩的埃塞俄比亚高原。这个地区长期以来始终高于海平面,而在另一个地区,即非洲北部地区,则经历了一个漫长的海侵时期。从第二纪起,海水在这个地区留下了沉积岩。

因此,我们发现苏丹东部和南部的基底杂岩(basement complex)距地表不远,往往就隐伏在近代地表堆积物下面。而在北部和西部,暴露出白垩纪和第三纪的地层,特别是面积辽阔的砂岩构造,它随着非洲总的倾斜趋势向北倾斜,表面没有什么波状起伏。

第一纪与前寒武纪的构造

基底杂岩从赤道高原延伸出来,分布在苏丹南端,并向苏丹东部和西部铺展,这在原生构造分布图上是一清二楚的。基底杂岩也零散出现在其他地区,在阿托姆尔斜坡就出现在一些小丘和山头上,努巴山脉、红海丘陵和赤道省的山脉,也有类似情况出现。此外还出现在塞布鲁格峡谷周围的丘陵之中。所有这些山脉都是由古老的基底杂岩构成的。因此,基底杂岩的面积要占苏丹地表露出的原生岩的一半以上。由于这是最早的岩层,又有新的岩层在它的上面形成,故称为基底杂岩。

这一类构造是由各种各样的岩石历经漫长年代的各个时期而形成的。诚然,其中有的在前寒武纪就已经形成。这些岩石在漫长的岁月里,不时地遭到地壳运动以及由此而引起的褶皱和断裂。曾有一些短暂的时期,这些岩石还碰上了火山的活动,而在另一些时期还经受了剥蚀和沉积过程。在第一纪和第二纪初期,连续不断的剥蚀和沉积使地表夷平,成为一种准平原(peneplain)。但我们前面提到的始终高耸的地区除外。

基底杂岩的主要种类是结晶的火成岩,其中绝大部分是花岗岩或者是变质岩、片岩和片麻岩。花岗岩可以从它表面的晶体做进一步区分,大部分花岗岩是由白色或红玫瑰色的长石、玻璃状晶体(glassy crystals)——这是一种常见的石英——和少量的其他矿石组成。在北喀土穆以北15英里的锡利塔特(Silitat)山中,可以看到白色或灰色的花岗岩,被用来修筑杰贝勒奥利亚水坝。至于红玫瑰色花岗岩则见诸许多地区,也被用来修筑散纳尔水坝,在吉齐拉地区用作铁路的路基。常见的变质岩、片岩和片麻岩,可以在塞布鲁格峡谷以南的群山,如位于喀土穆以北20英里的尼罗河东岸的哈吉瓦纳(Wana)山中看到。

除结晶岩和花岗片麻岩外,大理石遍布于苏丹的东部、中部和西北部,但在达尔富尔省及赤道省的东部却颇为罕见。①

我们还应当注意到,虽然琼德瓦纳地段曾发生断裂活动,但是东非的构造因素对远离红海的苏丹影响不大。这里所发生的一切地壳运动,都采取了火山爆发的形式,在一些地区有熔岩喷射到地表。离原来的裂谷

---

① 安德鲁:《苏丹地质学》,第96页。

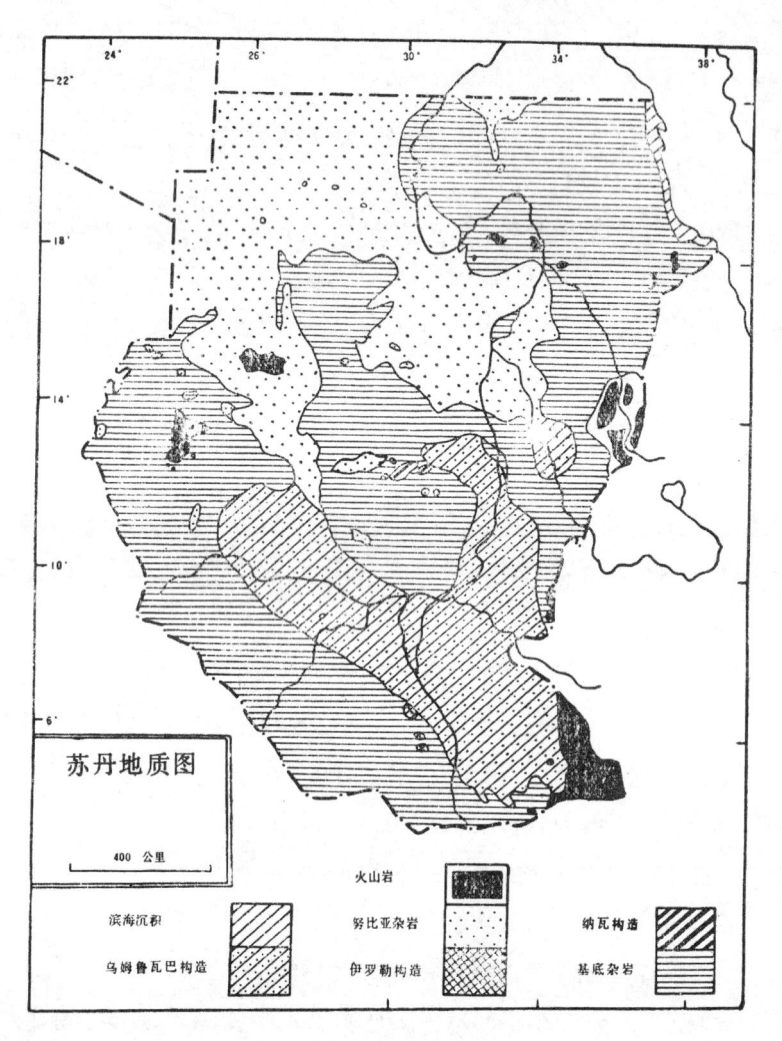

图二　苏丹地质图

和裂隙中心越远,其影响就越小。

第二纪与第一纪的构造

回到第一纪,我们发现苏丹境内属于这一纪的岩石寥寥无几。有人认为，原来苏丹大部分是山地，在这一纪里由于受到风化作用，在第二纪的沉积过程开始之前，便已经成为一片准平原了。也可能是沉积过程在以前已发生过，但第一纪的岩石在第二纪以前已被剥蚀殆尽，因而没有留下多少痕迹。

事实上，在埃及也没有发现过寒武纪、奥陶纪、志留纪和泥盆纪的地层。如果说在太古代的岩层上面有一些第一纪的岩层的话，那么这些岩层似乎是属于石炭纪的。在第一纪的大部分时期，陆地干燥。石炭纪的地层分布在最南端，其他则在最西南面的欧韦纳特山地区，面积很小。据猜测，这些地层是陆相沉积而不是海相沉积。① 这个地区一直延伸到胡瓦尔河以北的苏丹西北部。②

至于二叠纪和三叠纪的地层，在埃及和苏丹都没有发现。虽然有人猜测，化石荡然无存的努比亚砂岩的一部分可能渊源于这个时代，然而更为可能的是，随着石炭纪的结束而开始的地形逐渐上升，在二叠纪仍在继续。在二叠纪和接踵而至（属于第二纪）的三叠纪，埃及自始至终是一块陆地，例外的只有一些平坦狭窄的海湾，那里沉积着受到风化的石炭纪砂岩。③

第三纪与第二纪的构造

上述构造，从第一纪和第二纪初期以来一直没有被海水所淹没。但是，到第二纪后期，陆地和海洋都开始遭遇变迁。海水侵入到今天称为撒哈拉大沙漠和阿拉伯沙漠的地方，侏罗纪和白垩纪的沉积开始了。苏丹境内属于这一时期的大部分沉积物是砂岩（sandstone）、一部分是泥岩（mudstone）和石灰岩（limestone），通称为努比亚岩系（nubian series）。这

---

① J. 鲍尔：《埃及地理专稿》，1952年开罗版，第18页。
② 安德鲁：《苏丹地质学》，第96页。
③ J. 鲍尔：《苏丹地质学》，第2页。

是覆盖在基底杂岩之上的水平沉积岩层。这个演变序列可以在塞布鲁格的鲁扬山清楚地看到,在山丘的顶部覆盖着努比亚杂岩层,其下部便是代表基底构造的片岩。

努比亚岩系不同于基底杂岩岩系之处,在于它是纯粹的沉积岩,岩层呈水平形状或者覆盖在稍显倾斜的基底杂岩层之上,平均厚度达150米。[①] 这个岩系缺少化石,以致使人认为它是风积而成。也就是说,它是古代的沙丘,仅存少量难以辨认的植物化石,例如在乌姆杜尔曼附近的马尔哈亚特(Merkhiyat)山中发现的树根便是一例。地质学家把这些构造笼统地归入古生代晚期至白垩纪末期之间。

另一种意见倾向于认为这是海相构造,是沿海的海岸沉积构造,因为它分层排列,而分层方式则是海相沉积的产物。此外,它还有出色地层理分选,砂粒的平均直径约为一毫米。这种有规则的分选,与其说是风积而成,不如说是海滨沉积所致,因为风无疑是挟带着直径迥然不同的微粒的。使地质学家认为这些沉积物是海岸沉积物的原因,还在于浅海岸地区的砂粒沉积的特性。

从树木躯干的大小可以推断出,当时的气候一定比现在潮湿,海洋延伸至苏丹北部也是很自然的事情。

苏丹铺展着砂岩结构的三个地区是:

1. 西北地区。它是利比亚沙漠砂岩的延伸,一直伸展到科尔多凡和达尔富尔的中部。

2. 东部地区。它是阿拉伯半岛砂岩的延伸,横亘于努巴山脉到达尔富尔省和北方省之间的基底杂岩上,把东西两个地区分割开来。

3. 伊罗勒地区杰贝勒河以西的辽阔地域。近代的构造仅见于朱巴

[①] K. M. 巴伯:《苏丹共和国》,1961年伦敦版,第34页。

西北的伊罗勒和塔利站的地层，其厚度在伊罗勒附近达30米，在塔利站为22.8米，除砂岩外还有含铁地层。

努比亚构造铺展在一片占苏丹面积三分之一强的辽阔地域，其岩层的演变因地区的不同而不同，虽然其顶层通常由褐色的砂岩组成，下面是五颜六色的泥岩，泥岩下面又是砂岩。这种演变，在前面已述及的乌姆杜尔曼附近的马尔哈亚特山和靠近该市的采石场中，可略见一斑。在采石场里，有砂岩和褐铁矿（ironstone）带（因为这里富有的物质是氧化铁），还有白色、红色和玫瑰色的泥岩，被开采出来以获取颜料和供建筑所需。

除了分布在尼罗河东岸从喀土穆以北到塞布鲁格的砾岩之外，还发现有石英砂岩（这里富有的物质是石英，它使岩石增加硬度和光泽）。

在科尔多凡，另有一种渊源于科尔多凡、赖海德西北面的纳瓦村的砂岩，称为纳瓦（Nawa）杂岩，它是由粗砂、长石粒和白云母组成的沉积物。在阿布哈卜勒河边的萨米赫站，这种岩层厚达136米，特点是比苏丹北部的努比亚砂岩更为坚硬和致密。研究者们认为它源于中生代以前，因为它沉积在前寒武纪的岩层上，其特点与中南非的无水亚黏土沉积物相近。

砂岩层或者努比亚杂岩层具有特定的概念，它能吸收雨水，很像一个巨大的地下水库。岩层的水分渗入底部，直到不透水层，就随着地层的总斜度向北流去，到低洼地区形成井泉。也许位于北苏丹和埃及的全部绿洲，其水源都来自降落在苏丹中部的努比亚杂岩上的雨水。

第四纪与第三纪的构造

到第三纪，从始新世和渐新世开始，海水退去，露出大片努比亚地层。这个时期苏丹仅有的胡达构造虽然分布不广，但很值得一提，因为它埋藏着的化石足以证明是在渐新世的淡水里沉积下来的。

上述构造发现于喀土穆与柏柏尔所在的纬度线之间的北方省，它直接覆盖在努比亚杂岩之上，又被玄武岩所掩埋。因此，它比玄武岩出现早,比努比亚杂岩晚。这个构造含有坚硬的抗风化的深色石英,它像含铁和含硅的砂岩一样,成为许多受到风化剥蚀的山峦最上面的盖层。①

乌姆鲁瓦巴构造源于科尔多凡省的乌姆鲁瓦巴村,也属第三纪。它在杰贝勒河流域和加扎勒河流域的一块幅员辽阔的低地中形成,沿着努巴山脉的两条支脉向四周延伸出去。

这片低地的存在,从1914年在库斯提到乌姆鲁瓦巴铁路沿线所做的探测中可得到证实,此后又从其他的研究中获得佐证。这些研究表明,沉睡在地表岩层之下的基底杂岩的平面,要低于杜韦姆以北的白尼罗河流域和尼罗河在塞布鲁格峡谷出口处的基岩的水平面。这片低地充满着由散砂、泥沙和小石粒互相混杂而成的沉积物,也有些砂层不含泥土。

在苏德地区②和白尼罗河的南面和东面,这些地层里的石粒被捣成碎末。马拉卡尔以南的地层,则是在地表黏土层底下的不含泥土的砂层,艾哈迈德阿加山以东没有发现这类地层,那里全是黏土,很少混杂沙子。

这类地层中化石不多,即使发现也无从判断其一定的年代。不过它一般要比高兹地层及其上面的平原黏土更为古老。研究者们把它归入上新世和更新世初期。这些构造与苏德湖的设想是联系在一起的。苏德湖的设想是意大利工程师隆巴迪尼(E. Lombardini)在1865年所主张的,以后他的意见又分别在1904年为威廉·威尔科克斯爵士③和1927年为劳森(A. Lawson)教授所采纳。劳森是第一个提出苏德湖名称的人,而亨利·利昂士曾在1906年批判过这个名称。

如果说威廉·威尔科克斯爵士曾把苏德湖限于南北总长不超过400

---

① G. A. 沃勒尔:《苏丹地质简介》,摘自《苏丹札记》记录稿,1957年版,第7页。
② "苏德"在阿拉伯语中是阻挡、堵塞和障碍物的意思,也当河坝、水闸讲。这里是指苏丹南方苇蔓堵河道、沼泽连成片的地区。——译者
③ 威廉·威尔科克斯(Sir William Willcocks),1852~1932年,英国工程师。——译者

公里的苏德地区,从而使青尼罗河在那个时期必须向南倾斜,以注入这个地区,那么,约翰·鲍尔则把苏德湖延伸到喀土穆以北,使其长度达1050公里,青尼罗河不必南向便泻入苏德湖中。①

各种研究证明这个湖是不存在的。安德鲁和阿切尔证明,塞布鲁格峡谷在所谓的苏德湖期间,情况与现在一样,也就是说,并不存在代表湖前堤坝的岩石屏障。此外还有球螺(ampullaria)和Laniste贝壳的遗骸(或称化石),这些球螺是用肺和鳃呼吸,也就是说它们是两栖动物,而不是水生动物。这些遗骸在青尼罗河冲积平原的低洼部分,以及阿拉伯胶树带和长草带的"福拉"依然存在②。

努比亚岩系沉积之后,在中新世和上新世曾发生波动,造成了苏丹东部的升高。伴随发生褶皱和断裂运动,形成了红海。埃塞俄比亚高原和红海山脉即以目前的形状出现。此后,上升运动缓慢地持续,珊瑚构造高出红海目前的海平面就是证据。埃塞俄比亚的海拔随着它上面的火山岩增加而升高,这些火山岩有的是采取熔岩喷出的形式,有的是按照熔岩溢流的形式涌向平地。如果说埃塞俄比亚和东非受这些运动影响比较大,那么,这些运动对苏丹的影响却是微不足道的,这反映在尼罗河与刚果河的分水线地区以及尼罗河和乍得地区出现的一个隆起(upwraping)③上。此外,火山还出现在最东端的一些有限的地区,如埃塞俄比亚高原的支脉、达尔富尔,以及北方省的一些零星地区。在有些地方,我们发现火山口依然完整,未受损坏或侵蚀,如马腊山火山口和密杜卜山火山口。同时,我们还看到另一些地方的火山口已受侵蚀,从而证明了前一类火山年

---

① 详细内容可参见鲍尔:《埃及地理专稿》增补,第74~83页。
② "福拉"一词在苏丹用来称呼雨季积水的低地。挖这些低地是专门为了积聚雨水,以备旱季供人、畜饮用。
③ upwraping 疑系 upwasding 之误。——译者

轻(数千年),后一类火山古老(几百万年)。①

在这些山系的岩石中,结晶岩不是微乎其微就是杳然无存。马腊山和密杜卜山大部分由玄武岩和流纹岩构成。在距乌姆杜尔曼三英里的托里亚(Toriya)山中的玄武岩壁障便是如此,玄武岩被开采用于筑路。

至于红海沿岸的地层,则由各种沉积物组成,大部分并不坚硬,是由黏土、泥土、砾岩、石灰岩和石膏在红海海水中沉淀而成的,那时红海要比现在广阔,距今可能已有百万年。

第三节 地形和水系

地形

从苏丹自然地理图上可看到两个显著的现象:第一是地形单调,第二是当地排水几乎全部向尼罗河集中。

关于地形单调的现象,我们发现低于300米等高线的地方约占苏丹面积的2%;300～500米之间的约占45%;500～1200米之间的约为50%。这也就是说,非常高峻的地区极为有限,还不到3%。

假如浏览一下苏丹地形图,就可知道地势并无巨大差别。陆上或空中的旅行者对此是一清二楚的。

从喀土穆向南,广阔的黏土平原一望无际,地形很少起伏,仅有一些不高的孤丘散落。

在朱巴(海拔455米)和喀土穆(海拔367米)之间1200公里的距离中,每100公里地面约降低7米,而且其中许多地方连这样的坡度都远未达到。

---

① J.D.托西尔:《以野外考察者观点写成的关于苏丹土壤起浮的札记》,摘自《苏丹的农业》,第138页。

苏丹境内比较高的地段,是苏丹东部的埃塞俄比亚高原的延伸部分、最西面的达尔富尔高地、最南面的赤道高原支脉,以及一些出现在平原中的丘陵。这些丘陵并不很高。只是由于处在平原包围之中,所以显得高大,如努巴山脉就是这样。

要解释地形图,只能参考前面研究过的地质结构图。苏丹境内绝大部分地区地表平坦的原因,是由于基底杂岩构造代表了苏丹最大面积的构造物。这些构造物在整个第一纪和第二纪初期——这是一个漫长的时期——遭到严重的风化剥蚀作用,使地面成为一片准平原,抹掉了所有远古时代的早期构造运动所遗留下来的痕迹。

地表平坦而边缘隆起的特点,还可以用前面已讲到的苏丹大部分地区没有受到开始于第二纪末和第三纪的构造运动的影响来加以解释。这些构造运动,仅仅波及苏丹东端的埃塞俄比亚高原的支脉和翘起并在后来向北伸展到埃及的红海丘陵,还有马腊山、密杜卜山及其周围地区,以及苏丹东南面的一些火山高原。

我们如先从苏丹南部高原开始,来研究比一般平原较高的地方,就会看到,东经 32°与 34°之间的主要现象是位于苏丹和乌干达边境的山群。这些山群在小比例尺的地图上显得像一串串沿着苏丹边界走向的锁链,然而它们却绝对不是锁链,而是由孤独的突出的基底杂岩构成的山脉,隆起在周围的平原之中,宽阔的山谷又使它们互相割裂。

南部最重要的山系是伊马东-阿朱利山脉。伊马东和阿朱利占地约 2000 平方公里,像一个马蹄形,基部在南,北边的两臂向西朝尼罗河倾斜,东臂叫做伊马东山脉,西臂称为阿朱利高原。这个马蹄的基部不仅是当地而且也是整个苏丹的最高峰(3187 米)。仅次于这个山系的是东面陡峭的德温朱土拿山脉(2623 米)。第三个大的山系是迪丹加山脉(2000 米),它与上面两个山系不同,由熔岩构成,上面覆盖着沉积岩。

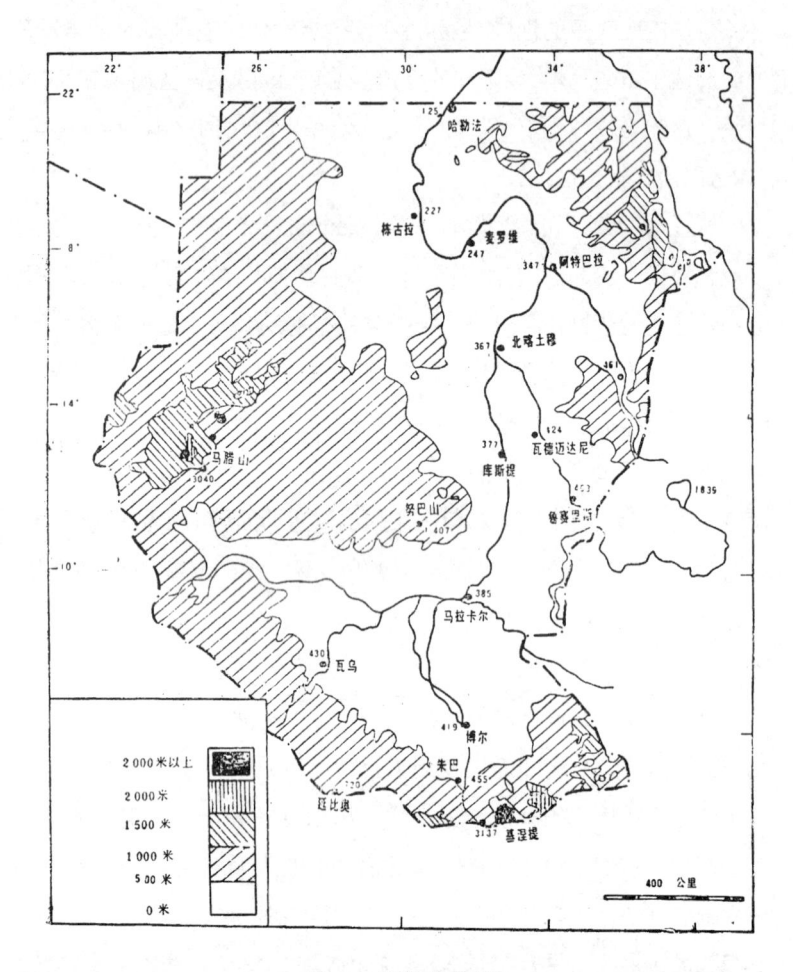

图三　苏丹地势图

苏丹西部是达尔富尔高原。马腊山无疑是那里最突出的现象。马腊山是由玄武岩、响岩（phonolite）和粗面岩（trachyte）构成，顶峰高达3042米，因而是苏丹的第二高峰。由北向南伸展的一支，长88公里，最宽处65公里；向北伸展的一支长95公里。整个山体的面积在7200～7800平方公里之间。东北面还有一条支脉即密杜卜山，顶峰略高于 1600 米，此外还有塔贾布(Tagabo)山脉。

所有这些山峰都是坐落在太古代基底杂岩上的死火山，位于乍得和尼罗河中游之间的高地上面。自西往东向苏丹平原伸展的这个太古代基底杂岩高原，西部高度为 600 米，东部为 110 米，有时上面有一些孤单的丘陵和独立的山峦突起，其中最高的也许是塔卜拉(Tebella)诸山(1413 米)。毫无疑问，这些太古岩丘陵是原来比较高的山脉的残迹。马腊山的东南面和南面，高度在 600～700 米之间，在距山脚 25～110 公里的范围内，太古代地层就隐伏在沙子和黏土组成的地表堆积物之下。[1] 当地称为达里巴(Deriba)的马腊山火山口，方圆超过 5 公里，其中有两个湖泊：面积大的一个湖浅而咸，占东北部的绝大部分；另一个湖在西南面的侧道口，比较深也不太咸。在马腊山区，向西流去的大部分河道属阿祖姆河水系。卡贾(Kaja)河是阿祖姆河的主要支流之一。此外，还有迪巴里河和萨里哈干河，这两条支流在最西南面与主河道相遇。值得注意的是沿山脉西麓泻下的河流，从发源地算起，只有在 8～15 公里之间的河道里常年有水。东面山麓有些河流情况也相仿佛，不过超出这个区域就只在雨季才有流水。

努巴山脉与马腊山不同，不属于火山高原体系，而是花岗岩山地。它表现为有的是孤立的山头，有的则是连绵的峰峦。在这种山系中，有小河流经的地区土壤肥沃，被用来种植棉花。

南面从科洛吉到卡杜格利以东约 25 公里之间，东西横贯着一条大山脉，其中最大的支脉是乌图鲁山和莫罗山，这两个支脉是南北的分水岭。

---

[1] J. H. G. 利布恩：《马腊山，达尔富尔和达尔富尔地区》，《地理杂志》第 127 卷第 1 部分，1961 年版，第 31 页。

另一支脉由上述山脉向西延伸，位于马萨金与凯拉克北面之间。穿越这个山脉的两条河流是阿凡河和巴尔达卜河。科洛吉-莫罗山脉以南，所有的河流都向南流去，河水在平原上泛滥，其中最主要的有四条大河：阿兹拉克河、贾穆斯河、乌姆达菲河和卢迪河。阿兹拉克河流向乌姆哈米拉湖；贾穆斯河与乌姆达菲河的河水大多注入塔里达(Tercida)湖，卢迪河的一部分河水流入乌拜伊德湖。[①]

在努巴东部的赖沙德-科洛吉线以东，山脉大多分布在阿巴西耶的西面和南面，以及阿布朱拜哈的北面。在阿布朱拜哈的南部有两条河。主要的一条叫坦迪克(Tandik)河，由赖沙德北部发源，向南流到坦迪克后汇成一条宽阔的河流，朝阿布朱拜哈方向流去，在滂沱的雨季，也许经过一个狭窄的地段流入尼罗河；另一条叫米利萨(Milesa)河，发源地距阿布朱拜哈28公里，它偏东向南流去，然后注入南面的乌姆哈米拉湖和其他季节性湖泊。位于上述那条线以西到科洛吉-莫罗-达尔卡比尔线以北的部分，具有独特的现象。在这个地区有6条大致南北向平行的高地。境内的河流在雨季水量充足，最著名的是阿布哈卜勒河，它有几条支流来自迪灵东南的尼马山。另一些支流由海班山而下，在赖海德附近与阿布哈卜勒河相遇。

翘起的红海山脉被认为是非洲裂谷的西部边缘，它像连续不断的锁链绵延伸展。苏丹境内的红海山脉可以分为南北两大部分，大约在辛卡特附近相交，有时靠近红海，几乎与海相接，有时则远离红海。在南部厄立特里亚边境的卡萨尔角到苏丹港所在的塞卢姆之间，留下一片广阔的沿海平原(55公里宽)。在苏丹港和阿布舍杰赖角之间，平原变窄，为25公里。在阿布舍杰赖角和埃及边界之间，海岸线的走向偏西，丘陵地带离

[①] R.C.科尔文：《努巴山区农业概览》，1939年喀土穆版，第57页。

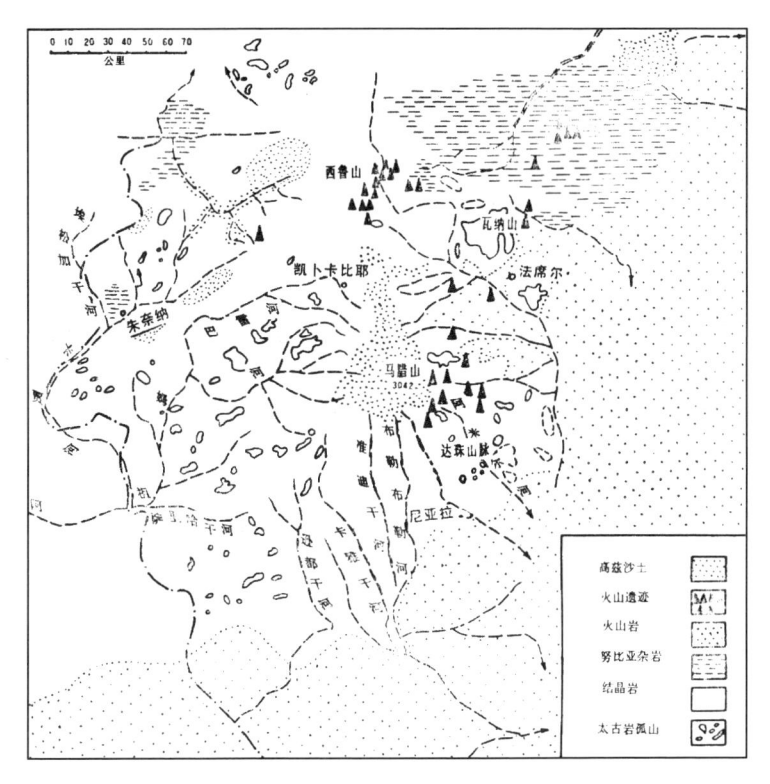

图四　马腊山区

海更近,海岸线成了断断续续的铺着零碎岩石的地带。在沿海附近穿插着或者覆盖着珊瑚礁,丘陵脚下则是砾石构成的阶地。这段海岸线整个都横铺着珊瑚礁。有时因为裂谷,珊瑚礁连不成片。据猜测这些裂谷代表溺谷。[①]

这些平原在雨后是良好的牧场,同时,散布在沿海地区的一些水源也是可以依靠的。

---

① G.W.格雷伯翰:《苏丹自然环境剖析》,载《英埃苏丹内部》,1935年伦敦版,第266页。

红海山脉的高度不一,最崎岖高峻的山峦位于北纬20°线到22°线之间,大多为2000米。第二次世界大战期间,这个地区的埃尔科维特发展成为苏丹的一个避暑胜地,除兴建有旅馆之外,还建筑了一些宅第,如总督、省长的官邸和其他官员的寓所。但是鉴于该地地势不高(1093米),降温效果也不显著,因此,第二次世界大战一结束,外国官员和外交使团成员就又回到他们的原籍去度假,这里的重要性便下降了。同时,我们也看到,苏丹人只要是有办法旅行的,都宁愿到国外去度假。红海山脉南部哈丹达瓦人的地区要低一些,但总的来说也在1500米以上。

红海山脉无论是北部还是南部,都急剧地向红海倾斜,有些地方几乎直接插入海中。水流湍急的峡谷地带把山脉切割开来,东麓的峡谷长达数十英里。①

东部最著名的河流是阿尔比阿特河,它几乎是唯一通海的河流,而其他河流则在沿海平原中消失。阿尔比阿特河位于苏丹港和萨瓦金的背部,它高耸的堤堰始于萨瓦金西南80公里左右的地方,沿着红海山脉的一条支脉蜿蜒而去;阿尔比阿特河在崎岖的山区中穿山凿谷,流程约100公里;然后突然调头朝东,沿着东面的斜坡倾流而去。它的流域总面积估计为4000平方公里。②

水系

我们在前面已经讲过,苏丹大部分水系流向尼罗河。由于红海地区降雨后出现的水流很快便在干燥的沿海平原消失,因此,尼罗河是唯一通向海洋的河流。

---

① L.贝里:《苏丹东北部游牧环境对人民社会经济发展中游牧生活的影响》,1962年版,第81页。
② 萨拉赫·沙米:《东北苏丹:红海山脉及其干河的研究》,1965年开罗版,第32、33页。

鉴于大部分雨水集中在半年的时间里,所以见诸地图上的江河很少是常年流水不断的。如果把苏丹南端除外——那里的雨季在 6 个月以上,植被层盖住地面,防止了水分的迅速流失——终年流水的只有发源于犹如天然水库的湖泊和沼泽的江河。例如,青尼罗河和白尼罗河就发源于湖泊,加扎勒河和索巴特河的一些支流则发源于沼泽。甚至阿特巴拉河到了旱季,有些地段也会成为水塘,另一些地段的河水在砂层下消失,仅能作为人和牲畜饮水的源泉。

由于全国大部分地区都没有显著的地方性的特殊地形,因此大部分排水随土质或地表堆积物的种类而定,这在研究南苏丹或中苏丹部分的详细地图时是显而易见的。南苏丹是黏土平原,水分地表流失有限,同时下渗深度也不过两米多,地面上的水形成泥沼和水塘,任其蒸发完为止。所以,雨季泛滥严重的南苏丹的问题,就在于旱季土地干燥板结时如何获得水分。

中苏丹沙丘遍布,地面的失水或蒸发不值一提。大部分降雨渗入地下,地面上看不到流水,在这种情况下要想得到水就取决于水分在泥土中的埋藏深度,也取决于人的挖掘能力。

在达尔富尔以西和红海丘陵的岩石地区与砾石地区,没有能保持湿度的很厚的土壤,因此,有相当数量的雨水流入砂石谷地,不用挖掘多深就可以获得水分。

在尼罗河上游,除主河道外,当河水向两岸泛滥时还出现一些汊流,而在水位降低时,这些汊流的水已不可能再返回尼罗河。所以,整个旱季始终有水,人们可借助这些汊流来饮他们的牲畜。

在东苏丹有一些季节性河流,虽然不与尼罗河相连,但也是国家的资源,因为这些河流形成了一片逐年沉积下来的淤泥层。这些河流就是加什河和巴尔卡河。

加什河

加什河发源于埃塞俄比亚高原东北端的阿斯马拉以南约 25 公里的地方。它的上游与其支流巴拉萨(Belesa)河相接后,即成了厄立特里亚和埃塞俄比亚的分界线。它的河道经过厄立特里亚一直通到卡萨拉附近的苏丹平原,在那里的加什河冲积三角洲中消失。

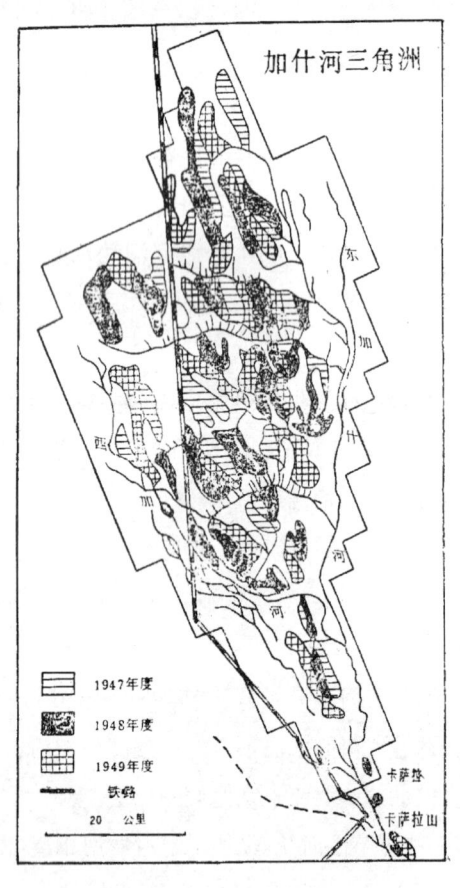

图五 加什河三角洲

加什河的上游称为麦阿拉卜河,坡度极陡,深度中等,但它进入苏丹平原后的情形便不相同了,变成一条河面开阔而不深的河流。它在埃塞俄比亚的厄立特里亚境内流经地区的面积估计为21000平方公里。① 麦阿拉卜河朝西北流,但在贾勒塞处进入苏丹平原之后即转向北流,经过卡萨拉山西麓到达三角洲的顶端。它的东部支流从卡萨拉沿着被认为是三角洲东部边沿但不包括三角洲北端的支流而流去。至于加什河的西部支流,由于水转移到别处去,所以这条支流的重要性已比先前减弱,这一点,可由那些运河的古河道证明,当时向西流去的水比现在多。西加什河的老河道至今还存在,但已在早先的堤坝中干涸湮灭。

在东西支流之间,还有几条小河,其中最主要的是"阿萨拉姆阿来库姆"②河,它为其他分叉出去的支渠提供了灌溉用水。这条河全长约为3.5公里,比降为1500∶1。③

加什河三角洲的顶端位于卡萨拉附近,呈扇形向西北方向伸展约100公里,向北倾斜显著,向西稍缓。东西边沿虽未确切规定,但面积总在700000费丹左右④,可以灌溉达400000费丹的土地,但实际灌溉面积,根据泛滥的情况而有所不同,一般在40000到60000费丹之间。

加什河的泛滥季节从7月初开始,延续到9月末。但也有这样的记载:泛滥从6月开始,持续到10月18日。加什河的泛滥,水势湍急汹涌,一天之中或数小时内水量从零一下子达到800立方米/秒。在泛滥季节,加什河的排水量为1.4亿~12.6亿立方米,河水挟带着大量淤泥,淤泥与

---

① C. H. 理查兹:《加什河三角洲》,苏丹农业部出版,喀土穆,第3页。
② "阿萨拉姆阿来库姆",是伊斯兰教的祝词,意为"你好""祝你平安"。——译者
③ 理查兹:《加什河三角洲》,第19页。
④ 费丹,苏丹的面积单位,相当于4200平方米。——译者

水的比例约为1：60。① 因此，加什河挟带的淤泥量为尼罗河泛滥时挟带的淤泥含量的6倍。

巴尔卡河

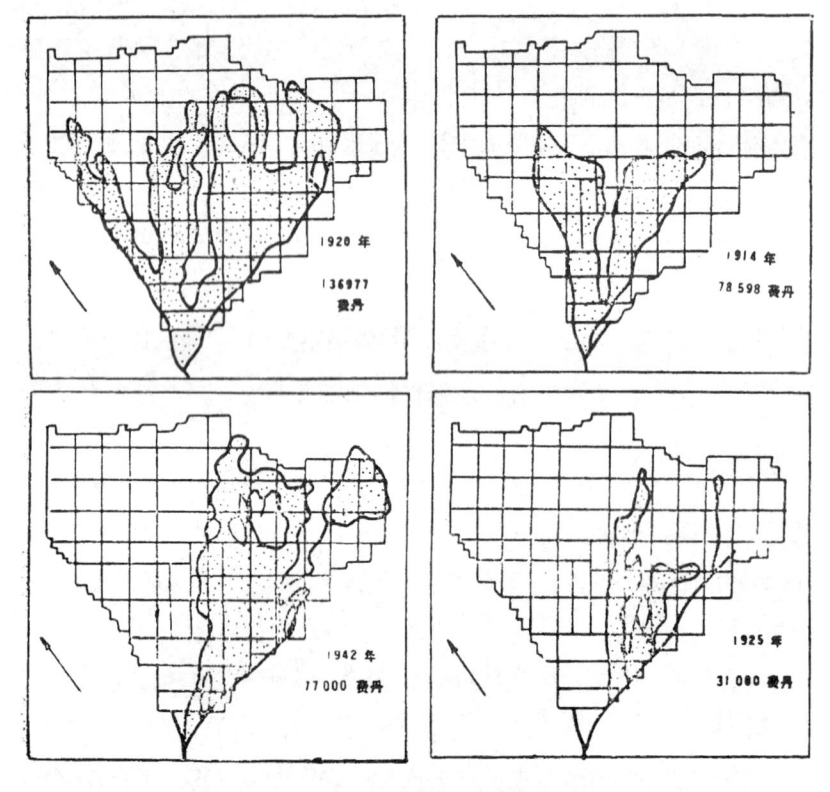

图六 巴尔卡河三角洲

巴尔卡河也发源于北埃塞俄比亚，源头在克伦以南北纬15°线的地方。它的绝大部分河道的流向基本上都朝北，全长约500公里，在厄立特

---

① W. 阿伦和 R.J. 史密斯：《苏丹的水利灌溉》，载《苏丹的农业》，第619页。

里亚的两条支流是巴尔卡河和安萨巴河。巴尔卡河进入苏丹后与来自加什河三角洲北部高原的兰盖卜干河相遇，河道变宽，比降为 1000∶1.5。巴尔卡河流经陶卡尔东南 33 公里后，进入一个峡谷，接着经过希丁(Shiddin)瀑布，在这之后约 6 公里左右的流程中比降为 1000∶1。巴尔卡河进入沿海平原后分成三条主要支流，分别向三角洲的东部、中部和西部流去，但倾斜面由西转向东。巴尔卡河的泛滥比加什河更加猛烈，也更无规则，从 7 月中旬到 9 月中旬，有几次强大猛烈的泛滥，每次历时约数小时到几天。每一次泛滥的流量可能达到 1200 立方米/秒，同时洪水挟带的淤泥要比加什河多得多，比例为 10∶1[1]，甚至还可看到含泥沙量达 10.6% 的情况，它相当于尼罗河主河道泛滥时挟带淤泥的 46 倍。坐落在距萨瓦金 90 公里的巴尔卡河构成的扇形三角洲面积达 386000 费丹，但不是全部都可灌到。灌溉面积在大泛滥时为 125000 费丹，小泛滥时为 25000 费丹。[2]

第四节 尼罗河

研究尼罗河，必须合乎逻辑地从它最远的发源地湖泊高原开始。在这个高原上，我们将遇到尼罗河最初的源头——两类湖泊：盆地湖和裂谷湖。盆地湖以高原上最突出的水文现象维多利亚湖为代表，其次是基奥加湖。尼罗河流域内的裂谷湖是阿伯特湖(现名蒙博托湖——译者)、爱德华湖和乔治湖。要不是穆法伊鲁火山山脉像一道高坝或者犹如爱德华湖与基伍湖的分水岭巍然屹立，基伍湖本来也可以与尼罗河相通。

---

[1] W. 阿伦和 R.J. 史密斯：《苏丹的水利灌溉》，载《苏丹的农业》，第 621 页。
[2] E. 麦金农：《卡萨拉省》，载《苏丹的农业》，第 708 页。

地壳构造运动的影响在这个地区的地形和河道上反映明显。裂谷湖的形成是由裂谷发生的本身造成的,有的人认为这是中部下陷,周围拉力运动的反作用力使边缘升高的结果;另一些意见认为是周围压力把两侧推向高处所造成的。不管怎么说,裂谷湖的形状是由裂谷本身决定的,它呈长方形,总的趋势是取裂谷的形式。而高原湖泊如维多利亚湖,则近似正方形或圆形,这是因为它像一个位于裂谷两边之间的低洼水池。我们看到基奥加湖也类似此种情况,它的肘臂不受拘束地向四面伸展,也许这是专家们指责把高原湖作为贮水库要比裂谷湖优越的一个原因[1],因为每当高原湖水量增加时,面积就扩大,蒸发也就大了,而裂谷湖当水量增加时,湖面则不扩大,仅是水位升高。同时,还应当看到,由于地面平坦,河道坡度不大。例如维多利亚尼罗河全长440公里,河床降低了515米,然而,河床比降最大的地段集中在富维拉和阿伯特湖之间80公里的地区,仅这一段河床就降低400米。也就是说,在这个有限的地段里河床比降为200∶1。而从维多利亚湖出口到富维拉约360公里,河床仅降低25米。

这些河道的特点是比较直,呈稍微弯曲的半直线伸展。这是因为地表平坦或起伏很少,也没有庞大的山群阻挡,河道即使有弯曲,也只是由于它的弱小和坡度较小。

维多利亚湖

维多利亚湖是东半球最大的淡水湖,面积6700平方公里[2],因而酷似一个内陆海。它平均深度为40米,最深的部分达80米,湖面海拔1132.7米。

---

[1] 参见阿里·法特哈:《控制尼罗河的原则》,1957年亚历山大版。
[2] 应为69400平方公里。——译者

卡格腊河是注入维多利亚湖的主要河流。它最远的一条支流卢菲隆扎瓦河发源于南纬 4°线的坦噶尼喀湖附近海拔 2710 米的高地，它的另一条支流称为阿卡尼亚鲁河，位于南纬 3°线以北基伍湖的东部。

要是把卡格腊河除外，那么，维多利亚湖东面的其他支流大多发源于东支裂谷的西部边缘。南方一些不太重要的支流发源于不高的安亚穆伊齐丘陵。

赫斯特把维多利亚湖水域分成五个部分：卡格腊河流域，湖西北部，湖东北部，湖南部和东南部，湖中岛屿。该湖集水区的平均降雨量为 1190 毫米，可是除 8％ 的雨水外，大部分降雨由于蒸发以及在向湖流去途中的下渗而散失。

维多利亚湖统计表①

进湖水量	
来自河流	160 亿立方米
来自湖面降雨	980 亿立方米
共　　计	1140 亿立方米
湖水散失量	
失自蒸发	930 亿立方米
从维多利亚尼罗河流出	210 亿立方米

上述数字表明，维多利亚湖水的主要来源是降落在湖中的雨水，由于湖面开阔，水分散失大多是由于蒸发。蒸发散失量接近降雨量，仅余 50 亿立方米的水流入维多利亚尼罗河。

以基苏木为标准观察所得，湖平面每年约有 30 厘米的升降变化。在 45 年的观测中，最大的升降变化程度为 170 厘米。一般现象说明，高水位

---

① H. E. 赫斯特：《尼罗河》，1952 年伦敦版，第 251 页。

或低水位并非突然升高或降低,而是在一年多的时间里持续地升高或降低的,这是因为与微不足道的进水量或排水量相比,湖面是太开阔了。

人们把湖中水位的变化归纳为好几个因素:如表面的波动,风可能把整个湖面吹往某一个方向;湖面气压的不同;受到地心吸力、涨潮和退潮的影响而引起的波动等。①

关于利本瀑布的降雨量和通过蒸发、排灌而散失的水量说明图表,揭示了湖中水位与一个因素有最密切的联系,这就是雨。要阐明这一点是容易的,由于整年高温,蒸发几乎一年到头始终如一地持续着。既然水分散失的另一个因素排水也几乎没有什么变化——因为它是从一个湖里排出的,而湖泊的排水则总是有规律的——那么,雨水便是变化的主要因素。正是雨水,造成了湖中水位的波动。雨水有时很多,在4月达到高峰,湖中的水位也在4月形成明显的高峰。

值得一提的是,曾有把湖的水位与太阳黑子联系起来加以解释的尝试。这种理论出现在1923年,提出者是布鲁克斯(Brooks)教授。

事实上,出现这样的联系是偶然的。在1896~1920年期间,湖的水位与太阳黑子数字的联系显得很密切,但赫斯特在他的《尼罗河》一书中绘制的图表的第二部分②,即1924~1950年期间,则表明湖水位出现两次高峰的时候,正是太阳黑子数最少的时候。这就使我们看到,太阳黑子与湖的水位并无联系。

湖的水位变化与太阳黑子没有关系,太阳黑子与降雨量也是风马牛不相及。倒是降雨量与湖的水位之间联系显著。下表便阐明了这些因素之间联系的系数。③

---

① 穆罕默德·阿瓦德·穆罕默德:《尼罗河》,第42页。
② H. E. 赫斯特:《尼罗河》,第266页。
③ 同上书,第268页。

维多利亚湖水位变化与各种因素之间的联系系数

关 系	1896~1922 年	1923~1950 年
湖水位与太阳黑子	0.83	0.23
降雨量与太阳黑子	0.10	0.06 以下
1902~1949 年雨量与湖水位的变化	0.53	0.87

维多利亚尼罗河和基奥加湖

维多利亚湖的唯一出口——维多利亚尼罗河,从利本瀑布和欧文瀑布急泻而下。为了替乌干达增加电力和替埃及贮水,1954年在距利本瀑布一公里半的欧文瀑布上修筑了欧文水坝。埃及曾为筑坝投资450万镑。水库的容量达1000亿立方米,坝的筑成吞没了这些瀑布,所以再看不到瀑布了。

维多利亚尼罗河在流出维多利亚湖后约80公里的地段内,水势始终湍急。到纳马萨加利,沼泽密布,水生植物丛集壅塞,水流转为平缓,这段流程为50公里,随后注入基奥加湖西端。基奥加湖与维多利亚湖不同,湖水浅而且东岸分叉多,深度在4~6米之间。湖的四周遍布沼泽,确切面积难以估计,大约总在1800平方公里左右。湖面比维多利亚湖约低102米。

基奥加湖统计表

进湖水量	
来自维多利亚尼罗河	206 亿立方米
来自其他河流	35 亿立方米
来自湖面降雨和沼泽	80 亿立方米
共 计	321 亿立方米
湖水散失量	
失自蒸发	124 亿立方米
维多利亚尼罗河在马辛迪港排出	197 亿立方米

维多利亚尼罗河从基奥加湖流出,河床坡度不大,80公里后,经富维

拉镇到克鲁马瀑布。瀑布群之尾为默奇森瀑布(现名卡巴雷加瀑布)。尼罗河在那里陡然下降40米流入峡谷。离默奇森瀑布不远,维多利亚尼罗河便注入阿伯特湖。

这就是说,基奥加湖代表一个失水区域,丧失的水量即是流入与流出之间的水量差:206亿立方米－197亿立方米＝9亿立方米。如果说维多利亚尼罗河从它自维多利亚湖出口到基奥加湖沿途失水为4亿立方米,那么,维多利亚尼罗河流域的失水量就是9亿立方米＋4亿立方米＝13亿立方米左右。

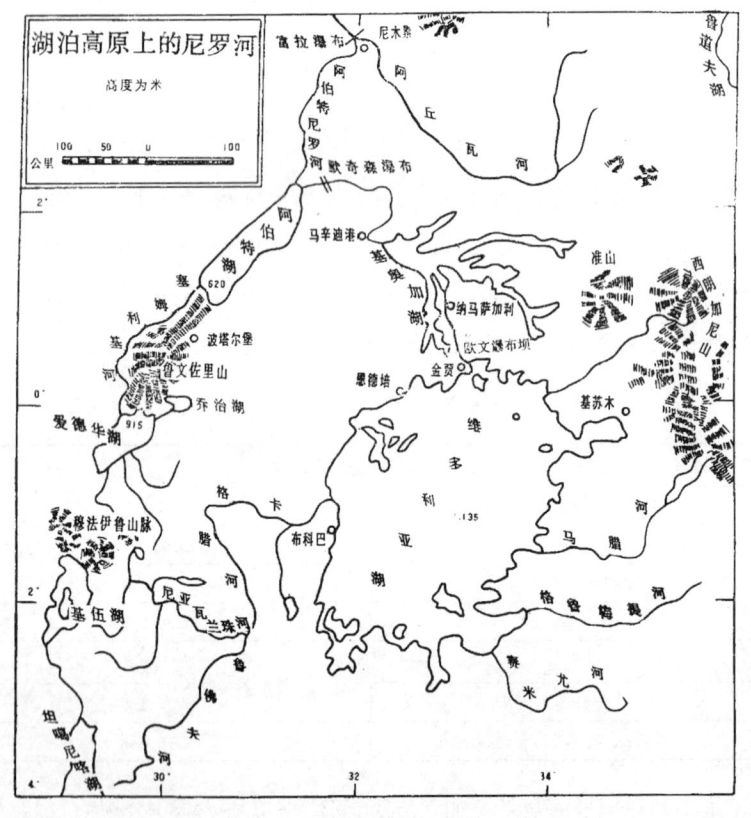

图七 湖泊高原上的尼罗河

乔治湖和爱德华湖

这两个湖在由西南向东北延伸的西支裂谷地区,鲁文佐里山脉把该地区的北端同裂谷隔开。鲁文佐里山脉是向西北倾泻注入爱德华湖和乔治湖的河流同西面流入塞姆利基河的河流之间的分水岭。

乔治湖的面积达 300 平方公里左右,随雨水的多少而增减。它的湖面海拔 930 米,比称为布加兹卡赞加河所流入的爱德华湖水面高 4 米。

爱德华湖位于赤道以南约半度,面积为 22000 平方米左右[①],大致呈椭圆形,裂谷的边沿靠近湖的西岸而远离它的东岸。因此,湖西岸没有沼泽,这与湖的东岸和南岸恰好相反。

在水文学方面,乔治湖与爱德华湖可以看成是一个湖。

乔治湖和爱德华湖统计表

进湖水量	
来自河流	22 亿立方米
来自湖面降雨	34 亿立方米
共　计	56 亿立方米
湖水散失量	
失自蒸发	36 亿立方米
从基姆利基河排出	20 亿立方米

阿伯特湖

阿伯特湖大致为矩形,与裂谷形状相同,湖的面积约 5300 平方公里,湖面海拔 620 米,平均深度 12 米。这个湖被认为是赤道湖泊的主要蓄水库。维多利亚尼罗河,从爱德华湖与乔治湖泻出的塞姆利基河,以及来自裂谷边缘流势湍急的其他河流,都在阿伯特湖汇集。

[①] 爱德华湖的面积应为 3550 平方公里。——译者

阿伯特湖统计表

进湖水量	
来自塞姆利基河	36亿立方米
来自其他河流	17亿立方米
来自维多利亚尼罗河	197亿立方米
来自湖面降雨	46亿立方米
共　　计	296亿立方米
湖水散失量	
失自蒸发	76亿立方米
从阿伯特尼罗河排出	220亿立方米

鉴于阿伯特湖与维多利亚湖相类似，体积大而湖面窄，加之失自蒸发的水量少，因此，把它视为常年水库之首的见解是很正确的。

杰贝勒河

尼罗河从阿伯特湖的西北面流出，有时被称为阿伯特尼罗河，不过，地理学家习惯于把这一段尼罗河分成几个部分。从阿伯特湖出口至诺湖这一段，最好称为杰贝勒河。

从阿伯特湖至蒙加拉

尼罗河从阿伯特湖流出后的225公里内，水势平缓，河道两旁沼泽密布，蚊虫麇集。这一段尼罗河的最主要特点是时而展宽，形若湖泊，时而又窄得厉害，就像是一群由尼罗河河道连接起来的小湖。到苏丹边境的尼木累，尼罗河突然转向西面，航运因它离开乌干达向苏丹平原倾斜而中断。这是因为尼罗河进入尼木累的北部后，河道狭窄，沿途为瀑布所阻——其中最著名的是富拉瀑布。从尼木累到蒙加拉约160公里的距离中，尼罗河河床下降150米，河道有时很窄，宽度不到16米。

在湖泊高原到苏丹平原这个过渡地区出现瀑布，也许证明该地区的尼罗河是一个新的地质现象。当赤道高原北缘发生新的断裂时,河水通过富拉瀑布涌入杰贝勒河,经过了流域的最低洼部分即平原地区,最后到达诺湖。

这是一个断裂地区,至今仍不安稳,以致有人认为位于朱巴以南的雷贾夫镇的名称来源于当地时常遭到的地震的抖动①。

尼罗河在这个地区与一群大多在河右岸的短小支流相连,其中最重要的是阿丘瓦。从阿丘瓦河的方向看,杰贝勒河似乎是它的延伸,因为杰贝勒河经过尼木累后即由东南向西北流去,而这正是阿丘瓦河的流向。

正因为此,杰贝勒河在朱巴有两个水源:第一是阿伯特尼罗河;第二是各条支流。阿伯特尼罗河的日平均流量为5600~61800万立方米,由于水源属湖泊高原性质,它的流量多年来几乎一直是有条不紊的。第二个水源取决于依靠当地雨水的各条支流和小河的流量,有的年份完全没有,有的年份每天流量多达2900万立方米,所以无法预测。

因此,赤道高原的任何工程,为了控制河水都必须在这些支流上修筑水坝。

从蒙加拉到诺湖(苏德地区)

在朱巴稍北即大约在蒙加拉,尼罗河的特点发生了变化。在河水开始进入冲积平原后,河岸变得低矮。河道在沼泽中穿行,四周纸草、芦苇和象草丛生。

中等高度的堤岸把稠密的汊流同主河道隔开。在河水水位低落季节,主河道因来自南面的水量而变宽。在涨水季节,水位升高,淹没堤岸,扩大了沼泽面积,汊流水满,失自蒸发的水量也相应增加。当主河道水位

---

① 雷贾夫是阿拉伯文中"震颤、发抖"一词的音译。——译者

降低时，溢出的洪水不能全部返回河道，因此大部分水量都散失了。尼罗河高水位出现在夏季，那时降雨量在800毫米以上。这就是说，降雨高峰与进水高峰相遇在一起，加剧了杰贝勒河的泛滥。

尼罗河东岸的几条小河，源于南部高原，大体向北流去，在流经100～150公里的距离后进入黏土平原区，河床开始变得宽阔。这些支流河水在到达尼罗河以前，可能消失在低洼地区，也可能因蒸发和渗透而干涸。在这个季节，这些河水流不到杰贝勒河，因为杰贝勒河水位颇高。结果由于河水泛滥、雨水如注，沼泽地区就扩大。然而，这些沼泽的最大宽度也超不过琼莱镇以上的沼泽区。在琼莱，沼泽宽度约14公里。这个地区的尼罗河河道承受不了每秒800立方米以上的流量，因此来自南部的巨大水量不受尼罗河河道约束，而向四周漫去，消失在沼泽之中。如果说尼罗河在蒙加拉以下是在一条河道中流动，那么它在经过特腊克卡镇之后就明显成了东、西两条河道。这两条河道在北纬6°线以南又一次汇合成一条河流。在这个地区的北面，我们发现还有一条与杰贝勒河平行的河流，称为埃里雅卜河，它的部分水量来自南部的铁石高原，但大部分水量则来自杰贝勒河的溢洪。

从蒙加拉到琼莱这一段的尼罗河，在低水位季节失水量占12%，到洪水期失水比例增至50%以上。

琼莱被选作一条保持水分的运河起点。琼莱以北，堤岸彻底消失，尼罗河的流量有时每秒不到600立方米，在有些地区甚至下降到只有170立方米/秒。水量散失的大幅度增加，使河道里水生植物密集衍生，还有一堆堆被狂风连根刮起然后抛落在主河道上的浮游植物，容易在一个拐角壅塞。浮游植物大多沉入水面以下，有的则潜入露出水面的植物群底下。植物坝最终成为一团硬块，甚至大象都能轻易地通过。高处水的压力也可能把这个硬块从某地移走，堵塞在另一个地方。

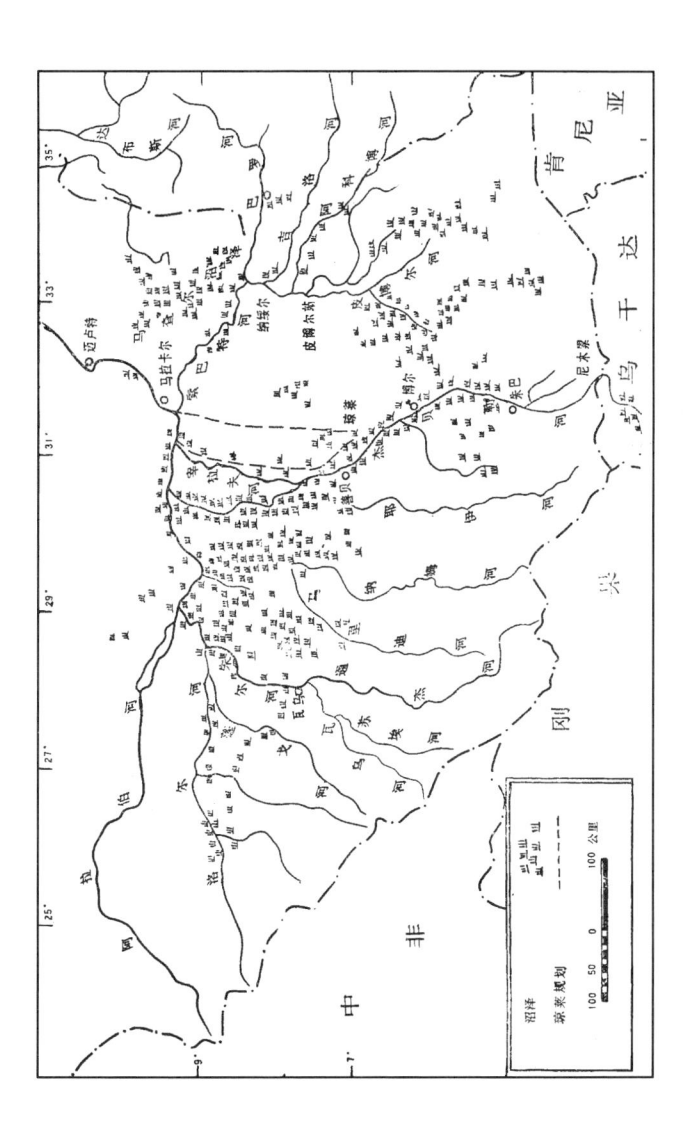

图八 杰贝勒河、加扎勒河和索巴特河

此图与我国地图出版社1975年10月出版的《苏丹》图不一致,现仿照原图译制,请读者注意。——译者

直到十九世纪末叶，这些植物经常阻塞航运。尼罗河西岸的沼泽面积要比它东岸更为宽阔，因为尼罗河与刚果河之间的分水地区水分，全部由耶伊河、通杰河、马里迪河、纳姆河、朱尔河和洛尔河带来，注入河西地区。这些河流的水量估计每年约有 80 亿立方米，大多在夏季 9、10 两个月汇集。除朱尔河外，这些河流中没有一条河在其下游地区有明显的河床。只有朱尔河能够穿越沼泽，它的下游称为加扎勒河。

这些河流在通向诺湖的流程中，因渗入其他汊流、泛滥、植物的吸收和蒸发，造成了大量的水分散失，致它们几乎没有多少水流入诺湖而给尼罗河增加流量。

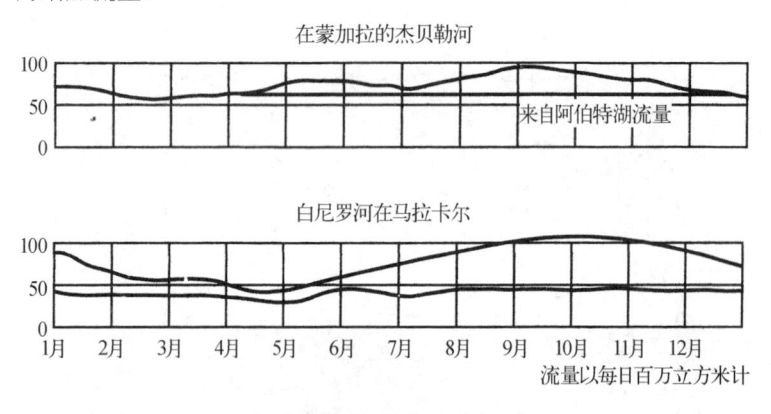

在蒙加拉的杰贝勒河

来自阿伯特湖流量

白尼罗河在马拉卡尔

1月 2月 3月 4月 5月 6月 7月 8月 9月 10月 11月 12月

流量以每日百万立方米计

杰贝勒河流量说明表

因此，尼罗河的流量不论是 4 月还是 9 月，大约为 4000 万立方米/日。宰拉夫河的流量虽有 1100～1400 万立方米，但它对尼罗河的流量改变不大。所以，尼罗河散失的水量尽管随着蒸发强度的变化而有所不同，但河面水位在大部分的情况下始终是稳定的。

尼罗河在蒙加拉的流量与到索巴特河口前的流量比较[①]

(单位:亿立方米)

年　份	在蒙加拉的流量	到索巴特河口前的流量	失水比例
常年	270	143	47%
1915～1919	400	173	57%
1921～1925	181	118	35%
1915	279	140	50%
1917	558	180	68%
1919	312	178	43%
1921	166	128	33%
1925	186	125	34%

上述数字表明:

第一,在常年,失水量很大,将近流量的一半。

第二,每当在蒙加拉的流量增加,失水量也跟着增加。在大洪水的年份,如1917年,失水量达三分之二以上。这就是说,要是该地区不兴修保持水分的工程,从赤道方向来的水量再大也没有价值。

第三,应当看到,该地区散失的水量不仅包括在蒙加拉的流量与到索巴特河口前的流量这两者之间的差额,而且还要加上估计达90亿立方米左右的杰贝勒河流域降雨量。

加扎勒河与阿拉伯河

加扎勒河各支流每年的总流量大约为118亿立方米,但在它注入诺湖处测量的结果表明,加扎勒河对尼罗河主河道的流量平均只增加约0.6亿立方米。

这就是说,该地区的失水量大约占95%。即使朱尔河供水给加扎勒

[①] 琼莱考察队:《赤道省尼罗河工程及其对英埃苏丹的影响》第1卷,第76页。

河系统,失水量仍然大到88%左右,因为每年在瓦乌的总流量约为45亿立方米。

这里如果把失水量之大归咎于各河道没有堤岸,那么地形上的细微差别或该地区的热带特点在很大程度上就是造成河水泛滥的主要原因。从阿舒勒港到诺湖,每公里的倾斜度只有一厘米。①

加扎勒河系统之外,还有来自西北面即达尔富尔的阿拉伯河。阿拉伯河流经地区的雨水比苏丹西南面铁石高原的雨水要少得多,它注入加扎勒河的水量是微不足道的,在通常情况下也不会造成几乎互不相连的水塘。

宰拉夫河

善贝以北,源自东面的河流与杰贝勒河相隔较远,其间留下一片终年不会被水淹没的土地。这些河流最后发展成为一条河流,称为宰拉夫河。介于杰贝勒河与宰拉夫河之间的地域,叫做宰拉夫岛。位于善贝以北地区的水,一年中大部分时间都流入宰拉夫河,只有杰贝勒河水位降低的时期例外。那时,宰拉夫河几近干涸。1910年和1913年,埃及水利局在北纬 $7°45'$ 到 $7°50'$ 之间开凿了连接宰拉夫河和杰贝勒河的两段河道。因为这两条河在这里相距很近,只有4公里,宰拉夫河河床要低两米左右,这样,一部分杰贝勒河水就转入了宰拉夫河。

然而,赫斯特和菲利普斯的研究结果证明,这两段水道对增加从南面尼罗河主河道来的水量的排泄,没有什么值得一提的影响,其全部作用就在于防止宰拉夫河在三、四月份变成一点水也没有的干河。

从诺湖到索巴特河口

在这里,尼罗河在高堤拦成的河床里向东流去。这段的各支流注入

---

① K. M. 巴伯:《苏丹共和国》,第116页。

尼罗河的水量,是不值一提的。但索巴特河河水在洪水期的涌入,对提高杰贝勒河水位影响很大。这种影响,甚至还在上游布法卢角(Bufflo Cap)、宰拉夫河以至凡加克显示出来。

索巴特河

索巴特河河水来自两大支流:巴罗河与皮博尔河。巴罗河流经埃塞俄比亚高原的西南地区,流域面积为41000平方公里,雨量差不多集中在5~6个月的时间内。巴罗河的上游(一直到甘贝拉)由于穿越埃塞俄比亚高原,是一条流势湍急的山涧,但流出高原后即进入黏土平原地区,所以必然向周围泛滥。

巴罗河离开甘贝拉约15公里后即分成两支,不久又再次汇合。大的支流穿越马查尔沼泽,使巴罗河水量丧失25%以上;另一条支流约有92亿立方米的水量流入皮博尔河河口。

皮博尔河流域的雨量远不及巴罗河上游流域。因此,尽管流域宽广,地面水补给却很少。事实上,由于地面平坦,皮博尔河流域的失水量非常之大,河水流量只有30亿立方米。皮博尔河流势平缓,其水量在巴罗河平静的11月达到高峰,水由于来得及时而具有特殊的意义。

巴罗河与皮博尔河汇合后,索巴特河即转向西北,在马拉卡尔以南23公里处与白尼罗河相遇。

索巴特河在纳西尔亦即它的两条支流汇合后40公里的地方,总流量为每年124亿立方米,在靠近河口的杜莱卜村135亿立方米。最后增加的水量来自一些支流泛滥时溢渗掉的河水又重新返回。

这里,我们最好把索巴特河同杰贝勒河、加扎勒河做一比较。尼罗河在马拉卡尔即经索巴特河口之后的流量,平均为285亿立方米。这就是说,索巴特河流域同杰贝勒河、加扎勒河流域虽然面积相差悬殊,但索巴特河提供的水量与这两条河所提供的水量却相接近。

此外，索巴特河河水来到的时候，正是青尼罗河泛滥的时候，从而造成了在杰贝勒奥利亚水坝筑成之前，索巴特河的洪水被青尼罗河河水拦阻的情况。

尼罗河在马拉卡尔的流量统计表

杰贝勒河和宰拉夫河	143亿立方米
加扎勒河	6亿立方米
索巴特河	135亿立方米
在马拉卡尔的总流量	284亿立方米

白尼罗河

尼罗河从索巴特河河口流往米格兰（青、白尼罗河的汇合口），河床宽阔，倾斜度极为微小，比尼罗河在杰贝勒河地区的坡度还小。从努威尔村到诺湖这一段的尼罗河（即杰贝勒河），坡度为每34公里下降1米，而白尼罗河的坡度则为每80公里下降1米。

白尼罗河全长约840公里，但它在青尼罗河的低水位期间上下游的河面相差约12米，即每公里相差1厘米，而在青尼罗河泛滥期间，它的上下游河面差则减少到8米。

白尼罗河在南部地区的支流，是一些极为短小的河流，其中包括流经马查尔沼泽的阿达尔河。虽说这些支流的水量无从得知，但无疑，这些支流毕竟也给白尼罗河注入了一定的水量，因为据证实，白尼罗河从马拉卡尔到兰克这一段的失水量还不到0.25%，几乎不值一提。

这可做如下解释：除有各支流注入的水量外，蒸发和渗入邻近沼泽的水量到涨水季节又会重新返回白尼罗河。

假若我们在研究白尼罗河的流量时，撇开杰贝勒奥利亚水库，就会发现白尼罗河的流量不但不受马拉卡尔来的水量的影响，而且也不受青尼罗河河水的影响。白尼罗河因流势弱而被青尼罗河推向后面。

青尼罗河河水在到达喀土穆时，水位比白尼罗河高 5 米。这就是说，在泛滥季节，青尼罗河会影响很长一段距离的白尼罗河。当青尼罗河水位达到顶峰时，白尼罗河在最后 200 公里的流程中水面几乎与地面相平。受影响的水面一直到南面的杰拜莱因，即相距米格兰 400 公里。7～10 月蓄水的杰贝勒奥利亚水坝把洪水拦住，到 2～5 月需要的时候，再把总量略少于 30 亿立方米的水有计划地排出。在杰贝勒奥利亚坝修建之前，一般来说，流经马拉卡尔的 280 亿立方米水到米格兰就剩下约 260 亿立方米了。

青尼罗河及其支流

在尼罗河的支流中，青尼罗河具有独特的重要性，因为它为尼罗河提供了 70% 的泛滥洪水，因此，我们将单独对它做稍详细的研究。

青尼罗河从海拔 1840 米的塔纳湖流出，称为阿巴伊河。塔纳湖本身是一个盆地湖。各支流河水在湖中汇聚，结集倾泻而下，形成青尼罗河。可是，由于火山高原的性质，熔岩在洼地南面涌出，形成一道由东向西的水坝，挡住了水道，水就在坝后汇聚，于是出现了塔纳湖。

青尼罗河一般分为两段：

一、从塔纳湖到鲁赛里斯

青尼罗河在这段 675 公里的距离中，除少数地方外，均穿行于埃塞俄比亚高原。在水文方面，这是青尼罗河最重要的一部分，可以看到它多弯曲，有时峡谷十分深邃，达 1500 米，沿途又多急流瀑布，其中最重要的是它流出塔纳湖不远的提萨特（Tissat）瀑布，水即从 50 米高的地方飞泻而下。这些现象自有其因果。

原因在于埃塞俄比亚的结构和地形。埃塞俄比亚高原由（岩浆）喷发堆积而成。由于堆积的漫无规则，庞大的熔岩块直径有时达 70 或 80

公里,横梗成障碍,阻塞了河道。为避开这些障碍物,河道不止一次地被迫绕道。高原河道深,是由于火山岩易碎裂和地势高造成的。

至于结果,则青尼罗河及其支流在埃塞俄比亚的回转,对积聚它每年挟带的巨大水量影响很大。青尼罗河从塔纳湖流出时,只拥有它水量的6%,然而它在埃塞俄比亚回转时却同许多支流汇合,特别是左岸的支流提供了约90%的水量。[①]

一部分河水虽然在这个地区被蒸发掉,但由于河水在(塔纳到鲁赛里斯)这段975公里的距离中下降了994米,亦即每公里下降1米,流势湍急,散失量不大。同时,这一段肯定没有因沼泽或泛滥而造成失水。

二、从鲁赛里斯到喀土穆

这一段青尼罗河坡度不大,在640公里的距离中共下降100米左右。青尼罗河从它泛滥期间淹没的宽广地域所造成的黏土沉积平原流过,河道曲折很多,情况与挟带沉淀物的下游类同;同时,出现断断续续的湖泊,在雨季和泛滥季节湖水可能充盈,而雨季结束后的几个月中也可能继续有水。

还应当看到,这一段尼罗河的堤岸比洪峰高出几米,从而不致使洪水向周围溢去而造成水分的大量流失。与这段尼罗河相连的还有它的两条支流:丁德尔河与赖海德河。这两条支流与其说是河,毋宁说是名符其实的干河。

这两条支流冬季几乎干涸,整个泥沙河床变成了分散的水塘,到了雨季又迅速涨满水。大的一条是丁德尔河,它大约提供了青尼罗河水量的3%,亦即相当于白尼罗河与索巴特河向尼罗河干流提供的总水量。

然而,赖海德河只提供了上述水量的三分之一。这两条支流在苏丹

[①] 斯特和菲利普斯:《尼罗河盆地》第8卷,第9页。

境内多迂回曲折，在很少有高地的黏土平原，其深度与同一地区的青尼罗河河道相似，以致几乎不存在向下渗漏的问题。

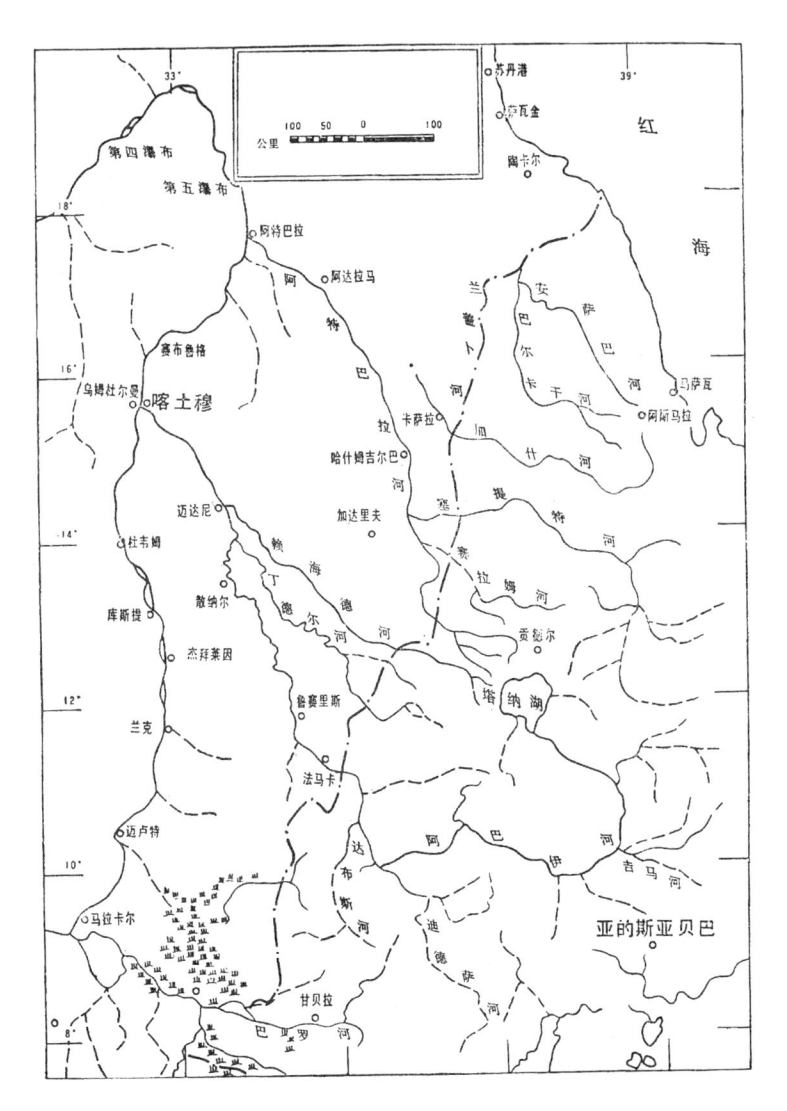

图九　青尼罗河与阿特巴拉河

青尼罗河在(喀土穆附近的)索巴的流量,泛滥顶峰时达到 6000 立方米/秒左右,约等于它最小流量的 50 倍。泛滥的影响不仅反映在水位上,而且反映在流速和挟带的淤泥量上。在枯水期,河水流势平缓,不带杂物,而在洪水期,水势汹涌湍急,挟带着树干、动物尸体和各种碎物,以致在经过喀土穆时含淤泥的比例达 0.36%。深褐色的青尼罗河水和灰色偏绿的清澈的白尼罗河水在米格兰(汇合处)区别得格外明显。

大量的青尼罗河河水靠散纳尔水坝作自流灌溉或机灌,也有极少量的水用水车打上来,以灌溉河滩梯田。

散纳尔坝影响不了青尼罗河流量的规律,因为水坝蓄满水时的容量仅相当于泛滥时一天涌出的水量。

我们可以把在喀土穆年总量达 520 亿立方米的青尼罗河水源概括如下:

来自塔纳湖	6%
来自塔纳湖到鲁赛里斯沿途的支流	90%
来自丁德尔河	3%
来自赖海德河	1%

努比亚尼罗河

努比亚尼罗河这个名称是指从白、青尼罗河在米格兰的汇合点到阿斯旺约 1900 公里之间的这段距离。这个地区的河道固定而且明显,堤岸很高,能够承受任何涌入的水量,只有少数地方例外,如塞布鲁格与阿特巴拉之间的善迪地区,以及从库赖迈到凯尔迈的麦罗维——栋古拉地区。这两个地区远离高原,有盆地环绕着尼罗河,而高原的边缘把盆地切开,使其相互隔绝。

可以看到,尼罗河在这个地区变化多端,其中之一是成 S 形的弯曲现象。

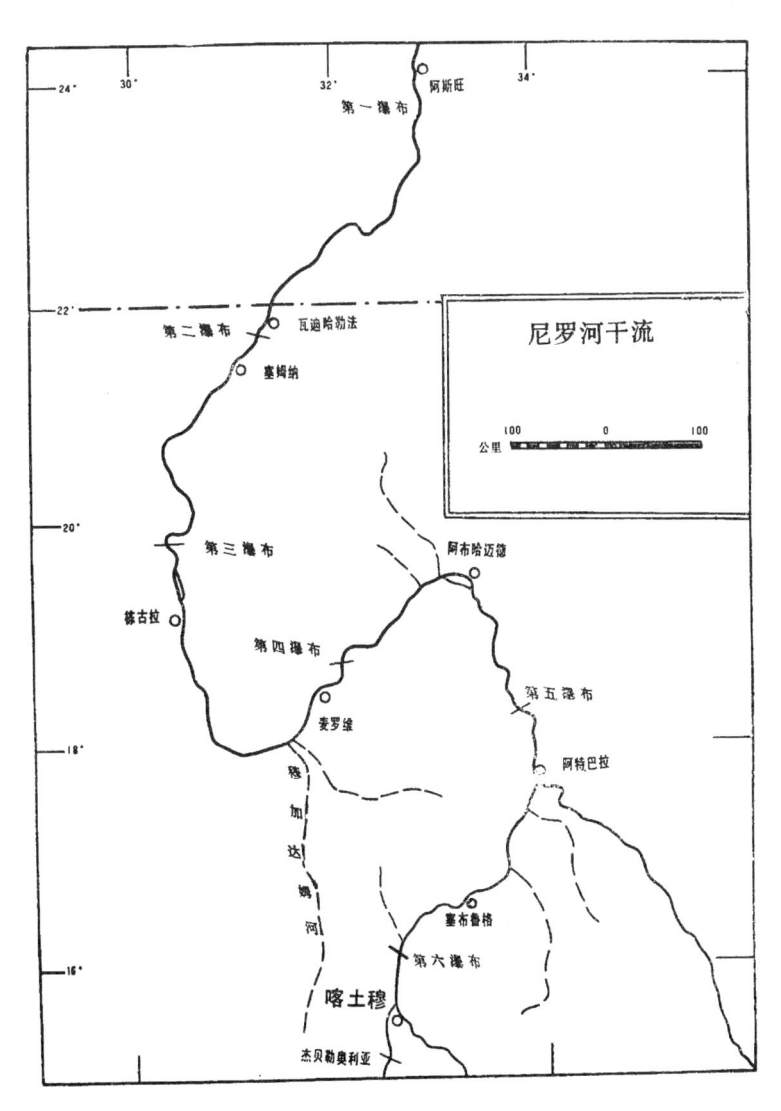

图十 尼罗河干流

尼罗河从喀土穆流向东北,接着折向西北到阿布哈迈德,又从阿布哈迈德转向西南到德巴,尔后稍做旋转向北流去。在第二瀑布与第三瀑布之间,还有一个这样的弯曲,不过这一个是简单的或局部性的。对这种弯曲的解释众说纷纭,有的认为可能在红海断裂时这个地区形成地壳裂隙,裂隙有的自东南向西北,也有的与红海平行,从而造成尼罗河流经的折河道。这是阿尔特(Arldt)的意见。

但另一种意见认为,当地发生的地壳裂隙无从证明,河道的形成不过是由于从河口开始到发源地为止的溯源侵蚀,以及始于发源地的一般侵蚀,河流挟带的砂石,就像锄头一样沿途挖掘河道。

除地形条件外,尼罗河在北苏丹流过的地区岩石种类不同,也有助于造成这样的弯曲,因为有两个地区的火成岩突出于砂岩之中。其中一个是拜尤达沙漠,它使巨大的尼罗河在喀土穆以北偏向东北,然后环绕这个地段流行,直到与第二个地段即绵延至第三瀑布的阿托姆尔地段相撞。尼罗河出现局部性弯曲,是在凯尔迈以北地区。①

努比亚尼罗河的第二个现象,是它的河道中有从喀土穆以北塞布鲁格峡谷到阿斯旺以南(第一瀑布)的六个瀑布群。这些瀑布的出现是由于该地区尼罗河的年轻和各种岩石的交错。尼罗河能够侵蚀诸如努比亚杂岩这样质软的岩石,最后与晶体花岗岩相遇,而要把这些岩石从河道中消除掉,必须经过漫长的时间,因此这些岩石始终像岛屿一样阻挡着流水。

这就是所有瀑布的情况。只有峡谷形的塞布鲁格例外,它的中段宽约160米,周围被结晶岩丘陵环绕着。尼罗河不是绕道流过丘陵,而是从中间穿凿过去。这个地区在尼罗河流经以前,似乎被杂岩层覆盖,它不像

---

① 苏莱曼·哈津:《尼罗河和地质的发展及其对产生早期文明的影响》,《科学使命》杂志,1953年10~12月期,第193页。

一个岩群地段,而是近乎平原地区。尼罗河从杂岩层开始为自己侵蚀河道,直到它无法侵蚀的结晶基底岩层出现为止。①

阿特巴拉以北数公里是第五瀑布,它延伸 100 公里,其末端有马克拉特岛。尼罗河流经该岛后,进入一段畅通无阻的河道,向西南流去。通过希里(Shirri)岛后,出现第四瀑布群。这个瀑布群长达 110 公里,河水在这段距离中,比降达 3200∶1。此后,尼罗河进入一个比降较小的地区,在这里出现了栋古拉县的农田,一直绵延到第三瀑布起点的阿布法蒂玛。第三瀑布几乎与瓦迪哈勒法南约 9 公里的第二瀑布相接。流过瓦迪哈勒法后约 345 公里,尼罗河到达阿斯旺南面被阿斯旺水库的蓄水所淹没的第一瀑布群。

一般说来,尼罗河在努比亚地区落差大,水流急,尤其在瀑布地区落差更大,水流更急,这对减少水分蒸发是有作用的。因为尼罗河急泻而过的这个地区,是非洲特别是在夏季最炎热的地区之一。在努比亚尼罗河长达 2000 公里的沿途,只有从埃塞俄比亚过来的支流——也是尼罗河最后一条支流——阿特巴拉河与它相接。

阿特巴拉河

阿特巴拉河发源于贡德尔地区。这个地区也是达尔赛拉姆河及其支流安格勒卜河和贾尔马河的发源地,还是贾万杰河与冈杜艾河的发源地。这两条河的源头与赖海德河的源头很近,两条河在加拉巴特附近汇合,形成阿特巴拉河。

但是,所有这些支流中最重要的一条,则是发源于埃塞俄比亚东部北纬 12°线的特克泽河或塞提特河。它的河道在北纬 12°线和 14°线之间的

---

① 参见约翰·鲍尔著《埃及地理专稿》的增补或阿瓦德博士《尼罗河》中对塞布鲁格峡谷的描述和地图。

地方，划出两个大弧，好像英文字母Z。据估计，阿特巴拉河约有864公里长，在埃塞俄比亚境内的落差约为每公里12.5米。

从特克泽河与阿特巴拉河的汇合点到阿特巴拉河口的距离约500公里，纵贯于苏丹平原。不过，阿特巴拉河不像青尼罗河，它的比降略高于四千分之一，而青尼罗河从鲁赛里斯到喀土穆的比降则为万分之一。

阿特巴拉河由于落差很大，无论从规模还是从长度上讲，它挟带进尼罗河的沉积物比其他任何河流都多。8月，它每立方米水挟带的淤泥约3公斤，而青尼罗河每立方米水只挟带1公斤左右的淤泥。

阿特巴拉河不同于埃塞俄比亚的其他支流之点，在于它每年（1～5月）干涸5个月，河道由一群水塘泥淖组成。洪水来临的时候，它又灌满了水。在8月看到它的流量每天达17300万立方米的人，几乎不相信这就是他曾在5月见过的河流。

这条河流每年给尼罗河主河道增加约120亿立方米的水量，或者相当于洪水量的17%左右。阿特巴拉河入口处的水文情况如下：

来自白尼罗河	＋260亿立方米
来自青尼罗河	＋520亿立方米
失于喀土穆到阿特巴拉沿途的蒸发和渗漏	－20亿立方米
来自阿特巴拉河	＋120亿立方米
共计	880亿立方米

在这个水量中，平均有840亿立方米的水流到阿斯旺，有40亿立方米的水失于严重蒸发和向四周渗漏。这个地区的蒸发量为每日7.7毫米，即为赤道湖泊高原蒸发量的一倍。这是不足为奇的，因为这里处在热带沙漠的中心。

第五节 埃及与苏丹之间的尼罗河水

一、关于尼罗河水的两个协定

绪言

埃及在她的农业生产和一般经济中,几乎完全依赖尼罗河。这便大大促进了她对尼罗河的关心和对查勘水源、最大限度地利用水源与保障所需水量的重视。尼罗河对于埃及的意义,不同于尼罗河流域的其他国家。比如,在乌干达,由于雨水充足,尼罗河的重要性不过是用来发电,维多利亚湖口施工的欧文坝工程,只是一个发电工程,但对于埃及,则是一个增加来自赤道高原的尼罗河进水量的工程。越往北,即往沙漠或半沙漠地区,对尼罗河的依赖就越大。苏丹拥有宽阔的地域,南苏丹和中苏丹的大片土地都可以靠雨水耕作,而喀土穆以北的农田,仅限于可用尼罗河水灌溉的时隐时现的狭窄河谷地。

保障尼罗河流域下游部分的水量的问题,始于19世纪末和20世纪初。1894年,英国从埃塞俄比亚和厄立特里亚的保护国意大利政府取得了维护埃及和苏丹对埃塞俄比亚境内的尼罗河上游河水所规定权利的种种保证,埃塞俄比亚皇帝孟尼利克于1902年保证,除非英国同意,不在塔纳湖兴建工程。[①]

	枯水期		洪水期	
	数量(立方米)	百分比	数量(立方米)	百分比
白尼罗河	10	80	16	10
青尼罗河	3.8	20	48	70
阿特巴拉河	—	—	12	20
共 计	13.8	100	76	100

---

① 格利森:《英埃苏丹》第1卷,第279、295页。

埃及由于种植夏季作物,需要从 2 月底到下一次洪水出现前的所有枯水期的水量,因此,每年需分别在阿德菲纳和法拉斯库尔两地用土坝关闭腊希德和杜姆亚特两河口。① 1902 年以来,尼罗河的自然流量又加上了拦阻储存的水,情况如下:

水　坝	年份	水库容量 (亿立方米)	备　注
有利于埃及:			
阿斯旺水坝	1902	10	水位达 106 米
阿斯旺水坝(第一次升高)	1912	24	水位达 114 米
阿斯旺水坝(第二次升高)	1933	48	水位达 121 米(短暂)
阿斯旺水坝	1933	52	水位达 122 米(最高限度)
杰贝勒奥利亚坝	1937	35	水位达 377.2 米(再一次达到这个水位是在 1943 年)
有利于苏丹:			
散纳尔水坝	1925	7.8	水位达 420.7 米

7 月初,尼罗河开始上涨,8 月达到最高水位,这时的平均流量相当于 4 月平均流量的 15 倍。②

接着,正如说明图表所表明的那样,流量开始以上涨时的同样速度下降,这样的迅速下降持续到 10 月,随后转为逐步下降。

说明图表还清楚地表明青、白尼罗河之间的区别,除表现在青尼罗河的季节性和白尼罗河的持续性外,还反映在这两条河的洪峰不一致上。白尼罗河的洪水比青尼罗河的洪水来得迟,其原因很多,如前所述,如距离长,比降小,以及使水流运动滞缓的植物堵塞和沼泽等。

尼罗河水协定(1929 年 5 月)

1929 年以前,对于苏丹抽取尼罗河水,没有正式的协定。但是,大家

---

① 阿德菲纳坝于 1951 年改为常年水坝。
② 以苏丹的数字和时间为准。

知道,苏丹抽取多少河水,都不应该影响埃及的需要。也就是说,在1929年尼罗河水协定签订以前,苏丹可以在洪水期任意抽取河水。1929年协定一直沿用到1959年。1959年修订的一份协定,照顾到了两个兄弟国家出现的新条件和新发展。造成必须签订第一份尼罗河水协定的原因是20世纪初开始的对耕种吉齐拉土地的研究。①

当初曾认为吉齐拉的土地可以在以往的条件下耕种,在埃及需要河水的时期不触及河水。因此,开始考虑用一个闸门,它不起水坝贮水的作用,而只是把河水提到在吉齐拉开凿渠道的高度,以灌溉吉齐拉的土地。然而,这个想法由于以下两个重要原因又重新做了研究。

第一,加种长纤维棉;

第二,发生了1913~1914年水位严重低落的情况。

加种长纤维棉这个因素,意味着延长灌溉期,直到(埃及)需要用水的时期。第二个因素,即严重低落的水位可能缩短泛滥期,或者满足不了需要。由此可见,必须修改原设计,使水坝除能提高水位外,还能承担贮水的作用。这样,就建造了散纳尔水坝,该水坝于1925年7月完工。

为了不损害埃及的利益,埃及与英国之间曾有过协议。协议提议在吉齐拉实施的规划面积不超过30万费丹,兴修水坝、进行计算都以这个面积为基础。但是,这个规划的计算工作,不论是在费用上还是在确定沟渠上,似乎都不准确。

费用超出了原先的估计,同时原计划灌溉30万费丹土地的水量用来灌溉更大的面积似乎还绰绰有余。这种后果是由许多因素造成的,其中有:

---

① 参见马尔杜赫·麦克唐纳爵士著《尼罗河的控制》一书第4章中的《吉齐拉灌溉工程和青尼罗河水坝》,1920年版,第88页。

1. 原计划夸大了每费丹土地的用水量。事实证明，可以减少原来制订的用水量而无甚危害。

2. 原计划算上了渠道渗漏的水量，但实践证明水分并不渗漏。吉齐拉的土壤是重黏土，水分在这种土壤上流动，渗漏是微乎其微的。

3. 吉齐拉地区的降雨量未计算在内。

4. 可以采用提早灌溉来增加最初报告中的灌溉面积。

这四个因素意味着散纳尔水坝的灌溉能力除了曾一致同意的面积外还可以再增加50%①，而且加上防止蒸发和水库蓄水措施，可以使灌溉面积达到原来的三倍②，即100万费丹左右。这一切也许证明英国不怀好意。

1929年5月协定可以概括为以下几点：

1. 一年分为两个时期：7月16日~12月31日为多水期，因而是一个不受限制的时期；1月1日~7月15日为需水期，对埃及而言，是一个受限制的时期。

2. 在需水期，尼罗河及其支流的自然流量，属埃及权利范畴，故称为受限制时期。

3. 在多水期内(7月15日至次年1月19日)，苏丹被允许按如下方式获得它所需要的水量：

(1) 从7月15日或迟几日开始的十天内，散纳尔水库贮水达到能充分供给吉齐拉水渠流量的水位，抽水的条件是前五天在鲁赛里斯和马拉卡尔的流量均为16000万立方米/日(马拉卡尔的日期提前十天，因为这正是河水转移阶段)。

---

① 麦克格雷戈尔：《尼罗河水》，载《英埃苏丹内部》，第270、290页。
② 同上。

(2) 10 月 27 日～11 月 30 日期间,苏丹可以为散纳尔水库补充贮水,达到它的全部贮水量。

4. 苏丹可以从尼罗河中抽水到吉齐拉渠,数量不超过下列标准[①]:

7 月 19 日～30 日(最大限度)	10160 万立方米
7 月 31 日～11 月 30 日(最大限度)	1452 万立方米
12 月 1 日～31 日(最大限度)	1382 万立方米
1 月 1 日～15 日	691 万立方米
1 月 16 日～18 日	449 万立方米

除超过协定的 1 月 1～18 日的最大限度的需水量以外,1 月 19 日～7 月 15 日需要的水量,都取自散纳尔水库的贮水。

5. 苏丹有权用水泵从尼罗河及其支流中抽水情况如下:
(1) 7 月 15 日～12 月 31 日(多水期),不受限制。
(2) 1 月 1 日～9 月 28 日,灌溉 38500 费丹 ⎫
(3) 3 月 1 日～7 月 15 日,灌溉 22500 费丹 ⎭ 需水期

在 1 月 1 日至 7 月 15 日的任何一个月内,要灌溉超过上述数字的土地,必须动用散纳尔水库的贮水,平均为每费丹每月 800 立方米。

一般说,在需水期,不应为吉齐拉抽水过多,在水量丰富或洪水期,也不应为需水的土地抽取超过散纳尔水库的贮水。控制这个过程,需做计算工作,规定贮水量和排水量,而这些工作确实每年都做了。流量平衡表证明,总是苏丹受益,如下表所述[②]:

---

① W. 阿伦和 R. J. 史密斯:《苏丹的水利灌溉》,载《苏丹的农业》,第 596 页。
② 应当看到,用水车和桔槔的传统方式抽水,一年四季均不受限制。

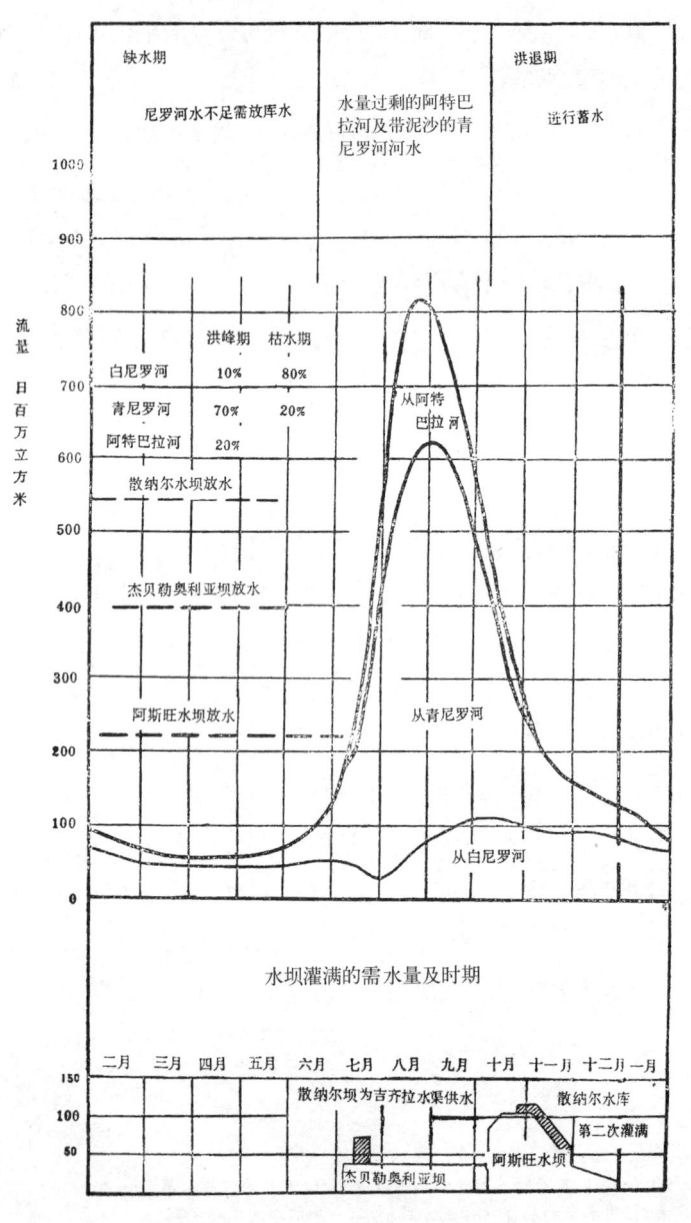

图十一　水坝灌满的需水量及时期

苏丹份额：

(1) 1月1日前散纳尔水库贮水量　　　　78100万立方米

(2) 1月1~18日允许苏丹抽取的水量　　14100万立方米

　共　　计　　　　　　　　　　　　　92200万立方米

以1944年抽取的水量为例：

(1) 1~7月水库的蒸发量　　　　　　　13500万立方米

(2) 1~4月吉齐拉水渠灌溉消耗量　　　57800万立方米

(3) 5~7月吉齐拉地区饮用水消耗量　　 1500万立方米

(4) 水泵抽取的补偿水量　　　　　　　 4900万立方米

　共　　计　　　　　　　　　　　　　77700万立方米

那么，这一年还可盈余14500万立方米的水排入尼罗河。

为执行1929年协定，散纳尔水库动工了。[①]

在研究为满足吉齐拉农场需要而兴修的散纳尔水库施工之前，我们应当在这里指出，撇开散纳尔，吉齐拉的地面无论在尼罗河枯水期还是洪水期都比尼罗河的水位高，因此修建了海拔421.8米的散纳尔水坝。尼罗河在枯水期的水位为407米，在洪水期的水位为415.7米。这两个水位都不足以把河水输入吉齐拉水渠，必须把水位提高到417.2米才能供水给吉齐拉渠，若要贮水，还需提高尼罗河的水位。

因此，散纳尔水库贮水一方面是为了给吉齐拉水渠供水，另一方面是要为需水期做储备。这个过程分成几个阶段[②]：

1. 7月15日至31日期间，水坝的一些闸门关闭，以拦阻始终畅通

[①] W. 阿伦和R. J. 史密斯：《苏丹的水利灌溉》，载《苏丹的农业》，第597页。

[②] 这方面，我们参考了：

穆罕默德·阿瓦德·穆罕默德：《尼罗河》，第312~319页。

马尔杜赫·麦克唐纳：《尼罗河的控制》，第94~95页。

W. 阿伦和R. J. 史密斯：《苏丹的水利灌溉》，载《苏丹的农业》，第602~603页。

无阻的河水,然后将拦阻工作加强,使水位从 409 米提高到 417.2 米。这个水位足以把洪水直接输入吉齐拉渠,水库的水量达到 33300 万立方米。

2. 10 月 27 日开始再一次提高水位,直至 11 月底。在这期间,淤泥比例大大减少。这第二次把水位从 417.2 米提高到 420.7 米,提供了 459100 万立方米的水,这是实际贮水量。1951 年的协定曾允许水位提高到 421.7 米。

3. 从 2 月开始排放库水以满足吉齐拉的需要,直至 4 月 30 日。这时,吉齐拉的需要已经满足,水库中尚剩下不能动用的第一水量(33300 万立方米),必须在 5 月底放给埃及。重要的是,6 月 1 日以前,库存的水就已用完。作为这部分没有用在吉齐拉的水量,一般可从 1 月至 2 月用水泵从青尼罗河中抽取同等的水量来补偿。

4. 只有在青尼罗河和白尼罗河的流量都达到每日 16000 万立方米的时候,才开始为水库贮水,否则,贮水的日期就得推迟 10 天至 15 天。这是因为在 7 月 15~31 日期间储备的 33300 万立方米水量,在河洪低落的情况下可能推迟到达埃及。

1959 年 11 月协定

在 1929 年协定签署大约 30 年后,鉴于两国需要利用尼罗河水,从它的进水量中受益,双方认为必须签订一个一致同意的控制尼罗河的新协定。这个协定包括以下几个方面。

第一条　既得权利

1. 签约前埃及使用的河水(在阿斯旺为 480 亿立方米)是她的既得权利。

2. 签约前苏丹共和国使用的河水(在阿斯旺为 40 亿立方米)是她的既得权利。

第二条　控制尼罗河工程的利益分配

1. 两国同意埃及修筑高坝,作为尼罗河一系列连续贮水工程的第一步。

2. 两国同意苏丹共和国修筑鲁赛里斯水库,或兴建苏丹共和国认为利用她份内河水所必需的其他工程。

3. 高坝的纯效用以尼罗河在阿斯旺自然进水量的年平均量(840亿立方米)为基础计算。这个数量不包括(第一条中)两国所估定的在阿斯旺的既得权利,也不包括高坝连续贮水的平均失水量。所产生的纯效用由两国分配。

4. 高坝的纯效用在两国间的分配比例,在将来的平均进水量(840亿立方米)的前提下:苏丹为145亿立方米,埃及为75亿立方米。假若连续贮水的损耗量始终是目前所估计的100亿立方米,那么在这种情况下的纯效用就是 840－(480＋40＋100)＝220(亿立方米)。

其中苏丹的份额是145亿立方米,埃及的份额是75亿立方米。这两个份额再加上第一条中她们的既得权利,就成了:

苏丹份额　　　40＋145＝185(亿立方米)

埃及份额　　　480＋75＝555(亿立方米)

高坝竣工后,情况便是如此。假若平均量增加,那么增加的纯利将公平分配。

5. 埃及政府同意付给苏丹政府1500万镑的款项,作为因高坝贮水水位达到182米而造成苏丹土地及财产损失的补偿。①

6. 无可争辩的是,连续贮水的高坝全面竣工将造成埃及不再需要

---

① 埃及曾按如下方式付款:1960年1月1日付300万镑,以后在1961年、1962年、1963年的1月1日各付400万镑。

在杰贝勒奥利坝贮水,缔约双方将在适当的时候对这种情况进行研究。

第三条　利用尼罗河流域散失水量的工程

1. 苏丹在埃及的赞同下承担兴建增加尼罗河的进水量,防止在杰贝勒河、宰拉夫河和白尼罗河的沼泽失水的工程。纯利公平分配,费用也公平分摊。苏丹共和国用自己的钱承担上述工程的费用,埃及支付她应出的费用。

2. 上述工程在两国政府决定之后,如果埃及需要其中某一工程先动工,而苏丹这时并不需要,那么埃及要把适合她开始动工的时间通知苏丹。在通知日起的两年内,两国政府要各自提出利用她自己份内河水的计划。两年后,埃及可以用她自己的费用施工,而苏丹政府在准备利用自己份内河水的时候,要支付她应出的费用。①

二、水利灌溉工程

欧文水坝②

原先的考虑是首先把阿伯特湖作为尼罗河在湖泊高原的主要水库,这个水库应仅次于维多利亚湖。因为阿伯特湖面积小,比较深,又易于保持平衡,具备了首先动工的条件。然而乌干达政府想利用利本瀑布发电并已着手进行工作,这便使埃及的专家委员会在1949年2月劝说本国政府同乌干达一起参加这项工作,首先修建维多利亚水库,而以修建阿伯特水库为辅,作为前者水量的调节。③

水坝筑在离维多利亚湖的尼罗河出口处两英里远的地方,高30米,

---

① 苏丹共和国和埃及曾共同组成一个常设技术机构,进行工程的主要设计,负责施工,制订尼罗河工程动工的制度。
② 我们主张研究所有已完成和尚未竣工的工程,因为一方面尼罗河必须作为一个不可分割的整体来处理,另一方面,1959尼罗河水协定第三条规定,苏丹与埃及一致同意承担增加尼罗河进水量的工程研究,承担工程的费用,并加以利用。
③ 《关于1949年6月大水利灌溉工程的报告》,工程部,开罗,1949年。

长 750 米。选择这个地方,就有可能利用由于岩石屏障形成的铺展着的瀑布群。这些岩石屏障由坚硬的抗风化的角闪石(amphiloblite)构成,而河道则由其中包含容易侵蚀的页岩(shale)构成。[①]

发电站建在左岸,10 台水轮机的发电能力为 15 万千瓦时,坝的中部有 6 个闸门控制河水,每个闸门高约 5 米,宽约 3 米。

该工程于 1954 年开工。肯尼亚与乌干达之间谈判的结果,同意供应肯尼亚 45000 千瓦/时的电量,约为水坝发电能力的三分之一[②]。

埃及向乌干达政府付了 450 万镑的建坝费用,乌干达要求的贮水位每提高 1 米所需的补偿还不包括在内。该坝贮水能力为 2000 亿立方米。

基奥加湖水坝

我们已经看到,基奥加湖是尼罗河上游的失水区域之一。但是,事实上基奥加湖形成的沼泽是可以使它干涸的,解决办法是加深湖泊地区中的维多利亚尼罗河,在马辛迪港修建专门用于航运的调节闸门。

阿伯特水坝

现代对阿伯特水库工程的研究,旨在以布蒂亚巴为标准把贮水水位提高到 35 米,过去普策尔先生提出的第一个埃及水利灌溉工程,水位为 20 米,水库容量为 500 亿立方米。[③] 如今这样贮水的目的,同维多利亚湖水库的情况一样,是连续贮水或长期贮水(century storage),即保存洪水暴涨年份进水量的余量,以弥补尼罗河水在枯水年份的不足,并为需水期和不需水期控制抽取固定的水量。

当这个工程计划在 1946 年第一次正式提出的时候,乌干达政府与刚

[①] 《欧文瀑布,乌干达的水电工程计划》,递交给土木工程师和电机工程师协会的复制文件,1954 年 5 月,第 9 页。
[②] 乌干达电力局:《截至 1955 年 12 月 31 日的年度报告》,第 9 页。
[③] 赫斯特、巴拉克和萨米卡:《将来尼罗河水的保持》,工程部,开罗,1947 年。

果政府一起反对在阿伯特湖贮水达35米高。

乌干达决意把维多利亚湖作为主要水库,利用它的水坝来发电。乌干达向埃及政府提出建议:利用维多利亚湖作为主要水库,在高出湖面有记载的最高水位1米之内提高水位;利用阿伯特湖作为调节水库,以14米为基础;在雨量充足、洪水暴涨的年份,可以例外地达到18.5米。①

原来建议把水坝筑在苏丹境内的尼木累,但是乌干达后来又主张水坝筑在尼罗河阿伯特湖出口附近的穆提尔。在尼木累筑坝具有重要的优点,例如可以利用阿伯特湖与尼木累之间的川流,特别是在洪水期汹涌奔腾的川流,同时可以便利尼木累与阿伯特湖之间一年四季的航运②,而乌干达建议在穆提尔筑坝,是为了避免淹没她在尼木累和尼罗河出湖口之间的大片土地。

如果说在筑坝位置上的反对意见尚可接受,那么关于水位的反对意见就不可取了,因为阿伯特湖四周均为岩石,大部分地方的坡度都很陡。这也许是它被选作赤道湖泊的主要贮水中心的重要因素之一。这种陡峭的湖岸,即意味着水位的任何增加都不会造成蒸发的加剧,何况这对大部分乌干达居民没有影响,因为这些山麓只不过是捕鱼场。

尼木累水坝

如果阿伯特水坝筑在穆提尔,那么尼木累也必须筑一个水坝,以连接尼木累与穆提尔水坝之间地区的航运,并拦阻相当于来自尼木累以北支流的水量,不使其直接流入杰贝勒河。对蒙加拉的流量曾做过估计,似乎在尼木累以南流入尼罗河的水量为该流量的三分之一,在尼木累以北流入尼罗河的为该流量的三分之二。③ 由于这些支流类似小河,也就是说一

---

① 《关于1949年6月大水利灌溉工程的报告》,工程部,开罗,1949年,第16、17页。
② 赫斯特:《将来尼罗河水的保持》,第21页。
③ 水利电力部:《苏丹的灌溉》,喀土穆,1957年,第6页。

年中有 4 或 5 个月干涸无水，其余的月份则水流滚滚，因此尼木累水坝应该对这些流量起调节作用。

琼莱渠

在位于苏德地区南部边缘的琼莱一带准备开凿一条直线渠道，将沿途大部分水分收进渠道以避免前已述及的苏德地区的失水。关于渠道流经的路线，众说纷纭。

埃及的专家们在研究了渠道流经的 7 条路线后认为，渠道从琼莱开始，取道北纬 6°50′的阿提姆河道（杰贝勒河的边渠），随后在某种程度上从接近杰贝勒河的河道流过，直到宰拉夫河上游，再由那里与宰拉夫河相平行流至宰拉夫河口，注入白尼罗河。这条渠道开挖后的 6 年内，允许每日通过 1000 万立方米的水量，然后再扩大，在 4 年内达到容许每日通过 1900 万立方米。第二阶段再开凿第二条与上述渠道相平行的渠道。两条渠道用横向水道相连，使流量增加到每日 2600 万立方米。[1] 对流量做这样的规定，就可以避免为减少蒙加拉与博尔之间的杰贝勒河左岸的失水量而修筑相当数量的堤坝。第二阶段除自然进水量外，在需要时还可望（在马拉卡尔）获得约 35 亿立方米的水量[2]。

专家们主张采用这条渠道路线，因为它靠近杰贝勒河和宰拉夫河，便于挖泥船从各个点修筑的特定入口处进出渠道，以进行挖掘工作。此外，渠道与宰拉夫河相接近或相平行，可以用封闭宰拉夫河的下游来减少失水量，使尽可能多的流量通过，从而减少挖掘量。

当渠道工程方案递交苏丹政府征询意见时，苏丹政府委托研究这个工程的委员会说明：埃及专家们建议的渠道线截断了所有的天然江河溪

---

[1] 《关于 1949 年 6 月大水利灌溉工程的报告》，第 11 页。
[2] 同上。

流，影响了对邻近牧场的淤灌体系，同时利用宰拉夫河的下游和由此造成水位的不断升高，都将加剧这种危害的程度。

因此，苏丹政府的这个委员会提出一条新的路线，从琼莱到索巴特河口前的白尼罗河开一道渠，渠道长约 300 公里，宽 120 米，深 5 米……值得一提的是，苏德渠的充分利用，只有在赤道湖泊的贮水工程实施之后才能实现，反之只有充分利用苏德渠，赤道湖泊的贮水工程才能实施。[①]

被责成研究苏丹方案的埃及委员会认为，不妨原则上接受这个方案，因为埃及政府所关切的是不要因这个工程而给老百姓造成相当的损害。[②]

杰贝勒奥利亚水坝

1937 年，杰贝勒奥利亚水坝在喀土穆南约 40 公里的白尼罗河上建成。水坝长约 5 公里。其中西边的 3 公里是土坝，它的东侧因与奥利亚山相遇，伸出不超过 1.5 公里。至于包含基础设施的中段，则长 454 米。

建筑设计要求使坝面达海拔 380 米，贮水的水位为 377.2 米。7 月开始贮水到 376.5 米，水库要保持这个水位直到 9 月 1 日，这时开始第二次贮水。一般在 10 月达到 377.2 米，这个水位继续到第二年的 2 月，那时开始放水，5 月初放水大体结束。[③]

如果杰贝勒奥利亚坝的蓄水量达 30 亿立方米以上，那么到达埃及的只不过是其中的 20 亿立方米或 25 亿立方米，其余的都失于水库和沿途的蒸发。

值得一提的是，堵在坝前的库水对白尼罗河的影响长达 600 公里；从马拉卡尔到杰贝勒奥利亚，1 月的比降为 770 公里下降 6 米（或十三万分之一）。在这种情况下，蒸发失水量极其巨大。

[①] 《苏丹的灌溉》，1957 年版，第 8 页。
[②] 《关于 1949 年 6 月大水利灌溉工程的报告》，第 12 页。
[③] 赫斯特：《将来尼罗河水的保持》，第 58 页。

塔纳湖水坝

塔纳湖的面积约 3100 平方公里,或相当于阿伯特湖的五分之三。它每年的排水量为阿伯特湖的六分之一,或青尼罗河流量的十三分之一。塔纳湖调查团的报告指出,可以把这个湖改造成有 35 亿立方米容量的大水库,还可以提高水位,使容量达到 50 亿立方米。[①]

青尼罗河与杰贝勒河的性质恰好相反,它可以带走贮水而失水量并不大,这就弥补了塔纳湖贮水较少的缺点。此外,青尼罗河还有助于增加吉齐拉地区的灌溉面积,这块土地因从青尼罗河向白尼罗河倾斜,所以只能利用青尼罗河来灌溉。

当初建议利用塔纳湖是为了短期贮水,但显然它也可以像赤道湖泊一样用作年度贮水或长期贮水。在降雨较少的年份,塔纳湖的储备可以应付次年夏季雨水的不足。

赫斯特曾经提到,没有塔纳水库,青尼罗河的全部河水加上散纳尔水库目前的贮水量,大约还达不到苏丹在 1 月到 4 月需水量的 60%。

鲁赛里斯水坝

前已述及,苏丹可利用青尼罗河上散纳尔坝的贮水,借助水泵灌溉吉齐拉土地近 100 万费丹,并可扩大耕地面积。但要扩大耕地面积,苏丹必须增加自己的贮水。

苏丹政府曾委托克散德尔·杰布公司研究在喀土穆以南 555 公里青尼罗河上的达马津瀑布处修建水坝。达马津瀑布距埃塞俄比亚边界 106 公里,离散纳尔 265 公里。这个地点由于具有花岗岩地基,修筑水坝是理想的。最后的贮水区域将延伸到苏埃边境。

苏丹政府为修建这一水坝被迫向国际开发银行和西德等国借贷 1800

---

① 赫斯特:《将来尼罗河水的保持》,第 121 页。

万镑。

水库建设和贮水工程将分两个阶段完成：

第一阶段：拦阻水位至海拔 480 米,这项工作可望在 1966 年结束,将贮水 30 亿立方米。

第二阶段：拦阻水位至海拔 490 米,即比上述水位增加 10 米,从而使贮水增至 75 亿立方米。

估计可发电约 15 万千瓦/时。[①] 共装有 7 台发电机,每台为 25000 千瓦/时。

水库可向迈纳吉勒农场供水,扩大 20 万费丹的耕地,还可改变吉齐拉和迈纳吉两个农场中的农业轮种制,以获得更高的棉花收成,使吉齐拉和迈纳吉勒农场的水浇地增加 29 万费丹。一方面可用来种植小麦这样的次要作物,另一方面吉齐拉的四段轮种制被调整为三段轮种制,从而增加更多的水浇地。同时,贮水还将被允许用于扩大约 67 万费丹的机灌计划,并扩大自流灌溉,把仅在洪水期使用的大约 34 万费丹面积的机灌改为常年灌溉。[②]

散纳尔水坝

本书在谈到 1929 年河水协定时,已对它做了研究。

哈什姆吉尔巴水坝

这个水坝位于哈什姆吉尔巴镇南面的阿特巴拉河上。修筑它的目的,是为土地被（阿斯旺）高坝蓄水淹没的瓦迪哈勒法地区的 5 万居民服务。

---

① 苏丹水利电力部：《水利电力部关于 1962 年 11 月 17 日至 1963 年 11 月 17 日期间完成工作的全面报告》,第 4 页。

② 苏丹水利电力部：《水利电力部关于 1962 年 11 月 17 日至 1963 年 11 月 17 日期间完成工作的全面报告》第 5 页。

坝身全长3公里，其中阿特巴拉河河心的混凝土坝长350米。水坝高出河底35米，坝内拦阻的水位达473米，贮水能力为13.5亿立方米，估计发电量约为7000千瓦/时。

水库向南影响80公里的距离，靠它灌溉的面积约达50万费丹。[①] 该工程的第一阶段已近尾声，18万费丹的面积做如下分配：

12.5万费丹预定为瓦迪哈勒法人使用；

3万费丹预定为种植甘蔗；

2.5万费丹预定为当地居民使用。

第六节　气候

苏丹位于北纬3°35′到22°之间。总的说来，属于热带气候，境内没有一个部分是不受太阳直射的。苏丹的气候由最北面雨水稀少的沙漠气候，逐步过渡到夏季多雨、降雨月份又各不相同的热带气候，再到最南面为赤道性或半赤道性气候。由于没有东西走向的山脉，向北或向南的风畅通无阻，所以苏丹的气候具有逐步变化的特点，各地区之间没有明显的界线。

苏丹因远离海洋，所以又是大陆性气候。苏丹靠海的地区只有狭窄的红海沿岸，这与她漫长的陆地边界很不相称。海岸线不超过800公里，因而红海的影响极其有限和微小，差不多仅限于沿海地带和俯瞰红海的苏丹东北高原山麓。如果我们把在洪水期四处泛滥、其他时间天干地裂的苏德沼泽区除外，可以弥补沿海线之不足的内陆水面就不存在，这就加

[①]《哈什姆吉尔巴工程——水坝及其附属工程》，国际高坝委员会苏丹国家委员会，1963年版，第5、6页。

剧了苏丹气候的大陆性。

苏丹一般受两股气流影响，一股自北向南，另一股自南向北。当然，小股气流方向不同，可能向东或向西。

控制这些气流的是尼罗河流域和非洲周围的各气压带。在尼罗河上游有一个低压区，随着太阳直射点的移动而向北或向南移动，不论是北风还是南风，都被它吸引过去。这个低压区9月集中在尼罗河上游，4月往北向科尔多凡和达尔富尔南部移动，6月和7月则来到努巴山区。它是潮湿的南风与干燥的北风的分界线。冬天，这个低压区向南移动，造成干燥的北风席卷的机会。假若它朝北移动，就给予南风盛吹的机会，从而扩大苏丹的降雨面积。

在印度洋和大西洋，还有热带的高压区，这是常年的高压区，它也随着太阳直射点的移动而向北或向南移动。尽管人们对形成南风的主要根源究竟是印度洋高压区还是大西洋高压区，意见不一，但这两个高压区都是形成南风的根源。

温度[①]

平均温度表说明了苏丹热带气候的特点。在苏丹的任何一个地区，年平均温度都不下摄氏24度。因此，苏丹同所有位于热带的国家一样，并不缺乏热量，温度也不是各个地区气候区划的依据。

如果我们看一下最高温度与最低温度，就会发现两者在瓦迪哈勒法相差悬殊，这种差别是其他各站所没有的。其原因在于瓦迪哈勒法处于沙漠地区。

北苏丹气温最低的月份是冬季，如瓦迪哈勒法1月为摄氏10.9度。但是，在中苏丹，气温却有两次下降：一次在冬季（如1月份的喀土穆、兰

[①] 参看本节末的平均温度表。

克和鲁赛里斯),另一次在雨季(如8月的喀土穆、兰克和鲁赛里斯)。南苏丹情况又有变化,那里气温下降的月份是夏季,也就是雨季,这由朱巴7月、8月和9月的温度所表明。原因当然是雨水的影响。

我们注意到,无论是苏丹最东面的杰拜特,还是最西面的朱奈纳,当地的地形对湿度是有影响的。杰拜特位于795米的高度,朱奈纳地势高805米,而苏丹港只高出海面5米。因此,如果我们把位于相近的纬度线上的苏丹港和杰拜特做个比较,就会发现后者的年平均温度比前者低3度,一年到头都是如此。同样,朱奈纳站的年平均温度也低于同纬度的其他各站。只有具有沙漠环境的瓦迪哈勒法和地势较高的杰拜特除外(参看本节末的平均温度表)。

雨水

一般说来,降雨是苏丹的主要气候因素。降雨量的分布是确定大部分地区的居民人数,规定人们所从事职业的基本因素。雨量的巨大差别除在居民的经济活动方面表现得很明显外,也在动植物的主要种类上反映出来。

总的来说,越往南,雨量越多。阿特巴拉为73毫米,喀土穆为181毫米,到兰克高达524毫米,朱巴则为971毫米。地理位置和当地环境,特别是地形条件,对降雨量的影响很大。

例如,我们如把陶卡尔与苏丹港做比较,就会发现前者虽然更靠南,但雨量(90毫米)却比后者(107毫米)少,原因是苏丹港面海背山,而陶卡尔则位于山的空隙之中,背后没有高峻的屏障。

同样,我们若把喀土穆与卡萨拉做比较,则会看到,虽然两地所处纬度相近,但卡萨拉的雨量(329毫米)差不多是喀土穆雨量(181毫米)的二倍。这一方面是由于卡萨拉比喀土穆地势高;另一方面卡萨拉镇后面又坐落着像脊背似的卡萨拉山。如果再把尼罗河上的兰克与达尔富尔的朱

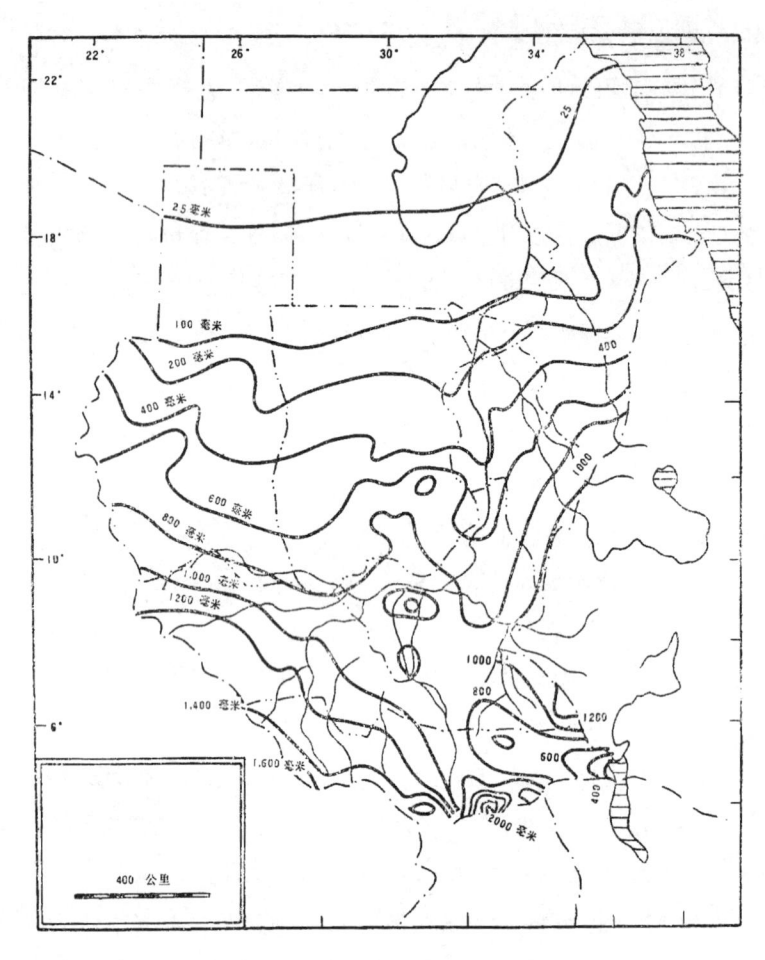

图十二　苏丹平均降雨量线

奈纳比较,就会看到朱奈纳虽比兰克偏北 2°,但雨量却更为丰富(前者为 542 毫米,后者为 524 毫米),原因是受达尔富尔高原的影响。兰克与鲁赛里斯相比,所处纬度相近,但鲁赛里斯的雨量却更为充足(为 802 毫米,兰克为 524 毫米),差不多是兰克雨量的一倍半,这是由于鲁赛里斯位于埃塞俄比亚高原边缘。苏丹平均雨量线图上引人注目的,还有朱巴和瓦乌的数字。北纬4°51′的朱巴,雨量要比位于北纬7°42′的瓦乌少。瓦乌的降雨量是1127毫米,而朱巴只有671毫米。① 这不能归于地形因素——瓦乌比朱巴地势低,而只能归因于瓦乌地区的水文条件——它处在沼泽和一年大部分时间流水不断(洪水干涸后是大沙河)的地区中部,这就造成空气中的湿度增加,从而使当地的降雨增加。

所有这些因素,为我们解释了苏丹的平均雨量图。图中的等降雨量线在苏丹的中部向南偏去,而在东面或西面即埃塞俄比亚高原的山麓或达尔富尔高原,等雨量线则向北偏去。

这张图也表明,尼罗河东面的苏丹最南部降雨线极其接近,降雨量高达1000毫米。有些地方甚至更多,超过2000毫米。这是因为尼罗河东面有迪丹加山脉和伊马东山脉连绵不断。这里,我们实际上看到了苏丹境内降雨量首屈一指的基鲁站,它位于伊马东山脉3000米的高度,雨量为2260毫米。由于降雨受太阳直射点移动的影响,所以,我们看到南部雨季很长,在最南面有时会出现两个降雨高峰。而越向北,雨季就越短,两个高峰相互接近,最后合二为一。耶伊、延比奥、卡吉卢、马里迪和基鲁,雨季长达8至10个月,而在特腊克卡和蒙加拉则缩短为7个月。同时,还有两次降雨高峰,一次在5月,亦即在太阳第一次直射之后;另一次有时在7月,更多的时候是在8月,也就是太阳第二次直射之后。第二次降雨高峰比第一次更高,这是由于第二次高峰前的阶段,比第一次高峰前更潮湿。这种具有两次高峰的规律到善贝森林才结束。善贝森林超出了近赤道区域,进入了只有一次降雨高峰的热带区域。降雨高峰集中在8月前后,北纬6°线以北的各站都是这样(参看本节末的月平均降雨量表)。但是,我们不要忽略了濒临红海的东北角,那里的冬季降雨集中在11月,

---

① "671"疑为971之误。——译者

夏季降雨集中在8月前后,除红海山脉外,两次降雨之间没有明显的间隔(参看苏丹港和杰拜特)。

关于雨量,最后一点值得注意的是越出总平均降雨量的雨量偏差。这种雨量差,在经济方面无论对靠雨耕种的农业区还是牧区,都至关紧要,因此它是苏丹境内的一个重要现象。

从这种雨量偏差的百分比中可以看到,它在阿特巴拉、苏丹港、喀土穆和陶卡尔的比例很大,全都超过了30%,在阿特巴拉接近50%。在鲁赛里斯、瓦乌和朱巴,这种波动就减少了,在尤布甚至只有10%。这也就是说,严重的雨量偏差和急剧的波动,仅见于雨量稀少的地区。这样稀稀落落积聚起来的雨水,还是不能依靠的。因此,除非可用于灌溉的水很充足,否则就无法兴办农场。雨量比较充足的地区则恰好相反,它的雨水在很大程度上是可靠的,可以用来耕种,尽管这些地区也遭受到另一因素的影响,即降雨迟,在降雨迟的时候就会出现短期的严重干旱。

阿布哈迈德线被认为是年平均雨量线的最北端,但事实上喀土穆以北的雨水既不足以种植也不足以放牧,因此,我们把喀土穆当作雨量波动大的靠雨耕种区的最北端。不过,在北纬14°线以南,虽然有时雨水分布不均匀比雨量稀少的影响还严重,但其降雨量还是足够用来种植庄稼。[①]

在对气候因素做总的叙述之后,我们就可以看看苏丹一年中的季节划分。苏丹有三个明显的季节,即冬季、夏季和秋季。

冬季

冬季的苏丹,天空晴朗,万里无云。北部(瓦迪哈勒法)的平均温度为摄氏15.9度,在沙漠地区高达摄氏13度。最南面(朱巴)为28.8度。南部气温高的原因在于它比北部更靠近太阳直射区。此外,北风越朝南,温

----

① M. M. 西亚德:《供水和苏丹经济》,埃及皇家地理学会学报,1953年第25卷,第180页。

度就越高。然而,冬季的情况不是一成不变的,因为尼罗河流域北部有低温经过,特别是在 2 月和 3 月,那时北非洲的高压气流开始减弱和散开。如果低温集中在苏丹西北部的话,那么从南吹来的风则使得气温升高。要是低温向东朝叙利亚方向移动,北苏丹就会遭受寒风的影响,因为北苏丹是沟通叙利亚西面的高压与尼罗河流域的低压的中介。因此,气温经常下降,还可能伴随着飞沙走石的飓风,出现寒潮。

夏季

低温对苏丹的影响,随着 3 月的结束而消失。北苏丹和中苏丹气温升高,在 5～6 月份达到顶点。乌拜伊德城 5 月的日平均最高温度为摄氏 39 度,阿特巴拉城在 6 月份高达 42 度。由于天气晴朗,日气温也高,中苏丹的日温差达摄氏 17 度。这就是说,夜间的凉爽弥补了白天的酷热。在这个季节里,吹向朱巴地区的北风向北退移,3 月开始南部早雨降落。这个期间的雨水是无规律的,不能靠它来播种。

中苏丹在这个期间,尤其是 5～6 月间,会遭到尘土迷漫的热风,在苏丹被称为"海布卜"。它实际上是貌似旋风的夹卷沙土的剧烈暴风,特别在 6～7 月间常会发生。这种带着沙土的旋风一刮起来,席卷着从法席尔到杜韦姆、瓦德迈达尼之间的辽阔区域,甚至到达加什和陶卡尔,还可能伸入苏丹北部边界。这位讨厌的客人还反复光顾喀土穆,每次平均持续 3 小时。在此期间风力强劲猛烈,天空呈黄色偏红,窒人气息。"海布卜"推进时,就像云障或一道厚土墙,铺天盖地而来,可达 700 米高,甚至更高。苏丹政府的地质学家格雷伯翰(Grabham)过去曾描绘"海布卜"是一连串移动着的旋风[①],沿着宽约 20 英里的窄条带向前推进,大风刮来,天昏地

---

① 参见《英埃苏丹内部》一书第 260～261 页的"自然环境"一节里格雷伯翰对"海布卜"引人入胜的描述。

暗,几乎伸手不见五指;风过处,环境变得极端恶劣。但是风息之后,忧愁烦恼也往往随之烟消云散,气温降低,落下一些雨,使飞扬的尘土平息下来。

这种风在苏丹东部被称为"海巴贝"。在那里,加什的棉花收了以后,土地裸露,风势更为猛烈,能把土卷扬起来,随风带走。

南苏丹也有一些与上述情况相似的风,一般在雨季的头尾出现。由于地上有草木遮盖,这些风掀不起尘土。江轮在行驶中遇到这些风,便得下锚,免得搁浅。

秋季

秋季是苏丹的雨季。"秋"这个字在苏丹人看来,便是指"雨"。在这个季节里,气温比平均温度低5~8度,其原因是云层密集,空气中水汽大量凝聚,雨后蒸发所造成的气温下降,还有南风带来的和缓影响。

这些因素存在于北纬13°线以南,它使雨季成为苏丹一年中气候最宜人、最欢快美好的季节。在雨季,苏丹的大地披上了绿色的盛装,牲口有青葱茂盛的牧场,饮水丰富。夏末瘦得皮包骨头的牲口,这时都变得膘肥体壮,乳汁充足。

这些地方确实显示出热带地区的景象。清晨,天色明亮,接着乌云聚结,在午后或夜间下雨,雨也可能持续24个小时。雨季时的中苏丹,清晨有露水;南苏丹则有浓雾出现。

雨季的长短,南北不一。这就是说,南方秋季来得早,北方秋季来得迟。

苏丹的气候区

根据各地在一年内经历的季节特点,苏丹分为三个大的气候区:

1. 北区(北纬19°线以北);
2. 南区(北纬19°线以南);

3. 红海沿岸和红海山脉东麓。

南区由于地域宽广,必然会出现局部的差别,所以我们最好把它再一分为二。这样,气候区就成了四个而不是三个。

1. 北苏丹

这个气候区可延伸到埃及边境,在沙漠占统治地位的地区甚至超越边界,远远地深入到埃及境内。这里的气候类型取决于各季的气温和风向。瓦迪哈勒法的冬季是一个温和的季节,从 11 月末到第二年 3 月中,日平均气温低于摄氏 20 度,湿度不到 20%,空中无云,北风的风速在每小时 15～20 公里之间,有时也可能加剧,出现尘土飞扬的现象,但一到夜间就又很快平静下来。如果这个区域遭遇寒潮,气温有时可能下降到摄氏零度左右。这个地区夏季漫长,从 5 月初直到 9 月底,气温始终在摄氏 39 度以上,5、6 月份午间的湿度为 10%,8 月则高达 15%,风速低到每小时 13 公里,在这个季节里,日蒸发量为 20 毫米或稍多。

2. 东北苏丹

如前所述,苏丹的东北部不同于国内的其他地区,这种现象在该区的东南一带尤为明显。造成降雨的是北风,这个地区与北风几乎近于垂直。

当地北风一起,冬季就开始了。下雨预计在 1 月底。冬季,云层大量集结,日温差很小,这是那里一年中最好的季节。雨季结束时,午间的湿度仍高达 60～70%。由于气温高——8 月的最高平均温度为摄氏 41 度——一般说来,气候条件并不适宜。8 月,风从东南起,经常出现飞沙满天的暴风。陶卡尔的棉花作物因此遭受损失,或因高温而无人采摘。

沿海平原湿度始终很高。在苏丹港,从 5 月至 10 月降雨约 20 毫米,即比冬天的雨量还少。这种情况一直延续到 10 月底,这时北风开始再次刮来。

3. 中苏丹

这个地区的各个季节,是由风和空气中的湿度来确定的。它的冬天与北方的冬天相类似,不过开始得稍迟。由于靠近南部,它又不如北方的冬天寒冷,而且白天较长。风要吹过沙漠中一段较长的距离才能到达该地。因此,喀土穆最冷的月份是1月,气温为摄氏23.6度,而鲁赛里斯则为摄氏26.2度。

这个区域的南部,多草原大火,水面上笼罩着因燃烧而产生的烟雾。

夏季是全年最炎热的季节,和冬季一样也刮北风,不过北风在4、5月间不会带来凉爽,反而变得特别灼热和干燥,因为北风曾在沙漠上空走过漫长的距离。喀土穆6月的平均气温为摄氏33.7度,而鲁赛里斯最热的时候比它开始得早,但温度比它低(5月为摄氏31度),这是因为雨季在6月已经来临。至于鲁赛里斯的最高温度低于喀土穆,是因为喀土穆处在沙漠的包围之中造成的。

同样,该地区南部的湿度要比北部高:喀土穆为14%,而马拉卡尔则高达25%。

雨季的长短随纬度的不同为3~7个月不等。此外,降雨量的差别也容易把这个区域再加以划分,即分为比较干旱难以靠雨水种植的北区和可以靠雨水耕作的南区。

南风来时,云彩遮住阳光,北区的平均气温下降,气候变得适宜。喀土穆8月的平均气温为摄氏30.6度,日温差为摄氏11.4度,五分之三的天空布满了云。8月的鲁赛里斯气温低至摄氏26.4度,马拉卡尔则为摄氏26.2度,并有9.4度的日温差,七分之四的天空有云。

如果说喀土穆在7~8月间的降雨量为127毫米,那么马拉卡尔在这两个月期间的降雨量则为258毫米。

还应当注意到,降雨后和北风再次吹来之前,气温会再次上升。10

月的喀土穆为摄氏 32.1 度,鲁赛里斯为 28 度。北风来到北区是 11 月初,到南区是 11 月底。

4. 南苏丹

这里的气候介于热带气候与赤道气候之间。北风刮起的时候,也就是持续 3 个月的旱季来临的时候。在这期间,降雨量不到 30 毫米,但湿度却很高。2 月的朱巴,午间湿度为 25%,二分之一的天空被云遮盖。

有趣的是这里的冬季最热。2~3 月份的平均温度分别为摄氏 29.6 度和 29.5 度。朱巴的日温差大约 14 度。气温最低的 7 月和 8 月,平均温度是摄氏 25.5 度,年温差只有 5 度,比起喀土穆(10 度)和瓦迪哈勒法(19.7 度)的年温差来,要小多了。

南苏丹的雨季很长,有时在 6 月和 9 月出现两次降雨高峰,比如尤布的情况;有时只有一次降雨高峰,像善贝、瓦乌和马拉卡尔就是如此。

西南地区亦即尼罗河与刚果河的分水地区,地形对降雨颇有影响。尤布的降雨量为 1467 毫米,延比奥为 1418 毫米,雨水多是因为西南风与这条高原地带成直角形。而且正是由于这个原因,尤布虽比马里迪偏北,但西南风与它构成的角度,要比与马里迪构成的角度更为垂直,所以它的雨量超过了马里迪的雨量(1362 毫米)。

地形对尼罗河东南端的伊马东-阿朱利高原也有影响。卡提雷和基鲁地势高峻,降雨量分别为 1553 毫米和 2261 毫米。

但是,应该看到,苏丹最东南面还有一块辽阔的区域,降雨量要比所预期的少,卡波埃塔约为 800 毫米,类似中苏丹地区,其原因是卡波埃塔位于鲁道夫湖与迪丹加山脉之间的裂隙遗留下来的一块平原地区。在鲁道夫湖附近,降雨量甚至低到只有 200 毫米。

苏丹一些气象站的日平均气温表（摄氏）

站名	1月	2月	3月	4月	5月	6月	7月	8月	9月	10月	11月	12月	年平均温度	日最高温度	日最低温度
瓦迪哈嘞法	<u>15.9</u>	17.5	21.9	26.7	30.5	32.2	32.2	32.2	30.5	28.2	22.6	17.5	25.7	49.5	1
喀土穆	<u>23.6</u>	25	28.2	31.4	33.6	33.7	31.7	30.6	32.2	32.1	21.4	25	29.6	47.4	6.9
苏丹港	23.5	23.2	24.2	26.6	29.4	32.3	34.5	31.8	32.2	29.4	27.4	25	28.6	47	12.4
杰拜特	<u>19.8</u>	19.8	21.8	24.4	27.2	30.2	30.9	30.3	29.5	25.6	23.2	21.2	25.4	43	5.1
兰克	24.7	26.5	28.1	31.9	31.2	29.3	27.1	26.3	26.9	28.5	27.3	26.5	27.9	45.5	8
朱奈纳	22.4	24.5	25.8	29.1	29.6	9.4	27.1	<u>25.4</u>	26.1	26.1	24.2	23.2	26.1	43.6	6.2
鲁赛里斯	26.2	27.5	19.8	31.6	31	28.6	20.8	26.4	26.9	28	27.8	26.5	28.1	45.5	8
朱巴	28.8	29.6	29.5	28.3	27.4	26.5	<u>25.5</u>	<u>25.6</u>	26.4	27.2	27.7	28.1	27.6	43.7	31.1
尤布	25.7	26.4	26.2	35.2	24.6	23.6	<u>23</u>	<u>23.2</u>	23.8	24.2	25.1	25.4	24.7	41	12

底下有"<u> </u>"者为最低气温。

苏丹一些气象站的年平均降雨量和年雨量差比率表[①]

站名	高度(米)	纬度	年降雨量(毫米)	年雨量差(百分比)
瓦迪哈勒法	125	21.55	4	40
阿特巴拉	345	17.42	73	46
陶卡尔	20	18.26	90	27
杰拜特	795	18.57	127	44
苏丹港	5	19.27	107	56
卡萨拉	500	15.28	329	21
喀土穆	276	15.37	181	24
兰克	380	11.45	524	16
朱奈纳	805	13.29	542	17
法席尔	740	13.38	305	30
鲁赛里斯	645	11.51	802	13
瓦乌	435	7.42	1127	12
朱巴	460	4.51	971	14
尤布	600	5.24	1467	10

月平均降雨量表(毫米)

站名	1月	2月	3月	4月	5月	6月	7月	8月	9月	10月	11月	12月
阿特巴拉	—	—	—	1	3	2	18	38	6	2	—	—
喀土穆	—	—	—	1	4	9	52	<u>75</u>	18	4	—	—
苏丹港	7	3	2	1	1	—	5	3	—	13	<u>44</u>	<u>27</u>
乌拜伊德	—	—	1	2	17	38	98	<u>121</u>	75	6	—	—
马拉卡尔	—	—	6	31	80	130	171	184	136	74	10	1
善贝	—	4	18	52	92	134	150	<u>169</u>	122	67	10	1
尤布	5	24	64	102	189	<u>220</u>	169	214	234	171	52	15

底下有"___"者为降雨高峰,此表说明,南部有两次降雨高峰,从善贝森林以北转为一次降雨高峰

[①] 这些关于气象的数据,是喀土穆的苏丹气象局公布的。

第七节 苏丹的地表结构和土壤

在研究苏丹的地表结构和土壤之前，我们必须阐明土壤的定义。事实上，从使用的角度讲，土壤有多种类型。城市建筑工程师所说的土壤是指覆盖在坚硬岩石上面的几英寸厚的碎屑层，地理学工作者所谓的土壤是指发生化学变化和物理作用的地层；至于农业工作者所说的土壤，则是指厚在 6～9 英寸之间、有植物根系的表土层。这一层，一般因为它的颜色和植物而与其下面的底土(sub soil)层不同。这两个土层——表土和底土，事实上是土壤学工作者所关心的，也是我们要研究的重点。

总的可以说，土壤是岩石的衍生物与各种有机物的混合体，这个混合体形成了地壳外面的地表层，因此始终与大气层接触。这样接触的结果，便发生化学分解和物理风化作用。在这个基础上，土壤便成了有机物与无机物的会合地，岩石碎屑及各种矿物同被分解的动植物肢体、千百万个活的生物——昆虫、植物根须及菌类，都混杂在一起。

土壤的物理和化学特性决定土质。

土壤的结构(soil texrure)取决于它的物理结构.亦即取决于构成土壤的物质的颗粒大小。我们将会看到，这种颗粒的大小决定了土壤的各种特性和它的透水性能。

从物理上讲，土壤是由砂粒或泥粒，或者两者一起构成的。土壤学家在他们的实际体验中一致同意砂和泥等的划分要有统一的标准。我们可以叙述如下[1]：

石粒(stone)，直径在 2 毫米以上。

---

[1] 约翰·拉塞尔爵士：《土壤世界》，福特纳图书馆，1961 年伦敦版，第 22 页。

粗砂粒(coarse sand)，直径在 0.2～2 毫米之间。

细砂粒(fine sand)，直径在 0.02～0.2 毫米之间。

泥粒(silt)，直径在 0.002～0.02 毫米之间。

黏粒或重黏粒(clay)，直径在 0.002 毫米以下。

因此，按照其物理结构，形成以下几种土壤：

砂土(sandy soil)：其中砂的比例在 70% 以上，黏粒的比例不到 20%。

壤土(loam)：其中砂的比例在 40～70%，黏粒的比例在 20～40%。

黏土或重黏土(clay)：其中砂的比例不到 40%，泥粒的比例在 20～40%，黏粒的比例在 40% 以上。

红土

红土遍布在苏丹西南部的大部分地区和尼罗河以东的南部地区。

1807 年，布坎南(Buchanan)为了说明一种在印度用于建筑的土壤——它一旦干燥就变成硬块，首先提出了红土这个名称。[1]

研究者们一致认为，红土是岩石局部演变而成的，大量的基岩和硅石经过风化淋溶作用后，留下了氧化铁和成分复杂的硅铝酸盐类。[2]

这类土壤是在雨量和温度两个因素作用下形成的。在高温多雨的条件下，硅酸和可代换性盐基(exchangeable bases)[3]遭到强烈淋洗，三氧化物(sesquioxids)[4]因不溶于水而残留下来。

有人认为连续不断的降雨是红土形成的条件，也就是说不能有很长的干旱期。这是因为如果干旱期很长的话，硅酸盐受毛细管引力作用会由底层上升，向红土转化的过程就会减缓。

---

[1] D. 斯坦普：《非洲——热带地区发展的研究》，1955 年纽约版，第 105 页。
[2] （英）帝国土壤研究局：《技术交流》，第 24 期，1932 年伦敦版，第 4 页。
[3] 可代换性盐基是钠、钙、钾、镁等。
[4] 三氧化合物是氧化铝、氧化铁、氧化锰和氧化钛。

温度因素是必不可少的。温带地区有机物很多，它既不分解也不消失，因此内含的有机酸便多了起来。有机酸溶解三氧化物而留下二氧化硅。在热带地区，高温使有机物分解，有机酸和菌类活动便减少。此外，高温还有助于加快铁和铝的氧化，使之更难溶于水，这样二氧化硅就相对减少，氧化铁和氧化铝则被留下。所以，高温帮助了红土的形成。

苏丹的红土有时直接覆盖在基底杂岩上，或见于被称之为铁石（iron stone）的地表堆积物之上。

覆盖在含铁构造之上的红土，一般不是由原生基岩直接派生的。地质学家认为，这类土壤分两个阶段形成。

第一阶段：

在地域宽广的基底杂岩上，流水不畅的时候，形成了土壤。水流以某种程度冲刷着地表层，而底土则充满着氧化铁。

第二阶段：

流水条件好转，形成河谷。在这个阶段里，流水卷走了小的土粒，留下大颗粒的结晶物胶结体，硬结的铁质集合体暴露在空气中，变成岩石状，故称为"铁石"。覆盖在大部分赤道地区的红土，即由铁石派生而来。

向土下渗透的水，挟带着铁、锰离子和一定数量的铝离子。这些物质下渗到最低层，便积聚沉淀①，形成板结层，或者胶结成铁粒（peairon）。因此，我们发现在地表下有一个铁质板结层，厚度在15～30公分（6～12英寸）。至于铁石构造的厚度，则在3～5米，上面是含有铁质结核的砂质垆土（sandy loam）。

由于不透水的底层存在，土壤不能吸收大量的雨水，土壤中的细粒可能随水流失。因此，高原地表的土壤结构与河谷不同。（我们的）目的是

---

① （英）帝国土壤研究局：《技术交流》，第24期，第5页。

要研究因地形的不同而造成的土壤垂直分布(catena assosiation of soils)。我们看到,在同一个地区有着不止一种土壤,其层次如下:

残积层(eluvial complex):这种结构出现在高坡,那里细粒已经流失,剩余物可能形成含砂比例很高的土壤。如果这种土壤能继续存在,那么坡面便会有红土板结(lateritic shield)的铁石高原出现。

坡积层(colluvial complex):分布在高原的中部。我们在那里发现,有些物质是从高处沉积下来的,另一些物质则被从这里排除到最底层,因此地表构造不同,有时是土壤和砾石,有时就只有砾石。

沉积层(illuvial complex):它是细小物质在高原坡下的沉淀。事实上,这一层的底部虽遭水淹,排水不好,但它最上面却有着十分肥沃的土壤。

因此,苏丹的红土一方面因为地形,另一方面又因为雨水的丰沛程度,其种类是不相同的。

红砂壤土

它出现在苏丹的最西南。那里雨水丰富,平均降雨量达 1200 毫米,其土层很薄。土样表明,黏土的比例占 17～38%(见下表),所以树根可以伸展得很远。这种土中的有机物虽不丰富,但森林却能够茁壮成长,这是因为植物从土中摄取的磷和基本养料,会通过植被和落在地面的树叶再次返回土中。因此,森林若被砍伐掉,再在上面种植,土质就会退化。

雨量的增加,除能增加土壤中酸的比例外,对森林的生长和有机物比例的增加均有影响,使酸碱度在 5 到 6 之间[①]。一般说来,土壤的肥力取决于它的深度和有机物集中的表土层受到侵蚀作用的程度。

---

① 酸碱度(即 pH 值)是土壤酸、碱程度的划分标准。酸碱度若为 4,则土的酸性很严重;若为 10,则土的碱性很严重;若为 7,则酸碱度适中。

下表是北纬 3°46′、东经 30°38′、高度 3300 英寸的伊瓦图卡土样（砂壤）分析[1]：

深度（英寸）	砾石	粗砂	细砂	淤泥	黏土	酸碱度	溶盐	氮（百万分之一）
0～6	0	27	25	10	26	5.5	0.02	0.131
6～12	0	26	23	6	37	5.3	0.01	0.150

深色壤土

有时，高原上也会出现厚厚的深色壤土，不过多限于岩石间的空隙里。这类土壤特点，在于它的黏土比例比上面提到的红砂壤要高，铁质结核不在表面而在底土中，同时又是酸性土壤，由于缺乏养料而很贫瘠。

红土的肥性

前已述及，硅酸被淋洗的过程，造成盐基的大幅度流失，因而这种土壤若与温带或与遭受冲洗程度较轻的地区相比，养料便很贫乏。通过化学分析可以看得很清楚，这种土内含钾、磷异常稀少，含氮虽也不多，但缺少的程度没这么严重。此外，酸性是这种土壤的一个主要特点。

然而，这种土壤若施肥充足，也很适于种植，因为它的物理性能良好。例如西非主要作物油棕榈树，在许多地方栽种，其土壤就有从红土转变而来的。同样，加纳和塞舌尔岛的阿散蒂可可和马拉维的甘蔗和咖啡豆，以及阿萨姆的大部分茶树和爪哇的甘蔗、香蕉和椰子，也都是种植在红土里的。大生产时这种土壤所需的肥料是有机肥、磷肥和钾肥。[2]

酸性很高的土壤能适应茶树等许多作物，但其他的作物如棉花、烟草，在土壤的酸碱度低于 5.5 的情况下，便无法种植，因此必须增加钙的成分。[3]

---

[1] H. 格林：《英埃苏丹赤道省的若干土壤情况》，1939 年，未发表。
[2] 大英帝国土壤研究局：《技术交流》，第 24 期，第 22、23 页。
[3] 同上。

关于南苏丹的红土,除有机物不丰富外,化肥乃是极端重要的问题。赤道省的绝大部分地区萃萃蝇麇集,可放牧牲畜的地区有限。因此,居民们就采用轮种作为恢复土壤肥力的补救办法,除施肥的问题以外,还有每年烧尽树木和植物——这些树木和植物有保持土壤并使之抗御风化的作用——的火灾问题。此外,我们还会发现红土地区的表土流失也是重要问题。

冲积黏土

冲积黏土遍布于苏丹最南到最北的沙漠和半沙漠区的广阔地域。苏丹的最南面有因当地排水造成的有限的冲积土地域。冲积土在苏丹的最北面,仅限于尼罗河、加什河三角洲和巴尔卡河三角洲的一些狭长地带,在中苏丹,铺展在白尼罗河和吉齐拉平原,向南还包括杰贝勒河和加扎勒河流域。

南部的黏土覆盖在从杰贝勒河、加扎勒河的下游到白尼罗河之间的冲积平原上,包括朱巴以北的尼罗河冲积平原,以及尼罗河东岸、赤道省东部的辽阔地域。各种因素都对这种土壤的形成起了作用,其中最重要的是地表性质、气候和水文条件。

这个地区的地表,是平坦坦的平原,从东南高原的脚下伸展出来,微微向北倾斜,以致河流离开了高原便自行消失在这些平原之中。这些平原里,还积聚着邻近高原流下来的雨水。由于没有足够的倾斜度,加上降雨集中在一个季节,所以地面被洪水淹没。河道一般都高出周围地面,疏浚或排除这些水的问题很难解决。虽然气温一般很高,但这个季节的湿度也高,故蒸发量少。

至于旱季,一方面由于干旱,另一方面又因盛吹干燥的风,加之阳光暴晒,从而使空气和土壤的温度都升高,土壤中的湿度下降。[1] 这类土壤

---

[1] 琼莱考察队:《赤道省尼罗河工程及其对英埃苏丹的影响》,伦敦版,第 1 卷,第 101 页。

的透水性由土壤本身的湿度决定。旱季末,土壤开裂,缝隙很深,最初的雨水深深地渗入底层。但表层一受潮,土粒就膨胀,变得不能透水,所以尽管底土可能很干燥,却得不到水分。

鉴于这个特点,地表的因素又使这类土壤分成几类,但这并不是说,地表的差别很大。也许只有几厘米的细微差别,就可能使一部分土地在整个雨季被雨水淹没,而另一部分土地却遭不到水淹,第三部分土地则在一个比较有限的时期被淹没①。这类土壤因来源于附近的高原,席卷这类土壤的水流挟带着比例很高的从高原上冲刷下来的盐基和二氧化硅,水分一旦蒸发,这些物质仍留在地面上。② 因此,这类土壤的特点是碱性大。

以上是各类土壤的基本特点,但各类中在程度上又有所不同。现在我们就对这几类土壤进行探讨。

第一类,洪水期被淹没的不甚高的高地土壤。

这类土壤是冲积平原的主要土壤,分为两类:1. 龟裂的黏土;2. 不龟裂的黏土。

1. 龟裂的黏土:它遍布于冲积平原的大部分不很高的地区,其化学和物理特性渊源于它的水文条件和它形成的性质。这类土壤的成分,主要是旱季严重收缩而雨季膨胀的黏土。土壤淹没时期氧气被隔绝,这就使这类土壤比不遭水淹的土壤含有更多的有机物,同时也使钙质以及铁质等非有机物溶解。旱季来临,水分蒸发,地面上留下成堆的碳酸钙。

物理特性:作为主要基础的黏土,比例高达50%以上③,有时可能达70%。从剖面看,黏土的分布并不规则。④ 如前所述,黏土比例高无疑是

---

① 《自然资源》,第35页。
② H. 格林:《苏丹的土壤》,载《苏丹的农业》,第157页。
③ 琼莱考察队:《赤道省尼罗河工程及其对英埃苏丹的影响》,第104页。
④ H. 格林:《英埃苏丹的土壤》,1939年,"吉齐拉实验农场"一节(未发表)。

造成土形各季不同的原因,旱季又紧又硬,雨季极粘且透水性差。

化学特性:这类土壤一般是碱性土,酸碱度高于8,有时达9.5。[1] 上层土往往比下面的土层碱性稍弱,溶盐通常为0.5%,含盐土在3或4英寸以上。淹没土地的水,足以洗掉积聚在底层的成堆的白色碳酸钙。[2]

这类土壤的农业价值取决于水利条件。除水稻外,很少有作物能经得起土壤内长时期的缺氧,何况这类土壤又难以开垦。但是,如果排灌问题解决并且使用氮肥和磷肥,它将成为优质土壤之一。

2. 不龟裂的黏土:它与龟裂的黏土一样,也见于中高地,不过数量较少,除粗糙物质比例较高之外,在许多方面都与重黏土相类似。其中黏土的比例在25~50%之间。粗砂占20%以上。[3] 因此,龟裂的现象不很普遍,一般发生在旱季末。这类土壤虽然碱性弱一些,但它的化学特性与龟裂的黏土相似。它的酸碱度介于6.6~9之间。盐分介于0.01~0.03%之间。这类土壤肥沃,但排灌不良限制了它的生产性能和利用。

第二类,冲积平原中不避水淹的高地土壤。

它也分为两部分:1. 黏土;2. 砂土。

1. 黏土。它与中高地土壤不同,不受洪水的影响,同时有机物也不多;又不同于砂土,含黏土较多,使它具有源于黏土的胶质性和特殊的物理、化学特性。

物理特性:这类土的结构不同,黏土比例在15~40%之间,地表层的含砂量比底层要多。

化学特性:土壤的含黏土量由酸度决定。但一般说来,这是一种碱性土壤,除表土层外,酸碱度很高。地表层可能是轻度酸性土壤。盐的比例

---

[1] H. 格林:《英埃苏丹的土壤》,1939年,"吉齐拉实验农场"一节(未发表),第108页。
[2] H. 格林:《苏丹的土壤》,载《苏丹的农业》,第167页。
[3] 南方开发调查队:《糖类实验工作》(打印稿),第1003页,1954年。

在0.01~0.15%之间。① 就农业价值而言,这类土壤在物理和化学方面是完美无缺的。由于它一年四季均不遭水淹,可以进行复种,所以是冲积平原是种优质的土壤。

2. 砂土:冲积平原的土地上布满了砂土,洪水无损于它,即便有时洪水漫延,由于它结构粗糙,水很易排除。这种土壤的特点归结于成土母质。这些母质大多是结晶岩。

这类土壤中黏土比例极少(1~4%)。它疏松而略带碱性,盐分少(0.01~0.05%),有机物也不多(0.04~0.05%)。②

第三类,低地土壤。

在这类土壤中,有的终年被水浸没,如苏德地区的土壤,有的一年大部分时间被水淹没。一年中大部分浸泡在水里的是塔维克土壤③。它几乎只限于朱巴到通贝的杰贝勒河冲积平原的部分。

至于终年浸没在水里的苏德地区的土壤,其黏土比例为20~60%,粗砂可能占40%,土质松散,上面总覆盖着一层0.5~3英寸厚的腐殖层。它在化学方面是酸性土,含盐比例高(0.1~1.2%),腐殖层中的有机物高达30~50%④,因此很肥沃,但因一年中大部分时间被水淹没,故无法加以利用。

塔维克土壤与苏德地区土壤不同,它的水源来自降雨而不是河流泛滥,通常有一段很短的时期积水会退去。塔维克土壤里的黏土比例高达40~70%,一般是碱性土,含盐比例适中(0.05~0.5%)。在农业方面,这是一种肥沃的土壤,它在水退期间是良好的牧场,但容易受涝,农业价值

---

① H.格林:《苏丹的土壤》,载《苏丹的农业》,第62页。
② 《自然资源》,第62页。
③ 塔维克是丁卡方言,用来称呼消失在苏德地区尽头的杰贝勒河支流形成的冲积平原的低地。最典型的塔维克土壤在龙贝克、伊罗勒和瓦乌。
④ 《自然资源》,第73页。

受到限制。[1]

吉齐拉土壤

这是另一种典型的冲积土。因吉齐拉平原的土壤没有层次,据揣测,它可能是由风力(aeolian)运积而成。另有人猜想,它是湖泊沉淀的结果。但是安德鲁和阿切尔证明,塞布鲁格峡谷过去和现在一样,并没有一道堵截水流的堤障。现在流行的看法则认为,这是青尼罗河沉淀下来的土壤,溯其历史,约在公元前 50000~10000 年之间。

这片土地因有吉齐拉农场,出于农业需要曾对土壤特别是对表层进行过许多研究。

根据对吉齐拉典型地区地表层 6 英寸的分析,表明它的成分如下:

砾石	粗砂	细砂	泥	黏土
2.5%	2~10%	12~20%	13~20%	60%左右

越朝北,含黏土越多。

在吉齐拉土壤中普通的或主要的部分也许是厚 2 英寸的深褐色表土层。它覆盖在也有 2 英寸厚的灰色土层上,下面是褐色偏黄的第三层。尽管上面的褐色层插入灰色层,但是土层间的差别显而易见。来自上层的这种交错,是由土壤本身的性质造成的,因为这种土壤在旱季发生龟裂,导致表层的一些土落入底层。

这类土壤碱性严重,含有大量石膏质。实践证明,只要保持土地的肥力,它适宜栽种棉花。但还得使用肥料和实行长时间休闲的轮种制。种棉花前后都应有一段时间休闲,因为湿度对土壤的结构(soil texture)有很大的影响,会使土壤进一步膨胀,这样,植物根的伸展能力就减弱了。杰维特

---

[1] 《自然资源》,第 73 页。

(Jewitt)说,多灌溉会使土壤退化,而休闲期则能改进土壤的特性。吉齐拉土地上棉花生产的差异,显然是由于土壤含有的盐分,特别是碳酸钠的影响。土壤中碳酸钠的含量达0.2%,生产便会显著下降。经验表明,这里的土壤既不缺钾也不少磷,若使用化肥的话,只要施氮肥便能提高产量。至于对吉齐拉南部索巴特和杰贝勒穆亚之间的土壤,则尚未进行充分的研究。在黏土平原中有一些花岗岩丘陵,越接近埃塞俄比亚边境数目越多。这些辽阔的平原一直伸展到马拉卡尔东北面的马查尔沼泽。

从索巴特河河口到诺湖一线以南,平原的东部进入了前已述及的南部苏德地区。

北苏丹的冲积土壤

我们可以挑选位于阿特巴拉河河口以北约40英里的尼罗河西岸的包加村来研究这种土壤。这个村采用机灌,绝大部分地表都覆盖着近代沉积物。

深度(英寸)	砾石	粗砂	细砂	淤泥	黏土	盐分	pH值(酸碱度)
0~12	0	0	61	9	31	0.03	8.3
12~24	0	0	42	20	37	0.04	8.4
24~36	0	0	60	15	25	0.03	8.4

上表说明,这里的土壤是壤土,与含黏土比例很高的吉齐拉土壤不同。它和砂土比较接近,因为黏土平均只占25%。酸碱度为8.5,也就是说,它是碱性土,不过碱性并不严重。

该地区的低洼部分黏土比例可能高一些,这是泛滥后形成的池塘里的细软物质沉淀的结果。这种土壤的肥性在很大程度上取决于含盐分的比例,如果含盐比例达1%,对生产的影响就很坏。

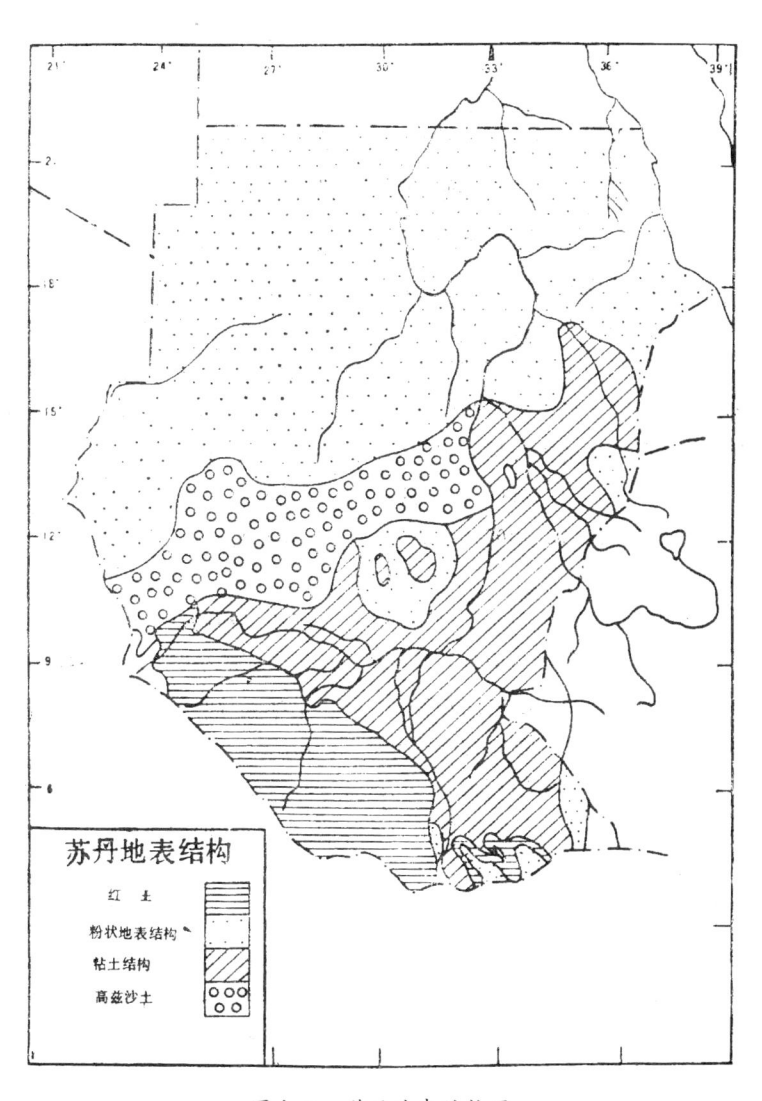

图十三 苏丹地表结构图

冲积扇土壤

这类土壤存在于东苏丹的加什河三角洲和巴尔卡河三角洲。我们可以以加什河三角洲为例。

加什三角洲的土壤来自玄武岩构成的埃塞俄比亚高原,土层厚而肥沃,当地称为"毡土"。三角洲西北部从麦卡勒到哈达利亚一带的土壤,趋近于重黏土,当地称为"巴杜卜土"。这种土,旱季龟裂,种棉花产量很低。介于"毡土"与"巴杜卜土"之间的还有可以进一步分类的各种土壤。这类近代的沉积物,覆盖在那些比年代无可稽考的古代龟裂黏土更为古老的沉积层上。

考察加什土壤的剖面,可知它的沉积层次很明显,证明加什土壤是由接连不断的多次泛滥沉积而成。加什河三角洲较高的地方或上游地区,一般比低洼地区粗糙。但总的来说,加什土壤只含有极少量的砾石和砂石。

细砂、淤泥和黏土的比例相差很大。淤泥的比例不超过50%。土壤的任何一层都没有盐碛现象。面上5英寸内的土壤pH值(酸碱度)介于7.1~8.3之间。① 洪水期腐殖土湿润深度达18英寸。这与吉齐拉土地相反。吉齐拉土地除被水浸没的时期外,地面5英寸以下找不到潮湿的痕迹。

表土底层的重黏土层保持着潮湿,这样,土壤就像是个水库,在细雨过后,供给植物需要的水分。它还有利于居民获得所需要的水。

高兹土壤

高兹土壤是风积土壤,见于尼罗河西岸的科尔多凡中部和达尔富尔

---

① 理查德:《加什河三角洲》,第5页。

东部的宽阔范围,上面有一堆堆固定的砂丘。这类土壤很可能是延伸到努比亚北部的努比亚杂岩沉积物,是过境北风在以前某个干旱时期里搬运沉积下来的。这发生在更新世的末期。沉积物的方向表明,它总的走向是沿着自北往南的几条轴线。现在的土壤固定下来,是因为地表可能胶结形成一个薄薄的氧化铁层,或是由于植物本身的作用。雨水把细小的颗粒冲入洼处和低地,在那里形成一层很薄的黏土。

高兹土壤一般不太肥沃,不过能保持雨水,供植物吸收。因此,高兹土地是主要靠雨水耕种的农业区之一,科尔多凡和达尔富尔的小米产量相当可观。[1]

高兹土层很深,颜色偏黄带红或带红棕色。通过物理分析可以知道,土中的黏土一般不超过5%,而粗砂和细砂则占80%左右,特别是以粗砂为主。至于(直径)在一毫米以上的砾石,则很少见。

这类土壤化学性能很差,磷、钾和有机物比例很低。

下表是尼亚拉以东1英里左右的高兹土壤土样分析情况[2]:

深度(英寸)	砾石	粗砂	细砂	淤泥	黏土	盐分	pH值(酸碱度)
0~6	0	55	41	1	3	0.005	7.3
6~12	0	63	42	1	4	0.005	7.4
12~18	0	52	43	1	4	0.005	7.4
18~24	0	67	27	2	4	0.005	7.4

局部地区的土壤

这类土壤大都覆盖在原生杂岩之上,不论是在布塔奈或努巴山脉的火成岩上,还是在加达里夫或达尔富尔最西部的熔岩上,都是这样。低

---

[1] D.拉姆齐:《达尔富尔中部的森林生态学》,农业部编,1958年喀土穆版,第10、13页。
[2] 同上。

地的黏土与靠近河道的砂土并不相同。尤其在高峻地区,出现有一种碎屑岩石的演变物,坡麓上部因找不到扎根的土壤,几乎不长植物。坡麓下部有一层长着带刺树木的红色土层,然后是另一种质地致密的棕色土层,间或有石块相杂。它没有盐碛,稍带碱性,是含氮不多的石灰土。这两层土,苏丹人称为"贾尔杜德"(gardud),意为排水良好的土地。

有时还可能看到火山土,如马腊山地区。这类土仅限于山区,在河流形成的三角洲和从马腊山流下的河流经过之地,也可能出现类似的淤积土壤。这类土厚而且肥,从下面苏尼(Suni)丘陵台地火山土的土样分析中可以清楚地看出这一点。①

深度(英寸)	砾石	粗砂	细砂	淤泥	黏土	酸碱度(pH值)	磷酸	氮(百万分之一)
0～11	5	4	30	20	39	7.05	750	785

沙漠土壤

这是指各种体积的碎岩,因动植物很少生存而缺乏有机物,盐分多,到处是风力运积而成的砂丘。

第八节　自然植被

苏丹境内植物与雨量、土质之间的关系

在研究苏丹的各类植物之前,为了解造成差别的原因,我们必须厘清自然条件和关键的因素:差别究竟是这些因素集体造成的,还是由其中一个占主导地位的因素所引起。

---

① D.拉姆齐:《达尔富尔中部的森林生态学》,农业部编,1958年喀土穆版,第15页。

毋庸置疑,热带地区一般并不缺乏植物生长所必需的热量。热量充分,因而它不是造成植物差异的原因。这些地区造成差异的主要原因是雨量和土质,或者用英语来表达,就是:soil texture (and) rainfall relationship。这两个因素确定了植物获得湿润的可能性和这种湿润的程度。

其他的因素,则可视为调节因素。苏丹的降雨量,介于某些西南地区的 2361 毫米与阿特巴拉的 70 毫米之间。土壤也有苏丹西部铁石高原的红土与黏土平原的黏土之不同,而且如前所述,黏土还有多种,有龟裂的和不龟裂的黏土;此外,还有苏丹西部的高兹土壤和北部的沙漠。从地形上说,我们看到,伊马东山脉高达海拔 3000 米,而杰贝勒河下游平原还不到海拔 500 米。冲积平原的低地一年中长期被洪水淹没,高地则不受水涝,还有介于两者之间的中间情况。

史密斯从他对树木生长的研究中得出结论认为[1],一种植物如果与一种因素,比如只与土质或只与雨量相联系,那么它分布就很广;如果与土质和雨量都有联系,它的分布范围就窄了。他还得出结论说,沙壤比黏土更能在旱季滋润植物,雨季大量的水分渗入底土层,根深的植物能够在旱季初期伸入这一层。黏土则相反,它的细粒阻止了水的渗透,把水留在地表,及至水一干,表土和底土便干结。因此,黏土地的植物品种比同样雨量条件下生长在砂壤里的植物,更能耐旱。

哈里森补充说[2],雨季之初,雨水在龟裂土里的渗透程度比不龟裂土更甚,所以龟裂土壤有可能在底土留下一些水分,一旦表层变干,植物的根还可以摄取底土的水分。因此,在多雨地区的不龟裂黏土,由于底土没

---

[1] F. 史密斯:《苏丹的树木品种按雨量和土质分布的情况》,1949 年喀土穆版,第 23 页。
[2] M. N. 哈里森:《关于苏丹牧场的调查报告》,喀土穆,1955 年(未发表)。

有这些水分而不长树木,只长着一些生长周期仅数月的草类。如果雨季漫长,就有半年生的草和耐旱的树木出现,这些树木原属于需要大量水分的种类,但由于它们生长在这类土壤里,也就只好忍耐干旱。

这样,植物的分布就和雨量、土质两个因素都有联系。这两个因素造成了划分每一类植物区的困难,尽管我们发现存在着辽阔的地域,雨量和土质的因素都适宜在那里形成大面积的同类植物。例如,我们在安德鲁斯的《苏丹的农业》一书的地图中,发现阔叶林分布在兰克-伊罗勒-特腊克卡一线以南的南苏丹宽广地域,但这些森林的面积实际上要狭小得多,有的是在一些分散的零星地区,有的占地很广,还有的与高草交错生长,如此等等。

后面我们将会看到,所有这些情况,只有用雨量、土质以及其他的调节因素,如地形、火灾和轮种,才能加以解释。

苏丹的植物种类

苏丹境内具有代表性的植物种类分区如下。

森林区:阔叶落叶林,常年生的长赛凡草,(川谷——低地的)雨林或封闭林,山地森林。

草原区:阿拉伯胶树和长赛凡草,冲积平原的赛凡草,短赛凡草和阿拉伯胶树丛。

沙漠区:荒凉干旱,位于苏丹北部。

森林区

1.落叶阔叶林和常年生的长赛凡草

这一类是指树木草丛交织在一起的植物带,见于苏丹西南部的赤道省和加扎勒河省。各类植物的比例,随着席卷当地的大火的严重程度和进行轮种的范围大小而不同。

这类植物生长在湿度很高的红土上,但由于地面起伏不平,有些地区的地表水土流失严重,以致有的地方完全裸露无土,形成一片硬石膏层,地面寸草不生,被称为"萨法"(safai)地。[1]

有时树木茂密,林下很少有光线,因而比较妨碍草类的生长,但未达到能防止大火蔓延的程度。

由于树种繁多,所以不易为各类树划定区域。尽管如此,仍有同一类树的分布区域。这类树数量少,如(豆科)番石榴树(isobenlinia doke)、(使君子科)云树(anogeissus schimperi)和(楝科)小叶红木树(khaya senegalensis),其中分布最广的是小叶红木树,雨水越多,它的数量就越多,在其他种类的树林里也常能看到。

至于在雨水稀少的地方,则见于纳姆勒丘陵,并穿插有(豆科)布树(daniellia oliveri)。上述这些树木,在开阔的赛凡草带占有很大面积。[2] 在贫瘠的土壤中生长有金莲木科(lophira alata)树。[3] 因此,在这种树大批出现的地方,便证明不能顺利地种植棉花、咖啡和油棕榈。森林地上的草——茂密的树木有时会阻碍它生长——所起的作用,会毁灭树木的生命。每年吞噬这些草的火灾,也会烧尽森林的树木。草越密,火灾影响越大,只有那些能抗火的树种才能保存下来。轮种也具有同样的影响。当地人只在土层厚和湿度足的地方播种,沿用的方法是烧树清地,地力衰竭后即予闲置。闲置的土地经历几个阶段:起先是一年生的草出现,随后是常年生的草,最后是各种树木开始出现。这是土壤没有被雨水冲走的情况。然而,土地通常不会经历这最后一个阶段,因为第二年大火又会在这个地区剧烈蔓延,把茂密的杂草和幼小的树苗一烧而光。所以,除了有

---

[1] F. 史密斯:《苏丹树木品种按雨量和土质分布的情况》,第 16 页。
[2] 哈里森:《关于苏丹牧场的调查报告》附录 2,第 23、24 页。
[3] F. W. 安德鲁斯:《苏丹的植物》,载《苏丹的农业》,第 47 页。

抗火力树木荫蔽的地区外,树木的重新生长即使不是绝无可能,也是既少又慢。

这个地区生长的大部分草是常年生的草,其中最主要的是非洲最长的象草(pennisatum purpueum),和各种海法腊尼亚草(hypharania)。①

2.封闭林或雨林

苏丹的这类林区与阿姆宗和刚果(扎伊尔)的雨林紧相邻。苏丹的雨林占森林面积不大,它分为两类:低地森林(bowl depress on forests)和沟谷森林(gallery forests)。

苏丹的低地森林与乌干达的相似,包括三个有限的区域,仿佛是苏丹雨林的典型。这就是:马里迪附近的伊扎森林,它的面积不超过1760费丹②,主要的树是西非橡胶的源泉(荚竹桃科)丝胶树(funtumia elastica),还有鲁巴斯塔咖啡树③,赤道省东部阿朱利山脉山麓的卢塔森林,这里有阔叶红木树(khaya graridifoliolo)和(桑科)橡胶树(chlorophora excelsa);苏丹与乌干达交界的阿朱利山脉里的拉布尼(Laboni)森林,它的树种与卢塔森林大不相同,很少有红木树和橡胶树。

至于川谷森林或边廊森林,则是沿河道两岸的林带。由于这里接近地下水,树木可以在雨量较少的环境里生存。这些森林最华美的画面,见于苏丹南部边境的延比奥、埃陆马(Aloma)高原的耶伊,以及加扎勒河省的河道和尼罗河东面的山川周围。

河流附近的排灌良好,就有乌木树和阔叶红木树组成的茂密川谷森林出现,有时也会形成半封闭林,其中有橡胶(chlorophora excelsa)、丝棉、木棉和能从中提取松香的其他树种。然而,在排灌不良的时候,草便取代

---

① 哈里森:《关于苏丹牧场的调查报告》附录2,第23、24页。
② F.W.安德鲁斯:《苏丹的植物》,载《苏丹的农业》,第50页。
③ F.史密斯:《苏丹树木品种按雨量和土质分布的情况》,第19页。

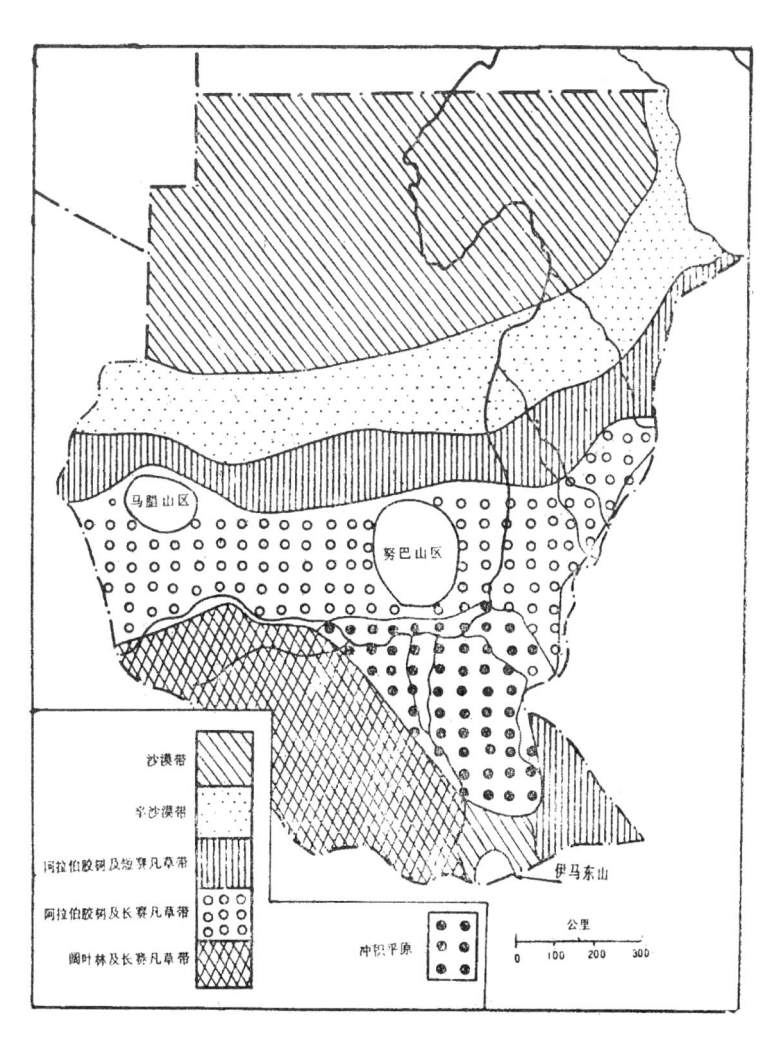

图十四 苏丹的植被区

了树木。[1]

---

[1] F.W.安德鲁斯:《苏丹的植物》,载《苏丹的农业》,第50页。

如前所述,这类树木靠河水生长。就低地森林而言,也有人说,它除雨水外还靠地下水分。① 伊马东山麓的塔林贾森林便是利用底土水分,拉布尼森林与伊扎森林也有同样情况。

据说,低地森林和谷川森林亦即封闭林,过去比现在分布广。② 南苏丹现在的封闭林不过是更为广阔的森林残余。

谷川森林能抗火,因为它总是铺展在河道的边缘和湿土上,此外,树下面也没有作为大火燃料的茂密草类。

3.山地森林或云雾林

这是指不长杂草的高地封闭林,见于 1500 米以上的伊马东-阿朱利山脉(肯尼亚峰在 3000 米以上),东北面的德温朱土拿、迪丹加和马腊山,以及埃塞俄比亚边境的一、二群山峦。这些山地的降雨量一般在 800~1000 毫米之间。

这些山脉的东麓森林不如西麓森林茂密,因为挟带雨水的气流来自西南。伊马东是其中最高的山峦,拥有这些植物的面积也最大,我们把它作为高山植物的典型,按照高度分成三个地区。

潮湿的赛凡草原和高山植物之间的过渡地区(1200~1800 米):

1500 米以下的山麓植物与附近的平原植物之间并无巨大区别,例外的只有长在悬崖峭壁上的少而罕见的大树。③ 到 1700 米高度因没有平地,席卷陡峭山麓的大火严重,故只有草地,封闭林极少。

山地森林(1800~2600 米):

这个地区开始出现寒温带森林,有竹柏(podocarpus miljianus)和其他树种,其中主要的是齐橄榄果树(olea hochstetteri)和蒲桃树(syiziguim)。林

---

① F. 史密斯:《苏丹树林品种按雨量和土质分布的情况》,第 19 页。
② M. P. 维达尔·霍尔:《1936~1948 年的赤道省森林手册》,1950 年喀土穆版,第 137 页。
③ F. K. 杰克逊:《苏丹伊马东山脉的植物》,《生态学》杂志,1956 年 7 月第 44 期,第 356 页。

中树木的高度在25~50米之间，树冠交织，多攀缘植物。夹杂在这些高大的树木中间的还有一些高2~8米的小树。

但应当看到，这些森林当然不遍及整个区域，山顶和悬崖通常是光秃秃的岩石，或者杂草簇拥。

山地森林(2600~3000米)：

在这个区域内，有时大面积的主要树种是竹柏树，和它长在一起的有齐橄果树(olea)，以及15~20米高的荆竹(bamboo)。竹林位于2700米高地，其形状很像互不连接的带子，特别在肯尼亚山的东部和北部是如此。①林间除了很多的沼泽和满地的苔藓外，还有许多攀缘植物。

高山植物(3000米以上)：

这里，我们发现很少有树木生长。竹柏和齐橄果树的高度不到10米。从竹柏林带往上只有山草，树木变成了不过两米高的矮小灌丛，其中最主要的是欧石南(erica arbo rea)和金丝桃树(hyperiouml spp)。这个地区的低矮灌木、草地、短小的苔藓和繁茂的植物，使人想起了北欧，因为它就像是英国北部杂草丛生和沼泽覆盖的土地。②

赛凡草原

1.阿拉伯胶树和长赛凡草

根据主要的土壤和因此形成的各种植物的区别，中苏丹的阿拉伯胶树林和草分为两个部分。

一个是尼罗河以东长在黏土上的赛凡草原和阿拉伯胶树区，另一个是尼罗河西岸在高兹砂壤上的赛凡草原和阿拉伯胶树区。

黏土区主要树种的变化，从雨区向别的区域过渡是显而易见的，但该

---

① F. K. 杰克逊：《苏丹伊马东山脉的植物》，《生态学》杂志，1956年7月第44期，第370页。
② F. W. 安德鲁斯：《苏丹的植物》，载《苏丹的农业》，第53页。

地区的草没有这种迅速的变化。在高兹砂壤的区域里，各种树木交错，没有明显的分界。

下面是各类树木的划分，可以看到，这里的名称是以主要树种为依据的。

砂壤区的赛凡草和阿拉伯胶树：

在280毫米到450毫米降雨线之间的广阔地域，有哈沙布树出现，它仿佛是主要的或者说独一无二的树种。在比较干旱的地区，也有塔拉赫金合欢树和结荚阿拉伯橡胶树。至于一些黏土沉积物堆积的低地区域，则有波巴布树出现。

在雨量超过450毫米的地区，便有结荚阿拉伯橡胶树出现。雨量在600毫米以上，有达鲁特树出现。哈沙布树仅见于有限的地区，或在轮种之后出现，或在低地生长。

砂壤区的草地和阿拉伯胶树

地 区	平均降雨量(毫米)	大约的面积
达鲁特树和云树区	600以上	83000平方英里
结荚阿拉伯胶树区	450～600	33000平方英里
哈沙布树区	280～450	25000平方英里

黏土区的热带草原和阿拉伯胶树：

如果首先从第一个范围，即尼罗河以东降雨量在570～800毫米的塔拉赫金合欢树和欧石南树的范围着眼，那么就会发现，即使不发生洪水，这里的黏土也吸收了700毫米的雨量。土地一旦受涝，树木便消失不见，取而代之的是杂草，其情况甚至同南苏丹的冲积平原相类似。

这个区域的塔拉赫金合欢树在不同程度上与欧石南树混杂在一起。金合欢树在比较干旱的地区与卡特尔树相杂，在比较潮湿的地区则与哈沙布树相杂，这里的哈沙布树不像尼罗河西岸的砂壤区分布那么广。

2.冲积平原上的赛凡草

黏土区的草地和阿拉伯胶树

地 区	平均降雨量(毫米)	大约的面积
塔拉赫金合欢树和欧石南树区	570~800	46000平方英里
卡特尔树区	400~570	38000平方英里

如前所述,冲积平原分为三个部分。

高地:这是相对而言的,指的是大部分时间不被洪水淹没的土地。这一部分土地极其有限,主要是砂土和砂壤土,上面建有村落,土地用于放牧和耕作。这类地区的草地中间有棕榈树[埃及姜果棕(hyphaene thebica)],其他地区则以梧桐树为主。这两种树都依赖砂层中的贮水为生。在较干旱的地区,有橡胶草、可可树和欧石南树。

中高地:冲积平原绝大部分都是中高地。这里的黏土,色深而龟裂,因此雨季受涝,旱季之初又迅速干涸,大火经常席卷着茫茫原野上的长赛凡草、大部分"安祖拉"一类(hyphataiia rufa)的草以及生长在这些草中的塔拉赫金合欢与欧石南树丛。①

河滩地:河滩地包括杰贝勒河周围的冲积平原。这里的草特别是在通贝和特腊克卡之间,无遮无掩,没有树木相间。雨季,河水高涨,经常程度不同地淹没平原。这时,草蓬勃生长,许多种类的草长而粗壮,高4~6米。水从地面退去以后,便把牲畜赶来放牧。朱巴和特腊克卡之间的河两岸,有芦苇草(phragmite)出现。以纸草为主的沼泽植物在这个地区分布不广。②

3.短草和阿拉伯胶树

其范围很窄,北面以法席尔到杜韦姆一线为界,南面从加达里夫到辛

---

① 哈里森:《关于苏丹牧场的调查报告》,第12页。
② 琼莱考察队:《赤道尼罗河工程及其对英埃苏丹的影响》第1卷,第202~203页。

杰、乌姆鲁瓦巴。这条南线朝北通过马腊山区，范围在那里明显变窄。这儿的旱季比前一个区域长，大约有4～6个月，其间的降雨在300～500毫米之间。雨量虽少，但足可供草木生长，因此，这个地区呈现出开阔的赛凡草原景象（open land savannah）。主要的树依然是种类繁多的阿拉伯胶树。这个区域的东沿，是苏丹和厄立特里亚的边界。

这个区域的西部，波巴布树很多，而加什河附近则有柽柳林。在加什河的冲积平原上，枣椰树随同坦杜卜树丛和盖尔姆脱树丛一起出现。耕地上除阿拉德树之外，莎草繁茂。卡萨拉市周围有拉奥特树和橡胶树。

这种景象在苏丹东南部屡见不鲜，这个区域已是肯尼亚北部半干旱地区的北端。这里由于雨季漫长，常年生草类占的比例很高。[①] 有河流的地方便出现阔叶树，云树和阿拉迪卜树见于辛基塔河和卢卡利扬河两岸。[②]

沙漠和半沙漠

1. 半沙漠地区或沙漠橡胶林区

这个地区位于沙漠区以南，其南缘通过尼罗河西岸降雨量为300毫米的砂地，或者说，大约位于在北纬14°线上。尼罗河东岸主要是黏土带，只是在这里才与降雨量为400毫米左右的降雨线相平行。上述看法与史密斯的意见是一致的。

由于旱季长达8个月，所以这儿出现的树木能耐旱，它们也属橡胶树类，如拉奥特树、卡特尔树、鸟胶树和酸枣树。靠近尼罗河，有枣椰树和野无花果树。不遭水淹的黏土区，有椰子树和塔拉赫金合欢树。由于有这些乔木和灌木，草类无论是带刺的荆棘还是柔嫩的青草，生长都很稀少。

---

① M. N.哈里森：《关于苏丹牧场的调查报告》附录2，第19页。
② F. W.安德鲁斯：《苏丹的植物》，载《苏丹的农业》，第39页。

沿着阿特巴拉河，有棕榈树和零星分布的其他树木，如萨拉姆①、橡胶树和欧石南树。

2.沙漠区

这是指狭义的沙漠，也就是寸草不生的地区，或植物仅限于河道周围的地区。那里的降雨量不到75毫米，稀少的雨水降下后，为数不多的草类才得以生长。这个区域面积宽广，约有700万平方公里（可能为70万平方公里之误——译者），或者说占苏丹面积的四分之一强。虽然在这里生长的草类很少且生命短暂，但却足够放牧北苏丹两个地区的大批骆驼、绵羊和山羊。第一个地区是阿特巴耶沙漠区，乌姆阿里比沙里因人虽聚居在红海地区，但却到这里来放牧驼、羊。第二个地区是拜尤达沙漠，来此放牧的部落很多，一旦干旱严重，他们便移居到尼罗河的农业区。靠着这稀少的雨水，珍贵的稷祖牧场便繁茂起来。但主要的稷祖草区是沿胡瓦尔干河与乍得的包河（Bao）之间的苏丹境外伸展。

3.红海区

红海平原（杰威乃卜）与沙漠区不同。在南面沿海平原的末端到内陆的兰盖卜河地区，我们发现随湿度的增加有棕榈树林出现。至于在海边有时因刮风而被海水淹没的土地上，有一些能耐沼泽咸水的植物，如阿德里卜，则是一种高约两米的灌木。

在红海山脉的山麓，有零星的大戟属树木尤伏拉比亚，此外还有橡胶树与能耐旱的草构成植被，一般说来，这个区域与其说是沙漠，不如说是半沙漠。

---

① 萨拉姆，一种长在热带地方的豆料植物，果呈黄色，含绿核，叶可染色。——译者

埃及西奈的土地和居民

〔埃及〕易卜拉欣·艾敏·加利

第一节 土地

"西奈"一词的由来

> 铺展在埃及旁边的沙漠,肯定存在着埃及深刻而不朽的影响。
> ——阿瑟·斯坦利

历史学家们对"西奈"一词的由来众说纷纭。一些人说,它的含义是"石头",即多石之地;另一些人说,西奈这个名字来自"西恩"一词,它在希伯来语中,意为"月亮",原因是那个地区的人们曾膜拜月亮。但是,这种解释是说不通的,因为"西恩"一词在希伯来语中并非月亮的意思。再说,假若这个词是犹太人从土著语言中汲取而来,那么,他们把该名字赋予拉比[①]山则是不可理解的。

《旧约》中并没有用"西奈"一词来称呼这块地方,它把这个半岛叫做"胡雷布",意思是荒凉的地方,而只把一座山叫"西奈"。

古埃及人并不知道"西奈"这个名称。我们无法断定他们究竟把这地区叫什么。有时他们用"舒什维特"一词代表该地,意思是旷野,有时又把它叫做"萨哈菲鲁兹"(意思是绿松石场)或者叫"贝特辛夫兰"。

古时候,图尔这个地方被人叫做"雷图",那里的居民被称为"沙苏"。

在亚述的古迹中,该半岛被叫做"马疆"。据第十一王朝即大约公元前二千年的古埃及象形文字记载,这地区叫做"坦吉哈特",而在另外的

[①] "拉比"一词的原意为统治者、领主,在宗教术语中则解释为"主宰、真主"。——译者

一些文本记载中又称"伯亚温特"。

但是,学者加德纳则试图将"西奈"一词解释为"萨弗杜"的派生词。刻在萨拉贝特·哈迪姆高原的石头上的碑文,表明了对"萨弗杜"神的崇拜,说他是回尼罗河谷地去的埃及人所遇到的第一位神,这说明他存在于西奈半岛。

那么,"萨弗杜"是"西奈"这个名词的词根吗?

现在业已证实,"J-S-M"或者"S-M-T"一词读作"吉尤信",意即萨弗杜神庙,他是西部地区首府的守护神,那个地方现在叫"萨弗杜乐园"。① 也许这种解释可以解开"西奈"名称之谜。

如果这个说法属实,那么,萨弗杜神的名字就被赋予了埃及人出发去找绿松石和铜矿的那个地区。

早在历史的黎明时期,这个地区就是阿拉伯成分和埃及成分交织的地方。萨弗杜神时而被描绘成"胡尔"神的模样,实际上是取鹰的形状;时而又像沙漠地区人们所崇拜的偶像那样,留长胡须、披假发,脑后系着飘带,头上插着两枝羽毛。

古希腊人把这整个地区称为"阿拉比亚-贝特拉",意思是多石的阿拉伯人之地。这种称呼出现在地理学家托勒密的著作中,它泛指沙姆旷野西南的整个地区。

至于那被称做"阿拉比亚-菲来克斯"(Arabia Felix)的地方,即"幸福的阿拉伯地域",则是指也门。它与多石的阿拉伯人之地相反,土地肥沃,文化发达,的确是个幸福的地方。不管名称的由来如何,也不管我们所关心的这个地区叫做"舒什维特""雷图""西奈""多石的阿拉伯人之地"还是"萨弗杜",它的居民与埃及人在生活方式上虽然大不相同:如游牧人与定

---

① 艾伦·加德纳和埃里克·皮特:《西奈的雕刻》,伦敦1955年版,第42页。

居人之间的差异,但是,它与尼罗河谷地却有着牢固的联系,是尼罗河流域不可分割的一部分。

从两个方面讲,西奈都是通向文明的道路,一方面,沙漠里的人们经由它前往繁荣、富庶的地方;另一方面,河谷地区的人们则通过它去寻找另一种埋藏在沙漠里的财富。

铺展在埃及旁边的这块沙漠,肯定存在着埃及深刻而不朽的影响。①它吸引着贝杜因人纷至沓来,那些游牧人则用羡慕和嫉妒的眼光注视着它。

地图与地理名称

"西奈地区"亦即如今的"西奈省",是一个呈三角形的地域,它的三个角是东北部的拉法、西北部的塞得港和南端的穆罕默德角。

三角形的北边,自塞得港至拉法,长略多于200公里。

东边,即从拉法起经迈阿赖井、塞米勒井、盖塔腊井到靠近亚喀巴湾的塔拜角,然后沿亚喀巴湾至三角形的顶端穆罕默德角。

第三条边是自西部的塞得港至南端的穆罕默德角,与苏伊士运河和苏伊士湾东岸平行。

西奈地区的周长为1100公里,它的地中海沿岸长200公里,沿苏伊士运河260公里,沿苏伊士湾240公里,沿亚喀巴湾160公里,东部(与巴勒斯坦)的分界线为240公里,西奈半岛的总面积为40000平方公里。

除沿海地区外,西奈地区的地图是公元二世纪才绘制成的。

公元前二、三世纪,古希腊的作家们仅仅提到过这个地区沿海地带的一鳞半爪。我们从他们那里所得到的只有斯特拉本和迪奥杜尔·索格利

---

① 斯坦利·阿瑟:《西奈和巴勒斯坦》,伦敦1882年版。作者说,他对西奈和胡雷布的名称一无所知。

所转引的资料。

公元一世纪,"费兰"这个名称第一次出现在罗马作家比林的著作中。这是他对整个被叫做"多石的阿拉伯人之地"的称呼。

至于犹太作家富拉夫尤斯·约瑟夫,则仅在谈到《旧约》"出埃及记"的时候提到埃拉特,但丝毫没有说到横渡红海一事,他好像并不知道所叙述地方的具体位置。

公元前二世纪,在托勒密人统治时代,再次出现了"雷图"一名。并且还出现了当时用来称呼西奈半岛上的一个部落,尔后又用以称呼阿拉伯人的"萨拉基纳"一词。

"库雷斯马"(即现在的苏伊士)这个名字直到公元三世纪才被人们所知,在名叫《安东尼旅行路线》的游记中曾提到过它。

上面这些很少的名称,就是直到中世纪所能知道的关于西奈的一切。

至于有关西奈半岛的地图的绘制,最早的(指我们所知道的)大概要追溯到公元前三世纪。这幅图后来被命名为普坦吉尔图,藏于维也纳图书馆,它的长度为 6.82 米,宽 0.34 米。共分十二块,第一块已经毁坏。这幅地图是罗马帝国和古代世界的路线图,图上画着世界的主宰罗马,其形象是一位英俊青年,身披帝王服装,手握地球。这幅图在公元十六世纪时归学者普坦吉尔所有,故以他的名字(Putinger)命名,称为普坦吉尔地图。

我们看到,图中关于苏伊士湾和亚喀巴湾的位置是正确的。除此之外,图中只指出了西奈山是在如今大家都知道的位置上,从那时候起,基督教的传统是转引《旧约》的材料,以使其与客观事实相符。

最早记述埃拉特和费兰的基督教作家是奥津布斯,他在《教堂史》一书中提到了这两个地方。

著名的普坦吉尔地图以后,一直到公元二世纪才又出现名叫"阿尔比"的地图,它标明西奈位于红海边上。

如果我们撇开"皮亚提斯"的手抄本不算,那么,直到公元十一世纪之前就再没有出现过任何有关西奈的新地图。在这手抄本中有"西努斯阿拉比库斯"一词,意思是"阿拉伯的西奈"。

阿拉伯作家们描写了红海沿岸的港口,提到了库勒苏姆、埃拉特等港。公元977年,伊本·豪卡勒转引了伊本·胡尔达扎巴·艾什塔里的著作。梅斯欧迪记载了摩西在提赫沙漠为犹太人引路的情形,他的书中第一次提到"舒埃卜"的名字,说舒埃卜系阿拉伯人,是个有信仰的祭司。

伊本·伊亚斯又增加了"埃兰代勒池塘"的名字。

阿拉伯作家们一直在相互转引着这些名称。1153年,伊德里西在《思慕者的游览》一书中转引了梅斯欧迪的上述记载。接着,伊本·祖贝尔在1183年,雅古特·哈马维于1226年在他的《地名辞典》一书中,以及大马士革人舍姆斯丁都对这些材料作了同样的引用而未增加任何新内容。

到1284年,称为爱泼斯托尔夫的地图发表。西奈在该图上被夸大了许多。图中还标出了作者所谓的以色列人穿越西奈的路线。

在公元十四世纪,威尼斯人马里诺·萨努多绘制了若干幅地图,图中第一次提到圣凯瑟琳修道院。

马里诺·萨努多第一个在书中写出了欧洲殖民主义者侵略埃及的计划。1321年他在献给罗马天主教教皇的书中建议,鉴于埃及的地理位置,基督教国家应对其加以占领,他还制订了下面消灭马穆鲁克王朝的计划:

1. 对埃及施行经济封锁,禁止从印度来的货物由此经过。

2. 让商旅改走伊拉克、叙利亚,把货物运到波斯港口,然后经幼发拉底河、巴格达、叙利亚、安塔基亚到地中海,取代由亚丁经红海到苏伊士湾去亚历山大的路线。

这样做的结果会使埃及彻底孤立，无法再进行任何贸易活动。估计只要三年时间便会使埃及财源枯竭，濒于破产。

然后，只要准备15000名步兵，3000名骑兵，就可以在舰队的护送下在埃及登陆，攻而占之。

萨努多当时的目的是为了制服埃及，使之成为威尼斯的殖民地，确保威尼斯共和国对印度贸易的垄断。

据萨努多估计，这次远征所需兵力总数为50000名步兵和2000名骑兵。在远东和欧洲之间进行贸易方面，西奈所起的重要作用是人所共知的。萨努多筹划这次征讨的根本目的就在于切断阿拉伯商人的道路。因为，当时的阿拉伯商人是先将印度的货物运至亚丁，再由亚丁入红海去苏伊士湾或到图尔，然后再由商队把这些货物转运到亚历山大，在那里交给意大利商人，特别是威尼斯商人。

在萨努多编写该书的同时，出现了阿布·菲达的地理书，紧接着又有伊本·赫勒敦的书问世。在这些著作中增加了一些对连接苏伊士和尼罗河的小河的评论，谈到了埃拉特港和亚喀巴湾沿海地带。

这时虽然对半岛情况的了解有了初步的进展，但画在地图上的西奈却被夸大了，西海岸的地名标记也含混不清，但它们的位置是在红海与阿拉伯湾之间，这还是正确的。

十六世纪中期，加斯塔里迪的地图发表。奇怪的是它没有标出亚喀巴湾，而苏伊士却首次在海湾内出现。图中关于西奈山、费兰和图尔的记载与阿拉伯作家们的说法一致。

尽管如此，在当时欧洲人绘制的地图中，一些地名的地理位置却是盲目标定的。在那个时期的另一些地图中，如名叫保罗·福赖尼的地图上，我们发现西奈、图尔、苏伊士、埃兰代勒等地方竟被标注在非洲，这种错误甚至一直延续到十八世纪,以后才逐渐被标回到正确的位置。

再如奥尔蒂利奥斯地图,把图尔标在东部海湾的顶端。而尼古拉·沙姆肖恩的地图则将费兰标在图尔的位置上,后者却被移到了南部。

虽说十八世纪初期地图学有所发展,但是西奈半岛却一直是被夸大了,而且图上也没有南部的顶角。到十八世纪的末期,穆罕默德角的名称才出现。同样,西海岸的欧云穆萨、埃兰代勒和图尔,也是到十八世纪才出现在地图上。1722年,地图上有了亚喀巴。

二十年后,法国人拉普尔德发表了第一部详细的地图集,但是并没有增加什么新内容,只是转抄以前的地图而已。

以前没有发表过任何有关西奈的地质图。1838年,杰·罗斯伯尔吉绘制的埃及地质图是第一份,但是图中的西奈山脉错误甚多。

拉普尔德的功劳之一,是在1831年绘制了第一幅关于圣凯瑟琳修道院的地图,它附在西奈半岛的全图里。

这种情况一直持续到帕尔默[①]考察队开始工作,这个考察队于1868年公布了叫做军事勘测图(Ordnance Survey)的有名地图。它包括:

1. 1∶633500的西奈半岛全图;

2. 地质图;

3. 1∶126725的西侧山坡到圣凯瑟琳修道院周围山地的大比例尺地形图;

4. 一组费兰干河和塞尔巴勒山的详图。

所有这些努力,虽然进展显著,但还很不够。半岛上仍有许多道路没有被发现。尚有广大地区的情况知之不详。譬如从苏德尔到萨拉贝特哈迪姆高原上的麦阿赖的近路,直到1905年才被人发现。

---

① 帕尔默(1840～1882年),英国东方学者,剑桥大学教授,曾将《古兰经》译成英文。——译者

1885年发表的《导游手册》(Baedaker)上，引用了1868年帕尔默考察队绘制的西奈地图，并增补了提赫沙漠，以及自瓦迪费兰至圣凯瑟琳修道院的花岗岩系放大图片和摩西山麓。

1887年约翰尼斯·沃尔特(Johannes Walter)第一次对图尔郊区和沿海地带进行了详细测绘。他绘制的苏伊士至穆罕默德角的西部沿海地带地图，在当时被认为是最新的踏勘地图。

这里，我们要问，中世纪的海上交通那么发达，而且有史以来从红海到埃及沿海一直是东、西方国际贸易的生命线，为什么在此期间有关西奈的地图却始终不够精确甚至错误百出呢？

回答这个问题并不困难。因为由印度洋而来的海上贸易交通线当时走的是西奈的西侧，东边的入口狭窄，不受人重视，从曼德海峡到苏伊士的船只对此置若罔闻。

1895年摩根(Morgan)的地图问世，1904年又有福尔坦(Fourtan)的地图诞生，第二年又接着出版了皮特里(Petrie)的地图。从那以后陆续有新地图出现，并且都是对半岛的地质、地貌方面进行全面准确的科学考察为依据的，每个角落都做了详细记载。

地区

根据地质构造，将西奈半岛分为三个部分：

1. 北部的阿里什地区。
2. 中部的提赫地区。
3. 南部的图尔地区。

每一部分各具特征，情况迥然不同。

一、阿里什地区

阿里什地区是辽阔的沙土平原，其中只有部分土地适宜耕种。这个地区铺展在地中海岸到迈阿赖山之间。1895年规定的行政管辖范围是从拉法港至迈阿赖山。

阿里什地区"吉法尔"很多，所以阿拉伯历史学家把该地区的大部分叫做"吉法尔"。"吉法尔"是哲法尔一词的复数，是指未用石头垒砌井壁的敞口井。其中有一个名叫"朱赖"的井，位于阿里什城东 25 公里，它是阿里什地区与提赫地区的分界点，朱赖以南，阿吉赖以西有一片地方叫做"白尔斯"，是一块地势较高的沙土平原，上面覆盖着野草，可供放牧骆驼。至于盖提耶，则是一种枣椰树园。在"宰格拜"有一片地方，多水井，它北起拜尔代维勒泻湖，南到阿里什公路，西界比尔阿卜德，东临盖提耶。这里的土地适于耕作，可种植西瓜和粮食作物，该地区好像还曾种过葡萄和石榴。

拜尔代维勒泻湖长约 100 公里，宽从不足 1 公里到 15 公里不等，湖里有鱼，可腌制咸鱼。

迈阿赖山离阿里什约 50 公里，距纳赫勒 100 公里。阿里什干河发源于阿季迈山，穿过提赫地区进入阿里什地区，沿途有一些自右向左的小河汇入，因此越往北水势越大，河面也越宽，最后在阿里什注入地中海。

阿里什干河长 240 公里，宽约 50 米左右。它有两个源头，即迈阿赖干河和杰尼夫干河，分别发源于内格夫乌尔萨和乌尔萨以东的迈布鲁克堡，在扎利勒山前名叫乌尔孤卜拉希布的地方汇合。

前已说过，这个地区的特点是井泉多。井泉的水给该地区带来了生气，使这里的土地与四周的荒凉之地相比，地理情况截然不同。

西奈有一系列关于河流和水源的术语理应知道，因为它们至今仍为阿里什人沿用：

"艾因"是一种长年流水的溪泉。

"阿德"，它的复数为"奥杜德"，是水在池子里不外流的井泉。

"比尔"是一种冬季若未降大雨,夏季便枯竭的水井。

"塞米莱"是一种浅水坑,雨后有水,除非冬季雨量充沛夏季才不至于枯竭。

"麦沙希",复数为"艾姆沙",它是小的"塞米莱",夏季无水。

"松阿"是人们在急流沿途挖的蓄水池,用来聚积雨水,需要年年清理。

"塞德"是雨季在河床中修的堤坝,用以拦蓄河水。

"木克拉阿"是山岩间积存雨水的天然水池。

"哈拉巴"或是用人工在岩石上凿成的,或是用石头和胶泥在河床上砌成的蓄水堰塘。

"哈马姆"[1]是硫磺泉,整个西奈仅有两处,一处叫"摩西哈马姆",另一处叫"法老哈马姆"。

整个半岛的水都偏咸。当地人不注意水的清洁卫生,水里有细小的蚂蟥繁衍,饮水时即进入口中,常常粘附在咽喉口,造成饮食吞咽困难。

阿里什干河的主要支流有:阿布麦提格奈干河,在通往纳赫勒的路上;白雷里干河,在离阿布麦提格奈干河河口不远的地方汇入阿里什干河,那一带有几个养鸡场;阿布图赖菲耶干河发源于阿季迈地区,流入阿里什干河。纳赫勒位于阿布图赖菲耶干河的右侧,离阿布图赖菲耶干河与阿里什干河的汇合处约一公里半,它是通往西奈半岛各地道路的主要交叉点。

鲁瓦格干河也流入阿里什干河,因为发源于阿季迈山,所以上游叫阿季迈干河。在鲁瓦格干河上游有一个古老的"松阿"泉,以蓝色著称,其储水量足够400峰骆驼饮用40天。

---

[1] "哈马姆"是澡堂或浴池的意思。——译者

布鲁克干河是阿里什干河的重要支流之一，它有很多河汊，沿河有不少井泉。阿盖拜干河也发源于阿季迈山，流入阿里什干河。它的主要分支是格雷索干河，那里有一眼井，是朝觐者的歇脚点，朝觐的人们从纳赫勒出发走60公里后在此过夜；由于埃及总督的母亲曾用有雕刻的石板遮盖这眼井，所以又叫乌姆·阿巴斯井。古赖耶干河上有几眼活水井，它的支流之一阿索格拜干河位于通往加沙的途中。乌拜伊德干河也流入阿里什干河，它那最有名的支流叫奥贾干河或者艾阿瓦杰干河①。过去这一地区曾是繁华之地，有一座拜占庭时期的城池，有教堂、堡垒、基地和许多井泉。

阿里什干河在《旧约》中被叫做"埃及小河"②。

我们如果要宏观地概括阿里什干河流域的地质构造，就会发现它是高耸的阿拉伯埃及大平原的一部分，当第三纪地壳发生褶皱运动的时候，它呈扇形向北方的地中海倾斜。

二、中部的提赫地区

提赫地区好像一堵几乎无法逾越的巨墙，地势向北倾斜，形成北方的天然屏障。地表由第一纪、第二纪③和第三纪的岩石构成；东西两端，地表的岩石已经支离破碎。

提赫地区是土质坚硬的大高原，其间有一些山峰，地面上覆盖着薄层花岗岩碎块，阿里什干河由南向北穿过，纳赫勒城坐落在它的中游。有一条山脉将西奈的这一部分与图尔地区分开，名叫提赫山脉，由苏伊士向亚喀巴方向延伸，形若巨弓。

---

① "奥贾"和"艾阿瓦杰"都是"弯弯曲曲"的意思。——译者
② 见《旧约》以赛亚书，第二十七章第十二节。
③ 在地质学发展的早期，人们将所有地层的形成历史共分为四个纪。后来，随着工作的深入，发现"第一纪"和"第二纪"所代表的是十分漫长的地质历史时期。现今地质学中只保留了"第三纪"和"第四纪"的名称仍继续使用，代表最新的两个地史时期。——译者

提赫山脉中最有名的山峰有：拉哈山，屹立在苏伊士湾的尽头；哈什姆托尔夫山，濒临亚喀巴湾；中部是阿季迈山。整个山区峰峦叠嶂，崎岖不平，该地区的南部另外还有一些山脉，其中著名的有巴敦阿山、梅兹腊山、盖拉阿帕夏山。东部的名山是俯瞰亚喀巴湾的纳格卜亚喀巴山，它位于海湾的顶端，其中也有几座出名的山峰，如哈莱舍纳奈峰、阿布吉达峰，以及一个大的圆形山包，因颜色偏红，名为红山。

该地区在地质上属于由红色、深灰色和绿色的砂岩所构成的大高地平原。露头的结晶岩表明它是第一纪的最古老的基岩。在高原南部有一堵难以攀登的屏障与另一高原隔开，它呈梯状，地势向北缓缓倾斜。

不管是西部还是东部，每座山的岩性都不相同。在西部，山麓分布着新岩层构成的山丘，沿海地带山坡陡峭，岸窄道狭，行人只好傍海而过。没有山丘的沙质海岸边，则留下不超过 8 公里宽的海滩。

东部濒临亚喀巴湾的一面，与西部俯瞰苏伊士湾的山脉相比，可谓森严壁垒，它由结晶岩构成，崎岖不平，险峻挺拔。

中部有两类花岗岩：一类是玫瑰色的古螺纹岩，另一类是红色较新的岩石。有多种脉纹穿插于这些性质迥异的岩石之间，有玫瑰色的，也有绿色的或黑色的。所有这些，把这一地区装点得千姿百态，景致迷人。

在北部高原上，有高达 1200～1300 米的峰峦。我们发现，有的地区由片麻岩构成的基岩，由于经受了褶皱运动而形成一群互不相连的孤峰。如费兰干河的门户便是高达 500～800 米的灰色岩石构成的峭壁，与河床深邃、两岸悬崖壁立的其他河流相通。这条绚丽多彩的河流被枣椰林荫覆盖，河水沿费兰旧城遗址一侧泻下。费兰旧城是一座巍峨险峻、雄伟壮观的古堡，它耸立在提赫高原的斜坡上，其墙厚达 30～40 米，用各种规格的巨型砂岩砌成。城下河水浩荡，前面则被一座巨墙挡住，犹如坚固的大坝。它的峰峦呈圆形，由雪白的自垩岩构成，流水在岩石上雕绘出奇妙的图案。行人离开清泉登上 1305 米的高峰,便可以看到尽头是提赫高原的参天巨墙,向南遥望,西奈中部的山峰尽收眼帘。

上述三块地区的岩石分属不同的地质年代,水流分布情况也各有差异,北部的河谷由砂岩构成,中部由破碎的灰岩构成,南部则是崇山峻岭,彼此性质差别之大,犹如一块相互之间毫无联系的地区。

三、南部的图尔地区

图尔地区最有名的山,有以该地区命名的西奈的图尔山,还有摩西山、麦纳贾山、萨弗萨法山、红山、塞尔巴勒山、乌姆舒米尔山、摩西哈马姆山、纳古斯山、法老哈马姆山、马加拉山、萨拉比特哈迪姆山、萨赫德山、阿布麦斯欧德山、哈迪德山。

西奈半岛的这个地区,面积约有 16000 平方公里。它是西奈也是世界上最坎坷不平的地方。火山喷发后熔岩覆盖于地面,其状犹如澎湃的波涛骤然凝住一样。该地区的河流向两侧倾流,分别注入亚喀巴湾和苏伊士湾。这些山脉向东仿佛潜入水底似的直插亚喀巴湾,海边只留下狭窄的通道。而西部则是截然不同的另一番景象,它地域开阔,山前有辽阔的沙土平原,其中有介于拉哈山与苏伊士湾之间的拉哈平原、麦尔哈平原、戛阿平原,后者向南一直延伸到穆罕默德角,长约 150 公里左右,在图尔城一带的宽度约为 20 公里。

山脉与河流

阿里什地区的山脉把阿里什干河地区与提赫地区分开,其中最主要的是迈阿赖山,它距阿里什 50 公里,距纳赫勒 100 公里。这里已经发现罗马建筑的遗迹,证明该地当时曾有居民。

在名叫雷萨格山的山顶上也发现有罗马堡垒的废墟,这座山离阿里什城仅 15 公里。

提赫地区的山脉可以分为三部分:

濒临苏伊士湾尽头的拉哈山；

俯瞰亚喀巴湾的哈什姆托尔夫山；

中部的阿季迈山。

图尔地区的群山给该地区带来了壮丽的景色。

西奈的图尔山位于图尔城东北部大约 60 公里的地方，构成这条山脉的高峰有：

摩西峰，海拔 7363 英尺①；

麦纳贾峰，在摩西峰以北，海拔 6000 英尺，它的西侧有一条小河叫做迪尔②河，因为它的左侧坐落着西奈的图尔修道院；

萨弗萨法峰，海拔 6760 英尺，它俯视拉哈平原；

圣凯瑟琳山，位于摩西山的西南方，有三座高峰，最高的达 8536 英尺，是西奈的最高峰；

红山，在西奈图尔山的西边，它又分为几座小山包，有几条小河穿流其间，从而使该地区的土地适于农耕，事实上，已用作果园；

塞尔巴勒山，位于图尔城以北，摩西山以西，与两者都相距 50 公里左右，它俯视图尔全城，有红山把它与摩西山隔开。塞尔巴勒山有五座呈半圆形的冠状山峰，最高的一座约海拔 6730 英尺；

白纳特③山，它把塞尔巴勒山与费兰干河隔开，大概是因为贝杜因人曾想劫掠该山上修道院里的修女，修女们投河自尽，故起名叫白纳特山；

乌姆舒米尔山，从东部鸟瞰图尔城，高达海拔 8000 英尺。

在离图尔 6 公里的苏伊士湾岸边，有座小山，叫哈马姆摩西山，山上有几处含硫磺的温泉，埃及总督赛义德帕夏曾在一个泉旁建造浴室，至今

---

① 每英尺等于 0.3048 米。——译者
② 迪尔是修道院的意思。——译者
③ 白纳特是女子、姑娘的意思。——译者

遗迹尚存，离山不远处有阿布苏韦拉港。由此向北走12公里是纳古斯山，山旁有阿布盖伏索港和名叫谢赫白那奈的墓地。

在苏伊士湾沿岸还有哈马姆法老山。

麦阿赖山①离现在的油井所在地阿布鲁迪斯港大约25公里，后面我们将详细叙述。拉姆勒以南是萨拉比特哈迪姆山。萨赫德山介于麦阿赖山与萨拉比特哈迪姆山之间。这三座山是著名的绿松石产地。修道院东南方向有海拔7200英尺的阿布麦斯欧德山，那里有金矿和锰矿。

关于河流，阿里什干河是条大河，发源于阿季迈山，穿过提赫地区，然后进入阿里什地区，沿途有一些小溪从两侧汇入，因此愈往北愈宽，一直到阿里什流入地中海。它的上游分为两支：一支叫迈阿赖干河，发源于内格卜乌尔萨；另一支叫杰尼夫干河，发源于乌尔萨以东的迈布鲁克。这两条支流于乌尔孤卜拉希布处汇合。

提赫地区的小河很多，其中有麦阿赖干河、哈迈干河、哈塞奈干河；在通往阿里什的路上还有几眼著名井泉，它们距纳赫勒50公里左右。哈吉②干河发源于拉哈山的一脉，蜿蜒向西南方向流去，一直到苏伊士大桥附近注入运河中，或在未到运河之前便消失在沙漠里。之所以起名哈吉干河，是因为它是埃及朝觐者从苏伊士出发后所遇见的第一条河。

图尔地区的河流分为两部分：一部分流入苏伊士湾，另一部分流入亚喀巴湾。流入苏伊士湾的河流，有阿哈萨河，发源于拉哈山，在距欧云穆萨20公里处注入苏伊士湾。

在苏德尔干河地区，有三个泉眼。

第一个叫苏德尔泉。它滋润着一个小绿洲，绿洲上生长着枣椰树和

---

① 该山与阿里什地区的迈阿赖山同名，这里译作麦阿赖山，以示区别。——译者
② 哈吉意为朝觐者。——译者

无花果树,能用来编织草席的名叫"宾特麦纳勒"的芦苇尤为著称。那里是胡韦塔特与提赫这两个游牧民部落的连接点。当我们在后面研究西奈的部族时将会看到这些贝杜因人对该地区所起的作用。苏德尔泉的西边有一座坚固的城堡,系萨拉丁·阿尤布所建,人称帕夏堡。

第二个叫做"阿布鲁朱姆泉",因帕尔默于1882年在此遇难而闻名。

第三个叫做"阿布杰拉德井"。

一条叫做"沃尔丹干河"的小河从提赫山流出,干河的下游有阿布苏韦拉井,干河右岸的驼队商道上有一眼水源丰富的井泉,名叫"叶托拜"。

埃兰代勒干河也发源于提赫山,注入苏伊士湾。有人说埃兰代勒干河即是《旧约》中的"耶利米"。岸边的岩石上凿有两座隐士洞。

白阿白阿干河是最重要的河流之一,它流经锰矿和铜矿区。

苏德尔干河有一条支流被叫做"麦克塔卜小河"①,是从苏伊士到瓦迪费兰的必经之地。河口的西边有一个驼队的旧驿站,驿站的砂岩石板上有用奈伯特文、希腊文和阿拉伯文刻写的碑文。该河之所以被叫做麦克塔卜小河,就是有这些碑文的缘故。在下一节研究奈伯特人的文明时,我们还将谈这个问题。还有另一条叫伊格奈的小河,也是苏德尔干河的支流。它的源头有一泉眼,为麦阿赖干河一带绿松石矿场的矿工们提供饮水。这条小河的河口乃是阿布鲁迪斯港。谢赫小河的名字起因于一位叫谢赫·萨利赫的人,他又名"萨利赫先知",葬在离圣凯瑟琳修道院约10公里远的地方。

现在我们来到西奈半岛上最有名的小河,它的水源最丰富,两岸枣椰树很多,以致被称为"半岛的绿洲",这就是费兰干河。这条河长约10公里,在绿洲顶端有绵延73公里的柽柳林带,紧接着是长约2公里的枣椰

---

① "麦克塔卜"一词有书桌、写字台、写字的地方等意思。——译者

树园。干河到枣椰园地段变窄,有的地方宽还不到 20 米。

图尔地区的六个部族中,各自都有一片用篱笆围起来的园地,他们用砖石和枣椰树干在里边建造住宅和客房。到收椰枣季节来临的时候,他们都集中到园地上来,在那里度过这个季节。椰枣摘下之后被涂上植物油或者奶油,装进羊皮囊内储存起来,以备食用。

收获季节一过,部族里的男子们便分别离去,只剩下绿洲的居民留在园子里,嫁接枣椰树,耕种小片土地,编织草席。

园地顶端的岩石缝中有一股泉水流出,名叫费兰泉。它是全西奈所有泉水中水源最丰富的一个,泉水像小河一样川流不息。在流入沙漠之前它浇灌着这里的田园。费兰绿洲在半岛历史上,起着重要的作用。

伊斯莱干河一直蜿蜒曲折地穿流在花岗岩山峦之间,在距图尔 20 公里处进入平原地带。该河流域乃是当地风景最秀丽的地方,从图尔城通向修道院的捷径经过这里。

至于在南部亚喀巴湾入海的河流,则有塔拜干河。从入海处至亚喀巴堡,陆路 12 公里,海路 10 公里。1906 年曾在这里发生过纠纷。[①]

还有埃及小河,它曾是埃及朝觐者前往亚喀巴的走廊。这条路被遗弃后,人们便取道更短的哈腊特河谷。哈腊特河河口在麦尔希什,离埃及小河的河口大约有 2 公里远。

农业与植物

西奈半岛气候干燥,冬季严寒,夏季酷热。在有水的地方,果树和各种农作物都很容易生长。

西奈最主要的树木是枣椰树,图尔地区和阿里什地区枣椰树相当多,但提赫地区却没有。据 20 世纪初纳乌姆·舒凯尔贝克估计,西奈半岛大

---

① 指 1906 年 1 月统治埃及的英国人与土耳其人争夺塔巴的纠纷。——译者

约有十万株枣椰树,在此之前从来没有人统计或估计过半岛上究竟有多少株枣椰树。①

除枣椰树外还有棕榈树,但图尔附近很少。

至于果树,如葡萄、石榴、李子、橙子、橘子、巴旦杏、桃子、苹果、杏子、稻子豆、榅桲、无花果和橄榄,则凡是有水之地都可栽种。在圣凯瑟琳修道院的园地里,上述品种应有尽有。在阿里什地区,也可以见到各种果园。半岛上有水的地方,像西红柿、青粘菜、秋葵、葱、蒜、萝卜和水芥菜等田间作物也均能成长。当地人根据需要种植烟草。阿里什地区还有质地甜美的西瓜和甜瓜。

西奈的阿拉伯人依靠雨水种植大麦、小麦和玉米。

半岛上的野生树木有柽柳,又名木蜜。因为像蚕一样的昆虫掉落在这种树上,咬破树根或树枝,便有一种带甜味的树胶流出,贝杜因人将其采集起来盛入小盒,起名木蜜,拿到埃及出售。柽柳树的木材还可用来建造某些船只。

半岛上最出名的树叫辛纳勒,它木质坚硬,适于烧炭,也有树胶流出。

滨枣树不多,只在阿里什有。它的果实被叫做巴尔内克。这是对一种名叫酸枣的小水果的讹称。

被称做艾斯莱(柽柳树的一种)的树,生长在提赫和阿里什地区。它木质坚韧,被用来做枪把、犁把和骆驼鞍子。

可供放牧骆驼的野草,种类繁多。

其中有里特木草和阿达木草,前者在《旧约》中被叫做雷特木,当地人认为它可以用来医治关节炎。在河谷地带,里特木草甚多。

盖托夫是半岛上最普遍的一种草,它不仅是羊和骆驼的饲草,而且贝

---

① 《西奈史》,第 87 页。

杜因人也拿它充饥,清煮或者用奶油煎炒了吃。

穆特南草供搓绳用,也可喂羊,但骆驼不吃。这种草只生长在半岛的东北部。

还有几种被贝杜因人当作药材或采来食用的野草。主要的有:

艾草,它有一种芳香的气味,放在室内可以驱蛇,捣碎后同椰枣、小茴香和辣椒掺在一起做调料食用。

名叫盖苏姆的草有一股芬芳气味,放在水中煎熬后,用以治疗眼炎。

勒索夫是从岩石缝中长出来的一种草,被用于医治关节疼痛,办法是将叶子放在水中煎熬,用其蒸汽薰疗患者,直至发汗。

阿兹尔是一种类似百里香的植物,有毒性,贝杜因人拿它治肠胃病或者胳臂疼痛,也用以治疗疥疮。方法是先将它埋在土里焖一焖,然后放在火上烘烤,用流出的汁液洗患疥疮的骆驼。

苦瓜用做贸易。贝杜因人把它收集起来卖给加沙的商人,在那里被当作药材使用。

帝星草,它结的果实带红色,犹如石榴籽,味道甜美,贝杜因人很喜欢吃,他们还把它用手巾包住以挤出汁液,再将汁液放到火上熬,从中提炼蜜饯。

叶海果的叶子与萝卜的叶子相似,味道像水芥菜,贝杜因人也拿它充饥。他们称之为"太密尔",果实叫做"哈卜阿齐兹",味道似青巴旦杏。

萨姆赫结的种子像芝麻,贝杜因人把它磨成粉食用。

胡贝兹是锦葵类植物,贝杜因人经常将它同奶油、植物油和肉一起炒熟了吃。

动物

西奈半岛上的饲养动物有骆驼、马、驴、牛、羊和狗。

骆驼分为两种。一种叫扎黎基,母的叫扎黎卡,公的叫祖尔克,它是一种体态轻盈、动作灵活、跑起来速度很快的良种骆驼；另一种叫做瓦迪罕，这种骆驼以外形美观、四肢发达为特征，它的下腹部为白色，全身其余部分都是黄里透红，类似羚羊的颜色。

西奈骆驼以惊人的耐渴能力而闻名于世，春季可以连续两个月以上不饮水，到夏季也只需要每两天或三天饮一次水。

各部落的骆驼均有独特的标记，各种年龄的骆驼又各有不同名称。

不足一岁者叫费萨勒。

二岁者称勒白尼。

三岁的叫麦尔布托。

四岁的叫哈伊。

五岁者称哲德阿。

六岁者称鲁巴阿。

到七岁的骆驼叫做苏达斯。

贝杜因人还把他们的骆驼做如下分类：

三至五岁的公驼叫盖欧德。

四岁以上者统称贾麦勒。

到哲德阿年龄的母驼叫做白克腊。

纳卡则是指鲁巴阿年龄以上的母驼。

单峰驼为骑驼，最好的单峰驼是受过训练、跑得特别快的"艾萨伊勒"。

西奈的骆驼和埃及的骆驼相比，样子好看，行动敏捷，跑得更快。

马在半岛上比较罕见，仅见诸阿里什地区东部。

沙漠地区的贝杜因人喜爱骆驼，因为它最能忍干渴耐酷热。但阿拉伯人则以骑马为荣，认为骑马比骑骆驼更高贵。

西奈人的良种马叫穆哈立迪亚。阿拉伯人之所以用这个术语称呼马,是因为这种马源于哈立德·本·瓦利德①的马的血统,那是他们品种最佳的马。

阿拉伯人常在节日、喜庆的日子或者迎接宾客之时举行赛马、赛驼活动。下面是舒凯尔贝克对这种庆祝活动的一段记述②:

"在宰牲节的赛马会上,贝杜因人男男女女聚集在宽阔的比赛场上。场地的一端站着成群结队的妇女,她们中有一人把一块红头巾系挂在手杖上高高举起,像旗帜一样迎风飘扬。广场的另一端排列着整装待发的骑马健将。男观众站在离妇女队伍约有一公里的地方。当骑士们看见旗子在妇女队伍里迎风招展的时候,便撒开缰绳纵马飞奔,谁先拿到旗子则为领先。但倘若有对手追赶上来从前者手中夺过旗子,那么这对手就是优胜者,否则前者便为冠军。"

在饲养动物中还有驴,它是供妇女们乘骑的,她们赶着驴子到井泉驮水。牛则十分罕见,只是在与巴勒斯坦交界的地区才有,并且除了挤牛奶外别无他用。

西奈最普遍的饲养动物是羊,有山羊,也有绵羊。贝杜因人用羊毛织衣衫,用羊皮搭帐篷,以羊肉为食。

狗有三种:

阿克勒,可用来保护羊群免遭豺狼和鬣狗的伤害。

塞勒克,用以捕捉兔子和羚羊。

达里,用以捕捉角鹿,它属于前两种的杂交种。

野生动物,最普遍的有狼、鬣狗和狐狸等。

贝杜因人在平原上捕捉羚羊,把羚羊肉当作食物,同时也利用羚羊

---

① 哈立德是七世纪英勇善战的阿拉伯军事统帅。——译者
② 参见《西奈史》,第99页。

的皮。角鹿生活在崎岖不平的山区，那里地域辽阔，喜爱打猎的人大有可为。从事游牧的阿拉伯人，为了获取角鹿的肉和皮，也喜欢猎捕它。兔子在高原地区甚多。鸟类，最普遍的有鹧鸪、沙鸡、沙纳尔①、茶隼、云雀、戴胜鸟、猫头鹰、雕、兀鹰、乌鸦和麻雀等，此外还有种类繁多的野鸽子。

爬行动物在西奈很普遍。拿蛇类来说，有黑色毒蛇，还有箭蛇。箭蛇肤色如土，只有尾端是黑色的，头顶有两只触角，是毒性最强的蛇。当一个阿拉伯人打死了一条蛇时，他便说："我们除了毒害，消了忧愁。"西奈也有蝎子。

阿拉伯人治疗蛇咬的办法是用火灸，或者用嘴将毒汁吸出。

半岛上还有老鼠、田鼠和飞鼠。夏季多蝇子、臭虫，跳蚤则不常见，但是虱子却多得成灾，是贝杜因人的一害。

阿里什地区有驼蝇。驼蝇翅膀长，毒性大，骆驼一旦被叮，轻则消瘦，重则死亡。

西奈半岛世世代代一直得不到重视，枉有丰富的植物、动物和矿产资源，对半岛的潜力没有进行过考察研究。现在是对西奈的资源进行科学研究和着手全面开发利用的时候了，尤其是那里有着石油和矿产。

---

① 疑是一种鸦属飞禽。——译者

第二节　居民

土著居民

> 纵有新事快尔意,
> 旧时也须记心中。
>
> ——西奈贝杜因民谚之一

大河谷的边缘和荒凉贫瘠的地区,从历史的摇篮时期起,就曾经有过社会组织,经历过富裕,那里的居民始终依恋着他们的乡土。他们生存下来的首要条件,是安于贫困的心理。不满自己境况的人,只要迁居到邻近地域,即能生活得较为容易。

这种安贫若素的态度,是西奈贝杜因人的特色。他们的土地并未贫瘠到断绝人类一切生计的地步,而始终是可能满足他们基本需要的。他们一无所有,却也不缺什么,心境清静,不受任何管辖。自由自在赋予他们一种与其他遍布于埃及和沙姆的居民完全不同的个性,其行为也截然不同。他们的脑海里除装着自己的亲身经历外,无所用心。半岛的资源没有使他们濒于食不果腹的境地,但他们也不可能成为大腹便便、脑满肠肥的人。

贝杜因人对自己的状况乐天安命,是他们天性的基础和心胸开阔的原因之一。假如他们对自己的清贫啧有怨言,那么,在一个他们觉得是受人奴役的社会里,他们就有可能对一切约束都拒之不受。

从历史的摇篮时期起,埃及人便知道西奈的居民,称他们为"希罗—散友",即沙漠的主人。

从那遥远的时代直至今天,那里的居民状况并未改变。《旧约》把他们叫做"亚玛力人"。到了基督教时代的初期,他们以"游牧民伊斯梅尔的子孙"著称。

但是,伊斯兰教的征服打败了西奈的土著居民。他们绝大多数被消灭,或被驱逐出这块地方。

尽管如此,有些土著部族还依然保留下某些实体。这些迄今犹存的土著,在半岛居民中,所占比例甚微。

西奈居民的渊源,无疑要追溯到阿拉伯的成分。在亚述人的图画中,"阿拉伯人"一词,是指生活在半岛的或更可能是生活在把半岛与叙利亚分隔开来的沙漠中的一个游牧民族。在古希腊人的著作里,曾提到一位阿拉伯人的名字,他担任一位波斯王军队的统帅。希罗多德[①]以及他后面的古希腊和罗马作家,便把所有的半岛居民,甚至埃及沙漠里的居民,都叫做阿拉伯人,其中包括住在尼罗河与红海之间的人。"阿拉伯人"似乎成了整个中东所有说闪族语言民族的外号。

正是在那时代,"萨拉基纳"一词也出现了,如前所述,它很可能是西奈一个部落的名字。

因此,西奈的阿拉伯人好像是保存贝杜因传统最多的部族。这就向我们表明,把西奈贝杜因的状况作为迄今犹存但范围狭窄几乎濒于灭迹的风尚习俗的源泉来加以研究,是非常必要的。

阿拉伯人方面最早提到的文字记载,见于半岛的南部,追溯到公元前不久,它把贝杜因人称之为"阿拉伯人"。

奈伯特和阿拉米亚的记叙谈到了伊姆鲁·盖斯[②],把他描绘成了所有

[①] 希罗多德(Herodotos):公元前五世纪人,希腊著名历史学家和旅行家,被人称为"历史之父",曾访问过伊拉克、腓尼基和埃及等地。——译者
[②] 伊姆鲁·盖斯(公元500~540年?),阿拉伯半岛蒙昧时期的著名诗人之一。——译者

的阿拉伯人之王。

至于在伊斯兰教征服之后，残存下来的最古老的土著部族，则是哈马达族、塔卜尼族和穆瓦特拉族。

哈马达族，现在聚居在瓦迪费兰，人数不多，只有几家，在绿洲务农，嫁接枣椰树。

塔卜尼族住在图尔地区，与哈马达族系一脉相承。而巴达拉族，则与穆瓦特拉族类似，也许是费兰基督教徒的后裔。

提赫地区的巴达拉族，不过六十家，住在奥杰马①区，也许该地区与山峦就是因为他们而得名，因为他们原来讲一种稀奇古怪的语言，后来受阿拉伯征服者的保护，接受了阿拉伯人的语言、宗教和习俗，然而在族性上是独立的，也不同阿拉伯人通婚。

当地的土著居民避居山坳洞穴，住在用石头、泥土砌成的结构坚固的房子里，阿拉伯人称这种房子为"纳瓦米斯"，在山顶和干河两岸，至今尚可见到一些。

从埃及古代历史上可以得知，与当地的土著居民相处似乎并不困难。法老派去保护采矿工人的征伐队纪律松弛懈怠，从而证明与土著居民的关系良好。从十二王朝起，征伐队不带一兵一卒，因为已没有必要为保护埃及人而去反对贝杜因人。恰恰相反，我们倒常能看到埃及人与贝杜因人之间互谅互让的例证。

我们从第一王朝第七位国王萨曼荷特法老时代的一块最古老的雕塑中，看到一位当地土著的首领，他的形象特征显示，他无疑有阿拉伯血统。第三王朝的安弗鲁时代所绘制的图画，也有同样的情况。

法老时代以后，在这个半岛上曾形成过几个历史上有名的王国。虽

---

① 奥杰马一词，意为"洋腔洋调"。——译者

然从根底上来说，它们是阿拉伯的王国，但是，它们受到阿拉米亚和古希腊文明的影响。这些王国中的第一个是奈伯特王国，它的版图南起亚喀巴湾，北至死海，希贾兹的北部也在它的管辖内。

西奈的贝杜因及其各部族

半岛上除了贝杜因居民以外，其他人都可以称之为半贝杜因人，在瓦迪费兰尤其如此。

西奈在被阿拉伯人征服之后，一直是从希贾兹到埃及①和沙姆的通道，因而有从希贾兹迁徙而来的居民在这里留居下来。这些居民可以分为瓦希达特族、拉希达特族、拉西马特族、贾巴拉特族、阿伊德族、马阿扎族、塔利马特族、瓦西勒族、苏来曼族、阿亚伊达族和纳菲特族。

瓦希达特族与拉希达特族是阿蒂亚部族的两个分支。他们曾经盛极一时，但很快就被另外的两个阿蒂亚部族的分支——伊姆兰族和胡韦塔特族人取代。当拉希达特族泯灭以后，残存的瓦希达特族后裔开始住在加沙地区。拉西马特族与贾巴拉特族，则住在阿里什东部地区，直到被塔拉宾族撵走。十九世纪初，这两个部族在经历了长达20年的战争之后，迁往加沙。

阿伊德族世居西奈，只是该族人受到文明的熏陶，抛弃了半岛的荒野，到东部省定居下来。埃及政府曾委托他们保护从埃及到亚喀巴的商旅。他们管辖着许多部落，其中包括图拉部落。在他们头人的家里，图尔的阿拉伯人与圣凯瑟琳修道院的修士们签订了有关保障道路安全的合约。

埃及现在有阿伊德族的两个分支，一支源自易卜拉欣家族，一支是阿

---

① 这里的埃及指的是埃及的非洲部分，主要是尼罗河流域。下文中还有这种情况，请注意区别。——译者

巴齐亚家族的后裔。

至于马阿扎族和塔利马特族的后嗣，则仅见于阿里什地区，为数寥寥。

瓦西勒族是来自希贾兹的阿拉伯人，他们与哈马达族人一起，共辖半岛。如前所述，瓦西勒族属于土著居民，占有半岛南部，直到瓦迪费兰；而哈马达族人，则占据着瓦迪费兰到提赫山脉以北的地区。

然而，他们之间的战争使他们衰落下来。希贾兹的纳菲阿特族与萨瓦利哈族乘机而入，控制了这个地区，瓦西勒族和哈马达族的幸存者，也依附了他们。

苏来曼族阿拉伯人，离开西奈，在东部省安家落户。

阿亚伊达族人原先住在图尔地区，后来四分五裂，离开该地，到了埃及和阿里什西部地区。

纳菲阿特族因被阿利卡特族赶走而结束了对这个地区的统辖，迁往埃及，住在扎加济格，他们的势力被阿利卡特族取代。

阿利卡特族（拥有300顶帐篷）属于一个著名的亚喀巴阿拉伯部落，他们占领了从欧云穆萨以南到苏德尔干河的半岛西部沿岸。埃及有许多阿利卡特族侨民，他们的头人住在阿布宰尼迈。

这些部族组织有哪些遗存下来了呢？

图尔地区：那里结集着几个部族的幸存者，统称为图拉族。这些部族是：阿利卡特族、穆泽亚纳族、阿瓦里马族、赛义德族、卡拉里沙族和吉巴利亚族。其中阿瓦里马族、赛义德族和卡拉里沙族，又统称为萨瓦利哈族。

上面我们已述及阿利卡特族的命运。至于穆泽亚纳族（拥有600顶帐篷），则是地地道道的阿拉伯人。他们宽额窄脸、体形匀称。其他的图拉族人，已与埃及人相杂。许多穆泽亚纳族人在亚喀巴湾捕鱼为生。吉巴利亚族作为一个独立的部族,曾崭露头角,他们是来自巴斯纳的二百名战士的后裔。那些战士是查士丁尼大帝在修道院①建成后带来的,他们不久便与埃及人混杂,成为罗马人、阿拉伯人和埃及人的混血种。他们原来信奉基督教,后皈依伊斯兰教,在旷野生活。但是,纯种的阿拉伯人鄙视他们,不同他们通婚。他们目前人数大约为 800 人。此外,还有一个叫做哈梯姆的部族,分布在希贾兹、西奈和埃及。其他部族的阿拉伯人对他们嗤之以鼻。他们分成小而独立的群体,聚居在一起,不与阿拉伯人杂居。在西奈的阿拉伯人看来,他们的地位只能与女人、奴仆相等。如果阿拉伯人被人叫做哈梯姆,那被认为是一种侮辱。哈梯姆族人专门从事饲养骆驼,他们是几个丧失了独立而不得不向奴役他们的征服者缴纳赋税的古老部族的幸存者。

在穆罕默德·阿里的时代之前,图尔的贝杜因人拦路抢劫,威胁苏伊士到开罗的交通安全。自从穆罕默德·阿里镇压了他们的活动以来,他们变得安分守己了。从那时起,图拉族人便以慷慨好客、珍惜荣誉闻名。

整理出来的有关帕尔默被杀的报告表明,图拉族人是拒绝参与杀害这位英国人的。

在地理上,图拉族与住在图尔山后其他地区的贝杜因人是互相隔离的,他们约有 20000 人,各部落或家族均有一个头人。鉴于他们名声颇佳、品格高尚,埃及政府过去就认为不必像对待提赫地区别的部落那样,向他们索取人质,以作为他们在埃及利益的代表。他们的帐篷计有 1000 顶左右。1904 年,希贾兹的胡韦塔特族向他们求援,而他们拒绝了。对此,有诗人说道:

---

① 该寺院建于公元 545 年,后因圣凯瑟琳的遗体迁入,即以圣凯瑟琳修道院著称于世。——译者

图尔人哪，

只求本族有尊荣，

独赏胜境自从容。

在提赫地区居住的部落有特亚哈族、塔拉宾族、拉希瓦特族和胡韦达特族。

特亚哈族是最古老的部落之一，他们的酋长说，该族的历史渊源要追溯到纳季德的希拉勒族，他们因马阿扎族人入侵而逃出世居地区，经过与塔拉宾族的战争后，达成由两个部落分辖这个地区的协议，才在提赫山区安下身来。特亚哈族最著名的中心是纳赫勒，他们在穆韦利赫谷地和阿里什干河一带辟有农田。

特亚哈族以直率真诚闻名，因而有好几个部落的残余归集到它名下，其中最主要的有塔拉宾族、拉希瓦特族和胡韦塔特族。

胡韦塔特族以秉性凶悍、好偷喜抢著称，他们居住在拉哈山。拉希瓦特族也是一个以凶悍闻名的部落，住在纳赫勒和希拉勒山。

阿里什地区：住在阿里什地区的有萨瓦里卡族、拉米拉特族、马萨伊德族、阿巴伊达族、阿哈里萨族、阿卡伊拉·比勒尤·巴拉拉族、阿里族、卡塔维亚族、巴亚丁族、萨阿迪族和达瓦基拉族。他们是西奈人数最多的部族，总数约25000人左右。萨瓦里卡族以人数众多出名，他们居住在阿里什地区的东部，朱拉是他们最重要的辖地。拉米拉特族住在拉法。阿里什的其他部落则住在该地区的西部，他们被称为巴尔卡蒂亚[①]阿拉伯游牧民，是上面已提到的住在东部省和盖勒尤卜省的阿里什部族小分支。

至于西奈居民中的贝杜因人数，由于并未做过统计，估计也是根据粮

---

① 巴尔卡蒂亚一词，意为"语言不规范的人"。——译者

食的消费、帐篷数或部落人士的说法来进行的，所以只能是大概的数字。

根据对1967年以色列占领半岛之前的各种资料的分析推算：

图尔地区为35000人，其中半数或一半以上是穆泽亚纳族人。

提赫地区为20000人，分别是特亚哈族、塔拉宾族、胡韦塔特族和拉希瓦特族人。

阿里什地区为30000人，其中20000人是萨瓦里卡族和拉米拉特族阿拉伯游牧民。

风尚习俗与语言

无论何时何地，贝杜因人均以下列特点著称：待客慷慨，好侵袭复仇，与邻为善，不忘恩德，尊崇骆驼，维护荣誉，信约践诺，夸耀门第，勇敢坚毅，乐于行善，心高气傲，讨厌受制度束缚，大胆追求权利与自由，在社会事务中平等协商。这所有的特点，乃是他们全体一致尊重的法律基础。

他们的待客之道规定，即使这个贝杜因人一贫如洗，也要竭诚款待来客。他们有一种做"阿达押"的办法，即主人可以取别人的羊招待自己的客人。如果贝杜因人的家里突然来客，他又没有待客的东西，那么，他可以从邻居的羊群里先抓一只羊，宰了待客，不管这个邻居是不是同部落的人。这样做的条件是，他必须在14天内偿还被宰的羊，也允许邻居袭击自己的羊，扣留到他能够赎回"阿达押"为止。

主人有用被宰牲口的血涂抹客人的骆驼颈项的习惯，而且这时即使有人有事前来相托，为了尊重待客之道，也不能走近这只骆驼。

侵袭遵从一定的原则和规律。阿拉伯人要是想侵袭他人，就骑上骆驼，直奔敌方，一接近敌人，便拴好骆驼，然后冲上前去向敌人开枪，如果子弹打完了，他便一面喊着"杀啊，杀啊！"一面挥剑攻击，还叫道："我是某人的兄弟，我是某人的父亲。"

勇敢是他们的天性，在敌人面前逃跑，被他们视作奇耻大辱。维护荣誉、依法行事也是始终不渝的传统之一。可依法行事。惩办奸夫是处死，只有特亚哈族不这样做，他们接受赎金。报仇雪恨是每个贝杜因人的责任，不论时间多久，如果仇恨未雪身先死，那么，这个责任就由他的子孙继承下来。

一个阿拉伯人的最佳品性，是当有人向他求救时他必然慷慨允诺。他若避而不救，或在救援同伴时表现怯懦，那就会受人蔑视，甚至女孩子都不愿与他结婚；这样的人如走进稠人广坐，碰上那里正在分发咖啡，侍者会伸手假意递给他一个杯子，使他以为是给自己送咖啡，结果，侍者却把咖啡泼翻在地，以表示对他的鄙薄和蔑视，他只得离座而去。他通常总是不得不远走他乡。

我们将在"统治社会的法律"一节中，看到处罚违反部落传统者的原则。

贝杜因人住在妇女用牲畜鬃毛织成的帐篷里。搭好的帐篷有九根柱子，中间三根，两侧各三根。篷顶由山羊毛织成，两侧称为"柱廊"，用驼毛和羊毛织成。帐篷门朝东，除寒冷的日子或雨天，门始终敞开着。贝杜因人只在冬季才住在帐篷里。夏季来临，他用麦秸和树枝为自己盖一个小屋，把帐篷收藏起来。

贝杜因人没有什么家具，仅保存着一些原始的器皿，如：

明萨夫：一种木质圆盘，用以端食敬客。

巴蒂亚：一家之主用的小圆盘。

卡尔米或扎勒法：一种较小的揉面盘子。

米赫纳巴：类似卡尔米，容积更小些。

卡达赫：木质容器，长方形，用来挤驼奶和饮水。

筛子：用来清洁粮食和面粉，需从城里购买。

铁板：烙饼和烤面包用。

铜锅：饮具。

喝咖啡的用具。

此外，还有用彩色或白色羊毛制成的铺盖和褡裢，那是他们旅途中所用的最重要行李。

马料袋和盛水用的皮囊，后者用山羊皮制成，是盛冷水的最佳容器。

贝杜因人用"马贾里卜"作为盛放烟草的口袋，那是用羚羊皮制成的。阿拉伯人抽水烟筒，柽柳树做成的烟杆，从苏伊士买来。除上述用具外，如果说还有的话，那就是驴驮、马鞍、牵骆驼的绳索。这些就是我们所看到的贝杜因人日常生活中所使用的全部用具。

贝杜因人的钱放在腰带里，那是一根皮带，上面挂着小刀。他腋下夹着剑，肩上背着枪。

贝杜因人谋生的手段，有时是出租骆驼，运货去苏伊士，然后从那里买必需品特别是小麦后再回来。除了赶驼运货之外，不干其他营生。土地为部落全体成员公有。编织帐篷是妇女的任务。帐篷用绵羊毛、山羊毛或骆驼毛搓成的线织成，驼毛也用来制绳。有时，贝杜因人穿上羊皮袄御寒。

贝杜因人的食物很简单，基本的是奶、奶油、面粉和大饼。最著名的食品叫"格里沙"，即将舂碎的小麦煮熟，然后加进肉、奶或奶油，或加进植物油。"阿西达"是给面粉里一点一点地倒上水或奶，边倒边搅，直至变成糊状。

"达菲纳"是一种泡饭，由大饼或米饭加上肉汤制成。

西奈城市里的食物有"库什里"，即用奶油或油炒的米饭和小扁豆。"麦弗鲁卡"是一种细面条，食用时拌上奶油和糖。

贝杜因人饮用的是驼奶或羊奶、咖啡和茶等，很能抽烟。

西奈的贝杜因人有一整套稀奇古怪的治病镇痛的传统方法。他们最主要的医疗方法是"炙",头痛、胃痛、背痛,一概以此法治之,还用一些草药。对某些疾病,他们也求助于熏香。另外,有时也利用鬣狗毛或刺猬皮治病。

妇女习惯将小蝎子烧焦,用钵子研碎,喂奶时撒在奶头上,让孩子们服食,以免他们受到蝎子咬蜇的伤害。

死了人,阿拉伯男人是不哭的,哭泣这种事,他们让女人做。他们有一句谚语:"与其伤悼死者,不如照吃晚饭。"

对贝杜因人的生活评价,意见纷纭。有人认为,那是一系列值得赞扬的高尚品性的结合;有人发现,那里具有一种原始的淳朴人性,贝杜因人的冷漠和缺乏责任感,可能会导致极其凶暴的行为;许多人看到,贝杜因人无力做到有条不紊的工作,他们在叫嚷、格斗和谩骂中度过一生。

西奈的贝杜因人虽然无知,但是,他们的语言却很地道和纯粹。"西奈的游牧民中既有部落中幸存下来的纯血统阿拉伯人,也有从希贾兹迁入的阿拉伯人。及至伊斯兰教传入,他们便都皈依了新教。然而,他们的生活仍保持原状。因此,他们的语言是正统的,例如发音吐词,舌尖伸出,字母"G"的发音正确,"dh"的发音,也跟古莱什族人一样准确无误。

提赫的贝杜因人由于没有跟外来人种混杂,所以他们的语言比起图尔和阿里什的贝杜因人语言更为标准。

下面是舒凯尔贝克在他著作里所举的几个例子[①]:

乌尔朱卜:看[②]。

艾德瓦:日落前来到。

伊尔阿:望一望,瞧一瞧。

[①] 纳乌姆·舒凯尔贝克:《西奈史》,1916年开罗版,第341页。
[②] "乌尔朱卜"是贝杜因语译音,"看"是乌尔朱卜所表达的意思。以下各例类同。——译者

比拉德:土地。

巴特郎:有钱人。

哈巴-阿拉-亚迪希:吻吻他的手("哈巴"意为吻)。

哈里法:谈话(动词)。

胡拉夫:谈话(名词)。

拉杰姆:放在行人路上的石头,以表明有重大事件。

里达:休息。

扎拉马:男人。

萨希夫:细微的。

萨尔瓦-阿拉伯:阿拉伯人的习俗。

沙夫甘:情人。

腥:虚妄的,拙劣的。

达那:小孩子。

塔尼卜:邻居。

说到他们的谚语,则数量很多,每一个谚语都是贝杜因人从具有文明传统的社会生活里总结出来并世代继承的一条古老哲理。例如:

纵有新事快尔意,旧时也须记心(脑)中。

不识鹰为宝,随意把鹰烤。

真主把飞快的骏马和宽敞的住房赐给驯顺的妇女。

杀人者隐露杀气,奸淫者好装可怜。

卖者贪得无厌,莫怪买客不仁不义。

圣诞、主显之间莫出行,出行必带礼拜毯。

人生在世,总会相逢。

好事尔当行,作恶终有报。

娶妻择狮女,年岁莫在意。纵是盘陀路,随路转到底。恶棍女儿莫问津,哪怕额头饰满金。

既有一屋胜一屋,必有一邻强一邻。

血统不会陈腐。

心怀善意,不愁生计。

一个头戴不下两顶毡帽。

大饼遮不住太阳。

夜晚的生计长不了。

船上不带真主物,行驶必然遭覆没。

宁可尊严行走四十天,不愿屈辱偷生一千年。

放下武器的人,杀之非法。

西奈的阿拉伯人一面弹奏四弦琴,一面唱诗句。弹琴吟唱的诗句包括赞歌、赶驼歌和情歌。例如:

"贝杜因姑娘的脚镯叮当作响,

荡漾的回声令我神往,

善良的美人啊,那昨日的闺秀在何方?

镯声铿锵入耳,香气芬芳扑鼻,

你怎不使人朝思暮想,陶醉入迷。"

贝杜因人有一种优美的舞蹈,称为"迪赫亚"。唱歌的人站成一排,一个或者几个叫做"巴达阿"的诗人,站在中间,即兴吟唱诗句。人们的前面是一个体态轻盈的姑娘,手持宝剑起舞,她叫"哈希娅"。

唱歌的人群先叫"迪赫亚!迪赫亚!"重复多次,一面鼓掌,一面晃动脑袋。接着,巴达阿开始领唱。他每唱一段,大伙就随声应和,反复合唱:"走呀,我们说:再来一遍。"他们朝哈希娅走去,哈希娅则在他们前面边舞边退。大伙一直来到娱乐场地的尽头,盘腿坐下,哈希娅也跟他们一样坐下。他们又唱上一阵。

然后,人们逐渐往后退,而哈希娅则面对面地跟随着他们,最后回到他们一开始站立的地方。舞蹈便以这种方式反复进行。

这类唱词由巴达阿信口编成,大伙反复伴唱。例如:

"亲爱的人哪,

我是你的保护人,

伸过你的手,向我问候吧。"

哈希娅伸出手去,向他问候。他又唱:

"亲爱的人哪,

我是你的保护人,

在迪赫亚场地的四角,尽情地玩乐吧。"

她情绪激动,跳起舞来。他唱:

"你如果一向驯顺听话,

双膝就都跪下吧。"

她屈一膝,跪一膝。他唱:

"不是这样的跪法,

这是牲口的跪法。"

她双膝跪下。他唱:

"我为你作诗啊,哈希娅,

给我瞧瞧你的礼物吧。"

她把跳舞用的剑递给他。他唱:

"哈希娅给我剑,

宝剑剌了我的手,

我想要那银耳环,

拿给大伙看一看。"

她摘下耳环,递给他。他唱:

"我想要那银戒指,

把它戴在我右手上。"

她摘下银戒指递给他。他再把戒指连同一块银币还给她,唱:

"这是你的礼物啊,哈希娅,

我拿不合法。

唱到最后,礼拜者们哪,

向先知穆罕默德祝祷吧,

神圣的先知啊,

你既是东方的光,

也是西方的光。"

信仰与宗教仪式

西奈的贝杜因人信奉伊斯兰教,但是,他们的信仰始终是独具一格的。若不是他们庆祝宰牲节时赞颂先知穆罕默德的话,他们简直不像穆斯林。

不过,他们对当权者倒是怀有坚定的信念。每当有一个他们认为是好人的酋长去世,他们就为他建造带拱顶的陵墓。尽管如此,他们也只是颂念这个酋长的名字而已,从不缅怀他的生平、业绩和德行。

西奈的贝杜因人认为"腐败的当权者"是灾祸之源,因而向他们坟墓上扔石头,唾骂他们。而对好当权者,贝杜因人则主动把宰杀的牲畜敬献给他们。

在阿里什,有一个古老的传统:即贝杜因人祭祀大海。这种传统无疑要追溯到偶像崇拜时代。他们现在每年春后带着帐篷、马、羊去参谒大海,举行一次庆祝。他们用海水把马、羊洗刷干净,然后宰杀牲畜,将头、腿、皮扔入海中,一面扔,一面说:"大海呀,这是你的晚餐。"剩下的肉,他们烹调后自己食用,也分给行路人吃。

拉法井南面有两棵树，名叫"连理枝"。贝杜因妇女到那里去，在树枝上放上礼物或她们的一点纪念品，或一壶油，就像贝杜因人去拜见当权者时所做的那样。

离阿里什半个小时路程，有一座小树林，叫做"穷林"，阿拉伯人到那里去捐献祈福。他们在树林里点上灯，把自己的绳索等东西存放在那里。

纳赫勒堡有一棵千年滨枣树。贝杜因人相信这棵树是他们的保护者，因而用灯光把它四周照得通明。

除了这些对西奈贝杜因人的伊斯兰教信仰有影响的偶像崇拜神话之外，还有整个原始社会所共有的其他信仰。如人死后，到复活日，灵魂都聚集在圣城①的井周围，好人进天堂，恶人下火狱。有一个故事讲一个贝杜因妇女来到这口井旁，站在井口，呼唤她前不久夭折的儿子名字，井底传来回声，她以为儿子在答应她，遂纵身投入井内，死了。

从那时起，井口便罩上一张铁丝网。这口井便是达尔卡井，坐落在所罗门圣殿中。查士丁尼大帝把所罗门圣殿改成基督教教堂，而伊斯兰教又把它改建成现在著名的阿克萨清真寺。

埃及政府曾试图在西奈的一些地区，如图尔、纳赫勒和阿里什，建立学校以改变其蒙昧状态，但贝杜因人并未从中受益。他们本性难改，一如既往地生活，扳手指计数，举起一双手在空中拍一下，表示10，拍两下，表示20，以此类推。除了看月亮外，他们没有其他的计时方法。

不过，他们靠本能认识星星，知道星座的名字。在他们那里，最有名的星是昴宿、启明星和天蝎星座。

统治社会的法律

在贝杜因人及其各部落的社会生活中，有一系列的规定与法律。他

---

① 这里指耶路撒冷。——译者

们有各种各样的法官,并不求助于埃及司法。他们的争执都尽可能自行解决,或由(他们的)那些法官解决。法官被称为"阿拉伯头人",起调解讲和作用。凡属肯定有伤害,而且伤害还可能很大,但又缺乏充分的证据,双方不能自行解决的问题,才提交给他们,如抢劫案、杀人案、械斗案、强奸案或侵犯财产案。

在阿里什的马萨伊德部落中,最主要的法官称为"蒙希德"或"马斯奥迪",他负责判处重大的人身问题,如脸被砍、受到侮辱,还有像诟骂等触及荣誉的问题。

"卡萨斯"是创伤法官,根据每一个伤口的长、宽或位置,决定应有的惩罚。纳赫勒的卡萨斯,大多由胡韦塔特族人担任,阿里什的卡萨斯,多由比勒尤族的阿拉伯人担任,而在图尔,充任卡萨斯的则以卡拉里沙族和穆泽亚纳族居多。

"亚喀比"是判决离婚、聘礼、强奸等问题的民事法官,之所以叫这个名字,是因为绝大部分的法官是亚喀巴族人。

"扎亚迪"是判决骆驼纠纷、骆驼被窃以及与此有关的法官。

"达里比"像重审法官,争执双方若对法官判决持有异议,便把事情提交给他,再由他任命专门的法官审理。达里比一般从胡韦塔特族人中遴选。

"穆卜希阿"是判决没有证人的刑事案件法官,他对被告采用火审、水审或梦审。

火审是一种古老的传统,不论是东方还是西方,所有的法律都曾有过火审。火审规定被告舔三次放在火上烧烫的器皿,如果他的舌头上留有烫痕,穆卜希阿就判原告胜诉,反之,就判被告无罪。水审是用一把铜壶,水从壶中流向被告,他如是罪犯,水就在他面前停住,如果他是清白无辜的,那么,水会停在穆卜希阿面前。梦审是一种迷信,认为法官在思考案情时睡着了,罪犯活动会在他梦中出现。

除法官之外,西奈半岛还有被称为"专家"的人。

最主要的专家,理当推"穆骚维克",他是骆驼行家,由他确定骆驼的年岁,从他手里领取赔偿的骆驼。穆骚维克在贝杜因人的经济生活中,起着重要的作用,因为骆驼是他们生活的支柱。

"种田人"是农事专家。

那里靠雨水耕种。天旱少雨,贝杜因人种不成庄稼,便迁居叙利亚或埃及。要是雨水丰沛,干河淌水,他们就在雨后立即种上小麦、大麦和烟草,夏季也种西瓜。

贝杜因人用骆驼耕地。他们的农具与埃及所用的农具相仿,只不过短一些。打小麦很少用碌碡,他们通常依靠骆驼踩踏,即把骆驼拴在一起,牵着它们转圈踩踏麦穗。农事纠纷,由种田人和有房屋者排解。他们又是种植枣椰树的行家里手,有关枣椰树的事务,均归他们裁决。"追踪家"是辨明痕迹、跟踪追赶罪犯的高手。

西奈的贝杜因人把政府方面委派的长老称为"舔图章的人"。这些长老领取埃及政府薪金,但在有关骆驼租金、部落权利等问题上,却自作主张。他们之所以叫这个外号,是因为他们在签署文件、领取薪水汇单盖章时,习惯于舔一舔他们的图章。

以上是负责判断争执的体系。现在,我们来看一看他们所贯彻的法律。最主要的罪行有:杀人、偷窃、骂人、拐骗姑娘、烧别人的庄稼、侵犯土地、填没水井、借债不还和发动袭击。

杀人法:

被害人的家属(指他的近亲,即从父亲到祖父上溯五辈,以及儿子、孙子、兄弟、侄儿、叔伯和不出五服的堂兄弟)有权追击杀人者及其上溯下数五服之内的近亲,如能杀死其中一个,事情就到此结束。

如果双方愿意达成和解,那么,他们就带来罚金,由保证人交给执保人。罚金叫做"穆代",是四十峰不同种类和规格的公驼和母驼。

被害者若与杀人者同属一个部落,杀人者的家属除了要付出通常的罚金外,还要交出一个"姑来",即一个黄花闺女,由被害者的一个近亲不出聘礼收为妻室。待她生下一个儿子后,就可以选择,或自由地回娘家,或是重新举行婚礼,在收取聘金后,继续跟她儿子的父亲过夫妻生活。送"姑来"的意思,是使家族关系重修和好,恢复到杀人前的状态。不过,这个风俗现在已很罕见。

至于被人背信弃义地诱至荒僻之地杀死,则要索取四份罚金。罚金一般在一个月到一年的时间里,一次或分二至四次付清,分发给被害者的亲属们。

创伤法:

创伤的罚金根据伤势的轻重程度计算。露在脸上的创伤,归大"卡萨斯"判决。卡萨斯法官用他的手指量伤口,每一指,罚一峰骆驼,伤口明显,罚金五倍。小腿、胳膊被打断,眼睛或身上的一个主要器官被打坏,交付杀人罚金的一半(即二十峰骆驼——译者)。食指被打断,罚五峰骆驼,小拇指被打断罚一峰骆驼。打掉一颗牙齿,也罚一峰骆驼。

没有留下伤痕的殴打,罚钱。

偷窃和侵犯财产法:

从所有制方面来说,各部落之间的关系,是由一系列规定来控制的。每个部落有自己特殊的印记,烙在它的骆驼和驴子身上。各部落的领地的东西南北四方,都有人所共知的突出的天然标志为记号以限定各自的活动范围,有时还树立碑石以辨认界线。

每个部落有自己的牧场、水源和耕地。但是,也有为所有部落共有的水源和牧场,这些水源和牧场只有在战时,才为某一部落独用,不容其他部落分享。耕地属部落全体成员所有,各部落有"缔盟员"和"稽查员",维护与其他部落之间的盟约。这些不成文的条约是为防止战争或侵夺，维护部落间和平的措施。这些制度制止了那种以眼还眼、以牙还牙的仇杀，大家都负有一定的责任，缓和了彼此间的关系。

贞洁法：

维护贞洁是贝杜因人的一条法规。有专门关于婚姻、通奸和强奸的法律。

通婚必须在同一部落的成员和近亲之间进行。假如一个小伙子与一个不是他部落里的姑娘私奔，那么，他们两个就会被撵走，小伙子被判交罚金，通常是五峰到十五峰骆驼不等。姑娘的亲属可以抉择，或承认亲事，收取聘金；或与小伙子断绝往来。只有在姑娘已经有孕在身的情况下，才不得不完婚。

挟带有夫之妇逃跑，被认为是一件严重的事情。一旦发现这种事双方亲属会立即聚集起来，通过讨价还价以避免发生械斗，最后以赔偿十峰骆驼达成和解。不过，这并不容易，除非是害怕复仇会酿成严重的后果才这样做。

大多数的贝杜因人只娶一个妻子。娶几个妻子的人，必须给每个妻子一顶独立的帐篷，每夜轮着去各个妻子的帐篷，如果他有一次没去，妻子就取一根线，打上一个结，这样一直到她忍无可忍的时候，就带着线到娘家去，娘家的亲人领她去见法官。法官判决，丈夫抛弃她的每一夜，都得赔偿给她一峰母驼。

说到强奸姑娘，如果姑娘不是强奸者部落里的人，她就到一些并非亲戚的邻居那里说："我有冤屈啊！"消息便会传到她父亲耳中，双方磋商，以八峰骆驼的代价作为赔偿，事情便可了结。如果被强奸的姑娘和强奸者同属一个部落，只判强奸者交六峰骆驼。

打女人是禁止的。丈夫打了妻子，须交罚金，为数甚微，要是造成了伤害，则罚金款额较大，最多的是赔一头母绵羊。挨了打的妻子可以要求离婚,如果打成了重伤,她便能获准离婚。

涉及所有制的规定,特别是骆驼法,也是由全体贝杜因人一致公认的准则构成的。骆驼无人看管,在牧场放养,没有人会碰它。在某些情况下,甚至可以借口被蛇蝎咬蜇、干渴或死里逃生,拿走别人的母驼。

由上述种种,我们看到,几乎一切惩罚都是以金钱为基础的。在许多情况下,豪爽对缓和分歧具有重要作用。舒凯尔贝克曾举过一个例子[①]:

西奈半岛原先的司令官穆罕默德贝克·卡米勒陆军中校告诉我说:"1905年,赛义德族的一个阿拉伯人与阿利卡特的一个阿拉伯人为骆驼发生争执,把事情提交到他那里去了。前者十分激烈地竭力为自己的权利辩护,发誓应当肯定他的权利,他决不退让。他的对手说:'老兄,你对我是有这个权利的。'这时,赛义德族人默然了,怒气平息下来,说道:'我已经把这个权利让给你了。'"

正是这种豪爽,缓和了日常生活中的严酷。说话算数和忠诚是他们的传统之一,这些传统使互不往来的各部落处于一种类似同盟的关系之中,以维护他们之间的和平。

我们已提到的许多部落,都曾在西奈的历史上起过作用。

[①] 《西奈史》,第370页。